한국 고대사 연구의 자료와 해석

노태돈 교수 정년기념논총 **2**

한국 고대사 연구의 자료와 해석

2014년 9월 18일 1판 1쇄

엮은이 | 노태돈 교수 정년기념논총 간행위원회

편집 | 최양순·조건형·이진
디자인 | 백창훈
지도 | 김경진
제작 | 박흥기
마케팅 | 이병규·최영미·양현범

출력 | 한국커뮤니케이션
인쇄 | 천일문화사
제책 | 책다움

펴낸이 | 강맑실
펴낸곳 | (주)사계절출판사
등록 | 제406-2003-034호
주소 | (우)413-120 경기도 파주시 회동길 252
전화 | 031)955-8588, 8558
전송 | 마케팅부 031)955-8595 편집부 031)955-8596
홈페이지 | www.sakyejul.co.kr **전자우편** | skj@sakyejul.co.kr
독자카페 | 사계절 책 향기가 나는 집 cafe.naver.com/sakyejul
페이스북 | facebook.com/sakyejul
트위터 | twitter.com/sakyejul

ⓒ노태돈 교수 정년기념논총 간행위원회, 2014

ISBN 978-89-5828-788-9 93910
ISBN 978-89-5828-789-6 93910(세트)

이 도서의 국립중앙도서관 출판예정도서목록(CIP)은 서지정보유통지원시스템 홈페이지(http://seoji.nl.go.kr)와
국가자료공동목록시스템(http://www.nl.go.kr/kolisnet)에서 이용하실 수 있습니다.
(CIP제어번호: CIP2014026016)

노태돈 교수 정년기념논총 2

한국 고대사 연구의
자료와 해석

노태돈 교수 정년기념논총 간행위원회 엮음

일러두기

• 인명, 지명 등은 국립국어원의 외래어표기법을 기준으로 했으며, 필자에 따라 한자음을 그대로 쓴 경우도 있다. 또한 외래어 발음을 달리 표현한 경우도 있다. (예: 구카이/공해空海, 보하이만渤海灣/발해만, 요동/랴오둥, 규슈/큐슈 등)

• 일부 학술 용어나 고유명사의 경우 필자마다 표기법과 띄어쓰기, 기호 사용을 달리한 예도 있다. (예: 집안고구려비/지안고구려비, 충주고구려비/중원고구려비, 「광개토왕비문」/'광개토왕비문', 「울진봉평신라비」/울진봉평신라비, 한漢 대/한대漢代 등)

• 본문 중 〈표〉의 내용은 한글 병기 또는 번역문을 싣는 것을 원칙으로 했으나, 내용의 특성상 한글 표기나 병기보다 한자만 제시하는 것이 나은 경우, 또 번역문 상태로 보여주는 것이 의미가 없는 경우는 원문을 그대로 실었다.

• 출전은 각주로 처리하지 않고, 본문 중에 괄호를 이용해 '저자와 출판 연도, 인용 쪽수'를 기재했다.

• 각 원고의 참고문헌 표기는 원고 끝부분에 단행본과 논문의 구분 없이 각 논저의 작성 언어를 기준으로 한국어 저작과 외국어 저작(중국어, 일본어, 기타)을 구분해서 가나다순으로 정리했다. 이때 한국어 저작의 경우 한글 또는 한글 병기를 원칙으로 했으나, 한자로 쓴 몇몇 경우도 있다.

| 간 행 사 |

　　　　　　　　　지난 반세기 동안 한국 고대사 연구는
괄목할 만한 성과를 거두었습니다. 문헌 고증을 넘어 다양한 방법론을
활용한 연구가 활성화되었고, 금석문과 목간 등 새로운 문자 자료의 발
견으로 연구 내용이 심화되고 주제도 다변화되었습니다. 요즈음 한 해
동안 발표되는 한국 고대사 관련 논문만 500여 편을 넘나들 정도로 연
구자의 수도 폭발적으로 증가했습니다. 최근 학계 차원에서 지난 수십
년간의 연구 성과에 대한 정리와 평가가 다양하게 이루어져 한국 고대
사 연구의 성과를 되돌아보고 향후 과제를 전망할 수 있었습니다.

　대부분의 연구자들이 지난 반세기 동안의 연구 성과를 바탕으로 새
로운 방법론을 부단히 개발해 연구의 지평을 확장할 필요가 있다는 데
공감하고 있습니다. 또한 기존의 문헌 사료와 고고 자료를 새롭게 재
해석하고, 새로운 자료를 발굴해서 연구 내용을 더욱 심화시켜 나갈 필
요가 있다는 데도 인식을 같이하고 있습니다. 이러한 노력을 통해 한국
고대사상을 다채롭게 구축함과 더불어, 보다 거시적인 시각에서 한국
고대사 인식체계를 정립할 필요가 있을 것입니다.

　이 책은 2014년 8월 서울대학교 국사학과 노태돈盧泰敦 선생님의 정
년을 맞이해 현금의 한국 고대사 연구 과제를 조금이나마 해결하고, 새

로운 전망을 제시하기 위해 기획한 것입니다. 지난 2012년 5월, 선생님의 학은學恩을 입은 후학과 제자들이 선생님으로부터 받은 가르침에 보답하고, 선생님의 학문적 업적을 기리기 위해 정년기념논총을 간행하기로 뜻을 모았습니다. 이에 '노태돈 교수 정년기념논총 간행위원회'를 발족한 다음, 국내외 연구자들께 상기와 같은 취지에 맞춰 한국 고대사 연구방법론, 사료에 대한 해석이나 접근 방법, 향후 연구 전망 등을 다룬 원고를 청탁했습니다.

처음에는 등재 학술지 위주의 연구 업적 평가나 촉박한 일정 등으로 인해 원고 수집이 어려울 것으로 예상했지만, 무려 58분의 국내외 연구자께서 귀중한 옥고를 보내주셔서 풍성하고 뜻깊은 정년기념논총을 엮을 수 있게 되었습니다. 본 간행위원회에서는 57편의 귀중한 원고를 주제에 따라 두 권으로 나누어 간행하기로 결정했습니다. 먼저 한국 고대사 연구의 흐름과 방법론을 다룬 논고는 『한국 고대사 연구의 시각과 방법』, 한국 고대사 관련 자료의 재해석과 활용 등을 다룬 논고는 『한국 고대사 연구의 자료와 해석』으로 각각 엮고, 권마다 다시 주제를 세분해 3부로 구성했습니다.

먼저 『한국 고대사 연구의 시각과 방법』은 '1부 연구의 흐름과 과제', '2부 개념과 이론', '3부 새로운 주제의 모색'으로 구성했습니다. 1부는 종래 논쟁이 많았던 주제 및 근래 이슈가 되었던 주제 등에 대한 연구사를 정리하고, 그에 대한 전망을 제시한 논고로 묶었습니다. 2부는 이슈가 되었던 개념이나 이론을 다룬 논고로 구성했습니다. 여기에 소개한 논고들을 통해 종래 널리 사용되었던 용어나 개념, 이론에 대한 이해를 한층 심화시킬 수 있을 것입니다. 3부는 새로운 방법론과 자료를 활용한 논고들을 배치했는데, 향후 한국 고대사에 대한 시각을 다양화하고 연구 지평을 확장하는 데 큰 도움을 줄 것입니다.

다음으로『한국 고대사 연구의 자료와 해석』은 '1부 문헌 사료의 새로운 해석', '2부 금석문 및 문자 자료의 분석', '3부 고고 미술 자료의 활용'으로 분류했습니다. 1부는 문헌 사료를 새롭게 재해석한 논고를 묶었습니다. 문헌에 대한 종전의 연구 동향과 더불어 새로운 방법론과 시각으로 문헌 자료에 접근한 연구들을 만날 수 있을 것입니다. 2부는 금석문과 목간 등 문자 자료를 분석한 논고로 구성했습니다. 독자들은 기존에 널리 알려진 문자 자료에 대한 재해석 및 새로운 자료를 활용한 최신 연구 동향을 살필 수 있을 것입니다. 3부는 고고 미술 자료를 활용한 논고를 배치했습니다. 고고학자들이 물질 자료를 기초로 해서 어떠한 과정과 방법을 통해 구체적인 역사상歷史像을 구축하는가를 살필 수 있을 것입니다.

돌이켜보건대, 선생님께서는 40여 년간 계명대학교와 서울대학교에 재직하면서 한국 고대사 연구와 후진 양성에 매진하셨습니다. 선생님께서는 민족의 기원과 형성 문제를 비롯해 한국 고대사 전반에 걸친 연구의 초석을 다졌고, 그중에서도 고조선사와 고구려사, 삼국통일전쟁사 연구에 전력을 기울여 독보적인 연구 업적을 축적하셨습니다. 선생님께서 제기하신 고조선 중심지 이동설은 현재 학계의 통설로 자리 잡았고, 선생님의 역저力著인『고구려사 연구』와『삼국통일전쟁사』는 사료에 대한 실증적 분석과 치밀한 논리 구성을 바탕으로 고구려 국가의 형성과 전개, 삼국통일전쟁의 전개와 영향을 체계적으로 정리한 기념비적 업적으로 평가받고 있습니다.

선생님께서는 부여, 신라, 발해 연구의 토대를 다지는 데도 크게 기여하셨을 뿐 아니라, 선생님께서 제기하신 부체제론部體制論은 고조선에서 삼국으로 이어지는 한국 고대사의 전개 과정을 체계적으로 인식하는 데 결정적인 계기를 제공했습니다. 또한 선생님께서 책임편집한

『역주 한국고대금석문』(전3권)은 금석문을 활용한 한국 고대사 연구에 새로운 지평을 열었고, 『한국고대사논총』(전10권)과 『강좌 한국고대사』(전10권)는 종전의 한국 고대사 연구 성과를 체계적으로 정리하고, 연구가 미진했던 분야를 활성화하고 새로운 연구 주제를 개발하는 데 크게 기여했습니다.

선생님께서는 학문 활동 외에 한국고대사학회 회장, 한국사연구회 회장, 서울대학교 규장각한국학연구원 원장 등을 역임하시며 한국 역사학계에 커다란 족적을 남기셨습니다. 또한 선생님의 자상하고 엄격한 지도를 받은 제자들, 선생님과 직·간접으로 관계를 맺은 후학들은 현재 한국 고대사학계의 중견학자로 활발하게 활동하고 있습니다.

본 간행위원회에서는 이 책에 지난 40여 년에 걸친 선생님의 학문에 대한 사랑과 고민, 진리에 대한 열정, 그리고 선생님과 문제의식을 공유하며 선생님의 학문을 계승해서 발전시키기 위해 노력한 후학과 제자들의 연구 성과를 충실히 담으려고 했습니다. 이 책의 출간을 계기로 한국 고대사 연구의 새로운 전기가 마련되었으면 하는 바람이고, 향후 한국 고대사 연구의 새로운 지침서로서 널리 활용되기를 기대해 마지않습니다.

이렇게 훌륭하고 뜻있는 책이 나오게 된 것은 원고를 보내주신 필자 여러분의 적극적인 참여와 성원 덕분입니다. 선생님의 정년을 축하하고, 선생님과의 인연을 소중하게 여기는 마음을 듬뿍 담아 원고를 작성해주신 필자 여러분께 진심으로 감사드립니다. 아울러 이 책을 기획하고 출간하는 과정에서 노고를 아끼지 않은 간행위원회의 간행위원님과 편집 실무를 맡은 서울대학교 국사학과 대학원생들에게도 감사의 인사를 드립니다. 또한 선생님과의 소중한 인연 때문에 어려운 상황에서도 기꺼이 출판을 맡아 책을 훌륭하게 꾸며주신 사계절출판사의 강맑실 사장님과 편집부 여러분께도 고맙다는 말씀을 올립니다.

　이 정년기념논총의 간행을 계기로 선생님의 학문적 연구가 더욱 두터워지기를 기원드리며, 새로운 인생의 전환기를 맞이하신 선생님께서 항상 건강하고 평안하시기를 소망합니다.

2014년 9월
노태돈 교수 정년기념논총 간행위원회

3부 —— 새로운 주제의 모색

1부

문헌 사료의 새로운 해석

설화와 의례의 해석과 역사 읽기

나희라(경남과학기술대학교 교양학부 교수)

1. 역사 자료로서 설화와 의례

한국 고대사 연구에서 자료의 부족은 기본적인 한계다. 동시대 주변의 중국이나 일본의 역사 자료와 비교했을 때 더욱 그러하다. 게다가 부족하나마 현재 전하는 고대인들이 남긴 자료도 그것들이 무엇을 얼마만큼 말해주는 것인지 파악하기 힘든 경우가 많다. 그러나 역사는 자료를 통해 재구성되는 것이다. 남겨진 자료를 최선으로 해석하고 이해할 필요가 있다.

이러할 때 힘든 문제 중의 하나가 신화를 비롯한 고대의 설화 자료들을 어떻게 이해할 것인가 하는 것이다. 자료가 부족한 상황에서 고대에 만들어졌거나 그랬으리라 짐작되는 설화 자료들을 소홀히 할 수는 없다. 『삼국사기三國史記』나 『삼국유사三國遺事』 같은 설화 형식의 자료들이 대개 연대나 인물을 증거로 구성되었기 때문에, 역사 연구에서 이러한 설화들이 쉽게 자료로 선택된다. 그러나 설화 자료를 역사 자료로 이용하는 것이 쉬운 일은 아니다. 특정 연대나 인물이 개입되고 역사적 증거물이 제시되었다 해서 그 설화가 바로 역사적 사실을 말하는 것은 아니다(서영대, 2000, 117쪽). 설화가 구성되고 전승되었던 과정이나 그 의미를 전체적으로 설명할 수 있어야지만 그 설화 속에 들어간 등장인물이나 연대의 역사성을 이해할 수 있다. 즉 고대 한국인들이 남긴 신화를 비롯한 설화는 우선 설화로서 이해하고 그것을 설명하는 작업이 이루어져야 한다는 것이다.

그런데 구성된 이야기 자체만으로는 왜 그러한 설화가 만들어지고 전승될 수 있었는지 이해하기가 힘든 난해한 설화들이 많다. 이러할 때 이야기와 행위 또는 관습 사이의 관계를 고려해 설화와 관련된 의례를 매개로 그 설화를 이해하는 또 다른 접근 방법을 시도해볼 필요가 있다. 설화의 형성과 전승에는 해당 집단의 세계관과 행동 양식이 개입된다. 이야기의 구조나 구성 요소뿐 아니라 이야기를 행위로 표현했거나 또는 행위화된 것을 이야기로 구성했던 흔적을 통해서 설화 집단이 왜 그러한 이야기를 만들어냈고, 그것을 전승시켰는가 하는 문제를 이해할 수 있다.

이러한 예로서 필자는 '사금갑射琴匣 설화說話'의 의미를 '오기일烏忌 日'이라는 의례를 통해 재구성한 적이 있다(나희라, 2010). 여기서는 또 다른 예로 허왕후 설화를 그와 관련한 의례였던 '희락사모지사戱樂思慕 之事'를 통해 그것이 형성되고 전승되었던 배경을 설명할 것이다. 그리고 이 설명의 결과를 통해 고대의 설화와 의례를 역사학 분야에서 어떻게 사료로 이용할 수 있는가 하는 문제를 생각해보고자 한다.

2. 허왕후 설화와 '희락사모지사'

금관가야의 건국 신화는 수로왕首露王의 천강天降과 허왕후許王后의 도
래渡來, 그리고 그들의 결혼 과정을 주요 요소로 해서 구성되었다. 역사
학계에서는 김해 지역에서 여러 권력 집단의 합의에 의해 소국이 출현
했던 역사적 배경과 해운海運을 이용해 가야 지역에 와서 한계漢系 문물
을 교역하던 낙랑 상선을 도래와 연결시켜 형성된 이야기이며(김태식,
1998), 가야 멸망 후에 지역의 불교 승려들이 개입해서 만들어진 설화
나 지방의 민속 신앙들이 섞여 들어가면서 「가락국기駕洛國記」의 건국
신화가 완성된 것(이영식, 1998; 이광수, 2003)으로 이해하고 있다.

가야의 건국 신화 가운데서 특히 허왕후 이야기는 논쟁의 중심에 있
어왔다. 허왕후 도래 이야기를 두고 그 출신의 진위가 논란이 되었고,
이와 관련해 고대 한국에서 불교의 전래와 관련해서도 여러 논의가 있
었다. 그러나 이러한 허왕후의 출신에 대한 논의가 가야사 내지 한국
고대사를 이해하는 데 별다른 의미를 주지는 못했다고 생각한다. 많은
논란에도 불구하고 그 결과가 별다른 성과를 낳지 못한 이유는 그 논
의가 허왕후 이야기의 본질을 제대로 끌어내지 못했기 때문이 아닌가
한다. 허왕후 이야기의 핵심은 그녀가 어디서 왔는가 하는 것이 아니
라, 그녀의 도래가 설화 집단에게 어떠한 의미였는가 하는 데 있다고
생각한다. 허왕후 도래 이야기는 고대 가야인들이 자신들의 시조왕비
가 바다 저편 미지의 나라에서 많은 보화를 가지고 와서 수로왕과 혼
인해 나라를 일으켰다고 생각해서 만들어졌다.[1] 그렇다면 이러한 생각

---

1) 현재 전하는 「가락국기」의 허왕후 설화에 등장하는 구체적인 연대나 지명 등은 후대의 변개를
많이 거친 것이지만, 기본적인 이야기의 구조는 가야시대에 만들어졌을 것으로 이해되고 있다.

과 이야기는 고대 가야인들에게 어떠한 의미가 있었던 것인가.

고대 인간은 현실 세계의 문제를 회피하거나 해결하기 위해 타계他界를 설정했으며, 이 타계로부터 인간의 문제를 해결할 수 있는 무언가를 기대할 수 있다고 여겼다. 그중 하나가 해양 타계관이다. 허왕후가 바다를 건너 많은 보화를 가지고 들어와 시조왕과 혼인을 했다는 이야기는 결국 이러한 고대인의 신화적 세계관에서 출발한 것이라 여겨진다(현용준, 1972). 물론 가야인들은 해양뿐 아니라 하늘도 타계로 설정해 시조왕은 하늘로부터 지상으로 내려왔다고 했다. 그리하여 이 두 신격은 결국에는 지상의 이상 세계, 즉 가야라는 이상 사회를 창조했다. 타계에서 인간 세계를 방문한 신격은 대개 인간에게 필요한 무언가를 건네준다. 고대인들은 흔히 그것이 인간의 생존에 절대적으로 필요한 창조와 풍요라고 여겼다. 그래서 수로왕과 허왕후의 결합은 국가의 창조였고, 이들은 왕실을 유지하면서 풍요를 계속 보증할 필요가 있었다. 가야인들의 이러한 세계관이 이야기로 꾸며진 것이 건국 신화였던 것이다. 창조와 풍요를 보증하는 두 신격의 결합으로 건국이 이루어졌다는 이야기는 가야 외에도 고대 한반도 여러 나라에서 보인다. 그런데 바다에 접해서 생업을 꾸려나가고 교역을 통해 번영을 구가하던 가야인들에게 해양 타계관은 천상 타계관에 비해 뒤지지 않는 중요한 의미를 지녔던 것 같다. 그래서 건국 신화에서 시조왕비의 도래를 자세히 이야기했다.

그리고 이러한 생각을 뒤받쳐주는 자료가 있다. 바로 고려시대에 김해 지역에서는 수로왕과 허왕후 이야기를 기념하는 민속 의례가 전승되었다는 것이다.

이 무렵에 다시 함께 놀고 즐기면서 옛일을 사모하는 행사(戲樂思慕之事)가 있으니, 매년 7월 29일에 이 지방 사람들과 향리, 군졸들이 승점으로 달려가 장막을 치고 술과 음식을 먹으면서 환호한다. 동서로 우두머리를 보내어 장정들을 좌우편으로 가르고는, 망산도로부터 말들을 세차게 몰아 뭍에서 질풍처럼 달리고, 바다에서는 뱃머리를 나란히 한 채 북쪽으로 옛 포구를 향해 다투어 나아간다. 대체로 이것은 옛날 유천간과 신귀간 등이 왕후가 오는 것을 바라보고 급히 임금께 달려와서 보고한 것이 후대까지 남아 전한 흔적일 것이다.(『삼국유사』 권2, 기이奇異2 가락국기駕洛國記)

이 행사에 대해서는 흔히 문자 기록 그대로 허왕후 도래를 기념해서 만들어져 행해졌던 것으로 이해하고 있다. 이 행사를 보고 관찰한 사람의 표현에 의하면 이때 사람들이 두 편으로 나뉘어 뭍에서는 말을 달리고 바다에서는 배를 몰았다고 하는데, 그 내용이 양편의 사람들이 다투어 경주를 하는 모습을 상상하게 만든다. 그런데 허왕후 도래를 기념해 행했다는 행사에서 왜 이렇게 사람들이 양편으로 나뉘어 앞다투어 달리고 배를 몰아야 했을까. 이 행사의 관찰 기록자는 이 행사가 허왕후를 맞이했던 오랜 역사를 재현하는 것이라는 의견을 제시했다. 아마도 이는 관찰 기록자만의 생각은 아니었을 것이고, 당시 이 행사를 거행하던 고려시대 김해 지역민들의 생각을 반영한 것일 것이다. 이 기록 앞에 허왕후 도래 때 유천간留天干과 신귀간神鬼干이 사람들을 거느리고 말을 달리고 배를 몰아 왕후를 맞이했다는 이야기가 있으므로 이러한 설명은 나름대로 합리적인 근거를 가지는 셈이다.

그러나 과연 이 행사가 허왕후 도래 때문에 만들어진 김해 지역의 특수한 행사였을까. 이와 관련해 흥미로운 것은 이러한 모습과 유사한 행위가 아주 오랜 역사에서도, 또 최근까지 우리 민속을 비롯한 세계 여러 지역에서 행해졌던 흔적을 찾아볼 수 있다는 것이다. 여러 민족지의 사례로 보았을 때 이 행사는 단순히 역사적인 사건을 기념해서 만들어진 것은 아니었던 것으로 보인다. 특히 사람들이 양편으로 나뉘어 배를 몰아 이기고 지는 것을 겨루는 놀이에 대한 오키나와나 중국 윈난성雲南省 등 아시아 동남부 지역의 사례들이 많이 알려져 있다(鳥越憲三郞, 1986; 허남춘, 2003). 아마도 고려시대 김해 지역 사람들이 행했다는 이 행사는 단순한 놀이나 역사를 기념하기 위한 것은 아니었던 것 같다.

사람들이 두 편으로 나뉘어 경주를 했다는 점에서 이 행사는 세계 여러 지역에서 고대부터 거행되었던 일종의 편싸움(또는 제의적 싸움)으로서의 의미를 지녔던 것으로 보인다(김택규, 1985, 212~244쪽; 허남춘, 2003, 288~292쪽; 나희라, 2009, 135~138쪽). 편싸움은 세계 창조 시의 카오스와 코스모스의 싸움을 통해 코스모스가 승리를 거둠으로써 창조가 이루어진다는 신화적 사고에서 출발한 것이다. 세계 각지의 많은 곳에서 신년新年의 시작 또는 봄철이나 수확기에 주기적으로 행해지는 편싸움은 우주의 에너지를 증대하고 강화시킨다는 고대 관념에 그 기원을 두고 있다. 편싸움 과정에서는 성적 결합을 통한 풍요 다산의 유감주술類感呪術, 오르기의 상태가 지니는 생명의 갱신성, 재액 구축 과정 재현 등의 주술 종교적 요소들이 충족되면서 풍요에 대한 기원이 구현된다(한양명, 1993, 28쪽). 가장 오래되고 전형적인 제의적 싸움의 예는 바빌로니아인들이 아키투Akitu 축제에서 행했던 것을 들 수 있는데, 이는 마르둑Marduk이 티아마트Tiamat를 퇴치하고 국가를 창조했다는 바빌로니아의 창조 신화, 에누마 엘리시에 그 근거를 두고 있었다. 아키투 축제에서는 여러 종류의 주술 종교적 의례들이 복합적으로 거행되었는데, 연기자들로 이루어진 두 집단 간에 의식적인 싸움이 행해졌고 집단적인 오르기가 벌어졌으며, 마르둑의 화신인 왕과 사원 여사제 간의 신성한 결혼의식이 치러졌다(미르치아 엘리아데, 정진홍 옮김, 1976,

78~93쪽).

한반도에서도 줄다리기, 석전石戰, 차전車戰, 거화전炬火戰 등이 편싸움으로 많은 지역에서 전승되었다. 대표적인 편싸움의 하나인 줄다리기는 정월 보름이나 팔월 보름에 사람들이 양편으로 나뉘어 겨루기를 하고, 그 결과에 따라 한 해의 풍흉을 점치는 놀이다. 싸움을 하는 시기가 대개 보름과 관련이 있다든지, 줄의 결합을 남성과 여성의 결합으로 생각한다든지, 양편의 대결을 남녀의 대결로 상징화한다든지, 여성 편이 이겨야 풍년이 든다고 생각한다든지 하는 데서 줄다리기는 농경의례이며 풍요 의례임을 알 수 있다(김택규, 1985, 223~236쪽).

이로써 볼 때 양편으로 나뉘어 말과 배로 경주를 했다는 김해 지역의 행사에 대한 기록은 분명 편싸움의 모습을 말하는 것이다. 편싸움에서는 사람들을 양편으로 나누며, 각 편에는 대장이 있어 그 놀이를 이끈다. 가야 건국 신화에서 유천간과 신귀간으로 하여금 사람들을 거느리고 허왕후를 맞이하도록 했다는데, 유천간과 신귀간은 편싸움에서 설정되는 대장에 해당한다. 고려시대 김해의 배 경주 놀이에서도 동서로 양편을 나누고 각기 우두머리를 두었다고 해서 이 놀이가 명확히 편싸움임을 알 수 있다. 이렇게 볼 때 이 행사는 바다에 접해 생활했던 김해 지역민들이 오랫동안 거행하며 전승해왔던 풍요 의례로서의 편싸움에 그 기원을 둔 것이 아닌가 생각한다.

고대 한반도에서 편싸움의 흔적은 여럿 찾아볼 수 있다. 고구려의 석전이 그러하고, 신라의 적마대회積麻大會가 그러하다. 『수서隋書』에 의하면 고구려에서는 매년 초에 패수浿水 가에서 왕이 참여한 가운데 사람들이 두 편으로 나뉘어 돌을 던지며 싸움을 했다 한다. 신라에서는 7월부터 8월 보름까지 성안의 여성들이 왕녀王女가 이끄는 두 패로 나뉘어 길쌈을 해서 그 결과를 놓고 겨루었다는 기록이 있다. 석전은 조선시대까지도 여러 지역에서 거행되던 민속놀이였고, 신라의 적마대회는 이후 관련 기록은 없지만 여성들의 민속놀이로 전승되는 다리밟기나 강강술래에서 그 흔적을 찾아볼 수 있으므로, 편싸움은 고대부터 현재까지 장구한 세월 동안 지속된 민간 전승이다. 여성들의 집단적인 풍요 기원의 제의적 놀이인 다리밟기나 강강술래는 보름달을 상징하는 원무圓舞를 추고 성행위를 상징하는 놀이들을 행함으로써 여성성과 달, 성행위가 품어내는 풍요를 확보하는 것이었는데, 지금은 희박해졌지만 편싸움적인 요소와 길쌈의 요소를 가지고 있었던 것으로 파악된다(임재해, 1992; 나희라, 2007).

신화상으로나 의례의 관찰 기록으로 볼 때 김해에서 바다에서는 배를 저어, 그리고 육지에서는 말을 달려 경주를 했던 것 같은데, 그것이 육지 편과 바다 편의 싸움이었는지, 아니면 육지에서 말을 달리는 편싸움과 바다에서 배를 몰아오는 편싸움을 모두 행하는 것이었는지는 확실히 알 수 없다. 현재 남아 있는 편싸움의 사례들로 보아서는 육지에서의 편싸움과 바다에서의 편싸움이 모두 있었던 것이 아닌가 여겨지기도 하나, 황해도 장연의 편싸움에서는 마을 청년들이 산 쪽과 해변 쪽으로 나눠서 윷놀이를 했다는 기록도 있어(김택규, 1985, 126쪽), 육지 편과 바다 편의 편싸움 가능성도 배제할 수는 없다. 또한 신화에서 수로왕이 육지를, 허왕후가 바다를 대표해 결합한 것으로 보면 육지 편과 바다 편의 싸움과 그 결합을 생각해볼 수도 있다. 오늘날 줄다리기에서 나눠진 양편이 남성 편과 여성 편을 상징하고, 줄다리기 과정에서 양편의 줄이 성행위를 상징하는 방식으로 겨루는 것과 신화에서 수로와 왕후의 결합을 연관 지어 생각해볼 수도 있다. 고려시대에 배 경주를 했다는 김해 지역의 편싸움은 조선시대에 오면 배 경주에 대한 관찰 기록은 없고 대신 정월 대보름이나 4월 8일, 단오 때 깃발을 세우고 북을

울리며 석전을 했다는 기록이 있다.[2] 조선시대에도 배 경주가 계속 전승되었는지는 확실히 알 수 없다.

　김해 지역에서 편싸움의 전통은 상당히 오래된 것이고, 또한 지속적으로 전승되었던 것 같다. 가야시대 김해 지역에서 편싸움의 전통이 있었다는 것은 다음과 같은 자료를 통해 다시 한 번 확인할 수 있다.

　탈해가 바다를 따라 가락국에 왔다. 거침없이 대궐에 가서 왕에게 말하기를, "나는 왕의 자리를 빼앗고자 왔다"라고 했다. 왕이 대답하기를, "하늘이 나에게 명해서 왕위에 오르게 한 것은 장차 나라를 안정시키고 백성들을 편안하게 하려 한 것이니, 감히 하늘의 명을 어기고 왕위를 남에게 줄 수도 없고, 또한 우리나라와 백성을 너에게 맡길 수도 없다"고 했다.
　탈해가 말하기를, "그러면 술법으로 겨루어보겠는가?"라고 하니 왕이 좋다고 했다. 잠깐 사이에 탈해가 변해서 매가 되니 왕은 변해서 독수리가 되었고, 또 탈해가 변해서 참새가 되니 왕은 변해서 새매가 되었다. 이때 조금도 시간이 걸리지 않았다. 탈해가 원래 모습으로 돌아오자 왕도 역시 이전 모습이 되었다. 탈해가 이에 엎드려 항복했다. …… 그러고는 곧 왕에게 절을 하고 하직하고 나갔다.
　근교의 나루로 가서 중국 배가 오가는 뱃길을 따라 떠났다. 왕은 그가 이곳에 머물면서 반란을 꾸밀까 염려해 급히 병선 500척을 동원해서 쫓았더니 계림 국경으로 들어가므로 수군이 그대로 돌아왔다.(『삼국유사』 권2, 기이2 가락국기)

---

2) 安東金海二府之俗 每遇正月十六日 聚居人 分爲左右 投石爲戲 以較勝負(『패관잡기稗官雜記』 권2); 好石戰 每歲自四月八日 兒童群聚 習石戰于城南 至端午日丁壯畢會 分左右 竪旗鳴鼓 叫呼踊躍 投石如雨 決勝負乃已 雖至死傷 無悔(『신증동국여지승람新增東國輿地勝覽』 권32, 김해도호부金海都護府 풍속風俗).

설화와 의례의 해석과 역사 읽기　25

탈해脫解와 수로가 싸워 탈해가 져서 배를 타고 달아나니 수로가 쫓았다는 이야기다. 수로와 탈해 양편의 싸움과 배로 쫓고 쫓겼다는 점에서 김해의 '희락사모지사'에서 행했던 배 경주와 유사하다. 아마도 이 이야기는 김해 지역의 전통적인 편싸움 의례에 가야와 신라 사이의 어떤 역사 경험에 대한 기억이 개입되어 만들어진 것이 아닌가 생각된다. 여기서 수로가 이기는 것은 편싸움의 원리에 의하면 당연한 결과다. 편싸움에서는 창조와 풍요를 가져다주는 선이 악을 이겨야 하기 때문이다.[3] 가야와 신라의 경쟁과 갈등에 대한 역사적 기억이 편싸움의 주체로 수로와 탈해라는 두 왕실의 시조를 설정하도록 하고, 선의 상징인 수로가 악의 상징인 탈해를 물리쳐서 나라를 유지할 수 있었다는 이야기를 구성하게 했던 것은 아닐까. 가야시대부터 이러한 이야기가 구성이 되어 전승되었다면, 매년 이러한 이야기를 근거로 한 편싸움을 함으로써 가야인들은 경쟁국을 물리치고 자국의 안녕을 기원하는 심리적인 위안을 얻었을지도 모른다. 여하튼 수로와 탈해의 겨루기와 탈해의 패주 설화는 김해 지역 가야인들이 거행했던 편싸움의 오랜 의례적 전통을 말해주는 또 하나의 증거라 할 수 있겠다.

이와 관련해 해모수解慕漱와 하백河伯의 겨루기와 고구려의 편싸움도 생각해볼 만하다. 「동명왕편東明王篇」에 의하면 해모수가 하백을 찾아가 수로와 탈해의 경우와 마찬가지의 술법 겨루기를 하고 승리했다. 해모수와 하백이 싸운 곳은 하백의 주재처인 강이었을 터다. 그런데 고

---

3)　유대인들은 신년제에서 카오스를 구체적으로 표현하는 신과 바다 괴물의 싸움, 그리고 신의 승리를 표현했는데, 매년 행해지는 이 우주 창조적 승리가 히브리인들의 의식 속에서는 그 당시 현존하는 이방의 왕뿐만 아니라 장차 왕이 될 모든 이방의 군주들에 대한 승리로 부각되어 있다고 한 연구는 수로와 탈해의 싸움이 왜 편싸움의 형식을 가지고 있고 수로의 일방적인 승리로 끝났다고 이야기가 구성되었는지에 대해 힌트를 준다(미르치아 엘리아데, 정진홍 옮김, 1976, 90~91쪽).

26

구려에서는 매년 초에 패수 가에서 사람들이 두 편으로 나뉘어 석전을 했다고 한다. 가야에 수로와 탈해의 신화적 싸움이 있고 바다에서 배 경주가 행해졌던 것과 마찬가지로, 고구려에도 해모수와 하백의 싸움 신화가 있고 물가에서 석전이 행해졌던 것은 상당히 비교해볼 만한 문제라 생각한다. 이에 대한 해석은 여러 차원에서 할 수 있을 터이나, 여기서는 가야와 고구려에서 편싸움에 관한 이야기와 의례가 건국 신화와 왕실 의례에 차용되었을 정도로 고대 한국에서 편싸움의 전통이 상당히 깊었다는 것만 언급하겠다. 이와는 조금 다른 차원에서지만 신라에도 왕실의 여성들이 이끄는 편싸움이 있었다. 이와 같이 고대 한국에서 편싸움의 흔적은 다양하게 찾을 수 있는데, 그것은 건국 신화와 국가 차원의 의례에도 반영되었던 중요한 의미를 가진 것이었다.

이러한 편싸움은 일반적으로 풍요를 기원하는 주술 종교적 의례라고 앞에서 말했다. 허왕후 도래 자체가 풍요를 가져오는 신격의 도래를 말하는 것이고, 또 그를 기념한다는 편싸움이 풍요를 기원하는 의례였다는 것으로, 우리는 허왕후 설화와 관련 의례가 창조와 풍요를 기원하는 가야인들의 세계관과 관습을 기반으로 만들어진 것이었음을 이해할 수 있다.

수로와 허왕후의 결혼 이야기는 이러한 창조와 풍요의 완결이라고 할 수 있다. 건국 신화에서 시조왕과 왕비의 결혼 이야기는 일종의 신성혼神聖婚을 말하는 것인데, 이는 남성성과 여성성의 결합이 세계의 창조와 풍요를 보증한다는 신화적 관념에 기반을 둔 것이다. 금관가야의 건국 신화에서는 시조왕과 왕비의 만남과 결합을 비중 있게 풀어내고 있으며, 더군다나 "산에 임시로 설치한 침전에서 함께 이틀 밤을 지내고 또 하루 낮을 지냈다"고 해서 그들의 성적 결합을 상당히 강하게 표현하고 있다. 풍요로운 생산과 무사안녕을 기원하는 민속의 공공 의례에서 남성신과 여성신을 함께 사당에 모셔놓고 그들을 위한 의례 과정에서 성행위를 상징하는 여러 행위가 연출되는 것과 비교할 수 있다.

3. 설화와 의례에서 역사 읽기

이상에서 허왕후 도래 설화와 관련 의례의 의미를 검토해보았다. 허왕후 도래에 대해서는 대부분 그녀의 출신에 대한 기록의 진위 여부를 두고 논의가 있었으나, 그 이상의 의미는 고려의 대상이 되지 못했다. 그러나 인류학이나 문학 쪽에서는 허왕후가 바다 저편에서 많은 금은보화를 가지고 왔다는 이야기는 해양 저편의 타계에서 풍요가 온다는 고대인의 해양 타계관에 기반을 둔 것이며, 남신과 여신의 결합은 창조와 풍요를 보증하는 신성혼이라는 논의가 있었다. 창조와 풍요를 보증하는 신격의 정기적인 도래와 그들의 신성성이 지상에서도 구현될 수 있도록 기원하는 가야인들의 관념체계가 이러한 이야기 형성의 기반이었다는 것이다.

이러한 이야기의 의미는 허왕후의 도래와 신성 결혼을 기념해 거행했다는 '희락사모지사' 의례를 통해 더욱 잘 알 수 있다. 그동안은 이 의례를 문헌 기록 그대로 단순히 역사적 사건과 인물을 기념한 놀이라고 해석하고 그 의미에 대해서는 관심을 두지 않았다. 그런데 사람들이 양편으로 나뉘어 경주를 하는 것은 세계 여러 지역에서 보편적으로 보이는 편싸움의 원리를 바탕으로 한 의례로서의 의미를 가지고 있다. 편싸움은 재앙을 물리치고 새로운 질서를 회복해 풍요를 획득하려는 의례다. 결국 허왕후 도래 설화와 관련 의례는 풍요를 기원하는 이야기이며 의례였다는 것이다. 허왕후 설화와 의례를 통해 설화와 의례가 밀접한 관계를 가지고 서로의 의미를 설명해준다는 것을 재확인할 수 있다.

이렇듯 허왕후 설화와 그 의례의 관계에서 보았듯이, 우리가 고대의 사료로서 설화를 이해하고자 할 때 이야기 자체만이 아니라 어떤 의례의 흔적이 있다면 이 둘을 관계 지어 그 의미를 아울러 해석해볼 필요가 있다. 의례는 인간이 자신들을 강력하게 움직이는 것을 직접적으로 표현하는 것으로 스스로의 열망과 가치를 더 잘 나타내는 것이기도 하다.[4] 따라서 설화 자체만으로는 모호한 문제가 관련 의례를 검토함으로써 더 분명히 드러나는 경우도 있다.

이러한 문제의 예로 사금갑 설화의 해석을 들 수 있다. 사금갑 설화는 신라 소지왕炤知王이라는 역사적 인물과 연대가 제시된 설화로, 역사학에서 이 설화를 사료로 이용할 때 대개 소지왕 무렵의 정쟁이나 불교 수용 단계의 사상적 갈등을 보여주는 자료로 보고 있다. 사금갑 설화에 설정된 연대와 인물에 초점을 맞춘 결과다. 그러나 설화의 구성과 전승에서 연대 비정이나 인물 설정은 사실성史實性과 관계가 없는 경우가 많다(신종원, 2004). 설화에 개입된 사건이나 인물은 범주category로, 원형archetype으로 전승되는 경향이 있기 때문이다.

사금갑 설화에는 왕의 외유外遊와 동물들의 예지적 행동, 까마귀 내지 물에서 등장한 노인의 암시, 화살 쏘기, 왕의 목숨 구하기 등 많은 복잡한 요소들이 얽혀 있는데, 전체적으로 이야기의 의미를 이해하기가 무척 어려운 설화다. 그런데 이 설화는 그 기원이나 유래를 설명하면서 '오기일'이라는 의례와 연관을 시키고 있다. 이 의례의 의미를 여러 사회의 민족지와 민속 자료들과 비교 검토해보면, 이것이 정월 대보름에 세계의 창조와 생명력의 갱신을 통해 풍요를 기원하는 의례와 관

---

4) 빅터 터너, 박근원 옮김, 2005, 32쪽.

련이 있다는 것을 알 수 있다. 아마도 이 설화는 왕의 생명력의 갱신과 연관된 정월 대보름의 왕실 의례와 관련해 형성된 것이라 생각한다(나희라, 2010). 여기에 왕실에서 발생했던 모종의 사건에 대한 기억이 혼착되면서 최종적으로 『삼국유사』에 채록된 것과 같은 사금갑 설화가 구성된 것이라 할 수 있다. 이렇게 설명을 하면 왜 그러한 이야기가 구성되고 전승되었는가를 다각도로 이해할 수 있는 실마리도 얻을 수 있지 않을까. 이 설화에 소지왕이라는 특정 인물과 관련 연대가 개입된 것은 이 설화가 기반으로 하는 왕의 생명력 갱생이 시조왕 제사와 관련이 있어 시조왕에 대한 제사의 변화를 시도했던 소지왕 대에 관한 기억 때문이 아니었을까 싶다.

비형랑鼻荊郎 설화도 마찬가지의 관점에서 접근을 하면 훨씬 풍부한 역사 문화적 의미를 담은 사료로 다시 볼 수 있지 않을까. 비형랑 설화는 비형랑이 진지왕眞智王의 아들이라는 설화의 연대와 인물 설정 때문에 진지왕과 그 이후 신라 왕실의 권력 관계를 말해주는 자료로 흔히 이용되곤 한다. 그러나 비형랑 설화를 설화 그 자체로 이해하면 신라의 역사와 문화에 대한 더 많은 의미를 찾아낼 수 있다. 비형랑 설화는 신라인들이 전승해왔던 귀신 신앙 및 의례와 관련 지어 그 의미를 해석하면 흥미로운 결과도 얻을 수 있는 것 같다. 『삼국유사』 비형랑조의 말미에 보면, 비형랑이 귀신을 잡아서 귀신들이 비형랑을 무서워했기 때문에 "성제聖帝의 혼이 아들을 낳았으니 비형랑의 집이 바로 그곳일세. 날고뛰는 잡귀들아, 행여 이곳에 머물지 마라"라는 글을 써 붙여 귀신을 물리쳤다고 한다. 이와 관련해 『신증동국여지승람』에서는 비형랑 설화를 두두리-도깨비의 본풀이로 소개하고 있다. 이로써 보면 비형랑 이야기는 신라에 그 기원을 두고 경주 지역에 내려오던 민간 신앙과 의례를 기반으로 해서 역사상 실존했던 진지왕의 이야기가 개입되어 전승되었던 것이라 볼 수 있다. 비형랑 이야기에서는 정사正史에서 정치를 잘못해 쫓겨난 왕으로 평가받은 진지왕이 성스러운 임금으로 등장한다. 왜 이러한 설화가 형성되고 전승되었을까. 민간에서는 쫓겨난 진지왕을 이승에서 무언가를 이루지 못해 한을 품고 죽었기 때문에 두려운 힘을 가진 존재로 여겨, 진지왕의 혼령이 이승에 귀신 잡는 아들을 남겨 이로써 사람들에게 그 힘을 계속 발휘했다는 이야기를 구성한 것이 아닐까 생각해볼 수 있다. 이렇게 본다면 이 설화는 진지왕과 관련한 실제 사건을 말하는 것이 아니라, 진지왕에 대한 민간의 인식과 평가가 전래의 귀신 신앙 및 그 의례와 만나 만들어진 것이라고 해석할 수 있다.

이상에서 고대의 설화를 역사 자료로서 이해할 때 설화의 연대나 인물 설정 같은 단편적인 것만을 떼어내지 말고 그 설화의 전체적인 의미를 이해할 필요가 있으며, 이때 설화와 관련이 있는 의례를 함께 고려하면 그 설화에 대한 보다 다각적인 이해가 가능할 거라는 점을 말했다.

또한 고대의 설화와 의례를 역사 자료로 이용하고자 할 때 거기에 개입된 역사성을 어떻게 이해할 것인가 하는 문제를 생각해볼 필요가 있다. 『삼국사기』와 『삼국유사』에 남겨진 설화 대부분은 특정 연대와 인물들이 설화의 형성과 전승에 개입된 역사성을 가지고 있다. 그런데 앞에서도 말했다시피 설화에 개입된 역사는 범주화와 원형화를 거친 것이 많아 거기서 특정 연대와 인물에 대한 사실성을 끄집어내는 것은 위험하다. 오히려 왜 그러한 신화에 그러한 연대와 인물이 개입되었는가를 파악하는 것이 설화를 역사적 관점에서 이해하는 데 더 필요하다고 생각한다. 이러한 관점은 설화를 설화 자체로 이해하고 나서 그 형성과 전승 과정에 개입된 역사성을 파악함으로써 '의식意識의 역사'를 이해하는 것이며, 그 결과를 가지고 비로소 설화의 전승 과정에 개입된 '사실의 역사'를 추출해내는 것이기도 할 것이다(임재해, 2000, 45~46쪽).

고려시대 김해 지역에서 공공 의례로 거행했던 배 경주 놀이의 의미를 당시 사람들은 허왕후 도래를 기념하는 것이라고 생각했다. 그러나 그것은 풍요를 기원하는 편싸움이라는 주술 종교적 의례에 그 기반을 둔 오랜 전통을 가진 것이었다. 고려시대 사람들은 그 오랜 전통을 가진 의례를 계속 공동체 단위에서 거행했지만 그것의 원초적 의미는 제대로 의식하지 못했고, 자신들의 행위에 역사적 기원을 가진 것이라는 이유를 달아서 새로운 의미를 부여했다. 이로써 신화는 잊히고 역사는 남았으며, 역사를 갖게 된 의례는 새로운 생명력을 부여받았다. 아유타국 출신이라는 구체적인 인물과 구체적인 연대, 파사석탑과 사찰 등 감각적인 증거물을 갖춘 역사가 허왕후 설화의 바탕에 깔려 있던 신화적 관념과 의례의 의미를 덮어버린 것이다.

신화와 의례의 원초적 의미는 희미해졌지만 그 전승은 계속되어 그것의 의미를 새롭게 설명해야 할 필요가 있었을 때, 사람들은 자신들이 이해할 수 있는 합리적인 차원에서 설명하고자 했다. 다리밟기가 다리를 튼튼하게 해주기 때문에 매년 이를 행한다는 설명, 함경도에서 해마다 입춘 때 나경裸耕을 하는 의례를 추위를 이기는 건장함으로 한 해의 따뜻함을 기원하는 것이라는 설명(유희춘柳希春, 『미암집眉巖集』 권3, 잡저雜著 「입춘나경의立春裸耕議」), 석전이 상무尙武 전통이나 전법 훈련과 관련이 있다는 설명 등이 그러하다.

또 다른 방식의 합리적인 설명은 바로 역사적 근거를 드는 것이다. '희락사모지사'가 아유타국에서 배를 타고 오는 허왕후를 맞이하는 놀이라고 설명했던 것처럼, 강강술래는 임진왜란 때 이순신 장군이 적군을 물리치기 위해 만들었다고 했으며, 안동 놋다리밟기는 공민왕의 몽진蒙塵 때 처음 만들어졌다고 했다. 강강술래와 안동의 놋다리밟기는 원래 달과 여성과 풍요의 원초적 의미를 구현하는 놀이였다. 그러나 점차 그 의례의 의미를 포착하는 직관력이 희미해지면서 그 전승력도 약화되었을 터인데, 조선시대 유학자들이 난잡한 놀이라고 혐오했던 놋다리밟기에 고려 말 공민왕의 몽진이라는 역사성이 가미되어 충忠의 실천과 역사의 교훈이라는 사상적 재무장이 가능해짐으로써 새로운 전승의 힘이 생겼고(임재해, 1992, 127쪽), 강강술래 역시 이순신 장군이라는 걸출한 위인의 역사성에 힘입어 새롭게 포장될 수 있었다.

이렇게 설화와 의례의 원래 의미를 잊고 역사를 근거로 해서 전승의 힘을 확보한 예들은 이 외에도 여러 개를 찾을 수 있다. 앞에서 말한 사금갑 설화와 '오기일' 의례가 그러하다. 사금갑 설화는 문자로 기록된 그대로 소지왕 대 신라 왕실에서 발생한 역사적 사건을 설명하기 위해 형성된 설화는 아니다. 그것은 기본적으로 신년에 대한 원초적인 종교 관념과 그 의례를 설명하는 설화다. 만약에 그 설화에 신라 왕실과의 관련이나 소지왕에 관한 역사적 기억이 개입되지 않았다면, 가장 단순하게는 유화柳花가 주몽朱蒙에게 보냈다는 비둘기로부터 곡식 종자를 얻었다는 것처럼 까마귀가 곡식 종자를 인간 세계로 가져와 농사를 짓게 되었고, 그로부터 매년 까마귀에 감사하는 농경의례를 거행하게 되었다는 식의 이야기가 구성되고 전승되었을지도 모른다. '오기일'에 지켜졌던 '까마귀 밥 먹이기'와 같은 의례는 원래 신년의 풍요 의례였는데, 이러한 신년 의례의 요소가 신라 왕실 의례에 채용되고, 또 이것이 왕실의 어떤 사건과 연관되면서 이야기가 구성되어 전승되다가 그중 일부가 일연에 의해 문헌에 채록되었던 것이다. 이때 일연이 이 설화를 통해 역사적 사실을 읽어내려고 했던 것처럼, 조선시대 지식인들도 이 설화를 정월 세시풍속의 유래 설화로 이해하면서도 이 설화가 역사성을 지니기 때문에 의미가 있다는 태도를 버리지는 않았다. 군주가 불법을 숭신崇信하면 화를 입는다는 근거로 이 설화를 적절히 이용했던 것이다(나희라, 2010).

이상에서 설화를 어떻게 사료로 이용할 수 있을까에 대한 몇 가지 문제를 살펴보았다. 설화를 설화 그 자체의 이해, 즉 설화의 형성과 전승에 대해 이해하고 그 과정에서 포착되는 역사성을 이용하는 것이 설화를 사료로 다루는 보다 바람직한 방법이 아닐까 제시해보았다. 그리고 설화의 형성과 전승을 이해할 때 관련 의례를 함께 고려하면 더 좋은 결과를 얻을 수도 있음을 몇 가지 사례를 통해 살펴보았다.

설화와 의례를 통해 인간과 문화, 그리고 사회를 들여다보는 것은 역사학 외에 문학과 인류학 분야에서도 많이 해온 작업이다. 설화와 의례를 다루는 시각이나 방법론에서 조금씩 차이가 있는 여러 학문 분야의 연구 성과를 상호 이해하고 교류할 필요가 있다. 보편적 입장과 역사적 입장이 교묘히 맞아떨어지는 곳에서 진정한 인간과 문화, 그리고 사회에 대한 이해가 진전될 것이기 때문이다.

:: 참고문헌

「동명왕편東明王篇」

『미암집眉巖集』

『삼국사기三國史記』

『삼국유사三國遺事』

『신증동국여지승람新增東國輿地勝覽』

『패관잡기稗官雜記』

김태식, 1998, 「가락국기 소재 허왕후 설화의 성격」, 『한국사연구』 102, 한국사연구회.

김택규, 1985, 『한국농경세시의 연구』, 영남대학교 출판부.

나희라, 2007, 「안동과 토착사상」, 『안동문화의 수월성과 종합성』, 한국국학진흥원.

_____, 2009, 「대가야의 신화와 의례」, 『대가야의 정신세계』(대가야 학술총서 7), 고령군 대가야박물관·계명대학교 한국학연구원.

_____, 2010, 「사금갑설화와 신라의 왕권의례」, 『역사문화연구』 37, 한국외국어대학교 역사문화연구소.

미르치아 엘리아데Mircea Eliade, 정진홍 옮김, 1976, 『우주와 역사: 영원회귀의 신화』, 현대사상사(원제: Cosmos and History: The Myth of Eternal Return).

빅터 터너Victor Turner, 박근원 옮김, 2005, 『의례의 과정』, 한국심리치료연구소(원제: The Ritual Process: Structure Anti-Structure).

서영대, 2000, 「단군신화와 역사」, 『설화와 역사』, 집문당.

신종원, 2004, 『삼국유사 새로 읽기(1): 기이편紀異篇』, 일지사.

이광수, 2003, 「가락국 허왕후 도래 설화의 재검토」, 『한국고대사연구』 31, 한국고대사 학회.

이영식, 1998, 「가야불교의 전래와 문제점」, 『가야문화』 11, 가야문화연구원.

임재해, 1992, 「강강술래와 놋다리밟기의 지역적 전승 양상과 문화적 상황」, 『민속연 구』 2, 안동대학교 민속학연구소.

_____, 2000, 「설화 자료에 의한 역사연구의 방법 모색」, 『설화와 역사』, 집문당.

한양명, 1993, 「편싸움의 유인변화」, 『한국민속놀이의 종합적 연구』 22, 한국민속학회.

허남춘, 2003, 「수로전승의 희락과 제의 비교 고찰」, 『동아인문학』 4, 동아인문학회.

현용준, 1972, 「고대 한국민족의 해양타계」, 『한국문화인류학』 5, 한국문화인류학회; 1982, 『한국민속연구논문선』 1, 일조각.

鳥越憲三郞, 1986, 「倭族の他界觀」, 『村構造と他界觀』(鳥越憲三郞博士古稀祈念論文集), 雄山閣, 東京.

ᕦ

고구려 멸망론의 설화적 파생

이강래(전남대학교 사학과 교수)

1. 고구려 멸망의 역사성

고구려는 신라와 당의 연합군에 의해 668년에 종국을 고했다. 그보다
8년 앞서 백제 역시 멸망했다. 유서 깊은 두 왕조의 몰락은 동아시아
고대 사회에 집적되어온 여러 모순이 낳은 파국이며, 고대적 질서의 위
기이자 와해를 의미한다. 그것은 한 시대의 종언이요, 새로운 질서의
모색을 위해 치러야 할 진통이었다. 당연히 이들 왕조의 멸망은 흥미로
운 역사적 담론의 원천이 된다. 하나의 원천은 여러 갈래의 전승과 기
억을 파생시킨다.

　격동의 조짐은 7세기에 들어서면서 이미 동북아시아 전반에서 미
만彌滿했다. 중화 세계의 오랜 분열을 종식시키고 '대일통大一統'을 이

룬 수隋와 당唐의 등장 자체가 주변 왕조들에게는 목전의 위험일 수밖에 없다. 실제로 두 제국의 동방 정책은 미답의 국제적 격랑을 예고하는 지표로 읽힌다. 한편 수의 문제文帝와 양제煬帝 그리고 당 태종太宗의 대외 원정을 그들의 '정통성 결여'에서 연유한 것으로 보기도 하나(박한제, 1993, 54~55쪽), 고구려·백제·신라의 삼국 역시 그에 못지않은 비상한 왕위 계승과 권력의 재편 과정을 공유하고 있었다. 여기에 다이카大化 개신(645) 이후 야마토大和 정권이 국제 관계의 실제적 변수로 부상했으며, 말갈과 거란 등 유목적 기반을 지닌 집단들도 정치·군사적 유동성을 키우고 있었다.

무엇보다도 중국의 역대 제왕 가운데 가장 호전적이고 현시욕이 강했던 당 태종의 고구려 친정(644)은 전례 없는 동아시아 세계대전의 직접 발단이었다. 이 위기의 640년대에서 비롯된 당과 신라의 연대는 전쟁의 주축이자 동인이었다. 전장은 고대 한국의 역사 공간 전체였다. 7세기 무력주의의 충돌 결과 고구려는 멸망했다. 한국의 사서들에 의하면 고구려는 700년 혹은 800년 동안 존속했다고 한다(『삼국사기三國史記』 권6, 신라본기新羅本紀6 문무왕文武王 10년; 『삼국사기』 권31, 연표年表 하下). 중국의 사서들에는 900년 혹은 1000년 설도 보인다(『신당서新唐書』 권220, 동이열전東夷列傳 고려 및 『당회요唐會要』 권95, 고구려).

전근대와 근대를 막론하고 역사가들이 고구려의 멸망을 음미하는 방식에는 폭넓은 공유대와 전통이 있다. 일반적으로 동아시아 국제 관계의 역동성과 고구려 국내 정치의 난맥이 먼저 환기된다. 도교의 진작으로 상징되는 사상 통제는 불교 교단의 고승을 비롯한 지식인의 이탈을 초래했고, 대외적 강경 노선과 대내적 강권 통치는 지배층의 크고 작은 분열을 낳았다 한다. 잦은 전란으로 농업 생산성은 저하되었으며, 정변과 변칙적인 왕위 계승으로 인해 왕조 권력의 정통성 또한 훼절되었다고 말한다.

이러한 설명들은 대체로 공인된 기록과 인과의 논리에 충실하다. 그러므로 그것들은 역사적 지식의 자질을 획득한다. 그러나 그러한 설명들은 역설적이게도 정작 왕조의 멸망을 경험한 당대 고구려인들의 목소리를 생생하게 들려주지도, 세심하게 탐색하지도 않는다. 엄밀히 말해 그것들은 기록에 대한 '해석자의 인식'일 뿐이다.

반면에 경험자들의 호흡과 그로부터 파생된 전승들은 대부분 역사적 정합성을 벗어나 있다. 그에 따라 경험 주체의 설명은 비현실적이며 비합리적인 것처럼 보인다. 간명하게 말해 그것들은 비경험적 '설화'의 범주에 있다.

다만 설화들에도 각기 그 내부의 논리가 작동한다는 점은 주의할 필요가 있다. 다시 말해 설화 하나하나는 모두 서사적 완결성을 가지고 있다. 더구나 사태를 경험한 당대인들의 처지에서는 설화 형태의 고구려 멸망론들이 오히려 더 큰 설득력과 인과적 속성을 지닌 것일지도 모른다. 설화의 서사적 계기는 한결같이 설화의 내용을 공유하고 전승하며 향유해온 이들의 장구한 일상과 체험에서 배태된 것이기 때문이다. 이 점에서 설화의 설명 또한 명백한 역사성을 지닌다.

경험에 대한 역사적 설명으로서, 설화적 전승에 담긴 사회 저층의 정서를 주목하고자 한다. 이때 현상에 대한 관찰과 분석의 타당성, 그를 매개로 부여되는 인과관계의 정합성은 분별되어야 한다. 대개의 정보는 관찰된 현상의 외양을 띤다. 예컨대 신라 조분이사금 17년(246) 초겨울 동남방 하늘에 흰 기운이 피륙을 편 듯(如匹練) 뻗치더니, 그로부터 일곱 달 뒤에 이사금이 죽었다. 백제 아신왕 역시 왕궁 서쪽에서 흰 기운이 피륙을 편 듯(如匹練) 일어난 여섯 달 뒤에 죽었다. 이 자체로는 어떤 명시적 설명도 아니다.

신라와 백제의 왕조 편년사에 저록된 위의 사건 정보들은 피륙을 편듯한 흰 기운의 발현에 대한 관찰 경험과 임금의 죽음으로 구성된다. 그런데 두 현상은 마치 인과 관계에 있는 것처럼 보인다. 적어도 전승의 맥락에서 피륙과 같은 흰 기운과 임금의 죽음은 (사건의) 전조(원인)와 (귀결된) 사건(결과)임을 은연중에 암시하거나 감추지 않는다. 전후의 현상 정보는 관찰된 경험의 영역에 있으나, 두 현상에 부여된 선후의 유기적 관계 혹은 인과의 논리는 해석의 영역에 있는 것이다.

현상 관찰자와 해석자가 동일인일 경우, 그 해석은 경험 주체의 인식이라고 부를 수 있다. 고구려의 평양성이 당의 병력에게 함락되기 다섯 달 전인 668년 4월, 혜성 하나가 필성畢星과 묘성昴星 사이에 나타났다. 당의 허경종許敬宗은 "혜성이 동북방에 나타나는 것은 고구려가 장차 멸망할 조짐이다"(『삼국사기』 권22, 고구려본기高句麗本紀10 보장왕寶藏王 27년 4월)라고 해석했다. 다섯 달 뒤 그의 해석은 징험되었다. 백제와 신라 사이에 공유되어 있는바, 흰 기운에 이은 임금의 훙거薨去 정보 또한 이와 다르지 않다. 그 역시 세계에 대한 고대인들의 관찰과 설명의 한 방식이자, 보편적 사유의 일단이었다.

서로 조응하는 의미 관계에 있는 것처럼 보이는 현상과 사건이 반복되면서, 고대의 경험 주체들은 스스로 유효한 설명력을 키워간다. 다만 현상과 해석을 잇는 필연적 논리를 명료하게 파악하지 못할 뿐이다. 그러므로 범상한 관찰 정보에 지나지 않는 것처럼 보이는 기록들일지라도, 거기에는 이미 어떤 맥락의 설명적 자질이 구유되어 있다. 예컨대 멸망당하기 1년 전(659) 백제의 왕궁에는 여우 떼가 몰려 들어왔으며, 같은 해 고구려의 왕성에도 호랑이 아홉 마리가 들어와 횡행했다. 패망국의 경험이긴 하나, 전승국의 허경종이 발견한 '조짐'과 다르지 않다.

이러한 생각 위에서 고구려의 멸망에 대한 설화적 '설명'들을 탐색해본다. 고대적 사유 방식에 핍진했을 그것들은 전쟁에서 패배한 집단의 정서요, 왕조의 권위를 분점하지 못한 계층의 시선이며, 설명의 객관성과 타당성의 측면에서 책임질 필요가 전혀 없는 사람들의 생각을 반영한다. 물론 사건 당대인의 정서와 설명을 탐색하기 위한 방편으로 설화를 응시한다 하더라도, 그 역시 본질에서 기록이라는 점을 잊지 않아야 옳다. 간과하기 쉽지만, 경험자의 사건 기억과 설명은 오직 기록자의 현재를 토대로 선택되고 재구성되기 때문이다(김영범, 1999, 587~589쪽).

2. 양명羊皿의 개소문 환생담

『삼국유사三國遺事』에 인용되어 있는 『고려고기高麗古記』는 고구려 멸망에 관한 몇 가지 설명을 전하고 있다. 그에 의하면 고구려 멸망의 중심에는 연개소문이 있다고 한다. 연개소문은 642년에 영류왕과 중앙 귀족들을 살육하고 권력을 장악했으며, 665년 혹은 666년에 죽었다. 그는 멸망기 고구려 25년의 전권을 행사한 권력자였다. 그러므로 그의 행위가 당이 내세운 고구려 침공의 빌미가 되거나 명분의 재료가 되는 것을 피하지 못한다. 물론 그가 감당해야 할 책임의 정도와 성격은 처지와 맥락에 따라 다양하게 나타날 수 있다.

『고려고기』에는 다음과 같은 기록이 있다. 수의 양제가 대업大業 8년(612) 임신壬申에 30만 군사를 거느리고 바다를 건너 쳐들어왔다. 10년(614) 갑술甲戌 10월에 고(구)려 왕이 표문을 올려 항복을 청했다. 그때 한 사람이 몰래 작은 강궁을 품속에 지니고 표문을 지닌 사신을 따라 양제가 탄 배 안에 이르러, 양제가 표문을 들고 읽을 때 활을 쏘아 양제의 가슴을 맞혔다. 양제는 군사를 돌이키려 하면서 좌우에 이르기를 "내가 천하의 주인으로서 작은 나라를 직접 치다가 이기지 못했으니 만대의 웃음거리가 되었구나!"라고 했다. 이때 우상右相 양명이 아뢰기를 "신이 죽어 고려의 대신이 되어서 반드시 그 나라를 멸망시켜 제왕의 원수를 갚겠습니다"라고 했다. 양제가 죽은 뒤 (양명은) 고려에 태어났는데, 15세에 총명하고 신무神武하니 그때 무양왕武陽王이 그가 현명하다는 소문을 듣고 불러들여 신하로 삼았다. 그는 스스로 성을 '개蓋'라 하고 이름은 '금金'이라 했으며, 벼슬이 '소문蘇文'에까지 이르렀으니 곧 시중侍中의 관직이다.(『삼국유사』권3, 흥법興法3 보장봉로보덕이암寶藏奉老普德移庵)

『고려고기』의 내용에는 여러 오류가 보인다. 612년에 동원된 수 양제의 군사 규모를 30만이라고 한 점, 양제의 군사가 바다를 건너 침공했다고 한 점 등은 중국과 한국의 사서에 보이는 정보와 다르다. '양명'이라는 사람의 실존 여부도 확인할 길이 없으며, 고구려 사신 일행이 활로 양제를 저격했다는 것도 사실로 받아들일 만한 다른 문헌 근거가 없다. 하물며 연개소문이 양명의 환생이라는 설정은 역사학이 전제하는 경험적 사실 영역에서 한참 벗어나 있다.

오히려 독자들이 쉽게 간파할 수 있듯이, 배면의 진실이란 실존 인물 연개소문의 이름 자 가운데 '개蓋'의 파자破字로 허구의 인물 '양명羊皿'을 창안해낸 것에 불과할 것이다. '개'를 성이라 하고 '금'을 이름이라 한 것도 사실과 다르다. 또한 '소문'을 관직으로 해석한 것도 다시 이를 나위 없이 명백한 오류다. 요컨대 이것은 민중적 상상력이 낳은 것이되, 호전적 군주로 저명한 당 태종과 맞선 연개소문의 영웅성과 고구려의 군사적 위용에 대한 기억이 그 토대를 이루고 있다.

특히 항복을 빌미로 양제에 근접해서 저격했다는 설정은 3세기 동천왕 대에 위魏나라 관구검毌丘儉의 침공으로 왕조의 존망이 갈리는 위기에 처했을 때의 경험에서 유래했을 개연성이 크다. 즉『삼국사기』에 의하면, 당시(246) 고구려 동부東部의 유유紐由는 항복을 가장해 위의 장수에게 접근했다가 그를 칼로 찌르고 함께 죽었다 한다. 게다가 그로 인해 동천왕은 위나라 군사를 격퇴시킬 수 있었다고 하니, 수나라 양제가 패배를 자인하고 철군한 바와도 상응한다.

유유의 영웅적 희생과 근왕의 행적은 명백히 고구려 자체의 전승을 토대로 한 것이다. 그리고 고구려 당대인은 물론 후대 사람들에게도 고구려에 대한 우호적인 기억의 맥락에서 종종 회자되었을 법하다. 즉 유유의 희생은 중국의 침입 앞에 물리력의 열패를 극적으로 변전시킨 순국 투쟁담이었다. 이 유명한 이야기가 고구려 멸망을 설명하는 데 다시 동원되었다고 생각한다. 비경험적 설화에 담긴 역사성을 웅변하는 적실한 사례라고 해도 좋겠다.

다른 한편 양명 환생담의 궁극적 귀결은 그로 인한 고구려의 멸망이었다. 이로써 패퇴한 제왕의 수치를 설욕한 것이다. 그런데 패배한 제왕은 수 양제이고, 그 치욕을 마침내 설욕한 제왕은 당 고종이다. 그러나 패배를 자인하며 한탄하는 양제의 말은 뒷날 안시성에서 좌절당한 당 태종의 자탄을 연상시킨다. 태종은 고구려 정벌을 위한 전략을 논의해온 측근 이정李靖에게 "내가 천하의 무리를 가지고도 (고구려와 같이) 보잘것없는 오랑캐에게 곤욕을 치른 것은 무엇 때문인가?"(『자치통감資治通鑑』권198, 당기唐紀14 태종 정관貞觀 20년 2월) 물었다 한다.

태종은 "만약 위징魏徵이 있었더라면 내가 이 원정을 하지 못하게 했을 것이다"라고 후회했으며(『신당서』권97, 열전22 위징), 종국에는 고구려에 대한 군사 행동을 중단하도록 유언하기에 이르렀으니, 그 참괴함이 자못 컸다. 유공권柳公權의 『소설小說』이나 왕당王讜의 『당어림唐語林』에서 보듯이 당 태종의 패배는 당대부터 이미 여러 형태로 거듭 회자되던 바였다(이강래, 2007, 245·247쪽). 어쩌면 양명이 씻어야 할 사무치는 치욕이란 양제가 아니라 태종의 것이었다. 당 태종을 양명 '설화' 속 양제의 자리에 세울 수 있다면, 역으로 그에게 강궁을 당겨 치명상을 입힌 고구려 장수는 '역사' 속의 안시성주安市城主일 것이다.

이처럼 양명 설화에는 전후의 서로 다른 경험적 사실들이 양명의 연개소문 환생담을 위한 질료로 동원되고 변용되었다. 사실의 변용은 중국과 고구려의 투쟁이라는 근간의 맥락만 유지되면 폭넓게 허용될 수 있다. 뒷날 이색李穡은 안시성 전투에서 태종이 눈에 화살을 맞았다고 했으니(『목은시고牧隱詩藁』 권2, 정관음貞觀吟), 그 작시作詩의 소재 역시 고려 사회에 공유되었던 설화적 설명에 닿아 있다고 본다. 서거정徐居正, 이익李瀷, 김창흡金昌翕 등 조선의 문인들도 태종이 활로 피격을 당한 일을 의연히 거론했으며, 안시성주도 양만춘으로 구체화되어갔다(노태돈, 2009, 108쪽).

심지어 뒷날 송의 신종神宗과 왕안석王安石은 당 태종이 고구려를 이기지 못한 이유로 뜻밖에 연개소문의 비범한 사람됨을 거론하기도 했다. 그런가 하면 봉황산 일대를 비롯한 요동 지역에 연개소문, 양만춘과 관련된 설화적 전승이 분별되지 않은 채 유포되어 있는 것을 윤근수尹根壽, 조위한趙緯韓, 김정중金定中 등 조선의 식자들이 기록해두었다(최일례, 2011, 167~169쪽). 설화적 설명이 종종 합리적 정합성을 벗어나는 것과 마찬가지로, 국내외를 막론하고 최상층 지식인들의 역사 인식 또한 인식 당대의 현재적 조건에 복무할 뿐인 것이다.

3. 추남楸南의 김유신 환생담

여하튼 수나라의 양명은 고구려의 연개소문으로 환생해 고구려를 멸망의 구렁텅이로 이끌었다 한다. 이처럼 민중적 설명과 기억이 전승의 주요 화소로 기능하는 사례는 다양한 형태로 재생산된다. 특히 원한을 품고 죽은 이가 적국에서 환생해 전생의 원분을 푼다는 설정은, 고구려의 추남이 신라의 김유신으로 환생해 고구려를 멸망시킨다는 전승과도 맥락을 같이한다. 신라는 당나라와 함께 고구려 멸망의 또 다른 주역이었다.

> 백석白石이 말하기를 "저는 본래 고(구)려 사람입니다. 우리나라의 여러 신하는 '신라의 유신庾信은 바로 우리나라의 점치던 복사卜士 추남이다'라고들 합니다. 우리나라 국경에 역류하는 물이 있었는데 추남에게 점을 치게 했더니 말하기를 '대왕의 부인께서 음양의 도를 역행했으므로 나타난 표징이 이와 같습니다'라고 했습니다. 대왕이 놀라고 괴이하게 여겼으며, 왕비도 크게 노해 이는 요망한 여우의 말이라고 왕에게 고하면서, 다시 다른 일로 시험해 물어서 그 말이 틀리면 중형에 처하기로 했습니다. 이에 쥐 한 마리를 함 속에 감추어두고 이것이 무슨 물건이냐고 묻자 추남이 아뢰기를 '이것은 틀림없이 쥐인데 그 수는 여덟 마리입니다'라고 했습니다. 그러자 말이 틀렸다고 하여 목을 베 죽이려 하니 추남이 맹세해서 말하기를 '내가 죽은 뒤에 대장이 되어 반드시 고구려를 멸망시키리라!'라고 했습니다. 곧 목을 베어 죽이고 쥐의 배를 갈라보니, 새끼가 일곱 마리나 있었으므로, 그제야 그의 말이 맞은 것을 알게 되었습니다. 그날 밤 대왕의 꿈에 추남이 신라 서현공舒玄公 부인의 품으로 들어갔습니다. (대왕이) 이것을 여러 신하에게 이야기했더니, 모두 말하기를 '추남이 마음속으로 맹세하고 죽더니 그 일

이 실제 그렇게 되는가 합니다'라고 했습니다. 그 때문에 나를 보내 여기에 와서 이런 계획을 꾸미게 한 것입니다"라고 했다.(『삼국유사』 권1, 기이紀異2 김유신)

이에 따르면, 추남은 고구려의 점무占巫였다. 그는 억울한 죽임을 당하자 죽은 후에 대장이 되어 반드시 고구려를 멸망시킬 것이라고 맹세했다. 그리고 그 맹세대로 신라의 김유신으로 환생했다는 것이다. 그로 인해 고구려는 백석을 첩자로 보내 김유신을 고구려로 유인해 가려 했던 것인데, 신라의 호국신들이 나타나 김유신에게 백석의 정체를 알렸다. 위의 인용문은 정체가 드러난 백석이 김유신에게 음모의 전말을 자백하는 대목이다.

이 설화 역시 고구려의 멸망에 대한 고대인의 설명 방식을 보여준다. 양명의 연개소문 환생담이 고구려 내부에서 비롯한 멸망론이라면, 추남의 김유신 환생담은 외부로부터의 멸망론이라고 할 수 있다. 김유신은 7세기 전쟁에서 삼국의 일통을 이루어낸 신라의 최고 군사지휘자였다. 즉 그는, 멸망한 고구려에 대응하는 승리한 신라의 주역이었다. 연개소문이 패망당한 고구려 측의 표상이라면, 김유신은 고구려를 패망시킨 측의 표상인 셈이다.

물론 김유신은 고구려에 앞서 백제의 멸망 과정에서 훨씬 구체적이고 비중 있는 역할을 수행했다. 고구려 멸망론의 설화적 도식을 적용하자면, 백제를 멸망시키고 승리한 신라의 표상도 김유신이다. 그런데 위의 환생 설화를 인용한 기록자는 '고본古本'에는 백석의 전생이 고구려 추남이 아니라 '백제의 춘남春南'이라고 쓰여 있었다고 지적한다. 전승국 신라의 장수 김유신의 역할이란 실제 역사에서 고구려 추남의 환생이자 백제 춘남의 환생이기도 했던 때문일 것이다.

'고본'의 실체나 그 형성 시기에 대한 추론은 별로 실제적 의미를 가질 수 없다. 김유신의 전생을 다르게 전하는 '고본'의 의의란 오직 서로 다른 전승과 설명의 증거일 뿐이다. 김유신은 춘남의 환생으로서 백제를 멸망시켰고, 추남의 환생으로서 고구려를 멸망시켰다. 김유신에게 백제와 고구려의 분별은 본래 무의미한 것이기도 하다. 의자왕이 항복하고 백제가 종국을 고한 660년 7월, 뜻밖에도 고구려 평양성의 강물이 3일 동안이나 핏빛으로 물들었다. 백제의 멸망 자체가 곧 고구려 멸망의 명백한 예조였다.

한편 신라의 김유신에 상응하는 당 측의 인물은 이적李勣이었다. 이와 관련해 당 고종에게 고구려 정벌을 고무하고 이적을 원정군의 장수로 추천했으며, 그 자신 요동 방면의 군량을 지원하기도 했던 가언충賈言忠의 발언은 흥미롭다. 668년 봄, 가언충은 "『고구려비기高句麗秘記』에 이르기를 '900년이 못 되어 의당 80대장이 멸망시킬 것이다'라고 했는데, 고씨가 한나라 때부터 나라를 세웠으니 지금 900년이 되었고, 이적의 나이가 80세"(『삼국사기』 권22, 고구려본기10 보장왕 27년)라고 주장한다. 과연 그해 9월, 이적은 평양성에 들어와 고구려의 항복을 받았다.

이적은 645년 당 태종이 패퇴한 안시성 전투에서도 최상층 지휘관이었다. 애초에 그는 태종의 고구려 원정 계획에 찬성한 소수파에 속했다. 태종은 요동 정벌 패전의 책임을 그에게 묻지 않았으며, 고종 또한 다시금 그를 요동도행군대총관遼東道行軍大摠管으로 삼아 고구려 공멸전을 진두에서 지휘하게 했다. 마침내 이적은 태종 대의 패배를 고종 대의 승리로 만회했다. 흥미롭게도 20여 년을 상거한 이적의 고구려 침공 전쟁의 전말은 양명의 환생담이나 추남의 환생담에 보이는 '설분雪憤'의 구조와 다르지 않다.

원혼의 환생은 아니지만 신라인 설계두薛罽頭와, 고구려 원정에 혁혁

한 전공을 세운 당의 장수 설인귀薛仁貴의 관계도 주의해둘 일이다. 설계두는 골품제의 속박을 벗어나고자 당에 갔다가 645년 고구려 원정군을 지휘한 태종의 주필산駐蹕山 전투에서 당을 위해 발군의 공로를 세우고 전사했다. 태종은 눈물로 그를 애도하고 대장군 직을 내려 평소 그의 희망에 부응했다. 설인귀 역시 같은 전투 현장에서 태종에게 처음 발탁되어 장군에 임명되었다.

그런데 이 전쟁을 소재로 한 『설인귀전』에는 당 태종을 활로 저격한 연개소문이 설인귀의 손에 죽는다. 그리고 이 설인귀가 곧 신라인 설계두라는 인식이 보인다(권도경, 2007, 301~302쪽). 신라인 설계두는 당 태종을 위해 산화했으며, 바로 그 시공간에서 발탁된 설인귀는 연개소문을 죽여 태종의 치욕을 갚았다. 주필산에서 생사가 갈린 설계두와 설인귀의 역할이 태종과 연개소문을 매개로 합치되었다. 역사에서나 설화에서나 고구려를 멸망시킨 주체로서 당과 신라의 위상은 이렇게 중첩되어 있는 것이다.

중국의 왕조들과 부단히 투쟁하면서 '해동海東'의 공간을 보위해왔던 강대한 고구려의 패망이란 고구려 당대인들에게 크나큰 충격이었을 것이다. 그들에게는 그 충격적인 현실에 대해 무엇인가 스스로 납득할 만한 설명이 필요하다. 그들은 경험 세계의 인과 논리만으로는 끝내 자기 왕조 멸망의 현실을 순순히 수긍할 수 없었다. 이러한 맥락에서 김유신은 원한에 사무친 영험한 점무의 환생이어야 했고, 이적은 '비기秘記'에 예언된 운명적 영웅이어야 했을 것이다.

4. 평양 만월성의 망국담

이처럼 고구려 멸망에 관련한 설화들에는 당대 민중의 설명 욕구가 자
리하고 있다. 그들이 고구려의 멸망이라는 현실을 받아들이기 위해서
는 양명과 추남 등의 비상한 원분과 그로 인한 신비한 환생이라는 비
현실적 설명이 필요했던 것이다. 물론 그러한 설명에는 일상 경험의 영
역을 일탈한 논리가 개입되어 있다는 지적은 타당하다. 그러나 특정 사
태를 경험한 주체들에게 설득력을 가지느냐 아니냐의 여부를 기준으
로 한다면, 설화는 이미 훌륭한 설명의 자질을 지니고 있다.

고구려의 멸망은, 종국에는 명백히 전쟁 역량의 열패에서 귀결된 것
이다. 그것은 의문의 여지도, 재론할 이유도 없다. 전쟁이란 물리력의
우열로 승패를 가르는 행위일 뿐이다. 따라서 고구려의 멸망을 분석하
고 설명하는 근대 역사학에서 양명과 추남은 당연히 의미 있는 담론의
대상이 될 수 없다. 그러나 그들은 설화적 서사에서 각각 고구려 내부
의 멸망 요인과 외부의 멸망 요인으로 등장한다. 설득력이 강화되는 가
운데 내부와 외부의 요소가 하나의 국면에서 호응하기도 한다.

개금이 왕에게 아뢰기를 "솥에는 발 세 개가 있고 나라에는 삼교三教가 있
는 법인데, 신이 보기에 우리나라에는 오직 유교와 불교만 있고 도교는 없
으니, 그러므로 나라가 위태롭습니다"라고 했다. 왕은 그 말을 옳게 여겨 당
나라에 도교를 청하니 태종이 숙달叔達 등 도사 여덟 명을 보내주었다. 왕은
기뻐해 절을 도관道館으로 만들고, 도사를 높여 유사儒士 위에 앉게 했다. 도
사들은 국내의 유명한 산천을 돌아다니며 진압시켰다. 옛 평양성은 지세가
신월성新月城이므로 도사들이 주문으로 남하南河의 용에게 성을 더 쌓게 해
서 만월성滿月城으로 만들고, 이로 인해 성 이름을 용언성龍堰城이라 하고 비

48

결을 지어 용언도龍堰堵 또는 천년보장도千年寶藏堵라고 했다. 혹은 영석靈石
을 파서 깨뜨리기도 했다. 〔속설에는 도제암都帝嵓이라 하고 역시 조천석朝天石이라
고도 하는데, 대개 옛날에 성제聖帝가 이 돌을 타고 상제上帝에게 조회했기 때문이다.〕

(『삼국유사』 권3, 홍법3 보장봉로보덕이암)

이 역시 『고려고기』의 글이므로, 개금은 양명의 환생이다. 문맥에 따
르는 한, 그가 전생의 적국이었던 고구려를 파탄시키는 방법은 도교의
진작이요 불교의 탄압이었다. 그는 사찰을 유린하고 승려들을 억압했
다. 그리고 당나라의 도사들은 자신들을 파견한 태종의 본의를 위해 적
국 고구려에서 행동할 바였다. 고구려 산천의 위엄은 도사들의 방술로
일일이 억압되었다. 특히 그들은 본래 '신월'의 형세였던 평양성을 '만
월'의 형세로 바꾸게 했다.

그들을 초치한 주체가 연개소문이다 보니 도사들의 이 행위를 고구
려 국가의 안녕을 기원하고 국조國祚의 연장을 겨냥하기 위한 것이었다
거나, 평양성 방어벽 증축 공사의 효용성을 신비화하기 위한 연개소문
의 의도로 오독하기 쉽다. 그러나 도사들의 행위는 오히려 국조의 연장
을 방해하는 주술 행위다(김수진, 2010, 191~194쪽). 본래의 '신월'이 점
차 밝음을 더해갈 시작이라면, '만월'은 이제 이지러질 일만 남은 상태
다. 이것은 천체의 운행 주기에 따라 피할 수 없는 운명적 귀결이다.

'만월'이 망국의 상징으로 해석된 것은 백제에서도 확인이 된다. 백
제가 멸망한 의자왕 20년(660) 6월에, 땅속에서 발견한 거북의 등에
"백제는 둥근달과 같고 신라는 초승달과 같다"라는 참언讖言이 쓰여 있
었다. 점무는 "둥근달과 같다는 것은 가득 찬 것이니 가득 차면 이지러
지는 것이요, 초승달과 같다는 것은 아직 차지 않은 것이니 아직 차지
않은 것이라면 점점 차는 것입니다"라고 해석했다. 불쾌한 왕은 그를

죽여버렸다. 백제가 멸망하기 딱 한 달 전의 일이다.

신라에도 신월성과 만월성이 있었다. 특히 신월성은 금성, 만월성, 명활성, 남산성의 중심에 위치한다. 시조 이래로 왕들은 금성에 거처하다가, 후대에 와서 주로 신월성과 만월성에 거처했다 한다. 왕들이 두 성에서 거처하는 방식에는 필시 신월과 만월의 상징이 고려되었을 게 틀림없다. 달이 차고 이울어가는 순환은 계절이 갈마드는 것과도 같아서, 신월과 만월은 이미 일상의 기호가 되어 있다. 마땅한 해석을 한 점무를 죽인다 해서 해석의 명료함이 퇴색하거나 두 왕조의 명운이 뒤바뀔 리 없다. 의자왕이 수긍하기 힘들었던 점무의 해석은 고대인들의 경험과 정서에 바탕을 둔 또 하나의 보편적 설명 사례인 것이다(이강래, 2011, 15·17쪽).

도사들은 또한 영석, 즉 조천석을 파괴했다. 조천석은 고구려의 성제가 올라타서 하늘에 조회하던 돌이었다. 성제는 아마 천제의 소생으로 관념되었던 고구려의 시조 '동명성제'일 것이다. 성제는 직접 하늘에 조회한 반면, 성제의 후예들은 성제를 매개로 하늘과 소통한다. 당태종의 공격으로 함락의 위기에 직면한 요동성에서는 주몽의 사당에 간절하게 치제했다. 그리고 점무는 "주몽께서 기뻐하시니 성은 반드시 온전할 것이다"라고 성언했다.

그처럼 주몽은 후대 왕들의 희원을 하늘에 전해서 실현시킨다. 그러므로 조천석의 파괴는 고구려 왕과 그의 본원인 하늘과의 소통을 끊는 행위다. 이리하여 천제로부터 한때 사람의 몸을 받은 고구려 시조의 신성성은 영구히 파탄되었다. 도사들의 만행으로 인해 수 양제를 비롯한 침략자들로부터 고구려를 보위해온 신성의 근원을 상실하고 말았다. 너무나 자명한 논리로, 만월의 덫에 갇혀버린 고구려의 멸망은 더 이상 피할 도리가 없게 되었다.

만약 그 위에 서서 하늘로 올라가 상제에게 직접 조회하는 조천석의 비현실성을 지적하자면, 만월과 신월의 논리도 근거를 잃고 만다. 게다가 만월의 형태로 가축한 평양성을 '용언성'이나 '용언도'라 했다는 설명에서, 고려 예종睿宗 대에 서경西京에다가 '용언궁龍堰宮'을 조영한 '사실'(『고려사高麗史』권96, 열전9 오연총吳延寵)을 그렇게 부회했을지 모른다는 혐의에 착안하는 것 또한 결코 지나치지 않다. 그러나 설화의 본성상, 보장왕 대 평양성의 실상과 조천석의 실재는 그다지 중요하지 않다. 정작 핵심은 사건을 기억하고 설명하며 공유하면서 전승해온 이들이 '그렇게 여긴다'는 데 있다.

물론 그와 같은 설명이 담긴 기록이 고려의 것이라는 점에서 보면, 12세기 서경의 용언궁은 그 의미가 심중하다. 더구나 어떤 설명이 전승을 거듭하고 널리 확산되는 동력은 각 시대마다 사람들의 '현재적 조건'과의 공명에서 획득된다. 달의 역동적 주기성도 그것이 시대와 지역을 막론하고 변함없이 엄연한 법칙이라서 보편적 해석의 근거가 된다. 또한 비록 처음에는 미숙하고 비약이 심했던 설명일지라도, 다양한 전승자들의 현재적 조건과 교섭하면서 해석은 더욱 세련되고 정연한 인과적 서사로 발전해간다.

5. 보덕普德의 이암移庵과 망국담

탄압당한 불교계의 반응에 대한 설명에도 역시 설화적 파생이 보인다. 특히 당대에 존경받던 승려 보덕이 고구려를 이탈한 사건은 지식인들의 동향을 대변한다. 뒷날 신라의 최치원에 이어 고려의 대각국사 의천義天, 김부식, 이규보와 일연 등이 보덕의 전기를 짓거나 보덕의 '비래

방장飛來方丈' 행위를 각별하게 언급했다. 이로 미루어 고구려 사회에서 차지한 그의 비중과, 왕조 멸망과 관련해 그의 이탈이 의미하는 바의 심중함을 짐작하기 어렵지 않다.

① 보장왕 9년(650) 여름 6월에 반룡사盤龍寺의 보덕화상普德和尙이 나라에서 도교를 받들고 불교를 믿지 않는다 하여, 남쪽의 완산完山 고대산孤大山으로 옮겨갔다. …… 보장왕 13년(654) 여름 4월에 사람들이 혹 말하기를 "마령 馬嶺 위에 신인神人이 나타나서 '너희 임금과 신하들이 사치스럽기 한이 없으니 패망할 날이 멀지 않았다'라고 하는 것을 보았다"고 했다.(『삼국사기』 권 22, 고구려본기10 보장왕 9년 6월)

② 보덕성사普德聖師는 원래 고구려 반룡사 승려였는데, 보장왕이 도교에 미혹되어 불법을 폐기하자 성사께서는 곧 방장方丈을 날려 남쪽으로 백제 고대산에 이르게 되었다. 그 뒤 웬 신인이 고구려의 마령에 나타나 사람들에게 이르기를 "너희 나라가 패망할 날이 멀지 않았다"라고 했다.(『대각국사문집大覺國師文集』 권17, 고대산경복사비래방장예보덕성사영孤大山景福寺飛來方丈禮普德聖師影)

③ 보덕화상은 반룡사에 있으면서 좌도左道가 정도正道에 맞서면 국운이 위태로워질 것을 걱정해 여러 차례 간했으나 받아들여지지 않자, 이내 신통력으로 방장을 날려 남쪽 완산주 고대산으로 옮겨가서 살았으니, 바로 영휘永徽 원년(650) 경술庚戌 6월이었다. 얼마 후 나라가 망했다.(『삼국유사』 권3, 흥법3 보장봉로보덕이암)

④ 보덕성인普德聖人은 애초에 고구려 반룡산 연복사延福寺에서 지내고 있었

는데 …… 제자 명덕明德에게 묻기를 "고구려가 오직 도교만을 존숭하고 불법을 믿지 않으니 오래지 않아 멸망할 것이라 어디 몸을 편안히 거두어 난리를 피할 만한 곳이 없겠느냐?"라고 하자, 명덕이 "신라의 완산에 고달산高達山이란 곳이 있는데, 편안히 머물 부동지不動地입니다"라고 대답했다. 보덕께서 그 말을 듣고 부지런히 준비하시더니, 밤이 지나 새벽이 되어 문을 열고 나가 보니 불당이 곧 고달산에 옮겨 있었다.(『동국이상국집東國李相國集』권10, 고율시古律詩 시월팔일是月八日……)

유교적 현실 논리에 충실한 『삼국사기』에 이 설화가 담긴 것은 김부식이 보덕의 전기를 썼던 사실과 관련이 있을 것이다. 보덕의 이탈은 국가의 도교 존숭에서 비롯했다. 4년 뒤, 고구려의 마령에서는 신인이 나타나 왕조의 멸망을 예언했다. 시공간을 달리해서 발생한 두 사건은 그 자체로는 어떤 의미적 연관을 지시하지 않는다. 다시 말해 보덕이 고구려를 떠난 것은 불교와 도교의 문제였다면, 신인이 나타나 고구려가 머지않아 망할 것이라 한 경고의 단서는 '군신의 지나친 사치'였다.

김부식은 고구려가 "강포한 관리의 구박과 세도가의 가혹한 수탈을 방임해 인심을" 잃었기 때문에 멸망했다 한다. 물론 그는 "공자가 중국에서 도가 시행되지 않음을 슬퍼해 바다를 건너와 (고구려의 바탕이었던 조선의 땅에서) 살고자 했던 데는 그럴 만한 이유가 있었던 것"이라고도 했다. 이 말을 근거로 한껏 멀리 우회해 음미하자면, 보덕이 떠난 고구려는 기자와 공자가 이른바 도의를 상실한 중국과도 같다는 말로 읽힐 수 없는 것은 아니다.

『대각국사문집』에 인용된 보덕 이거移居 설화의 원천은, 여러 표지적 정보로 미루어 『삼국사기』의 경우와 크게 다르지 않은 것 같다. 다만 『삼국사기』와는 달리 4년의 시차를 두고 발생한 보덕의 이거와 신인의 경고를 하나의 유기적인 연관 사건으로 재구성해 인과적 설명력을 높였다. 특히 신인은 멸망의 어두운 흉조가 어디서 발단했는지를 말하지 않음으로써, 보덕의 이거 자체가 곧 고구려 멸망의 단초인 것처럼 읽히는 효과를 거두고 있다.

주지하듯이 『삼국유사』의 세계는 본질적으로 인과적 경험과 합리적 설명 여부에 구속되지 않는다. 도교의 횡행이 바로 보덕의 이탈을 초래한 것이라고 간명하게 말한다. 이어 그의 이탈이 곧 멸망의 직접 원인인 것처럼 은유적으로, 그러나 직설적 어법보다 더한 확신으로 종결했다. 사실 보덕의 이암과 고구려의 멸망 사이에는 무려 18년의 시간 차가 있다. 그 세월을 '얼마 후'라는 말로 해소하기에는 너무 성급하게 서두는 격이다. 이야말로 전형적인 설화적 인과론이다.

이규보의 보덕 전승은 최치원의 글에 바탕을 둔 것이다. 최치원은 보덕이 667년에 고구려를 떠나, 그러므로 '신라의' 완산 지역으로 갔다고 한다. 650년과 667년 가운데 어느 편을 '경험적 사실' 정보로 삼느냐에 따라 보덕의 이거를 둘러싼 역사적 의미는 제법 달라진다. 그러나 그 가운데 어느 하나의 정보를 선택하든, 고구려 출발 시기와 완산 지역 도착 시기로 혹은 경복사景福寺 완정 시기 따위로 나누어 파악하든, 연대의 사실성에 집착하는 한 전승의 본맥과 유리되기는 다를 바 없다.

보덕의 이탈 사건 전승은 이미 충분히 비현실적이다. '방장'이란 불교의 사원, 즉 이 경우에는 주지의 처소를 가리킨다. 보덕으로 상징되는 고구려 불교 교단이 사원과 함께 완산, 즉 지금의 전주 일대로 날아옮겨가버렸다고 한다. 물론 보덕의 이탈을 야기한 원인은 도교의 극성과 불교의 위축 현상이었다. 고구려는 도사들이 영석을 파괴함으로써 천제의 영역과 단절된 데다가, 불교 지식인들마저 고구려를 떠남으로써 불력의 가호도 기대할 수 없게 된 셈이다. 전승의 본맥은 고구려 멸망론이다.

한편 보덕 관련 설화들은 또한 전승자의 문제를 눈여겨보아야 할 당위를 낳기도 한다. 『삼국사기』와 『삼국유사』의 대비되는 성격을 환기한 바와 같이, 최치원과 김부식과 이규보는 유교적 현실 인식에 기운 지식인들인 반면, 대각국사와 일연은 승려였다. 최치원은 신라의 지식인이며, 그 나머지 사람들은 고려의 지식인이다. 각자 바탕으로 삼은 세계 인식의 토대와 인식 주체가 몸담은 현실 왕조의 차이가 그들이 정돈한 전승의 세부를 변형시키기도 한다(이강래, 2011, 210~212쪽).

특히 해당 왕조의 현실을 기준으로 본다면, 대각국사와 김부식이 보덕에 대해 고려 전기의 건강한 체질에 어울리는 범상한 이해를 하고 있는 반면, 최치원과 일연과 이규보는 각각 쇠락하는 자기 왕조의 명운을 보덕 전승과 밀접하게 연계해서 바라보는 듯하다. 보덕의 망명과 고구려의 멸망이라는 설화의 현재적 의미는 최상층 지식 계층에도 예민한 설명력을 발휘했던 것이다. 설화는 이처럼 유동하는 현재에 따라 변용과 생성을 거듭한다.

6. 멸망론 설화의 일상성

고구려의 멸망은 엄중한 역사적 사건이다. 그 사건 자체는 고유하며 반복되지 않는다. 역사학은 과거의 사건을 분석하고 음미하는 사유를 중심에 둔다. 멸망에 이르는 여러 도정과 제반 상황이 점검되며, 폭넓은 상황론은 마침내 고구려 멸망의 당위론으로 귀결한다. 상황론과 당위론을 순조롭게 매개하는 설명 방식은 설득력을 확보한다. 대체로 설득력의 관건은 그 설명이 경험적으로 타당하며 인과적 논리에 충실한가의 여부에 있다.

한국과 중국의 공인된 사서의 문맥과 축적적이며 널리 공유된 설명들은, 바로 그와 같은 설득력을 겨냥한 것들이다. 그러나 엄밀히 말해, 그 설득력이란 기록자들과 그들이 기록한 내용을 바탕으로 삼는 해설자들에게만 유효하다. 독자들 역시 기록의 객관성을 전제로 할 때 비로소 기록자의 설득력에 동의할 수 있다. 요컨대 어떤 설명이 얼마만한 설득력을 지니는가는 기록자, 해설자, 청자들 각각의 현재적 세계 인식 여하가 결정한다.

한편, 역사적 사건과 관련된 여러 설화는 그와는 다른 또 하나의 거대 영역이다. 양명과 추남의 원혼이 고구려를 안팎에서 멸망으로 이끈 주역으로 환생했다는 설화는 전통적인 역사적 설명 방식과 접점이 없다. 왕성의 형태가 초승달과 같으면 나라가 융성할 것이고 보름달과 같으면 몰락할 것이라는 발상도 마찬가지다. 지식인 집단의 이탈이 왕조의 명운에 하나의 유의한 예조일 수는 있지만, 양자가 곧 직접적인 인과 요소일 리도 없다. 심지어 일본으로 간 고구려 승려 도현道顯은 쥐〔子〕가 말〔午〕 꼬리에 새끼를 낳는 것을 보고 "북국의 사람이 장차 남국에 붙을 것이니, 아마 고구려가 파멸되어 일본에 부속되는 것인가"(『일본서기日本書紀』 권27, 천지천황天智天皇 원년 4월)라고 헤아렸다 한다. 현상과 해석 사이 연관의 논리가 취약하고 위태롭다.

그러나 그와 같은 설화가 수백 년 동안 전승과 변용을 거듭해 정연한 서사로 정착된 것은, 그 안에 또 다른 형태의 설득력이 작동하고 있었다는 증거다. 예컨대 원한에 사무친 혼령이 살아 있는 이들의 삶에 개입한다는 논리는 고대의 경험자와 중세의 기록자에게 의심의 여지 없는 사실적 지식이었을 것이다. 만월성의 어두운 상징도 패망한 고구려와 백제는 물론 승리한 신라에서조차 널리 공유되고 있었다. 달의 역동적 주기성이야 삼국의 관찰자들 사이에 다르지 않았을 것이기 때문이다.

법칙을 일탈한 변이에 대한 해석이 공유될 수 있다면, 그 변이 또한 하나의 유력한 설명적 요소가 된다. 예컨대 머리가 하나에 몸이 둘인 까마귀의 변이에 대해 부여와 고구려 사람들은 모두 "하나의 머리에 두 몸이 달린 것은 두 나라를 아우를 징조"라고 해석했다. 다만 부여의 대소왕과 고구려의 대무신왕은 그와 같은 행위의 주체가 오직 그 자신이라고 생각할 따름이었다. 백제 온조왕의 조정에서도 머리 하나에 몸이 둘인 송아지의 출현을 '이웃 나라를 아우를 징조'로 해석했다. 조만간 그 해석이 적확했음이 증명되었다. 이처럼 변이에 대한 해석은 점차 경험적 지식의 영역으로 이행해갔다.

당연한 말이지만, 변이의 출현도 일상적 경험의 한 국면이다. 반복되는 변이에 대해 해석의 유형이 정착되면, 그것은 또 하나의 법칙으로 간주될 수 있다. 그리하여 어떤 변이는 더 이상 긴장된 해석의 대상이 되지 못한다. 신라 태종 무열왕에게 머리 하나에 몸이 둘인 흰돼지가 굴불군屈弗郡으로부터 진상되었다. 흰색 자체가 상서로 받아들여지던 터에 돼지가 지시하는 바야 자명하다. 반대로 보장왕의 고구려 왕도에서는 사람의 아들이 몸 하나에 머리가 둘인 채로 태어났다. 머리 하나에 몸이 둘인 변이의 의미가 분명하듯이, 그 반대의 변이가 의미하는 바가 무엇인지는 이미 설명을 기다릴 필요가 없다. 형제가 권력을 다투고 상하가 반목하며 지역간에 향배를 달리하고 적전 분열과 이반이 거듭되는 나라가 온전할 수 없는 이치다.

시대와 지역을 막론하고, 천체의 운행과 지상의 생태는 일상의 경험 대상이다. 일상에서 벗어난 일탈 역시 경험 대상인 점에서 다르지 않되, 고대인들은 그 변칙이 일상의 왜곡과 파국을 암시하거나 혹은 전혀 새로운 사태의 전조라고 여겼을 뿐이다. 그렇다면 이 또한 인과적 설명이다. 자연 세계의 일상이란 일종의 법칙이다. 일상은 새삼 주목되거나 각별하게 회자될 필요가 없다. 반면에 법칙을 일탈한 현상은 어떤 '의미'를 지닌다. 그것은 새로운 현실의 단서가 됨이 마땅하다. 결국 변이는 법칙에서 파생하고, 일상은 일탈의 바탕인 셈이다.

설화의 서사는 이처럼 일상과 일탈의 경험을 매개로 현실을 이해한다. 물론 경험에 기반한 설명이라 해서 그것이 곧 사태에 대한 사실적 정보인 것은 아니다. 의자왕과 그의 후궁들이 당군을 피해 강에 몸을 던져 죽었다는 타사암墮死岩(낙화암) 전승과 마찬가지로, 고구려 태자가 당군에게 함몰될 위기에서 강에 몸을 던져 죽었기 때문에 '태자하'라는 명칭이 생겼다는 유래담은 사실이 아니다. 설화적 전승들은 기록된 역사에 구속되지 않는다. 연개소문의 누이로 설정된 개소정盖蘇貞이 중국에서 산육產育의 여신으로 숭앙되는가 하면, 그녀를 죽였다는 설인귀는 신라와 고려인들에게 경기도 감악산의 산신으로 추앙되었다(변동명, 2011).

다시 환기하거니와 설화 역시 설화의 논리를 공유하는 이들에게만 유의미할 뿐이다. 근대 역사학이 위에 예거한 고구려 멸망 관련 설화들을 주의하지 않는 이유는 여기에 있다. 그러나 이들 멸망론 설화들은 고구려 당대인들의 설명이기 때문에 역설적으로 더욱 현실적이며 설득력을 지닌다. 역사학이 기록자와 해석자의 설명에 갇혀 있는 기나긴 시간 동안 경험자의 설명과 인식은 부당하게 방기되어왔다. 설화가 독자를 경험자의 설명으로 안내하는 통로이기도 하다는 것을 각성할 필요가 있다.

추기: 이 글은 2011년 12월 4일, 일본 沖繩國際大學의 '第33回南道文化市民講座: 東アジアの說話と東アジア人の感性'에서 발표한 내용을 확대 심화한 것이다.

:: 참고문헌

『고려사高麗史』

『당어림唐語林』

『당회요唐會要』

『대각국사문집大覺國師文集』

『동국이상국집東國李相國集』

『삼국사기三國史記』

『삼국유사三國遺事』

『신당서新唐書』

『일본서기日本書紀』

『자치통감資治通鑑』

권도경, 2007, 「국립도서관본 계열 '설인귀전'의 형성 과정에 나타난 고·당 전쟁 문학
    의 교섭양상에 관한 연구」, 『동북아역사논총』 15, 동북아역사재단.

김수진, 2010, 「7세기 고구려의 도교 수용 배경」, 『한국고대사연구』 59, 한국고대사학회.

김영범, 1999, 「알박스Maurice Halbwachs의 기억사회학 연구」, 『(대구대)사회과학연구』
    6-3, 대구대학교 사회과학연구소.

노태돈, 2009, 『삼국통일전쟁사』, 서울대학교 출판부.

박한제, 1993, 「7세기 수당 양조의 한반도진출 경위에 대한 일고: 수당초 황제의 정통
    성확보문제와 관련하여」, 『동양사학연구』 43, 동양사학회.

변동명, 2011, 「전통시기의 감악산 숭배와 산신 설인귀」, 『역사학연구』 42, 호남사학회.

이강래, 2007, 「한·중 사서에 보이는 고구려와 중국의 전쟁 기록 비교 검토」, 『동북아역
    사논총』 15, 동북아역사재단.

_____, 2011, 『삼국사기 인식론』, 일지사.

최일례, 2011, 「연개소문의 출자에 관한 몇 가지 의문」, 『한국사상과 문화』 57, 한국사
    상문화학회.

검모잠의 최초 거병지 검토

이상훈(경북대학교 역사교육과 강사)

1. 오골성 전투의 이해

검모잠劍牟岑은 안승安勝과 더불어 대표적인 고구려 부흥 운동의 중심 인물이다. 검모잠은 668년 고구려가 멸망한 지 2년 만인 670년에 거병했다. 그는 안동도호부安東都護府가 설치되었던 평양을 점령하고, 한반도에서 고구려 부흥 운동을 전개한 인물로 알려져 있다.

검모잠의 활동이 사서에 구체적으로 기록된 것은 670년 4월이다. 검모잠의 부흥 운동을 살펴보기에 앞서, 이와 비슷한 시기에 발생했던 오골성烏骨城 전투를 언급하고자 한다. 오골성 전투에는 또 다른 부흥 운동을 일으켰던 고연무高延武가 참가하고 있다. 그렇기에 검모잠의 부흥 운동을 전체적으로 조망하는 것에 일정한 시사를 줄 수 있을 것이다.

670년 3월 신라와 고구려 부흥 세력의 연합군이 전격적으로 압록강을 건넜다. 신라의 설오유薛烏儒와 고구려 부흥 세력의 고연무가 이끄는 2만 연합군이 요동을 선제공격했던 것이다. 이 사건이 오골성 전투로 나당羅唐 간의 본격적인 충돌이자 고구려 부흥 세력의 대규모 군사 행동이라고 할 수 있다.

3월에 사찬沙飡 설오유가 고구려 태대형太大兄 고연무와 더불어, 각각 정병精兵 1만을 거느리고 압록강을 건너 옥골屋骨○○○에 이르렀는데, 말갈병靺鞨兵이 먼저 개돈양皆敦壤에 와서 기다리고 있었다. 여름 4월 4일 마주 싸워 우리 군사가 그들을 크게 이겨, 참획斬獲한 것이 이루 헤아릴 수 없었다. 당병唐兵이 계속 이르렀으므로 우리 군사는 물러나 백성白城에서 지켰다.(『삼국사기三國史記』 권6, 신라본기新羅本紀6 문무왕文武王 10년 3월)

이 오골성 전투에 관해서는 적지 않은 연구가 진행되었지만, 지명의 이해에 따라 그 성격이나 규모가 크게 달라질 수 있다. 위의 사료에 나타나는 지명은 압록강, 옥골, 개돈양, 백성 네 곳이다. 이 지명들에 대한 비정은 일본 학자에 의해 먼저 언급되었고, 지금도 상당한 영향을 미치고 있다.

이케우치 히로시池內宏는 당시 신라의 북쪽 경계가 임진강 유역이었으므로 2만 명이라는 적지 않은 병력이 황해도와 평안도를 지나, 멀리 압록강을 건너 요동 방면으로 공격하는 것은 상정하기 어렵다고 했다. 이에 옥골과 개돈양은 평양 부근으로 보았으며, 2만 병력이 당군唐軍에 밀려 물러난 백성은 황해도의 백수성白水城으로 비정했다(池內宏, 1930, 430쪽).[1] 이후 무라카미 요시오村上四男도 이케우치 히로시의 견해를 따라 2만 병력은 압록강이 아니라, 대동강을 건넌 것으로 인식했다(村上四

男, 1966, 41쪽).

이병도는 고구려 유민의 사민徙民 정책을 언급하는 가운데, 이케우치 히로시의 위치 비정을 거의 그대로 따르면서 서술한 바 있다(이병도, 1964, 9쪽). 이러한 인식은 당시 평양 일대를 당군이 장악하고 있었다는 선입관에 의한 견해라고 할 수 있다(임기환, 2004, 400쪽). 이를 구체적으로 비판하고 나선 것이 노태돈의 연구다.[2]

노태돈은 사서에 기록된 옥골이 중국의 랴오닝성遼寧省 봉황성鳳凰城으로 비정되는 오골성이 분명하다고 했다. 오골성은 '옥성屋城', '언골성焉骨城' 등으로 표기되었는데, 옥골은 이와 동일한 실체라는 것이다. 월일月日이 명기되어 있음을 감안해볼 때 사료의 신빙성이 높으며, 명확히 압록강이라고 기록된 것을 대동강으로 볼 이유는 없다고 했다(노태돈, 1997, 3쪽). 이에 따라 2만 연합군의 활동 범위는 한반도를 벗어나 요동까지 확장될 수 있었다.

2만 병력의 요동 진출은 안동도호부의 치소治所가 이동한 것과 관련이 깊다. 669년 5월 당唐의 대규모 사민으로 인해 안동도호부의 치소가 평양에서 요동으로 이동된 것으로 파악된다(노태돈, 1997, 4~5쪽). 안동도호부와 당의 군사력이 요동으로 옮겨짐에 따라, 평양 일대는 일시적으로 공백 상태가 되었던 것이다(임기환, 2004, 319쪽).[3]

669년 설인귀薛仁貴가 신성新城으로 이동하고, 670년 고간高侃이 안

---

1) 노태돈은 백성을 요동에 위치한 백석성白石城으로 보고 있으며(노태돈, 1999, 235쪽), 임기환은 압록강 하구의 박작성泊汋城으로 비정하고 있다(임기환, 2004, 320쪽).
2) 이에 앞서 김수태는 2만 병력이 건넌 강을 압록강으로 보고자 했으나, 대동강일 가능성도 열어두었다(김수태, 1994, 342쪽).
3) 한편 양병룡은 고구려 유민의 저항으로 인해 평양에서 안동도호부를 유지하기가 힘들었다고 보았으며(양병룡, 1997, 48~49쪽), 서영교는 당과 토번의 전쟁으로 인해 평양의 당군이 서역으로 이동한 것으로 파악하고 있다(서영교, 2006, 92쪽).

동도호부의 치소를 요동주遼東州로 이동시킨 상황 등을 통해 볼 때, 안동도호부는 대당 항쟁을 진압하는 군사 거점의 역할도 수행한 것으로 여겨진다(김강훈, 2013, 322쪽). 한반도에 주둔하던 당군의 주력은 사민 작업과 관련해 요동으로 이동해 있다가 설오유와 고연무의 연합군에 대응한 것으로 보인다(이상훈, 2012, 278~279쪽).

필자는 평양의 군사적 공백 상태가 어느 정도 진행되었음을 인정하면서도 일부 세력은 잔존해 있었을 것이라 보았다. 이에 2만 연합군은 기습을 달성하기 위해 평양을 직접 경유하지 않고, 강동江東 방면으로 약간 우회해서 북상한 것으로 추정했다(이상훈, 2012, 95쪽). 즉 고려 시기 여진족의 남침 루트가 되었던 북계北界 동로東路를 이용한 것으로 파악한 바 있다.

아무튼 일본 학자들의 견해를 비판한 노태돈의 선구적 연구 이후, 2만 병력이 압록강을 건넜다고 보는 견해가 일반화되었다고 할 수 있다. 고구려 부흥 운동 및 나당전쟁 관련 연구가 요동까지 확장되는 데 크게 기여한 것이다. 이는 오골성의 위치 비정에 따라 사건의 성격이 크게 바뀔 수 있음을 단적으로 보여주는 사례라고 할 수 있다.

2. 검모잠의 거병과 궁모성의 위치

고구려 부흥 운동을 주도한 대표적인 인물은 검모잠과 안승으로, 이들을 중심으로 고구려 부흥 운동이 설명되어왔다. 당에 반기를 든 검모잠은 고구려 유민을 결합시킬 구심점이 필요했으며, 고구려의 정통성을 확보하기 위해 안승 같은 인물이 적합했을 것이다(조인성, 2007, 310쪽). 이에 신라로 귀부歸附한 안승과 검모잠은 자연스레 결합했다.

검모잠과 안승 외에 신라의 설오유와 함께 행동한 고연무라는 인물이 있다. 고연무는 원래 안승 휘하의 장수로 보는 경향이 강했다. 그러나 근자에 고연무가 안승 휘하의 장수가 아니라 한성漢城 지역을 기반으로 한 독자적인 세력이었으며, 나중에 안승 및 검모잠 세력과 결합한 것이라는 견해가 제출되었다(이정빈, 2009, 140~148쪽). 결국 검모잠 세력이 남하해 고연무 세력과 연합하면서 한성의 고구려국 성립으로 이어졌다는 것이다.

검모잠은 대형大兄 출신의 중급 귀족으로, 고연무는 태대형 출신의 고위 귀족으로 추정된다. 부흥 운동 초기에 검모잠과 고연무가 같이 행동했다면, 검모잠보다는 고연무가 중심인물이 되어 더 부각되었을 것이다. 그러나 중국 측 사서에 고연무가 아니라 검모잠이 등장하는 것으로 보아, 검모잠과 고연무는 별개의 세력이었다가 나중에 결합한 것으로 보는 것이 자연스럽다.

이렇듯 검모잠의 출신 성분과 안승과의 관계에 대해서는 적지 않은 연구가 진행되었다. 그렇다면 검모잠이 최초 거병해 활동한 지역은 어디일까? 일반적으로 대동강 북안의 평양 인근 지역으로 인식되고 있다. 먼저 검모잠이 거병한 상황을 다음의 사료를 통해 확인해보자.

① 함형咸亨 원년(670) 4월 고구려의 추장酋長 검모잠鉗牟岑이 반란해 변경을 침입했다. 좌감문위대장군左監門衛大將軍 고간을 동주도행군총관東州道行軍總管, 우령군위대장군右領軍衛大將軍 이근행李謹行을 연산도행군총관燕山道行軍總管으로 삼아 이를 토벌케 했다.(『신당서新唐書』 권3, 고종본기高宗本紀3 함형 원년)

② 함형 원년(670) 4월 고구려의 추장 검모잠劍牟岑이 반란해 고장高藏의 외손인 안순安舜을 군주로 세우자, 좌감문위대장군 고간을 동주도행군총관으

로 삼아 군사를 일으켜 이를 토벌케 했다. 안순이 검모잠을 죽이고 신라로 달아났다.(『자치통감資治通鑑』 권201, 당기唐紀17 함형 원년)

③ 문무왕 10년(670) 6월 고구려의 수림성水臨城 사람인 모잠牟岑 대형이 잔민殘民을 모아 궁모성窮牟城으로부터 패강浿江 남쪽에 이르러, 당나라 관인과 승려 법안法安 등을 죽이고 신라로 향했다. 서해의 사야도史冶島에 이르러 고구려 대신大臣 연정토淵淨土의 아들 안승安勝을 만나, 한성 안으로 맞아들이고 군주로 삼았다.(『삼국사기』 권6, 신라본기6 문무왕 10년 6월)

①, ②, ③에 나타나는 겸모잠과 검모잠 그리고 안승과 안순은 동일 인물로 볼 수 있다. 중국 측 사서에는 검모잠이 거병한 시기가 670년 4월의 일이라고 되어 있고, 『삼국사기』에는 670년 6월의 일이라고 기록되어 있다. 일반적으로 검모잠의 거병은 4월에 이루어졌으며(양병룡, 1997, 51쪽), 6월에는 남하해 한성을 거점으로 부흥 세력을 결집시켰던 것으로 파악된다(임기환, 2004, 320쪽; 조인성, 2007, 310쪽; 최재도, 2013, 8쪽).

나아가 검모잠의 실제 거병 시기는 조금 더 소급해볼 수 있다. 670년 4월에 검모잠을 진압하기 위한 당의 행군行軍이 편성되었으므로, 거병 자체는 이보다 앞설 수밖에 없기 때문이다(노태돈, 1997, 5쪽).[4] 검모잠의 거병 시기를 빠르게 보는 경우 중에는, 고구려 유민의 대규모 사민이 이루어지는 669년 4월 전후로 보는 견해도 있다(村上四男, 1966, 40~41쪽). 즉 검모잠의 거병으로 인해 대규모 사민이 이루어진 것으로

---

4) 양병룡은 검모잠이 잔민을 수합한 시기를 670년 6월의 일로 보는데, 이를 통해 당과 항쟁을 벌인 것은 6월 이전이라고 추정한 바 있다(양병룡, 1997, 51쪽).

이해하는 입장이다. 그러나 중국 측 사서에 검모잠의 거병은 당의 사민이 실시된 다음의 일로 나오기 때문에 거병 자체를 사민의 원인으로 보기는 어렵다(이정빈, 2009, 139쪽). 따라서 거병 시기는 당의 행군이 편성되기 직전인 670년 2, 3월의 일로 보는 것이 자연스럽다(김수태, 1994, 344쪽).

검모잠은 수림성 출신으로 궁모성에서 남하해 패강 남쪽에 도착한 것으로 되어 있다. 여기서 패강은 대동강으로 비정되며, 수림성과 궁모성은 모두 미상未詳 지역이다. 수림성을 현재 경기도 파주시 군내면 지역인 임진성臨津城으로 비정하는 견해가 있으나 명확하지는 않다(정구복 외, 1997, 218쪽). 수림성의 위치는 검모잠이 대동강을 중심으로 활동한 점에서 평양 이북의 어느 지점으로 추정된다(김종복, 2003, 23쪽).

검모잠의 출신 지역인 수림성은 부흥 운동을 이해하는 전체 흐름상 크게 문제가 되지 않는다. 잔민을 수합해 출발한 궁모성이 거병 초기의 가장 중요한 장소가 된다. 검모잠이 수합한 '잔민'은 당군과의 교전에서 패배하고 남은 군사를 의미할 수 있으며(이병도, 1964, 10쪽), 실제 당의 관인과 승려 법안을 살해한 점에서 이들은 일정한 군사력을 갖춘 집단으로 이해되기 때문이다(이정빈, 2009, 139쪽).

궁모성을 현재 경기도 연천시 연천읍 지역인 공목달현功木達縣으로 비정하는 견해가 있으나(정구복 외, 1997, 253쪽), 음운상의 유사성 외에는 크게 연관이 없는 듯하다. 이케우치 히로시는 궁모성을 대동강 북안의 평양 인근 지역이라고 추정한 바 있다(池內宏, 1960, 428쪽).

검모잠은 궁모성→패강 남쪽→신라 순으로 이동했다. 북쪽에서 남쪽으로 이동하는 방향성을 확인할 수 있다. 만약 검모잠이 대동강 이남에서 거병해 북상했다고 한다면, 단순히 '대동강에 이르렀다至浿江'고 서술하면 될 것이다. 그런데 '대동강 남쪽에 이르렀다至浿江南'고 되어 있는 점을 감안해보면, 검모잠의 최초 거병은 대동강 북쪽에서 일어났던 것으로 파악할 수 있다.

이와 관련해 다음의 사료를 살펴볼 필요가 있다. 나당전쟁이 종결된 뒤인 678년 9월 당 고종高宗이 다시 군사를 일으켜 신라를 치려고 하자, 시중인 장문관張文瓘이 이를 만류하며 언급한 내용이다.

> 지금은 토번吐蕃이 침입하니 바야흐로 군사를 일으켜 서쪽을 토벌해야 합니다. 신라는 비록 불순하나 아직까지 변경을 침범하지는 않았습니다. 만약 다시 동쪽으로 원정한다면 신臣은 공사公私가 그 폐해를 감당하지 못할까 두렵습니다.(『자치통감』 권202, 당기18 의봉儀鳳 3년 9월)

앞의 『신당서』 기록 ①을 보면 검모잠은 당의 "변경을 침입했고寇邊", 위의 『자치통감』 기록에는 신라는 "아직까지 변경을 침범한 적이 없다未嘗犯邊"고 되어 있다. 이케우치 히로시는 『신당서』에 막연히 '구변寇邊'이라 기록된 것은 검모잠이 안동도호부의 치소이자 고구려의 수도였던 평양을 점령했기 때문이라고 했다(池內宏, 1960, 432쪽). 그러나 당시 안동도호부가 요동으로 이동한 상태였음을 감안하면, 이케우치 히로시의 설명만으로는 부족하다.

신라는 나당전쟁 기간인 670년 3월, 설오유와 고연무의 2만 연합군을 압록강을 건너 요동의 오골성 일대로 진출시킨 바 있다. 검모잠은 그보다 남쪽인 '평양' 일대에서 '반란'을 일으켰던 것으로 추정되는데도, 신라와는 다르게 변경을 침입했다고 기록되어 있는 것이다.

물론 기록의 찬자撰者나 상황의 차이가 있으므로 변경에 대한 인식이 다를 수 있다. 그러나 678년은 670년과 시기적으로 크게 차이가 나지 않고, 나당전쟁 이후 신라가 고구려의 수도이자 안동도호부의 치소였던 평양을 장악한 상황임을 감안할 필요가 있는 것이다. 동일하게 평양 일대를 장악한 사건임에도, 하나는 변경을 침입했고 다른 하나는 변경을 침입하지 않았다고 하는 것은 아무래도 부자연스럽다.

이러한 인식은 검모잠의 거병이 평양 일대에서 발생했다고 보는 데서 기인하는 것 같다. 검모잠의 출신지인 수림성과 반란을 일으킨 궁모성의 위치가 제대로 비정되지 않은 상황에서 패강(대동강) 남쪽에 이르러 당의 관인을 살해했다는 점 때문에, 검모잠 세력의 부흥 운동이 평양 일대를 중심으로 발생한 것으로 인식되어왔던 것이다. 그러나 『삼국사기』의 기록을 살펴보면, 검모잠이 평양 일대 혹은 평안도나 황해도에서 반란을 일으켰다는 근거는 어디에도 없다.

궁모성이라는 지명이 『삼국사기』에만 단 한 차례 나타나기 때문에 그 비정이 어려울 수밖에 없다. 궁모성을 황해도나 평안도로 비정하려는 견해의 공통점은 그 위치를 모두 한반도 내로 국한한다는 점이다. 이는 일본 학자들의 위치 비정에 따른 선입관이 작용했을 가능성이 크다.

검모잠이 최초 거병(4월)부터 평양 일대에 도착하는 것(6월)까지 짧게 잡아도 최소한 2개월의 시간적 여유가 있다. 그렇기 때문에 굳이 최초 거병지를 한반도로 국한할 필요는 없다고 생각한다. 이러한 맥락에서 시야를 넓혀 궁모성의 위치를 새롭게 비정할 필요성을 느낀다.

이와 관련해 궁모성을 서해의 수군 기지로 보고, 고려시대에 궁구문弓口門이라 불리던 평안북도 의주로 비정하려는 견해가 있다(강경구, 2005, 94~99쪽). 즉 검모잠 세력은 해상을 이용해 남하했고, 압록강 어귀에 위치한 의주 지역에는 고구려의 수군 기지가 설치되었을 가능성이 높으며, 궁구弓口 혹은 궁문弓門이 음운상으로 궁모성과 가깝다는 것이다.

이러한 견해는 검모잠이 해상을 통해 남하했다고 보는 점과 궁모성을 압록강 하구로 비정하려는 시도가 돋보인다. 그러나 검모잠 세력의 남하 경로나 방법이 명확하지 않은 상태에서 고려시대에 불리던 궁구문과 삼국시대의 궁모성을 음운상으로만 연결시키는 것은 무리가 있다고 여겨진다. 다만 궁모성이 평양 일대가 아니라고 언급한 점에서 일정한 시사를 주고 있다.

3. 검모잠의 거병과 당의 행군 편성

검모잠의 최초 거병지가 평양이 아닐 가능성에 대해 좀 더 검토해보자. 검모잠의 최초 거병 장소를 평양 인근이라고 할 경우 몇 가지 해결해야 할 의문이 있다. 첫째, 요동을 공격한 설오유나 고연무가 중국 측 사료에 기록되지 않은 점이다. 둘째, 중국 측 사료에 검모잠이 거병한 후 당의 변경을 침범했다고 기록된 점이다. 셋째, 검모잠의 반란을 진압하기 위해 편성된 고간과 이근행의 행군명行軍名이다.

먼저 당의 입장에서는 설오유와 고연무의 연합군이 요동을 공격한 사건이 훨씬 충격적인 일이라고 할 수 있다. 2만 명이라는 대규모 부대가 압록강을 건너 요동에서 당군과 직접 충돌한 것이 공백 지역이 된 평양 인근에서 반란을 일으킨 것보다 가볍게 취급될 수는 없기 때문이다.

물론 평양이 이전에 안동도호부가 설치되었고, 고구려의 수도였다는 상징적인 의미가 있다고는 할 수 있다. 그러나 당의 주력이 고구려 유민의 사민을 위해 요동으로 이동한 상황에서 평양의 의미는 그 전보다 퇴색될 수밖에 없다. 이러한 상황에서 신라의 정규군과 고구려 부흥 세력의 정예병이 요동으로 진출했던 것이다.

다음으로 앞서 살펴보았듯이 중국 측 사료에 검모잠이 당측의 '변경을 침범했다寇邊'고 인식되는 점이다. 나당전쟁 종전 후인 678년 장문관은 신라는 "일찍이 변경을 침범한 적이 없다未嘗犯邊"고 말했다.
670년 신라의 설오유 부대가 압록강을 건너 요동을 공격했음에도, 변
경을 침범한 적이 없다고 말하는 것이다.

여기서 당시 당 측에서 신라의 대규모 압록강 도하를 크게 인식하지
않았던 정황을 유추할 수 있다. 그럼에도 압록강에서 훨씬 남쪽인 평양
인근에서 거병한 검모잠이 당의 변경을 침범했다고 서술하는 것은 어
딘가 석연치 않다.

마지막으로 검모잠의 거병을 진압하기 위해 편성된 당의 행군명이
다. 검모잠이 거병하자 당은 670년 4월 고간을 동주도행군총관, 이근
행을 연산도행군총관으로 임명해 이를 토벌케 했다. 동주도행군에서
'동주東州'는 서주西州에 대응되는 개념으로, 요동주의 준말로 파악되고
있다(김종복, 2003, 16쪽). 이에 (요)동주도행군은 크게 무리가 없는 행군
명이라 할 수 있다.

그런데 연산도행군에서 '연산燕山'은 고구려와의 관련성이 현저히 떨
어진다. 당은 고구려 원정에서 연산도라는 행군명을 사용한 적이 없다.
당의 행군명이 일반적으로 원정 목적지를 나타내고 있음을 감안할 때,
평양도平壤道나 패강도浿江道 혹은 요동도遼東道라는 명칭이 자연스럽다.

『구당서舊唐書』 지리지地理志의 관내도關內道에 따르면, 연산주燕山州는
영주대도독부靈州大都督府 산하의 6개 주州 중 하나로 되어 있다(『구당서』
권38, 지리지18). 그러나 영주靈州는 현재 닝샤후이족자치구寧夏回族自治區
의 링우시靈武市 일대이므로 고구려 부흥 운동과는 거리가 멀다.

『괄지지括地志』에서 이르기를 "연산燕山은 유주幽州 어양현漁陽縣 동남 60리
에 위치한다. 서재종徐才宗의 『국도성기國都城記』에서 이르기를 주周 무왕武王
이 소공석召公奭을 연燕에 봉封했는데, 그 땅은 연산燕山의 들에 있어 고로 나

라 이름으로 취했다"라고 되어 있다.(『사기史記』 권12, 주본기周本紀4)

위의 사료는 『사기』 주본기의 내용에 주석으로 달린 것이다. 즉 당의 측천무후則天武后 시기 장수절張守節이 사마천의 『사기』에 '정의正義'를 덧붙인 것이다. 여기에 따르면 연산은 유주 어양현에 위치하는 것으로 되어 있으며, 이곳은 현재의 베이징北京 일대다.

여기서 주목되는 것은 장수절이 인용한 『괄지지』다. 원래 『괄지지』는 당 태종太宗 시기 복왕태濮王泰 등이 편찬했다. 이에 장수절은 『괄지지』가 만들어진 뒤 오래지 않아 그 원본을 보고 '연산'에 관한 지명을 언급했을 가능성이 상당히 높다. 즉 당시 연산이라는 지명에 대한 당대인들의 인식을 엿볼 수 있는 것이다.

송宋의 서긍徐兢이 작성한 『고려도경高麗圖經』 권3, 성읍城邑 봉경封境에 따르면, "그 나라는 경사京師의 동북쪽에 있는데, 그 강역은 연산도燕山道로부터 육로로 요하遼河를 건너 동쪽까지 3790리다"라고 되어 있다. 연산도는 현재 북경 이동以東에서 요하 이서以西에 이르는 길로 추정해볼 수 있겠다.

이 길은 현재 '랴오시주랑遼西走廊'이라고 불리는데, 중원 지역과 동북 지역을 연결시키고 있다. 영주營州는 당의 동북 관문으로 중국 내지로 고구려인을 사민시킬 때 반드시 거쳐가는 지역이었다(노태돈, 1981, 97쪽). 669년 고구려 유민의 대규모 사민은 해로로는 등주登州를 거쳐서 행해졌고, 육로로는 영주를 통해서 이루어졌다. 강제 사민된 유민 가운데 등주를 경유한 자는 평양성과 국내성 등 한반도 일대에, 영주를 경유한 자는 신성과 요동성 등 요동 일대에 거주했을 가능성이 높다(김종복, 2003, 10쪽).

당의 행군명만 통해서 본다면, 고간의 동주도행군은 요동 지역을 가리키고, 이근행의 연산도행군은 요서 지역을 가리키고 있음을 알 수 있다. 가령 연산도행군에서의 연산이 여기서 말하는 연산과 동일하다고 한다면, 당시 당은 요동과 요서 지역으로 행군을 파견한 것이 된다.

4. 검모잠과 요동의 부흥 운동

요동 지역의 고구려 부흥 운동에 관해서는 사료의 제한으로 인해 크게 알려진 것이 없다. 다만 671년 7월에 고간이 안시성의 부흥 세력을 진압했다는 기록이 남아 있다. 일반적으로 670년 검모잠의 거병이 요동 지역에 영향을 주어 발생한 것으로 인식되어왔다.

그러나 앞서 당의 행군명을 통해 요동 지역에서 검모잠이 최초로 거병했을 가능성에 대해 살펴보았다. 만약 검모잠이 평양 일대가 아니라 요동의 어느 한 지역에서 거병했다고 한다면, 그 장소는 궁모성이 위치한 곳임에 틀림없다. 요동에서 궁모성으로 추정 가능한 곳을 검토해보자.

개모성蓋牟城은 645년 당 태종이 고구려를 침공할 때 당의 장군 이적 李勣의 공격을 받아 함락되어 잠시 개주蓋州로 편입되었다. 668년 고구려가 멸망된 뒤에는 당이 이곳에 개모주蓋牟州를 설치했다.

『금사金史』 권24, 지리지5 동경로東京路를 보면, 개주는 원래 고구려의 개갈모성蓋葛牟城이라고 되어 있다. 1932년 박노철朴魯哲이 작성한 『동아일보』의 「만주유기滿洲遊記: 고구려유지高句麗遺址 13」에는 "개평현蓋平縣은 고구려의 갈모성(혹은 개평蓋平)으로 당송 이후의 진주辰州니 고시古時에는 이를 개주성蓋州城이라 하얏다"라고 되어 있다. 이를 통해 개모성은 원래 개갈모성이며, 갈모성葛牟城이라고도 했음을 알 수 있다.

『삼국사기』권37, 지리지6 무진주武珍州에 따르면, 갈초현葛草縣을 하로何老 또는 곡야谷野라고 한다. '갈葛'과 '곡谷'이 대응되고 있다. 갈마葛馬,[5] 갈마곡葛麻谷, 갈곡萼谷 등은 모두 '갈라지다'에서 파생했는데, '갈라지다'와 '골짜기'가 같은 의미로 사용되고 있다. 이에 갈모성은 곡모성谷牟城과 동일한 의미로 사용될 수 있다.

또한 『삼국사기』권35, 지리지4 울진군蔚珍郡에 따르면, 울진군의 영현 중 하나인 해곡현海曲縣은 해서현海西縣이라고도 하며, 『삼국사기』권34, 지리지3 임관군臨關郡에 따르면 임관군의 영현 중 하나인 하곡현河曲縣은 하서현河西縣이라고도 한다. '곡曲'과 '서西'는 대응되고 있다. 또한 서풍西風은 갈바람이라고 하는데, '서西'와 '갈'이 대응되고 있다(이정룡, 2002, 178쪽).

정리하면 갈모성은 곡모성으로 불렸을 가능성이 충분하며, 곡모성은 발음상 공모성으로 읽힌다. 그리고 '곡谷'은 '골'이나 '꼴'로 훈독訓讀되는데(도수희, 2004, 373쪽), 훈독상 골모성으로 읽혔을 수도 있다.

한편 곡모성을 중국어 발음으로 읽으면, 구谷(gu)와 모牟(mou)로 구모성이 된다. 경상도 방언에서는 '아직'을 '안직'으로, '고치다'를 '곤치다' 등으로 발음하는데, 구모성을 군모성으로 발음할 수 있다. 신라어가 경상도 방언의 모태가 되었음을 감안하면 군모성, 궁모성, 굼모성 등 비음이 섞인 발음으로 불렸을 가능성도 배제할 수 없다.[6]

또한 칡 갈葛, 목마를 갈渴, 다할 갈竭 등은 모두 어찌 갈曷에서 파생되어 나왔는데, 음사音寫할 경우 모두 갈이다. 이중에서 갈竭은 '다하

---

5) 대전의 갈마동渴馬洞은 예로부터 갈마음수형渴馬飮水形의 명당자리라 해서 붙은 이름이라고 한다. 그런데 지금은 목마를 갈渴 대신 칡 갈葛 자를 쓰고 있다.

6) 비음鼻音(nasals), 즉 콧소리는 소리를 낼 때 조음 기관 중에서 연구개와 목젖을 내려 입안의 통로를 막고 코로 공기를 내보내면서 내는 소리를 말한다. 비음에는 'ㄴ', 'ㅇ', 'ㅁ'이 있다.

다', '궁하다'라는 뜻을 가지고 있는데, 궁窮도 '다하다', '궁하다'라는 뜻을 가지고 있다. 즉 갈竭과 궁窮은 의미가 통하는 글자로, 갈모성과 궁모성이 같은 의미로 쓰였을지도 모른다.

안승安勝/안순安舜, 검모잠劍牟岑/겸모잠鉗牟岑 등 사서 판각板刻의 오류를 감안할 때, 갈모성을 궁모성으로 판각했을 가능성은 충분하다고 여겨진다. 그렇다고 한다면 개모성=갈모성=곡모성=공모성=궁모성과 같은 등식이 성립할 가능성이 있다.

물론 한자의 음사나 훈독이 다르고, 현대의 중국어 발음과 고대의 발음과는 차이가 있을 수밖에 없다. 새로운 유적이나 금석문이 발견되어 뒷받침되지 않는 한, 갈모성이 궁모성이라는 주장은 하나의 가설에 불과하다. 다만 여기서 말해두고 싶은 것은 검모잠의 최초 거병지를 굳이 한반도 내로 국한시킬 필요는 없다는 점이다.

이와 관련해 설오유와 고연무의 2만 연합군의 활동에서 개돈양皆敦壤이라는 지명을 살펴보자.[7] 개돈양은 그 위치가 미상이지만, 연합군이 압록강을 건너 요동으로 진군해 당군과 맞싸운 곳이다. 따라서 연합군의 행적을 추정해볼 수 있는 단서가 되는 곳이다.

개돈양의 지명과 관련해『삼국사기』권37, 지리지4의 압록강 이북의 미항성未降城 목록[8] 가운데 신성주新城州의 이칭이 주목된다. 신성주는 원래 구차홀仇次忽이며 돈성敦城이라고도 하는데, 669년 설인귀에 의해 일시적으로 안동도호부가 이치移置된 곳이기도 하다.

먼저 개돈양을 개皆 + 돈양敦壤으로 분리해보자. 신성주의 이칭인 '돈성敦城'은 '돈양敦壤'과 동일한 지명을 가리키는 것으로 볼 여지가 있다.

---

7) 이에 대해서는 앞에서 인용한『삼국사기』권6, 신라본기6 문무왕 10년 3월조를 참조할 것.

8) '목록'의 기사는 667년 2월에서 9월 사이에 당군에 의해 작성된 것으로 개전 초기 이적李勣의 진영에서 작성한 일종의 전황표戰況表라 할 수 있다(노태돈, 1999, 225쪽).

성城이나 양壤은 모두 땅을 가리키는 글자이기 때문이다. 사서 기록상 혹은 판각상 오류의 가능성을 전혀 배제할 수 없으므로, 사료의 원문 "先至'皆'敦壤 待之"를 "'모두' 돈양敦壤에 먼저 이르러 기다리고 있었다"라고 해석할 수도 있는 것이다.

그러나 명확한 사료나 고고학적 근거가 영성한 관계로 단정하기 어려운 것이 사실이며, 여기서는 하나의 가능성을 열어두는 데 만족하고자 한다. 만약 개돈양을 돈성, 즉 신성이라고 볼 수 있다면, 설오유와 고연무의 부대는 669년에 신성으로 이동한 안동도호부의 치소를 목표로 이동한 것이 된다(이상훈, 2012, 93쪽).

만약 위의 가정이 성립한다면, 검모잠의 거병과 설오유·고연무의 요동 공격은 연계해서 파악해야만 한다. 670년 3월에서 4월 사이 설오유와 고연무의 연합 부대가 요동에서 작전을 수행한 바 있다. 당시 요동에 주둔하던 당군이 이에 대응했던 사실은 사서 기록에서 확인되고 있다.

요동에 주둔하고 있던 당군이 설오유와 고연무의 요동 공격을 막기 위해 이동하면서 고구려 유민에 대한 감시나 통제는 그 전보다 훨씬 소홀해졌을 것이다. 이 시기를 전후해 개모성이나 안시성을 비롯한 요동 지역의 주요 성들에서 당군에 대항하는 흐름이 나타났을 가능성이 있는 것이다. 즉 검모잠은 설오유와 고연무의 부대가 오골성 일대에서 당군의 이목을 끄는 사이 개모성을 중심으로 당에 반기를 들었다고 고려해볼 수도 있는 것이다.

지금까지 검모잠은 평양 일대에서 거병해 황해도 일대에서 부흥 운동을 전개한 것으로 인식되어왔다. 그리고 고구려 부흥 운동은 검모잠이 한반도를 중심으로 활동한 뒤, 요동 지역에서 그 영향을 받아 안시성을 중심으로 발생한 것으로 파악되고 있다. 그러나 검모잠의 최초 거병이 요동 일대에서 이루어졌다고 한다면, 이러한 인식은 새롭게 정립되어야만 할 것이다.

필자는 고구려 부흥 운동에 있어 문외한으로 지나친 논지 비약과 억측이 있음을 자인한다. 특히 검모잠의 안승 추대 시점, 안승의 신라 귀부 시기, 사야도의 위치 비정 등과 연계해서 파악해야 하지만 제대로 이루어지지 못했다. 다만 지금까지 검모잠의 부흥 운동이나 궁모성의 비정을 너무 한반도 내로 국한시킨 상태에서 바라보지는 않았는가라는 관점에서 접근해보았다. 앞으로 검모잠과 고구려 부흥 운동을 요동과 한반도를 연계해 파악하는 연구가 진전되기를 기대해본다.

:: 참고문헌

『고려도경高麗圖經』

『구당서舊唐書』

『금사金史』

『사기史記』

『삼국사기三國史記』

『신당서新唐書』

『자치통감資治通鑑』

강경구, 2005, 「고구려 부흥운동의 신고찰」, 『한국상고사학보』 47, 한국상고사학회.

김강훈, 2013, 「679~681년 보장왕의 고구려 부흥운동」, 『역사교육논집』 50, 역사교육학회.

김수태, 1994, 「통일기 신라의 고구려 유민지배」, 『이기백선생 고희기념 한국사학논총』, 일조각.

김종복, 2003, 「고구려 멸망 이후 당의 지배 정책: 안동도호부를 중심으로」, 『사림』 19, 수선사학회.

노태돈, 1981, 「고구려 유민사 연구: 요동·당내지 및 돌궐 방면의 집단을 중심으로」, 『한우근박사 정년기념 사학논총』, 지식산업사.

_____, 1997, 「대당전쟁기(669~676) 신라의 대외관계와 군사활동」, 『군사』 34, 국방부
    군사편찬연구소.

_____, 1999, 『고구려사 연구』, 사계절.

도수희, 2004, 『백제어 어휘 연구』, 제이앤씨.

박노철, 「만주유기滿洲遊記: 고구려유지高句麗遺址 13」, 『동아일보』 1932년 2월 10일 자
    (생활/문화).

서영교, 2006, 『나당전쟁사 연구』, 아세아문화사.

양병룡, 1997, 「나당전쟁 진행과정에 보이는 고구려유민의 대당항쟁」, 『사총』 46, 고려
    대학교 역사학연구회.

이병도, 1964, 「고구려의 일부유민에 대한 당의 추호정책」, 『진단학보』 25·26·27, 진단
    학회.

이상훈, 2012, 『나당전쟁 연구』, 주류성.

이정룡, 2002, 『한국 고지명 차자표기 연구』, 경인문화사.

이정빈, 2009, 「고연무의 고구려 부흥군과 부흥운동의 전개」, 『역사와 현실』 72, 한국역
    사연구회.

임기환, 2004, 『고구려 정치사 연구』, 한나래.

정구복·노중국·신동하·김태식·권덕영, 1997, 『역주 삼국사기 3』 주석편(상), 한국학중
    앙연구원.

조인성, 2007, 「고구려의 멸망과 부흥 운동의 전개」, 『고구려의 정치와 사회』, 동북아역
    사재단.

최재도, 2013, 「한성지역의 고구려 부흥운동과 대당전쟁」, 동국대학교 사학과 석사학위
    논문.

池內宏, 1930, 「高句麗滅亡後の遺民の叛亂及び唐と新羅との關係」, 『滿鮮地理歷史硏
    究報告』 12, 東京帝國大學文學部, 東京.

_____, 1960, 『滿鮮史硏究』 上世 2, 吉川弘文館, 東京.

村上四男, 1966, 「新羅と小高句麗國」, 『朝鮮學報』 37·38, 朝鮮學會, 奈良.

『삼국사기』 신라본기 초기 기록의 원전原典과 활용

전덕재(단국대학교 사학과 교수)

1. 머리말

종래에 학계에서 『삼국사기三國史記』 초기 기록을 둘러싸고 불신론과 긍정론, 수정론이 제기되어 논란이 분분했다(노태돈, 1987; 강종훈, 2001; 이강래, 2003). 해방 이후 많은 고대사 연구자들이 주로 수정론에 입각해 초기 기록에 접근했고, 필자 역시 이와 같은 입론에 적극 동조하는 입장이다. 수정론에 입각한 종래의 연구들을 살펴보면, 대체로 세계世系의 순서를 변경하거나 재위한 왕의 수를 줄여 기년의 인하를 추구하고, 그것을 기초로 상고기의 역사상歷史像을 복원하는 것이 일반적인 경향이었음을 알 수 있다(김철준, 1962; 김광수, 1973; 이인철, 1986). 그리고 근래에 일부 연구자는 초기 기록에 나오는 왕들의 재위 연수가 사실에 근거했다는 미련을 과감하게 버리고 상고기 왕실 계보를 역으로 추적한 다음, 거기에서 보이는 인물들의 출생 시기를 상호 비교해 기년의 인상 정도를 추정하는 방법론을 활용해서 이사금 시기 왕들의 재위 연도를 일률적으로 재조정하고, 그것을 기초로 이사금 시기의 역사상을 복원하기도 했다(강종훈, 2000).

근래에 제기된 연구방법론은 종래의 그것보다 정치精緻하고, 설득력이 있으며, 적극 권장할 만하다. 그러나 이사금 시기 왕들의 재위 연도를 일률적으로 재조정한 다음 그에 기초해 이사금 시기의 역사상을 복원하는 것에도 전혀 문제가 없지는 않다는 점을 유념해야 한다. 신라본기新羅本紀에서는 기림이사금 3년(300) 3월에 낙랑과 대방 두 나라가 와서 신라에 항복했다고 전한다. 기년을 전면 재조정한 견해에 따르면 기림이사금은 4세기 후반에 재위했다고 하므로(강종훈, 2000, 46쪽), 낙랑과 대방이 신라에 항복한 시기 역시 그렇게 보아야 한다. 그런데 주지하듯이 낙랑군樂浪郡과 대방군帶方郡은 각각 313년과 314년에 고구려에 병합되었다. 기년을 일률적으로 재조정한 견해의 문제점을 단적으로 드러내는 대표적인 사례로서 유의된다.

이에 이 글에서는 신라본기 초기 기록 가운데 사실성에 오류가 없는 것들을 추출한 다음, 그것의 시간성과 공간성을 명확하게 규명해 신라 상고기 역사상의 일단—端을 복원하는 방법론을 활용하려고 한다.[1] 이러한 연구방법론은 『삼국사기』 초기 기록의 내용을 분해해 이를 재구성하는 방법으로 역사상을 복원하는 이른바 분해론分解論적인 시각에 맞닿아 있다고 규정할 수 있다(노중국, 1988, 21~30쪽).

---

1) 이와 같은 연구방법론을 통해서 『삼국사기』 초기 기록에 접근한 대표적인 논저로 '노태돈, 1993'과 '노태돈, 1994'를 들 수 있다.

2. 신라본기 초기 기록의 원전原典과 개찬改撰

(1) 신라본기 초기 기록의 원전과 『국사國史』

『삼국사기』신라본기 초기 기록, 즉 이사금 시기의 기록을 사료로 활용할 때,[2] 사실성事實性과 기년紀年에 대한 의구심을 가지고 접근해야만 한다. 그렇지 않으면 신라 초기의 역사상을 올바로 복원했다고 보기 어렵기 때문이다. 그렇다면 신라본기 초기 기록에 보이는 사실성과 기년의 오류는 과연 누구의 책임이었을지 궁금하다. 이에 대한 의문을 해결할 수 있는 관건은 신라본기 초기 기록의 기본 원전原典과 아울러 그것의 개찬改撰 과정을 추적하는 것으로 귀결된다.

『국사』는 진흥왕 6년(545)에 법흥왕 대까지의 신라 역사를 정리한 신라 최고最古의 사서지만, 현재 전하지 않는다. 고려 인종 23년(1145) 『삼국사기』를 편찬할 때까지 그것이 전래되었는지는 가늠할 수 없으나 법흥왕 대 이전 시기, 즉 이사금과 마립간 시기의 『삼국사기』신라본기 기록에 그것의 내용이 상당 정도 반영되었을 것이라는 사실에는 의문의 여지가 없다.

『수동번풍속기隋東蕃風俗記』에서 "김성金姓이 서로 30여 엽葉을 계승했다"고 전한다.[3] 수隋에 사신을 보내 통교한 신라왕은 진평왕이었다. 여기서 엽葉은 연수年數가 아니라 왕위王位를 계승한 대수代數를 가리킨 것으로 보인다. 진평왕 이전에 김씨로 왕위에 오른 인물은 미추·나물·실성·눌지·자비·소지·지증·법흥·진흥·진지에 불과했다. 미추의 7대 조가 알지閼智이고 6대조가 성한聖漢(또는 세한勢漢)이었으며, 진평왕은

---

2) 초기 기록은 제17대 나물왕 이전 시기 신라본기의 기록을 가리킨다. 당시 주로 이사금尼師今이라는 왕호王號가 널리 쓰였기 때문에 이사금 시기의 기록이라고 표현해도 좋을 듯싶다.

3) 其王姓金名眞平 隋東蕃風俗記云 金姓相承三十餘葉(『통전通典』권185, 변방邊防1 동이東夷 상上 신라).

알지의 14대손이자 성한의 13대손에 해당한다. 따라서 진평왕 대까지 김성金姓이 30여 엽(대)을 계승했다는 언급은 사실과 괴리된다고 할 수 있다. 그러면 『수동번풍속기』의 기록을 그냥 두찬杜撰이라고 치지도외 置之度外할 수 있을까?

진평왕은 신라 제26대 왕이다. 이로부터 '김성이 30여 엽 계승했다' 는 표현은 바로 진평왕까지 신라왕이 약 30여 대 계승했음을 반영한 것이라고 쉽게 추론할 수 있다. 아마 수나라 사람은 당시 진평왕이 김 씨였기 때문에 김성이 30여 대에 걸쳐 왕위를 계승했다고 인식해서 이 와 같이 잘못 표현한 것으로 이해된다. 『수동번풍속기』 기록에 대한 분 석을 기초로 진평왕 대에 『삼국사기』에서 전하는 것과 같은 신라 왕계 에 대한 인식이 확립되었음을 엿볼 수 있는데, 진평왕 대의 왕계에 대 한 인식은 진흥왕 대 『국사』의 찬자撰者가 정리한 신라 왕계의 인식을 반영한 것이라고 보는 것이 자연스러울 듯싶다.

『삼국사기』의 찬자는 신라 말의 유학자 최치원이 『제왕연대력帝王年 代曆』을 저술했는데, 거기에서 거서간居西干 등의 왕호를 사용하지 않고 모두 모왕某王이라고 칭했다고 언급했다.[4] 최치원이 『제왕연대력』에서 신라 왕계의 구성에 대해 이의를 제기하지 않았고, 다만 신라 고유의 왕호만을 문제 삼았음을 살필 수 있다. 신라 말기에 현재 알려진 초기 왕계에 대한 인식이 그대로 계승되었음을 시사해주는 측면으로 주목 된다(강종훈, 2002, 244쪽). 『삼국유사三國遺事』 왕력편王曆篇도 신라 초기 왕계를 전한다. 여기에서 신라 초기 왕명王名과 왕비王妃 및 왕모王母에 대한 이설異說은 소개했지만, 왕계의 구성에 대한 이설은 전혀 언급하

---

4) 論曰 新羅王稱居西干者一 次次雄者一 尼師今者十六 麻立干者四 羅末名儒崔致遠作帝王 年代曆 皆稱某王 不言居西干等 豈以其言鄙野不足稱也 曰左漢 中國史書也 猶存楚語穀於菟 匈奴語撑犁孤塗等 今記新羅事 其存方言 亦宜矣(『삼국사기』 권4, 신라본기4 지증왕 즉위년).

지 않았다.[5] 더구나 왕력편에서 전하는 이사금 시기 왕의 즉위년과 훙년薨年 역시 『삼국사기』 신라본기 및 연표에 전하는 그것과 완전히 일치함을 살필 수 있다. 이를 통해 고려시대에도 역시 초기 왕계의 이설에 대한 정보를 전혀 갖고 있지 않았음을 유추해볼 수 있다.

『제왕연대력』에 반영된 초기 왕계에 대한 최치원의 인식은 통일신라인의 일반적인 왕계에 대한 인식을 반영하고, 고려시대에도 초기 왕계에 대한 이설이 전혀 전해지지 않았음을 참고하면 『삼국사기』 신라본기에서 전하는 진흥왕 대 이전 시기 왕의 즉위년과 훙년에 관한 기록역시 『국사』의 찬자가 정리한 내용을 그대로 수용한 것이었을 가능성이 높다고 보는 편이 자연스럽다. 물론 전한前漢 오봉五鳳 원년 갑자(기원전 57)로 알려진 혁거세의 신라 건국 연대 역시 『국사』의 편찬 단계에서 정립되었다고 보인다. 그렇다면 초기 기록의 편년編年 체계 역시 『국사』의 그것을 대체로 수용했을 것인지가 문제로 제기되는데, 이는 신라본기 초기 기록에서 보이는 기년의 오류가 『국사』의 찬자에게서 비롯되었을까를 해명하는 것과도 직결된다.

『삼국사기』 신라본기에서는 첨해이사금 3년(249) 4월에, 석우로 열전에서는 첨해이사금 7년 계유(253)에 왜인이 우로于老를 죽였다고 전한다. 우로의 사망 연대에 대해 신라본기와 열전의 기록이 다름에도 불구하고 양쪽 모두 분주分註로 이에 대해 명기하지 않았다. 한편 신라본

---

5) 『삼국유사』 권1, 기이紀異2 신라시조혁거세왕조新羅始祖赫居世王條에서 6부의 시조들이 각기 자제들을 거느리고 알천 언덕에 모여 의논한 연대에 대해 고본古本에는 건호建虎(건무建武) 원년(25) 또는 건원建元 3년(기원전 138)이라고 전하기도 하지만, 이것은 모두 잘못이고 전한前漢 지절地節 원년 임자(기원전 69)가 옳다고 주장한 내용이 전한다. 신라 왕계에 대한 이설이 존재했을 가능성을 시사해주는 자료지만, 현재까지 전해지는 기록에 의거하는 한 그에 대한 구체적인 실체는 알려지지 않고 있다. 『삼국사기』와 『삼국유사』의 찬자도 왕계의 이설에 대한 정보를 전혀 갖고 있지 않았을 가능성이 높다고 보인다.

기에서는 나해이사금 14년(209) 가을 7월에 포상팔국浦上八國이 가라加羅를 침범했다고 전하나, 물계자 열전에서는 나해이사금 대에 포상팔국이 아라국阿羅國을 침략하려고 함께 모의했다고 전한다. 또한 전자에서는 포상팔국의 난 진압에 참가한 이벌찬伊伐湌 이음利音이 왕자라고 전하나, 후자에서는 날음捺音이 왕손王孫이라고 전한다. 신라본기와 열전의 내용이 다른 것을 통해 『삼국사기』의 찬자가 신라본기와 열전을 찬술할 때, 각기 다른 소전所傳에 기초했음을 엿볼 수 있다.

『삼국사기』 신라본기 초기 기록과 열전의 찬자가 참고한 소전이 다르고, 전자에서 역사적 사건이 일어난 연年과 더불어 월月까지 구체적으로 표기했음을 미루어보건대, 신라본기 초기 기록의 원전은 각 왕대에 발생한 역사적 사건을 연대별로 기술한 사서로서의 성격을 지녔다고 규정할 수 있다. 『국사』 역시 각 왕의 즉위년과 홍년만을 간략하게 명기한 다음 그 왕대에 발생한 역사적 사실들을 포괄적으로 기술한 사서였을 가능성은 매우 희박하고, 각 왕대에 발생한 역사적 사건을 연도별로 분류해 서술한 사서로서의 성격을 지녔다고 보는 편이 옳을 것이다. 『국사』에서 전하는 초기 왕계의 구성 및 각 왕의 즉위년과 홍년에 관한 내용을 신라본기 초기 기록에서 그대로 수용했으므로, 연대별로 정리된 각 왕대의 역사적 사건에 관한 내용 역시 『국사』와 신라본기 초기 기록 사이에 커다란 차이가 나지 않았을 가능성이 높아 보인다. 이러한 측면에서 신라본기 초기 기록의 원전은 『국사』에 맞닿아 있고, 초기 기록에서 보이는 기년의 오류 역시 그 찬자로부터 비롯되었다고 정리해도 크게 문제가 되지 않을 듯싶다.

(2) 『국사』의 개수改修와 신라본기 초기 기록의 완성

『삼국사기』의 찬자는 진흥왕 6년(545)에 편찬된 『국사』를 저본으로 삼아 신라본기 초기 기록을 찬술하지 않았다. 이를 입증할 수 있는 여러 증거를 찾을 수 있다. 『삼국사기』 신라본기 이사금 시기의 기록에서 관등을 '~찬湌'으로 표기했다. 551년 이전에 건립된 울진봉평신라비와 단양적성신라비 등에서는 '~간지干支', 561년(진흥왕 22)에 건립된 진흥왕순수비 창녕비에서는 '~간干'의 형식으로 관등을 표기했다. 신라 중고기 금석문 가운데 후자에서 비로소 관등을 표기할 때 존칭 어미 '지支'가 탈락되었음이 알려졌다. 『국사』는 561년 이전에 편찬되었기 때문에 거기에 표기된 관등은 '~간지'의 형식이었을 것이다. 신라본기 초기 기록에 전하는 관등 표기가 545년 당시 『국사』에 표기된 그것이 아니었음은 분명하다. 중대의 금석문과 『일본서기日本書紀』를 통해 중대에 '~찬湌'의 형식으로 관등을 표기했음을 확인할 수 있다. 이에 따르면, 『국사』는 중대에 개수改修한 셈이 된다.

중대에 『국사』를 개수했음은 인명 표기의 변천을 통해서도 입증이 가능하다. 중고기 금석문에 보이는 인명 표기를 살펴보면, 대부분 '~지智(知)'의 형식을 갖고 있다. 여기에서 '지智(知)'는 존칭 어미에 해당한다. 『일본서기』 권26, 제명천황齊明天皇 6년(660) 9월조에는 이해 7월 10일에 당唐의 소정방蘇定方과 신라왕 춘추지春秋智가 백제의 왕성王城을 협공해 함락시켰다고 기술한 내용이 전해진다. 그리고 『일본서기』 권30, 지통천황持統天皇 4년(690) 2월조에서 급찬級湌 북조지北助知가 왜에 귀화했다고 전한다. 북조지 외에 660년 이후 왜에 파견된 사신이나 귀화, 표착한 사람 가운데 인명에 존칭 어미 지智(知)를 부기한 사례를 발견할 수 없으므로, 660년 무렵부터 인명 뒤에 지智(知)를 부기하는 관행에 변화가 나타났다고 보는 것이 옳을 듯싶다. 문무왕 13년(673)에 조성된 계유명癸酉銘 아미타삼존사면석상阿彌陀三尊四面石像에 삼구지三久知 내말乃末이 보인다. 이후 신라 중대의 금석문에서 존칭 어미를 부기한 인명 표기는 거의 찾을 수 없다. 따라서 적어도 673년 이후『국사』에서 전하는 인명을 일괄적으로 개서改書했음이 분명하다.

이 밖에 중대에 인명을 개서했음을 알려주는 증거를 더 찾을 수 있다. 진흥왕 29년(568)에 건립된 진흥왕순수비 마운령비에 거칠부지居柒夫智가 보인다. 그런데『삼국사기』거칠부 열전에서 거칠부의 또 다른 이름이 황종荒宗이라고 했다. 적어도 568년 이후 인명에 자주 사용된 '부夫'를 '종宗'으로 개서했음을 시사해주는 사례로 주목된다. 그런데 신라본기 초기 기록에서 익종翌宗, 근종近宗, 윤종允宗, 익종翊宗, 극종克宗 등과 같은 인명이 보인다.『국사』에서는 이들 인명이 본래 '~부지夫智'라고 표기되었을 텐데, 568년 이후 어느 시기에 '~종宗'으로 개서했다고 볼 수 있다. 이렇게 개서한 시기와 존칭 어미가 탈락된 시기는 유기적인 연관성을 지녔으므로 '부夫'를 '종宗'으로 개서한 시기 역시 673년 이후라고 보는 것이 옳다. 동시에 이때 신라 고유의 인명을 한식漢式으로 아화雅化해 표기했다고 추정된다.

『국사』를 중대에 개수했음은 지명 표기를 통해서도 증명이 가능하다.『삼국사기』권2, 신라본기2 나해이사금 27년 10월조와 기림이사금 3년 3월조에 우두주牛頭州라는 지명이 보이고, 유례이사금 10년 봄 2월조에 사벌주沙伐州라는 지명이 나온다. 신라가 선덕여왕 6년(637)에 처음으로 우두(강원도 춘천)에 군주軍主를 파견했는데, 이때 비로소 우두주를 설치한 것으로 이해된다(전덕재, 2009a, 111~113쪽).

『삼국사기』신라본기에서 법흥왕 12년(525)에 대아찬大阿飡 이등伊登을 사벌주 군주軍主로 임명했다고 전하지만, 당시에 사벌주를 설치했다고 보기는 어렵다. 637년 우두주를 설치하기 전까지 신라에는 상주上州와 하주下州, 신주新州밖에 없었다. 이에 근거해 신라본기의 중고기 기록에 전하는 주州의 치폐置廢 기사는 정停(신라의 군영)의 이치移置 사실을 반영한다고 이해하는 것이 일반적이다. 신라는 637년에 신주를 남천주南川州와 우두주로 분리했고, 문무왕 5년(665)에 상주와 하주의 땅을 분할해 삽량주歃良州를 설치하면서 옛 상주와 하주를 각각 일선주—善州와 거열주居烈州라고 부르기 시작했다. 후에 주치州治의 이동에 따라 남천주는 한산주漢山州로, 거열주는 청주菁州로 개칭되었다(전덕재, 2001, 58~68쪽). 그리고 신문왕 7년(687)에 일선주를 폐하고 사벌주를 설치했는데, 이때 사벌 지역이 주치가 되면서 비로소 9주의 하나인 사벌주가 설치되었다고 이해된다. 즉 687년 이전까지 사벌군沙伐郡이라고 부르다가 이해에 비로소 사벌주라고 부르기 시작했다는 의미다.

이처럼 우두주를 637년에, 사벌주를 687년에 처음 설치했으므로 신라본기 초기 기록의 지명 역시 중대에 개서했다고 이해할 수 있다. 주지하듯이 경덕왕 16년(757)에 우두주를 삭주朔州로, 사벌주를 상주尙州로 개칭했다. 이와 같은 지명 표기의 변천에 유의한다면, 『국사』를 개수한 시기는 신문왕 7년(687)에서 경덕왕 16년(757) 사이의 어느 시기라고 규정할 수 있다.

중대에 『국사』를 개수하면서 관등과 인명, 지명을 당시의 관행에 맞추어 개서했음을 확인할 수 있지만, 각 왕대王代마다 연대별로 정리된 역사적 사건 및 여러 설화 등도 개서했는지 여부는 정확하게 밝힐 수 없다. 다만 고구려 초기에 편찬된 『유기留記』 100권을 산수刪修해 영양왕 11년(600)에 태학박사太學博士 이문진李文眞이 『신집新集』 5권을 편수한 사실, 중대에 유학이 널리 보급되고 그것이 정치 이념으로 널리 수용된 점 등을 감안하면, 『국사』를 산수했을 가능성은 충분히 인정된다고 하겠다. 이와 관련해 중고기 말~중대 초까지 인명을 표기할 때 반드시 소속 부部를 밝히는 것이 관례였는데, 신라본기 초기 기록에서 관인官人의 소속 부에 관한 정보를 전혀 밝히지 않은 점을 주목할 필요가 있다. 왜냐하면 중대에 『국사』를 개수하면서 소속 부에 관한 정보를 완전히 삭제한 것처럼, 다른 역사적 사건이나 설화의 내용 가운데 일부를 산삭删削했을 가능성을 유추해볼 수 있기 때문이다.

만약 『삼국사기』의 찬자들이 『국사』를 참조해 신라본기 초기 기록을 찬술했다고 한다면, 그 『국사』는 바로 중대에 개수된 『국사』였을 가능성이 높다. 그렇다고 『삼국사기』의 찬자가 중대에 개수한 『국사』를 저본底本으로 신라본기 초기 기록을 찬술했다고 단정하기는 어렵다. 그들이 고려 초기에 편찬된 『구삼국사舊三國史』를 저본으로 적극 활용했을 가능성을 배제할 수 없기 때문이다.[6]

신라본기 초기 기록에서 고려 초기에 개수한 『국사』의 내용 가운데 일부를 개서하거나 새로운 역사적 사실을 증보增補했음을 시사해주는 증거가 많이 발견된다. 『삼국사기』 권1, 신라본기1 시조혁거세거서간 19년 정월조와 38년 봄 2월조에서 삼한三韓 가운데 하나인 변한卞韓이 보인다. 『삼국지三國志』를 비롯한 중국 정사正史에서는 변진弁辰 또는 변한弁韓이라고 표기했고, 변한卞韓이라고 표기한 사례를 발견할 수 없다. 다만 『후한서後漢書』 광무제기光武帝紀 건무建武 20년 6월 을미조에서 당나라 장회태자章懷太子 이현李賢(654~684)의 주석을 전하는데, 여기에서 그는 "동이東夷에 진한辰韓·변한卞韓·마한馬韓이 있으니, 이들을 삼한국三韓國이라고 부른다"고 했다. 이현이 변한弁韓을 '변한卞韓'이라고 표기한 점이 특징적이다.[7] 신라 말에 최치원은 상태사시중장上太師侍中狀에

---

6) 『구삼국사舊三國史』는 목종 대(997~1009) 이전에 편찬되었다고 이해하는 것이 일반적이며, 일부는 광종 대(949~975)로 보기도 한다.

7) 고구려 유민 이타인李他仁(610~677)의 묘지명墓誌銘에서는 '변한卞韓', 고요묘高饒苗의 묘지명에서는 '진변辰卞'이라고 표기했고, 번렴樊廉의 묘지명에서는 '마변馬卞'이라고 표기했다. 당唐 대에 '弁韓'이 아니라 '卞韓'이라고 표기하는 것이 관행이었음을 살필 수 있다.

서 '변한卞韓'이라고 표현했다. 『구삼국사』의 찬자는 『삼국지』 등에서 전하는 '弁韓'을 이현의 주석이나 최치원의 저술을 참고해 '卞韓'이라고 개서한 것으로 보인다. 이 사례는 『삼국사기』의 찬자가 『구삼국사』를 저본으로 신라본기 초기 기록을 찬술했음을 알려주는 증거의 하나로 유의된다.

『삼국사기』의 찬자가 『구삼국사』를 저본으로 신라본기 초기 기록을 찬술했음을 입증해주는 또 다른 증거가 있다. 신라본기 초기 기록에서는 동해안 지역에서 신라와 말갈靺鞨이 서로 접촉하거나 싸운 사실을 여러 차례 전한다. 말갈이라는 종족 명칭은 당나라 정관貞觀 10년(636)에 편찬된 『북제서北齊書』에서 처음 나온다. 따라서 신라본기 초기 기록에 나오는 말갈을 중국 동북방에 널리 거주하던 숙신肅愼, 읍루挹婁, 물길勿吉의 후신과 연결시켜 이해하기는 곤란할 듯싶다. 지금까지 이러한 점과 아울러 동해안 지역에 예족濊族이 널리 거주했다는 사실에 주목해 초기 기록에서 전하는 말갈이 동예를 가리킨다고 이해했다. 그런데 여기서 문제는 어느 시기에 동예를 말갈로 개서했느냐는 점이다.

『삼국사기』 지리지는 "가탐賈耽의 고금군국지古今郡國志에서 이르기를, (삭주는) (고)구려의 동남쪽, 예濊의 서쪽에 위치하며, 옛 맥貊의 땅이다"라는 기록과 아울러 "가탐의 고금군국지에서 이르기를, 지금 신라 북계 명주溟州는 대개 예의 고국古國이다"라는 기록을 전한다. 고금군국지는 가탐이 801년 4월에 찬술했다고 알려진 『고금군국현도사이술古今郡國縣道四夷述』을 가리키며, 그는 762년에서 764년에 걸쳐 발해와 신라를 방문한 당나라 사신 한조채韓朝彩의 견문에 근거해 발해와 신라에 관한 정보를 얻은 것으로 이해된다(赤羽目匡由, 2011, 17~36쪽).

고금군국지의 기록은 760년대에 신라인들이 명주가 북계北界로서 예濊의 고국古國이었다고 인식했음을 알려주는 자료로 주목된다. 이에 따른다면 687년과 757년 사이『국사』를 개수할 때, 동해안 지역에서 신라와 접촉한 동예를 말갈이라고 개서했다고 보기 어려울 듯싶다. 그러면 언제 동예를 말갈로 일괄 개서했을까?

헌강왕 12년(886)에 보로국寶露國과 흑수국黑水國 등 적국인狄國人이 신라와 통교하기를 원했는데, 이 가운데 흑수말갈의 일파인 보로국은 옛 함경도 안변(현재의 북한 강원도 안변군)에 위치했다(池內宏, 1960, 56쪽). 한편 최치원이 지은 「양위표讓位表」에서 진성여왕이 왕위를 계승한 이후 처음에 흑수黑水가 강토를 침범하며 독기를 내뿜었고, 다음에는 도적(綠林)이 떼를 지어 경쟁적으로 광기를 부렸다는 내용이 보인다. 이 밖에 말갈의 일파인 흑수와 달고達姑, 철륵鐵勒과 관계된 기록이『삼국사기』와『고려사高麗史』태조세가太祖世家에 많이 전해진다. 이들은 8세기 중엽 발해에 의해 원 거주 지역에서 신라의 동북 지역으로 옮겨진 존재로, 9세기 후반 발해의 통제를 받지 않고 자체적으로 활동했다고 알려졌다(赤羽目匡由, 2011, 168~178쪽).

신라 말과 고려 태조 대에 신라의 동북 지역에 동예가 아니라 흑수와 달고, 철륵이라고 불린 말갈족이 거주한 점에 유의하면, 당시에는 옛날 이 지역에 거주하며 신라와 접촉했던 동예를 말갈과 연결시켜 이해했을 가능성이 매우 높다고 보인다.『삼국사기』를 편찬한 12세기 중반에 이 지역에서 활동한 종족을 여진女眞이라고 불렀음을 감안한다면,『삼국사기』편찬 단계에서 동예를 말갈로 개서했다고 주장하기는 그리 쉽지 않을 것이다. 이러한 측면에서 개수된『국사』에서 동해안 지역에서 신라와 접촉한 실체를 동예 또는 예라고 기술했던 것을 일괄적으로 말갈로 개서한 주인공은 바로『구삼국사』의 찬자로 보는 것이 가장 합리적일 듯싶다.『삼국사기』의 찬자가『구삼국사』찬자의 개서 사실을 그대로 수용해 신라본기 초기 기록을 찬술했음은 물론이다.

『삼국사기』신라본기에서는 '梁양'을 사용해 부명部名을 표기했다. 중고기 금석문에서는 '喙훼'를, 통일신라 시기의 영천 청제비菁堤碑 정원명貞元銘, 청주 상당산성上黨山城 문자 기와, 광주 무진고성武珍古城 출토 명문 기와, 미륵사 동원 북회랑지 북측 배수로 출토 토기편에서는 '呆훼'를 사용해 부명을 표기했음이 확인된다. 여기에서 '呆'는 '喙훼'의 이체자異體字다. 『일본서기』에서는 '呆'와 모습이 비슷한 '喙록'으로 부명을 표기하기도 했다. 신라에서 부명을 표기할 때, 여전히 '喙훼' 또는 그 이체자를 사용했음을 알 수 있다. 그런데 고려시대에 편찬된 『삼국사기』와 『삼국유사』에서는 부명을 표기할 때, 일괄적으로 '梁양'을 사용했다. 고려에서 '喙' 또는 '呆'를 일괄해 '梁'으로 개서했음을 시사해준다(전덕재, 2009b, 50~51쪽). 아마 그 주인공은 『구삼국사』의 찬자였다고 추정된다.

이상에서 『삼국사기』의 찬자가 『구삼국사』를 저본으로 신라본기 초기 기록을 찬술했음을 살폈다. 아마도 『구삼국사』의 찬자는 개수된 『국사』를 저본으로 이사금 시기의 역사를 기술했을 것이다. 그런데 『삼국사기』의 찬자는 개수된 『국사』나 『구삼국사』만을 저본으로 하거나 참고해서 신라본기 초기 기록을 구성한 것은 아니었다. 『삼국사기』의 찬자가 추가한 내용 가운데 대표적인 사례로 천변天變과 관련된 사실을 들 수 있다. 초기 기록에서 전하는 일식日食 기사 가운데 첨해이사금 10년에 발생한 일식을 제외한 나머지는 모두 『한서漢書』 또는 『후한서』에서 그대로 전재全載한 것이다. 이 밖에 성패星孛, 형혹熒惑, 태백太白, 객성客星, 치우기蚩尤旗의 출현 기사 역시 마찬가지다(이희덕, 1999). 신라 하대의 기록에서 보이는 일식 기사 역시 1060년에 완성된 『신당서新唐書』에서 그대로 전재했음을 주목하면, 천변 관련 기사를 『한서』와 『후한서』에서 발췌해 신라본기에 삽입한 주인공은 『삼국사기』의 찬자로 보는 것이 옳을 것이다.

이 밖에 김대문金大問의 언급을 인용해 차차웅과 이사금에 대해 설명한 남해차차웅 즉위년 및 유리이사금 즉위년 기사, 고기古記를 인용해 분주分註를 단 유례이사금 즉위년 기사 및 사론史論 등도 김부식 또는 다른 『삼국사기』의 찬자가 직접 서술한 사례로 들 수 있다. 이들 외에도 『삼국사기』의 찬자가 추가한 내용이 더 있을 것으로 추정되지만, 현재 그것에 접근할 수 있는 정보가 매우 제한적이어서 자세하게 고구考究하기 어렵다.

이상에서 살핀 내용을 종합한다면, 결과적으로 『삼국사기』의 찬자는 개수된 『국사』의 내용이 상당히 많이 반영된 『구삼국사』를 가장 중요한 저본으로 활용하면서도 중국의 사서에서 전하는 내용을 일부 첨가해 신라본기 초기 기록을 완성했다고 정리할 수 있다.[8]

3. 초기 기록의 사료 비판과 활용

(1) 사료 비판

앞에서 신라본기 초기 기록에서 보이는 사실성 및 기년의 오류 가운데 상당수가 『국사』의 찬자에게서 비롯되었다고 언급했다. 이제 구체적으로 어떠한 오류가 있는지 밝힐 차례인데, 먼저 합리적으로 이해하기 힘든 몇몇 사례를 들면 다음과 같다.

---

8) 『삼국사기』 신라본기 상고기 기록의 기본 원전이 『국사』였고 그것을 중대에 개수했으며, 고려 초기에 개수된 『국사』의 내용이 상당히 포함된 『구삼국사』를 편찬한 사실 및 고려 중기에 김부식 등이 『구삼국사』를 저본으로 『삼국사기』 신라본기 상고기 기록을 완성한 사실에 대한 자세한 논증과 설명에 대해서는 '전덕재, 2014'가 참조된다.

『삼국사기』신라본기에서 혁거세거서간 38년(기원전 20)에 호공瓠公을 마한에 보내 예방하게 했다고 한다. 그런데 탈해이사금 2년(58)에 호공을 대보大輔로 삼았다고 한다. 호공은 왜에서 배를 타고 신라에 온 사람이었다. 그가 마한에 사신으로 파견되었을 때는 20세가 넘었을 가능성이 높다고 보이므로, 서기 58년 호공의 나이는 적어도 98세 이상인 셈이다. 기원 전후 무렵에 호공이 100세 이상까지 살았다고 전하는 신라본기의 기록을 그대로 신뢰하기는 어려울 듯싶다. 비슷한 사례가 더 있다. 일성이사금은 유리이사금의 맏아들로 전해진다. 유리는 34년 동안 재위하다가 서기 57년에 사망했다. 일성이 즉위한 해는 서기 134년이다. 유리가 사망한 후 그의 맏아들 일성이 그로부터 77년이 지난 뒤에 즉위했다는 것은 상식적으로 쉽게 납득하기 곤란하다. 일성을 유리의 맏아들로 보기 어렵거나 기년에 착오가 있었다고 보지 않을 수 없다.

구도仇道는 미추이사금의 아버지다. 그가 사료에 등장한 시기는 아달라이사금 19년(172)부터 벌휴이사금 7년(190)까지다. 262년에 즉위해 284년에 사망한 미추이사금의 아버지 구도가 100여 년 전에 활동했다고 전하는 신라본기 초기 기록을 그대로 신뢰하기는 쉽지 않다. 한편 356년에서 402년까지 재위한 나물왕의 아버지가 구도의 아들 말구末仇였고, 왕비는 미추왕의 딸이었다고 한다. 그리고 402년부터 417년까지 재위한 실성왕의 왕비 역시 미추의 딸이었다고 한다. 284년에 사망한 미추이사금의 딸이 402년에 즉위한 실성왕의 왕비가되었다는 것을 상식적으로 쉽게 납득하기 어려울 것이다. 만약 나물과 실성의 왕비가 모두 미추의 딸이 맞는다고 한다면, 미추이사금의 재위 연대 역시 그대로 믿기 어려워진다. 구도와 미추의 활동 연대와 나물과 실성의 왕비 계보에 무엇인가 착오가 있었음을 짐작케 해주는 측면으로 주목된다.

구도·미추 부자와 비슷한 사례를 우로于老와 흘해訖解 부자를 통해서도 살필 수 있다. 우로가 사료에 처음 등장한 시기는 나해이사금 14년(209)이며, 첨해이사금 3년(249)에 우로가 왜인에게 죽임을 당했다고 한다. 석우로 열전에서 우로가 사망했을 때 그의 아들 흘해는 매우 어렸다고 한다. 흘해는 310년에 왕위에 올라 356년에 사망했다. 신라본기의 기록을 그대로 믿으면 흘해는 249년 이전에 태어나 356년에, 적어도 107세가 넘은 나이에 사망한 셈이 된다. 흘해가 적어도 107세에 사망했다고 전하는 초기 기록을 곧이곧대로 믿기는 그리 쉽지 않을 듯싶다.

이상에서 신라본기 초기 기록의 내용 가운데 기년 또는 계보를 그대로 믿기 어려운 사례들을 열거했다. 그런데 초기 기록에서는 사실성에 의구심이 제기되는 사례도 다수 발견할 수 있다. 신라 건국 신화에서 혁거세가 나라를 건국한 기원전 57년 이전에 6촌村이 존재했고, 그것이 진한 6부가 되었다고 한다. 후한後漢 영원永元 12년(100)에 편찬된 『설문해자說文解字』에는 '촌村'이라는 글자가 보이지 않는다. 이는 서기 100년 무렵까지 그것이 사용되지 않았음을 의미한다. 이 글자는 중국 정사 가운데 3세기 후반에 진수陳壽가 찬술한 『삼국지』에서 비로소 나온다(宮川尙志, 1956). 이처럼 중국에서 3세기에 '촌村'을 칭하는 취락이 등장했음을 염두에 둔다면, 기원전 57년 이전에 이미 6촌이 존재했다고 전하는 신라본기의 기록을 그대로 신빙하기는 곤란할 것이다.

한편 신라본기에서는 유리이사금 9년(32)에 6부의 이름을 고치고, 그에 따라 (6부에) 성姓을 내려주었으며, 17관등을 설치했다고 전한다. 울진봉평신라비와 영일냉수리신라비, 포항중성리신라비를 발견함으로써 율령을 반포하고 공복公服을 제정한 법흥왕 7년(520)에 17관등을 모두 완비했음이 확인되었다. 이른바 6부의 성씨인 이李·최崔·손孫·

정鄭·배裵·설薛 씨가 사료에서 모두 발견되는 시기는 통일기다(이순근, 1980). 주지하듯이 6부성은 모두 당나라 명문 대족大族의 성姓이었다. 신라가 당과 활발하게 교류해 그 문물제도를 적극 수용하기 시작한 시기는 648년 나당동맹 체결 이후다. 신라에서 당나라 명문 대족의 성을 모방해 성씨로 삼은 가문들이 등장한 것은 적어도 650년대 이후였을 가능성이 높다. 유리이사금 9년(32)에 17관등을 설치하고 6부에 성씨를 내려주었다는 기록 역시 그대로 믿기 어렵다.

신라본기에서는 파사이사금 5년(84)에 남신현南新縣의 보리 줄기가 가지를 쳤고, 벌휴이사금 3년(186)에 남신현에서 가화嘉禾를 바쳤으며, 나해이사금 27년(222)에 남신현의 사람이 죽었다가 한 달이 지나 다시 살아났다고 전한다.『삼국사기』 지리지에서 남신현은 미상 지명으로 명기했다.『진서晉書』 지리지에서는 대방군帶方郡의 7현 가운데 남신현이 있다고 전한다. 그런데『후한서』 지리지에서는 낙랑군 영현 가운데 남신현이 보이지 않는다. 따라서 남신현은 진晉 대(265~317년)에 설치된 것으로 볼 수 있다. 이처럼 대방군 7현 가운데 하나인 남신현이 진대에 비로소 설치되었는데, 서진西晉이 건국된 265년 이전 시기의 신라본기 기사에 남신현에 관한 기록이 전해지는 것은 합리적으로 설명하기 곤란하다. 초기 기록의 문제점을 단적으로 드러내주는 대표적인 사례로 유의된다.

이 밖에 신라본기 초기 기록은『삼국지』 위서魏書 동이전東夷傳에서 전하는 3세기 중반의 역사상과 배치되는 내용을 적지 않게 전한다. 후자에서 사로국은 단지 진한 12국 가운데 하나로 언급될 뿐이다. 더구나 여기에서는 240년 무렵에 부종사部從事 오림吳林이 낙랑군이 본래 한국韓國을 통괄했다고 해서 진한 8국의 관할권을 대방군에서 다시 낙랑군에 넘기려고 하다가 무엇인가 사단이 발생한 사실을 전하는데,[9] 3세기 중반까지 진한 지역에 대한 사로국의 통제력이 중국 군현의 세력만큼 강하지 못했음을 알려준다. 3세기 중반에도 사로국이 진한의 여러 소국을 제대로 통제하지 못한 상황이었음에도, 신라본기에서는 3세기 중반 이전에 음즙벌국音汁伐國(경주시 안강읍)·실직국悉直國(강원도 삼척)·압독국押督國(경상북도 경산)·비지국比只國(경상남도 창녕)·다벌국多伐國(대구광역시)·초팔국草八國(경상남도 합천군 초계면)·우시산국于尸山國(울산광역시)·거칠산국居柒山國(부산광역시 동래구)·조문국召文國(경상북도 의성군 금성면)·감문국甘文國(경상북도 김천시 개령면)을 정벌했다고 전한다. 신라가 주변의 소국을 정복한 사실은 분명히 인정되지만, 3세기 중반 이전에 여러 소국을 정복해 복속시켰다고 보기는 어려울 듯싶다. 3세기 중반 이후에 신라가 소국을 정복한 사실을『국사』의 찬자가 마치 그 전에 그런 것처럼 기년을 소급시킨 것으로 추정된다.

신라본기에서 탈해이사금 시기(57~80년)에 백제왕이 낭자곡성娘子谷城(충청북도 청주)에서 신라왕과 만나려고 했다거나, 와산성蛙山城(충청북도 보은)·구양성狗壤城(충청북도 옥천)에서 백제와 신라가 싸웠다고 전한다. 그리고 아달라이사금 14년(167)에 신라가 2만 8000여 명에 이르는 군사를 동원해 한수漢水에서 백제와 전쟁을 치렀고, 벌휴이사금 4년(187)에 모산성母山城(충청북도 진천)에서 백제와 싸웠다고 했다. 이 밖에도 250년 이전에 신라와 백제가 원산향圓山鄕·부곡성缶谷城·봉산성烽山城(경상북도 영주?)·괴곡성槐谷城(충청북도 괴산?) 등에서 교전했다는 기사가 전해진다.『삼국지』위서 동이전에는 경주에 위치한 사로국이 진한

9) 部從事吳林 以樂浪本統韓國 分割辰韓八國 以與樂浪 吏譯轉有異同 臣智激韓忿 攻帶方郡崎離營 時太守弓遵 樂浪太守劉茂 興兵伐之 遵戰死 二郡遂滅韓(『삼국지』위서 동이전 한韓).

지역의 맹주국이었다고 전하지 않을 뿐만 아니라 백제국伯濟國 역시 마한 소국의 하나로 나오며, 당시 마한 지역의 맹주국은 진왕辰王을 배출한 천안·청주 근처에 위치한 목지국目支國이었다고 전해진다. 이에 따른다면 경주에 위치한 사로국과 한강 유역에 위치한 백제국이 3세기 중반 이전에 소백산맥 일대에서 싸웠다는 신라본기의 기록을 그대로 믿기는 그리 쉽지 않을 것이다.

이상에서 신라본기 초기 기록 가운데 기년이나 사실성에 오류가 있다고 판단되는 것들을 살펴보았다. 이렇게 초기 기록 중 그대로 믿기 어려운 경우가 적지 않기 때문에 그것을 무비판적으로 사료로 활용하는 작업은 극도로 조심하지 않으면 안 될 것이다. 그렇다면 기년과 사실성에 오류가 많은 초기 기록을 어떻게 사료로 활용할 수 있을 것인지가 문제로 제기된다. 이 문제를 해결하는 관건, 그것은 바로 초기 기록 가운데 사실성에 오류가 없는 것을 먼저 추출하고, 그것들에 반영된 합리적인 역사상을 복원하는 것으로 귀결된다고 하겠다.

(2) 기년 수정修正과 활용

혁거세거서간 30년(기원전 28)부터 유리이사금 13년(36) 사이에 낙랑이 신라의 금성金城 및 북변을 침략했다는 기록이 여러 차례 전해진다. 그리고 유리이사금 14년(37)에 고구려왕 무휼無恤(대무신왕)이 낙랑을 습격해 멸망시키자, 그 나라 사람 5000명이 와서 투항했으므로 6부에 나누어 살게 했다고 한다. 이후 한동안 신라본기에서 낙랑에 관한 기록이 보이지 않다가 기림이사금 3년(300) 3월에 낙랑과 대방 두 나라가 와서 항복했다는 기록이 보인다. 후자의 기록에 보이는 낙랑은 평양에 치소治所를 둔 낙랑군을 가리키며, 그것은 313년에 고구려에 병

합되었다. [10)]

　그러면 과연 서기 37년에 고구려가 멸망시킨 낙랑국이 평양에 치소를 둔 낙랑군을 가리킨다고 볼 수 있을까? 이와 관련해 대무신왕의 왕자 호동好童이 옥저沃沮로 놀러갔을 때, 낙랑왕 최리崔理를 만나 그의 딸 낙랑공주와 혼인했음을 주목할 필요가 있다. 이를 통해 최리가 다스린 낙랑국이 옥저 근처, 즉 함경도나 강원도 북부 동해안에 위치했다고 추론할 수 있기 때문이다(김기흥, 2002, 180~192쪽; 문안식, 2003, 148쪽; 전덕재, 2003, 185~186쪽). 만약 신라의 금성을 공격한 낙랑이 평양에 치소를 둔 낙랑군이라면, 신라본기 초기 기록에 보이는 낙랑 관계 기사는 모두 믿을 수 없다고 볼 수 있다. 그러나 초기 기록에 보이는 낙랑은 최리의 낙랑국과 관계가 깊다고 여겨지기 때문에 이렇게 보기 어려울 것이다.

　주지하듯이 한나라는 기원전 75년 이후 낙랑군에 동부도위東部都尉를 설치해 영동嶺東 7현을 관할하게 했다. 그런데 서기 24년 무렵 왕조王調가 낙랑태수 유헌劉憲을 살해하고 대장군大將軍 낙랑태수로서 낙랑군의 실권을 장악했다. 후한의 광무제는 건무建武 6년(30)에 낙랑태수 왕준王遵으로 하여금 군사를 거느리고 가서 왕조를 평정하게 했는데, 왕준이 요동에 이르자 왕굉王閎과 양읍楊邑 등이 공모해 왕조를 죽이고 왕준을 맞이했다고 한다. 후한은 왕조의 반란을 진압한 후 동부도위를 폐지한 다음 대령大領(단단대령單單大領) 동쪽을 포기하고, 그 지방의 우두머리(渠帥) 등을 봉해 현후縣侯로 삼았는데, (그들이) 세시歲時마다 조공朝貢했다고 『후한서』 동이전에서 전한다. 함경도와 강원도 북부 동해안

---

10)　서기 300년에 낙랑과 대방이 신라에 항복했다는 것은 낙랑군과 대방군 자체가 신라에 항복한 것이 아니라, 그들의 지배를 받았던 강원도 영서 지역의 정치 세력이 신라에 복속된 사실을 반영한 것으로 이해된다.

지역에서 최리가 다스렸던 낙랑국이 출현할 수 있는 가장 적절한 시기는 왕조가 반란을 일으킨 이후였을 가능성이 높다. 후한이 왕조의 반란을 진압한 서기 30년 이후 영동 7현에 대한 직접적인 지배를 포기하고, 그 거수를 현후로 책봉해 간접적으로 지배한 것을 통해 이러한 추정을 뒷받침할 수 있다.

왕조의 반란과 평정, 동부도위의 폐지와 영동 7현 지배 방식의 변화 등은 대체로 서기 30년대에 발생한 역사적 사실이었다. 마찬가지로 왕조의 반란을 틈타 최리가 영동 7현을 기초로 낙랑국이라고 칭했다가 고구려의 침략을 받은 시점 역시 서기 30~40년대였을 가능성이 높지 않을까 한다. 그런데 고구려본기 초기 기록의 기년은 그대로 믿기 어렵기 때문에 고구려가 최리의 낙랑국을 멸망시킨 연대를 서기 37년이라고 단정하기는 곤란하다. 『삼국사기』 고구려본기에서 대무신왕 27년(44) 가을 9월에 한나라 광무제가 군대를 보내 바다를 건너 낙랑을 정벌하고, 그 땅을 빼앗아 군현으로 삼았으므로 살수薩水(청천강) 이남이 한나라에 속하게 되었다고 한다. 『후한서』에서 서기 44년에 후한 광무제가 낙랑을 정벌했다는 기록은 전하지 않고, 다만 『후한서』 왕경王景 열전에서 건무 6년(30)에 낙랑태수 왕준을 보내 왕조의 반란을 평정했다는 내용이 전해질 뿐이다. 고구려본기 대무신왕 27년조의 기사는 왕준이 왕조의 반란을 평정한 사실과 관련이 깊지 않을까 한다. 고구려본기 초기 기록의 기년에 문제가 있음을 단적으로 드러내주는 대표적인 사례에 해당한다.

이상에서 살핀 것처럼 초기 기록에서 전하는 낙랑이 함경도와 강원도 북부 동해안에 위치한 영동 7현과 관계가 깊다고 한다면, 그들이 동해안 방면으로 경주까지 진출한 것도 합리적으로 설명할 수 있다. 마찬가지로 유리이사금 14년조의 기록 역시 서기 30~40년대에 고구려가 최리의 낙랑국을 멸망시키자, 그 지역에 거주하던 예족 계통의 주민 다수가 경주로 이주했음을 반영한다고 이해해도 크게 문제가 되지 않을 것이다. 낙랑국 멸망 이후 영동 7현에 속하는 화려현華麗縣과 불내현不耐縣이 신라 북쪽 변경을 침략했다고 전하는 유리이사금 17년(40) 가을 9월조의 기록도 이와 관련해 참조된다.

신라본기 초기 기록 가운데 분해론적인 시각에서 기년의 수정이 가능한 대표적인 사례로 우로于老와 관계된 역사적 사건들을 들 수 있다. 신라본기에서 우로가 나해이사금 14년(209) 가을 7월에 포상팔국의 난을 진압하는 데 참가했다고 전한다. 그리고 조분이사금 2년(231)에 우로가 감문국甘文國을 정복했고, 조분이사금 4년(233)에 사도성沙道城(경상북도 영덕군 남정면 장사리)에서 왜군을 물리쳤으며, 조분이사금 16년(245) 겨울 10월에 군사를 이끌고 고구려와 싸우다가 물러나 마두책馬頭柵을 지켰다고 한다. 이 밖에 석우로 열전에서는 첨해이사금 대에 사량벌국沙梁伐國(경상북도 상주시)이 신라를 배반하고 백제에 붙자, 우로가 군사를 거느리고 가서 토벌했다는 내용이 더 전해진다. 신라본기에서는 첨해이사금 3년(249)에, 석우로 열전에서는 7년(253)에 왜인에게 우로가 죽임을 당했다고 전한다. 앞에서 석우로가 서기 209년에서 249년(또는 253년) 사이에 생존했다고 전하는 신라본기 초기 기록의 기년을 그대로 믿기 곤란하다고 언급했다.

석우로와 관련된 일화는 『삼국사기』뿐만 아니라 『일본서기』 권9, 중애천황仲哀天皇, 즉 신공황후神功皇后 섭정전기攝政前紀 9년 12월조에서도 전해진다. 여기에서는 우로를 신라왕 우류조부리지간宇流助富利智干이라고 표현했다. 『일본서기』는 우류조부리지간의 부인이 신라에 머물던 왜의 재상宰相을 살해하자 왜군이 신라를 침략했다고 전하는데, 미추왕 때 우로의 부인이 왜국의 대신大臣을 살해하자 왜인이 분개해서 신라의 금성을 공격했다가 물러났다고 전하는 석우로 열전의 내용과 통한다. 『일본서기』의 기록은 우로가 실존한 인물이었음을 알려주는 자료로서 유의된다. 중애천황 9년은 기년상 200년에 해당하지만, 『일본서기』 초기 기록의 기년 역시 그대로 믿기 어렵다.

『삼국사기』 신라본기와 석우로 열전, 『삼국유사』 왕력편에서 흘해이사금의 아버지가 우로 또는 우로음于老音이라고 전할 뿐이고 다른 이설이 전해지지 않은 것으로 보건대, 흘해이사금과 우로가 부자 관계였다는 사실 자체는 부인하기 어려울 듯싶다. 신라본기에서 흘해이사금이 310년에 즉위해 356년에 사망했다고 전하지만 그대로 믿기는 곤란하다. 나물이사금은 신라본기에서 356년에 즉위해 402년에 사망했다고 전한다. 그러나 그의 즉위 연대가 356년이었음을 확증해줄 수 있는 또 다른 자료는 전해지지 않는다. 그런데 광개토왕릉비에서 신라왕을 '신라매금新羅寐錦'이라고 표기했다. 한편 『태평어람太平御覽』에서는 382년에 전진前秦에 사신을 파견한 신라왕을 누한樓寒이라고 표현했다. '누樓'는 '마루'를 가리키며, '한寒'은 군주를 가리키는 '간干'과 통한다. 따라서 누한은 '마루간'의 음차音借 표기로 마립간麻立干을 의미한다(이병도, 1976, 630쪽). 법흥왕 11년(524)에 건립된 울진봉평신라비에서는 법흥왕을 모즉지매금왕牟卽智寐錦王이라고 표기했다. 매금은 바로 마립간의 이칭이다.

『삼국유사』에서 나물왕 대부터 마립간이란 왕호를 사용했다고 했으므로 적어도 382년에 나물왕이 재위했음이 확실시된다. 더불어 다른 기록에서 377년에도 신라가 전진에 사신을 파견했다고 전한다. 신라와 백제는 366년 무렵 우호 관계를 맺었다가 373년 백제의 독산성禿山城 성주가 신라에 투항한 사건을 계기로 두 나라의 관계가 틀어졌고, 이후 신라는 고구려와 연결되었다. 그러므로 377년 신라는 고구려의 도움을 받아 전진에 사신을 파견할 수 있었다(전덕재, 2000, 82~86쪽). 이와 같은 삼국 관계의 변동을 감안하면, 377년 이전 시기, 구체적으로 360년대에도 나물왕이 재위했다고 보는 것이 옳지 않을까 한다. 따라서 나물왕의 선왕인 흘해는 360년대 이전에 재위한 셈이다.

흘해가 310년에 즉위했다고 단정하기는 어렵더라도 350년대에 재위했음은 확실시되므로, 그의 즉위 연대는 그 이전으로 소급이 가능하다고 하겠다. 신라본기와 석우로 열전에서 흘해가 어렸을 때 우로가 사망했고, 흘해가 비교적 어린 나이에 즉위했다고 하므로 우로는 대략 4세기 전반에 사망했다고 추정해도 크게 문제가 되지 않을 듯싶다. 신라본기에 따르면 우로는 나해이사금 14년(209) 포상팔국의 난을 진압하는 데 참가했고, 첨해이사금 3년(249)에 사망했다고 한다. 기년은 그대로 믿기 어렵지만, 우로가 40여 년 동안 활동했다는 사실만은 어느 정도 수긍할 수 있지 않을까 한다.

신라본기의 기록처럼 310년에 흘해가 즉위했다고 볼 수 있다면, 우로는 270년대부터 310년 사이에 활동했다고 이해할 수 있고, 그렇지 않다면 280~290년대부터 320~330년대에 걸쳐 활동했다고 추론할 수 있을 것이다. 그렇다면 포상팔국의 난은 3세기 후반 또는 말엽에 발생했고, 사도성 전투와 감문국 및 사량벌국 정복은 3세기 후반 또는 말엽, 4세기 초반으로 편년할 수 있을 것이다. 물론 그렇다고 해서 나해이사금 14년부터 첨해이사금 3년까지의 기록 모두를 3세기 후반에서 4세기 전반 사이의 일로 수정하는 것은 찬성하기 어렵다. 여기서는 우로와 관련된 역사적 사건의 경우에만 이와 같은 기년의 수정이 가능하다는 점을 밝혀두는 바다.

앞에서 240년대에도 진한 지역에 대한 사로국의 통제력이 중국 군현 세력만큼 강하지 못했다고 언급했다. 그러나 3세기 후반에 이르면 사정이 약간 달라진다. 『진서』사이四夷 동이전 진한조에서 "무제武帝 태강太康 원년(280)에 그(진한) 왕이 사신을 보내 방물方物을 바쳤다. 2년(281)에 또 와서 조공했다. 7년(286)에 또 왔다"라고 했다. 여기서 진한왕은 바로 진한을 대표하는 세력, 즉 사로국의 왕으로 추정된다. 당시 마한의 신미국新彌國 등 20여 국이 진나라의 유주자사幽州刺史 장화張華에게 나아가 조공을 바쳤던 것으로 보아 백제의 마한 소국에 대한 통제가 그리 강하지 못했음을 엿볼 수 있다. 반면 진한의 소국이 진나라와 개별적으로 교섭한 사실은 보이지 않는다. 이것은 진한왕, 즉 신라왕이 진한 지역의 여러 소국을 정복하거나 복속시켜서 3세기 후반 진한 지역을 대표하는 세력으로 부상했다고 전제할 때, 합리적으로 이해할 수 있을 것이다. 그런데 3세기 후반에 사로국, 즉 신라가 진한 지역의 맹주국으로 부상한 배경에는 사로국이 주변의 진한 소국을 복속시킨 사실이 전제되어 있다. 따라서 신라본기 초기 기록에 전하는 소국 정복 기사는 대체로 270~280년대 및 그 후의 시기로 기년을 수정해 접근하는 것이 바람직할 듯싶다. [11]

한편 초기 기록에서 신라가 말갈의 침략에 대비해 대령大嶺(대관령) 또는 장령長嶺(강원도 평창군 대관령면 병내리와 강릉시 연곡면 삼산리를 잇는 진고개)에 목책을 설치했다고 전한다. 여기서 말갈은 동예를 가리킨다. 현재 경상북도 포항시 북구 신광면 흥곡리 마조마을(옛 마조리)에서 '진솔선예백장晉率善穢伯長'이 새겨진 동인銅印이 발견되었다. 경주 근처인

---

11) 이 밖에 소백산맥 일대에서 백제와 신라가 전투를 벌였다고 전하는 여러 초기 기록 및 황산진黃山津(경상남도 양산시 물금읍 물금리) 또는 황산하黃山河(낙동강 하류)에서 가야와 전투를 벌였다고 전하는 다수의 기록, 그리고 고타군주古陁郡主 또는 고타군에서 청우靑牛 또는 가화嘉禾를 바쳤다고 전하는 기록, 대증산성大甑山城(부산광역시 부산진구 당감동과 부암동 일대)과 달벌성達伐城(대구광역시)을 쌓았다고 전하는 기록, 계립령과 죽령을 열었다는 기록 등도 대체로 3세기 후반 또는 그 후로 기년을 수정해서 접근하는 것이 바람직하다고 생각한다.

신광면 지역에 거주한 예족이 3세기 후반까지 진晋의 통제를 받았음을 알려주는 자료다. 따라서 신라가 대령이나 장령 등에 목책을 설치해 말갈, 즉 동예의 침략에 대비하기 시작한 시점 역시 그 무렵이나 그 후라고 보는 편이 합리적일 것이다. 이처럼 초기 기록에 전하는 말갈(동예) 관련 기사는 3세기 후반에서 4세기 전반 사이로 기년을 수정해서 접근하면 어느 정도 사실에 가깝게 다가갈 수 있을 것이다.

남신현은 진晋 대에 설치했으므로 그것과 관련된 기록들은 3세기 후반에서 4세기 전반 사이로 기년을 수정해 이해하는 것이 옳다.[12] 신라와 서진이 교류할 때, 대방군 남신현에 관한 소식이 신라에 전해졌다고 보인다. 그리고 낙랑군과 대방군이 313년과 314년에 고구려에 병합되었으므로 낙랑과 대방 두 나라가 신라에 항복했다고 전하는 기림이사금 3년(300)조의 기사는 그 기년상의 편차가 그리 크지 않은 대표적인 사례로 들 수 있다. 한편 280년대에 신라 사신이 죽령과 강원도 영서 지역, 대방군치帶方郡治 및 낙랑군치樂浪郡治를 연결하는 교통로 및 대동강 하구에서 산둥반도를 잇는 서해 북부 연안 항로를 이용해 서진西晋으로 갔다고 보이기 때문에 백제와 신라가 우두주牛頭州, 즉 우두 지역을 둘러싸고 전투를 벌였다고 전하는 나해이사금 27년(222)조의 기사는 3세기 후반 또는 그 후에 강원도 영서 지역을 둘러싸고 신라와 백제가 충돌한 사실을 반영한다고 이해할 수 있을 것이다(전덕재, 2013, 151~157쪽).

이 밖에도 초기 기록 가운데 기년을 수정하면 합리적으로 이해할 수 있는 것들이 적지 않다. 그러나 초기 왕들의 재위 연대와 각 왕대에 발

---

12) 참고로 『송서宋書』 오행지五行志에서는 진나라 혜제惠帝 원강元康 2년(292) 9월에 남신南新을 비롯한 대방帶方·함자含資·제해提奚·장잠長岑·해명海冥·열구列口 등의 현縣에서 황충蝗蟲이 준동蠢動해 벼의 잎을 모두 먹어버렸다고 전한다.

생한 역사적 사건과의 연관성을 어떻게 설정할 것인가에 관한 문제가 제기되는 경우가 적지 않았기 때문에 여기서는 그에 대해 언급을 자제했다.

4. 맺음말

『삼국사기』의 찬자는 개수된 『국사』의 내용이 상당히 많이 반영된 『구삼국사』를 저본으로 하고, 일부 고기古記와 중국 사서의 내용을 일부 첨가해 신라본기 마립간 시기의 기록 및 지증왕과 법흥왕 대의 기록을 찬술한 것으로 이해된다. 『삼국사기』의 찬자가 더한 대표적인 사례로 김대문의 『계림잡전鷄林雜傳』을 인용해 불교 공인 관련 내용을 기술한 사실 및 나물왕이 전진前秦에 위두衛頭를 사신으로 파견한 사실을 태평흥국太平興國 2년(977)에 편찬된 『태평어람』에서 거의 그대로 인용한 것 등을 들 수 있다. 마립간 시기와 지증왕, 법흥왕 대 기록이 초기 기록과 다른 점은 전자에서 기년이나 사실성의 오류를 그리 많이 발견할 수 없다는 사실이다. 『국사』의 찬자가 역사적 사실을 나름대로 정확하게 반영한 소전所傳이나 여러 자료를 참고했기 때문으로 보인다. 마찬가지로 진흥왕 대 이후의 신라본기 역시 신라인이 직접 편찬한 어떤 사서 또는 실록과 같은 형태의 어떤 기록을 참고해서 찬술한 『구삼국사』의 내용이 상당히 많이 반영되었을 것으로 짐작된다. 이에 대해서는 차후에 보다 자세하게 검토할 기회를 마련할 예정이다.

신라본기뿐만 아니라 고구려본기와 백제본기의 초기 기록에서도 사실성과 기년에서 적지 않은 오류를 발견할 수 있다. 대체로 고구려본기의 경우 산상왕 대 이전 기록, 백제본기의 경우 고이왕 대 이전 시기 기

록의 사실성과 기년을 그대로 신뢰하기 어렵다고 이해한다. 고구려본
기와 백제본기 초기 기록의 경우도 신라본기와 마찬가지로 분해론적
인 시각에 입각해서 접근한다면, 나름 고구려와 백제 초기의 올바른 역
사상을 복원할 수 있는 단서를 마련할 수 있지 않을까 한다. 향후 중국
과 일본의 사서 및 다양한 금석문 자료 등을 기초로 고구려본기와 백
제본기 초기 기록에 대한 사료 비판이 활발하게 이루어지고, 이를 바탕
으로 그것을 사료로서 합리적으로 활용할 수 있는 토대가 조성되기를
기대해본다.

　사실 『삼국사기』 초기 기록에 대한 합리적이면서도 논란이 일지 않
는 기년 수정안은 현재 기대하기 어려운 실정이라고 말하지 않을 수
없다. 이와 같은 난제를 조금이라도 해결하기 위해서는 향후 『삼국사
기』 초기 기록에 대한 사료 비판과 그것의 올바른 활용을 위한 논의가
활성화될 필요가 있음은 물론이다. 이 글이 향후 사료로서 초기 기록의
올바른 활용을 위한 논의의 활성화와 그에 대한 연구의 진전에 조금이
나마 도움이 되었으면 하는 바람이다.

:: **참고문헌**

강종훈, 2000, 『신라상고사연구』, 서울대학교 출판부.
＿＿＿, 2001, 「삼국사기 초기 기록의 제문제」, 『김부식과 삼국사기』, 경주김씨대종회;
　　　2011, 『삼국사기 사료비판론』, 여유당.
＿＿＿, 2002, 「신라시대의 사서 편찬」, 『강좌 한국고대사』 5, 가락국사적개발연구원;
　　　2011, 『삼국사기 사료비판론』, 여유당.
김광수, 1973, 「신라 상고세계의 재구성 시도」, 『동양학』 3, 단국대학교 동양학연구소.
김기흥, 2002, 『고구려 건국』, 창작과비평사.
김철준, 1962, 「신라상고세계와 그 기년」, 『역사학보』 17·18, 역사학회; 1990, 『한국고

대사회연구』, 서울대학교 출판부.

노중국, 1988, 『백제정치사연구: 국가형성과 지배체제의 변천을 중심으로』, 일조각.

노태돈, 1987, 「삼국사기 상대기사의 신빙성 문제」, 『아시아문화』 2, 한림대학교 아시아
    문화연구소; 1998, 『한국사를 통해 본 우리와 세계에 대한 인식』, 풀빛.

_____, 1993, 「주몽의 출자전승과 계루부의 기원」, 『한국고대사논총』 5, 가락국사적개
    발연구원; 1999, 『고구려사 연구』, 사계절.

_____, 1994, 「고구려의 초기 왕계에 대한 일고찰」, 『이기백선생고희기념 한국사학논
    총』 상, 일조각; 1999, 『고구려사 연구』, 사계절.

문안식, 2003, 『한국 고대사와 말갈』, 혜안.

이강래, 2003, 「삼국사기론 그 100년의 궤적」, 『강좌 한국고대사』 1, 가락국사적개발연
    구원; 2007, 『삼국사기 형성론』, 신서원.

이병도, 1976, 「고대남당고」, 『한국고대사연구』, 박영사.

이순근, 1980, 「신라시대 성씨 취득과 그 의미」, 『한국사론』 6, 서울대학교 국사학과.

이인철, 1986, 「신라 상고세계의 신해석」, 『청계사학』 4, 청계사학회.

이희덕, 1999, 「삼국의 천재와 정치」, 『한국고대 자연관과 왕도정치』, 혜안.

전덕재, 2000, 「4세기 국제관계의 재편과 신라의 대응」, 『역사와 현실』 36, 한국역사연
    구회.

_____, 2001, 「신라 중고기 주의 성격 변화와 군주」, 『역사와 현실』 40, 한국역사연구회.

_____, 2003, 「이사금시기 신라의 성장과 6부」, 『신라문화』 21, 동국대학교 신라문화
    연구소.

_____, 2009a, 「신라의 한강유역 진출과 지배방식」, 『향토서울』 73, 서울특별시사편찬
    위원회.

_____, 2009b, 『신라 왕경의 역사』, 새문사.

_____, 2013, 「신라의 대중·일 교통로와 그 변천」, 『역사와 담론』 65, 호서사학회.

_____, 2014, 「삼국사기 신라본기 상고기 기록의 원전과 개찬과정」, 『동양학』 56, 단국
    대학교 동양학연구원.

宮川尙志, 1956, 「六朝時代の村について」, 『六朝史硏究』(政治·社會 篇), 日本學術振興
    會, 東京.

赤羽目匡由, 2011, 『渤海王國の政治と社會』, 吉川弘文館, 東京.

池內宏, 1929, 「眞興王の戊子巡境碑と新羅の東北境」, 『古蹟調査特別報告』第6冊, 朝
　　鮮總督府; 1960, 『滿鮮史硏究』上世第2冊, 吉川弘文館, 東京.

6세기 후반 신라의 대외 관계와 대왜對倭 교섭

이노우에 나오키(井上直樹, 교토부립대학교 문학부 역사학과 교수)

1. 시작하며

왜倭가 한반도의 고구려·백제·신라의 항쟁에 크게 관여해온 점에서 알 수 있듯이, 한반도 남동부를 거점으로 삼은 신라의 입장에서 그 남쪽에 위치한 왜와의 관계는 신라사의 전개 과정을 연구할 때 결코 경시할 수 없는 대상의 하나다. 특히 7세기는 신라와 당唐의 연합군에 의한 백제와 고구려의 멸망, 나아가 신라와 당의 한반도 지배를 둘러싼 전쟁 등 한반도 정세가 급격하게 변화하던 시기였으므로 당시에 전개된 신라의 대왜對倭 외교도 신라사를 이해할 때 극히 중요하다. 그러므로 많은 연구자가

* 이 글은 일어 원문 "6世紀後半の新羅の対外関係と対倭外交"를 최상기(서울대학교 국사학과 박사 과정)가 번역한 것이다.

7세기 신라의 대왜 외교에 주목해 논의를 진행했다. 그러나 그들 대부분은 왜의 한반도 정책에 관해 언급한 것으로(鈴木靖民, 1970; 井上光貞, 1971; 鬼頭清明, 1976; 山尾幸久, 1977·1989; 田村圓澄, 1979; 神川仁, 1983; 古畑徹, 1983; 김현구, 1985; 武田幸男, 1985; 李成市, 1985; 鈴木英夫, 1996; 연민수, 1998·2003; 森 公章, 2006), 신라 자체의 관점에서 고찰한 것은 많다고 할 수 없다.

물론 신라와 왜의 관계를 이해할 때 왜의 시점에서 살피는 것도 중요하며 그와 관련된 연구 성과도 경시할 수 없지만, 신라-왜 관계가 각국을 둘러싼 상황에 기초해 전개되었음을 감안한다면, 신라의 시점에서 고찰하는 것도 당시 양국의 관계를 이해할 때 필요불가결한 작업일 것이다. 필자는 일찍이 그러한 관점에서 7세기 전반 신라를 둘러싼 제반 상황을 근거로 당시 신라의 대왜 외교에 대해 논의한 바 있다(이노우에 나오키井上直樹, 2011).

그러나 신라의 대왜 외교는 7세기부터 시작된 것이 아니라, 6세기 후반에도 확인된다(〈표〉 참조). 특히 6세기 후반은 신라·왜 관계사에서 주목을 받으며 연구된 '임나任那의 조調'가 시작된 시기이기도 하므로, 양국의 관계를 이해할 때 경시해서는 안 된다. 그렇지만 지금까지 6세기 후반 신라의 대왜 외교에 대해서는 '임나의 조'와 관련해 논의한 것(鈴木英夫, 1983; 西本昌弘, 1990; 연민수, 1998)이 대부분으로, 당시 신라의 대외 관계 전체를 감안해 신라의 관점에서 대왜 외교를 논한 것은 많지 않다. 비록 기존의 연구 성과도 중요하고 무시할 수 없지만, 그들의 연구 성과를 새롭게 비판적으로 검증하면서 신라의 관점에서 6세기 후반 신라의 대왜 외교를 살필 여지가 남아 있다고 생각한다.

그러므로 본론에서는 고구려, 백제와의 항쟁 등 당시 신라를 둘러싼 제반 정세를 염두에 두면서 신라의 관점에서 6세기 후반 신라의 대왜 외교를 탐구하고자 한다.

〈표〉 6세기 후반 신라·고구려·백제·왜 외교

○: 조공 ☆: 교전 승리 ★: 교전 승리 □: 교전 패배 ◆: 시자 파견 ◇: 교전 승패 불명

시기	월	연호	연도	고구려왕	연도	삼국·왜 관계	대중국	신라왕	연도	삼국·왜 관계	대중국	백제왕	연도	삼국·왜 관계	대중국	천황	연도	왜 중국 정세
559	12			평원왕	1			진흥왕	20			위덕왕	6			흠명欽明	20	
560	13	건명乾明	1		2		북제北齊→고구려◎		21	신라→왜○			7				21	
560	9	황건皇建	1															
561	2	태녕太寧	1															
561	11						고구려→진陳○			「창녕비昌寧碑」건립								
561	?									신라→왜○ 방환放還								
561	?																	
562	2	하청河淸	1		4		진→고구려◎		23	신라→왜○ 왜국의 습격에 대비해 축성			9		진→백제○		23	
562	7									신라→왜○ 귀국하지 않았음(조약 가사?)				백제·왜→신라★				신라→왜○ 귀국하지 않았음
562										백제·왜→신라★								백제·왜→신라★
562	9									신라→가야☆ 가야 멸망								
562	11									신라→왜○ 귀국하지 않았음(조약 가사?)								신라→왜○ 귀국하지 않았음
563			2		5				24		신라→북제○		10				24	
564	?		3		6		고구려→북제○		25		신라→북제○		11				25	
565	2	천통天統	4		7		고구려→북제○		26		북제→신라◎		12				26	
565	5		1			고구려인 귀화												
565	?																	
566			2		8		고구려→진○		27		신라→진○		13			백제→진○		27	
567	9		3		10		고구려→진○		28				14			백제→진○		28	
567	10														백제→북제○			
568	7		4						29	「황초령비黃草嶺碑」,「마운령비磨雲嶺碑」건립	신라→진○		15				29	
568	8																	
569			5		11				30				16				30	
570	2	무평武平	1		12	고구려→왜○			31		신라→진○		17			북제→백제◎		31	
570	4																	
570	6																	

연도	고구려(평원왕)	고구려 대외관계	신라	신라 대외관계	백제(위덕왕)	백제 대외관계
571	13	고구려→진○	진흥왕 32	신라→진○	18	백제→북제◎
572	14	고구려→진○	33	신라→왜○ 조문 사절(弔問 기사?)	19	백제→북제○ 인물 왕래(人物往來)
573	15	고구려→북제○	34	신라→북제○	20	
574	16	고구려→왜○ 고구려→진○	35	신라→왜○(조직 기사?)	21	왜→백제→신라○任那(?)
575	17	고구려→왜○ 고구려→진○	36	왜→신라→임나(任那)의 조調	22	백제→왜○
576	18		진지왕 1		23	왜→백제○
577	19	고구려→북주(北周)○ 북주→고구려◎	2	백제→신라 ★	24	백제→신라 ★ 불교예배 중여
578	20		3	신라→진○	25	백제→북주○
579	21		진평왕 1	신라→왜○ 불상(佛像)	26	
580	22		2	신라→왜○ 니(尼) 등 아들이지 임음(송목 기사?)	27	
581	23	고구려→수◎	3	신라→왜○	28	백제→수 수→백제◎
582	24	고구려→수	4	신라→왜○ 받아들이지 않음(송목 기사?)	29	백제→수
583	25	고구려→수 고구려→수	5	신라→왜○ 받아들이지 않음(송목 기사?)	30	

연호: 홍화(鴻化), 승광(承光), 선정(宣政), 대상(大象), 개황(開皇)

사건: 북제 멸망 / 북주 멸망, 수 건국

연도	월	고구려	신라	백제	왜(일본)
584	5, 6, ?	(26) 고구려→수○	(6) 왜→신라□	(31) 왜→백제□ 일라日羅 소환	(13) 왜→신라
585	2, 11, ?	(27) 고구려→수○	(7)	(32) 백제→진○	(14) 왜→신라
586	3, 12	(28) 고구려→진○; 고구려가 장안성長安城으로 천도; ※왜→고구려□ 『일본기日本紀』에…	(8)	(33) 백제→진○	用明 (1)
587	9, ?	(29) 왜→고구려□	(9)	(34) 백제→왜○	(2)
588	6	(30)	(10)	(35) 백제→왜○ 승려, 불경을 헌상	崇峻 (1)
589	?	(31)	(11)	(36) 백제→수○	(2) 진 멸망, 수가 중국 통일
590	?	영양왕 (1) 수→고구려□ 질책; 수→고구려◎	(12) 왜→신라□ 정토 계획	(37)	(3)
591	1, 5, 8, 11	(2) 고구려→수○; 고구려→수○	(13)	(38)	(4) 왜→신라□ 정토 계획; 군대가 츠쿠시筑紫에 주둔
592	1	(3) 고구려→수○	(14) 신라→수○	(39)	(5)
593	?	(4)	(15)	(40)	推古 (1)
594	5	(5)	(16) 수→신라○	(41)	(2)
595	5, ?, 7	(6) 고구려→왜□ 혜자慧慈가 일본에 옴	(17)	(42) 백제→왜□ 혜총慧聰이 일본에 옴	(3) ※츠쿠시에 주둔했던 군대가 수도로 돌아옴
596	3, 11	(7)	(18) 신라→수○(신라본기에 없음)	(43)	(4) 아스카데라飛鳥寺 조영
597	4, 5, 11	(8) 고구려→수○	(19) 왜→신라□	(44) 백제→왜○	(5)

연도	월	고구려 관계 사건	No.	신라 관계 사건	No.	隋 연호	백제 왕	백제·왜 관계 사건	No.	왜 신라정토 관계	No.
598	2, 6, 8, 9, ?	고구려→수★ 수→고구려★ / 수가 관작을 삭탈 / 수의 고구려 원정 / 고구려→수□ 사죄	9	신라→왜○(공작을 공납)	20	18	해양 1				6
599	9	고구려→백제☆	10	신라→왜○(조작 기사?)	21	19	법왕 1			왜—신라 정토 계획	7
600	2, ?	고구려→수○	11		22	20	무왕 1	백제→왜○	1	왜가 신라 정토를 계획	8
601	3, 11	왜→고구려□ 임나 구원을 요청	12	신라→왜○(조작 기사?)	23	인수 仁壽 1	무왕 2	왜→백제□ 임나 구원을 요청	2	왜—신라 정토 계획	9
602	2, 4, 8, 10, 윤10, ?	고구려→왜□ 승륭[僧隆]·운총[雲聰]이 일본에 옴 / 고구려→신라★	13 / 14	왜—신라 정토 계획 / 백제→신라★	24	2	무왕 3	백제→신라★ / 백제→왜□ 관륵[觀勒]이 일본에 옴	3	왜—신라 정토… 구메노미코[來目皇子]가 츠쿠시에 도착	10
603	2, 4, 8	고구려→신라★	15	신라→수○(신라본기)(에서만)	25	3	무왕 4		4	구메노미코가 사망 다기마노미코[當摩皇子]를 신라 정토 장군에 임명	11
604	7			고구려→신라★	26	4	무왕 5	신라→수○(신라본기)(에서만)	5		12

2. 560년대 신라의 대왜 외교

6세기 후반 신라의 대왜 외교를 보여주는 것으로 우선 아래의 사료가 주목된다.

〔사료 1〕21년(560) 가을 9월에 신라가 미지기지彌至己知 나말奈末을 보내 조부調賦를 바쳤는데, 평상시보다 성대하게 연회를 베풀어주었다. 나말이 기뻐하며 돌아가서, "조부를 바치는 사자使者는 나라에서 귀중하게 여기는 바인데, 나의 의논議論은 가볍고 비천합니다. 사자는 백성의 운명이 달려 있는 사람인데, 뽑아 쓰는 것은 비천하고 낮은 사람입니다. 왕정王政의 폐해는 이로부터 말미암지 않음이 없으니, 바라건대 양가良家의 자제를 뽑아 사자로 삼으시고, 비천한 사람을 사자로 삼지 마십시오"라고 했다.(『일본서기日本書紀』 권19, 흠명천황欽明天皇 21년 9월)

〔사료 2〕22년(561) 신라가 구례질久禮叱 급벌간及伐干을 보내, 조부를 바쳤다. 사빈司賓이 연회를 베풀었는데, 예우가 평상시보다 못했다. 급벌간이 분하고 한스럽게 여기며 돌아갔다.(『일본서기』 권19, 흠명천황 22년)

〔사료 3〕이해에 다시 노저奴氐 대사大舍를 보내, 지난번의 조부를 바쳤다. 나니와難波의 대군大郡에서 여러 번국番國의 서열을 매겼는데, 장객掌客 누카타베노 무라지額田部連와 카즈라키노 아타이葛城直 등이 백제의 아래쪽 열에 서게 해서 인도했다. 대사가 화를 내고 돌아가 관사館舍에 들지 않고 배를 타고 아나토穴門에 이르렀다. 이때 아나토의 관사穴門舘를 수리하고 있었다. 대사가 묻기를, "어떤 손님을 위해 짓는가?"라고 하자, 공장工匠 가와치노 우마카이노 오비토 오시카츠河内馬飼首押勝가 거짓으로 "서방西方의 무례

한 짓을 문책하러 보낼 사자가 머물 숙소다"라고 말했다. 대사가 나라에 돌아가 그가 말한 것을 고했다. 그래서 신라는 아라阿羅의 파사산波斯山에 성을 쌓고 일본에 대비했다.(『일본서기』권19, 흠명천황 22년 시세是歲)

신라와 왜의 관계에 대해서는 『삼국사기三國史記』 신라본기新羅本紀 실성이사금實聖尼師今 원년(402)조에서 나물왕奈勿王의 왕자인 미사흔未斯欣이 왜에 인질로 파견되었다고 하는 등 일찍부터 확인되는데, 신라가 왜왕권倭王權에 재물을 진상했다는 것은 이미 야마오 유키히사山尾幸久가 지적했듯이(山尾幸久, 1989, 339쪽), 〔사료 1〕에 보이는 560년 9월 미지기지 나말의 '조부調賦' 헌상이 효시다. 〔사료 2〕, 〔사료 3〕에 따르면 다음 해 신라는 다시 구례질 급벌간과 노저 대사를 왜에 파견했다. 그 전에는 신라에서 왜로 파견한 사신이 확인되지 않으므로 우선 당시를 신라의 대왜 외교 개시기로 이해해도 좋을 것이다.

그렇다면 신라가 어째서 이 시기에 이르러 대왜 외교를 시작했느냐 하는 점이 다시 문제가 된다. 이에 대해 야마오 유키히사는 6세기 중엽 신라가 세력을 확장하면서 551~553년에 고구려와 백제 사이에 갈등이 생긴 틈을 이용해 두 나라에 공세를 취해서 고구려 영역이었던 지금의 서울 지역(한강 하류 지역)을 탈취한 사건, 백제와 신라의 전쟁에서 성왕聖王이 전사한 사건 등으로 인해 신라와 백제가 '결정적인 대립 상태에 진입'했으므로, 신라는 국제적 고립에서 벗어나기 위해 "배후의 야마토ヤマト에 외교 공세를 취했다"고 언급했다(山尾幸久, 1989, 339쪽). 야마오 유키히사의 해석은 560, 561년 신라의 대왜 외교만이 아니라 이후의 '임나의 조'도 근거로 삼았는데, 신라의 대왜 외교를 신라를 둘러싼 제반 정세와 관련해 살핀 점에서 주목되지만 560, 561년에 갑자기 시작된 신라의 대왜 외교의 원인을 그로부터 크게 떨어진 550년대

전반 상황에서 찾는 것은 약간 문제가 있다.[1] 그러므로 당시 신라를 둘러싼 상황에 입각해서 이 시기 신라의 대왜 외교를 다시 파악할 필요가 있다. 이를 위해 우선 이 무렵 신라를 둘러싼 제반 정세를 살펴보고자 한다.

이미 서술했듯이 신라는 6세기 중반 이후, 551~553년에는 서울 지역을 탈취하는 등 세력을 확장하고 있었다. 이를 계기로 신라와 백제, 고구려의 대립이 깊어졌음은 야마오 유키히사의 지적대로다. 그런데 『삼국사기』 등의 사료에는 554년 신라와 백제의 항쟁 이후 양국의 교전이 전해지지 않는다. 물론 '진흥왕순수비眞興王巡狩碑 황초령비黃草嶺碑'나 '진흥왕순수비 마운령비磨雲嶺碑' 등에 보이는 신라의 한반도 북동부 진출 과정 등도 『삼국사기』에 기록되지 않았으므로, 사료에 전해지지 않더라도 실제로 전쟁이 벌어졌을 가능성을 완전히 배제할 수는 없다. 그렇지만 후술하듯이 이후 신라의 동향을 살펴보면 군사 활동은 서울 방면보다 가야 지역에 집중되었음을 알 수 있는데, 그러한 신라의 정책 전환은 서울 지역을 둘러싼 신라와 백제의 대립이 일단 결말을 보았기 때문일 것이다. 신라와 백제의 대립은 잠재적으로 존재했지만, 신라의 전략적 관심은 서울 방면에서 가야 지역으로 옮겨졌다고 간주해야 한다. 사실 신라는 다음의 사료에서 보듯이, 555년 비사벌(경상남도 창녕)에 군사적 거점인 주(완산주)를 설치했다.

---

1) 스즈키 히데오鈴木英夫는 이 시기 신라가 왜에 사신을 파견한 이유를, 554년 왜왕권이 백제와 가야 제국諸國을 원조해 '도와줄 군사 수 1천, 말 100필, 배 40척'을 보내(『일본서기』 권19, 흠명천황 15년 정월조) 신라와 교전했던 때의 전후 처리를 위해서였다고 추측했다(鈴木英夫, 1996, 254쪽). 그러나 554년의 전후 처리를 어째서 560년대에 했는가라는 의문이 남아 있다. 야마오 유키히사의 견해와 마찬가지로 560년대 외교의 원인을 550년대 전반의 사건에서 찾는 것은 문제가 있다.

〔사료 4〕16년(555) 봄 정월에 완산주完山州를 비사벌比斯伐에 설치했다.(『삼국사기』 권4, 신라본기4 진흥왕眞興王 16년 정월)

창녕은 낙동강을 사이에 두고 대가야(경상북도 고령)와 마주 보는 위치로, 비사벌에 완산주가 설치되었다는 것은 대가야에 대한 군사적 침공을 의도한 것으로 보아도 좋을 것이다(田中俊明, 1992, 269쪽). 나아가 신라의 대가야에 대한 군사적 태도를 보여주는 것으로 주목되는 것이 561년 2월 그 지역에 건립된 '진흥왕순수비 창녕비昌寧碑'다. 이 비에 새겨진 진흥왕의 순수巡狩를 수행한 고관高官 중에는 '비자벌군주比子伐軍主'를 시작으로 '사방군주四方軍主'가 포함되어 있으므로(한국고대사회연구소, 1992, 53~67쪽; 노용필, 1996), 이러한 순행이 대가야 방면 침공과 무관하다고 할 수 없다. 실제로 다음의 사료에서 보듯이, 신라는 대가야를 침공해 결국 가야 제국諸國을 멸망시켰다. 신라는 550년대 후반 이후 가야 지역에 대한 군사적 압박을 강화한 끝에 마침내 가야 지역을 신라 영역에 편입시켰던 것이다.

〔사료 5〕(562) 9월에 가야加耶가 배반했으므로 왕이 이사부異斯夫에게 명령해 토벌하게 했는데, 사다함斯多含이 부장副將이 되었다. 사다함은 5000명의 기병을 이끌고 앞서 달려가 전단문栴檀門에 들어가 흰 깃발을 세우니, 성안의 사람들이 두려워 어찌할 바를 몰랐다. 이사부가 군사를 이끌고 거기에 다다르자, 일시에 모두 항복했다.(『삼국사기』 권4, 신라본기4 진흥왕 23년 9월)

〔사료 6〕23년(562) 봄 정월에 신라가 임나관가任那官家를 공격해 멸망시켰다. 〔어떤 책에서는 21년에 임나가 멸망했다고 한다. 통틀어 말하면 임나이고, 개별적으로 말하면 가라국加羅國, 안라국安羅國, 사이기국斯二岐國, 다라국

多羅國, 졸마국卒麻國, 고차국古嵯國, 자타국子他國, 산반하국散半下國, 걸찬국乞湌國, 임례국稔禮國 등 모두 10국이다.)(『일본서기』권19, 흠명천황 23년 정월)

신라는 이처럼 가야 제국에 대한 군사적 압박을 강화하던 '진흥왕순수비 창녕비' 건립 수개월 전에 (사료 1)과 같이 갑자기 왜에 사신을 파견했고, (사료 2)와 (사료 3)에서도 확인되었듯이 그다음 해에도 사신을 보냈다. (사료 2)에 따르면 구례질은 '사빈이 베푼 연회의 예우가 평상시보다 못했다'는 이유로 '화를 내고' 귀국했다고 하므로, 이 시기 신라 사신의 영접을 둘러싸고 왜와 신라 사이에 문제가 발생했던 것 같다. 그런 일이 있었음에도 (사료 3)에 따르면 신라는 같은 해에 노저 대사를 재차 왜에 파견했다. (사료 3)에서는 신라 사절의 처우를 둘러싸고 문제가 발생해 신라는 아라의 파사산에 성을 쌓고 왜의 침공에 대비했다고 한다.

이렇게 신라는 이 시기 2년 동안 연속 세 차례에 걸쳐 왜에 사신을 파견했으므로 적극적인 대왜 외교를 전개했다고 보아도 좋을 것이다. 게다가 560년의 사신이었던 미지기지의 관위가 나마(11위)였던 것에 비해 다음 해의 사신 구례질은 급벌간(9위)으로 그 지위가 상승했으므로, 신라가 대왜 외교를 한층 중시했음을 엿볼 수 있다. 그 후 파견된 노저는 대사(12위)로 관위가 내려갔지만, 그것은 (사료 2)와 같은 외교 문제가 발생했던 일과 관련되었을 수 있다. 어쨌든 당시 신라가 종전과 달리 적극적으로 대왜 외교를 전개하고자 했음은 틀림없을 것이다. 더구나 그것이 대가야 침공 직전에 있었다는 점은 경시할 수 없다. 즉, 신라는 '진흥왕순수비 창녕비'가 상징하듯이 이 시기 대가야에 대한 군사적 압박을 증가시키던 중 가야 제국諸國과 관계가 깊었던 왜를 강하게 의식했던 것이 아닐까 생각된다.

〔사료 7〕 21년(527) 여름 6월 임진삭壬辰朔 갑오甲午에 오우미노 케나노 오미 近江毛野臣가 군사 6만을 이끌고 임나에 가서 신라에게 멸망당한 남가라南加羅, 탁기탄喙己呑을 다시 부흥시켜 임나에 합치고자 했다.(『일본서기』 권17, 계체천황繼體天皇 21년 6월)

〔사료 8〕 이 달 오우미노 케나노 오미를 안라安羅에 사신으로 보내, 칙령을 내려 신라에게 남가라, 탁기탄을 다시 세우도록 권하게 했다.(『일본서기』 권17, 계체천황 23년 3월 시월是月)

위 사료에서 보듯이, 오우미노 케나노 오미를 안라에 파견했다. 이는 520년대 신라의 금관국金官國에 대한 군사적 압박 강화에 위기감을 느낀 안라가 왜에 파견을 요청한 결과로 이해된다(田中俊明, 1992, 227쪽). 신라는 이렇게 대가야나 안라 등 가야 제국諸國이 신라의 군사적 침공에 대해 〔사료 7〕, 〔사료 8〕과 같이 왜에 군사 개입을 요청하고, 왜가 그에 따라 군사 행동을 실행하는 것을 상정했을 것이다. 신라는 그러한 사태를 피하기 위해 지금까지 거의 교섭이 없던 왜에 미리 사신을 파견해 우호 관계를 구축하고자 했다. 사신을 파견한 목적은 그것만이 아니었을 것이다. 신라와 우호 관계를 맺는다고 하더라도, 지금까지 가야 제국諸國과 밀접한 관계였던 왜가 가야 제국을 도와 군사 활동을 전개할 가능성을 완전히 배제할 수는 없었기 때문이다. 왜에 파견한 사신을 통해 왜국 내의 정세를 실제로 정찰하는 것도 중요했으므로, 그러한 임무도 이 시기 사신을 파견하는 목적에 포함되었다고 추정된다. 〔사료 3〕에 따르면 신라의 사신은 왜의 침공을 두려워해 '아라의 파사산'에 성을 쌓고 왜를 경계했는데, 그 직접적인 이유는 외교 사절의 처우라고 했다. 그러나 앞에서 서술했듯이 신라는 왜가 가야 침공에 군사적으로 개입하는 것을 경계했으므로, 왜국에서의 정탐을 근거로 그 실현 가능성을 탐지해 아라에 축성했을 것이다.

이렇게 신라가 560, 561년에 집중적으로 왜에 사신을 파견한 것은 신라의 가야 침공과 관련이 있다고 이해할 수 있다. 그리고 신라가 가야 제국을 병탄함으로써 신라와 왜의 관계는 악화되었을 것이다. 한편 신라가 가야 지역을 지배함으로써 신라의 대왜 외교가 갖는 의미가 축소되었을 것이므로 신라의 대왜 외교는 당분간 중단되었던 것 같다.

3. 570년대 신라의 대왜 외교

이후 신라는 한동안 사신을 파견하지 않았는데,[2] 570년대가 되면 신라의 대왜 외교가 다시 전개된다. 이와 관련해 주목되는 것이 다음의 사

---

2) 『일본서기』 권19, 흠명천황 23년(562) 7월조에서는 "가을 7월 기사삭己巳朔에 신라가 사신을 보내 조부調賦를 바쳤다. 그 사신이 신라가 임나를 멸망시켰다는 것을 알고 나라(왜)의 은혜를 저버린 것을 부끄럽게 여겨 감히 돌아가기를 청하지 못하고 마침내 머물러 본토에 돌아가지 않았다 秋七月己巳朔 新羅遣使獻調賦 其使人知新羅滅任那 恥背國恩 不敢請罷 遂留不歸本土"라고 했고, 같은 해 11월조에서는 "겨울 11월에 신라가 사신을 보내 물건을 바치고 아울러 조부를 헌상했다. 사신은 신라가 임나를 멸망시킨 것을 국가(왜)가 분하게 여기고 있음을 알고 감히 돌아가기를 청하지 못했다. 형벌을 받을까 두려워 본국에 돌아가지 않았다. (그를) 백성과 같은 예로 대우했는데, 지금의 셋츠노쿠니攝津國 미시마노코오리三嶋郡 하니로埴廬에 있는 신라인의 선조다冬十一月 新羅遣使獻幷 貢調賦 使人悉知國家憤新羅滅任那 不敢請罷 恐致刑戮 不歸本土 例同百姓 今攝津國三嶋郡埴廬新羅人之先祖也"라고 해 신라에서 사신을 파견해 조부를 진상했다고 한다. 이에 따르면 신라는 562년 1월 '임나'가 멸망하기 전에 왜에 사신을 파견한 것이 된다. 본문에서 보이듯이 신라는 561년 2월 비사벌에 집결해서 대가야 침공을 명확하게 드러냈고, 만약 이들 사료에 보이는 사절이 신라에서 파견한 것이라면 사신들은 이미 신라의 대가야 제국諸國에 대한 침공을 알고 있었던 것이 되므로 굳이 신라에 의한 가야 정벌 및 멸망을 '나라의 은혜를 배반하는 것'으로 '부끄러워'했는지 의문스럽다. 또한 그 전년과 전전년 사신의 관위와 이름이 기록된 것에 비해 위의 기사에서는 그러한 사항들이 없다. 그러한 점에서 오쿠다 히사시奧田尚가 지적했듯이 본 기사는 사신 파견에 이은 가와치노쿠니河內國 사라라노코오리更荒郡와 셋츠노쿠니 미시마노코오리 하니로의 신라인 도래를 설명하기 위해 조작되었을 가능성이 높다고 생각한다(奧田尚, 1976, 119~120쪽).

료다.

〔사료 9〕 (575) 6월에 신라가 사신을 보내 조調를 바쳤는데, 보통 때보다 매우 많았으며, 아울러 다다라多多羅, 수나라須奈羅, 화타和陀, 발귀發鬼 4읍邑의 조를 바쳤다.(『일본서기』권20, 민달천황敏達天皇 4년 6월)

이 기사에서 보이는 '임나의 조'는 신라와 왜의 관계를 이해할 때 경시할 수 없으므로 스에마쓰 야스카즈末松保和 이래 적지 않은 일본 고대사 연구자들이 이에 대해 연구했다. 스에마쓰 야스카즈는 왜왕권의 4읍 지배를 전제로 논했지만(末松保和, 1949), 왜왕권의 4읍 지배 자체가 의문시된다는 새로운 견해가 등장했다. 스즈키 히데오鈴木英夫는 신라와 백제의 대립을 전제로 옛 금관국 왕의 조調를 왜왕권에 바침으로써 6세기 전반 왜왕권과 가야 제국諸國의 관계를 계승하고, 가야 부흥을 명목으로 왜왕권의 군사적 개입을 추진하려는 백제의 외교에 대항하기 위해 '임나의 조'를 바쳤다고 했으며(鈴木英夫, 1983, 248~249쪽), 모리 키미유키森公章도 신라가 바친 '임나의 조'가 575년 신라 침공을 전제로 하는 백제의 대왜 외교를 견제하기 위한 것이라고 지적했다(森公章, 2008, 251쪽). 그에 대해 니시모토 마사히로西本昌弘는 570년대 고구려가 왜에 접근한 것에 대응해서 575년에 '임나의 조'가 바쳐졌고, 그것은 고구려의 위협이 높아지고 수隋, 당唐의 도움도 기대할 수 없는 시기에만 이루어졌다고 지적했다(西本昌弘, 1990, 5~7쪽). 연민수는 왜가 일찍이 선진 문물을 입수하던 곳이었지만 지금은 신라 영역이 되어버린 금관국과의 교역 재개를 시도했고, 왜와 금관국의 교역을 허락하지 않았던 신라가 왜의 개입을 우려해 사신을 파견했으며, 왜왕권은 그 사신이 가져온 물품을 '4읍의 조'로 인식했다고 설명했다(연민수, 1998,

319~322쪽).[3] 이들 연구 성과는 철저한 사료 비판에 입각한 것으로, 각각의 지적은 가볍게 여길 수 없다.

그러나 이러한 견해들에 문제가 없는 것은 아니다. 예를 들어 스즈키 히데오는 '임나의 조'의 원인을 554·562·577년 신라와 백제의 대립에서 찾았지만, 니시모토 마사히로가 이미 지적했듯이 577년 백제와 신라의 항쟁은 '임나의 조' 이후의 일이므로 직접적인 이유가 될 수 없고(西本昌弘, 1990, 5~6쪽), 554·562년의 일은 '임나의 조'보다 10년 이상 이른 사건이다. 신라의 대왜 외교는 그 시기 신라를 둘러싼 상황과 연관되어 전개되었으므로, 10년 이상 앞서는 사건을 〔사료 9〕에서 보이는 신라의 대왜 외교의 이유라고 말할 수 없다. 또한 연민수는 신라의 통제 아래 있던 금관국과 왜의 교역이 존재했음을 전제로 이를 해석했으나, 금관국은 이미 신라에 병합되었으므로 독자적으로 왜와 통교하는 금관국을 상정하기는 어렵다. 신라 영역 내의 옛 소국이 병합 전의 지역공동체를 유지하면서 교역을 행하는 주체로 계속 존재했는지 여부를 명확하게 밝히지 않는다면 왜와 통교하는 금관국은 상정하기 곤란하고, 그것을 전제로 '임나의 조'를 이해하는 데도 의문이 남지 않는다고 할 수 없다. 나아가 연민수는 왜의 개입으로 야기된 '이상한 사태를 신라가 우려'했으므로 공납을 바쳤다고 지적했지만, 어째서 왜와의 '이상한 사태'를 굳이 피하고자 했는지 충분히 해명했다고는 할 수 없

---

3) 고관민高寬敏은 『일본서기』 권22, 추고천황推古天皇 8년(600)조에서 신라가 왜에 할양한 6성은 "분명히 신라 영역으로 '임나 영역'이 아니다. 『일본서기』에서 언급하는 '임나의 조'는 6성에 대한 것이 아니라 반대로 그것을 배제한 것이다"라고 했으나(高寬敏, 1997, 229~230쪽), 이 6성에는 다다라多多羅·수나라須那羅(素那羅) 등 일찍이 '임나'의 영역이었던 곳이 포함되므로 "'임나의 조'는 6성에 대한 것이 아니라 반대로 그것을 배제한 것"이라고 볼 수는 없다고 생각한다. 그 후 고관민은 4읍에서 임나가 주도권을 쥐지 못했고 신라가 진출했으므로 '임나의 조'라는 용어를 사용하는 것은 잘못이라고 지적했다(高寬敏, 2007, 98~99쪽).

으므로 신라의 대왜 외교의 주체성을 명확하게 설명했다고 보기 어렵다. 신라의 대왜 외교는 앞에서 서술했듯이 신라를 둘러싼 정황과 연관되어 전개되었으므로, [사료 9]에서 보이는 신라의 대왜 외교도 신라의 주체적인 움직임으로 이해할 필요가 있다.

그러한 의미에서 고구려와 왜의 관계를 전제로 '임나의 조'를 신라의 입장에서 설명한 니시모토 마사히로의 견해는 설득력이 있다. 그렇지만 스즈키 히데오, 연민수의 견해와 마찬가지로 기존의 연구에서는 '임나의 조'에만 주목해, 그에 한정해서 신라의 대왜 외교를 살핀 결과 그 전후 신라의 대왜 외교 자체는 묻혀버렸으므로 당시 신라의 전체 외교상에 입각해서 신라의 대왜 외교를 충분히 연구했다고는 할 수 없다. 확실히 '임나의 조'도 고대 왜-신라 관계를 이해할 때 경시할 수 없지만, 그것도 신라의 대왜 외교 정책 중 하나였다는 점을 염두에 둔다면 신라의 전체 대외 관계와 연관시켜 '임나의 조'를 위치시킨 후 그 의의를 추구할 필요가 있다. 그러므로 560년대부터 570년대까지의 신라의 대외 관계와 연관시켜 대왜 외교의 의의를 고찰하고 그 배후의 사정을 검토하고자 한다.[4)]

신라는 560, 561년에 대왜 외교를 전개했지만, 그 후 신라의 사절 파

---

4) '임나의 조'에 대해서는 『일본서기』 편자編者의 조작 기사라고 보는 견해도 있지만(연민수, 1998 등), 이미 필자가 논했듯이(이노우에 나오키, 2011) 신라는 비록 독자적으로 가야 제국을 병합해 왜에 '임나의 조'를 바칠 필요성이 없었음에도 특정 시기에는 '임나의 조'를 바쳤다. 당시 왜왕권이 그것을 '4읍의 조' 또는 '임나의 조' 등 어떻게 불렀는지는 알 수 없지만, 신라가 그것을 외교의 한 수단으로 이용했으므로 '임나의 조' 관련 기사를 조작이라고 잘라버린다면 당시 신라 외교의 의도나 배경이 묻혀버릴 위험이 있다. '임나의 조'를 무시하지 않고 그 안에 존재한 신라 외교의 의도를 명확하게 밝히는 것이 당시의 사정을 이해할 때 중요할 것이다. 그러므로 여기에서는 '임나의 조', '4읍의 조'를 조작 기사라고 부인하지 않고 [사료 6]에 해당하는 시기 신라의 대왜 외교가 갖는 의의를 탐구하고자 한다. 또한 이러한 관점에서 7세기의 '임나의 조'를 고찰한다면 니시모토 마사히로의 견해처럼 '임나의 조'를 해석하는 것은 곤란하며, 시기에 따라 그 이유가 달라진다(이노우에 나오키, 2011).

견은 보이지 않고 대외 정책도 크게 전환되었다.

〔사료 10〕 이해(564)에 고려(고구려)와 말갈, 신라가 함께 사신을 보내 조공朝貢했다.(『북제서北齊書』 권7, 제기帝紀7 무성武成 고담高湛 하청河淸 3년 시세是歲)

위 사료에서 보는 것처럼, 신라는 북제北齊에 처음으로 사절을 파견했다. 이에 대해 북제는 다음과 같이 진흥왕에게 '사지절 동이교위 낙랑군공 신라왕'을 제수했다.

〔사료 11〕 (565) 2월 갑인甲寅에 조서를 내려 신라왕 김진흥金眞興을 사지절使持節 동이교위東夷校尉 낙랑군공樂浪郡公 신라왕新羅王으로 삼았다.(『북제서』 권7, 제기7 무성 고담 하청 4년 2월)

이때 수여된 관작官爵 중 동이교위는 동이의 중심 세력에게 수여되는 것으로 지금까지는 고구려에게 제수하던 것이었다(노태돈, 1999, 349~351쪽). 그러나 565년 단계에 신라에게 동이교위가 수여된 것은 고구려와 긴장 관계에 있던 북제가 신라를 중요시했음을 보여주며, 이러한 신라와 북제의 연결은 신라가 적대국인 고구려를 견제할 때 극히 중요한 요소였다(井上直樹, 2008, 13~17쪽).

이렇게 고구려를 염두에 두고 전개되었을 신라의 대외 정책은 진陳과의 외교에서도 확인된다. 북제와의 연결을 강화해 고구려에 외교적 압력을 가하던 신라는 〔사료 12〕·〔사료 13〕·〔사료 14〕에서 보는 바와 같이 568년부터 571년까지 5년 동안 세 차례 진에 사절을 파견했다.

〔사료 12〕 광대光大 2년(568) …… 가을 7월 …… 무신戊申에 신라국이 사신을

보내 방물方物을 바쳤다.(『진서陳書』 권4, 본기本紀4 폐제廢帝 백종伯宗 광대 2년 7월)

〔사료 13〕 태건太建 2년(570) …… 6월 무자戊子에 신라국이 사신을 보내 방물을 바쳤다.(『진서』 권5, 본기5 선제宣帝 욱頊 태건 2년 6월)

〔사료 14〕 태건 3년(571) …… 5월 …… 신해辛亥에 요동遼東, 신라, 단단丹丹, 천축天竺, 반반盤盤 등의 나라가 함께 사신을 보내 방물을 헌상했다.(『진서』 권 5, 본기5 선제 욱 태건 3년 5월)

한편, 고구려는 북제와 신라의 접근을 인지하며 566년 진에 사신을 파견해 관계를 맺음으로써 북제를 견제하고자 했다(井上直樹, 2008, 13~17쪽). 나아가 고구려는 570·571·574년에 집중적으로 진에 외교 사신을 파견했다(〈표〉 참조).

신라도 〔사료 12〕·〔사료 13〕·〔사료 14〕에서와 같이 고구려가 접근하던 진에 568·570·571년 집중적으로 사신을 파견해 결속을 강화하고자 했다. 이러한 외교의 배경에는 568년에 건립된 '진흥왕순수비 마운령비'나 '진흥왕순수비 황초령비' 등에 보이는 것처럼(한국고대사회연구소, 1992, 75~96쪽) 신라의 고구려 영역으로의 세력 확장에 따른 고구려와 신라의 대립 격화가 전제로 존재했지만, 보다 직접적인 계기는 앞에서 서술했듯이 고구려가 570·571년에 적극적으로 진에 대한 외교를 전개해 제휴를 강화한 일이었을 것이다. 특히 570·571년은 신라, 고구려 모두 진에 사절을 파견해 적극적인 외교를 진행한 시기였는데, 같은 시기에 양국이 정력적으로 진에 대한 외교를 전개한 것은 우연이 아니었다. 신라와 고구려는 분명히 상대방의 외교를 의식하고 있었을 것이다. 그러므로 고구려가 적극적으로 진에 대한 외교를 전개하면, 신라도 고구려가 제휴를 강화하려는 진과의 관계를 심화시키는 방식으로 고구려에 외교적 공세를 취한 것이라고 생각한다.

이렇게 560년대 후반에 신라가 북제와의 관계를 강화하면 고구려도 그것을 견제하기 위해 북제에 사신을 파견하고, 고구려가 진과의 관계를 강화하고자 하면 신라도 진에 사절을 파견하는 등 신라와 고구려는 상대국의 외교를 강하게 의식하면서 적극적인 외교를 전개했다.[5] 이러한 와중에 570년 고구려는 지금까지 통교通交 관계가 없던 왜에 사신을 파견해 갑자기 왜와의 외교를 시작했다(井上直樹, 2008, 17~21쪽).

이에 대해 신라는 [사료 15]에서 보는 것처럼, 고구려가 왜와의 외교 활동을 전개한 다음 해에 북제에 조공했다.

[사료 15] (572) 이해에 신라와 백제, 물길勿吉, 돌궐突厥이 함께 사신을 보내 조공했다.(『북제서』 권8, 제기8 후주後主 고위高緯 무평武平 3년 시세)

신라의 사신 파견은 564년 이래 8년 만의 일로 신라는 고구려와 왜의 통교라는 사태에 대응해 왜에 대한 외교를 추진한 것이 아니라, 고구려와 직접 국경을 접하고 동시에 고구려와 긴장 관계에 있던 북제에 사신을 파견해 제휴를 강화함으로써 고구려를 견제하고자 했다고 생각한다.[6] 그에 대해 고구려도 다음 해인 573년 북제에 조공했고, 같

5) 한편 백제는 567년 북제에 사신을 파견했는데, 고구려의 외교에서 그에 대응하는 것처럼 보이는 외교 정책은 확인되지 않는다. 이 시기 고구려는 백제보다 신라를 의식하며 외교를 전개했던 것 같다(井上直樹, 2008, 13~16쪽).
6) 『일본서기』 권19, 흠명천황 32년(571) 8월조에서는 "가을 8월 병자삭丙子朔에 신라가 조사弔使 미질자未叱子, 실소失消 등을 보내 빈소에 (천황의) 죽음을 애도했다秋八月丙子朔 新羅遣弔問使 未叱子失消等 奉哀於殯"고 했고, 같은 해 시월是月조에서는 "이 달에 미질자, 실소 등이 돌아갔다是月 未叱子失消等罷"라고 했지만, 오구다 히사시는 다른 기사와 달리 신라 사신의 관위가 확인되지 않는 점, 두 명의 사신에게 '등等'을 사용한 점 등을 근거로 흠명천황 원년(540) 신라의 사신 파견

126

은 해에 왜에 두 번째 사절을 파견해 관계를 한층 더 강화하려고 시도했다. 나아가 다음 해인 574년에도 고구려는 왜에 사신을 파견했다. 이 사절은 두 번째 사신의 안부를 묻기 위한 것이었는데, 573년의 사신이 돌려보내진 것에 비해 세 번째 사절은 입경入京이 허가되었다(『일본서기』 권20, 민달천황 3년 7월조). 이러한 고구려의 왜에 대한 접근은 고구려를 의식하면서 외교를 전개하던 신라 입장에서 외교의 전환을 압박하는 사태가 되지 않았을까 한다. 그러한 의미에서 575년 신라가 바친 '임나의 조'를 고구려의 대왜 외교와 연관시켜 논의한 니시모토 마사히로의 견해는 경청해야 할 것이다. 다만 상세히 서술했듯이 니시모토 마사히로의 견해는 565년의 '임나의 조'에만 한정된 것이므로 당시 신라의 전체 외교와 관련해 대왜 외교의 의미를 생각할 필요가 있을 것이다. 그러므로 다시 한 번 당시 신라를 둘러싼 정세를 근거로 신라의 대왜 외교를 고찰하고자 한다.

이 무렵 신라와 왜의 관계에 대해서는 [사료 16]에서 보듯이 신라가 왜에 사신을 파견한 일을 전했다. 그러나 사신의 이름과 관위가 기록되어 있지 않으므로 후세의 조작 기사일 가능성이 높다(奧田尙, 1976, 120쪽).

[사료 16] (574) 11월에 신라가 사신을 보내 조調를 바쳤다.(『일본서기』 권 20, 민달천황 3년 11월)

한편 백제는 [사료 17]에서 보는 바와 같이 575년 2월 왜에 사절을

기사에 대응해 흠명기欽明紀의 마지막을 장식하려는 목적을 가지고 조작된 기사라고 간주했다(奧田尙, 1976, 120쪽). 그러했을 가능성은 충분하다.

파견했다(坂本太郎 외, 1965, 민달천황 4년 2월조 두주頭注).

〔사료 17〕 (575) 을축乙丑에 백제가 사신을 보내 조를 바쳤는데, 여느 해보
다 더 많았다.(『일본서기』 권20, 민달천황 4년 3월)

이에 따르면 이 시기 백제의 공진물貢進物은 통상적인 규모보다 컸던
것 같다. 이러한 점을 통해서도 이 시기 백제가 외교에서 왜와의 관계
를 중시했음을 알 수 있다.

이러한 상황에서 같은 해 6월 신라가 '임나의 조'를 바쳤다. 당시 신
라의 대왜 외교는 백제의 적극적인 대왜 외교에 대항, 견제하려는 의도
도 있었겠지만, 이보다 앞서 확인한 고구려의 대왜 외교가 보다 강하게
인식된 결과라고 생각한다. 왜냐하면 백제는 2년 후인 577년에도 왜에
사신을 파견해 결속을 강화했으나 신라의 대왜 외교는 그 뒤 4년 동안
확인되지 않기 때문이다. 이와 관련해 고구려의 대왜 외교도 574년 이
후 한동안 중단된다. 이러한 점을 감안한다면, 〔사료 9〕에서 나타나는
신라의 대왜 외교는 백제의 외교에 대항하는 것이라기보다 570년대
초 적극적으로 전개된 고구려의 대왜 외교에 대응한 것이라고 생각하
는 편이 타당할 것이다. 〔사료 9〕에 보이는 신라의 대왜 외교는 백제를
견제하려는 의도도 있었겠지만, 일단 니시모토 마사히로가 지적한 것
처럼 왜에 대한 고구려의 접근을 신라가 강하게 인식하고 그것에 대항
하는 조치로 이루어진 것으로 이해해야 한다.

고구려와 왜의 접근은 고구려, 백제와 대립하던 신라의 입장에서는
외교적 고립을 의미했으므로 신라의 외교는 이 시기 심각한 위기에 처
했다고 할 수 있다. 이러한 비상사태에 대처하기 위해 신라가 채택한
방침이 왜왕권에 대한 '임나의 조' 진상이 아니었을까 한다. '임나의

조'를 바친 것은 당시 외교적으로 궁지에 몰린 신라가 왜와의 제휴를 강화해 고구려에 대항하고 외교적 고립에서 벗어나고자 선택한 대왜 외교 정책 중 하나였던 것이다. '임나의 조'는 당시 신라의 외교적 위기와 밀접하게 관련되어 이루어진 것이었다.

이러한 이해에 큰 잘못이 없다면, 570년대 중반 신라의 대왜 외교도 그 이전 신라의 대외 전략과 동일하게 고구려의 외교 전략을 충분히 인식하며 전개되었다고 할 수 있다. 그리고 그것은 이후 신라의 대외 관계를 통해서도 입증할 수 있다. 즉 고구려는 긴장 관계에 있던 북제가 쇠퇴하자 왜와의 통교를 중단했는데, 신라도 동일하게 대왜 외교를 4년 동안 중단한 것이다.[7]

그 후 고구려는 북제의 멸망 이래 화북華北을 제압한 북주北周에 577년에 사신을 파견해 결속을 강화했는데, 신라는 〔사료 18〕에서 보는 것처럼 571년 이래 7년 만에 진에 사신을 파견해 남조南朝에 대한 접근을 시도했다.

〔사료 18〕 (578) 가을 7월 무술戊戌에 신라국이 사신을 보내 방물을 바쳤다.(『진서』권5, 본기5 선제 욱 태건 10년 7월)

577년 백제와 신라의 교전으로 양국의 대립이 표면화되는 과정에서

---

7) 신라에서는 576년 8월 진흥왕이 사망하고 진지왕眞智王이 즉위했는데, 대왜 외교는 그 후에도 계속 이루어지지 않았다. 진지왕 시기에는 진과의 외교도 전개되었으므로 진지왕의 대외 관계가 소극적이었다고는 할 수 없다. 뒤에서 서술하듯이 진지왕 시기에 신라는 백제에 대항해 중국 왕조와의 외교를 전개했으나, 대왜 외교는 실시하지 않았다. 이것은 진지왕 시기 대왜 외교가 중국 왕조와의 외교보다 중시되지 않았음을 보여준다. 당시 신라의 대왜 외교가 저조했던 것은 적대국인 고구려가 대왜 외교를 전개하지 않았던 일과 진지왕 시기 중국 왕조와의 외교를 중시하던 방침 등에서 비롯되었다고 생각한다.

적대국인 백제가 진과 북제에 조공한 일에 대응해(『진서』 권5, 본기5 선제 욱
태건 9년 7월조; 『주서周書』 권6, 제기6 무제武帝 웅惢 하下 건덕建德 6년 11월조), 신라도
진에 대한 외교를 전개해 대항하고자 했을 것이다. 더욱이 신라와 적
대하는 고구려는 북주의 화북 통일 직후 북주에 사신을 보내 조공하며
안정적인 관계를 맺고자 시도했다. 신라의 진에 대한 외교는 북주와의
관계를 강화한 고구려를 견제하려는 의도도 포함하고 있었을 것이다.

신라는 577년 백제와 교전하는 등 백제와의 대립이 심화되었다. 이
는 앞에서 서술했듯이 신라의 대중국 외교에도 크게 작용했고, 대왜 외
교에도 영향을 주었다. 그러므로 다음에서는 백제와의 관계 등을 염두
에 두면서 신라의 대왜 외교를 검토하고자 한다.

4. 570년대 말~580년대 초 신라의 대외 외교와 신라 - 왜 관계

신라에서는 579년 7월 진지왕이 사망하고 진평왕眞平王이 즉위했다. 진
평왕은 즉위 후 곧 대왜 외교를 재개했다. 즉 〔사료 19〕에서 보듯이, 신
라는 575년 이래 4년 만에 사신을 왜에 파견해 조물調物 및 불상을 바
쳤다.

〔사료 19〕 8년(579) 겨울 10월에 신라가 지질정枳叱政 나말奈末을 파견해 조
를 바치고, 아울러 불상을 보냈다.(『일본서기』 권20, 민달천황 8년 10월)

나아가 〔사료 20〕에서 보는 것처럼 신라는 579, 580년 2년 연속으로
대왜 외교를 전개했다.

〔사료 20〕 9년(580) 여름 6월에 신라가 안도安刀 나말, 실소失消 나말을 보내 조를 바쳤으나 받아들이지 않고 되돌려보냈다.(『일본서기』 권20, 민달천황 9년 6월)

다만 〔사료 20〕에 의하면 580년에 사절이 바친 조는 구체적인 이유가 드러나지 않았지만 왜왕권이 접수하지 않았고, 사신은 그대로 귀국했다. 580년 신라의 대왜 외교에 무엇인가 문제가 있었지만, 진평왕은 579년 7월 진지왕이 사망한 후 즉위한 지 불과 1년도 지나지 않은 기간 동안 두 차례 왜에 사신을 파견한 것이다. 진지왕 시기에는 대왜 외교가 한 번도 이루어지지 않았는데, 진평왕은 즉위한 뒤 즉각 외교 방침을 전환해 적극적인 대왜 외교를 전개했다. 진평왕이 이와 같이 적극적인 대왜 외교로 전환한 이유는 무엇이었을까?

560년대 후반~570년대 초 신라의 외교에 큰 영향을 주었을 고구려의 대외 관계를 살펴보면, 고구려는 577년 북주에 조공해 그로부터 '상개부의동삼사上開府儀同三司 대장군大將軍 요동군개국공遼東郡開國公 요동왕遼東王'을 제수받았다(『주서』 권49, 열전列傳41 이역異域 상上 고려). 그 후 고구려는 북주를 대신해 새롭게 화북을 지배한 수隋에도 거의 매년 조공했으므로 고구려의 서북 방면은 안정되었다. 이러한 일들을 배경으로 고구려의 대왜 외교는 한동안 이루어지지 않았다(井上直樹, 2008, 19~21쪽). 그에 비해 575년 신라와 교전한 백제는 〔사료 21〕에서 보는 것처럼 왜의 견백제사遣百濟使의 귀국에 맞춰 불교의 경전 및 공인들을 왜에 보냈다.

〔사료 21〕 (577) 겨울 11월 경오삭庚午朔에 백제 국왕이 돌아오는 사신 오오와케노오오키미大別王 등에게 딸려서 경론經論 약간 권卷과 율사律師, 선사禪師, 비구니比丘尼, 주금사呪禁師, 조불공造佛工, 조사공造寺工의 6인을 바쳤으

므로 나니와難波의 대별왕사大別王寺에 안치安置했다.(『일본서기』권20, 민달천황
6년 11월)

〔사료 19〕에 따르면 신라는 579년 왜에 불교를 전했는데, 그것은 이
미 지적했듯이 〔사료 21〕에서 나타나는 불교를 매개로 왜와의 결속을
강화하려는 백제의 대왜 외교에 대항하는 움직임이었을 것이다(鈴木英
夫, 1996, 255쪽).

이러한 이해에 큰 잘못이 없다면 신라는 진평왕이 즉위한 후 종전의
고구려를 의식한 대왜 외교와 달리 백제를 의식하며 대왜 외교를 전개
한 것이 된다. 문제가 되는 백제의 대왜 외교는 진평왕 이전인 진지왕
시기에 이루어졌다. 그러나 진지왕 시기에는 〔사료 18〕에서 확인한 것
처럼 진과의 외교를 통한 백제 외교의 견제 방침이 채택되었고, 대왜
외교는 남조에 대한 외교보다 덜 중시되었던 것 같다. 어쩌면 진지왕은
〔사료 22〕에서 말하는 것처럼 정치를 돌보지 않고 음란함에 빠졌는데,
이와 같은 국내 정세도 대왜 외교의 저조低調와 관계되었을지 모른다.

〔사료 22〕 나라를 다스린 지 4년 만에 정치가 문란해 어지러워졌고 음란함
에 빠져 국인國人들이 폐위시켰다.(『삼국유사三國遺事』권1 기이紀異1 도화녀비형
랑桃花女鼻莉郎)

상세한 사정은 명확하지 않지만 어쨌든 진지왕 시기에는 앞에서 서
술했듯이 적대국 고구려의 대왜 외교가 중단된 측면도 있고, 대왜 외교
보다 진과의 외교를 우선시해 백제의 대왜 외교에 대항하려는 목적에
서 왜와의 외교를 전개하지 않았던 것이다.

그렇지만 새로 즉위한 진평왕은 백제의 대왜 외교를 강하게 의식했

고, 그 결과 [사료 19]에서와 같이 백제의 대왜 외교에 대항해 곧 사신을 파견해 불상을 왜에 바치고자 했다. 이 일이 진평왕 즉위 직후에 있었으므로 진평왕이 대왜 외교를 극히 중시했다고 할 수 있다. 진흥왕, 진지왕 시기 신라의 외교가 고구려를 의식한 것에 비해 당시 신라의 대왜 외교는 적대국 고구려의 대왜 외교가 저조했던 점, 577년의 교전 이후 백제와의 긴장이 높아졌던 점 등을 배경으로 백제의 대왜 외교를 의식하면서 전개되었다고 보인다. 진평왕 초기의 대왜 외교와 그 전의 대왜 외교에서 차이점이 확인되므로, 신라의 대왜 외교는 이 단계에 이르러 전환기를 맞이했다고 이해해도 좋을 것이다.

그러나 [사료 20]에서 보듯이 왜왕권은 신라의 사신이 가져온 조를 받지 않았다. 그리고 이를 계기로 신라의 대왜 외교는 한동안 두절되었다. 그 원인은 왜왕권의 공납물 접수 거부에도 있었겠지만, 주목할 것은 신라가 중시한 백제의 대왜 외교다. 『일본서기』 등의 여러 사료에 따르면, 백제의 조부調賦 헌상도 그 후 587년까지 확인할 수 없다. 또한 대왜 외교 추진의 전제라고 할 수 있는 백제와 신라의 교전 기사도 확인할 수 없다. 즉, 신라가 대왜 외교를 중단한 시기에 백제도 적극적인 대왜 외교를 전개하지 않았던 것이다. 이것은 신라의 대왜 외교가 백제의 대왜 외교를 의식하며 전개되었다고 본 앞에서의 추측을 방증해준다고 할 수 있다. 이렇게 백제의 저조한 대왜 외교가 신라의 대왜 외교에 대한 의미를 상대적으로 축소시켰을 것이다.

나아가 이와 더불어 간과할 수 없는 것이 다음의 [사료 23]이다.

[사료 23] (591) 겨울 11월 기묘삭己卯朔 임오壬午에 키노오마로노 스쿠네紀男麻呂宿禰, 코세노 사루노오미巨勢猿臣, 오오토모노 쿠이노 무라지大伴囓連, 카츠라기노 오나라노 오미葛城烏奈良臣로 대장군大將軍을 삼았다. 각 씨의 신

런臣連으로 비장神將과 부대部隊를 삼아 2만여 군사를 이끌고 나아가 츠쿠시筑紫에 머물게 했다. 키시노카네吉士金를 신라에 보냈고, 키시노이타비吉士木蓮子를 임나任那에 보내 임나의 일을 물었다.(『일본서기』 권21, 숭준천황崇峻天皇 4년 11월)

〔사료 23〕에서 알 수 있듯이, 왜국 내에서 '임나 부흥', 즉 신라 정토군이 동원되어 츠쿠시에 주둔했던 것이다. 이러한 점도 신라가 대왜 외교를 중단하는 큰 요인이 되었다고 생각한다.

한편 신라는 〔사료 24〕에서 보는 것처럼, 이 시기에 처음으로 수隋와의 외교를 실시했다.

〔사료 24〕 개황開皇 14년(594) (신라가) 사신을 보내 방물을 바쳤다. 고조高祖가 진평眞平을 상개부上開府 낙랑군공樂浪郡公 신라왕新羅王으로 제수했다.(『수서隋書』 권81, 열전列傳46 동이東夷 신라)

수와 직접 국경을 접한 고구려는 수 건국 이후 거의 매년 조공했다. 고구려는 그 후에 수가 중국을 통일하자 무기를 수리하고 군량을 비축하며 수와의 전쟁을 준비했다고 질책을 받았지만, 곧 사죄하고 용서를 구해 수로부터 '상개부의동삼사 요동군공遼東郡公'을 제수받았고, 그 뒤에도 591·592년 수에 사신을 파견했다(『수서』 권81, 열전46 동이 고려). 백제도 수 건국 다음 해인 581년에 조공해 '상개부의동삼사上開府儀同三司 대방군공帶方郡公'에 책봉되었고,(『수서』 권1, 제기1 고조高祖 양견楊堅 상上 개황開皇 원년 10월조), 나아가 수가 진陳을 평정했다는 정보를 입수하자 곧 사신을 수에 파견했다(『수서』 권81, 열전46 동이 백제).

이러한 두 나라의 대응에 비해 신라는 594년이 되어서야 겨우 수에 사신을 파견했다. 고구려, 백제에 비해 상당히 늦은 대응이었다고 하지 않을 수 없다. 진평왕은 즉위 후 곧바로 왜에 사신을 파견했는데, 이러한 점으로 보아 진평왕 초기에는 수와의 외교에 비해 대왜 외교가 중시되었다고 볼 수 있다.

그렇다면 진평왕이 왜보다 늦게, 즉 이 무렵이 되어서야 비로소 수에 대한 외교를 전개한 원인은 무엇이었을까? 적어도 수에 대한 고구려, 백제의 외교에 대응한 조치였다고는 생각할 수 없다. 왜냐하면 이미 서술했듯이 고구려나 백제는 수 건국 직후부터 적극적인 외교를 전개했으므로, 그것을 의식했다면 신라도 보다 이른 단계부터 수와의 외교를 진행했을 것이기 때문이다. 그러나 신라와 수의 교섭은 594년까지 기다려야만 했다. 이미 서술했듯이 진평왕이 본래 대왜 외교를 중시했다는 점이 수와의 외교가 늦어진 원인이었다고 이해할 수 있다. 그런데 진평왕이 가장 중요한 외교 상대국으로 간주한 왜에서는 〔사료 23〕에서와 같이 신라 정토군이 조직되었고, 〔사료 25〕에서 보듯이 추고천황 3년(595) 7월까지 츠쿠시에 주둔했다.

〔사료 25〕 (595) 가을 7월에 장군 등이 츠쿠시로부터 이르렀다.(『일본서기』 권22, 추고천황 3년 7월)

신라는 고구려, 백제와의 대립에 더해 왜의 신라 정토 계획에도 대처해야만 했다. 신라는 다시 한 번 외교적·군사적 궁지에 몰린 것이다. 이러한 외교적·군사적 고립 상황에서 진평왕이 채택한 방침이 수와의 외교였다고 생각한다. 결국 신라는 처음으로 수에 사신을 파견해 '상개부낙랑군공(종3품)'을 제수받았다. 백제와 고구려도 모두 '상개부의동삼사(종3품)'였으므로 수는 관작 서열에서 고구려, 백제, 신라를 같은 위치에 둔 셈이 된다. 단, 수는 실제로는 고구려를 중시하고 신라와 백제는 모두 경시했다고 한다(堀敏一, 1998, 132~133쪽). 그러나 수의 입장에서 고구려를 배후에서 견제하기 위해 신라나 백제를 경시할 수 없지 않았을까? 이러한 배려가 있었으므로 신라는 관작官爵 측면에서 백제나 고구려와 동등한 대우를 받았다고 생각한다. 한편 수와 외교 관계를 맺음으로써 외교적 고립에서 벗어난 것은 왜와의 군사적 긴장 관계가 높아지던 신라의 상황에서 중요한 의미를 가졌을 것이다.

신라는 이렇게 수와의 외교 관계를 전개하기 시작했는데, [사료 26]에서는 596년에도 신라가 수에 조공사朝貢使를 파견한 일을 전하고 있다.

[사료 26] (596) 봄 3월에 고승 담육曇育이 불법을 배우러 수에 들어갔다. 사신을 수에 보내 방물方物을 바쳤다.(『삼국사기』 권4, 신라본기4 진평왕 18년 3월)

그러나 중국 사료에는 대응 기사가 보이지 않는다. 호리 도시카즈는 수가 신라를 중시하지 않았으므로 수에 입조入朝한 기록이 없었던 것이 아닐까라고 추측했다(堀敏一, 1998, 132~133쪽). 중국 사료에서 대응 기사가 확인되지 않으므로 [사료 26]의 사실성에 대해서는 의문이 남아 있지만, 만약 이것이 사실을 전하는 것이라면 신라는 앞에서 서술한 것과 같은 외교적 고립으로 인해 수와의 외교를 적극적으로 전개했다고 이해할 수 있다.

한편 왜와의 관계에서는 [사료 25]에 나타나듯이 595년 신라 정토군이 츠쿠시로부터 철수했으므로 신라와 왜의 군사적 긴장은 일단 완화되었을 것이다. 그러한 와중에 [사료 27]에서 보듯이 긴장 관계에 있던 왜에서 신라로 사신을 파견했다.

〔사료 27〕 (597) 겨울 11월 계유삭癸酉朔 갑자甲子에 키시노 이와카네吉士磐金를 신라에 보냈다.(『일본서기』 권22, 추고천황 5년 11월)

키시노 이와카네는 〔사료 28〕에서 보는 것처럼 다음 해인 598년 4월에 귀국해 당시 신라로부터 얻었을 '까치 두 마리'를 헌상했다.

〔사료 28〕 6년(598) 여름 4월에 나니와노키시難波吉士 이와카네盤金가 신라로부터 돌아와 까치 두 마리를 바쳤다.(『일본서기』 권22, 추고천황 6년 4월)

신라와 왜의 관계는 개선되기 시작했던 것 같은데, 이와 더불어 〔사료 29〕에서 보듯이 580년 이래 18년 만에 신라에서 왜에 헌상품을 바쳤다.

〔사료 29〕 (598) 가을 8월 기해삭己亥朔에 신라가 공작孔雀 한 마리를 바쳤다.(『일본서기』 권22, 추고천황 6년 8월)

이렇게 신라와 왜의 긴장 관계는 점차 해소되는 방향으로 나아갔다. 흥미로운 것은 그에 대응해 신라와 수의 외교가 그 뒤 한동안 확인되지 않는다는 점이다. 신라와 왜의 관계가 개선되자 수에 대한 외교가 보이지 않는 것이다. 이는 〔사료 24〕에서 보는 것처럼 신라의 수에 대한 외교가 고구려, 백제와의 대립이라는 전제 아래서 왜와의 관계 악화와 연관되어 이루어졌다는 지적을 입증하는 근거가 될 것이다. 즉, 당시 신라의 대수對隋 외교는 신라와 왜의 관계와 밀접하게 관련되어 전개되었다고 생각한다. 신라에 대한 수의 낮은 관심과 더불어 왜와의 긴장 관계가 완화되자 신라는 이 시점에서 다시 왜와 통교한 것이다.

5. 소결小結: 7세기 신라의 대왜 외교의 서장序章

이렇게 신라는 6세기 후반 적대국인 고구려, 백제의 동향에 입각해서 대왜 외교를 전개했다. 그 중요성은 진평왕 즉위 직후 곧바로 대왜 외교를 개시한 점이나, 수에 대한 외교보다 대왜 외교를 먼저 전개했다는 점에서 단적으로 드러난다. 신라는 남방의 왜와의 관계를 극히 중시했던 것이다. 그러므로 신라는 왜와의 긴장 관계가 회복된 598년에 재차 왜에 사신을 파견해 외교를 재개했다. 다만 이 시기 신라가 왜에 보낸 헌상품이 '공작 한 마리'뿐이었다는 점, 그 후에도 신라가 왜에 적극적으로 사신을 파견하지 않았다는 점 등으로 보아 당시 신라의 대왜 외교는 그다지 깊게 이루어진 것 같지 않다. 이는 같은 해 6월부터 9월까지 수가 신라의 최대 적대국인 고구려에 원정함으로써 신라에 대한 고구려의 위협이 대폭 경감되었던 점, 백제와의 교전이 확인되지 않는 점 등으로 말미암아 신라에서 대왜 외교가 갖는 위상이 상대적으로 낮아졌기 때문일 것이다. 이와 함께 신라와 왜의 관계가 다시 험악해진 점도 간과할 수 없다. 즉, [사료 30]에서 보는 것처럼 왜는 '임나를 구하기' 위해 고구려와 백제에 사신을 파견했고, [사료 31]과 [사료 32]에서 보듯이 602년과 603년 백제와 고구려가 각각 신라를 공격했다. 왜도 이러한 군사 행동에 깊이 관여해 왜국 내에서 쿠메노미코來目皇子가 '정신라대장군征新羅大將軍'에 임명되는 등 신라 정토의 움직임이 다시 활발해졌다(『일본서기』 권22, 추고천황 9~11년).

> [사료 30] (601) 3월 갑신삭甲申朔 무자戊子에 오오토모노 쿠이노 무라지大伴連囓를 고구려에 보내고, 사카모토노 오미 아라데坂本臣糠手를 백제에 보내, '급히 임나任那를 구원하라'고 조칙을 내렸다.(『일본서기』 권22, 추고천황 9년 3월)

138

〔사료 31〕(602) 가을 8월에 백제가 아막성阿莫城을 공격해왔으므로 왕이 장수와 사졸로 하여금 맞서 싸우게 해 크게 쳐부수었으나 귀산貴山과 추항箒 須이 전사했다.(『삼국사기』 권4, 신라본기4 진평왕 24년 8월)

〔사료 32〕(603) 가을 8월에 고구려가 북한산성北漢山城에 침입했으므로 왕이 몸소 군사 1만 명을 이끌고 그들을 막았다.(『삼국사기』 권4, 신라본기4 진평왕 25년 8월)

이러한 일들로 인해 양국의 관계가 악화되면서 신라와 왜의 외교는 다시 중단되었다.[8] 그와 대조적으로 〔사료 33〕, 〔사료 34〕에서는 신라가 이 시기에 전개한 수와의 외교를 전했다.

[사료 33] (602) 사신 대나마大奈麻 상군上軍을 수에 보내 방물을 바쳤다. (『삼국사기』 권4, 신라본기4 진평왕 24년)

〔사료 34〕(604) 가을 7월에 대나마 만세萬世와 혜문惠文 등을 보내 수에 조공했다.(『삼국사기』 권4, 신라본기4 진평왕 26년 7월)

그러나 중국 사료에서는 〔사료 33〕과 〔사료 34〕에 대응하는 기사를 확인할 수 없다. 이미 지적한 것처럼 당시 수는 신라와의 관계를 그다지 중시하지 않았으므로 중국 사료에 그 일이 기록되지 않았을 가능성

---

8) 『일본서기』 권22, 추고천황 8년(600) 시세조에는 신라와 '임나'가 왜에 조물調物을 바쳤다고 했지만, 이 기사가 확실한 사실인지 의문이 제기되었다(坂本太郎, 1979; 鈴木英夫, 1980; 山尾幸久, 1989; 西本昌弘, 1990). 이 글에서도 그들의 견해에 따라 추고천황 8년에 등장하는 신라의 조물 공상貢上의 사실성 여부에 대한 판단은 유보하도록 하겠다.

도 있지만, [사료 35]에서는 수에서 수행하던 담육이 신라가 수에 파견한 사절인 혜문과 함께 귀국한 일을 전했다.

[사료 35] 담육曇育이 수에 들어간 지 7년 만에 입조사入朝使 혜문을 따라 함께 돌아왔다.(『해동고승전海東高僧傳』 담육전曇育傳)

여기에 보이는 혜문은 [사료 34]에서와 같이 604년 수에 갔고, 그 귀국은 [사료 36]에서 확인하듯이 605년의 일이었다.

[사료 36] (605) 봄 3월에 고승 담육이 입조사 혜문을 따라 돌아왔다.(『삼국사기』 권4, 신라본기4 진평왕 27년 3월)

한편 혜문과 함께 신라로 귀국한 담육이 수에 갔던 것은 [사료 26]에 전하는 것처럼 596년의 일이었던 것 같다. 그렇다면 담육이 수에서 체류한 기간은 9년이 되므로, [사료 35]에서 전하는 7년과 차이가 있다. 어쩌면 담육에 관한 이전異傳이 있었고, 『해동고승전』의 편자는 그것을 중시했던 것이 아니었을까 한다. 만약 그렇다면 담육과 혜문이 수에 건너간 일, 수로부터의 귀국 등은 적어도 신라본기만이 아니라 『해동고승전』의 원전이 되는 사료에도 존재했을 것이다. 그러므로 혜문의 수로부터의 귀국을 신라본기의 조작이라고 단정할 수는 없다. 마찬가지로 [사료 34]도 조작 기사라고 잘라버릴 수 없으며, 이 시기 혜문은 신라에서 왜의 견수사遣隋使와 함께 수로 갔을 가능성도 있다. 중국 사료에서 이에 대응하는 기사가 확인되지 않는 이유는 호리 도시카즈가 지적했듯이, 수의 입장에서 신라가 그다지 중시되지 않았기 때문이거나 사료의 탈락 둘 중 하나였을 가능성이 높다. 이러한 이해에 커다란

140

잘못이 없다면 신라는 대왜 외교가 악화되면서 수에 대한 외교를 전개했다고 생각할 수 있다.

분명히 당시 신라는 종전처럼 왜와의 긴장 관계로 인해 적극적으로 수에 대한 외교를 전개해 수와의 결속을 강화함으로써 외교적 고립에서 벗어나 고구려, 백제, 왜에 대항하고자 했을 것이다. 이렇게 신라는 6세기 후반 이래의 대왜 외교를 기조로 삼아 6세기 말~7세기 초까지 외교를 전개했다고 보인다. 당시의 긴장 관계로 인해 신라의 대왜 외교는 다시 한동안 중단되었다. 그러나 신라와 고구려, 백제의 대립은 7세기 이후 수·당·왜를 끌어들이면서 점점 치열해졌고, 그러한 와중에 신라는 또다시 대왜 외교를 전개했던 것이다.

:: 참고문헌

『북제서北齊書』

『삼국사기三國史記』

『삼국유사三國遺事』

『수서隋書』

『일본서기日本書紀』

『진서陳書』

『주서周書』

『해동고승전海東高僧傳』

노용필, 1996, 『신라진흥왕순수비연구』, 일조각.

노태돈, 1999, 「5~6세기 동아시아 국제정세와 고구려의 대외관계」, 『고구려사 연구』, 사계절; (초판) 1984, 「5~6세기 동아시아의 국제정세와 고구려의 대외관계」, 『동방학지』 44, 연세대학교 국학연구원.

연민수, 1998, 『고대한일관계사』, 혜안; (초판) 1992, 「日本書紀の'任那の調', 関係記

事の検討」,『九州史学』105, 九州史学研究会.

_____, 2003,『고대한일교류사』, 혜안.

이노우에 나오키井上直樹, 2011,「7세기 전반 신라의 대왜외교」,『7세기 동아세아의 신라』(2010년 신라학 국제학술대회논문집 4), 경주시.

한국고대사회연구소, 1992,『역주 한국고대금석문』2, 가락국사적개발연구소.

高寛敏, 1997,「6～7世紀の朝鮮諸国と倭国」,『古代朝鮮諸国と倭国』, 雄山閣, 東京.

_____, 2007,『古代の朝鮮と日本(倭国)』, 雄山閣, 東京.

古畑徹, 1983,「7世紀末から8世紀初にかけての新羅・唐関係: 新羅外交史の一試論」,『朝鮮学報』107, 朝鮮學會, 奈良.

堀敏一, 1998,「隋代東アジアの国際関係」,『東アジアのなかの古代日本』, 研文出版, 東京.

鬼頭清明, 1976,『日本古代国家の形成と東アジア』, 校倉書房, 東京.

김현구, 1985,『大和政権の対外関係研究』, 吉川弘文館, 東京.

末松保和, 1996,『古代の日本と朝鮮』(末松保和朝鮮史著作集 4), 吉川弘文館, 東京; (初出) 1949,『任那興亡史』, 大八洲出版, 京都.

武田幸男, 1985,「新羅'毗曇の乱'の一視角」,『三上次男博士喜寿記念論文集』歴史編, 平凡社, 東京.

山尾幸久, 1977,『日本国家の形成』, 岩波書店, 東京.

_____, 1989,『古代の日朝関係』, 塙書房, 東京.

森公章, 2006,『東アジアの動乱と倭国』, 吉川弘文館, 東京.

_____, 2008,『遣唐使と古代日本の対外政策』, 吉川弘文館, 東京; (初出) 2002,「加耶滅亡後の倭国と百済の'任那復興'策について」,『東洋大学文学部紀要』史学科篇 27, 東洋大學, 東京.

西本昌弘, 1990,「倭王権と任那の調」,『ヒストリア』129, 大阪歴史學會, 大阪.

神川仁, 1983,「7世紀中葉新羅・唐同盟の成立過程」,『信大史学』8, 信州大學, 長野.

鈴木英夫, 1996,『古代の倭国と朝鮮諸国』, 青木書店, 東京; (初出) 1980,「七世紀中葉における新羅の対倭外交」,『国学院雑誌』81-10, 國學院大學, 東京.

_____, 1996,『古代の倭国と朝鮮諸国』, 青木書店, 東京; (初出) 1983,「'任那の調'

の起源と性格」,『国史学』119, 国史学会, 東京.

鈴木靖民, 1970,「皇極紀朝鮮関係記事の基礎的研究」,『国史学』83, 国史学会, 東京.

奥田尚, 1976,「‘任那日本府’と新羅倭典」,『古代国家の形状と展開』, 吉川弘文館, 東京.

李成市, 1985,「金春秋の来日に見る新羅外交政策の変革」,『歴史読本』臨時増刊号, 新人物往来社, 東京.

田中俊明, 1992,『大加耶連盟の興亡と‘任那’』, 吉川弘文館, 東京.

田村圓澄, 1979,「新羅送使考」,『朝鮮学報』90, 朝鮮學會, 奈良.

井上光貞, 1971,「推古朝外交政策の展開」,『聖徳太子論集』, 平楽寺書店, 京都.

井上直樹, 2008,「570年代の高句麗の対倭外交について」,『年報朝鮮学』11, 九州大學 朝鮮學研究會, 福岡.

坂本太郎 외 교주校注, 1965,『日本書記』, 岩波書店, 東京.

坂本太郎, 1979,『聖徳太子』, 吉川弘文館, 東京.

구법승과 신라 불교

정병삼(숙명여자대학교 역사문화학과 교수)

1. 동아시아 불교와 구법승

우리나라 불교는 4세기 후반에 순도順道가 고구려에, 마라난타摩羅難陀가 백제에 불교를 전하면서 비롯되었다. 순도는 전진前秦의 승려였고 마라난타는 인도 승려로 동진東晉에서 활동하던 전도승이었다. 신라에 불법을 처음 전한 아도阿道 또한 고구려의 전도승이었다. 불교의 수용은 전도승들의 활동에 힘입었지만 이후 불교 발전을 선도했던 이들은 본국 출신으로, 불법의 선진 지역에 유학해 익혀온 구법승求法僧이었다.

구법승들은 신라 불교에 큰 영향을 미쳤던 중국과 불교의 발상지인 인도를 포함한 서역을 주요 구법 대상지로 삼았다. 불교가 삼국에 전래된 이래 새로운 불교를 익히기 위한 구법승들의 해외로 향한 길은 끊임없이 이어졌다. 삼국에서 통일신라에 이르는 시기에 이들 구법승들의 활동은 불교 발전을 선도하는 활발한 모습이었다.

구법승들의 가장 주요한 활동 지역은 중국이었다. 남북조시대에 삼국은 고르게 10여 명의 구법승을 중국에 보내 불법을 익혀 오게 했고, 수隋·당唐 대에는 180명의 구도승이 중국에 유학했으며, 오대五代 이후에도 30명 가까운 유학승이 새로운 불법을 전해왔다(황유복黃有福·진경부陳景富, 권오철 옮김, 1995, 57~78쪽).[1] 이들은 중국에 가서 선진 불법을 익혀 본국의 불교 이해와 발전에 이바지했다.

이러한 구도열은 중국에 머물지 않고 불법의 본고장 인도에까지 이어져 천축天竺 구법승들도 15명이나 알려져 있다. 구법승들은 7세기 전반부터 인도의 여러 성지를 순례했으며, 당시 불교 연구의 중심이던 날란다대학에서 수학하기도 했다. 이런 구법 활동을 인정한 당의 의정義淨은 『대당서역구법고승전大唐西域求法高僧傳』에 아리야발마阿離耶跋摩, 혜업惠業, 현태玄太, 현각玄恪, 혜륜惠輪 등 신라 구법승 7명의 전기를 수록해 이들의 구법 행적을 기렸다. 이들의 목숨을 내건 구법 여행은 신라 불교에 생동감과 활력을 불어넣었다.

그러나 중도에서 목숨을 잃은 이가 10명, 중국이나 고국에 돌아온 이가 5명이었던 인도 구법승의 예에서 보듯이 구법승 모두가 구법을 마친 후 다시 돌아와 본국의 불교 발전에 기여했던 것은 아니다. 인도의 경우에는 경로의 어려움으로 인해 돌아오지 못한 이가 많았겠지만, 일부 승려들은 여러 사정에 의해 본국으로 돌아오지 않고 인도나 중국에서 활동하다 생을 마쳤다.

---

1) 이중 구법의 중심기라 할 수 있는 통일신라 시기인 7세기에 42명, 8세기에 38명, 9세기에 96명이 중국에 구법했다.

구법승들은 여러 관점에서 구분될 수 있다. 일찍이 자신이 당에 가서 활발하게 활동한 적이 있는 최치원崔致遠은 당시 이름 있는 선종 승려를 중원에서 득도하고 돌아오지 않은 이와 불법을 얻은 뒤 돌아온 이들로 구분하고, 서쪽 곧 중국에서 활동하다 죽은 사람[西化]과 동쪽 곧 신라로 돌아온 사람[東歸]으로 나누어보았다.[2] 구법의 길을 떠나 중국이나 인도에 머물며 활동한 이들과 본국에 돌아와 전법과 교화 활동을 한 이들은 그 역할과 의미가 다른 면이 있다. 구법승들의 동태를 구법지에서 활동한 사람과 본국에 돌아와 활동한 이들로 구분해 살펴봄으로써 구법승들의 구법 의지와 역할, 나아가 그들이 미친 영향과 역사적 의의를 알아보고자 한다.

2. 중국과 인도에서 활동한 구법승

4세기 후반에 불교를 수용한 고구려는 6세기에 들어서자 불교 사상에 대한 이해가 심화되었다. 고구려 출신의 승랑僧朗은 중국에 건너가 강남 지방에 머물며 삼론학三論學의 기초를 세우는 데 크게 기여했다. 공空 사상을 중심으로 하는 삼론학은 승랑의 사상을 기점으로 새롭게 전개되어 동아시아 불교 사상의 새 터전을 마련했다. 승랑은 고구려에 돌아오지 않고 중국에서만 활동했지만, 그의 사상은 삼국은 물론 일본에도 전해졌다.

신라에서는 6세기 중반에 각덕覺德과 명관明觀 등이 중국에 가서 불

---

2) 或劍化延津 或珠還合浦 爲巨擘者 可屈指焉 西化則靜衆無相 …… 東歸則前所叙北山義 …… (최치원崔致遠, 「봉암사지증대사탑비鳳巖寺智證大師塔碑」).

법을 전해 오며 불사리와 불서를 함께 가져왔다. 아도와 같은 전도승을 계승하는 승려들의 활동이 중국 구법으로 확대됨으로써 새로운 교학을 익히고, 그 바탕이 되는 경전과 신앙의 대상인 사리를 들여와 불교계의 활성화를 가져온 것이다. 600년에는 12년 동안 중국에 유학해서 불법을 익힌 원광圓光이 신라에 귀국했고, 602년에는 지명智命이 18년 만에, 605년에는 담육曇育이 10년 만에, 그리고 안함安含이 5년 만에 유학을 마치고 돌아왔다. 이런 사실은 초기 불교 활동기에 여러 승려가 중국에 가서 10년 남짓 머물며 불법을 익히고 돌아와 활동했음을 말해준다. 이어 627년경에는 원측圓測(613~696)이, 636년에는 자장慈藏이 당에 유학했다.

원측의 활동은 보다 획기적인 것이었다. 남북조의 통일에 즈음해 중국 불교는 천태종天台宗을 필두로 종파 불교가 형성되었고, 7세기 중반에는 화엄종華嚴宗과 법상종法相宗이 형성되어 교학敎學의 완성기를 맞이했다. 이 시기에 신라에서도 뚜렷한 교학의 진전이 이루어졌다. 이는 신라 교학 전통이 축적된 위에 유학승이 전래한 새로운 교학이 더해져 이룩된 것이었다. 이 시기 새로운 교학의 진전에 뚜렷한 자취를 남긴 이가 원측이다.

원측은 신라의 왕족으로 태어나서 일찍이 중국에 건너가 섭론攝論의 대가인 법상法常과 승변僧辨 등에게 수학했다. 수만 언에 이르는 많은 글도 한 번 들으면 모두 기억할 정도로 총명이 뛰어났던 원측은 남북조 불교의 특징이었던 다양한 교학을 두루 익혀 폭넓은 이해 기반을 갖추었다. 그리고 어학도 널리 익혀 범어梵語(산스크리트어)에 통달한 것을 비롯해 6개 국어에 능통했다. 현장玄奘이 새로운 경론을 가지고 인도에서 귀국하자 중국 불교계의 교학 분위기는 크게 바뀌었다. 현장이 유식唯識의 새로운 경전들을 번역 소개하자 원측은 누구보다 빠르게 이를 이해하고 수용해 먼저 익혔던 섭론을 바탕으로 새로운 유식을 전개했다. 658년에 서명사西明寺가 낙성되자 원측은 이곳에 대덕大德으로 초빙되어 활동하면서 『성유식론소成唯識論疏』를 비롯한 많은 유식학 저술을 펴냈다. 신라의 신문왕은 여러 차례에 걸쳐 이처럼 중요한 활동을 펼치는 원측의 귀국을 요청했으나 무측천武則天이 이를 허락하지 않아서 끝내 신라에 돌아오지 못했다. 범어에 능통했던 원측은 지바하라地婆訶羅 삼장三藏이 『대승밀엄경大乘密嚴經』과 『대승현식론大乘顯識論』 등을 번역할 때 참여했고, 만년에는 실차난타實叉難陀 삼장이 『화엄경華嚴經』(80권본)을 새로 번역하는 데도 참가하는 등 불전佛典 번역 작업에 큰 역할을 했다.

모두 18부 90권이 넘는 저술을 이룬 원측의 유식 사상은 현장-규기窺基로 이어지는 법상종 주류 교학과는 달리 포용적인 사상 경향을 보이는 특유의 것이었다. 원측을 잇는 제자들은 당의 법상종과는 다른 별도의 학파인 서명학파西明學派를 이루었다. 원측은 신라에 귀국하지 못했지만, 그가 당에 유학해 체계적으로 교학을 수학하고 구축한 독자적인 사상 경향은 신라에도 전파되어 신라 불교 사상의 발전에 지대한 영향을 미쳤다. 유학승이 비록 본국에 귀국하지 않더라도 국내외의 사상 진전에 이바지한 대표적인 면모를 원측을 통해 확인할 수 있다.

9세기 들어 도의道義 등의 본격적인 남종선南宗禪 수용으로 선종이 널리 성행하기 전에 신행神行은 8세기 중반 북종선北宗禪 계통의 선을 받아들여 지리산을 중심으로 활동했다. 그런데 무상無相(684~762)은 이보다 앞서 중국에서 독자적인 선풍을 펼쳤다.

신라 왕족으로 태어난 무상은 728년 당나라에 가서 장안(산시성 시안시의 옛 이름)에 머물다 쓰촨四川 지방으로 가 지선智詵에게서 선을 배우고, 수십 년 동안 마을을 떠나 수도에만 전념했던 처적處寂에게서 선과 두타행頭陀行을 익혔다. 처적은 무상이라는 이름을 지어주고, 무측천으로부터 받은 가사도 물려주었다. 가사의 전수는 선종에서 법을 전한다는 상징이다.

무상은 한번 좌선을 시작하면 며칠 동안 쉬지 않고 계속했고, 추운 겨울에도 바위에 앉아 잠을 자지 않고 수행했다고 한다. 그래서 맹수가 다가오자 옷을 벗고 맹수 앞에 누워 잡아먹기를 기다렸더니 맹수가 냄새만 맡은 뒤 그냥 가버렸다는 이적異跡도 전한다. 무상은 그 뒤에도 낮에는 무덤가에서 수행하고 밤에는 나무 밑에서 정진해 그를 존경하는 많은 사람들이 절을 지어 머물게 했다. 그의 명성이 높아지자 당나라 왕실에서 청하려 했으나 이를 시기한 현령縣令이 도리어 그를 잡아들이고자 했다. 그랬더니 현청에 돌과 모래를 동반한 바람이 몰아쳐 현령이 이를 사죄하자 마침내 멈추었다. 이를 계기로 현령은 그가 정중사淨衆寺 등 여러 절을 짓도록 도와주었다.

이런 신이한 행적을 자주 보여 대중 교화를 폭넓게 실현한 무상은 무념無念과 인성염불引聲念佛 등 독자적인 선풍을 제창해 정중종淨衆宗이라는 선종의 유파를 이루었다. 무상은 정중사를 중심으로 20여 년 동안 대중을 교화해 쓰촨 지방의 명찰이 되게 했으며, 그 문하에서는 선종 칠조로 인식될 만큼 인상적인 교화를 펼쳤다. 그의 선법은 정중사에서 그를 이어 활동했던 신회神會를 통해 계승되었고, 보당종保唐宗이라는 선풍을 선도한 무주無住는 무상의 계승자임을 표방했다. 심지어 무상의 선론은 티베트에까지 전파되었다(정성본, 1995, 97~117쪽).

이와 같은 무상의 활동은 신라에도 알려졌다. 9세기 말에 입당 구법 순례한 행적行寂은 정중사의 무상 영당을 참배하고, 같은 신라인인데 시대가 달라 가르침을 받지 못하고 그 자취만 찾게 됨을 한스럽게 여기기도 했다. 그래서 최치원은 지증대사비에서 중국에서 교화를 펼친

이로 상산 혜각常山慧覺과 함께 무상을 들었다(여성구, 1990, 23~26쪽).

9세기 초반에 남종선을 수용한 도의道義는 중앙에 활동 기반을 마련하지 못하고 설악산에 은거했으며, 곧이어 귀국한 홍척洪陟은 흥덕왕 때 왕실의 귀의를 받아 실상산문實相山門을 개창했다. 무상은 왕족 출신으로서 귀국하지 않고 서쪽 쓰촨 지방에서 전도에 전념했는데, 이는 무상이 신라의 후원과는 무관하게 지역 사회를 기반으로 활동해 독자적인 문호를 이루었음을 말한다.

무상과 다른 모습으로 대중 교화의 영역을 개척했던 이가 지장地藏(696~794)이다. 지장 또한 신라의 왕손으로 출가했다. 마음씨는 자애로웠으나 용모는 못생겼고, 천품이 빼어났으며 힘이 장사로 열 명을 당해낼 정도였다. 지장은 중국에 가서 각지를 돌아다니다 주화산九華山의 풍광을 보고 기뻐하며 거처를 마련하고 수행했다. 절벽의 석굴에서 쌀과 흙을 섞어 먹으며 수행하는 지장을 본 사람들은 힘을 모아 절을 지어 지장을 모셨고, 지장은 마을 사람들에게 불법을 일러주었다. 일대의 부자였던 민양화閔讓和와 아들 도명道明이 그의 설교에 감화되어 주화산을 불교 성지로 조성하고 절을 지어, 이 절이 화성사化城寺가 되었다. 신라에서도 그의 이름이 널리 알려져 큰 관심의 대상이 되었고, 그를 찾는 발길이 끊이지 않았다.

99세로 죽은 그의 시신을 제자들이 돌함에 안치했다가 3년이 지난 뒤에 보았더니, 얼굴은 살아 있는 것 같고 손마디가 소리 내며 흔들렸다고 한다. 그래서 그의 육신을 석탑 안으로 옮기고 육신전을 건립해 보호했다. 사람들은 그를 지장보살의 현신現身이라 믿었고, 김교각이란 이름 대신 김지장으로 불렀다고 한다. 이때부터 주화산은 지장도량이 되어 지장신앙의 터전을 이루었다.

이런 신앙에 덧붙여 지장이 중국에 갈 때 볍씨와 삽살개를 가져갔다는 전승이 생겨났다. 지장이 신라에서 벼 종자를 가져와 승려들을 동원해 벼농사를 지었으며, 서역에서 가져온 향차 등을 주화산에 심어 주화산의 특산품이 되도록 했다는 것이다. 이는 지장이 주화산 지역의 농업 발전에 힘을 기울여 민심을 모아 신앙의 구심점이 되었음을 말해 주는 설화라고 할 것이다. 원측의 유식과 무상의 선 등 중국의 새로운 불교 정착에 신라 출신 구법승들이 의미 있는 역할을 담당하며 활동했던 사례에 더해 지장은 신앙의 대중화를 선도했던 또 다른 면모를 보여준다.

구법의 발길은 불교의 본고장 인도에까지 이어졌다. 당의 의정이 인도에 구법한 승려 60여 명의 전기를 모은 『대당서역구법고승전』에는 우리나라 출신 승려 7인이 수록되어 있다. 그 대표적인 이가 아리야발마인데, 인도식 이름만 남긴 데서 그의 구법 의지를 엿볼 수 있다. 그는 당 태종 정관貞觀 연간(627~649)에 장안을 떠나 인도에 갔다. 의정의 구법전에 실린 신라 승려 4인이 모두 이즈음에 인도에 갔는데, 이때는 인도 구법승으로 첫손 꼽히는 현장이 인도에 다녀온 시기다. 아리야발마는 인도의 불교 성적聖跡을 두루 순례하고 당시 최대의 사원이었던 날란다사에서 계율과 논서를 익혔다. 그는 여러 불경을 서사해 본국으로 돌아가고자 했으나 뜻을 이루지 못하고, 70세에 인도에서 생을 마쳤다. 혜업과 현각은 정관 연중에 인도에 가서 순례행과 경전 수학을 하고는 그곳에서 생을 마쳤다. 현태는 영휘永徽 연간(650~655)에 티베트와 네팔 길로 인도에 가서 순례행을 하고 경론을 공부한 뒤 돌아오다 다시 인도에 갔다가 당에 돌아온 특이한 경력을 보였다. 신라 출신 인도 구법승 중에는 인도에 머물며 활동했던 이가 적지 않았던 것이다.

인도 구법 승려로 두드러진 자취를 남긴 이는 혜초慧超다. 700년경에 태어난 것으로 추정되는 혜초는 당에 가서 구도에 열중하다 인도에의 구법 여행을 실행했다. 그는 723년경에 중국 광저우廣州를 떠나 해로로 수마트라를 거쳐 인도 동해안에 상륙해 인도 각 지역의 유적을 순방하고, 육로로 중앙아시아 일대를 차례로 순례한 뒤 728년경에 당의 수도 장안에 돌아왔다.

혜초는 그가 돌아본 인도와 중앙아시아 일대의 여행 기록을 『왕오천축국전往五天竺國傳』으로 남겼다. 이 책에는 여행지와 소요 시간, 일반적인 정황과 불교 신앙을 비롯한 여러 풍습 등 다양한 내용이 담겨 있다. 혜초는 여느 구법승이 그랬듯이 수마트라 지역에서 일정 기간 체류하며 열대 기후도 익히고 현지어와 범어도 배웠다. 그리고 꼴까따 인근 서남방의 탐라립티를 통해 인도에 상륙했다. 동인도에서는 강가강(갠지즈강)과 야무나강 양안의 불적을 두루 순례했다. 바이샬리와 쿠시나가라, 바라나시 등 마가다 지방을 포함한 주요 불적을 순례한 그는 서쪽으로 2개월 걸려 중인도를 순례했다. 남쪽으로 3개월이 걸려 남인도에 이르고, 다시 서쪽으로 2개월이 걸려 아랍의 침입을 받던 서인도에 이르렀다. 북쪽으로 3개월 만에 펀자브 지방의 잘란다라에 이르고, 서쪽으로 1개월 가서 탁샤르(지금의 파키스탄 시알코트), 다시 1개월 만에 신드구자라트(지금의 펀치)에 이르렀으며, 15일 만에 카슈미르에 이르렀다. 카슈미르에서 서북으로 7일 만에 소발로르(지금의 길기트)에 이르고, 다시 카슈미르에서 1개월을 가 간다라(지금의 페샤와르)에 이르렀다. 여기서 북쪽으로 3일 만에 우디야나(지금의 스와트)에, 또 동북으로 15일 만에 쿠위(지금의 치트랄)에 이르렀다. 다시 간다라에서 서쪽으로 7일 만에 람파카(지금의 아프가니스탄 라그만)에 이르고, 그곳에서 8일 만에 카피시(지금의 카불)에 이르렀다. 여기서 서쪽으로 7일 걸려 자불리스탄(지금의 가즈니)에 이르고, 북쪽으로 7일 만에 바미얀에, 또 북쪽으로 20일을 더 가서 토하라에 이르렀다. 그곳에서 서쪽으로 1개월을 가서 페르시아 지역에 이르고, 거기서 북쪽으로 10일을 가서 아랍 지역에 이르렀다. 토하라에서 동쪽으로 7일을 가서 와한에 이르고, 보름을 더 가서 중국 영내인 파미르의 타슈쿠르간에 이르렀다. 이곳에서 1개월을 가서 캬슈가르에 이르고, 다시 1개월을 더 가서 727년 10월에 안서도호부가 있는 쿠차에 이르렀다. 마지막으로 고창과 둔황敦煌을 거쳐 장안으로 돌아온 것으로 추정된다(정병삼, 2005, 165~166쪽).

법현法顯의 『불국기佛國記』와 현장의 『대당서역기大唐西域記』에 비견되는 중요한 구법기 『왕오천축국전』은 국가의 정세, 자연 상태, 의복과 언어의 풍습, 물산과 식생, 생활 사정, 신앙, 불적과 불교 상황을 차례대로 서술한 풍부한 내용을 담고 있다. 여기서 언급한 36개 지역 중에서 26개 지역을 직접 순례했고, 10개 지역의 이야기는 전해들은 것으로 추정된다. 혜초는 특이하게 시를 여러 수 남겼는데, 이들 시는 순례 중 만났던 여러 난관을 헤쳐나가 순례의 서원을 완성하고자 하는 자신의 생생한 감정을 진솔하게 담아낸 것이었다. 『왕오천축국전』은 시와 산문이 어울려 이들 사이의 조직적인 구조를 통해 완벽한 짜임새를 이룬 독특한 구법기다. 산문은 자신의 경험보다 대상 지역의 제반 사항을 전반적으로 기술하는 데 치중해 사실적인 묘사가 적고 객관적인 기술에 충실했으며, 시는 고향에 대한 그리움이나 여정의 험난함을 걱정하는 정서적 표현과 개인적 체험을 잘 그려냈다.

혜초의 인도 순례에도 영향을 미친 것으로 추정되는 밀교密敎는 그의 평생의 활동 기반이었다. 혜초는 중국에 와서 활동한 인도의 밀교 고승 금강지金剛智로부터 733년에 천복사薦福寺에서 '대승유가금강오정오지존천비천수천발천만수실리보살비밀보제삼마지법'이라는 긴 이름의 밀교법을 전수받았다. 혜초는 이후 스승과 함께 지내다 740년에 칙명으로 스승과 함께 『대승유가금강성해만수실리천비천발경大乘瑜伽

金剛性海曼殊室利千臂千鉢經』을 번역했다. 혜초는 이 일에서 범본梵本 번역의 필수를 맡을 만큼 범어에 능통했다. 이후에도 밀교 수행에 전념했던 듯 혜초는 774년에 내도량內道場 사문으로 활동하며 국가 주관 기우제 행사를 맡기도 했다. 이해에 혜초는 대흥선사大興善寺에서 불공不空에게 다시 『만수실리천비천발경』의 내용을 묻고 정리한 뒤 이 경의 서문을 지어 대의를 서술했는데, 그가 파악한 이 핵심 대의는 이후 소개되는 이 경에 대한 해제의 모범을 이룰 만큼 교리에 밝은 면을 보였다. 혜초는 780년에 밀교 도량의 성지 오대산에 입산해 수행에 들어갔고, 이후 얼마 안 있어 입적한 것으로 추정된다(정병삼, 2005, 168~174쪽).

혜초는 중국 밀교의 대표적인 고승으로 꼽혔다. 불공을 이어 중국 밀교를 집대성한 혜과惠果와 함께 불공의 6대 제자로 꼽혔다. 혜초를 전후한 시기에 활동한 신라 밀교승들이 적지 않다. 혜초에 앞서 선무외善無畏에게서 밀교를 익히고 신라에 귀국해서 활동한 현초玄超, 의림義林, 불가사의不可思議가 있고, 혜과에게 공부한 혜일惠日과 오진悟眞과 균량均亮이 있다. 오진도 789년에 인도에 가서 범본을 구해 오던 도중 티베트에서 생을 마치고 말았다. 신라 밀교 승려들은 중국 신밀교 성립기부터 확립 유지기까지 지속적으로 밀교를 배워 중국에서 혹은 신라에 돌아와 교법을 폈는데, 그 정점에 인도 구법과 중국 밀교 고승으로 활동한 혜초가 있다.

3. 신라에 돌아와 활동한 구법승

구법승은 대부분 구법 후 본국에 돌아와 활동했다. 신라 중고기에는 진골 등 귀족 출신의 구법이 주류를 이루었다. 이들의 구법 활동은 신라 불교가 사상으로 성숙하는 데 큰 밑거름이 되었다.

남북조에서 수당 대로 변화하는 이 시기에 중국에서는 여러 승려가 활동하며 남북조 교학의 연구 성과를 종합하는 교학의 정리가 이루어졌다. 이 시기에 중국에서 열반과 성실, 섭론과 여래장 등 불교 사상을 익힌 원광圓光(554~637?)은 귀국해 수에 군대를 요청하는 글을 짓는 등 외교 활동에도 참여했고, 화랑 귀산貴山과 추항箒項의 요청에 따라 출가자가 아닌 일반인들의 윤리 덕목으로 세속오계를 정해주기도 했다.

자장慈藏은 진골 출신으로 고위 관직을 제의받았으나 출가를 결행한 이력을 가진 이다. 643년 8년 만에 당나라에서 귀국하며 삼장三藏 400여 함과 불사리를 갖고 왔다. 당시 중국에 전해진 불전 대부분을 포함하는 이 경전의 전래로 신라 교학은 풍성한 연구 토대를 갖게 되었다. 자장은 귀국한 뒤 섭론을 강의했고, 화엄에도 조예가 깊었다. 특히 중국 청량산에서 문수보살을 감응하고 귀국한 후 오대산을 문수의 주처로 설정해 신라 불국토신앙을 펼쳤다. 황룡사에서는 『보살계본』을 강의했으며, 통도사를 창건하고 계단戒壇을 쌓아 사람들을 득도하게 했다. 또 대국통의 지위를 부여받고 승단의 일체 규율을 관장해 교단을 정비했다. 자장은 선덕왕 대 신라 불교 교단의 정립을 이루었을 뿐만 아니라 불법과 깊은 연관을 맺는 국가 운영을 의도했다.

원광과 자장 등이 전수한 새로운 교학 사상은 신라 불교계에 소중한 기반이 되었을 것이다. 이들을 포함해 끊임없이 왕래하던 구법승들이 중국에 새로이 소개된 불전을 시차 없이 들여왔고, 이런 사상적 바탕과 불전 교류의 토대에서 역량을 키운 승려들은 불교 사상 전반에 걸쳐 폭넓은 이해를 가질 수 있었다. 7세기 불교 사상을 체계화해 독자적인 사상체계를 구축한 원효元曉의 성과는 이와 같은 문화적 토양에서 가능했던 것이다. 원효가 자신과 달리 당에 유학한 의상義相과 지속적인 교유를 갖고 새로운 불전을 수용해 사상체계를 정리해간 것도 구법승들이 가져다준 성과의 한 단면이다.

명랑明朗은 자장의 조카인 귀족 가문 출신이었다. 그 또한 당에 가서 불법을 익혀 돌아왔는데, 그 내용은 용궁에서 비법을 전해 받았다는 밀교였다. 명랑은 670년에 당군이 신라를 침공하자 낭산 남쪽 신유림에 임시로 절을 지어 유가 명승들과 함께 문두루文豆婁 비밀법을 설해 당군을 물리쳤다고 한다. 그 자리에 제대로 지은 절이 사천왕사四天王寺다. 병을 치료하고 재앙을 물리치는 밀교가 국가의 위난에 대처하는 국가 불교적인 면모를 보일 때 이를 선도한 것이 밀교를 전수해온 구법승이었다.

구법 활동으로 사상을 전수해 신라 불교의 위상을 확립한 대표적인 예는 의상義相(625~702)에게서 볼 수 있다. 의상은 진골 출신으로 20세를 전후해서 출가해 섭론, 지론 등의 다양한 교학을 탐구하는 데 열중했다. 교학 수련에 몰두하던 의상은 현장이 인도에서 들여온 신유식을 배우고자 원효와 함께 650년에 중국 유학길에 올랐다. 육로를 통해 중국에 들어가고자 하던 이들의 일차 행로는 고구려 국경에서 좌절되었다. 그러나 661년에 다시 중국 유학길에 나선 의상은 바닷길을 통해 당나라에 건너갔다. 이 시기 승려들의 유학에 대한 열망을 여기서 엿볼 수 있다. 유학을 희망했으나 도중에 돌아선 원효와 끝내 유학의 길을 택한 의상의 행적은 이 시기 유학승들의 지향과 관련해서 주목된다.

의상은 당에서 신라에서 익혔던 교학을 더욱 연마하고 당대의 교학을 집대성해 새로이 화엄을 정립하던 지엄智儼 문하에서 화엄을 배웠다. 의상은 지엄 화엄의 정수를 체득하고 668년에 화엄학의 진수를 체계화한 『일승법계도一乘法界圖』를 저술했다.

의상은 670년에 당에서 수학을 마치고 귀국했다. 이때 의상은 당군의 침공 정보를 가져왔다고 한다. 이 시기 신라는 백제와 고구려를 패망시키고 당과의 결전에 돌입해 있었다. 그러나 실제 의상의 귀국 동기는 복합적인 것으로 생각된다. 먼저 스승 지엄이 입적한 것이 가장 큰 요인이었을 것이다. 아울러 당의 대외국 승려 정책이 9년을 수학 기간으로 정했는데, 의상의 수학 기간이 일단 이에 해당한다. 그리고 당시 구법승들의 동태와 견주어보면 국가적 위난 정보와 연관되었을 가능성이 있다. 당군에 대한 정보는 의상이 가져왔지만, 그에 대한 대비는 밀교승 명랑에 의해 시행되었다.

의상은 676년에 태백산에 부석사浮石寺를 창건해 화엄 근본도량을 이루었다. 신라가 삼국통일을 완수한 이 시기는 사회 안정이 절실한 시점이었고, 의상의 교단 확립은 이와 관련된 의의를 갖는다. 의상은 이후 부석사 일대를 중심으로 많은 문도들과 함께 법계도를 강론하며 진지한 수행을 펼쳐 화엄종단을 이루었던 것이다.

의상은 입당 과정과 유학 과정, 그리고 귀국 후의 활동 등에서 구법승의 전형적인 면모를 보여준다. 당에 유학해 신진 교학의 정수를 익히고 귀국해서 이를 신라 교학계에 전수하고 연마시킴으로써 의상은 유학승으로서의 역할을 충실히 했다. 의상에 의해 창도된 신라 화엄종은 8세기 신라에서 가장 두드러진 활동을 보였다. 부석사를 중심으로 화엄학을 연마하며 지역적 기반을 넓혀가던 의상의 문도들은 8세기에 들어 더욱 활발하게 활동했는데, 이들 중에는 새로이 당에 유학해 교학을 연마한 이들도 있었다. 새로운 불교 사상을 익히고 전수해 신라 교학의 기틀을 확립한 의상의 경우는 구법승의 사상적 역할을 잘 보여주는 예다(정병삼, 2007, 68~69쪽).

교학과 나란히 불교의 주축을 이루는 선종의 수용과 정착 또한 구법승들의 활동을 여실하게 보여준다. 남종선의 본격적인 수용은 도의道義

로부터 비롯된다. 7세기 법랑法朗의 선 수용과 8세기 중반 중국에서의 무상의 활동이 있었으나 신라 사회에서 수용될 기반을 얻지는 못했다. 그러나 8세기 말 이후 왕권과 중앙 귀족의 각축이 전개되어 전 사회적 파장을 불러왔던 신라 사회의 변화를 혁신하려는 노력과 구법 선승들의 귀국으로 관심의 대상으로 떠오르기 시작했다. 784년에 도의가 당에 건너가 중국 선종의 형세를 크게 넓힌 마조馬祖의 제자 지장智藏에게서 법을 받았고, 이어 804년에 혜소慧昭, 814년에 혜철惠哲, 821년에 무염無染, 824년에 현욱玄昱, 825년에 도윤道允, 837년에 체징體澄 등이 연이어 당으로 건너갔다. 이들은 821년경에 최초로 귀국한 도의를 비롯해 홍척(826), 혜소(830), 현욱(837), 혜철(839), 체징(840)으로 이어지며 줄지어 귀국했고, 회창폐불會昌廢佛의 법난法難을 만나 무염(845), 범일梵日(846), 도윤(847) 등이 대거 귀국해 신라에 선을 크게 전파했다.

도의는 784년(선덕왕 5)에 사신을 따라 당에 들어갔다. 오대산에 들어가서 문수의 감응을 얻은 도의는 혜능慧能의 조사당祖師堂에 참배해 선법 계승 의지를 다지고, 홍주 개원사開元寺로 가서 지장 문하의 법을 이은 후 다시 회해懷海의 인가를 받아, 마조 문하 두 선사의 법을 계승했다.

40여 년 가까운 중국 구법 생활을 마친 도의는 헌덕왕 때인 821년경에 귀국해 선리禪理를 펴고자 했다. 그러나 아직 교학을 숭상하던 당시 사람들은 선종의 종지宗旨를 따르지 않았다. 왕경王京에서 교화 기반을 마련하지 못한 도의는 설악산에 은거하며 염거廉居에게 법을 전했고, 염거의 제자인 체징이 가지산문迦智山門을 개창함으로써 도의는 신라 선종의 초조初祖로 추앙되기에 이르렀다. 『조당집祖堂集』에 실린 도의 전기에서 육조六祖 영당影堂의 참배와 마조 문하의 인가를 강조한 것은 신라 선종 초조의 위상을 의식한 데서 나온 것이었다(정성본, 1995,

23~27쪽).

도의보다 조금 늦게 826년경에 귀국한 구법승 홍척은 흥덕왕의 귀의를 받을 만큼 왕실의 관심의 대상이 되어 지리산 기슭에 실상산문을 개창할 수 있었다. 그럼에도 후에 개창된 가지산문이 신라 남종선의 문호를 열고 도의가 신라 선의 종조로 추앙된 것은 체징의 비문에서 도의의 개창조로서의 공로가 명문화된 데서 비롯된다. 이는 체징의 활동과 가지산문의 위상 고양에 따라 도의의 입당 구법과 귀국 전도 활동이 본격적인 남종선을 내용으로 하는 신라 선의 문호를 열었다는 의의를 인정한 데서 나온 것이었다. 체징은 도의를 계승한 염거에게 수학했으나 다시 도당 유학해 선지식을 찾다가 신라 조사가 설한 것보다 나은 것이 없다는 판단에 따라 귀국해서 가지산문을 열었다. 선종 수용기 구법승들의 다양한 동태를 가지산문의 개창 연혁과 도의 현창顯彰 움직임에서 살펴볼 수 있다.

4. 신라 불교를 빛낸 구법승

구법승들의 활동은 신라 불교의 진전과 긴밀한 상관성을 갖는다. 불교 수용기에 본국의 열악한 사상적·교단적 불교 이해 기반은 중국 등 불교 선진 지역에 대한 구법이 불교 확대의 토대가 될 수밖에 없었다. 이에 기반을 둔 승려들의 구법 의지에 더해 왕실의 당 문화 수용 정책 또한 구법 활동을 촉진했다. 이에 따라 초기에는 안함이나 자장에서 보듯이 진골 귀족이 왕명에 의해 유학하는 사례가 두드러진다. 구법승들이 사신과 동행하는 경우가 많은 것도 같은 배경에서였다.

신라 불교가 정립된 중대가 되면 구법승들의 목표가 불교 사상을 수학하는 것으로 초점이 모아진다. 원측이나 의상 같은 문호 개창자들을 계승해 신라 불교에서 이미 상당한 사상적 축적을 이룬 유식이나 화엄 승려들 또한 신라에서의 수학 못지않게 도당 유학승으로서의 활동이 상당한 비중을 이룬다. 원측이 열었던 유식이나 선종의 무상, 밀교의 혜초의 경우와 같이 수용 초창기에는 신라에 귀국하지 않고 당에서 독자적인 활동 기반을 갖는 예를 볼 수 있다. 이후 구법승들은 이들 초기 선도자들과 직접 또는 간접적인 연관을 가지며 본격적인 수학과 귀국 후의 전파 활동을 보인 것이 보편적인 모습이다.

　구법승들의 수학 경향은 중국 불교계의 진행 경향과 나란히 한다. 7세기 유식 사상 성립기의 원측과 성행기의 신방神昉·승장勝莊·순경順璟·도증道證, 화엄 사상 정립기의 의상과 성행기의 표훈表訓·신림神琳, 밀교 성립기의 현초·의림 등과 발전기의 혜초·불가사의, 선종 형성기의 무상과 성행기의 도의 등이 이런 추세를 그대로 반영한다. 이는 중국 불교의 새로운 경향에 대한 관심에 더해 신라 불교의 경향을 주시하며 기존 교단의 보완과 새로운 사상의 수용이라는 신라 사회의 요구에 따라 이루어진 구법승들의 행적이라고 해야 할 것이다.

　구법 유학승들은 다양한 분야에서 활동을 펼쳤다. 구법 지역인 당에서 새로운 경전 번역 사업에 참여하고, 이들 경전의 홍포를 위한 연구와 저술 그리고 전도 활동에 진력하며 대체로 당에 머문 채 본국에 돌아오지 않았다. 당에서 손꼽히는 명망을 갖고 활동할 수 있는 기반이 조성된 것도 귀국을 소극적으로 고려했던 이유일 것이다. 원측이나 혜초 등이 대표적인 경우다.

　중앙에서 주로 활동한 이들의 경우와 달리 실천 수행을 강조하며 순례 활동에 전념한 두타승들도 있다. 파약波若이나 원표元表, 무루無漏, 도육道育 등이 이런 경우다. 또 지방 사회에서 신이한 능력과 봉사 활동으로 민심을 이끌어 이들의 지원으로 사원을 창건하고 제자들을 육성한 경우도 있다. 정중산의 무상無相과 주화산의 화신 지장地藏 등이 이 경우다(여성구, 2001, 14~29쪽).

이들의 주요 구법 대상 지역은 불교의 발상지인 인도를 포함한 서역과 중국이었다. 신라의 구법승들은 7세기 전반부터 인도의 여러 성지를 순례했으며, 중심 사원인 날란다사에서 유학하기도 했다. 이런 활동이 당의 의정이 『대당서역구법고승전』에 아리야발마 등 신라 구법승 7명의 전기를 수록하도록 했다. 혜초는 밀교 경전을 연구하고 금강지, 불공으로 이어지는 밀교의 전통을 확립하는 활동을 했으며, 인도 전역과 중앙아시아 여러 지역을 두루 여행하고, 그가 보고 들은 것을 기록해 『왕오천축국전』 3권을 지었다.

인도에 간 신라 구법승들의 목적은 중국에 수입되지 않은 범본 불전이나 이미 수입되었더라도 해석에 문제가 있는 원본을 구하고 불교 성지를 참배하는 것이었다. 신라의 인도 구법승들은 구법 과정의 험난한 여정으로 인해 십중팔구 고국으로 돌아오지 못했다. 중국에 간 신라승들은 대부분 본국으로 돌아왔는데, 이들 중에도 귀국하지 않고 중국에서 생을 마친 승려가 적지 않다. 원측, 신방, 지장, 무루, 무상, 혜초, 현초 등은 중국에 머물며 경전 번역이나 교리의 해석과 실천 등 중국 불교 발전에 크게 기여했다. 중국에서 구법을 마치고 돌아온 승려들은 대부분 신라에서 대대적인 환영을 받았고, 왕공귀족과 일반 백성들의 환대와 존경을 받아 널리 활동한 경우가 많았다. 신라에서의 입당 구법은 자신의 신앙과 학문적 성취뿐만 아니라 신라에서 사회적 존경을 아울러 획득할 수 있는 좋은 수단이었다. 그래서 대부분의 신라 구법승들은 고국으로 돌아왔다.

구법승들은 신라의 불교가 발전하는 데 기여했다. 신라 불교는 전래 초기에 주술적인 요소를 많이 가졌지만, 불교가 보편적인 신앙으로 인식되고 불교 사상이 본격적으로 소개되자 불교에 대한 보다 체계적인 이해가 필요했다. 이에 신라 왕실은 정책적으로 구법승을 중국에 보내 선진 불교를 배워 오게 했는데, 이들 구법승이 본국에 돌아올 때는 경전, 불상, 불사리 등을 가져와 신라 문화의 진전에 기여했다. 무엇보다 구법승들이 기여한 분야는 불교 사상의 발전이다. 구법승들이 익혀 온 새로운 사상의 흐름과 새로 소개된 불전佛典의 전수는 신라 승려들이 중국에 가지 않고도 가장 높은 수준의 불교 사상을 이해할 수 있는 기반을 제공했고, 이 바탕 위에서 독자적인 신라 불교 사상을 전개할 수 있었다. 원효가 바로 그 대표적인 예다.

신라를 중심으로 당과 일본의 불교는 전적을 통해 상호 교류했고, 불전의 활발한 교류로 인해 각국의 불교는 국제적인 성격으로 발전할 수 있었다. 구법승이 수용해온 중국의 선진 불교 사상은 신라 교학 불교의 기초가 되었다. 신라 승려의 저술도 당에 소개되었으니, 『십문화쟁론+門和諍論』·『기신론소起信論疏』·『화엄경소華嚴經疏』와 같은 원효의 저서 상당수가 당나라에 전해져 널리 읽혔다.

신라 승려들은 당나라 전역을 돌아다니며 선지식을 참문하고 성적을 순례했는데, 그들이 즐겨 찾아간 중국의 불교 성지로는 문수보살이 상주한다고 여겼던 오대산, 천태종의 본산인 국청사, 혜능의 사리탑이 있는 조계산, 수많은 사찰이 소재해 있던 종남산을 포함한 장안 일대를 비롯해 광범위한 지역이었다. 그들이 가르침을 받은 승려는 당시 중국 불교를 대표하던 고승 대덕大德을 망라했다.

구법승들의 활동은 본국의 불교를 발전시키는 데 그치지 않았다. 원측과 신방, 승장 등 다수의 신라 구법승은 현장을 비롯한 많은 역경승의 번역 작업에 적극적으로 참여해 중국 불교의 진전에 기여했다. 신라 구법승들은 일본 불교에도 영향을 끼쳐, 일본 진언종과 천태종의 개창과 발전에 기여했다. 다양한 활동을 보였던 구법승들은 동아시아의 불교가 번성하는 데 큰 역할을 했다.

:: 참고문헌

『대당서역구법고승전大唐西域求法高僧傳』

『삼국유사三國遺事』

『속고승전續高僧傳』

『송고승전宋高僧傳』

『조당집祖堂集』

권덕영, 2005, 『재당 신라인사회 연구』, 일조각.

김병곤, 2006, 「新羅 下代 求法僧들의 行蹟과 實狀」, 『佛教研究』 24, 한국불교연구원.

김상현, 2005, 「7·8세기 海東求法僧들의 중국에서의 活動과 意義」, 『佛教研究』 23, 한국불교연구원.

남동신, 1991, 「신라시대 불교와 중국유학승」, 『역사비평』 15, 역사비평사.

여성구, 1990, 「新羅 中代 留學僧의 地盤과 그 活動」, 『史學研究』 41, 한국사학회.

_____, 2001, 「統一期 在唐 留學僧의 活動과 思想」, 『北岳史論』 8, 북악사학회.

정병삼, 2005, 「혜초의 활동과 8세기 신라밀교」, 『한국고대사연구』 37, 한국고대사학회.

_____, 2007, 「신라 구법승의 구법과 전도」, 『佛教研究』 27, 한국불교연구원.

_____, 2009, 「세계로 열린 길: 왕오천축국전」, 『한국전통사상총서 10 문화』, 대한불교조계종.

정성본, 1995, 『新羅禪宗의 研究』, 민족사.

황유복黃有福·진경부陳景富, 권오철 옮김, 1995, 『韓-中 佛教文化 交流史』, 까치.

ભ

혜초慧超와 『왕오천축국전』의 연구

남동신(서울대학교 국사학과 교수)

1. 세기적 발견

『왕오천축국전往五天竺國傳』은 신라新羅 출신의 승려 혜초慧超(또는 惠超)
가 8세기 초에 인도와 서역西域의 불교 유적지를 순례하고 남긴 여행기
다. 최근 조사에 따르면, 3세기부터 11세기에 걸쳐 인도로 구법求法 여
행을 떠난 동아시아 출신은 대략 860명 정도 되는데, 혜초 바로 앞 시
대인 7세기에는 62명에 불과하며, 이들의 생환율은 30퍼센트 내외에
그쳤다고 한다(이주형, 2009, 13~39쪽). 그나마 살아 돌아온 인물 가운데
극소수만이 기록을 남겼는데, 그 가운데 일부만이 지금까지 전해질 수
있었으니, 그중의 하나가 바로 혜초의 『왕오천축국전』(이하 『혜초전』)인
것이다.

1200년 가까이 잊혀졌던『혜초전』은 1908년 3월 둔황敦煌 막고굴莫高窟에서 프랑스 출신의 동양학자 펠리오P'aul Pelliot(1878~1945)에 의해 발견됨으로써 비로소 세상에 알려졌다. 발견 당시의『혜초전』은 두루마리 형태의 부분권不分卷, 필사본筆寫本, 잔권殘卷으로 원래 문서의 후반부만이 남아 있었다. 남아 있는 분량에 버금가는 앞부분이 통째로 사라진 것으로 보아, 처음부터 앞부분이 유실된 상태에서 막고굴 제17굴(장경동藏經洞)에 넣어졌음을 짐작케 한다. 이처럼 전체의 절반 정도로 추정되는 앞부분이 유실되고 뒷부분도 일부 부식되어서, 유감스럽게도 제명題名과 찬자명撰者名 및 편찬 시기를 모두 알 수가 없었다. 그나마 다행스럽게도 놀라운 기억력과 중국 문헌에 대한 깊은 식견을 지녔던 펠리오가, 이것이 바로 혜림慧琳(737~820)의『일체경음의一切經音義』(이하『혜림음의慧琳音義』)에 인용된『혜초전』임을 확인할 수 있었다.

펠리오는 둔황에 가기 전인 1904년에 프랑스 극동학원의 기관지 EFEO에 발표한 글에서, 이미『혜림음의』에 인용된『혜초전』의 존재를 알고 있었고, 단지 그 실물을 보지 못했음을 아쉬워한 바 있었다. 그러던 차에 마침내 1908년 3월 장경동에서『혜초전』잔권을 발견한 것이다. 펠리오는 막고굴에 머물던 3월 26일 파리의 세나르M. Senart에게 장문의 편지를 보냈으며, 이 편지는 그해 하반기에 발간된 EFEO 제8권에 실렸다. 이 편지는 예상 밖의 엄청난 수확으로 긴장하고 흥분한 상태에서 쓰여졌는데, 그가 손에 넣은 잔권 상태의 두루마리 문서가『혜초전』임을 그 자리에서 알아챘음을 생생하게 전해준다.

그 유일무이한 두루마리 필사본은 현재 파리국립도서관에 소장되어 있다(문서번호 P.3532; 파리국립도서관 http://www.bnf.fr/fr/acc/x.accueil.html 참조). 지질은 담황갈색의 닥종이楮紙로, 아래와 윗부분이 약간씩 떨어져 나갔다. 세로 약 28.5센티미터, 가로 약 42센티미터의 종이를 가로로 연접했는데, 현존본은 9매를 연접한 것으로 총길이 358.6센티미터가량이 남아 있다. 필사본의 글씨는 행초行草로 쓰였으며, 행수와 글자수는 일정하지 않지만, 수리修理를 거친 현재 1행에 대략 26~28자씩 도합 227행이 남아 있다.

『혜초전』은 7세기 전반 인도 및 서역을 여행하면서 기록한 유일한 문헌이라는 점에서, 발견 직후부터 동서양의 관련 학자들이 깊은 관심을 갖고 연구하기 시작했으며, 한 세기가 흐른 지금까지 적지 않은 연구 성과가 축적되었다(고병익, 1959, 301~316쪽; 정수일, 2004, 44~54쪽). 그 결과 『혜초전』 자체에 대한 문헌학적인 이해는 물론이려니와, 『혜초전』의 내용 분석을 통한 7세기 전반 인도 및 서역에 대한 이해, 그리고 찬자撰者인 혜초의 행적―인도로의 순례행과 중국에서의 활동―과 사상에 대한 이해가 어느 정도 가능해졌다.

2. 100년간의 연구 성과

(1) 해외 학계

펠리오는 수천 권의 문서를 손에 넣은 직후 이를 파리로 보냈으며, 같은 해 5월 둔황을 출발해 시안西安과 베이징北京을 거쳐 그해 12월 프랑스 극동학원이 있는 베트남 하노이로 귀환했다. 그리고 이듬해 5월 다시 하노이를 떠나 그해 여름 베이징에 도착했으며, 전前해에 그가 둔황에서 가져간 막대한 문서 중 일부를 공개함으로써 전 세계의 학자들, 특히 베이징의 중국 학자들을 경악시켰다. 그중의 한 사람이 바로 뤄전위羅振玉였다.

뤄전위는 최초로 『혜초전』의 석문釋文을 작성하고 여기에 찰기札記

를 붙여서 1909년 10월『돈황석실유서敦煌石室遺書』제1책에 수록 발표
했다. 이듬해 중국에 머물던 일본 학자 후지타 도요하치藤田豊八가 뤄전
위의 견해를 바탕으로 자신이 고증한 결과를 베이징에서 한문으로 간
행하고, 이를 이듬해인 1911년 도쿄에서 재판再版한 것이『왕오천축국
전전석往五天竺國傳箋釋』이다. 이것은 1915년 다카쿠스 준지로高楠順次郎
의 교정을 거쳐『대일본불교전서大日本佛教全書』권13 유방전총서遊方傳
叢書 1에 재수록되었다. 다카쿠스는 같은 해에 처음으로 혜초의 국적이
신라이며, 그가 8세기 장안長安에서 활동한 밀교 승려 불공금강不空金剛
(Amoghavajra, 705~774)의 6대 제자임을 밝히고, 아울러 그의 간략한 연
보를 제시했다. 1934년에 오타니 쇼신大谷勝眞은『혜초전』의 성격이 사
록본寫錄本이라는 새로운 연구 결과를 발표하면서, 그의 생애와 관련해
722년 30세를 전후해 남해南海에서 인도로 출발했으며, 729~730년 무
렵 장안으로 귀환했다고 최초로 추정했다.

『혜초전』연구에 필수적인 영인본影印本은 1926년에 가서야 펠리오
와 하네다 도오루羽田亨의 공동 작업에 의해『돈황유서敦煌遺書』제1집
에 수록 간행되었다. 펠리오와 하네다의 영인본은 수리하기 이전 상태
인데, 제16·17행은 실은 각각 제14·15행의 하단부에 해당한다. 이러
한 문제를 일부 교정해 1927년『대정신수대장경大正新修大藏經』권51에
수록 공간했다.

석문과 영인에 뒤이어 1939년 발터 푹스Walter Fuchs에 의해 독일어
로 번역되었다. 1938년 베이징에 머물던 푹스는『대일본불교전서』에
수록된『혜초전』을 저본으로 기존의 여러 석문과 관련 논문을 참조해
새로운 석문을 작성하고 독일어로 역주했으며, 이를 프러시아 학사원
철학·역사부 보고에 게재했다가, 이듬해 이를 별쇄로 간행한 것이다.
아울러 그는 오타니의 추정을 받아들여, 대략 723년 30세 무렵에 혜초

가 인도로 출발해서 729년경 귀환한 것으로 어림해두었다. 이 번역은 전체 행수를 228행으로 보는 등 오류도 있지만, 당시까지의 연구 성과를 비교적 충실히 반영한 최초의 현대어 번역이라는 점에서 의의가 있다. 1941년 하네다 도오루는 폭스가 보내준 별쇄본과 선행본들을 대교對校해 오사誤寫를 정정한 새로운 석문을 발표할 수 있었다. 후술하듯이 최초의 한국어 번역본도 폭스 번역본에 크게 도움받은 것이었다.

일본 학계에서 비교적 일찍부터 『혜초전』에 관심을 갖고 연구했음에도, 일본어 번역은 의외로 늦어서 1971년에야 사다카다 아키라定方晟에 의해 출간되었는데, 그나마 기왕의 연구 성과를 제대로 반영하지 않았다는 비판도 있다. 1984년에는 네 명의 학자(Yang, Han-Sung·Jan, Yün-hua·Ilda Shotaro·Laurence W. Preston)에 의해 최초의 영어 번역본이 출판되었다. 이 영역본은 따로따로 진행되고 있던 양한승梁翰承과 란윈화冉雲華의 영역 작업을 통합한 것이다. 영역 외에도 지도, 각주, 원문 영인, 교감 및 색인을 제시해 학자들이 이용하기에 유용하다.

이들 연구 성과를 집대성하면서 새로운 검토 결과를 제시한 성과가 바로 쿠와야마 쇼신桑山正進 편, 『혜초왕오천축국전연구慧超往五天竺國傳研究』다. 이 책은 간단한 연구사에 이어 석문, 일어 역문, 역주, 2편의 연구 논문, 참고문헌, 색인 및 도판을 갖추고 있다. 그중에서도 치밀한 고증과 전문적인 주석, 그리고 풍부한 도판 자료는 『혜초전』 연구에 한 획을 그었다고 평할 만하다. 특히 이 책에 수록된 글에서 다카다 도키오高田時雄는 『혜림음의』에 인용된 『혜초전』을 정본正本, 펠리오가 발견한 『혜초전』을 초고본草稿本이라고 구분했는데, 이는 향후 연구에 중요한 방향을 제시한 의의가 있다. 다만 유감스럽게도, 쿠와야마가 스스로 인정했듯이 한국 학자들의 연구 성과는 전혀 언급하지 않았다.

2000년을 전후해 중국 학자들도 관심을 갖고 연구 성과를 내기 시작했다. 그중에서도 대표적인 연구로는 장이張毅가 전석箋釋한, 『왕오천축국전전석往五天竺國傳箋釋』을 들 수 있다.

(2) 국내 학계

혜초가 신라인이라는 사실이 알려지면서 한국에서는 늦어도 1919년 무렵부터 혜초와 『혜초전』에 관심을 갖는 글이 발표되기 시작했다. 물론 당시는 일제강점기라는 특수한 사정 때문에 민족주의적 관심을 표방하는 수준에 머물렀으며, 본격적인 연구는 해방 이후에야 가능했다. 그런 가운데 최남선이 1943년 『신정삼국유사新訂三國遺事』를 간행하면서 부록으로 「혜초왕오천축국전慧超往五天竺國傳」(殘文)을 첨부하고 해제를 곁들인 것은 주목할 만하다. 여기에 실린 『혜초전』은 『대일본불교전서』 권13 유방전총서 1에 수록된 후지타의 석문을 거의 그대로 따랐으며, 해제에서는 다카쿠스의 견해를 수용했는데 부분적으로 오해한 것도 보인다. 예컨대 혜초를 성덕왕聖德王 대의 승려로서 약관의 나이에 당唐으로 건너갔다고 한 것과, 당에서 금강지金剛智(Vajrabodhi, 669~741)를 만난 것이 인도 구법의 동기가 된 것처럼 기술한 부분은 명백한 착오인데, 지금도 이를 무비판적으로 취신取信하는 연구자들이 있다.

　한국 학자들 가운데는 단연 고병익高柄翊의 일련의 연구 성과가 돋보인다. 특히 그가 1959년에 발표한 「혜초왕오천축국전연구사략慧超往五天竺國傳研究史略」은 반세기가 흐른 지금도 고전적인 연구로서 필히 참조해야 할 만큼 높은 학문적 가치를 지닌다. 매우 열악한 학문적 환경 속에서도 국내외의 모든 연구 성과를 망라해 학술사적인 검토를 함으로써, 당시 황무지 상태나 다름없던 한국 학자들의 인식 수준을 일거에 국제적 수준으로 끌어올렸다. 그는 이 작업을 시작으로 향후 40년에 걸쳐 『혜초전』 연구에 헌신했으며, 1983년에는 KBS와 함께 6개월에 걸쳐 혜초의 여정을 실지 답사하고 그 결과물을 단행본과 영상물로 발표하기도 했다.

이처럼 한국 학계는 연구는 비록 뒤늦게 시작했지만, 현대어 번역은 오히려 일본이나 중국보다 일렀다. 최초의 한국어 번역은 양한승에 의해 1961년『왕오천축국전: 혜초기행문往五天竺國傳: 慧超紀行文』으로 간행되었다. 예일대 유학생 출신인 양한승은 푹스의 독일어 번역본을 참조했으며, 현대 인도의 문화상을 보여주는 사진 자료도 첨부했다. 독자적인 연구에 근거한 번역이 아니라는 아쉬움은 있지만, 최초의 한국어 번역이라는 점에서 의미가 있다. 앞서 언급했듯이, 그가 1984년 란원화와 공역한 영역본은 이 연장선에 있다.

1970년에는 이석호李錫浩의 새로운 번역본이 출간되었다. 이 번역본은 학술적 가치에도 불구하고 작은 문고본이어서 그다지 주목받지 못했는데, 해설·번역문·100개의 후주·석문·참고문헌·지도·색인 등의 체재를 골고루 갖추고 있다. 더욱이 1970년 당시의 국내 연구 수준이라든가 역자가 중국 문학 전공자임을 감안하면, 이 번역본의 학술사적 가치는 실로 주목할 만하다. 다만 해설에서 "혜초는 신라의 중으로 704년에 신라에서 태어났다. 719년 그의 나이 16세 때 중국 광저우廣州에서 인도의 중 금강지와 불공을 만나 금강지를 사사하다가, 금강지의 권유로 723년경 약관에 인도로 구도 여행을 떠났다"라고 한 것은, 다카쿠스가 작성한 「혜초재당연표慧超在唐年表」에서 혜초의 스승인 금강지 관련 사항을 혜초의 것으로 혼동한 때문이다. 한편 북한에서도 정열모鄭烈模가『혜초전』을 번역했다고 알려져 있지만, 유감스럽게도 아직 국내에는 그 전모가 알려지지 않았다.

1984년에는『혜초전』이『한국불교전서韓國佛敎全書』제3책에 수록 발간되었다. 그런데 1927년에 편찬된『대정신수대장경』의『혜초전』을 저본으로 했기 때문에, 그 뒤 국내외 학계에서 이루어진 새로운 연구 성과는 전혀 반영하지 못한 한계가 있다. 독자적인 석문을 제시하기 위해서는 파리국립도서관에 소장된 유일본『혜초전』조사가 필수적이었다. 1987년 마침내 문화재관리국에서 직접 촬영하고 고병익의 해제를 첨부해『왕오천축국전해제往五天竺國傳解題』(影印本·解題本)를 발행한 것은 이러한 국내 학계의 요구에 부응하는 것이었다.

1992년 2월 문화관광부는 혜초를 '이 달의 문화 인물'로 지정하고, 이를 기념하는 학술 세미나를 개최했다.『혜초스님 기념 학술세미나 자료집』은 발표 자료집인데, 여기에는 3편의 연구 논문과 원문 영인, 석문, 번역문을 수록했다. 특히『일체경음의』영인본과 연구 문헌 목록을 함께 수록함으로써 연구자들에게 편의를 제공하고 있다.

한편 2004년 정수일이 역주한『혜초의 왕오천축국전』은 기왕의 국내외 연구 성과 ― 그중에서도 특히 쿠와야마가 편집한『혜초왕오천축국전연구慧超往五天竺國傳研究』― 를 참조해 집성한 결과물이다. 이 책에는 '혜초의 서역 기행 노정도'를 비롯한 생생한 컬러 도판, 해설, 석문, 한글 번역과 풍부한 주석, 원문(영인본), 연표는 물론『혜림음의』에 인용된『혜초전』(영인본)도 아울러 수록되어『혜초전』을 이해하는 데 많은 도움을 준다. 다만 아쉽게도 선학들의 오류가 미처 바로잡히지 않은 곳도 더러 보인다. 예컨대 "그가 719년 무렵 열여섯 살 때 당나라에 들어갔다고 전하니 그의 출생년은 704년일 가능성이 크다. …… 그는 입당 후 광저우廣州에서 천축 밀교승 금강지와 금강지의 제자인 불공을 만나 금강지를 사사했다(31~33쪽)"는 앞서 언급했듯이 착오임이 분명하다.

혜초의 생년 및 구법 동기에 대한 이러한 착오는 국내 학계에서 원본 자체에 대한 문헌학적 조사라든가, 연구 성과에 대한 학설사적 검토가 미흡했음을 반영한다. 다행스럽게도 최근에 펠리오가 발견한『혜초전』의 성격이라든가, 혜초의 구법 동기, 혜초의 생애와 사상 등에 대한 새로운 성과가 속속 발표되기 시작했다. 또한 자료 자체의 신빙성 문제가 있기는 하지만, 혜초와 관련한 새로운 자료가 해외 학계에서 보고된 바도 있다.

3. 세 가지 텍스트와 가치

(1) 세 가지 텍스트

일반적으로 연구자들이『왕오천축국전』이라고 통칭하지만, 엄밀히 말하자면 서로 다른 텍스트가 세 가지 있다. 이를 구분하기 위해 '펠리오가 발견한'이라든가, '『일체경음의』에 인용된'이라는 식의 수식어를 앞에 붙이기도 하는데, 그 자체가 번잡할 뿐 아니라 연구의 편의를 위해서도 간명한 용어로 통일시킬 필요가 있다.

첫째는, 펠리오가 1908년 둔황 천불동의 문서 더미 속에서 찾아낸『왕오천축국전』(파리국립도서관 소장)이다. 이 고문헌에 대해서는 발견 장소의 이름을 따라 '둔황본'이라 부르기도 하며, 발견자의 이름 내지 현 소장처의 이름을 따라 '펠리오본' 혹은 '파리도서관본'이라도 부를 수 있는데, 연구의 편의상 '『혜초전A』'로 지칭하고자 한다.

둘째는, 혜림의『일체경음의』(이하『혜림음의』)에 인용된『혜초전』이다.『혜림음의』는 일종의 불교 어휘 사전으로서 권100에는『혜초전』으로부터 총 85조의 어휘가 인용되어 있다. 이것은 별도의 문헌이 아니라 인용된 어휘의 집합에 불과한데,『혜초전』 연구에서 없어서는 안 될 중요한 자료다. 이를 잠정적으로 '『혜초전B』'라 부를 수 있겠다.『혜초전B』를 포함해 『혜초전』을 언급한 문헌은 오직 『혜림음의』뿐이다.

셋째는, 『혜초전B』의 출전出典으로서의 『혜초전』이다. 지금까지는 혜림이 직접 본 『혜초전』과 『혜림음의』에 인용된 『혜초전』(『혜초전B』)을 구분하지 않았지만, 양자가 전혀 별개의 텍스트임은 두말할 나위가 없다. 그래서 혜림이 실견實見한 『혜초전』을 『혜초전A』나 『혜초전B』와 구분해 '『혜초전C』'라고 명명하고자 한다. 유감스럽게도 '『혜초전C』'는 일찍 유실되어서 그것이 3권본이라는 사실 외에는 전혀 알려진 바가 없다. 언젠가 그 원본이 발견되기를 기대해본다.

(2) 『혜초전A』와 『혜초전B』의 비교

이상과 같이 『혜초전』을 세 가지 텍스트로 분류한 다음, 상호 비교 검토함으로써 텍스트 상호간의 상관관계와 사료적 가치를 좀 더 분명히 드러낼 수 있을 것이다.

『혜초전A』의 발견 직후부터 지금까지, 펠리오에서 정수일에 이르기까지 대부분의 연구자들은 『혜초전A』와 『혜초전B』를 비교해 분석하는 방법을 취해왔다. 사실상 『혜초전A』의 연구에서 『혜림음의』가 차지하는 비중은 가히 절대적이라 말할 수 있다. 마치 거울에 비친 그림자와도 같아서 양자는 불가분리에 있다고 하겠다. 따라서 『혜초전C』가 전하지 않는 현재로서는 『혜초전A』와 『혜초전B』만을 비교하는 방법은 차선책이라 할 수 있다.

연구자들은 다음의 〈표 1〉에서 정리했듯이, 두 텍스트의 어휘를 비교함으로써 『혜초전A』의 사료적 성격을 파악하고자 했다. 펠리오가 애초에 『혜초전A』를 보자마자 그것이 일실逸失된 것으로 알려진 『혜초전』임을 간파할 수 있었던 것도, 『혜초전A』에 등장하는 어휘가 『혜초전B』에 보이는 어휘와 일치함을 확인했기 때문이다.

1909년 뤄전위는 두 문헌을 비교한 다음 일치하는 어휘가 모두 15조라고 발표했는데, 그중 11조만 제시했을 뿐 나머지 4조는 언급하지 않았다. 11조 가운데 최초로 든 '나형국裸形國'에 대응하는 어휘가 『혜초전A』의 제1행에 보이는 '나형裸形'이라고 간주한 것은 나중에 착오임이 밝혀졌다. 『혜초전B』 권중卷中에서 제일 먼저 인용된 나형국은 지명을 의미하는 반면, 『혜초전A』의 나형은 자이나교 승려들 가운데 나체파와 관계가 있으며, 불교 문헌에 종종 보이는 니건자尼乾子(Ajivika)에 해당한다.

1934년 오타니는 이러한 차이점을 지적하면서, 뤄전위의 리스트를 수정 보완해 도합 17조가 합치된다고 주장했다. 그런데 오타니 역시 17조의 전체 리스트를 다 제시하지는 않았다. 또한 그가 언급한 아술가阿戌笴, 삽두揷頭, 퇴훼頹毁의 3조는 개연성은 있지만 확인이 불가능하며, 일담一毯과 모갈毛褐이 각각 모담毛毯과 전갈氈褐일지도 모른다는 추정은 그야말로 추정에 불과했다. 이러한 미흡함에도 불구하고 오오타니가 전사傳寫되는 과정에서 오기誤記, 서환書換, 오탈誤脫의 가능성을 지적한 것은 향후 연구자들에게 시사하는 바 컸다.

두 문헌의 어휘 비교는 오타니 이후 한동안 후속 연구가 없다가 1992년 다카다 도키오에 의해 진전을 보았다. 그는 오타니의 리스트를 수정 보완해 17조를 새롭게 작성했다. 그는 전체 리스트와 아울러 어휘가 나오는 『혜초전A』의 행수行數를 제시하면서, 단 하나의 예외를 제외한 나머지 16조의 순서가 합치된다고 주장했다. 다카다 도키오의 리스트는 구체적인 출전을 행수까지 밝혔기 때문에, 이후 대부분의 연구자들이 이를 수용했다. 다만 『혜초전B』의 교개磽磕를 『혜초전A』 제114행의 초올憔杌에 대응시킨 것은 문맥상의 위치로는 타당하지만, 어휘 자체의 뜻은 전혀 다르다.

두 문헌의 어휘 비교와 관련해서 한국 학계에서는 김상영과 정수일이 간단히 언급한 정도다. 김상영은 다카다 도키오의 리스트에서 초올 憔杌=교개磽磕를 뺀 16조의 리스트를 제시했으며, 최근 이 문제를 검토한 정수일은 김상영의 16조설에 다시 나형裸形(제1행)을 추가하고, 아울러 행수를 밝힌 17조설을 주장했다. 그러나 앞서 오타니가 지적했듯이, 고유명사인 나형국을 보통명사인 나형과 동일시하는 데는 무리한 감이 있다. 결국 다카다 도키오 이후 리스트에서 새로운 어휘를 추가한 진전된 연구는 아직 이루어지지 않았다. 다만 정수일이 두 문헌의 어휘 순서가 반드시 일치하는 것은 아니라고 한 지적은 경청할 만하다.

선학들이 지적한 전사傳寫 과정에서의 오기, 바꿔 쓰기, 오탈 및 순서의 불합치 현상을 고려하면서, 기왕의 리스트를 수정 보완한 19조를 〈표 1〉과 같이 제시하고자 한다. 추가된 어휘를 보면, 우선 일담—毯(2)은 제89행 이후에 용례가 몇 차례 보이는 모담毛毯과 같은 것으로 보인다. 모갈毛褐(3)도 순서는 맞지 않지만, 제108행 이후에 몇 차례 용례가 확인된다. 전장氈裝(10) 역시 제106행 이후에 몇 차례 등장하는 전장氈帳에 대응한다. 이정頤貞(17)은 제217행에 보이는 안서절도대사조군安西節度大使趙君임이 분명하다. 덧붙이자면 19개조 가운데 약 40퍼센트인 5개조는 순서가 일치하지 않는다. 이것은 혜림이 『일체경음의』에 인용할 때 교란되었을 가능성도 있고, 『혜초전A』와 『혜초전C』가 처음부터 서로 달랐을 가능성도 있다.

(3) 『혜초전A』의 자료적 가치

『혜초전A』의 성격을 둘러싸고 학계의 설은 크게 세 가지로 나뉜다. 먼저 절략본설節略本說은 뤄전위가 처음 주장한 이래 초기 연구자들이 이 견해를 수용했으며, 최근에는 정수일이 계승하고 있다. 그 근거로 『혜

〈표 1〉 『혜초전A』와 『혜초전B』의 어휘 비교

『혜초전B』		『혜초전A』				
		羅振玉	大谷勝眞	高田時雄	南東信	No
卷上	閣葭, 撥帝, 葛斡都, 洪流, 鬈鬙, 抄掠, 屯㞾, 迴路, 翩翩, 杳杳, 掛錫, 盼長路, 撩亂, 山岰, 悾傯, 牙嫩, 參差, 邀祈, 恰如, 輨芥, 崎嶇, 槍矟, 麚鹿, 玳瑁, 龜鼈, 迸水, 礙然, 渤澥, 溢穹蒼, 走鼠, 蠹鼄, 椰子漿, 木栅, 杆欄, 錐頭, 壓舶, 抛打, 峻滑, 聒地 * 이상 39조					
卷中	裸形國, 摘笴國, 吠曬, 杖撥, 迄乎, 跣足, 鶴口路, 自撲, 墳壙, 手搯, 波羅疿斯, 阿戌笴, 挿頭, 類毀, 淼淼, 一毬, 毛褐, 土堝 * 이상 18조	裸形國 彼羅疿斯	彼羅疿斯 (阿戌笴) (挿頭) (類毀)	彼羅疿斯(10)	彼羅疿斯(10)	1
			一毬=毛毬?		毛毬(89)=一毬	2
		毛褐	毛褐=氎褐?	毛褐(108)	毛褐(108)	3
		土堝	土堝	土堝(28)	土堝(28)	4
卷下	婆簸慈, 犂牛, 牙嚼蟣虱, 磽磝, 作儜, 手磋, 餧五夜叉, 盜捻, 抛身, 靉靆, 謝颺, 殣穢, 氎裝, 匙箸, 胡荽, 播蔞, 峭巇, 擘地裂, 瀑布, 頤貞, 張莫㬎, 迦師佶黎, 薺苨, 冈沙, 剋捷, 明憚, 姓麯, 邵子明 * 이상 28조	婆簸慈 猫牛 多愛喫虱	婆簸慈	婆簸慈(103)	婆簸慈(103)	5
				猫牛(107)	猫牛(107)	6
				蟣虱(111)	蟣虱(111)	7
				憔杌(114)=磽磝		
				餧五夜叉(130)	餧五野叉(130)	8
		謝颺		謝颺(147)	謝颺(147)	9
					氎帳(106)=氎裝	10
				匙筯(171)	匙筯(171)	11
		胡蜜		胡蜜(193)	胡蜜(193)	12
		播蜜		播蜜(198)	播蜜(198)	13
				峭巇(195)	峭巇(195)	14
				擘地裂(196)	擘地裂(196)	15
				爆布(197)	爆布(197)	16
					趙君(217)=頤貞	17
		伽師祇離		伽師祇離(212)	伽師祇離(212)	18
				明憚(220)	明憚(220)	19
합	85조	15조 (4조 미상)	17조 (9조 미상)	17조	19조	

* 굵은 글씨는 『혜초전A』와 『혜초전B』에 겹치는 단어임.
** 괄호 안은 행수를 나타냄.

초전A』가 불분권不分卷인 데 반해 『혜초전B』가 3권본인 점, 후자의 어휘 85조 가운데 일부만이 전자에서 확인된다는 점 등을 들었다. 나중에 오타니는 합치되는 어휘를 더 찾고 그 순서가 대부분 일치함을 근거로 사록본설寫錄本說을 적극 개진했다.

절략본설과 사록본설은 『혜초전B』— 실은 『혜초전C』—가 먼저 성립한 다음, 이를 토대로 나중에 『혜초전A』가 출현했다고 전제한다는 점에서는 서로 일치한다. 그러나 어휘를 비교해보면 그러한 전제가 과연 타당한 것인가 하는 의문이 든다. 다카다 도키오가 언어학적인 접근을 통해 실증했듯이, 『혜초전A』는 한문漢文에 익숙하지 않은 이국異國 출신의 젊은 승려가 지은 문장이기에 문법과 용례에 어색한 감이 있어서, 오히려 『혜초전A』가 『혜초전B』와 『혜초전C』에 선행하는 초고본草稿本으로 보아야 한다는 결론을 내렸다. 이 견해에 김상영도 기본적으로 공감했다. 어휘에 있어서 폭포爆布→폭포瀑布와 같이 『혜초전A』→ 『혜초전B』로 수정했다든가, 수차手磋·애체靉靆 등의 몇몇 어휘를 추가한 정황이 있다는 점에서, 현재로서는 다카다 도키오가 최초로 주장한 초고본설草稿本說이 가장 설득력이 있다.

초고본설에 따르면 세 텍스트 중에서 불분권의 두루마리 필사본인 『혜초전A』가 가장 먼저 찬술되고, 이어서 『혜초전A』의 어휘와 내용 및 체재를 수정 보완한 다음 3권으로 분권한 『혜초전C』가 완성되고, 마지막으로 『혜초전C』를 인용하는 형식으로 『혜초전B』가 성립된 것이다. 그런데 유감스럽게도 정고본定稿本에 해당하는 『혜초전C』가 일실되었으며, 그 잔영殘影에 해당하는 『혜초전B』만 가까스로 전해지다가, 펠리오가 100년 전 『혜초전B』를 근거로 가장 오래된 『혜초전A』를 발견한 것이다.

『혜초전A』는 이국 출신의 젊은 승려가 지은 초고본이기 때문에, 문법과 어휘에서 미숙함과 오류가 불가피했다. 단 그럼에도 이 여행기는 현장玄奘과 의정義淨 이후 인도와 서역에 관한 최신 정보를 전하는 문헌이라는 점에서, 그 자료적 가치는 높이 평가받는다.

『혜초전A』가 작성된 시기는 일러도 혜초가 쿠차龜玆에 도착한 727년 11월 이후여야 될 것이다. 그리고 그 하한은 현종玄宗의 칙명을 받아 장안 천복사薦福寺에서 금강지를 도와 번역에 착수한 740년 이전일 것이다. 초고본 찬술의 시기 및 장소와 관련해 흥미로운 구절은, 『혜초전A』 제217행의 "개원십오년십일월상순도안서우시절도대사조군開元十五年十一月上旬到安西于時節度大使趙君"이다. 혜초가 안서사진安西四鎭에 도착했을 때의 절도사를 '조군趙君'이라고만 해, 성씨에 존칭어를 붙였을 뿐 이름은 거명하지 않았다. 다행히 『혜초전B』에서 "이정, 상음이 인명 안서절도사頤貞, 上音夷 人名 安西節度使"라고 한 것으로 보건대, 지금은 전하지 않는 『혜초전C』에는 안서절도사의 성과 이름이 모두 적혀 있었음을 알 수 있다.

안서사진절도사安西四鎭節度使는 늦어도 718년부터 사료상에 등장한다. 외국 승려인 혜초가 인도와 서역을 거쳐 당의 영역으로 들어왔을 때, 접경지대인 안서사진을 관할하던 절도대사節度大使 조이정趙頤貞에게 올리기 위한 일종의 입경入境 보고서로 『혜초본A』가 찬술되었으리라 짐작된다. 『구당서舊唐書』에 따르면, 조이정은 혜초가 안서도호부로 귀환한 이듬해인 728년 봄까지만 하더라도 '안서부도호安西副都護'였는데, 그 직후에 상급자인 두섬杜暹이 중앙 관료로 전출 가면서 도호都護로 승진한 것으로 보인다(『구당서』 권8, 본기本紀8 현종玄宗 이융기李隆基 상上 개원開元 16년 춘春; 『구당서』 권194 하下, 열전列傳144 하 돌궐突厥 하 소록蘇祿). 이상의 검토를 종합하면, 둔황에서 발견된 필사본 『왕오천축국전』(즉 『혜초전A』)은 이르면 727년 11월 상순, 늦어도 728년 초에 안서사진 절도사에게 입경 보고서로 제출된 것으로 추정할 수 있다.

한편 정고본에 해당하는 『혜초전C』의 성립은 혜림이 『일체경음의』

100권의 대작을 완성하기 전이어야 한다. 경심景審이 지은 「일체경음의서一切經音義序」에 따르면, 혜림은 건중建中 말년末年(783)에 시작해 원화元和 12년(817) 2월 장안 서명사西明寺에서 작업을 마쳤다고 한다. 그런데 혜초는 장안에서 활동하다가 780년 오대산으로 들어가 그곳에서 입적했으므로, 늦어도 780년까지는 3권으로 된 『혜초전C』가 성립되었을 것이다.

4. 『혜초전』의 전승 및 『혜림음의』와의 관계

초고본과 정고본을 막론하고 『혜초전』이 유통된 흔적은 전혀 찾아볼 수 없다. 오직 혜림만이 『일체경음의』에서 『혜초전』의 어휘를 인용하고 주석한 것이 전부다. 말하자면 『혜림음의』를 통해서 『혜초전』은 그 존재를 후세에 알릴 수 있었던 것이다. 혜초와 혜림은 한 세대 차이가 나지만, 북인도(혹은 스리랑카) 출신의 불공 밑에서 밀교密敎를 함께 배운 선후배 관계였다. 혜림은 서역의 소륵疎勒(Kaxgar, Kashi) 출신인데, 혜초는 혜림이 태어나기 꼭 10년 전에 이곳—『혜초전A』의 가사기리伽師祇離, 『혜초전B』의 가사길려迦師佶黎—을 경유해 당으로 들어갔다. 국제적 문화가 만개한 당 제국의 중심 장안에서 활동하던 이역異域 출신의 불공과 혜초와 혜림 사이에는 특별한 유대감이 있었을 것이며, 어쩌면 그러한 기연奇緣이 혜림으로 하여금 『일체경음의』에서 대선배인 혜초의 『왕오천축국전』을 특별히 인용하게 했는지도 모르겠다.

1908년 펠리오가 둔황 막고굴의 산더미처럼 쌓인 문서 속에서 『혜초전』을 찾아낸 것은 그야말로 눈먼 거북이 바다 한가운데에서 뗏목을 만난 격이라고 할 수 있다(M. Paul Pelliot, 1994·1908, 501~529쪽; Paul

Pelliot, 1936, 259~284쪽). 지금까지의 연구자들은 이 기적담의 주인공인 펠리오의 초인적인 능력과 성품에 찬사를 아끼지 않았다(Hartmut Walravens, 2001; 耿昇, 2007). 그러나 펠리오가 어떻게 해서 거의 1200년 동안 역사상에서 사라졌던 『혜초전』을 찾아낼 수 있었는가에 대한 실질적인 조사는 전혀 이루어진 바가 없다.

펠리오는 『혜초전』의 발견 경위에 대해 별도의 기록을 남기지 않았다. 다만 그가 1904년과 1908년에 각각 발표한 「8세기 말 중국에서 인도로 가는 두 가지 경로」와 「감숙성甘肅省에서 발견된 중세의 장서들」을 통해 그 대강을 파악할 수 있다.

책柵은 말 그대로 울타리를 의미한다. 중국인들은 갠지스 강가의 인도 마을들에서 발견되는 방책을 특별히 이와 같이 불렀으며, 이 마을의 고상가옥은 간란杆欄이라는 토착 이름으로 일컬었다. 혜초의 『왕오천축국전』에 대한 해설에서 혜림은 책과 간란을 주해 어휘로 다룬다(Yi ts'ie king yin yi, k.100(Tripit. jap., 爲, X, p.104)). 불행히도 나는 이 혜초란 사람에 대해서는 아무런 정보도 찾지 못했다.("Deux Itinéraires de Chine en Inde", Bulletin de l'Ecole Française D'extrème Orient, TomeⅣ, nos1-2, 171쪽)

뜻밖의 호재로 저는 의정義淨과 오공悟空의 중간 시기에 놓일 새로운 여행자를 찾아냈습니다. 미완의 작품이지만 그 제목과 저자를 밝혀낼 수 있다고 생각합니다. 『일체경음의』 중 법현法顯에 대한 짧은 해설 옆에 『혜초 왕오천축전』에 대한 그만큼이나 짧은 해설을 발견할 수 있는데, 저는 몇 년 전에 이 두 글을 『회보Bulletin』에 기재한 적이 있습니다. …… 따라서 제가 매우 큰 일부를 찾아낸 이 익명의 작품이 『혜초 왕오천축국전』일 가능성이 많다고 보이며, 『음의音義』의 모든 주해를 고려한다면 이는 분명 확고해집니다.("Une Bibliothèque Médiévale retrouvée au Kan-sou", Bulletin de l'Ecole

Française D'extrème Orient, TomeVIII, nos3-4, 511~512쪽)

여기서 주목할 것은 첫 번째 글에서 인용문의 서지 사항(밑줄 친 부분)인데, 이 내용은 『대일본교정(축각)대장경大日本校訂(縮刻)大藏經』(이하 『홍교장弘敎藏』)에서 확인된다. 즉 『홍교장』의 '위爲'자 함函(제39함) 제 8~10권이 바로 『혜림음의』인바, 권10에 『혜초전』이 인용되어 있다. 이는 펠리오가 『홍교장』에 수록된 『혜림음의』를 읽었음을 말해준다. 1900년 하노이의 프랑스 극동학원에 근무하던 펠리오는 베이징에 파견되어 한적漢籍을 수집했는데, 『홍교장』도 그 무렵 수집한 것으로 추정된다. 베이징에서 그는 예상치 않았던 의화단 사건에 휘말렸지만 대담한 용기와 뛰어난 중국어 실력, 그리고 특유의 친화력으로 눈부신 무공을 세움으로써, 약관 21세에 영광스런 레종 도뇌르 훈장을 받았다. 그리고 이듬해 프랑스 극동학원의 교수로 임명되었다(피터 홉커크, 김영종 옮김, 2000, 253~273쪽; Hartmut Walravens, 2001, 14쪽).

『홍교장』은 1880년 일본의 승려와 속인들이 홍교서원弘敎書院을 설립해 정토종淨土宗 소속인 도쿄東京 증상사增上寺에 소장되어 있는 인쇄된 고려대장경高麗大藏經 6467권을 저본으로 삼고, 여기에 중국의 송·원·명 대에 각각 간행한 대장경을 대교對校해 1885년 출간한 것이다. 홍교서원에서 편찬 간행했기 때문에 『홍교장』이라고 약칭한다. 일본인들은 고려대장경이 대장경 가운데 가장 오래되었고 가장 우수하다고 판단했으므로, 이를 원본으로 삼았다. 당시 『홍교장』 편찬자들은 고려대장경의 목판은 이미 불타버린 것으로 오인했기에, 부득이 증상사에 소장된 인쇄본을 이용했던 것이다. 그러나 고려대장경의 목판 8만여장은 해인사에 잘 보존되고 있었다. 20세기 세계 불교학계의 저본으로 널리 애용된 『대정신수대장경』은 20세기 초에 일본이 해인사의 목판을 다시 인쇄해 편찬 간행한 것이다.

증상사의 고려대장경 인쇄본은 원래 에이코榮弘라는 일본 승려가 조선 국왕으로부터 기증받아서 야마토노쿠니大和國 엔조지圓成寺에 봉안했던 것을, 1609년 다이쇼군大將軍 도쿠가와 이에야스德川家康가 식읍食邑 150석을 주고 증상사로 옮기게 한 것이다. 일본 승려 에이코에 관한 이야기는 『조선왕조실록』에서도 확인된다. 기록에 따르면, 일본 국왕이 1482년 승려 에이코 등을 사신으로 조선에 보내어 화재로 소실된 일본 와슈和州 엔조지를 복구하는 데 필요한 재원과 아울러 대장경 1부를 하사해줄 것을 요청했으며, 이에 조선 정부는 사찰 재건 비용과 아울러 경상도 지방의 사찰이 갖고 있던 대장경 인쇄본 1질帙을 보내기로 결정했다(『성종실록』 권140, 성종 13년 4월 9일). 이때 일본에 보내준 인쇄본은 1457년 세조의 명으로 해인사에서 인경印經한 50질 중 한 질로 추정된다.

15세기 일본의 국왕이 보낸 외교 문서에 의하면, 당시 일본은 자체의 대장경 목판이 없었기 때문에 필요할 때마다 조선에 인쇄본을 요청할 수밖에 없었으며, 조선 정부로서도 우호적인 양국 관계를 위해 불교 사원에 소장된 대장경 인쇄본을 외교적 선물로 주는 데 인색하지 않았다. 이렇게 해서 강력한 숭유억불책을 추진하던 조선 초기에 적지 않은 대장경 인쇄본이 일본으로 유출되었다. 최근 일본 학자의 조사에 따르면, 14세기 말에서 15세기 말에 이르는 100년 동안 조선 정부가 일본에 선사한 대장경만 최소한 12질에 이른다고 한다(馬場久行, 2008, 445쪽). 고려대장경 인쇄본의 일본 전래가 중요한 까닭은 『혜림음의』가 일찍이 중국에서 망실된 이후 유일하게 고려대장경만이 수록한 『혜림음의』가 일본에 전해졌기 때문이다. 『홍교장』을 편찬할 때도 대교할 만한 중국의 판본 내지 사본이 없어서 고려대장경의 것을 그대로 전재轉載했다.

여기서 주목할 것은 동아시아에서 편찬된 대장경 가운데 고려대장경이 최초이자 유일하게 『혜림음의』를 수록했다는 사실이다. 주지하다시피 고려대장경은 두 차례 조판되었다. 첫째는 11세기 초 거란군이 쳐들어왔을 때 부처님의 힘으로 이들을 물리치고자 국가적인 차원에서 조판한 것으로, 초조대장경初雕大藏經이라 부른다. 둘째는 13세기 전반 몽골 군사가 쳐들어와서 대구 부인사符仁寺에 봉안되어 있던 초조대장경의 경판을 불태워버리자, 다시 한 번 부처님의 힘으로 몽골 군사를 물리치고자 거국적으로 조판한 것으로, 재조대장경再雕大藏經이라 부른다. 재조대장경의 경판 수가 8만여 장이므로 팔만대장경이란 이름으로 더 잘 알려져 있다. 통상 고려대장경이라 하면 바로 두 번째 조판한 대장경을 가리킨다.

재조대장경은 당연히 초조대장경을 저본으로 하되 200년 사이에 새로 한역된 경전이라든가 동아시아 승려들의 주요 저술을 추가 수록했는데, 그중의 하나가 바로 『혜림음의』였다. 『혜림음의』는 이전의 대장경 — 예컨대 개보판開寶版 대장경, 거란대장경 등 — 에는 정식으로 편입되지 못했었는데, 고려대장경에 와서야 비로소 대장경에 편입되는 영광을 누렸다. 『혜림음의』는 고려대장경에 수록된 도합 1500여 종의 문헌 가운데 제일 마지막에 위치하며, 『혜림음의』의 마지막 제100권에 『혜초전』이 인용되어 있다. 즉 고려대장경의 대미를 장식하는 것이 바로 『혜초전』이라 할 수 있다.

거슬러 올라가면 『혜림음의』는 늦어도 11세기 후반에는 고려에 전해진 듯하다. 중국 측 문헌에 따르면, 10세기 중반에 고려가 사절을 강남 지방에 파견해 『혜림음의』를 구입하려고 했으나, 책이 없어서 구할

수가 없었다고 한다(『대정장大正藏』권50, 738b쪽). 다행히 그 후 언제인가
고려는 북중국에서 『혜림음의』를 어렵사리 입수할 수 있었다. 1090년
의천義天(1055~1101)이 간행한 『신편제종교장총록新編諸宗敎藏總錄』(이하
『의천록義天錄』)에 그 이름이 현행본現行本으로 등재된 것으로 보아 늦어
도 1090년 이전에 고려가 구입했음을 짐작케 한다.

　의천은 경·율·론의 삼장을 집대성하는 대장경, 즉 정장正藏에 수록되
지 않은 동아시아 불교 승려들의 저술을 광범위하게 수집해 이를 교장
敎藏이라는 이름으로 집대성하고자 했다. 그 편찬 사업은 1090년부터
실행되었는데, 『의천록』은 교장 편찬을 위한 예비 목록에 해당한다. 이
『의천록』에 『혜림음의』가 등재된 것은 당시까지 『혜림음의』가 기존의
어떤 대장경에도 입장入藏되지 않았음을 반증한다.

　놀랍게도 불교 문헌 중에서 『혜림음의』만이 유일하게 『혜초전』을
언급했다. 혜림은 1300부 5700여 권이나 되는 방대한 불교 경전에
서 어휘를 골라 한자 발음을 표기하고 간단한 설명을 단 『일체경음의』
100권을 편찬했다. 그 마지막 제100권에서 『혜초전』의 어휘 85조를
인용함으로써, 그 존재를 후세에 전하는 데 결정적인 역할을 했다.

5. 혜초의 인도 구법과 8대 탑

(1) 8대 탑 순례

혜초의 행적은 크게 젊은 시절 — 아마도 20대 — 의 인도 구법행과 중
국 귀환 이후 50여 년에 걸친 밀교승 시절로 나누어볼 수 있다. 통상
구법求法이라고 하면 불교 성지 순례와 더불어 새로운 불교 경전의 수
집 내지 불교 교리의 수학 목적도 있게 마련이다. 그러나 앞선 시기의

구법승들과 달리, 혜초가 불교 경전을 입수했다든가 불교 교리를 수학했다는 기록은 전혀 남아 있지 않다. 혜초는 인도 및 서역 지방의 종교와 관련해 불교와 외도外道, 대승과 소승을 구분하는 정도에서 간단히 서술하는 데 그쳤다. 이와 관련해 최근에 정수일은 혜초 당시 인도와 중앙아시아의 정세 변화를 배경으로 불교 내에서는 대승화大乘化가 진전되고 있었지만, 전반적으로 힌두교에 흡수되거나 이슬람교와 같은 외도에 잠식당하면서 불교가 쇠퇴했음을 지적한 바 있다(무함마드 깐수 정수일, 1992, 42~44쪽).

펠리오가 둔황에서 찾아낸 두루마리 사본 『혜초전』은 유감스럽게도 구법의 목적이 언급되었을 가능성이 높은 앞부분과 뒷부분이 모두 유실되었다. 설사 이 부분이 남아 있다 하더라도 현장의 사례가 보여주듯이, 출발 당시의 구법 동기는 여행의 결과에 따라서 윤색되기 쉽다(남동신, 2009a, 43~56쪽).

그런 가운데 『혜초전』의 다음 구절은, 신라 출신의 혜초가 멀고도 험한 인도 여행을 떠나게 된 동기가 어디에 있었는가를 짐작케 한다.

(가) 이들 녹야원鹿野苑, 구시나拘尸那, (왕)사성〔(王)舍城〕, 마하보리摩訶菩提 등 사대四大 영탑靈塔은 마가다 국왕의 경계 안에 있다. …… 마하보리사에 다다를 수 있었으니, 바로 그 본원本願에 맞아 너무나도 기뻐서 내 뜻을 간략히 오언시五言詩로 노래한다.

보리수가 멀다고 염려하지 말며,
녹야원인들 어찌 멀다 하리오.
단지 걱정스런 것은 허공에 걸린 험한 길,
업장의 거센 바람은 괘념치 않네.

여덟 탑은 참으로 보기 어려워라,

이리저리 영겁에 불탔구나.

어떻게 그 사람의 원願을 이루리오,

오늘 아침 바로 눈앞에 있구나.(『혜초전』 제16~20행)

(나) 중천축국中天竺國 경계 안에는 4대 탑이 있는데, 3대 탑은 항하恒河 북안
에 있다. 첫째는 사위국舍衛國 급고원給孤薗 안에 있는데, 지금도 절과 승려가
있다. 둘째는 비야리성毗耶離城 암라원菴羅薗 안에 탑이 있는데, 현재 그 절은
황폐해져서 승려가 없다. 셋째는 가비야라국迦毗耶羅國이니, 곧 부처님이 이
성의 무우수無憂樹 아래에서 태어나셨다. 지금 그 성은 이미 폐허가 되어 탑
은 있지만 승려는 없다. …… 넷째는 삼도보계탑三道寶階塔이니, 중천축국의
왕이 머무는 성에서 서쪽으로 7일 거리의 두 항하恒河 사이에 있다.(『혜초전』
제41~48행)

  이 인용문은 혜초가 마침내 석가모니가 깨달음을 이룬 마하보리사
에 당도했을 때 가슴속에서 벅차오르는 감회를 토로한 글이다. 여기서
그는 마하보리사의 대탑을 비롯한 8탑을 참배하는 것이 인도 여행의
목표였음을 분명히 해두었다(김복순, 2007; 남동신, 2009b). 특히 주목할
것은, 혜초가 4대 영탑과 4대 탑으로 나누어 8탑의 이름과 위치를 기록
으로 남겼는데, 이는 현존하는 동아시아의 불교 문헌으로는 가장 오래
되었다(남동신, 2009b)(〈표 2〉 참조).
  혜초가 말하는 8탑은 석가모니의 사리를 8등분해 인도 각지에 세웠
다는 이른바 근본 8탑8 Original Stūpas이 아니라 8대 불교 성지에 건립
된 탑을 가리킨다. 석가모니의 생애와 관련해 불교도가 순례해야 할
4대 성지는 이미 팔리어 원시 경전에서 언급되고 있지만, 이를 포함한

8대 성지를 언급한 문헌은 상대적으로 늦게 동아시아 불교계에 전해졌다. 다만 나카무라 하지메中村元는 한역 경전의 예로 10세기 말에 번역된『팔대영탑명호경八大靈塔名號經』을 주목했는데, 이보다 앞서서 7세기 후반에 인도를 여행하고 돌아온 의정이 번역한『근본설일체유부비나야잡사根本說一切有部毘奈耶雜事』에 비구들이 공경심을 내야 할 여덟 장소를 언급한 바 있다. 의정은 이 가운데 네 군데는 정해졌지만, 나머지 네 군데는 미정이라고 해 여전히 8대 성지가 확립되지 않았음을 보여준다.

한편 불교도들의 성지 순례와 관련해 언젠가부터 8대 성지가 8대 탑으로 구체화된 듯하다. 한역 경전으로는 8세기 말 반야般若가 번역한『대승본생심지관경大乘本生心地觀經』에 8탑의 명칭이 구체적으로 등장하는데, 북인도 출신의 반야가 해로海路를 경유해 장안에 도착한 해는 783년으로 혜초보다 반세기 나중이다. 그리고 때를 거의 같이해 찬술된『오공입축기悟空入竺記』에서도 8탑을 하나하나 거명했는데, 이 여행기는 790년 오공悟空이 40년의 오랜 인도 여행을 마치고 장안으로 귀환한 후에 쓰인 것이다.

흥미롭게도 오공의 구술을 받아 적은 이는 다름 아니라 금강지의 전기를 남긴 원조圓照였다. 그가 8세기 말에 칙명을 받아『정원신정석교목록貞元新定釋敎目錄』을 집록하면서 기술한 금강지전에 따르면, 금강지는 708년 무렵 남인도에서 수학한 다음 중인도로 돌아가서 '여래팔상령탑如來八相靈塔'을 순례했다고 한다. 이 전기 자료를 전적으로 신뢰한다면, 혜초가 인도에 도착하기 전인 늦어도 8세기 초에는 인도에서 석가모니의 생애와 관련한 8대 탑이 순례의 주요 성지로 인식되었다고 볼 수도 있다. 그런데 금강지의 전기 자료에는 구체적인 탑의 이름이라든가 위치는 전혀 언급되어 있지 않다. 8세기 전반에 혜초가『왕오천축국전』초고를 집필하고 난 후에 금강지를 만난 점, 금강지의 전기가 8세기 말에 쓰인 점, 다른 전기 자료에서는 금강지가 8대 영탑을 순례했다는 기록이 전혀 보이지 않는 점 등을 고려하면, 전기 작가가 금강지의 제자였던 혜초의 『왕오천축국전』을 보고 나서 금강지의 전기에 8대 탑 순례 사실을 끼워넣었을 가능성도 있다. 어느 쪽이 사실이든 8세기에 접어들면서 장안 불교계에서 밀교 승려들에 의해 8대 탑 순례가 주요 관심사로 등장한 것은 분명해 보인다(주경미, 2009).

앞서 언급했듯이 『혜초전』은 동아시아 불교 문헌 가운데 최초로 8대 탑의 리스트List를 작성했다. 혜초가 말하는 8대 탑은 아소카Aśoka왕이 8대 성지에 건립한 탑Stūpa 혹은 정사精舍(Temple)를 가리킨다. 여기서 굳이 말하자면, 탑은 석가모니의 사리를 봉안한 구조물로서 반구형의 복발覆鉢을 외형적 특징으로 하는 반면, 정사는 종교적 성소로서 방형 평면에 다층식 건물을 가리킨다. 현장은 이 두 구조물을 엄격하게 구분했지만 혜초는 삼도보계탑이라든가 마하보리탑에서 알 수 있듯이 단지 탑이라고 통칭했는데, 둘 다 아소카왕이 건립했다는 공통점이 있다. 아소카왕은 중요한 불적지佛跡地를 순례하면서 그것을 기념하는 구조물을 세우고, 그 표지로서 석주石柱(Aśokan Pillar)도 아울러 세웠다. 즉 8대 성지가 아소카왕에 의한 8대 탑으로 상징되고, 8대 탑 각각이 다시 아소카 석주에 의해 확인Identification된다고 할 수 있겠다. 역으로 순례자들은 아소카 석주를 통해 8대 탑과 8대 성지를 차례로 확인함으로써 석가모니의 8대 영상靈相을 간접 체험할 수 있다. 그러한 체험을 혜초가 속한 8세기 동아시아의 밀교 승려들이 수행의 일환으로 강조한 것이다.

8대 탑에 대한 혜초의 묘사는 매우 소략한 편인데, 다행히도 혜초보다 약 한 세기 앞서서 인도를 여행한 현장이 상세한 기록을 남긴 바 있다. 두 구법승의 기록과 근대의 고고 발굴 성과를 참조하면, 혜초가 말한 8대 탑을 좀 더 구체화할 수 있다.

(2) 혜초의 구법 여행 경로

혜초의 여행 경로는 일찍부터 가장 많이 연구된 주제 가운데 하나다. 『혜초전A』 제일 뒷부분에 "개원십오년십일월상순도안서開元十五年十一月上旬到安西"라 해 727년 안서사진절도사의 치소인 쿠차를 거쳐 당으로 입국했음을 알 수 있다. 그리고 『혜초전B』에 오늘날의 인도차이나에 해당하는 각멸閣蔑이라든가 대모玳瑁 같은 동남아시아 특산물과 관련된 용어가 등장하는 것으로 보아, 혜초는 의정과 같은 해로를 이용해 인도로 건너간 것이 거의 분명해 보인다. 법현이 육로로 가서 해로로 귀환한 것과 반대로, 혜초는 해로로 가서 육로로 귀환했다는 데 학계의 견해는 일치한다. 7세기 중엽 이후 토번吐蕃(Tibet)이 세력을 확장하면서 육로 대신 해로를 많이 이용하기 시작했음은 여러 선학이 지적한 바 있다. 대체로 10월부터 12월 사이에 부는 계절풍을 이용해 광저우廣州에서 출항했으리라 짐작된다.

문제는 인도에 상륙한 후의 세부적인 여정에 대해서는 반드시 견해가 일치하지는 않는다는 점이다. 『혜초전A』에 등장하는 국명 내지 지명이 여행의 순서를 반영하는 것은 분명한데, 이들 지역을 혜초가 모두 방문한 것인가에 대해서는 이견이 분분하다. 예컨대 쿠와야마는 『혜초전』에 등장하는 국명을 친천국親踐國과 전문국傳聞國으로 나눈 다음 소발나구달라蘇跋那具怛羅, 대발률大勃律, 양동楊同, 사파자娑播慈, 토번吐蕃, 소발률小勃律, 구위拘衛, 파사波斯, 대식大寔, 소불림小拂臨, 대불림大拂臨, 호국胡國, 발하나跋賀那, 골돌骨咄, 돌궐突厥, 식닉識匿을 전문국으로 분류했으며, 심지어 남천축南天竺과 서천축西天竺도 전문국일 가능성을 제기했다(桑山正進, 1992, 4쪽). 이러한 소극적인 견해에 반해 정수일(무함마

〈표 2〉 문헌에 보이는 8대 성지와 8대 탑

法顯傳 (5c 초)	根本說一切有部 毘奈耶雜事 (710년)	往五天竺國傳 (8c 초)	大乘本生心地 觀經(8c 말)	悟空入竺記 (8c 말)	비고
佛生處	本生處 ◆	迦毗耶羅國 佛本生城 無憂樹 ○	淨飯王宮 生處塔	迦毘羅伐窣覩城 佛降生處塔	카필라바스투 (룸비니)
得道處	成道處 ◆	摩訶菩提 ●	菩提樹下 成佛塔	摩揭提國 菩提道場 成佛塔	가야 (보드가야)
轉法輪處	轉法輪處 ◆	鹿野苑 ●	鹿野園中 法輪塔	波羅疪斯城 仙人鹿野苑中 轉法輪處塔	바라나시 (사르나트)
	祇樹園處 ◇	舍衛國 給孤薗 ○	給孤獨園 名稱塔	室羅伐城 逝多林 給孤獨園 說摩訶般若波羅 蜜多度諸外道處 塔	슈라바스티 (기원정사)
	從天下處 ◇	三道寶階塔 ○	曲女城邊 寶階塔	泥嚩多囀城 從天降下 三道寶階塔	상카샤
	鷲峯山處 ◇	王舍城 ●	耆闍崛山 般若塔	鷲峰山 說法華等經處塔	라즈기르 (영취산)
	廣嚴城處 ◇	毗耶離城 菴羅薗 ○	菴羅衛林 維摩塔	廣嚴城 現不思議處塔	바이샬리
般泥洹處	雙林涅槃處 ◇	拘尸那 ●	娑羅林中 圓寂塔	拘尸那城 娑羅雙林 現入涅槃處塔	쿠시나가라
	定處 ◆ 不定處 ◇	4대 영탑 ● 4대 탑 ○			

(좌측 세로: 四大塔 / 如來居止八所塔 / 八塔 / 八寶塔 / 八塔)

드 깐수)은 매우 적극적인 해석을 시도했다. 즉 그는 '어디서부터從 어느 방향으로 얼마 동안(日, 月) 가서行 어디에 이르렀다至'는 식의 시문구始文句가 관용어구처럼 등장하는 23군데는 혜초가 직접 방문한 곳이며, 그렇지 않고 '어디의 어느 방향에 어떤 곳이 있다(從……已/東·西·南·北……是/卽/有)'라는 식의 객관적 표현을 쓴 곳은 전문한 곳이라고 했다. 이 견해에 따르면 파사와 대식도 혜초가 직접 방문한 곳이 된다(정수일, 2004, 77~99쪽).

『혜초전A』는 한문에 익숙하지 않은 신라 출신의 젊은 승려가 전혀 생소한 인도와 서역 지방을 단기간에 여행하고 남긴 그것도 소략한 문서라는 점을 감안한다면, 이 문서만 가지고 직접 방문한 곳과 단지 전문한 곳을 명쾌하게 나누기란 쉽지 않다. 대부분의 학자들도 조심스럽게 이 문제에 접근하고 있다. 여기서는 해로와 육로에 대해 고병익과 김상영이 각각 작성한 여정도를 참고로 제시해둔다.

6. 혜초의 행적과 사상

끝으로 『왕오천축국전』의 찬자 혜초가 장안에 도착한 후의 행적과 사상을 간략히 부연하고자 한다. 일찍이 그의 밀교 관련 활동의 계기가 인도 구법행에서 비롯되었을 가능성도 제기된 바 있다. 즉 740년 장안 천복사에서 금강삼장金剛三藏이 『대승유가금강성해만수실리천비천발대교왕경大乘瑜伽金剛性海曼殊室利千臂千鉢大教王經』(이하 『대교왕경大教王經』)을 번역할 때 혜초가 필수筆授를 담당했는데, 이 경전을 혜초가 스리랑카에서 입수한 것이 틀림없다고 단정하는 견해도 있다. 물론 혜초는 밀교화가 상당히 진행된 시점에서 인도 각지의 불교를 견문한 것은 분명하다. 그러나 현행의 『혜초전A』와 『혜초전B』에는 혜초의 밀교행이 인도에서 비롯되었음을 증명할 어떤 암시나 단서도 보이지 않는다. 따라서 이하에서는 장안 도착 이후 혜초의 밀교 관련 행적을 개관해 이해를 돕고자 한다.

혜초는 인도에서 온 금강지와 그 제자 불공금강에게 차례로 밀교를 전수받았다. 남인도 출신인 금강지 일행은 스리랑카와 수마트라를 거쳐 719년 광저우에 도착했다. 혜초가 지은 『대교왕경』의 서문에 따르면, 혜초는 개원 21년(733) 정월 초하룻날 장안 천복사에서 금강지로부터 대승유가금강오정오지존천비천수천발천불석가만수실리보살비밀

보리삼마지교법大乘瑜伽金剛五頂五智尊千臂千手千鉢千佛釋迦曼殊室利菩薩秘密菩提三摩地教法을 전수받고 8년간 봉사했다고 한다. 이어서 그는 740년 현종玄宗의 칙명을 받아 천복사 도량에서 번역에 착수했으며, 이때 금강지가 구연口演하고 혜초가 필수筆受를 담당했다.

742년 금강지가 입적한 뒤에 혜초는 불공을 따라 배우게 되었다. 774년에는 대흥선사大興善寺에서 불공으로부터 유가심지비밀법문瑜伽心地秘密法門을 배웠는데, 그해 6월 불공은 입적하면서, 유서에서 밀교를 널리 펼 6명의 제자 가운데 하나로 '신라 혜초'를 거명했다. 혜초는 이 무렵인 774년 2월 내도장內道場 사문으로 활동하면서 「하옥녀담기우표賀玉女潭祈雨表」를 짓기도 했다. 그리고 780년 오대산에 들어가 「대교왕경서大教王經序」를 지었으며, 그곳에서 여생을 마친 것으로 보인다. 『대교왕경』 10권은 잡밀雜密에서 순밀純密로 이행하는 과도기에 해당하며, 특히 양대 밀교의 소의경전인 『금강정경金剛頂經』과 『대일경大日經』의 선구로서 가치를 지닌다. 이러한 행적으로 인해 혜초는 금강지와 불공 문하에 들어가 장안과 오대산을 중심으로 밀교 경전에 대한 연구와 한역에 기여한 것으로 평가를 받을 뿐 아니라(杜繼文, 1991, 326쪽), 후대 일본 진언종眞言宗의 계보에도 등재되기에 이르렀다.

20세기 초 다카쿠스 준지로가 『왕오천축국전』의 찬자 혜초와 밀교승 불공의 고명 제자인 '신라 혜초'를 동일시한 이래로, 혜초가 신라 출신 승려라는 점에 어느 누구도 의문을 품지 않았다. 그런데 최근 혜초와 같은 시기 중국에서 활동한 동명이인이 적어도 7명이나 된다는 새로운 연구 결과가 발표되었다. 물론 『왕오천축국전』의 문장, 문법, 어휘 등을 보면 혜초가 신라인일 가능성은 거의 확실해 보인다. 그러나 동시에 혜초의 국적 문제를 확정하기 위한 후속 연구의 필요성도 분명해졌다.

〔후기〕

돌이켜보면 '혜초와『왕오천축국전』'에 대한 연구는 한국학 전공자로서 연구의 지평을 동아시아 차원으로 확장시키는 소중한 경험이었습니다. 애초에 이 연구는 2009년 7월 서울대학교 인문학연구원 산하 중앙유라시아연구소가 '중앙유라시아문명아카이브' 프로젝트의 일환으로 혜초의『왕오천축국전』에 대한 상세한 해제를 청탁하면서 시작되었습니다. 해제 원고 한 편으로 끝나려니 했는데, 어떤 인연에서인지 원고 청탁을 수락하고부터 1년 반 사이에 국내외 학술 발표와 대중 강연과 이런저런 글쓰기가 잇따랐습니다. 먼저 경주시 산하 신라문화유산조사단이 2009년 10월 29일~30일 양일간 경주에서 개최한 제3회 신라학국제학술대회(주제: 신라, 세계 속의 인물)에서 텍스트로서의 특징과 가치에 대해 아이디어 수준의 간략한 개요를 발표했으며, 문장을 다듬어 그해 연말에 간행했습니다(2009. 12.,「慧超의『往五天竺國傳』에 대한 新考」,『신라학국제학술대회논문집』제3집, 新羅文化遺産調査團, 55~73쪽). 그리고 이듬해 연초 Lumbini International Research Institute(LIRI)가 주최한 국제 학술 대회(주제: Buddhist Pilgrimage in History and Present Times, 2010. 1. 11.~13., Lumbini)와 동양사학회 제29회 동계연구토론회(2010. 2. 4.~5.)에서는, 혜초가『왕오천축국전』을 찬술한 이후 펠리오가 이를 발견하기까지의 유통 과정을 역으로 추적한 내용 및『왕오천축국전』에서 처음 언급된 8대 탑의 목록을 중심으로 발표했으며, 관련 사진 자료와 발굴 도면 등을 대폭 보강해 그해 여름에 간행했습니다(2010. 6.,「慧超『往五天竺國傳』의 발견과 8대탑」,『東洋史學硏究』111, 1~32쪽). 그러는 사이 2월에 중앙유라시아연구소에 상세한 해제 원고를 제출했는데, 이 글에서는 세 가지 텍스트에 대한 비교 검토와 8대 탑의 구체적인 비정比定, 혜초의 여정, 장안 체류 시절 혜초의 행적과 사상, 가장 중요하게는 지난

100년간 국내외 학자들에 의해 이루어진 선행 연구 성과를 담았습니다. 그리고 나서 2010년도 봄 학기 동안 대학원 수업 시간에『왕오천축국전』을 대학원생들과 같이 정독하는 기회를 가졌습니다.

때마침 국립중앙박물관은 2010년 가을 특별전으로 '실크로드와 둔황전'을 기획했는데, 그때 필자는 기왕의 해제 원고를 요약하고 대중적으로 풀어 쓴 글을 도록에 실었습니다(「실크로드와 둔황: 혜초와 함께 하는 서역기행」, 국립중앙박물관, 253~262쪽). 이 기획특별전에는 파리국립도서관 소장의『왕오천축국전』실물 원본이 전시되어 대단한 성황을 이루었습니다. 연구자로서『왕오천축국전』을 여러 차례 실견하면서 조사할 수 있었던 것은 분명 행운이었습니다. 아울러 국립중앙박물관이 개설한 공개 강좌에서 '혜초와『왕오천축국전』'을 주제로 호기심과 열정이 넘치는 대중을 상대로 강연하면서(2010. 12. 1.), 역사 대중과 호흡을 나누는 가슴 벅찬 희열을 느끼기도 했습니다. 마침내 강의 원고의 개요를『박물관 NEWS』(Vol. 472)에 게재하는 것으로, 혜초와『왕오천축국전』에 대한 필자의 연구 여정은 일단락되었습니다.

'인간이란 무엇인가?'라는 커다란 질문을 놓고 평생에 걸쳐 그 해답을 찾아가는 학문이 인문학이라고들 하지만, 막상 하나의 연구 주제를 학술 발표부터 대중 강연에 이르기까지 다양한 형식으로 탐색할 수 있는 행운이 연구자에게 종종 찾아오지는 않습니다. 게다가 연구자들이 논문 편수 쌓기로 내몰리는 요즈음의 연구 환경에서는 더욱 그러합니다. 그런 점에서 '혜초와『왕오천축국전』' 연구는 필자에게 새로운 사실의 발견이라든가 거기에 동반하는 학문하는 즐거움 그 이상을 의미했습니다. 1200년의 시간을 가로질러 마치 혜초와 직접 교감하는 듯한 묘한 느낌을 가졌던 것입니다.

전덕재 교수로부터 '노태돈 선생님 정년기념논총'에 실을 글을 달라는 연락을 받고 어떤 글이 좋을지 한동안 고민스러웠습니다. 그러다 인문학의 즐거움도 느끼게 하고 시간을 초월한 인연의 소중함도 깨닫게 해준 이 글이 선생님의 정년을 기리는 논문집에 잘 어울린다는 생각이 들었습니다. 글을 다시 한 번 다듬으면서 혜초와 인도 불적지 어딘가를 순례하는 듯한 착각에 사로잡혔고, 그것은 그대로 선생님과 함께한 즐거운 추억으로 이어졌습니다. 선생님은 필자가 국사학과 전공 과정에 진입한 1981년 가을에 부임하셨습니다. 까만 정장 차림에 칠판 가득 판서를 하시던 모습이 지금도 생생한데, 30여 년 세월이 훌쩍 지나 어느새 정년을 맞으셨습니다. 늘 건강하시고 지난 시절처럼 중후하고 튼튼한 중심으로 후학들 곁에 남으시기를 두 손 모아 비옵니다.

:: 참고문헌

慧超, 『往五天竺國傳』 不分卷(『大正藏』 권51; 『韓國佛教全書』)

慧超, 「大乘瑜伽金剛性海曼殊室利千臂千鉢大教王經序」(『大正藏』 권20; 『韓國佛教全書』)

慧琳, 『一切經音義』(K.1498; 『大正藏』 권54)

不空, 「代宗朝贈司空大辯正廣智三藏和上表制集」(『大正藏』 권52)

贊寧, 『宋高僧傳』 권5 「慧琳傳」(『大正藏』 권50)

義天, 『新編諸宗教藏總錄』(『韓國佛教全書』 제4책)

고병익, 1959, 「慧超往五天竺國傳研究史略」, 『白性郁博士頌壽記念 佛教學論文集』, 白性郁博士 頌壽記念事業委員會; 1970, 「慧超의 往五天竺國傳」, 『東亞交涉史의 研究』, 서울대학교 출판부(재수록).

_____, 1987, 「慧超의 印度往路에 대한 考察」, 『佛教와 諸科學』(東國大學校 開校八十周年紀念論叢), 동국대학교 출판부.

_____, 1987, 『往五天竺國傳解題』(影印本·解題本), 文化財管理局.

김복순, 2007, 「혜초의 천축순례 과정과 목적」, 『한국인물사연구』 8, 한국인물사연구회.

김상영, 1999,「慧超의 求法行路 檢討」,『世界精神을 탐험한 위대한 한국인 '慧超'』(혜
　　초스님 기념 학술세미나 자료집), 가산불교문화연구원출판부.

남동신, 2009a,「구법승과 동아시아불교 (1)」,『동아시아 구법승과 인도의 불교 유적』(이
　　주형 책임편집), 사회평론.

＿＿＿, 2009b,「慧超의『往五天竺國傳』에 대한 新考」,『신라학 국제학술대회 논문집』
　　3, 경주시·신라문화유산조사단.

＿＿＿, 2010,「慧超『往五天竺國傳』의 발견과 8대탑」,『東洋史學硏究』111, 동양사
　　학회.

양한승 譯, 1961,『往五天竺國傳: 慧超紀行文』, 通文館.

이석호 譯, 1970,『往五天竺國傳(外)』, 乙酉文化社.

이주형 책임편집, 2009,『동아시아 구법승과 인도의 불교 유적』, 사회평론.

이지관 편, 1999,『世界精神을 탐험한 위대한 한국인 '慧超'』(문화관광부 선정 1999년 2월
　　의 문화인물 혜초스님 기념 학술세미나 자료집), 가산불교문화연구원출판부.

정병삼, 1999,「慧超와 8세기 신라불교」,『世界精神을 탐험한 위대한 한국인 '慧超'』(혜
　　초스님 기념 학술세미나 자료집), 가산불교문화연구원출판부.

무함마드 깐수(정수일), 1992,「慧超의 西域紀行과 8世紀 西域佛敎」,『정신문화연구』
　　17-1(54), 한국학중앙연구원.

정수일 역주, 2004,『혜초의 왕오천축국전』, 학고재.

주경미, 2009,「遼代 八大靈塔 圖像의 硏究」,『中央아시아硏究』14, 중앙아시아학회.

최남선 편, 1954,『慧超往五天竺國傳(殘文)』(新訂三國遺事附錄), 瑞文文化社.

피터 홉커크, 김영종 옮김, 2000,『실크로드의 악마들』, 사계절.

長沢和俊, 1962,『シルクロード』, 校倉書房, 東京; 이재성 옮김, 1990,『실크로드의 역
　　사와 문화』, 民族社.

耿昇 譯, 2007,『伯希和敦煌石窟笔記』, 甘肅人民出版社, 蘭州.

羅振玉, 1909,「慧超往五天竺國傳殘卷 및 慧超往五天竺國傳校錄札記」,『敦煌石室
　　遺書』.

張毅, 2000,『往五天竺國傳箋釋』, 中華書局, 北京.

Paul Pelliot·羽田亨, 1926,『焞煌遺書』(影印本第一集), 東亞攷究會, 上海.

高楠順次郎, 1915,「惠超往五天竺國傳に就いて」,『宗教界』11-7, 宗教界雜誌社, 東京.

_____, 1915,「慧超傳考」,『大日本佛教全書』卷13, 遊方傳叢書1, 佛書刊行會, 東京.

高田時雄, 1992,「慧超『往五天竺國傳』の言語と敦煌寫本の性格」,『慧超往五天竺國傳研究』(桑山正進 編), 京都大學人文科學研究所, 京都.

大谷勝眞, 1934,「慧超往五天竺國傳中の一二に就て」,『小田先生頌壽記念朝鮮論集』, 大阪屋號書店, 京城.

杜繼文 主編, 1991,『佛教史』, 中國社會科學出版典籍社.

藤田豊八, 1911,『往五天竺國傳箋釋; 1915,『大日本佛教全書』卷13 遊方傳叢書1(재수록), 佛書刊行會, 東京.

馬場久行, 2008,「日本 大谷大學 소장 高麗大藏經의 傳來와 特徵」,『海外典籍文化財調査目錄: 日本 大谷大學 所藏 高麗大藏經』, 국립문화재연구소.

桑山正進, 1992,『慧超往五天竺國傳研究』, 京都大學人文科學研究所, 京都.

羽田亨, 1941,「慧超往五天竺國傳迻錄」,『京都大學史學科紀元二千六百年史學論文集』; 1958,『羽田博士史學論文集』上, 東洋史研究會, 京都(재수록).

_____, 1954,「Pelliot氏の中央亞細亞旅行」,『大乘』5-10(53); 1958,『羽田博士史學論文集』下, 東洋史研究會, 京都(재수록).

定方晟, 1971,「慧超往五天竺國傳」(和譯),『東海大學紀要(文學部)』16, 東海大學, 東京.

Hartmut Walravens, 2001, "Paul Pelliot (1878-1945), His Life and Works-a Bibliography", Bloomington: Indiana University.

M. Paul Pelliot, 1904, "Deux Itinéraires de Chine en Inde", Bulletin de l'Ecole Française D'extrème Orient, TomeⅣ, nos1-2, Janvier-Juin, Hanoi.

M. Paul Pelliot, 1908, "Une bibliothèque médiévale retrouvée au Kan-sou", Bulletin de l'Ecole Française D'extrème Orient, TomeⅧ, nos 3-4, Juillet-Décembre, Hanoi.

Paul Pelliot, 1936, "A Propos du "Tokharien", T'ong Pao vol. ⅩⅩⅡ.

Walter Fuchs, 1938, Huei-ch'ao's Pilgerreise durch Nordwest-Indien und Zentral Asien um 726, Sitzungsberichten der Preuβ ischen Akademie der Wissenschaften, Phil.-hist. Klasse, XXX, Berlin, 1939.

Yang, Han-Sung·Jan, Yün-hua·Ilda, Shotaro·Laurence W. Preston, 1984, "The Hye Ch'o Diary", Seoul : Po Chin Chai; Berkeley: Asian Humanities Press.

『해동고승전』-사료의 활용 현황

신동하(동덕여자대학교 국사학과 교수)

1. 머리말

『해동고승전海東高僧傳』(이하 『동승전』)은 고려 화엄종 승려인 각훈覺訓이 찬술한 승전이다. 고승전은 중국에서 양나라 혜교가 『고승전』을 찬술한 이후 당·송·명 시대를 지나면서 계속 찬술되었다. 우리나라에서도 고승전의 찬술이 이루어졌는데, 신라시대에 김대문이 『고승전』을 찬술했다는 것은 『삼국사기』 기록을 통해서 알 수 있고, 종합적인 고승의 전기는 아니지만 각각 고승의 전기도 편찬되었다(곽승훈, 2006). 고려시대에 이르러서도 고승전이 찬술되었음이 단편적인 기록을 통해서 확인된다. 각훈의 고승전 편찬은 이런 중국과 우리나라의 고승전 편찬의 흐름 위에서 이루어졌음을 미루어 알 수 있다.

『동승전』이 근대 학인들의 관심의 대상이 된 것은 700년이 지난 뒤의 일이었다. 이회광이 성주의 어느 절에서 발견한 것으로 알려진(안계현, 1969) 사본은 여러 사본으로 다시 필사되었고, 활판으로 간행된 것은 1917년『대일본불교전서』114권에 들어간 것이 처음이었다. 전체의 권수를 알 수 없는 가운데 권제1의 1과 2 두 권만이 남은 상태다.

『동승전』은 뒤이어 편찬된『삼국유사』(이하『유사』)의 절대적인 영향력하에서 사료로서 가치가 매우 부족한 것으로 여겨져왔다.『유사』자신이『동승전』을 인용하면서 그 오류를 지적한 곳을 여러 군데서 발견할 수 있으며, 근대사학 방법론에 입각할 때 사실 관계의 오류, 과장과 수식이 얼룩진 서술로 인해 역시 근대의 연구에서도 외면받는 현상이 짙다. 다만 사학사의 면에서 고려 후기 고승전 찬술의 의의를 조명할 때 주목되거나(김상현, 1984; 최연식, 2007), 문학사적 자료 가치가 주목되는(황패강, 1976) 정도에 불과했다. 근래『동승전』의 각 전기를 정밀하게 분석하는 연구로 보다 풍부한 논의의 장이 마련되고 있으며(곽승훈, 2008), 번역과 주석도 진행되어(장휘옥, 1991) 연구 결과를 집성하는 작업도 병행되었다.

그러나『동승전』을 사료로서 적극적으로 활용하고 그를 통해『동승전』의 가치를 재인식하는 데 이르기까지 관련 연구가 충분히 이루어진 것은 아니다. 합리적인 역사 자료의 가치는『유사』에 비해서 양으로나 질로나 떨어진다고 하더라도, 고대 사료가 부족한 우리의 현실로는『동승전』에 대한 평가와 활용이 필요하다. 이에『동승전』을 자료로 한 연구의 일단을 살펴보려고 한다. 사학사의 관점에서『동승전』을 논한 그간의 연구 성과에 대한 검토는 최근 정리된 글을 참조하기 바란다(김상현, 2013).

2. 『삼국유사』와 비교

(1) 『삼국유사』의 『해동고승전』 활용

『동승전』의 사료 성격을 이해하기 위해 자주 비교되는 것이 『유사』다. 『동승전』보다 약 70년 뒤에 편찬된 『유사』는 현재 5권 9편 138조항을 포함하고 있어 비교적 많은 내용을 담고 있다. 『동승전』이 승려의 전기인 데 대해 『유사』도 승전의 성격을 포함하고 있기 때문에 이 점에서도 비교의 대상이 되는 것은 자연스런 일이다. 물론 『유사』는 왕력王曆과 기이紀異편을 포함하고 있어 승전으로만 성격 지울 수 없는 것 또한 사실이다(김상현, 2013).

『유사』에서는 곳곳에서 고승전을 인용했다. 『유사』에서 '승전'이라 인용한 것들 중에서 '당승전', '당속고승전', '구법고승전' 등 명백히 중국의 승전임을 밝힌 것을 제외하고 권과 제목만을 제시하면 다음과 같다.

① 권3 흥법3 순도조려, ② 권3 흥법3 난타벽제, ③ 권3 흥법3 아도기라, ④ 권3 흥법3 원종흥법 염촉멸신, ⑤ 권3 흥법3 보장봉로 보덕이암, ⑥ 권3 탑상4 고려영탑사, ⑦ 권4 의해5 원광서학, ⑧ 권4 의해5 보양이목, ⑨ 권5 신주6 명랑신인, ⑩ 권5 감통7 욱면비염불서승, ⑪ 권5 감통7 광덕 엄장, ⑫ 권5 피은8 연회도명 문수재, ⑬ 권5 피은8 신충괘관

위 사례들을 차례로 검토해보기로 하자.

① 제목에 대한 분주에서 순도 이후에 법심, 의연, 담엄 등이 서로 뒤를 이어 불교를 일으켰다고 하고, 승전에 자세한 것이 보인다고 했다.

법심은 현전 『동승전』에 그 이름이 전한다. 그러나 여기서 법심은 우

리나라 불교와 관련한 인물로서가 아니라, 동진의 지둔도림이 어떤 고구려 승에게 보낸 서한 속에서 언급되었을 뿐 고구려와 직접 관련은 없다.『동승전』에서 그의 전기를 세운 바도 없었다. 따라서『유사』에서 그가 순도의 뒤를 이어 고구려 불교를 일으키고 상세한 내용이 승전에 보인다고 한 표현은 정확한 것이 아니다.『유사』가『동승전』의 문맥을 정확하게 파악하지 못한 데서 온 것으로 생각한다.

의연은『동승전』에서 입전立傳된 인물이다.『유사』에서는 이곳에서만 이름이 한 차례 나타날 뿐이다. 따라서『유사』가 그에 관해 상세한 내용을 승전으로 미루어둔 것은 가능한 일이었다. 여기서 승전은『동승전』을 가리키는 것임을 확인할 수 있다.

담엄이라는 승려는 기록에 보이지 않는다. 현전『동승전』에서는 의연전 다음에 담시가 입전되었다. 담엄은 담시의 잘못일 것이다.

승전에 순도와 아도가 위나라에서 왔다고 했다는 것은『동승전』에서 '옛글'에 있는 내용이라면서 아도가 위나라로부터 왔다고 한 것(「순도전」)을 포함해서 지적한 듯하나『동승전』에는 순도가 위에서 왔다고 한 부분은 없으므로 아마 착오인 것 같다. 이곳의 승전 역시『동승전』을 가리키는 것으로 생각한다.

②『유사』는 왕력에서 침류왕을 15대 왕이라 했다. 이것은『삼국사기』의 왕대수와 일치한다. 백제본기에 15대 왕이라 했다는 것은 내용상 그렇다는 의미다. 그런데 승전에는 14대 왕으로 되어 있다고 하고, 이것이 잘못임을 지적했다.『동승전』마라난타전에는 그가 14대 침류왕 때 백제로 왔다고 했다.『유사』주에서 언급한 14대는『동승전』의 이 부분을 지칭한 것이다.

『유사』는 마라난타의 이적異跡이 승전에 상세히 기술되어 있다고 했다. 그런데『동승전』의 마라난타전에는 그의 이적이 별로 기술되어 있지 않다. 다만 '신이하고 감통感通한 바가 있었다'는 등의 수사적 표현이 있을 뿐이다. 『동승전』에서는 『송고승전』을 인용해서 다른 난타라는 승려를 거론하고 그의 기이한 행적을 기록했다. 그러나 『동승전』은 난타와 마라난타가 시기가 서로 떨어져 있어 같은 인물일 수 없음을 밝혔다. 『유사』가 마라난타의 상세한 행적을 승전, 곧 『동승전』으로 미룬 것은 『동승전』을 오독한 것으로 여겨진다.

③ 이 고승전은 『동승전』을 가리킨다. 『동승전』에 아도가 천축 사람이거나 또는 오나라에서 왔다고 한 것이 있다. 『동승전』에는 아도가 고구려인으로 위나라에 갔다가 신라로 돌아갔다는 전승도 제시했는데, 『유사』는 바로 이 마지막의 설을 취했기 때문에 이 설의 인용은 생략했다.

④ 흥륜사 완공 시기에 관해 『유사』는 그 시기를 『삼국사기』의 기록에 따라 진흥왕 5년으로 여기고, 기록에 따라 서로 다른 것을 언급하고 논증했다. 『유사』가 '승전에서 7년이라 했다'고 한 것은 『동승전』에서 확인된다. 따라서 이곳의 승전도 물론 『동승전』이다.

법운, 법공이라는 법호의 문제에서 『유사』는 법흥왕이 출가해서 법운이라고 했으며, 자字는 법공이었다고 서술했다. 이어 주를 붙여 승전과 여러 설을 소개하고 법운이 법흥왕비, 진흥왕, 진흥왕비 등으로 각각 전하는 설을 소개하며 혼란이 있음을 언급했다. 주에까지 이어지는 『유사』의 서술 태도는 법흥왕이 출가 후 법호를 법운이라 하고, 법공은 그의 자였다는 것을 확정하지는 않았음을 알 수 있다. 『유사』의 이런 태도는 『동승전』의 입장을 이은 것으로 확인된다.

법흥왕이 출가한 후 법공이란 법명을 가졌다는 것은 『동승전』에서 이미 언급했다. 그런데 『동승전』은 「아도비」를 인용하면서 법흥왕이 출가 후 법명을 법운이라 하고, 그의 자는 법공이라고 했음을 제시했다. 또『국사』와『수이전』에서 법운과 법공을 따로 두 인물의 전으로 세웠다고 하면서[1] 누군가가 이 문제를 규명해줄 것을 기다린다고 했다. 법운과 법공의 칭호에 관해서 의문으로 남겨두고자 한 것은『유사』가『동승전』의 입장을 이은 것이리라.

『유사』에서 법운에 대해 법흥왕비 또는 진흥왕비가 출가한 후에 칭한 법명이었다는 설을 제시했는데,『동승전』에 의하면 법흥왕비도 출가해서 비구니가 되었다는 사실을 언급했지만 그녀의 법명에 대한 언급은 없고, 진흥왕비의 출가에 대한 언급은 전혀 보이지 않는다. 이런 설은『동승전』이외의 기록에 나타난 것이었음을 추측케 한다.

⑤⑥ 보덕에 관해 '본전'과 '승전'의 기록이 전하고 있었음을 암시한다. 본전은 보덕 한 인물에 관한 전기이고, 승전은『동승전』일 가능성이 있는데 현전『동승전』에는「보덕전」이 포함되어 있지 않다. ⑥에서 보듯이『동승전』「보덕전」에서는 그의 자호字號, 출신지 등이 밝혀졌고, 본전에 보다 상세한 내용이 담겨 있었다고 여겨진다.

⑦⑧ 같은 내용을 원광과 보양 관련 기록에서 각각 언급했다.「원광전」은 현전『동승전』에 전한다.『유사』「원광서학」은『속고승전』을 먼저 인용하고, 뒤에『고본수이전』을 인용했다. 그리고 양자의 내용상의 차이를 비교하면서도 진위를 단정하기보다 양자를 다 옮겨 적는다고 했다. 여기서 인용된『고본수이전』의 내용과『동승전』「원광전」의 내용은 부분적 차이가 있지만 매우 흡사하다. 이는『동승전』역시『고본수이전』또는 그와 같은 전거에 의존해서 기록되었을 것임을 추측하게 한다.

---

1) 『동승전』은 법공(법흥왕)전과 법운(진흥왕)전을 따로 세워두었다. 여기서『국사』도 언급했는데,『삼국사기』에서「법흥왕본기」와「진흥왕본기」가 따로 세워져 있는 것을 가리킨 것인지는 정확히 알 수 없다.

『유사』는, 운문사 창건과 관련한 이야기는 원래 보양에게 해당하는 것인데 김척명이 이를 「원광전」에 잘못 넣은 것을 『동승전』이 그대로 계승했다고 비판했다. 그래서 『동승전』에서 「보양전」이 빠진 것은 잘못된 것이라 하고 「보양전」(「보양이목」)을 작성해서 넣었다. 일연은 『동승전』의 잘못에 대해서 확신을 지니고 있었다. 그가 운문사에 주석하면서 운문사의 창건주인 보양에 대한 지식을 가지고 있었기 때문이었을 것이다. 그는 고문서를 근거로 운문사의 창건주 보양에 관한 확실한 주장을 펴고자 했다. 「청도군 사적」을 「보양이목」조의 앞부분에서 제시한 의도도 거기에 있었을 것이다. 『동승전』의 기록을 충분히 검토하되 다른 자료에 의거해서 타당한 견해를 제시할 수 있었음을 보여주는 예다.

⑨ 「금광사본기」에 따르면 명랑이 금광사를 창건했다. 금광사는 '승전'에 '금우사'라고 했다고 한다. 현전 『동승전』에는 「명랑전」이 없고, 금우사 역시 보이지 않으므로 '승전'이 『동승전』인지 여부를 알 수 없다.

⑩ 『유사』는 이 조항에서 '향전', '승전', '징본전' 세 자료를 인용했다. '향전'과 '승전'은 욱면의 사실이 신라 경덕왕 때의 일임을 전했는데, '징본전'(『유사』의 견해는 진의 잘못)은 애장왕 때의 일로 적었으므로 그 차이를 말하기 위해서 인용했다. '승전'을 따로 인용한 것은 '향전'에 비해 더 자세하고 전생윤회한 욱면의 출신에 대해 더 부회된 내용들이 있었기 때문일 것이다. '승전'에서는 팔진, 귀진, 회경이 동시대에 속하지 않으면서 윤회, 인연으로 연결된 특징을 지녔다. '승전'의 성격상 입전 주인공은 귀진이었을 것으로 추측되지만, 『유사』에서는 욱면의 염불 신앙에 주목하면서 인용된 형태로 재구성한 것이 아닐까 생각한다. 내용 구성상 다양하고 후대의 민간 전승까지 담은 '승전'의 존재가 주목된다. 그러나 이 '승전'이 『동승전』인지 여부는 단정하기 어렵다.

⑪ 엄장이 원효에게 불법의 요체를 물으니 원효가 그에게 정관법[2] 을 일러주었다고 했다. 정관에 대해 주를 붙여 「원효본전」과 『동승전』 에 나온다 했는데, 「원효본전」은 전하지 않고 현전 『동승전』에는 「원효 전」도 빠져 있고, 관법에 관한 기록도 보이지 않는다. 여기서 『동승전』 을 명기한 것으로 보아 『동승전』에는 관법에 관한 언급이 있었을 터이나 그 부분은 유실되었다. 『유사』의 「원효불기」조에도 원효와 관련된 관 법 언급은 없다.

⑫ 원성왕이 연회를 국사로 삼았다는 본문에 대한 주에서 '승전'을 인용했다. '승전'은 헌안왕이 연회를 두 왕의 왕사로 삼았으며, 그는 경 문왕 3년(863)에 돌아간 것으로 되어 있으므로 본문에서 원성왕이 그 를 국사로 삼았다고 한 것과 상치되는데, 『유사』는 어느 것이 옳다고 확정 짓지 않았다. 이런 주가 필요했던 것은 본문으로 채택한 기록은 「피은」이라는 주제에 적합한 내용을 포함했기 때문이었을 것으로 추정 할 수 있다. 국사 또는 왕사였던 연회의 전기를 서술하려 한다면 피은 의 태도 외에 그의 가르침이나 국왕과 나라의 존경을 받은 내용에 대 해 더 상세하게 기술하는 것이 자연스럽다. 추측컨대 본문의 전거 자료 나 '승전'에는 연회전이 입전되고, 거기에 좀 더 다양한 내용이 들어 있 었을 것이다. 그런 의미에서 정치적으로나 사상적으로 비중이 컸을 연 회에 관한 이 '승전'이 『동승전』일 가능성이 높다고 생각한다.

⑬ 일연은 단속사를 세운 인물을 신충으로 여기고 '신충이 관직을 버리다'라는 제목을 붙였다. 그러나 그 창건자를 이와 달리 기록한 예 도 버리지 않고 실어두었다. '별기'와 '고승전'은 이준(또는 이순)이 그

---

2) 『유사』 정덕본에는 쟁관錚觀이라 했는데, 이는 정관淨觀의 잘못으로 이해한다(김동욱, 1957, 262쪽).

창건자라 했다. '고승전'에서 이순이라 쓴 것은『삼국사기』의 기록과 일치한다. 단속사에서는 창건된 지 얼마 안 있어 신행 선사(704~779)가 머물다 입적했고(「단속사신행선사비」), 대감국사 탄연도 이곳에 머물다 입적했으며(「단속사대감국사비」), 한림학사 김은주가 찬한 「진정대사탑비」도 이곳에 있었다 한다(『신증동국여지승람』 권30 진주 불우). 이와 같이 사찰 내력이 면면히 이어졌음에도 그 창건자에 대한 설이 분분했던 것은 단속사가 중앙의 영향력 있는 승단 세력과 연결되기보다는 세상을 피해 정결한 삶을 추구하는 승려들이 이어온 곳이라는 성격과 무관하지 않은 것 같다. 이 고승전은『동승전』일 가능성이 높다.『동승전』에서 「이순전」을 세웠다고 가정할 때, 그것은『유사』의 「피은」 같은 편에 두었을 것이다.

이상에서『유사』에서『동승전』을 참고·인용한 여러 사례를 들고 일일이 검토해보았다. 이를 통해서『유사』는『동승전』을 주요한 참고 자료로 이용했음을 확인할 수 있었다. 그러면서도『유사』가『동승전』의 기록을 취하는 태도는 비판적이었다. 여러 사례에서 보듯이『유사』는 동일한 사안에 관한 여러 기록이 전하는 경우 각 기록의 적합 여부를 비판적으로 검토했다. 특히『유사』가 비판적인 것은 연대 문제에 관한 것이었다. 기록들의 연대가 합리적이지 못한 경우는 이에 대해 논리적인 문제점을 제시하면서 비판하는 태도를 취했다.『동승전』역시『유사』의 그런 비판의 대상에서 피해갈 수는 없었다. 연대 문제를 위시한 비합리성에 대한『유사』의 비판적인 태도는 때로『동승전』에 대해 냉정한 평가로 나타났다. 그러면서도『유사』는『동승전』이 전하는 승려의 행적에 대해서는 중요한 근거 자료로 삼은 것도 사실이다.『동승전』이 승려의 행적과 신이, 영험 등 불교 신앙적인 요소에 주목했다면,『유사』는 이런 점을 계승하면서 합리성을 유지하려고 했던 것이다.

(2) 『삼국유사』이후 『해동고승전』의 유행

『동승전』의 작자 각훈과 교유 관계였던 이규보 등의 문집을 통해서 각
훈이 『동승전』의 저자임을 확인할 수 있지만,[3] 이규보 등에게서 『동승
전』을 이용하고 그것을 인용한 흔적을 찾아볼 수는 없다. 『동승전』을
인용해서 승사를 논한 글을 찾아보기는 어려운 것이 『유사』 이후의 실
정이다.

이런 사정은 조선시대에 들어서도 마찬가지다. 우선 승사를 서술한
조선시대의 저술들에서도 이런 현상을 찾아볼 수 있다. 목록이 김휴의
『해동문헌총록』에 보이지만, 이것은 이규보의 문집에서 옮긴 것이다.
채영의 『서역중화해동불조원류』, 정약용의 『대동선교고』, 각안의 『동
사열전』, 필자 미상인 『동국승니록』·『산사약초』 등은 고대 이래의 우
리나라 불교사를 다룬 저술들이지만 이들 가운데 『동승전』을 참고한
흔적을 보이는 책은 없다. 승사를 전적으로 다룬 책들에서도 사정이 이
러한데 일반인들의 저술에서 『동승전』을 열람한 흔적을 찾는 것은 더
욱 기대할 수 없는 일이다.

그러나 승전 또는 고승전을 언급한 문집들에서 찾을 수 있는 몇 가
지 예를 언급하고자 한다.

문집 등에서 찾을 수 있는 승전, 고승전의 사례는 여럿 볼 수 있으나,
이중 많은 사례는 중국의 고승전을 지칭하는 것으로 여겨지는 경우다.
또는 고승전을 언급하더라도 『동승전』을 특정하지 않은 경우 판단하기
어려운 점이 많다. 정약용은 "한 권 『고승전』을 읽다가 평상에서 오후
잠을 잔다"(「산거잡흥」)고 읊었는데, 이 『고승전』이 『동승전』인지 특정

---

3) 각훈에 대해 당대인들이 부른 칭호는 '각월覺月 수좌', '각월사', '월사방장'(『동국이상국집』 권2·
권11·권16·권26), '화엄월사'(『파한집』 권중), '화엄월수좌'(『보한집』 권하) 등이었다. 각훈이라는 이름이
알려진 것은 『동승전』 필사본이 재발견되면서였다.

할 수 없다. 임상원任相元은 구월산 패엽사의 내력을 적은 기록에서, 신라승들이 천축에까지 갔다 온 사례가 『고승전』에 보이므로 우리나라에 패엽경이 전해오는 이유가 타당하다고 했다. 이 경우에도 신라승의 천축 구법 이야기는 『동승전』뿐만 아니라 중국의 『고승전』들에서도 전하므로 이를 『동승전』으로 특정하기 어려운 것이다. 그 외에도 고승전을 읽은 사례들에 관해 찾아볼 수 있으나 『동승전』을 특별히 지칭한 사례를 얻기는 불가능했다.[4]

대세로 볼 때 『유사』 이후 『동승전』을 이용해서 우리 불교사를 이해한 사례는 찾아볼 수 없고, 『동승전』이 재발견된 후에나 그에 대한 연구가 비롯될 수 있었다.

3. 고구려 국호

『동승전』에서는 고구려를 지칭할 때 구고려勾高麗라 한 것을 여러 군데서 볼 수 있다. 「유통편」의 서문, 「순도전」, 「망명전」, 「의연전」, 「마라난타전」, 「아도전」, 「원광전」, 「현유전」 등이다. 『동승전』의 사본에 따라 고구려라 한 곳도 있으나, 이것은 『동승전』과 일부 문헌들에 보이는 특징이다.

고구려는 여러 가지로 쓰고 불렸다.[5] 이런 차이에 대해 크게는 이들 명칭이 같은 나라 고구려를 칭하는 명칭상의 차이일 뿐으로 보는 견해와, 명칭의 차이로부터 근거지, 구성 주민의 차이 등을 나타내는 것으

---

4) '승전'의 검색 출전은 한국고전번역원의 '한국고전종합DB'다.
5) 高句麗, 高句驪, 高麗, 句麗, 勾驪, 駒麗 등이다.

로 이해하는 견해로 나뉜다. 또는 고구려가 뒤에 고려라고 국호를 공식적으로 변경한 사실도 주목했다(정구복, 1992).

이렇게 고구려에 대한 명칭이 다양했기 때문에 구고려에 대해서도 잘못된 표기로 여겨왔다. 그러나 구고려라 칭한 기록들은『동승전』외에도 더 나타나고 있다. 여러 문헌에서 구고려라 한 것에 주목해서 구고려라 칭한 현상이 고려 무신정권기의 기록들에 국한되었다고 지적하기도 했다(최연식, 2007).

구고려라고 칭한 기록들의 사례를 더 검토해볼 때 거기서 어떤 경향과 특징이 있었음을 발견하게 된다. 구고려라 칭한 사례들을 열거하면 다음과 같다.

① 함경도 성천 출신 사졸 최광수崔光秀는 거란병의 내침에 토벌군으로 동원되자 이에 반해서 병란을 일으켰다. 그는 스스로 '구고려 흥복병마사 금오위섭상장군'이라고 칭했다. 고구려를 부흥하겠다는 기치를 내걸었는데, 이때 고구려를 구고려라고 칭했다(『고려사』권121, 열전34 정의鄭顗;『고려사절요』권15, 고종 4년 6월).

최광수의 반란을 진압하는 데 공을 세운 인물은 정준유鄭俊儒(뒤에 정의로 개명)인데, 이 사실은 훗날 계속 추앙되어 기록되었다. 그런데 후의 기록들은 구고려를 모두 고구려로 고쳐 표기했다. 이색이 찬한「정씨가전」은『동문선』,『목은집』에서 모두 고구려라고 했고,『동국여지승람』에서도 같은 내용을 기록하면서 '고구려'라고 했다(『신증동국여지승람』권51, 평양 명환).『동사강목』에서도 역시 '고구려'라 했다. 정의 활동을 기록한 후대의 기록들이 같은 사실을 적으면서도 '구고려'를 굳이 '고구려'로 고쳐 표기한 것은 역시 구고려를 잘못된 표기로 인식한 데 따른 것이리라.

② 윤관尹瓘은 함경도 방면의 여진을 정벌해 동북 변경을 안정시키는

데 공을 세운 인물이다. 『고려사』의 찬자는 윤관이 여진 정벌 때 세운 공을 위주로 열전에 서술했는데, 여기서 "여진은 본래 말갈의 나머지 종족인데 수·당 시기에 구고려에 병합되었다"고 적었다. 여기서 구고려는 물론 고구려로서 말갈인들이 고구려에 복속된 사실을 가리킨다. 『고려사』 기록에 의하면 윤관의 여진 정벌을 칭송하는 예종의 말 가운데서도, 또 윤관의 전공을 기록한 벽서에서도 모두 '구고려'라 표기했다(『고려사』 권96, 열전9 윤관). 이 사례는 윤관이 여진을 정벌하면서 내세운 명분은 고구려의 옛 땅을 회복한다는 것이었는데, 그와 그 당시의 인물들 사이에서 고구려를 구고려라고 썼음을 보여준다.

③ 대각국사 의천은 고구려가 도교 진흥책을 펴자 승려 보덕이 방장을 옮겨 백제의 고대산으로 갔다는 사실을 상기하며 보덕의 영정에 알현하고 시를 지었다(『대각국사문집』 권17). 이에 대한 분주에 "스님은 원래 구고려 반룡사의 사문이었다"고 한 부분이 있다. 분주가 의천 자신에 의한 것인지, 후인에 의한 것인지 논란이 있어왔다. 이 분주에서 그 내용이 『해동삼국사』의 것과 같다고 밝힌 데서 『해동삼국사』가 『구삼국사』일 가능성이 제시되었는가 하면(김석형, 1981, 59쪽), 현전 김부식의 『삼국사기』에서도 거의 동일한 내용이 연도를 달리해서 나오므로 『구삼국사』론을 비판하고 현전 『삼국사기』일 가능성을 제시하기도 한다(이강래, 1996, 277쪽). 여기에 구고려라 쓴 사례를 보여주고 있음은 주목해도 좋을 것이다. 의천의 시를 인용한 『보한집』에서도 『대각국사문집』과 분주를 포함해서 거의 일치하는데, 구고려의 경우도 마찬가지로 그대로 따랐다(『보한집』 권하). 『대각국사문집』의 해당 분주가 후주라고 하더라도 의천 당대에서 그리 멀지 않은 시기에 붙여졌을 가능성이 있다. 의천 또는 그의 문도에서 최자崔滋로 이어지는 부류가 구고려라는 표현을 썼다는 것을 확인할 수 있다.

그런데『보한집』의 최자보다 20년 연상인 이규보 역시 보덕이 방장을 옮긴 사실을 언급했지만(「남행월일기」), 여기서 그는 고구려, 구려라는 국호를 썼다.『동국이상국집』의 판본으로 현재 전하는 것이 후대의 것이라고 하면 고구려 국호에 관한 표기가 이규보 자신의 표기를 그대로 전했는지 여부를 확인할 수 없다고 할 때, 고구려 또는 구고려를 칭하는 부류의 역사적 인식의 차이를 부정하기는 어렵다.「남행월일기」는『동문선』에도 전하는데, 광해군 이전 시기 판본을 찾을 수 없다는 점에서(이우성, 1966) 이 역시 마찬가지다.

④ 해인사 사간 누판 안에는 고려 태조 26년(943)에 각판에 의거, 인행됐다는「가야산해인사고적」이 포함되어 있다. 이 '고적'은 1662년에 같은 이름의 사적('고적-2')을 간행할 때 다시 판각되어 '고적-2'의 처음 부분에 포함되었다. 943년의 판본에 의거했다고 하나 내용이 매우 설화적이고 지명 중에 몽골 간섭기에 사용되던 것(興安府)이 보이는 것으로 미루어 이 연대와 사실을 그대로 인정하기는 어려울 것이다. 그러나 적어도 몽골 간섭기까지 전승되던 사적의 일단은 보여준다.

이 사적에서는 '구고려' 시기에 한 선비가 죽은 후 제석이 '구고려'가 망할 것을 예언했으며, 그 선비는 돌아와 해인사 터에 숨어 지내 난을 피했다고 했다. 풍수지리 사상에 의해 해인사가 영지임을 강조하려는 분식된 이야기다. 고구려에 대해 '구고려'라 칭하는 것이 어떤 경향성을 보여주는 것이 아닌가 암시하는 부분이다.

이상에서 '구고려'를 칭한 몇 예를 들어본 결과 다음과 같은 생각을 얻었다.

(가) 구고려의 칭호는 고구려를 계승하고 그 영토를 회복하려는 부류에 의해 사용되었다.

(나) 구고려의 칭호는 불교 승려들 사이에서 사용되는 예가 있었다.

(다) 구고려의 칭호는 풍수지리 사상의 경향 가운데 애용되기도 했다. 이 경우 구고려라는 칭호는 어떤 신비력을 지니는 칭호로 여겨졌을 가능성을 열어두고 있다. 후대에 합리성, 사실성을 중시한 유자들이 같은 사실을 전하면서 구고려를 고구려로 바꾸어 기록한 예들은 상대적으로 구고려 칭호가 고구려 부흥을 꿈꾸는 부류들 사이에 일종의 언어적 마력을 지닌 것으로 여겨졌을 가능성을 보여준다.

구고려를 칭한 시기는 몇 사례를 통해서 본 결과, 12세기 초부터 몽골 간섭기 또는 고려 말기까지에 해당한다. 그러나 시기가 더 소급될 수도 있을 것이다. 조선 건국 이후 구고려라는 국호는 역사 서술에서도 사라졌던 것 같다.

4. 불교 초전

신라에 불교가 처음 들어온 데 대해서는 많은 설들이 있어와서, 이에 대한 연구도 다양하게 이루어졌다. 자료로는 『삼국사기』 법흥왕 15년 조에서 인용한 김대문의 『계림잡전』, 김용행 찬 「아도화상비」와 『동승전』에서 인용한 '고기', 역시 『동승전』에서 인용하고 『유사』에서 간단히 언급한 고득상의 「시사」가 중요한 근거가 된다. 「아도화상비」의 내용은 『동승전』에서는 박인량의 『수이전』에서 인용하면서 제시되었는데, 양자의 내용이 거의 일치하는 것을 볼 수 있어서, 후자가 「아도비」를 인용하고 『동승전』이 다시 『수이전』의 것을 인용했음을 알 수 있다. 『동승전』이 신라 불교 초전과 관련해 다른 기록에서 볼 수 없는 내용을 담고 있으므로 일단 이 문제에 대한 연구에서 소홀히 할 수 없는 것은 당연한 일이다.

『동승전』을 인용한 고기의 기록은 아도가 법흥왕 14년(527)에 일선군에 들어왔으며, 중국 사신이 가져온 향의 용도를 일러주어 왕실의 존숭을 받게 되었다고 했다. 또 이 기록은 아도 이전에 고구려에서 정방, 멸구빈 두 승려가 왔다가 살해되었다는 사실도 전하고 있다. 527년은 신라 불교가 공인된 해였음이 『삼국사기』의 기록으로 확인된다. 이때 아도가 신라에 들어와 곧 왕실의 인정을 받았다는 것은 합당하지 않으므로, 이 기록은 전반적으로 신빙성에 의문을 지닌다(이병도, 1976, 651쪽). 그런데 이 기록은 아도 이전에도 고구려승 정방 등이 입국해서 포교를 시도했다는 사실을 알려준다. 이들 인물은 『동승전』 외에서는 보이지 않는데, 그 이름이 구체적으로 밝혀졌다는 점이 흥미롭다. 이차돈의 순교가 기념되고, 그가 신라 불교 흥성에 절대적인 공을 세운 인물로 추앙되는 데 비해 정방 등에 관해서는 이름 외에는 전혀 전승되지 못한 이유가 무엇일까? 외국인이라는 이유, 불법 공인의 실패, 중앙이 아닌 지방에서의 사건 등의 이유를 생각할 수 있을 것이다. 또는 단지 후세 작가의 창작에 불과한지, 연구를 요한다.

『동승전』에서는 고득상의 「시사」가 인용되어 양나라 사신 원표가 향과 불경, 불상을 가져왔는데 아도가 그 용법을 알려주었다고 하고, 고득상이 스스로 주를 달아 아도가 두 번이나 해를 당했지만 죽지 않고 모례집에 숨어 있었다고 부연했다. 『유사』에서도 고득상의 「영사시」를 인용했지만, 『동승전』의 것이 고득상의 자주自註를 포함해 직접 인용하는 방법을 취했으므로 기록의 원형을 더 잘 전해준다. 이 「시사」에서 아도가 두 번 죽임을 당했지만 죽지 않았다는 점이 다른 기록과 구분되는 보다 원초적인 설화의 모습을 보여주는 것으로 보고, 여타의 기록들이 이 설화로부터 부회해서 파생한 것으로 보는 견해도 있다(스에마쓰, 1954, 223쪽). 법흥왕 대의 불교 공인 이외의 불교 전래 기록에 대해서 부정적인 이 견해는 공인 전에 이미 불교에 접할 가능성을 충분히 고려하지 않은 연구 방법상 한계를 지닌 것이었다. 불교와의 접촉도 크게 외부 문화와의 접촉의 한 현상으로 보고, 불교 초전과 관련 있는 일선군(지금의 선산) 지역이 신라에서 북방 문화를 보다 쉽게 접할 수 있는 지역이었음을 주목하는 연구로 보완되었다(김두진, 1985, 272쪽).

고구려의 불교는 『삼국사기』에 전하는 대로 소수림왕 2년(372)에 전진으로부터 처음 들어왔다. 『동승전』은 『삼국사기』의 이 기록을 존중하면서 「순도전」을 두었다. 그러면서 「담시전」을 두어 고구려 불교 전래에 관한 다른 기록을 함께 실었다. 「담시전」은 그 출전을 『양고승전』 「담시전」에 두고 이를 충실히 반영했다. 『양고승전』은 고구려 불교 전수에 관해 담시가 요동으로 간 것이 고구려가 불도를 처음 듣게 된 것이라고 했다. 『동승전』은 이 부분을 인용하면서도 "이때는 전진의 부견이 불상 경문을 보낸 후 25년이 되는 때다"라고 밝힘으로써 순도의 불교 초전 사실을 더욱 존중하는 태도를 취했다. 『유사』에서도 담시의 활동을 전하면서 이를 「아도기라」에 편입시켰다. 또 특별한 언급 없이 고구려 불교의 처음이라는 『양고승전』의 기록을 그대로 옮겼다. 『유사』 역시 「순도조려」조를 두어 고구려 불교의 처음을 순도에서 찾는 견해를 포기한 것은 아니다. 그러면서도 양 사서가 표현 방식에서 약간의 차이를 나타내는 것을 볼 수 있다. 담시가 『동승전』에서 별도로 입전될 정도로 주목된 것을 반영하는 견해도 나타났다. 고구려 불교 초전에 관해 국내 측 기록보다 중국 측 기록에 신빙성을 더 높게 두는 견지에서 담시를 고구려 불교의 창시자로 여긴 것이 그것이다(카마타, 1985). 그러나 담시의 전교 사실은 주목해야 할 것이지만, 국내 측 기록을 맹목적으로 터부시하는 것은 문제가 있다. 담시의 불교가 기존에 전해진 불교와는 다른 성격의 불교였다는 것, 그런 면에서 새로운 불교의 창시자라는 의미를 부여한 견해도 나왔다(김영태, 1975).『동승전』의 담시전이 고유의 전거에 의한 것은 아니나, 고구려 불교의 다양성을 포함한 연구를 재촉한 의미가 있다고 하겠다.

5. 불기 표기

『동승전』은 「유통」 서론에서 부처가 출생하고 열반에 들기까지의 과정을 대략으로 서술하고 중국과 우리나라에 불교가 전파되어 고승대덕이 출현한 내력을 약술했다. 그 연대를 표기하는 방식으로 지금까지 몇 년이 되었다는 방식을 취했기 때문에 이것은 불기佛紀를 어떻게 이해했는가를 보여주는 자료가 된다. 불기 이해와 관련한 기록의 사례가 적은 터에『동승전』의 이 기록은 중요한 가치를 나타낸다.

서론에서『동승전』은 "부처가 입멸한 후 지금 을해년까지"라 했는데, 각훈 생존 기간 중의 을해년은 1215년이 된다.『동승전』의 같은 곳에서 "순도가 고구려에 들어온 때부터 지금까지 844년이 된다"는 표현에서도 그 기준 연도가 같은 1215년이었음을 확인할 수 있다. 이를 적용해서 환산해보면 불멸 연대는 서기전 949년이 되는데, 이해는 서론에서 부처가 주 목왕 임신년에 입멸했다고 한 임신년의 간지와 일치한다. 서론에서 석가는 주 소왕 갑인년 4월 8일에 탄생했다고 했는데, 이해는 서기전 1027년의 간지 갑인과 일치한다.

「의연전」은 중국과 우리나라에서의 불기에 관한 이해의 현실과 불기 지식을 수용하는 과정을 보여준다. 「의연전」은 비장방이 찬한『역대삼보기』의 내용을 거의 그대로 옮겨온 것으로(신동하, 1999, 109쪽), 그 사료적 가치가 기록의 고유성에 있는 것이라고는 할 수 없다. 그러나『동승전』이 불기를 포함한 기념의 문제를 중시했고, 그것의 흔적들이 기념 문제에 관한 논의의 단서를 제공하는 것임에 틀림없다.

그런데 「의연전」의 불기 내용은 서론에서 서술한 것과 내용에 차이가 있음을 발견할 수 있다. 「의연전」에 인용된 법상의 불기에 관한 교시는 '지금 제나라 무평 7년 병신년'이 기준이 되어 있다. 서기 576년이다. 이로부터 환산된 부처의 탄생은 서기전 967년이 되고, 성도한 해는 서기전 938년, 입멸한 해는 서기전 889년이 된다. 이것은 서론에서 밝힌 불기와는 차이를 보인다. 그러면서도 양자는 불탄생이 주 소왕 갑인년, 입멸이 주 목왕 임신년이라고 한 공통점을 지녔다. 즉 『동승전』「유통」서론과 「의연전」의 불기는 정확히 한 갑자의 차이를 나타낸다. 「의연전」에서 수록한 법상의 불기년에는 불탄의 시기를 주 소왕 24년(서기전 967년에 해당한다)이라고 하고, 성도한 때가 주 목왕 24년 계미년이라고 구체화했다. 주 대의 왕 재위 기간에 대한 법상의 견해는 『죽서기년』(금본)에 준하는 것으로 확인된다. 『동승전』의 서론에서 이와 다르게 한 갑자 앞선 불기를 채택한 것은 일반적인 북방 불기와 일치하는 것인데, 우리나라에서도 이 불기는 신라시대 이래로 일반적으로 수용, 정착되었다.

『동승전』은 이와 같이 서론과 「의연전」에서 각각 불기를 적용했는데, 양자 사이에 공통된 이해와 차이가 함께 나타나기도 한다. 이것은 불기를 확정하는 과정에서 기준으로 삼았던 기년이 달라지면서 생기는 필연이기도 했다. 그러면서도 간지와 상대 연대인 주 소왕, 목왕 시기라는 기준은 유지되었다. 그러면서 한 갑자의 차이를 나타내기도 했는데, 『동승전』의 찬자가 서론과 「의연전」의 불기에 차이가 있다는 사실을 인식했는지 여부는 확인할 수 없다.

『동승전』에는 이 외에도 불기를 인식하고 그것을 기준으로 연대를 측정하는 기록을 담았다. 「마라난타전」에서는 「기로전」을 인용해서 "마한, 변한, 진한 등 삼한이 부처가 열반한 후 600여 년 지난 때에 흥기했다"고 했다. 『동승전』에서 백제 불교의 유구성을 증명하기 위해 인용한 이 기록은 백제 성주산과 그 신앙의 존재를 보여주는 기록으로 이해되었다(신동하, 2009). 이것은 불기를 기준으로 시대의 원근을 이해하는 방식을 취했던 불가의 한 흐름을 반영하는 것으로 생각한다. 『동승전』 뒤에 편찬된 『유사』에서도 "석가세존으로부터 지금 지원至元 18년 신사년(1281)까지 이미 2230년이 된다"(「탑상」, 「가섭불연좌석」)고 한 데서 엿볼 수 있는데, 서기전 949년을 불멸 연대로 인식하고 있었다. 『석가여래행적송』 등 후에 출현한 문헌들에서도 불탄, 불멸 시기에 대한 지식이 확고해지고 있었음을 보여준다. 석가 신앙이 보급되면서는 불기의 지식과 적용도 확대되었다고 여겨진다. 그러나 불기는 불가에 한정해서 불조 석가의 역사성을 이해하는 데 그치는 경향이 뚜렷했다. 세속의 역사에까지 적용되는 불탄과 입멸의 의미를 확대하지는 못했으며, 불기의 일반화는 더욱 쉽지 않은 일이었다. 불가 내에서도 속가의 기년법을 적용해 역사를 기록했으며, 불기는 그에 병용하는 의미를 가질 뿐이었다.

6. 맺음말

『동승전』 연구는 크게 사학사 면과 사료로서의 이용 면 두 가지에서 이루어졌다. 현재 전하는 것이 필사본에 불과하고 전체 알 수 없는 분량 중에서도 단지 두 권에 불과하기 때문에, 연구의 한계를 지니고 있다. 사학사 또는 문학사 면에서는 어느 정도 연구가 이루어지고 있으나,

『동승전』을 사료로서 활용한 적극적인 연구는 매우 부족한 형편이다. 그러나 『동승전』에는 기존의 사료가 담지 못한 내용이 포함되어 있어 주목할 가치가 있다. 사료로서의 신빙성이 논란이 되기도 하나 고대 이래, 특히 불가에서의 전승 방법이 설화, 신이담, 영험담의 형식이 많았던 점을 고려할 때 사실에 적합지 않다고 해서 버릴 일은 아닐 것이다.

먼저 『유사』 자신이 『동승전』에 대해 비판적이면서도 『동승전』을 넓게 참고하고 『유사』 편술에 활용했다는 사실을 지적할 수 있다. 『유사』의 이런 태도는 『동승전』의 오류에 비판적이면서도 『동승전』이 전한 고대 불교의 실상에 대해 일부 수용하는 태도를 지녔던 것을 반영하는 것이다. 따라서 『유사』의 판본의 한계로 인해 잘못 전해지는 내용들이 『동승전』을 통해 교정될 수 있는 역논증도 가능하다고 판단한다. 양자 간에 중복, 일치하는 기사를 면밀히 검토함으로써 이런 성과는 더 거둘 수 있을 것이다.

『동승전』은 기존의 사서와 달리 불가에서 전해오던 자료들에 의거해서 찬술된 부분을 많이 포함했던 것 같다. '구고려'의 사례가 그것이다. 합리주의에 입각해서 편찬된 조선조 이후의 사서들과 달리 영험적 세계관을 반영하는 역사관과 그에 입각해서 주장되는 사실들의 역사성을 파악하는 것은 중세 사학을 뛰어넘는 현대 사학이 해결해야 할 과제다. 이런 점에서 『동승전』의 사료로서의 가치는 다시 평가되어야 할 것이고, 이용의 활성화도 적극 모색되어야 한다.

사료로서의 『동승전』을 활용하려고 할 때 전체를 단순하게 규정하고 마는 방식은 적절하지 않다. 『동승전』은 사료이면서 동시에 한 시기의 특정한 인물에 의해 편찬된 사서이기도 하다. 따라서 찬자의 찬술 동기와 목적, 방법 등이 고려되어야 한다. 또한 사료로서의 가치를 논할 때 찬자가 참고하고 근거한 자료의 성격을 파악하는 것이 중요하다. 이 경우 근거된 자료는 분산되고 개별적인 것이 많았으리라 생각되므로, 사료 평가는 사안과 기록에 따라 개별적으로 세밀하게 이루어져야 한다는 것이다. 이런 성과가 다시 종합될 때『동승전』의 사료 가치가 다시 평가될 수 있을 것이다.

:: 참고문헌

곽승훈, 2006,『신라고문헌 연구』, 한국사학.

_____, 2008,「『해동고승전』법공전의 찬술」,『한국사학사학보』17, 한국사학사학회.

김동욱, 1957,「신라 정토사상의 전개와 원왕생가」,『중앙대학교논문집』2, 중앙대학교.

김두진, 1985,「신라 상고대말 초전 불교의 수용」,『천관우선생환력기념 한국사학논총』, 정음문화사.

김상현, 1984,「『해동고승전』의 사학사적 성격」,『남사정재각박사고희기념 동양학논총』, 고려원.

_____, 2013,「고려시대 불교사서와 불교사 인식:『해동고승전』과『삼국유사』를 중심으로」,『한국불교사연구입문』하, 지식산업사.

김석형, 1981,「구『삼국사』와『삼국사기』」,『력사과학』1981-4, 과학백과사전종합출판사.

김영태, 1975,「고구려 불교사상: 초전성격을 중심으로」,『숭산박길진박사화갑기념 한국불교사상사』, 원광대학교출판국.

신동하, 1999,「한국 고대의 불기 사용에 대하여」,『한국사론』41·42, 서울대학교 국사학과.

_____, 2009,「백제 성주산신앙과 성주사」,『불교학연구』22, 불교학연구회.

안계현, 1969,「각훈 해동고승전」,『한국의 고전백선』, 동아일보사.

이강래, 1996,『'삼국사기' 전거론』, 민족사.

이병도, 1975,「신라불교의 침투과정과 이차돈 순교문제의 신고찰」,『학술원논문집』14, 학술원; 1976,『한국고대사연구』, 박영사.

이우성, 1966,「해제」,『(영인본) 동문선』상, 경희출판사.

장휘옥, 1991, 『해동고승전 연구』, 민족사.

정구복, 1992, 「고구려의 '高麗' 국호에 대한 일고: 『삼국사기』의 기록과 관련하여」, 『호
　　　　서사학』 19·20, 호서사학회.

최연식, 2007, 「고려시대 승전의 서술 양상 검토: 『수이전』 『해동고승전』 『삼국유사』의
　　　　아도와 원광전기 비교」, 『한국사상사학』 28, 한국사상사학회.

황패강, 1976, 「『해동고승전』 연구: 승사연구의 문제를 중심으로」, 『신라불교설화연구』,
　　　　一志社.

카마타 시케오鎌田茂雄, 1985, 「고구려 불교의 개교자: 백족화상 담시」, 『문산김삼룡박사
　　　　화갑기념 한국문화와 원불교사상』, 원광대학교출판국.

스에마쓰 야스카즈末松保和, 1954, 「新羅佛敎傳來傳說考」, 『新羅史の諸問題』, 東洋文
　　　　庫, 東京.

— 2부 —

금석문 및 문자 자료의 분석

ℰℬ

기원전 45년의 낙랑군 호구부와
패수의 위치 비정

마크 바잉턴(Mark E. Byington, 하버드대학교 한국학연구소 상임연구원)

1. 들어가며

한반도 초기 역사를 연구하는 것은 매우 어려운데, 이는 가장 기본적인
기초 작업groundwork들 중에 아직 마무리되지 않았거나 심각한 개정의
필요성이 있는 작업들이 많기 때문이다. 그중에는 한국사와 관련된 사
회와 정치체가 발전하는 공간의 지도를 제공하는 역사 지리의 사용에
관한 문제가 있다. 역사 지리는 초기 사료에 언급된 장소의 현재 위치
를 결정하거나 추정할 수 있게 한다. 비록 실제로는 종종 부정확할지라

---

* 이 글은 영어 원문 "The Lelang Census of 45 BC and the Identification of the Pʼae River"를 박지
  현(서울대학교 국사학과 박사과정)이 번역한 것이다.

도, 과거의 사건들이 왜 그런 방식으로 발전했는지에 관해서 그 이유들을 제공하기 때문에 역사 지리는 역사에 관한 기본적인 지도를 만들어 내는 데 매우 유용하다.

역사 지리의 연구는 동아시아 전반에서 전근대 후반기에 발전했고, 20세기 중반에 그 정교함의 절정에 이르렀다. 그러나 오늘날 남한과 북한 학계에서는 역사 지리가 활발하게 사용되지 않고 있는 실정이다. 아직 중국 동북 지역의 연구자들은 종종 고고학적인 개개의 장소들을 역사적인 장소와 연결시키면서 역사 지리를 이용하고 있다. 그런데 최근 수십 년 동안 고고학 자료의 양이 급증했음에도, 아직 한국 학계에서는 일반적으로 1920년대와 1930년대의 역사 지리 연구를 참조하고 있다. 이것이 바로 한반도의 역사 지리를 다시 논의해야 하는 현실적인 이유다. 1920~1930년대의 연구들은 불충분하고 불확실한 자료들이 사용되었고, 학문적인 정교함 측면에서도 부족하기 때문에, 이 시기 연구들을 활용하는 것은 잘못이다.

역사 지리의 유용성은 아마도 한반도 최초의 정치체로 알려진 고조선古朝鮮과 한漢 무제武帝가 기원전 108년 고조선을 정복하고 설치한 낙랑군樂浪郡의 사례로 설명될 수 있을 것이다. 남아 있는 사료 중에는 고조선과 낙랑군의 특정한 장소들과 지형적 특징들에 관한 문헌들이 있다. 대표적인 것이 전한前漢 초의 고조선과 낙랑군의 경계를 형성한 패수浿水에 관한 문헌들이다.[1] 이 패수가 지금의 어떤 강을 가리키는지 밝히는 것은 고조선과 랴오둥遼東의 크기를 결정하는 데 확실히 유용할지도 모른다. 그러나 단순해 보이는 이 문제는 패수에 관한 문헌 기록들

---

1) 랴오둥과 고조선(후에 낙랑군) 사이의 경계로서 패수에 관해서는, 『사기史記』의 다음 기사가 참고된다. 漢興 爲其遠難守 復修遼東故塞 至浿水爲界 屬燕.(『사기』 권115, 조선열전朝鮮列傳55)

이 서로 모순되거나 모호한 표현을 사용하면서 어려운 문제가 되었고, 패수라는 이름이 수세기 후에는 한漢 시기의 패수가 될 수 없는 현재의 대동강에 적용되면서 문제는 더욱 악화되었다. 이러한 모호함과 혼란함은 학자들이 각자 다르게 패수를 비정하게 했고, 그 대상에는 랴오시遼西에서 한반도의 북서 지역에 이르는 범위에 있는 강들이 포함되었다.

패수의 위치는 또한 고조선과 낙랑군의 위치에 관해 대립하는 여러 가설을 확인하는 데서도 중요하다. 전통적인 학문이 역사적이고 고고학적인 증거들을 근거로 고조선과 낙랑군의 중심지를 지금의 평양에 위치시키는 반면, 한국의 또 다른 영향력 있는 학파에서는 고조선과 낙랑군의 중심지가 한반도 밖, 랴오시나 랴오둥에 위치했다고 주장한다. 이 주장을 내세우는 사람들은 모호한 자료를 자의적으로 해석하거나 전통적으로 학자들이 사용해왔던 자료들을 활용하지 않고 있다. 따라서 강력한 기반에 근거해 패수의 위치를 비정할 수 있다면, 고조선과 낙랑군의 위치에 관한 두 가지 주요한 견해 사이의 차이점을 해결할 수 있을 것이다.

2. 기원전 45년의 낙랑군 호구戶口 조사

언급했듯이, 패수의 위치를 비정하는 것은 늘 어려운 일이었다. 자료가 모호해서 다양한 해석이 가능했고, 이로 인해 패수에 해당할 수 있는 현대의 강의 범위가 넓어졌기 때문이다. 그러나 다행스럽게도 평양의 몇몇 고고학적 발굴에 대한 최근의 발표는 고조선과 낙랑군의 역사 지리 연구를 크게 도와주었다. 1990년대 초에 기원전 1세기 후반의 것으로 여겨지는 목곽묘가 평양 남쪽 정백동의 고분군에서 발굴되었다. 정백동 364호분으로 불리는 이 무덤에서는 목판에 쓰인 문서들이 출토되었다. 출토의 정황과 상세한 상황은 아직 공개되지 않았지만, 2006년에 평양에서 출간된 논문에서는 그 문서들 중 하나가 기원전 45년의 낙랑군 전체의 호구戶口를 기록한 문서라는 사실을 밝혔다. 이 호구부戶口簿는 현縣 단위까지 기록된 완벽한 것이어서 낙랑군과 그 이하 25현의 구조와 호구 수치에 관해서 매우 유용한 정보들을 제공했다(손영종, 2006a, 30~33쪽·2006b, 49~52쪽).

2008년에 이 호구부의 사진이 북한의 학술지에 게재되었고,[2] 남한 연구팀의 노력으로 호구부의 글자들 중 700자 이상이 판독되었다(동북아역사재단, 2010). 호구부는 3매의 목독木牘으로 구성되었는데, 각각의 목독에는 현 단위로 호구 수치가 상세하게 기록되어 있다. 호구부는 총 28행으로, 제목 행으로 시작해서 현당 1행씩 25행, 그리고 2행의 총계 기록으로 끝난다. 이 호구부는 낙랑군이 지금의 평양에 기반을 두고 있었다는 주장을 강하게 뒷받침할 뿐만 아니라, 낙랑군이 어떻게 구성되고 구분되었는지 이해하는 것을 도와주는 호구 기록으로도 중요한 가치를 지닌다. 더욱이 『한서漢書』나 다른 관련 문헌에 남아 있는 기원후 2년 한의 호구 조사 기록과 내용을 비교해보면, 패수의 위치를 포함해 낙랑군의 지도 작성을 시작할 수 있다.[3]

『한서』에 남아 있는 기록들은 기원후 2년에 낙랑군을 구성했던 25개 현의 목록을 제공한다. 단순한 목록을 넘어서서, 이 자료는 또한 통치 구조와 몇몇 현의 지리적 특징에 관한 약간의 정보를 제공하기도 한다(부가적인 관련 지리 정보들은 후대의 작업에서 밝혀졌다). 마지막으로, 그것은

---

2) 호구부 목독의 사진은 관련된 설명 없이 『조선고고연구』 4(2008)의 권말 부록에 게재되었다.
3) 관련된 자료는 『한서漢書』 권28 하下, 지리지地理志8 하에 기록되어 있다. 『한서』에 남아 있는 호구 수치는 오직 군 단위의 총계만 나타내고 있다.

군 전체의 호구 총계를 알려주고 있다. 지리 정보는 개개의 현이 지리적으로 어떻게 나누어졌는지를 결정하는 데 가장 유용하다. 특히 이 자료들로부터 낙랑군에 패수浿水·열수洌水·대수帶水라는 주요한 3개의 강이 있었다는 사실을 확인할 수 있다. 패수는 랴오둥과의 북쪽 경계를 형성하는 강이었고, 열수는 중심 지역에 있었으며, 대수는 남쪽 영역과 관련되어 있었다.[4] 비록 학자들 간에 이들 세 강의 위치에 대한 완전한 동의가 이루어지지는 않았지만, 대부분은 열수를 지금의 대동강에, 대수를 지금의 재령강 하류―재령강 상류를 대수로 비정하는 것에는 논란의 여지가 있다―에 비정하고 있다. 논란의 쟁점은 패수의 비정인데, 패수를 지금의 청천강으로 보는 견해와 압록강으로 보는 견해가 강하게 대립하고 있다. 아래 설명된 바와 같이 기원전 45년의 낙랑군 호구부를 포함한 목간들의 발견은 이 문제를 해결하는 것을 도와준다.

도움이 될 만한 정보 중 하나는 낙랑군의 25개 현 가운데 패수의 이름이 붙은 패수현浿水縣이 있다는 것이다. 이는 이 현이 패수 근처 혹은 바로 곁에 있다는 추정을 가능하게 한다. 기원전 45년의 호구부는 패수현에 관해 다음과 같이 기록하고 있다.

浿水 戶千一百五十二 多前卄八 口八千八百卅七 多前二百九十七.[5](「낙랑군 초원初元 4년 현별縣別 호구戶口 다소多少□□」)

---

4) 기원전 82년 이후 낙랑군은 중심 지역, 폐지된 현토군玄菟郡과 임둔군臨屯郡의 남은 현들로 형성된 동부도위東部都尉의 관할 영역, 그리고 폐지된 진번군眞番郡의 남은 현들로 형성된 남부도위南部都尉 관할 영역으로 구성되었다.
5) 이 글에서 기원전 45년 호구부의 수치들은 달리 명시되지 않는 한 윤용구의 논문에 옮겨진 자료를 가져온 것이다(윤용구, 2010, 188~189쪽).

위의 기록에서 볼 수 있듯이 호구부에는 각 현마다 현의 이름, 호구 조사 시기에 등록된 호戶의 숫자, 이전 호구 조사 이래의 호의 증감, 호를 구성하는 구口의 숫자, 이전 호구 조사 이래의 구의 증감을 기록하고 있다. 호구부의 마지막 2행(27·28행)은 앞의 25행에서 기록된 수치들을 포괄하는 총계를 제공한다.

특히 주목되는 것은 이 호구부가 25개 현을 4개의 구역으로 나누어 기록하고 있다는 점이다. 조선현으로 시작되는 처음의 6현은 낙랑군의 중심 지역을 구성하는 현들이다. 다음의 7현은 낙랑군의 남부도위 관할 구역 전체를 구성하고 있는데, 자비령 남쪽의 황해도 지역에 위치했던 것으로 생각된다. 그다음의 5현은 낙랑군 중심 지역의 나머지를 형성하고 있다. 따라서 앞의 6현(2~7행)과 합하면 낙랑군 중심 지역 전체를 구성하게 된다. 마지막 7현은 낙랑군의 동부도위 관할 구역 전체를 구성하는 현들로, 영동 7현으로 알려져 있기도 하다. 이 현들은 원산만을 중심으로 한 동부 해안에 있었다. 이 글의 목적을 위해 동부도위와 남부도위 관할하의 현들은 다루지 않을 것이다. 왜냐하면 그것들은 패수의 위치를 결정하는 데 필요한 정보를 제공하지 않을 것이기 때문이다. 대신 호구부에서 두 부분으로 나뉘어 있는 낙랑군의 중심 구역에 집중할 것이다. 이렇게 구분한 이유는 다음에서 밝힐 것이며, 지금은 우리가 낙랑군의 중심 지역, 즉 평양 남쪽의 자비령에서 북쪽으로 패수에 이르는 지역에 위치한 낙랑군의 중심 지역을 다룰 것이라는 점을 확실히 해둔다.

3. 낙랑군의 지리 고증

패수의 위치를 결정하기 위해서는 해당 위치에 대한 정보를 충분히 가지고 있는 중심 지역 현들의 위치를 비정하는 것에서 시작해야 한다. 중심 지역의 첫 번째 구역은 6개 현으로 구성되어 있는데, 여기에는 낙랑군의 치소가 위치한 조선현이 포함되어 있다. 낙랑군의 치소는 일반적으로 낙랑토성 일대로 불리기도 하는 지금의 평양 남쪽 토성동土城洞의 토성 유적으로 비정된다. 둔유현屯有縣은 지금의 황주黃州에 위치했던 것으로 추정되며, 사료를 통해 둔유현이 낙랑군 중심 지역의 가장 남쪽, 즉 남부도위 관할 지역과 접하는 곳에 위치했던 것을 확인할 수 있다.[6] 황주가 자비령의 바로 북쪽에 위치하는 것을 고려하면, 황주와 둔유현의 관계는 타당성이 있다. 점제현黏蟬縣은 점제현신사비黏蟬縣神祠碑를 근거로 어을동於乙洞에 있는 토성 유적으로 비정되어왔다. 증지현增地縣은 『한서』에 남아 있는 지리 관련 기록을 통해 패수 하구의 서쪽 반도 해안에 있던 것으로 알려져 있다(패수에 관해서는 다음에서 상세히 다루고 있다). 다른 두 현인 남감현誹邯縣과 사망현駟望縣은 그 위치에 관한 특별한 정보가 없다. 그러나 개인적인 견해를 가볍게 제시해보자면, 그 현들이 대동강과 청천강 하류역 사이 잘 배수된 분지에 위치했을 가능성이 있었을 것이라 생각된다.

중심 지역의 두 번째 구역은 5개의 현으로 구성되어 있다. 수성현遂

---

6) 建安中 公孫康分屯有縣以南荒地爲帶方郡(『삼국지三國志』 권30, 오환선비동이전烏丸鮮卑東夷傳 한韓). 둔유현 남쪽 지역이 대방군이 된 이래로 둔유현은 낙랑군 중심 지역의 가장 남쪽 지역이 되었다. 비록 둔유현을 지금의 황주에 위치시키는 주장이 처음에는 의문을 가질 만한 언어학적 증거에 기반했을지라도, 고고학적 자료들이 그 타당성을 뒷받침하고 있다(이병도, 1976, 118쪽; 오영찬, 2007, 105쪽).

成縣과 혼미현渾彌縣에 관해서는 신뢰할 만한 지리적 정보를 가지고 있지 않다.[7] 그러나 『한서』에는 패수현浿水縣과 탄열현呑列縣에 대해서, 『설문해자說文解字』와 『수경주水經注』에는 누방현鏤方縣에 대한 지리 관련 기록이 남아 있다. 패수현에 관한 기록은 패수현을 지나 흘렀음이 틀림없는 패수가 서쪽으로 흐르다가 증지현에 이르러 바다로 유입되었다고 언급하고 있다(우리는 곧 다시 이 문제로 돌아올 것이다).[8] 탄열현에 관해서 『한서』는 열수가 분려산分黎山에서 발원해 서쪽으로 820리를 흐르다가 점제현에서 바다로 들어간다고 했다.[9] 점제현은 대동강 하구 근처의 어을동 성벽 유적에 비정되기 때문에, 열수는 적어도 지금의 대동강 하류로 비정될 수 있다. 따라서 탄열현은 대동강이나 대동강 주요 지류의 상류 근처에 위치했었을 것으로 볼 수 있다. 지금의 대동강 상류 유역뿐만 아니라, 다른 주요 지류인 불류강佛流江(沸流江)과 남강南江도 각각 양덕군의 북쪽과 남쪽에서 서쪽으로 흐른다. 이들 모두 열수의 상류가 될 가능성이 있지만, 열수가 820리(약 340킬로미터)를 흘렀다는 것을 고려하면, 불류강(305킬로미터)과 남강(310킬로미터)은 제외할 수 있을 것이다.[10] 따라서 탄열현은 대동강 상류인 지금의 덕천德川 부근에 있었을 가능성이 가장 높다. 다음에서 이 시험적인 위치 비정에 관

---

7) 수성에 관해서 중국의 몇몇 자료가 진秦 대 장성長城의 동쪽 끝이 낙랑군 수성현에 있었다고 언급하고 있다(朝鮮〔周封箕子地〕屯有 渾彌 遂城〔秦築長城之所起〕鏤方 駟望『진서晉書』권14, 지志4 지리地理 상上 평주平州 낙랑군樂浪郡〕). 그러나 이 기록은 신뢰할 만하지 않은 것으로 생각된다.

8) 浿水〔水西至增地入海 莽曰樂鮮亭〕(『한서』권28 하, 지리8 하 낙랑군). 몇몇 학자는 여기에 인용된 두 번째 구절을 바탕으로 왕망王莽 시기 패수현이 낙선정樂鮮亭으로 이름이 바뀐 것을 고려해 패수의 위치를 추정했다. 이 견해는 패수현이 랴오둥의 경계에 위치했기 때문에 정亭으로 지정되었다는 것이다. 그러나 왕망이 이름을 바꾼 동기는 기능적인 고려보다는 우주론적 고려에 더 기반을 두고 있었다. 따라서 위 기사의 현명 변경을 현의 위치에 대한 강한 근거라고 생각하기 어렵다.

9) 呑列〔分黎山 列水所出 西至黏蟬入海 行八百二十里〕(『한서』권28 하, 지리8 하 낙랑군).

10) 지금 대동강은 전체로 400킬로미터가 넘는 흐름을 갖고 있다. 대동강구를 향한 비류강의 흐름은 약 305킬로미터이고, 남강은 약 310킬로미터다.

해 좀 더 논의할 것이다.

누방현에 관해서 『설문해자』와 『수경주』는 모두 패수가 누방현이나 누방현 근처에서 발원했다고 기록하고 있다. 그러나 그 흐름의 방향에 관해서는 두 가지 해석이 가능하다. 『설문해자』에는 "浿水出樂浪鏤方東入海"라는 기록이 보이는데, 이 구절은 어떻게 끊어 읽느냐에 따라 두 가지 해석이 가능하다. 하나는 "패수는 낙랑의 누방에서 나와서 동쪽으로 향해 바다로 들어간다"는 것이고, 다른 하나는 "패수는 낙랑 누방의 동쪽에서 나와서 바다로 들어간다"는 것이다. 비슷하게, 『수경주』에는 "浿水出樂浪鏤方縣東南過臨浿縣東入於海"라는 기록이 있는데, 이 역시 "패수는 낙랑 누방현에서 나와서 동남쪽으로 흘러 임패현을 지나고, 동쪽으로 계속 흘러서 바다로 들어간다"와 "패수는 낙랑 누방현의 동남쪽에서 나와서 임패현의 동쪽을 지나 바다로 들어간다"로 해석될 수 있다. 각각에 대한 첫 번째 해석은 패수가 동쪽을 향해 흐르는 강이라는 점을 알려준다. 그러나 이 기록은 『한서』와 반대되며, 한반도의 지형에 기반해서 보아도 반대의 흐름을 나타낸다.[11] 두 번째 해석은 패수가 서쪽으로 흐르는 강이라고 보고 있으며, 패수가 시작하는 곳이 강의 북쪽에 놓인 누방현에 있고, 패수의 하구는 강 서쪽에 놓인 알려지지 않은 임패현에 있다는 것을 알려준다. 사료에 오류가 있을 수도 있다는 가능성을 고려해 각 구절의 '동'을 '서'로 읽는다면, 첫 번째 해석도 문제가 없다. 이 문제는 여기서 해결될 것은 아니다. 이 구절들에서 확실히 알 수 있는 내용은 누방현이 패수의 상류 근처에 있다는 것이다.

---

11) 이 구절은 낙랑군이 랴오시에 위치했다는 견해를 지지하기 위해서 사용된다. 랴오닝遼寧에는 동쪽을 향해 흐르는 강이 존재한다.

4. 자료의 분석

앞에 언급한 분석을 통해 두 가지의 사실을 확인할 수 있으며, 이를 통해 연구의 내용을 더욱 진전시킬 수 있다. 먼저, 적어도 낙랑군의 3개 현이 패수의 흐름 위에 위치한다는 것이다. 즉 누방현이 상류에, 증지현이 하구에, 그리고 패수현이 그 사이 어딘가에 위치한다. 다음으로 낙랑군의 중심 지역이 기원전 45년의 호구 조사 시기에 두 구역으로 나누어져 있다는 것은 상당히 중요하다. 주목할 것은 증지현은 첫 번째 구역에 나오는 반면 패수현과 누방현은 두 번째 구역에 나오기 때문에, 패수는 두 구역을 모두 흘러갈 것이라는 점이다. 왜 중심 지역이 기원전 45년에 두 구역으로 나뉘어 있었는지에 관해서는 여전히 의문이 남는다. 이 중심 지역을 구성하는 11개 현은 『한서』와 같은 다른 사료에서는 구분되어 있지 않다. 하지만 기원전 45년에 실시한 호구 조사의 현 목록에는 틀림없이 나누어져 있다. 이것은 그저 서기가 자료를 기록하는 순서에 관련된 정황에서 나온 무작위적인 변칙을 반영하는 것이라고 추정할 수도 있다. 하지만 더 철저하게 분석해보면 이 구분이 의미가 있는 것으로, 중심 지역을 구성하는 현들의 2개 그룹은 실제로 두 개의 구분되고 분리된 조직을 형성하고 있었다는 것을 알 수 있다.

이러한 분리는 개별 현당 호별 평균 구수ロ/戶를 계산해보면 쉽게 관찰된다. 호별 구수는 첫 번째 구역에서는 4.54~6.28명으로 나타나며, 두 번째 구역에서는 6.35~8.21명으로 나타난다. 달리 말해서, 첫 번째 구역의 모든 현은 두 번째 구역의 모든 현보다 낮은 평균 호별 구수를 가지고 있다는 것이다. 이 구분 자체는 우연의 일치로 볼 수도 있지만, 중심 지역 몇몇 현의 지리적 위치를 고려하면 다른 패턴을 확인할 수 있다. 먼저 중심 지역의 첫 번째 구역의 6개 현의 지리적 위치를 보면,

〈표〉 기원전 45년 낙랑군 호구부의 내용[12]

	縣名	戶	증가분	口	증가분	호별 구수	
1	朝鮮縣	9,678	93	56,890	1,862	5.88	중심 구역 1
2	誹邯縣	2,284	34	14,347	467	6.28	
3	增地縣	548	20	3,353	71	6.12	
4	黏蟬縣	1,039	13	6,332	206	6.09	
5	駟望縣	1,283	11	7,391	278	5.76	
6	屯有縣	4,826	59	21,906	273	4.54	
	합계	19,658	230	110,219	3,157		
7	帶方縣	4,346	53	28,941	574	6.66	남부 도위 관할 영역
8	列口縣	817	15	5,241	170	6.41	
9	長岑縣	683	9	4,932	161	7.22	
10	海冥縣	338	7	2,492	91	7.37	
11	昭明縣	643	10	4,435	137	6.90	
12	提奚縣	173	4	1,303	37	7.53	
13	含資縣	343	10	2,813	109	8.20	
	합계	7,343	108	50,157	1,279		
14	遂成縣	3,005	53	19,092	630	6.35	중심 구역 2
15	鏤方縣	2,335	39	16,621	343	7.12	
16	渾彌縣	1,758	38	13,258	355	7.54	
17	浿水縣	1,152	28	8,837	297	7.67	
18	呑列縣	1,988	46	16,330	537	8.21	
	합계	10,238	204	74,138	2,162		
19	東暆縣	279	8	2,013	61	7.22	동부 도위 관할 영역
20	蠶台縣	544	17	4,154	139	7.64	
21	不而縣	1,564	5	12,348	401	7.90	
22	華麗縣	1,291	8	9,114	308	7.06	
23	邪頭昧	1,244	0	10,285	343	8.27	
24	前莫縣	534	2	3,002	36	5.62	
25	夫租縣	1,150	2	10,□76	□8	8.76	
	합계	6,606	42	50,992	1,306		
	총계	43,845	584	28□,261	[7,904]		
	其戶	37,□34		242,□□□			

12) 이 표에 관한 자료는 주로 윤용구의 2010년 논문을 참고했다(윤용구, 2010, 188~189쪽). 그러나 호별 구수의 수치는 수정되었다. 읽을 수 없는 글자들은 '□'로 표시했다. 부조현의 수치에서 □가 될 수 있는 최소치는 1만 176이고, 최대치는 1만 976이 될 것이며, □의 증가분의 최소치는 18이고 최대치는 98이 될 것이다. 총계란에서의 □의 수치는 호구부에서 읽히는 것처럼 실제 이 항목의 총계와 정확하게 들어맞지 않는다. 총계란의 □의 증가분 항목은 실제 호구부에서는 제공되지 않지만, 계산하면 괄호 안의 수치가 된다. '기호其戶'라는 용어에 관해서는 아직 연구자들 간에 동의가 이루어지지 않아서 번역하지 않았다.

조선현과 둔유현은 평양과 황주 사이의 분지에 있는 반면 증지현과 점제현은 각각 패수와 열수의 하구에 있다. 대조적으로 중심 지역 두 번째 구역의 5개 현의 지리적 위치를 보면, 누방현과 탄열현은 각각 패수와 열수 상류에 있는 반면 패수현은 패수의 중류 유역에 있다. 달리 말해서 첫 번째 구역의 현들은 일반적으로 저지대에 위치하며, 두 번째 구역의 현들은 주된 강들의 상류 유역에 위치한다는 것이다. 따라서 중심 지역의 두 구역은 지리적 분리를 드러내며, 경계 구역은 안주에서 평양까지 남-북으로 뻗은 산악 지역이 된다는 것이 더욱 명확해진다.

　이 지리적 구분이 유효하다면, 기원전 45년 호구부에 제공된 호구 수치를 사용함으로써 지리에 관한 기록이 남아 있지 않은 낙랑군의 몇몇 현의 위치를 추정할 수 있을 것이다. 먼저 중심 지역의 첫 번째 구역에서 7만 8796명의 인구를 보유한 조선현과 둔유현은 평양과 황주를 둘러싼 지역을 포함하는 낙랑군의 가장 도시화된 부분을 구성했다. 점제현은 상대적으로 희박한 6332명의 인구를 보유하면서 대동강 어귀 북쪽의 해안 지역을 점유했다. 남감현은 상대적으로 많은 1만 4347명의 인구를 보유했고, 따라서 중심 지역의 저지대 구역에 위치했을 것으로 추정되는데, 가장 가능성이 높은 위치는 점제현 북쪽의 해안 지역 대부분을 둘러싸는 지금의 숙천肅川 부근으로 보인다. 사망현은 점제현보다는 다소 많은 7391명을 보유했다. 아마도 지금의 용강龍岡이나 강서江西 주변이 조선현에 포함되지 않았다고 가정하면, 이곳을 둘러싼 지역이 사망현이었을 가능성이 높다. 첫 번째 구역에서 가장 작은 인구(3353명)를 가진 증지현을 제외한다면, 첫 번째 구역의 인구수는 대동강과 청천강 하구 사이의 저지대에 적합하다고 여겨진다.

　두 번째 구역의 현들 중 탄열현은 열수의 상류 유역에 위치한 현으로 되어 있는데, 이 글에서는 지금의 덕천일 가능성이 높다고 보았다.

이러한 위치 비정을 고려한다면 낙랑 군치郡治에서 동부도위 구역으로 가는 가장 적절한 교통로는 대동강 계곡(열수 계곡)을 활용하는 것이라고 생각된다. 따라서 낙랑군은 이 교통로에 대해 가능한 한 견고한 통치권을 필요로 했을 것이다.[13] 그렇다면 다른 현들이 평양에 있는 낙랑 군치와 덕천 사이의 주요한 수송 루트상에 있었다고 볼 수 있다. 지금의 강동江東과 순천順川 사이에는 대동강이 북에서 남으로 흐르면서 농업 생산에 적합한 넓고 배수가 잘 되는 지형이 형성되어 있다. 이 지역은 낙랑군에 의해 개발되었을 것이다. 이러한 지리적 특징을 고려한다면, 수성현(1만 9092명)과 혼미현(1만 3258명)이 모두 이 지역에 있었을 것으로 보인다. 이 현들 중 하나는 지금의 순천 지역으로 추정되는 넓은 곡식 경작지를 관할하고, 다른 한 현은 지금의 평양과 성천 사이의 넓은 지역을 관할했을 것으로 추정된다.

이와 같은 위치 비정에 따르면 낙랑군의 중심 지역 8개 현은 지금의 대동강 유역과 해안가에 적절히 들어맞는다. 여기서 중요한 것은 이 전체 지역은 곧바로 지금의 청천강 유역의 남쪽에 해당된다는 것이다. 이는 패수와 청천강이 밀접하게 관련되어 있다는 것을 의미한다. 패수와 청천강을 연결하는 것은 다양한 논거들에 의해 뒷받침된다. 첫째, 패수가 만일 더 북쪽에 있는 어떤 강, 즉 압록강 같은 강과 관련된다면 청천강만큼 중요한 압록강의 지리적 정보가 『한서』에 누락된 것에 대한 설명이 필요할 것이다. 둘째, 청천강에 대한 유일한 대안이 압록강이라는 것은 거의 확실하기 때문에 만일 압록강이 낙랑군의 패수라고 한다면, 누방현은 압록강의 상류 유역에 위치해야 한다. 혹은 만약 당시 패수의

---

13) 필자는 여기서 동부도위 지역으로의 길이 지금의 덕천 지역을 통과했을 것으로 추정한다. 그러면 명산을 통과해서 태백산을 가로질러 요덕군에 이르는 범위이고, 남쪽의 금야강 계곡 길을 따라 지금의 금야군에 이른다.

상류가 지금의 훈장渾江과 연결된다면 누방현은 중국의 통화通化 지방에 있어야 한다. 그러나 낙랑군의 나머지 지역에서 압록강 상류 유역이나 중국의 통화 지방은 너무 멀기 때문에 이러한 가설은 성립하기 어렵다. 그러므로 패수가 지금의 청천강에 비정되어야 한다는 것은 거의 확실하며, 이 경우 청천강 하구는 낙랑군과 랴오둥의 경계가 될 것이다.

패수가 청천강이라는 것을 근거로 해서 패수의 흐름상에 있다고 하는 나머지 3현의 위치를 추정할 수 있다. 상대적으로 크기가 작은 증지현(인구 3353명)은 패수 하구 가까이에 있었다고 묘사되므로, 우선 안주安州 부근에 둘 수 있을 것이다. 좀 더 큰 패수현(인구 8837명)은 지금의 개천价川 주변의 넓은 평원을 점유했을 것이다. 이러한 위치 비정이 중심 지역의 두 구역이 저지대와 고지대로 구분된다는 원칙을 지키고 있다는 점은 중요하다. 이 원칙이 오직 상대적으로 큰 인구(1만 6621명)를 보유한 누방현에 어떻게 적용될 것인지가 남아 있다. 누방현은 실제 청천강의 상류 유역에 있었을 것으로 보이지는 않는다. 청천강 상류 유역은 지금의 희천熙川에 해당하는데, 이곳은 낙랑군의 나머지 지역과 너무 멀리 떨어져 있다. 게다가 청천강 유역 자체에는 대동강만큼 넓고 경작이 가능한 평원이 많지 않다. 따라서 누방현은 더 아래쪽에, 패수로부터 멀리 떨어지지 않은 곳에 있었다고 보는 것이 더 적당할 것이다. 이러한 측면에서 누방현이 지금의 구장球場을 둘러싼 계곡과 평야 사이에 처져 있었다고 볼 수 있다. 그러나 이 지역이 그렇게 많은 인구를 지탱할 수 있었을 것이라고 보기는 어렵다. 다른 가설은 낙랑군의 북쪽 경계가 반드시 지금의 청천강의 전체 흐름 남쪽으로 제한될 필요가 없다고 한다면, 청천강의 북쪽에도 몇몇 현이 놓일 수 있으리라는 것이다. 이 경우 누방현의 적절한 위치는 큰 인구에 적합한 지금의 영변寧邊 주변으로 비정할 수 있다. 누방현을 영변에 위치했던 것으로 본다면, 앞에 언급된 『설문해자』와 『수경주』의 구절은 이 위치를 반영해서 읽을 수도 있다. 영변에서 청천강은 바다로 향한 남서쪽의 흐름 가운데서 동쪽으로 흐르는 부분도 있기 때문에, 앞의 구절들에 대한 두 번째의 해석 역시 가능할 것이다.

앞에서 낙랑군 중심 지역의 위치를 비정해본 것은 중국 측 기록에 보존된 지리적 정보와 기원전 45년의 낙랑군 호구부로부터의 인구 자료 및 고고학적 유적을 근거로 추정한 것이다. 비록 고고학적 자료의 부족으로 인해 불확실한 부분이 많지만, 이것은 미래에 바로잡힐 것이다. 지금은 낙랑군 중심 지역에 관해 유용한 거의 모든 고고학적 자료가 평양 지역에 집중되어 있다. 하지만 안주 지역의 낙랑군 시기 무덤에 대한 보고서들은 이 지역이 낙랑군의 현이 있었던 곳임을 알려주며, 이 의 분석에 의하면 안주 지역은 증지현이나 패수현에 속해 있었을 것임을 알 수 있다(신의주박물관, 1961, 68~77쪽). 다른 분묘 유적들은 강동江東과 평원平原에서 발견되었고, 낙랑군의 현들이 이 지역에 있었을 가능성을 제기하고 있다. 몇몇 현의 유적들은 아마 현대의 마을과 도시 아래 놓여 있을 것이기 때문에 관련된 분묘 유적들은 발견될지라도 토성 유적들은 발견되기 어려울 것으로 여겨진다.

5. 결론

낙랑군의 지리학적 배치, 특히 랴오둥과의 경계선의 위치는 오랫동안 학술 논쟁의 주제가 되어왔다. 기원전 45년의 낙랑군 호구부가 기록된 목독의 발견은 이 문제를 보다 세밀하게 분석할 수 있게 했고, 최근의 연구들은 이 자료를 통해 낙랑군에 대한 몇몇의 새로운 사실을 알려주고 있다. 첫째로, 각 현의 인구 수준에 관해 알게 되면서 그 현이 차지했을 대략적인 면적을 계산할 수 있게 되었다. 둘째로, 낙랑군의 중심지역이 저지대와 고지대라는 분명한 두 구역으로 나누어졌다는 사실은 각 현이 위치할 수 있는 지역의 범위를 좁힐 수 있게 했다. 셋째로, 이를 통해 위치를 비정한 결과 낙랑군의 중심 지역에는 대동강과 청천강 사이에 있는 경작이 가능한 모든 지역이 포함되었다. 마지막으로, 확신을 가지고 패수의 위치를 청천강에 비정하게 되었다.

낙랑군의 지도를 이런 방법으로 그릴 때, 많은 역사적 사건과 그 정황이 더 잘 이해된다. 예를 들어, 탄열현은 분명히 지금의 덕천 근방의 대동강 상류 유역을 점유하면서 낙랑군의 동부도위 관할 영역으로 연결되는 교통로를 보호하는 역할을 했다. 중요한 것은 동부도위가 30년에 폐지된 후, 탄열현의 역할이 변화했다는 것이다. 실제로 탄열현은 140년의 호구 조사에서 보이는 낙랑군의 현 중에서 그 이름을 찾을 수 없다.[14] 280년의 호구 조사 즈음에는 낙랑군의 중심 지역에서 남감현·패수현·점제현·증지현·탄열현의 5개 현이 빠져 있고, 순천과 영변 사이의 길을 경유해 다른 지역으로 접근 가능했을지도 모르는 5개 현과 누방현만 남겨져 있다.[15] 더 먼 고지대 현들에 했던 대로 청천강과 대동강 사이의 전체 해안 지역도 폐지되었다.

다양한 현들의 호별 구수의 비율에서 보이는 변화는 더 진전된 해석을 가능하게 한다. 일반적으로 높은 호별 구수는 농촌 생활을 의미하는

---

14) 탄열현은 낙도현樂都縣으로 대체된다. 낙도현은 아마도 탄열현이 개명된 것이거나, 새롭게 설립된 현일 것이다. 비록 탄열현이 다른 이름으로 계속 존재했다 할지라도 그 성격은 이때 즈음에 바뀌었을 것이다. 140년 낙랑군에 대한 호구 조사는 『후한서後漢書』 지志23 군국郡國5 낙랑군樂浪郡'을 보면 된다.

15) 280년의 낙랑군의 호구에 관해서는 『진서晉書』 권14, 지리地理 상上 낙랑樂浪'을 보라.

것으로 해석된다. 대가족이 농업 생산에 더 유리하기 때문이다. 호구부에 따르면 가장 많이 도시화된 지역을 차지한 조선현과 둔유현이 중심 지역에서 가장 낮은 호별 구수를 보였다는 것은 이러한 사실이 반영되어 있다고 할 수 있다. 둔유현의 호별 구수가 4.54명이라는 것은 심지어 조선현의 5.88명보다 낮은 것인데, 이것은 조선현의 전체 인구가 둔유현에 비해 3만 4984명 더 많기 때문에 나타난 현상이다. 이것은 아마도 조선현이 둔유현보다 더 많은 비非도시적 공동체를 포함하고 있었으며, 그로 인해 더 높은 호별 구수를 갖게 되었다는 것을 의미할 것이다. 호별 구수와 각 현의 상대적 인구에 관한 세밀한 연구를 통해 더 많은 정보를 확인할 수 있다.

예를 들어 중심 지역의 큰 현들 중에서 탄열현은 8.21명이라는 높은 호별 구수를 갖고 있다. 이는 탄열현이 동부도위 구역으로 향하는 길을 보호하는 역할을 했기 때문이다. 즉 탄열현의 상대적으로 많은 인구와 높은 호별 구수는 탄열현이 경작이 가능한 넓은 평원에 있었다기보다는 매우 길게 뻗은 대동강 상류 유역에 퍼져 있었다는 것을 보여준다. 더욱이 그 현은 주로 농업공동체로 구성되어 도시 중심부라고 할 수 있는 곳은 크지 않았을 것이다. 패수현, 혼미현, 누방현과 같이 큰 인구와 높은 호별 구수를 가진 현들은 아마 탄열현과 비슷한 구조를 가지고 있었을 것이다. 달리 말해서, 호별 구수의 차이는 아마도 몇몇 현은 상류 유역에 매우 퍼져 있는 한편 다른 현들은 제한된 지역에 보다 빽빽하게 집중되어 있었다는 점을 지적하는 것이다. 기원전 45년과 기원후 2년의 낙랑군 전체의 인구 수치를 비교해보면 28만 1621명에서 40만 6748명으로 뚜렷한 인구 증가를 보여주지만, 평균 호별 구수는 6.51명에서 6.48명으로 변화해 그 차이가 그리 크지 않다. 이처럼 호의 크기가 안정적으로 유지되는 것에 관해서 보다 자세하고 확실하게 이해하기 위해서는 각 현의 인구 수치에 대한 좀 더 세밀한 통계학적 연구가 필요할 것이다.

앞에서 낙랑군의 지도를 그린 것은 불확실하다고 할 수 있는 시도지만, 역사 지리학에서는 종종 생산적인 시도이기도 하다. 기원전 45년의 호구부와 같이 어떤 가치가 있는 새로운 자료의 발견은 이를 가능하게 한다. 심지어 이 자료를 통해서 낙랑군이 어떻게 조직되었으며, 그것의 경계가 어디에 위치했는지에 대해서 완전히 새로운 이해를 구할 수도 있을 것이다. 또한 낙랑군의 정치적·지리적인 성격에 대해 보다 세밀하게 이해하면서 관련된 역사적 사건들의 발생 배경에 대해서도 이해도를 높일 수 있을 것이다. 호구 목독이 발견된 것처럼, 가까운 미래에 이와 관련된 부가적인 고고학 자료가 발견되기를 기대해본다.

:: **참고문헌**

동북아역사재단, 2010, 『낙랑군 호구부 연구』, 동북아역사재단.

손영종, 2006a, 「락랑군 남부지역(후의 대방군지역)의 위치: '락랑군 초원4년 현별 호구다소□□' 통계자료를 중심으로」, 『력사과학』 198, 과학백과사전출판사.

_____, 2006b, 「료동지방 전한 군현들의 위치와 그 후의 변천 (1)」, 『력사과학』 199, 과학백과사전출판사.

신의주박물관, 1961, 「평안북도 박천군 덕성리 전곽무덤발굴 간략보고」, 『문화유산』 5, 조선민주주의인민공화국 과학원 고고학 및 민속학연구소.

오영찬, 2006, 『낙랑군연구』, 사계절.

윤용구, 2010, 「낙랑군 초기의 군현 지배와 호구 파악」, 『낙랑군 호구부 연구』, 동북아역사재단.

이병도, 1976, 「眞番郡考」, 『韓國古代史研究』, 박영사.

광개토왕비의 건립 과정 및 비문 구성에 대한 재검토

임기환(서울교육대학교 사회과교육과 교수)

1. 머리말

광개토왕비문이 5세기 전후 시기 고구려사 연구에서 가장 귀중한 자료적 가치를 갖고 있음은 두말할 나위 없다. 그 비문의 중요성만큼이나 그동안 수많은 연구 성과가 쌓여 있고, 또한 논쟁적인 주제도 적지 않게 제기되었다.

그러나 필자가 광개토왕비를 처음 본 순간 언뜻 들었던 가장 큰 의문은 비碑답지 않은 그 독특한 생김새였다. 광개토왕비문의 내용이 워낙 중요하고 논쟁거리가 많아서인지, 그 독특한 외형이 갖고 있는 의미 혹은 외형에서 추론할 수 있는 비의 성격이나 건립 배경 등에 대해서는 그동안 그다지 주의를 기울이지 않는 편이었다. 그렇지만 광개토왕비의 생김새가 그리 된 것은 어떤 그럴 만한 이유와 배경이 있으리라고 생각된다. 이 점이 이 글에서 다루는 첫 번째 문제의식이다.

다음 광개토왕비문은 그 내용 구성에서도 비슷한 예를 찾아볼 수 없을 만큼 독특하다. 왕의 훈적 외에도 왕릉 수묘와 관련된 기사가 상당한 비중을 차지한다. 그런데 그 문장이나 서술 방식은 왕의 훈적勳績 부분과 수묘인연호조守墓人烟戶條 부분이 상당히 다르다. 그래서 과연 이 비문이 본래 하나의 텍스트였을까 하는 의문을 갖지 않을 수 없었다. 이 점이 이 글에서 다루는 두 번째 문제의식이다.

사실 필자가 이 두 가지 의문을 가진 지도 꽤 오래됐다. 그러나 조금은 엉뚱하다고 할 수 있는 이 두 의문에 대한 답을 찾기가 결코 쉽지 않았고, 그래서 일전에 이런 의문에 대한 필자의 소박한 생각을 슬며시 밝히는 데 그쳤다(임기환, 2011, 248~257쪽). 그러면 다시 이 주제를 거론하는 지금은 이에 대한 답을 찾았냐 하면 결코 그렇지 않다. 물론 근자에 발견된 집안集安고구려비나 여러 고고 자료의 성과들이 지속적으로 쌓여감으로써 앞에서 제기한 의문을 풀어볼 수 있는 약간의 실마리가 잡히기는 했다. 그러나 여전히 안개 속을 헤매는 듯한 상황임도 부인할 수 없다.

그럼에도 이 글에서 이 두 가지 의문에 대해 다시 언급하는 것은 해답을 찾는 과정을 제시하려는 뜻보다는 이런 의문점을 크게 환기시키려는 의도 때문이다. 그래서 실증적이고 합리적인 논지를 전개하기보다는 추정에 추정을 거듭하면서 결국 상상력이 실증을 압도하는 글이 되고 말았지만, 이 글을 읽는 분들과 함께 필자의 거친 생각들을 나누어보고자 한다. 많은 질정을 바란다.

2. 광개토왕비의 비신은 본래부터 비석으로 만들어졌나?

광개토왕비는 우선 생김새부터 남다르다. 광개토왕비의 모습은 비의 형태라는 점에서 보면 다른 사례가 없을 정도로 매우 독특하며, 그 크기도 거의 비교 예가 없을 정도로 크다. 그 독특한 형태와 그런 크기를 갖춘 데는 그럴 만한 배경이 있으리라고 생각되는데, 이 글에서는 바로 이 점에 주목하고자 한다.[1]

광개토왕비는 대석臺石과 비신碑身 두 부분으로 되어 있는데, 받침돌의 일부가 땅속에 묻혀 있다. 비신은 전체적으로 사각 기둥 모양인데, 네 면 각각의 형태와 크기도 조금씩 차이가 있다. 그리고 네 면 모두에 글자를 새겼다. 이런 모양은 충북 충주시에서 발견된 충주고구려비도 마찬가지다. 물론 최근에 발견된 집안고구려비는 전형적인 비의 형태를 갖추고 있기 때문에, 광개토왕비와 같은 형태의 4면비가 고구려비의 일반적인 형식이라고 단정하기는 어렵다. 그러나 광개토왕비와 충주고구려비의 형태에서 상당한 공통점을 찾아볼 수 있기 때문에, 어느 시점에서는 국가적 차원에서 특정한 목적으로 비를 만들 경우 최소한의 정형성은 마련되었을 가능성이 크다고 보겠다.

하지만 광개토왕비의 건립 이전에 이러한 비의 전형이 있었다고 생각되지는 않는다. 그렇다면 광개토왕비를 건립할 때 이러한 4면비의 형태를 의도적으로 기획한 것인지, 아니면 비 건립 과정의 어떠한 상황에서 광개토왕비가 이러한 형태를 갖게 되었는지를 살펴볼 필요가 있다. 물론 광개토왕비가 건립된 후에는 이러한 4면비의 형태가 고구려에서 비를 건립하는 하나의 전형이 되었고, 그 결과 충주고구려비가 동

---

1) 아래 본문의 일부는 '임기환, 2011, 248~257쪽'의 내용을 보완 서술했다.

일한 형식으로 만들어졌을 가능성이 높다.

　다음 광개토왕비의 비신과 대석의 재질에 대해서 살펴보자. 먼저 광개토왕비 비신의 재질은 한동안 자갈돌이 중간중간 박혀 있는 각력응회암으로 알려져 있었는데, 중국과의 수교 이후 지안을 방문한 한국의 지질학자에 의해 비의 재질이 현무암질 화산암이란 주장이 제기된 바 있다. 이러한 논란의 과정에서 2005년에 고구려연구재단에서 광개토왕비를 비롯해 고구려 유적들에 사용된 암석의 재질과 원산지에 대한 연구를 수행한 바 있다. 그 연구 결과 광개토왕비는 연한 녹색의 기공氣孔을 가진 안산암질 또는 석영안산암질 용결 래필리 응회암Lapilli Tuff 이라고 최종 결론지었다(고구려연구재단, 2005, 100쪽). 또한 광개토왕비는 인공적으로 채석해 가공한 흔적이 별로 없는 큰 암괴로 관찰되기 때문에, 이 비석의 원석은 아마도 강이나 계곡에 자연적으로 놓여 있던 암괴를 운반해서 사용한 것으로 판단했다. 실제로 이 비신의 넷째 면에는 운반 중에 일부 표면이 긁힌 흔적이 남아 있다(고구려연구재단, 2005, 104쪽).

　궁금한 점은 이 원석을 가져온 지역이 어느 곳인가 하는 것인데, 그동안 중국 측에서는 지안시 인근 압록강변의 상훠룽촌上活龍村과 샤워룽촌下活龍村, 그리고 량민촌良民村 일대라는 견해가 있었다. 조사팀의 지질 조사 결과 광개토왕비의 원석과 동일한 암석이 분포하는 지역은 지안의 윈펑云峰-량민 일대, 압록강변 북한의 어느 곳, 지안과 환런桓仁 중간 일대, 환런의 오녀산성五女山城 일대, 백두산 지역 등인데, 조사팀은 가장 유력한 후보지로 운반상의 조건 등을 고려해 윈펑-량민 일대로 추정했다(고구려연구재단, 2005, 106쪽). 이로써 광개토왕비 원석의 재질과 출토지에 대한 논란이 어느 정도 정리되었다고 할 수 있겠다.

　다음 광개토왕비의 대석은 화강암으로 지안 일대에서 산출되는 흔한 암석이다. 조사팀은 그것이 크고 단단한 석재여야 하기 때문에 지안 시내에서 조금 떨어진 이른바 '고구려 채석장'으로 알려진 곳에서 채석하고 운반해 사용했을 것으로 추정하고 있다(고구려연구재단, 2005, 108쪽). 비신을 지탱하고 있는 대석은 길이 3.35미터, 너비 2.7미터 크기의 네모진 모양으로, 여기에 홈을 파서 비를 세웠다. 그런데 대석을 들여다보면 애초에 새긴 홈과는 어긋나게 비신이 세워져 있다. 그 무게가 34톤이 넘는 워낙 무거운 비신이기 때문에 세우는 과정에서, 처음 계획했던 위치에 세우는 것이 불가능했던 모양이다. 더욱이 대석은 남아 있는 부분이 세 조각으로 깨져 있다. 역시 비를 세우는 과정에서 비의 무게를 감당치 못해 깨진 것으로 짐작된다.

광개토왕비 비신의 높이는 6.34미터이며, 비신 너비는 1.38~2.0미터로 윗면과 아랫면이 약간 넓고 허리 부분이 약간 좁은 형태다. 일부러 그런 모양으로 만들었다기보다는, 본래의 원석을 적당히 여기저기 다듬는 수준에서 가공을 하다 보니 그런 모양이 되었을 것이다. 사실은 이런 형태가 광개토왕비의 비신 돌이 애초부터 비석으로 만들어지지 않았을 개연성을 높여준다.

전체 모습만 그런 것이 아니라, 글자를 새긴 비면도 판판하고 매끈하게 다듬지 않았다. 울퉁불퉁한 비면은 글씨 새기기조차 만만치 않았을 것이란 걱정이 절로 들 정도로 굴곡져 있다. 우리 생각에는 비면이란 의당 반반해야 하고, 비의 모양도 네모반듯해야 한다는 선입관을 갖고 있지만, 광개토왕비를 만들 때 이런 점을 전혀 개의치 않은 이유가 무엇인지 궁금해진다.

사각 기둥 모양의 4면비로서 광개토왕비의 축소판과 같은 형태인 충주고구려비를 보면, 재질은 화강암이며 광개토왕비와는 달리 비면을 상당한 정도로 다듬었다. 광개토왕비에 비해서는 무척 왜소한 크기기 때문에 광개토왕비와 직접 비교하기는 그렇지만, 글자를 새긴 비면을 판판하게 다듬는 것은 사실상 비 제작의 상식이라고 할 수 있지 않을까.

또한 광개토왕비를 만들 때, 왜 굳이 기공氣孔을 가진 응회암이란 돌을 선택했는지도 궁금하다. 지안의 고구려 유적 중에서 응회암이란 돌을 사용한 것은 광개토왕비가 유일하다. 지안 일대에는 그 많은 적석총을 축조할 때 사용한 화강암이나 석회암이 많은데, 왜 굳이 지안에서 멀리 떨어진 곳, 즉 현재 비신의 채석지로 가장 유력한 후보지인 량민에서 어렵게 응회암 암괴를 선택해서 운반해 왔는지 궁금하지 않을 수 없다.

몇 가지 개연성을 생각해보자. 먼저 화강암의 경우 비를 만들 만큼 큰 암괴가 없었기 때문일 가능성을 생각해볼 수 있다. 그런데 장군총의 호석護石으로 사용된 화강암 암괴석은 광개토왕비보다는 작지만, 결코 작지 않은 크기를 갖고 있다. 면도 반반하기 때문에 오히려 비신으로 사용하기에 적절해 보이기도 하다. 마찬가지로 이우태는 장군총 천장석의 사례를 들어 결코 크기 때문에 화강암이 선택되지 않은 것은 아님을 지적하고 있다(이우태, 2013, 159쪽).

둘째, 화강암이 단단해서 글자를 새기기 어렵기 때문일 수도 있지만, 장군총을 만든 치석治石 기술을 생각하면 적절한 답은 아닐 듯싶다. 그리고 치석이 용이해 응회암을 선택한 것이라면 광개토왕비의 비면을 울퉁불퉁하게 거의 다듬지 않은 이유도 설명하기 어렵다. 따라서 응회암을 선택한 점이나, 또 비면을 반반하게 다듬지 않은 점은 그럴 만한 어떤 이유가 있지 않을까 짐작된다. 더욱이 한 면에 남아 있는 운반 시에 긁힌 자국조차 다듬어내지 않은 점을 보면 더욱 그런 생각이 든다.

이우태는 깨진 대좌를 그대로 사용한 대석의 상황이나 자연석에서 그리 가공하지 않은 비면 상황 등을 근거로 입비立碑 과정이 허술하고 비 제작에 정성을 기울이지 않은 결과로 판단하고 있다. 그러한 점에서 광개토왕비는 능비라기보다는 수묘인연호의 착오를 방지하기 위한 목적으로 세운 비일 가능성을 지적하고 있다. 그래서 비문의 첫 번째 독자도 국연國烟과 간연看烟, 즉 수묘인일 것으로 추정하고 있다(이우태, 2013, 163~165쪽).

그러나 비문에서 "산릉으로 모셨고, 이에 비를 세워 그 공훈을 기록해 후세에 전한다就山陵 於是立碑 銘記勳績 以示後世焉"라고 명확히 밝혔듯이, 광개토왕비는 왕릉과 연관되어 세운 비며, 그 내용은 훈적을 기록한 것이기 때문에, 이를 수묘인연호비로 보거나 또는 비를 세우는데 그리 공력을 기울이지 않았다고 보는 데는 동의하기 어렵다. 오히려 필자는 광개토왕비의 독특한 형태나 덜 다듬은 비면 상태에서 인위적 가공을 최소화하려는 어떤 의도를 읽어보는 것이 타당하다고 생각한다. 그것은 이 비신석이 갖고 있던 본래의 어떤 특성을 그대로 살리려는 의도가 아닐까 추측해본다. 즉 비신으로는 부적합한 상태 자체가 이 비신석이 애초에는 비碑를 목적으로 만들어진 석조물이 아니라는 증거가 될 수 있다.

다음 광개토왕비신의 원석이 랑민 지역에서 운반해 온 암괴라고 하더라도, 그 시점이 광개토왕비를 만들기 위해 운반해 온 것인지, 아니면 그 이전 어느 시점에 다른 목적으로 운반해 온 암괴를 후일에 다시 광개토왕비신으로 활용한 것인지도 따져볼 필요가 있다.

만약 광개토왕비의 비신석碑身石이 비석을 목적으로 만들어진 것이 아니라면, 이 비신석은 광개토왕 이전의 어느 시기에 어떤 특정한 목적을 위해서 현재 비가 서 있는 곳으로 채석, 운반되었는지 그 가능성을 고려해야 할 것이다. 이때 광개토왕비신의 독특한 생김새가 하나의 단서가 될 수 있다.

사실 광개토왕비를 보는 많은 이들은 마치 종교적인 선돌과 같은 이미지를 갖고 있다는 느낌이 든다고 술회하기도 한다. 필자 역시 마찬가지 인상을 갖고 있는데, 광개토왕비와 거의 유사한 모습을 지닌 충주고구려비를 비가 발견된 마을에서는 일찍부터 선돌로서 숭배했다는 주민들의 전언傳言도 귀담아들을 만하다고 본다. 이우태와 김현숙 역시 광개토왕비가 거칠게 만들어지게 된 이유를 탐색하면서 비의 형태가 선돌과 유사함에 주목하고 있다(이우태, 2013, 166쪽; 김현숙, 2013, 468쪽).

이상의 추론과 같이 광개토왕비의 원석이 광개토왕비를 세우기 이전부터 국내성 일대에서 이미 어떤 종교적 성격을 갖거나 숭배의 대상이 되었던 것이라면, 왜 이 원석이 광개토왕비의 비신석으로 활용되었는지에 대해 살펴볼 필요가 있지만, 이에 대해서는 후술하도록 한다.

억측을 한 김에 좀 더 억측을 해보도록 하자. 광개토왕비의 원석이 비석으로 활용되기 전에, 어떤 종교적 성격 혹은 상징물로서 현재의 위치에 자리 잡았다면, 그 시기는 언제일까? 일단 광개토왕보다는 앞선 어느 시기로 보인다. 만약 광개토왕 이전이라고 한다면 그 시기는 언제쯤일까? 위에서 비신석의 원출토지가 량민 지역일 가능성이 가장 높다는 견해를 소개한 바 있다.

량민, 일명 량민디앤지良民甸子라고도 부르는 이 지역은 지안시 동북쪽 약 45킬로미터 떨어진 압록강 중상류 일대에 자리 잡고 있으며, 남북 길이 5킬로미터, 동서 너비 3킬로미터의 충적 평원이 펼쳐져 있다. 이 평원은 압록강 중상류 연안에서 지안 분지 다음으로 넓은 충적 대지다. 량민 지역에는 고구려 시기의 고분군이 밀집되어 있고, 또한 국내성을 제외하고는 가장 규모가 큰 고성古城이 자리 잡고 있기 때문에, 지안 외곽 지역 중에는 가장 주목할 만한 곳이다.

1964년에 윈펑댐 완공에 따라 수몰 예정지인 이 지역 고분군을 조사했는데, 이때 적석총 및 기단적석총 155기, 봉토석실분 15기 등 총 170기를 발견했다. 이 일대 고분군은 1964년 5월에 윈펑댐 담수로 대부분 수몰되었다.

그런데 2006년에 윈펑댐을 수리하기 위해 방류를 하면서 그동안 수몰되었던 고성과 고분군이 드러나, 부분적으로 조사가 다시 이루어졌다. 이때 고분군 북쪽의 산중턱에서 량민디앤지 고분군을 새로 발굴 조사했다. 고분군은 남북 2.5킬로미터, 동서 0.4킬로미터에 분포하고 있으며, 1073개의 고분이 확인되었다. 그리고 량민 고분군 외에도 가까이에 추피코우秋皮沟 고분군, 후아피樺皮 고분군, 스후石湖 고분군, 씨아다오下套 고분군 등 상당수의 고분군이 밀집되어 있으며, 량민 건너편의 현 북한 지역에도 상당수의 고구려 고분군이 분포하고 있음이 확인되었다(손인걸, 2007, 10~16쪽).

이처럼 량민과 주변 일대의 고분군은 그 수가 방대하며, 이른 시기 적석총부터 봉토석실분까지 고구려 고분의 거의 대부분의 양식이 나타나고 있다. 특히 량민 92호 고분은 7층 계단적석총으로 추정된다. 이러한 고분군의 분포 양상은 다른 지역에서는 잘 나타나지 않는 현상으로, 량민 지역이 정치적으로 국내성에 다음가는 지역적 위상을 갖고 있었음을 짐작할 수 있다.

한편 량민 고성古城은 이 일대 충적 대지가 막 시작되는 북쪽 끝에 위치한다. 량민 고성은 주 성곽과 보조 성벽 두 부분으로 이루어져 있다. 주 성곽은 전체적으로 장방형으로 남북 길이 350~400미터, 동서 너비 300미터 정도이며, 성벽의 남은 높이는 1.5미터, 너비는 4미터 전후이고, 성벽 바깥에는 해자가 있다. 보조 성벽은 주 성곽 북쪽에 압록강과 나란히 남북 방향으로 축조되었으며, 길이는 약 550~600미터, 남은 높이 2미터 정도다. 고성의 성벽은 흙과 돌로 메운 토석혼축이다(吉林省

長白文化研究會·集安市博物館, 2004, 6~8쪽).

량민 고성의 성격에 대해서는 한漢 대에 축조한 평지성으로 보는 견해도 있지만, 그 위치가 압록강 중류 연안이라는 점이나 토석혼축이라는 축조 방식에서 한대 평지성으로 보기는 어렵다. 그리고 량민 고성과 유사하게 압록강 중상류 수로상의 요충지에는 창촨長川 고성을 비롯해 다수의 고성이 분포되어 있는데, 이들 고성은 압록강 수로상의 교통 요지를 공제控制하던 역참 기능을 수행했을 것으로 추정된다(여호규, 2013). 량민 고성도 이러한 성격을 갖고 있을 것임은 다른 고성의 예를 통해 충분히 짐작할 수 있다.

그러나 압록강 중상류 연안의 고구려 고성이 대체로 둘레 300~400미터로 소형인 데 비해, 량민 고성은 1킬로미터 전후의 중형 성곽이라는 점에서 그 성격이 달랐을 가능성도 충분하다고 본다. 우선 생각해 볼 수 있는 점은 지방 지배의 거점 내지는 고구려 왕실이나 귀족 세력의 근거지였을 가능성이다.

이러한 점에서 동천왕 때 관구검의 침입으로 환도성이 파괴되어 동천왕 21년(247)에 "평양성平壤城을 축조해 백성과 종묘사직을 옮겼다"는 『삼국사기』 고구려본기의 기록과 연관해, 량민 고성을 동천왕 때 축조한 평양성으로 보는 견해가 눈길을 끈다(張福有, 2004, 11~17쪽). 앞서 언급한 바와 같이 이 일대 고분군의 밀집도와 분포 양상 등을 보면 충분히 고려할 수 있는 견해다.

사실 동천왕 때 이거한 평양성이 어디인가를 두고는 그동안 논란이 적지 않았다. 강계 지역, 환런의 쌰꾸청쯔청下古城子城, 라하청喇哈城(虫刺哈城) 또는 지안 둥타이쯔東臺子 유적 등이 거론되었는데, 사실 그동안의 후보지 모두 그리 적절한 곳이 아니다. 일단 국내성이 파괴되어 이거했기 때문에 같은 지안 시내는 고려 대상이 아니라고 판단되며, 라하청 역시 현지 답사 결과 고구려의 임시 도성으로 적합한 유적을 찾지 못했다. 강계 지역이 가장 유력했지만, 역시 도성에 적절한 유적이 확인되지 않았다.

따라서 지금까지의 자료로 볼 때 량민 고성이 규모나 주변 고분군의 양상, 국내성과의 거리 등 모든 면에서 임시 도성으로서 가장 적절한 조건을 충족시킨다고 판단된다. 아직 필자도 확신하기는 어렵지만, 현재까지 드러난 지안 인근 고구려 유적의 정황으로는 량민 고성이 동천왕 때 임시로 이거한 평양성의 후보지로 가장 타당성이 높다고 생각한다.

여기서 량민 고성이 동천왕 때의 이거지임을 검토하는 이유는 광개토왕비의 원석이 량민 일대에서 채석되었을 가능성이 가장 높기 때문이며, 현재 광개토왕비가 서 있는 주변에 동천왕릉으로 비정되는 임강묘가 자리 잡고 있기 때문이다. 즉 량민-광개토왕비-동천왕릉 등 3요소가 유기적으로 연관되었을 가능성이 높다는 점에 추론의 무게를 두고 싶다.

현재 광개토왕비가 서 있는 주변의 고분으로는 장군총과 태왕릉, 그리고 임강총이 있다. 이 임강총은 대체로 동천왕릉으로 비정하는 데 이견이 없다(임기환, 2009, 38쪽). 만약에 광개토왕비신의 원석이 처음부터 비석으로 만들어진 것이 아니라 그 전에 어떤 다른 목적으로 지금 그 자리에 건립된 것이라고 한다면, 그 입지에서 볼 때 무엇보다 동천왕릉과의 관계를 고려할 필요가 있다. 이렇게 거대한 크기의 인위적으로 세워진 구조물이라면 주변 어떤 건조물과의 연관성을 고려할 필요가 있는데, 현재까지 발견된 비 주변의 건조물로는 광개토왕릉으로 비정되는 장군총이나 태왕릉을 제외한다면 임강총을 빼놓고는 다른 무엇을 상정하기 어렵다.

더욱이 이 원석이 량민 지역에서 채석되어 운반되었을 가능성을 고려하면, 동천왕 대에 일시적으로나마 량민 지역으로 이거한 역사적 사실과 연관 지어볼 수 있을 것이다. 물론 이 비신석이 동천왕이 국내성으로 되돌아오면서 그 무렵에 옮겨온 것인지, 아니면 이후 동천왕릉을 조영하면서 동천왕과 량민 지역의 관계에 의해 옮겨 온 것인지는 알 수 없다. 다만 비신의 원석이 량민 출토일 가능성이 높고, 또 동천왕이 관구검의 침공 이후 량민 지역에 일시적으로 이거했을 가능성이 높다면, 이 비의 원석과 동천왕릉은 어떠한 형태로든 연관되었다고 볼 수 있지 않을까 한다. 그리고 비 원석의 거대한 규모나 생김새를 통해 건립 이후 이 건조물이 어떤 종교적 상징물 혹은 신앙의 대상물로서 기능하지 않았을까 억측해보고자 한다.

3. 광개토왕비문은 본래 하나의 텍스트였나?

광개토왕비문은 내용 구성에서 크게 3부로 나누어보는 것이 일반적이다. 제1부에 해당되는 부분인 1면 1행~1면 6행까지는 시조 추모왕鄒牟王(주몽왕)의 건국 설화를 비롯해 유류왕儒留王(유리왕)·대주류왕大朱留王(대무신왕)의 왕위 계승, 17세손인 광개토왕의 약력과 업적, 비의 건립 경위 등에 대해 기술하고 있다. 제2부는 1면 7행~3면 8행 부분으로 광개토왕의 정복 활동의 훈적을 연대기로 기술하고 있다. 분량상 가장 많은 비중을 차지하는 부분으로 비문의 중심을 이룬다. 마지막 제3부에 해당되는 부분은 3면 8행~4면 9행으로 수묘인연호守墓人烟戶 330가家의 출신지와 연호의 수, 수묘인과 관련된 관리 법령 등에 대해 기술하고 있다.

　이와 같이 비문이 여러 내용을 갖고 있으므로 비의 성격이나 건립 목적을 둘러싸고 논란이 적지 않다. 이 비를 2부의 내용에 주목해 광개토왕의 훈적비라는 설, 3부에 주목해 수묘비의 성격이 두드러진다는 설 또는 묘비나 신도비라는 설, 이러한 여러 요소를 두루 갖춘 독자적인 성격의 비문이라는 견해 등이 있는데, 그중 종합적인 성격을 갖고 있다는 견해가 가장 설득력이 있다.

그렇다고 해서 문제가 다 해결되었다고 볼 수는 없다. 왜 광개토왕비의 비문 내용이 이와 같이 복합적인 성격을 갖게 되었는가에 대해서는 누구도 답을 내고 있지 않기 때문이다. 비문의 1부에 해당되는 맨 마지막 문장은 "이에 비를 세워 그 공훈을 기록해서 후세에 전한다. 그 말씀(詞)은 이러하다於是立碑 銘記勳績 以示後世焉. 其詞曰"이다. 따라서 이어지는 광개토왕의 훈적을 다룬 2부의 내용은 곧 '사詞'다. 즉 이 비문이 광개토왕의 훈적을 새겨 후세까지 전하고자 함이 목적이었음을 분명히 밝히고 있다. 그런 점에서 이 비문의 성격을 훈적비라고 보는 견해는 일면 타당하다.

그런데 3부 수묘인연호와 관련된 내용도 과연 '사詞'의 내용에 해당한다고 할 수 있을까 하는 의문을 지우기 어렵다. 수묘인연호조의 내용은 먼저 구민舊民과 신래한예新來韓穢의 국연國烟과 간연看烟의 호수에 대해 상당한 분량의 비면을 할애해 기록하고 있는데, 이는 일종의 수묘인연호와 관련된 공문서公文書 정도에 해당되는 내용이다. 그 문장 뒤에 비로소 수묘인에 대한 광개토왕의 '교언敎言'이 이어지고, 수묘인의 매매를 금지하는 '제制'로 마무리하고 있다. 이런 내용을 후세에 왕의 훈적을 전하는 '사詞'로 보기는 아무래도 어색하다. 즉 비문의 1·2부와 3부는 성격을 달리하는 내용이 하나의 비문으로 결합되어 있다고 보는 것이 합리적이라고 생각한다. 즉 현 광개토왕비문은 훈적비와 수묘인연호비라는 별도로 작성된 2개의 텍스트가 합쳐졌다고 추정된다.

정호섭도 2부는 연대기로 서술되어 있고, 3부는 일종의 공문서와 같은 문장으로 2부와 3부의 내용이 전혀 별개의 성격을 갖는 문장 형식이기 때문에, 본래 비문이 2개의 텍스트로 이루어졌다는 필자의 견해에 동의했다. 다만 3부가 수묘비를 세우기 위한 텍스트가 아니라, 별도의 텍스트로 존재하다가 그 내용이 광개토왕의 훈적과 깊은 관련이 있기 때문에 추가 기술된 것으로 이해했다(정호섭, 2012, 135~136쪽).

한편 여호규는 광개토왕비문의 서사 구조를 새로운 시각에서 이해했다. 이전에 통상 내용상으로 3부로 나누어보던 방식과는 달리 4자나 6자 문구로 이루어진 문장 서술 방식 및 종결사(야也, 언焉, 지之)의 사용 예에 주목하고 있다. 이에 따르면 내용상 1부에 해당되는 부분을 3단락으로 구분하고, "기사왈其辭曰" 이하 3부 수묘인연호조의 마지막 문장인 "매인제령수묘지買人制令守墓之"까지를 하나의 단락으로 구분하고 있다. 즉 종래 내용상 두 부분으로 구분했던 기년 기사로 이루어지는 훈적 기사와 수묘인연호조 기사를 하나의 대단락으로 작성했을 가능성을 지적한 것이다(여호규, 2013). 흥미로운 견해라고 할 수 있다.

다만 수묘인연호조의 마지막 문장인 "매자형지賣者刑之 매인제령수묘지買人制令守墓之"는 '매자賣者-형지刑之', '매인買人-제령制令-수묘지守墓之'의 구성으로 서로 대응하는 문구로서, '형지刑之'와 '수묘지守墓之'는 동일한 용법으로 보는 것이 더 타당하지 않을까 생각한다. 설사 마지막 '지之'를 종결사로 본다고 하더라도, 이를 근거로 광개토왕비문이 처음부터 하나의 비문으로 작성되었다는 근거를 갖기는 어렵다고 본다. 왜냐하면 필자의 견해대로 훈적비문과 수묘인연호비문이 통합되었을 때 최종적으로 마지막 종결사가 덧붙여졌을 가능성도 충분하기 때문이다.

따라서 광개토왕비문이 2개의 텍스트로 이루어졌는지 여부는 비문

내의 용례를 통해 검토할 필요가 있다고 본다. 특히 훈적비문의 내용과 수묘인연호조의 내용이 서로 긴밀하게 연관되는 부분에서 서술상의 차이점을 통해 살펴볼 수 있을 것이다. 이제 영락永樂 6년조의 58성 기사와 수묘인연호조의 신래한예 차출 지역을 비교해보자.

〈표〉 영락 6년조 58성과 수묘인연호조의 신래한예 차출 성 비교표

영락 6년조 58성		수묘인연호조 신래한예 차출지	
1. 寧八城	29. 掃加城	沙水城	
2. 曰模盧城	30. 敦拔城	牟婁城	37
3. 各模盧城	31~32. □□□城	豆比鴨岑韓	
4. 幹氐利〔城〕	33. 妻賣城	勾牟客頭	
5. □□城	34. 散〔那〕城	求底韓	
6. 閣彌城	35. 〔那〕旦城	舍蔦城韓穢	9
7. 牟盧城	36. 細城	古〔模〕耶羅城	16
8. 彌沙城	37. 牟婁城	〔炅〕古城	
9. □舍蔦城	38. 于婁城	客賢韓	
10. 阿旦城	39. 蘇灰城	阿旦城·雜珍城	10/13
11. 古利城	40. 燕婁城	巴奴城韓	
12. □利城	41. 析支利城	曰模盧城	2
13. 雜珍城	42. 巖門□城	各模盧城	3
14. 奧利城	43. 林城	牟水城	
15. 勾牟城	44~46. □□□□□	幹氐利城	4
16. 古〔模〕耶羅城	47. □〔利〕城	彌〔鄒〕城	26
17~18. 〔頁〕□□□□城	48. 就鄒城	也利城	27
19. □而耶羅〔城〕	49. □拔城	豆奴城	23
20. 〔璞〕城	50. 古牟婁城	奧利城	14
21. 於〔利〕城	51. 閏奴城	須鄒城	
22. □□城	52. 貫奴城	百殘南居韓	
23. 豆奴城	53. 彡穰城	太山韓城	28
24. 沸□	54. 〔曾〕□〔城〕	農賣城	
25. □利城	55. □□盧城	閏奴城	52
26. 彌鄒城	56. 仇天城	古牟婁城	50
27. 也利城	57~58. □□□□	璞城	20
28. 太山韓城		味城	
		就容城	(48)
		彡穰城	54
		散那城	34
		那旦城	35
		勾牟城	15
		於利城	21
		比利城	(25)(47)?
		細城	36

※ □는 판독할 수 없는 글자임.

이 〈표〉에서 보듯이, 성 이름이 아닌 지역명 등을 제외하면, 수묘인연호조에서 수묘인의 차출 지역 중 영락 6년조에서 확인되지 않는 성은 사수성沙水城, (경)고성(炅)古城, 파노성巴奴城, 모수성牟水城, 수추성須鄒城, 농매성農賣城, 미성味城 등이다. 6개 성이 세 글자로 이루어진 이름이고, 2개만이 두 글자로 이루어진 성 이름이다. 물론 이들 7개 성은 영락 6년조 기사 중 현재 글자가 판독되지 않은 부분에 기록되었을 가능성이 충분하다. 그러면 과연 7개 성이 글자가 판독되지 않은 부분에 모두 설정될 수 있을까?

먼저 영락 6년조의 글자가 불분명한 부분에서 세 글자의 성 이름을 최대 몇 개를 보입補入할 수 있을지를 따져보자. 일단 가장 적절하다고 판단되는 성의 배열 상황을 앞의 〈표〉에 제시했다.

앞 〈표〉에서는 글자가 판독되지 않은 부분에 보입할 수 있는 성의 숫자를 고려해 배정했는데, 17~18에 2개의 성, 31~32에 2개의 성, 44~46에 3개의 성, 57~58에 2개의 성을 배정할 수 있다고 본다. 이 경우에 세 글자의 명칭을 갖는 성이 들어갈 수 있는 공간은 17~18에 2개의 성이 가능한데, 그중 하나는 앞의 글자가 '혈頁'로 영락 6년조 58성에서 찾아지지 않는 수묘인연호조 6개의 성명과는 일치하지 않기 때문에, 실제로는 여기서 1개의 성만 추가 설정할 수 있다.

다음 31~32에는 두 글자 성을 2개로 상정했는데, 이를 네 글자 성으로 보면 1개 성일 뿐이다. 이 경우에는 44~46에서 1개 성을 늘려 4개로 설정해야 하기 때문에, 거의 불가능하다고 본다. 그리고 44~46에서는 판독 불능 글자가 모두 6자로 두 글자 성이 3개 설정될 수 있다. 그런데 이어지는 47 '□(리)성□(利)城'의 첫 글자를 앞에 붙여 생각하면, 모두 일곱 글자가 되므로 세 글자 성이 1개가 설정될 수 있다. 다만 이때는 47의 성 이름이 단지 '(리)성(利)城'이 되어야 하고, 그렇다면 이 경우에는 12와 25의 '□리성□利城'이 수묘인연호조의 '비리성比利城'에 해당될 수 있다.

그런데 24 비□沸□과 25 □리성□利城을 연결해볼 때, 왕젠췬王健群의 경우는 비□(성)沸□(城), 리성利城으로 판독하기도 한다. 그렇다면 리성이라는 동일 성명이 2개가 되므로 47은 (리)성(利)城이 될 수 없고, □(리)성□(利)城이 되어야 한다. 이렇게 보면 44~46에서 세 글자 성이 설정되기 어렵다.

57~58은 판독 불능 글자가 네 글자로, 두 글자로 된 성 이름 2개를 배정할 수 있다. 물론 58성 성 이름 이후의 문장이 '□기국성□其國城'으로 이 문구에서 판독되지 않는 불명자를 앞의 문장에 이어볼 개연성도 없지는 않다. 하지만 이 문장에 서술어가 필요하다고 볼 수 있으며, 왕젠췬의 경우는 '핍逼'으로 판독하기 때문에, 57~58의 판독 불능 글자는 네 글자로 봄이 타당하다. 이처럼 영락 6년조 기사 중 글자가 판독되지 않는 부분에서 앞의 〈표〉처럼 성의 개수를 설정하는 것이 현재로서는 가장 합리적으로 보인다. 여기에 5와 22의 '□□성□□城'에도 세 글자 성이 2개 배정될 수 있다.

그렇다면 영락 6년조 기사 중 현재 글자가 판독되지 않는 부분에서 세 글자로 이루어진 성 이름은 최대 4개 정도를 설정할 수 있을 뿐이며, 3개 정도 상정하는 것이 가장 적절하다고 본다.

다음 영락 17년조에 보이는 성이 대백제전을 통해 획득한 것이라는 견해가 있다. 필자는 이 영락 17년조 기사를 후연後燕과의 전쟁 기사로 보고 있지만(임기환, 2013, 102~104쪽), 일단 백제전일 가능성을 고려해 이 기사에서도 수묘인연호조에 등장하는 성이 기록되었을 가능성을 짚어볼 필요가 있다.

영락 17년조에는 "사구성沙溝城 루성婁城 □(주)성□(住)城 □城□성 □

□□□□□성□□□□□城"으로 기록되어 있는데, "무릇 64성 1400촌"이라는 광개토왕 훈적의 총괄 기사에 의거하면, 영락 6년조의 58성을 제외하면 17년조 기사에서는 6개의 성을 설정해야 한다. 즉 "□□□□□□성" 부분에 2개 성을 설정해야 하고, 그렇다면 이 문구에서는 세 글자 성을 1개만 설정할 수 있을 뿐이다.

이상에서 검토한 바와 같이 영락 17년조를 포함해 세 글자 성은 최대한 5개 정도 설정될 수 있을 뿐이며, 4개 정도가 가장 적절하다. 더욱이 영락 17년조 기사를 대백제전이 아니라고 본다면, 그 수는 3~4개 정도로 줄어든다. 즉 수묘인연호조에서 현재 영락 6년조 등에 보이지 않는 세 글자로 된 6개 성 중에서 1~3개의 성을 도저히 설정할 수 없게 된다.

그리고 취추성就鄒城과 취자성就咨城의 관계도 따져볼 필요가 있다. 이 두 성은 글자가 매우 유사하기 때문에 동일한 성을 다르게 표기한 것으로 볼 수도 있고, 아니면 전혀 다른 성으로 볼 수도 있다. 서로 다른 성이라고 하면 수묘인연호조의 취자성就咨城을 다시 설정해야 해서 2부의 기사에서 나타나지 않는 세 글자 성이 1개 더 늘어난다. 동일한 성이라고 한다면, 같은 비문 내에서 서로 다르게 표기했다는 점에서 2부와 3부 기사가 동시에 작성되지 않았을 가능성을 높여주는 자료가 된다고 생각한다.

영락 6년조의 '□사조성□舍蔦城'과 수묘인연호조의 '사조성舍蔦城'의 관계도 마찬가지다. 이 두 성은 동일한 성일 가능성이 매우 높은데, 표기상의 차이가 갖는 의미 역시 취추성就鄒城과 취자성就咨城 경우와 마찬가지로 해석할 수 있겠다. 즉 2부와 3부 기사가 동시에 작성되지 않았을 가능성을 높여주는 또 다른 자료가 될 수 있다.

이와 같이 수묘인연호조에서 신래한예가 차출된 성 중 일부가 영락 6년조의 58성에서 확인될 수 없으며, 영락 17년 기사를 포함해도

1~3개 성은 확인될 수 없다. 또한 취자성이나 사조성의 경우는 동일한 성인지 여부를 떠나 성 이름의 표기에서 서로 다르다는 점을 유의할 필요가 있다. 즉 이러한 몇 가지 점에서 영락 6년조 등 정복 기사와 수묘인연호조의 신래한예 차출 지역 기사가 정합적으로 통일되어 있지 않음을 짐작할 수 있다.

그리고 정호섭이 지적한 바와 같이 3부 수묘인연호 부분은 광개토왕 대의 사실과 장수왕 대의 사실이 혼재되어 있으며(정호섭, 2012, 137쪽), 이러한 정황은 1~2부의 내용과 3부의 내용이 전혀 별개의 것이었음을 시사한다.

이상에서 검토한 바와 같이, ① 2부의 정복 기사에 보이는 백제로부터 빼앗은 성의 숫자 및 성 이름 표기가 수묘인연호조의 신래한예 차출 지역과 일부 차이가 나타나는 점, ② 1~2부가 광개토왕의 훈적을 다루는 기사임에 반해 3부 기사는 광개토왕 및 장수왕의 사실이 혼재되었다는 내용상의 차이점, ③ 1~2부와 3부의 문장 형식이 전혀 다르다는 점 등을 고려하면, 1~2부 기사와 3부 기사가 본래부터 하나의 텍스트로 작성된 것이 아니었다고 추정된다.

이러한 면에서 다음과 같이 현 광개토왕비문의 작성 과정을 추정해 볼 수 있겠다. 즉 장수왕은 광개토왕 사후에 부왕의 훈적을 기리기 위해서 훈적비문을 작성하고 이를 비로 세우고자 했다. 그리고 한편으로는 부왕의 교언敎言에 따라 신래한예를 차출한 뒤, 또 자신의 의지대로 구민舊民을 다시 차출해 수묘인연호를 설정하고, 수묘인의 연호수와 출신지 및 수묘인의 매매 등을 금하는 법제를 기록한 비문을 작성한 다음, 이러한 내용을 담은 수묘와 관련된 비를 세우고자 했을 것이다.

다시 말해 장수왕은 처음에는 부왕의 훈적을 기리기 위해서 훈적비를, 그리고 부왕의 왕릉 수묘를 위해서는 수묘인연호비 등 2개의 비석

을 세우려고 했을 것이다. 그러다가 '능을 만들고 비를 세우는遷就山陵
於是立碑'과정에서 훈적비와 수묘인연호비를 하나의 비석에 합쳐 기록
하게 된 것이 아닐까 추정해보고자 한다.

이렇게 비문이 하나로 합쳐질 때 이미 작성해놓은 2개의 비문을 완
전히 새로 수정하지 않고, 2개의 비문 텍스트를 적절하게 결합해 하나
의 비문으로 만들었던 것은 아닐까? 현재의 광개토왕비문에서 1·2부
와 3부가 자연스럽게 연결되지 않은 점도 아마 그런 결과일 것으로 짐
작된다.

이러한 추론이 성립하려면 일단 광개토왕 사후 수묘인연호비를 세우
려고 했다는 근거를 제시해야 할 것이다. 이 점에 대해 좀 더 살펴보자.

광개토왕비문에는 광개토왕이 수묘인연호의 섞갈림을 막기 위해 선
조왕先祖王의 왕릉에 수묘인연호 관련 비를 세웠다고 했다. 그런데 집
안고구려비가 발견되기 전까지는 전혀 비의 실체를 보여주는 실례가
없어서 실제로 수묘인연호 관련 비가 세워졌는지 여부에 대해서도 논
란이 있었다. 그러나 집안고구려비의 발견으로 광개토왕이 선조왕을
위해 각 왕릉별로 수묘비를 세웠음을 확인할 수 있게 되었다(임기환,
2014, 106~107쪽). 즉 광개토왕비를 세우기 전에 모든 고구려 왕릉에서
수묘인연호비의 입비라는 관례가 광개토왕 대에 만들어져 있었던 것
이다. 이러한 관례에 따르면 광개토왕이 죽고 난 뒤에도 마찬가지로 광
개토왕릉에 수묘인연호비를 세워야 했다. 그런데 장수왕 초년에 수묘
인제도에 상당한 변화가 나타나면서 광개토왕릉에만 수묘인연호비를
세우는 것이 불가능해졌다.

즉 장수왕은 광개토왕의 유언에 따라 수묘인을 신래한예로 교체하
면서, 신래한예들이 '수묘의 법칙을 모를까' 걱정해 이미 수묘역을 수
행하고 있는 구민 수묘인 중에서 110가를 차출하고, 또 광개토왕의 유

지대로 신래한예 220가를 차출했다. 그리고 장수왕은 기왕의 수묘인 제도에서 나타나는 문제점을 인식하고 이를 해결하는 방안을 강구했는데, 그것은 수묘인연호를 국연國烟과 간연看烟으로 나누어 편제하는 방식이었다.

이러한 일련의 수묘제 개혁은 광개토왕이 선조왕릉에 세운 기존의 수묘인연호비를 모두 교체해야 하는 결과를 낳았다. 그러나 장수왕은 관리 문제 및 새로운 수묘인연호제의 운영 방식에 맞게 개별 왕릉의 수묘인연호를 일일이 명기하는 수묘비를 세우기보다는 광개토왕릉을 포함해 역대 모든 왕릉의 수묘인연호를 일괄적으로 관리하기 위한 수묘인연호비 1개를 세우고자 했다. 그 내용이 현재 광개토왕비의 3부를 구성하는 기사다. 즉 광개토왕릉만이 아닌 국내國內 지역 모든 왕릉을 대상으로 하는 수묘인연호비문의 텍스트가 작성된 것으로 짐작된다(임기환, 2014, 111~123쪽).

따라서 이때 세우려는 수묘인 관련 비는 광개토왕릉의 수묘인만 기록하는 것이 아니기 때문에, 군이 광개토왕릉에 위치할 필요가 없었다. 따라서 현재의 광개토왕비가 위치한 곳에 수묘인연호비가 자리 잡는 것이 오히려 더 적절할 수도 있었다. 이런 점이 훈적비와 수묘인연호비가 통합되어도 무방한 또 다른 배경이 되었을 것이다.

지금까지의 추론도 사실 조심스러운 것이기 때문에, 이를 기초로 더 이상의 추론을 전개한다는 것은 상상에 가깝다고 할 수 있을지도 모르겠다. 하지만 광개토왕비문이 훈적비문과 수묘인연호비문을 합쳐서 만든 것이라는 추론을 한 이상, 왜 두 비문을 합쳤을지에 대해서도 좀 더 추론을 해보도록 하자. 다만 현재로서는 단서를 찾기가 쉽지 않은데, 유일한 단서로 생각해볼 수 있는 것은 광개토왕비의 거대한 크기다. 즉 광개토왕의 훈적비를 세우기 위해 비신석을 마련했을 때, 작성된 훈적비문을 기록하기에는 여유가 많이 남는 크기였기 때문에 아예 별도로 세우고자 했던 수묘인연호비를 하나의 비석에 함께 새긴 것이 아닌가 추정하고자 한다.

그러나 애초에 비문을 새길 비신석을 작성된 비문에 알맞게 치석하면 될 터다. 그런데 그렇게 하지 않고 훈적비와 수묘인연호비를 합쳐서 기록할 정도의 크기를 갖는 비신석을 그대로 활용한 것은 이 비석 자체를 축소시킬 수 없는 어떤 사정을 전제하지 않으면 안 된다. 다시 말해서 현 광개토왕비의 거대한 크기는 애초부터 훈적비를 전제로 채석된 것이 아니라, 기존의 거대한 크기의 원석을 그대로 활용해야 하는 어떤 사정을 전제로 한다.

즉 앞서 검토한 바와 같이 현 광개토왕비문이 2개의 별도 텍스트가 결합된 것이라는 추정이 옳다면, 이 2개의 텍스트가 합쳐질 수밖에 없는 사정이 설명되어야 하고, 그것은 현재의 거대한 비신을 그대로 활용해야 하는 어떤 사정으로 이해하는 것이 가장 적절하다고 생각한다.

그렇다고 해도 내용상 두 비문이 전혀 무관하다고 한다면 하나의 비문으로 합치는 것도 곤란했을 것이다. 그런데 광개토왕의 유훈에는 자신이 정벌해서 획득한 신래한예로 수묘인을 충당할 것을 교시했고, 훈적비의 상당 부분은 바로 광개토왕의 정복 활동에 대한 기술이기 때문에, 내용상 수묘인연호의 존재와 긴밀하게 연관되어 있다. 그 결과 광개토왕의 정복 활동을 기술한 부분인 백제와의 전쟁에서 획득한 58성과 신래한예 수묘인연호를 차출한 성이 상당 부분 일치했던 것이다. 이런 공통점에서 서로 다른 2개의 비문이 하나의 비문으로 통합될 수 있었다고 생각한다.

정호섭도 필자와 같이 광개토왕비문이 서로 다른 성격을 가진 2개의 텍스트로 구성되었다고 보지만, 이 두 텍스트가 하나의 비문으로 통합된 배경은 수묘제의 개혁 또한 광개토왕의 훈적으로 인식되었기 때문이라고 설명한다(정호섭, 2012, 138쪽). 수묘제 개혁이 광개토왕의 훈적의 일부가 될 수 있음을 필자도 부정하지는 않는다. 그러나 애초부터 수묘제 개혁을 광개토왕의 훈적으로 부각시키려고 했다면, 처음부터 수묘제 개혁을 포함하는 하나의 텍스트를 작성하는 것이 타당할 것이다. 이렇게 되면 2개의 텍스트라는 논의의 출발점이 흔들린다.

필자는 앞에서 언급한 바와 같이 광개토왕의 훈적을 기록한 텍스트와 수묘인연호 관련 텍스트가 내용상 밀접한 관계를 맺고 있지만, 후자의 텍스트가 광개토왕의 훈적을 부각시키려는 의도로 작성되었다기보다는 광개토왕이 조선 왕릉祖先王陵에 세운 수묘인연호비문의 범주에서 벗어나지 않는 수준에서 작성되었다고 판단한다. 오히려 신래한예를 수묘인 차출 대상으로 바꿈으로써 나타나는 내용상의 공통성이 2개의 비문을 하나로 합치는 동기가 되었다고 생각한다. 물론 그렇다고 수묘제 개혁이 광개토왕의 훈적이 될 수 없다는 뜻은 아니다. 2개의 텍스트를 왜 합쳤느냐가 아니라, 2개의 별개 텍스트로 작성되었느냐 여부가 더 중요하다고 본다.

앞에서 광개토왕비신 원석은 량민에서 채석되었을 가능성이 높고, 또한 동천왕이 관구검의 침입 후 일시적으로 이거한 지역이 현 량민 고성 일대일 가능성이 높다고 추정했다. 그 결과 광개토왕비신 원석은 동천왕 대 혹은 동천왕릉과의 관계에 의해 량민에서 채석되어 동천왕릉으로 비정되는 현 임강총 인근에 자리 잡게 되었다고 추정했다. 나아가 이 비신석의 거대한 규모나 생김새를 통해 이 원석이 어떤 종교적 상징물, 또는 신앙의 대상물로서 기능하지 않았을까 하는 억측도 해보았다.

사실 이와 같이 추정에 추정을 거듭하는 논지는 불안하기 짝이 없다.

하지만 내친김에 앞의 여러 추정을 전제로 왜 동천왕과 관련된 비 원석이 광개토왕 훈적비의 비신으로 정해졌을지에 대해 다시 추론을 더 해보도록 하자.

광개토왕비가 왕릉비임은 비문 내에서 "산릉으로 모셨고, 이에 비를 세워 그 공훈을 기록해 후세에 전한다就山陵 於是立碑 銘記勳績以示後世焉"라고 밝힘에서 분명히 알 수 있다. 따라서 광개토왕릉 역시 현 광개토왕비가 서 있는 위치와 연관되어 있을 것이다. 현재 광개토왕릉의 유력한 후보는 태왕릉과 장군총이며, 어느 왕릉이냐에 대해서는 적지 않은 논란이 있다. 필자는 장군총을 광개토왕릉으로 비정하는데(임기환, 2009, 41쪽), 태왕릉 또한 유력한 후보로서 논쟁이 거듭되는 이유는 광개토왕비와 장군총 및 태왕릉이 그 위치로 볼 때 긴밀하게 연관되지 않기 때문이다.

이러한 현 광개토왕비의 입지 조건으로 보아 광개토왕비가 애초부터 왕릉비로서 적절한 입지가 선택되어 입비되었다기보다 오히려 광개토왕릉과 그리 연관되지 않은 위치에 본래부터 입비되었을 가능성을 높여준다(이우태, 2013, 163쪽). 이런 면도 앞서 추론한 바 있듯이, 비의 원석이 광개토왕릉비 전에 다른 조건, 즉 동천왕릉(임강묘)과 관련해 그 입지가 선택되었을 가능성이 좀 더 설득력 있는 정황 증거가 될 수 있겠다.

어쨌든 광개토왕릉비로서는 적절하지 않은 위치에 서 있으며, 형태상으로 보아 선돌과 유사한 종교적 상징물이나 신앙의 대상물로 기능했을 가능성이 높은 이 건조물을 광개토왕릉의 비신석으로 선택한 동기는 무엇일까?

여기에는 두 가지 점이 전제되어야 한다. 먼저, 이 건조물이 광개토왕릉 주변에 위치해야 한다는 점이다. 물론 이미 입비되어 있던 이 건조물(비신석)에 맞추어 광개토왕릉의 입지를 선택했다고 보기는 어려울지 모르지만, 결과적으로 광개토왕릉의 입지가 이 원석과 지리적으로 연관되어 있어 왕릉비로서의 입지 조건을 갖추었다는 점이다.

둘째, 어떤 신앙적인 성격을 갖고 있던 건조물(비신석)이 왕릉비로 활용되는 동기와 의도가 적절해야 한다는 점이다. 이와 같은 필자의 추정이 성립한다면 이는 광개토왕의 정치적 위상, 즉 태왕권太王權의 성장과 관련시켜 볼 수 있지 않을까 싶다.

광개토왕비문에 보이는 고구려 왕자관王者觀은 단지 현실 정치 세계의 최고 통치자에 그치는 것이 아니다. 광개토왕비문의 1부 내용에서는 고구려 왕실 계보가 천제天帝와 연결되는 신성한 혈통임을 두드러지게 강조하는 것을 볼 수 있다. 실제 조상인 추모왕은 고구려 시기 내내 종교적 대상이기도 했다. 따라서 추모왕의 후손인 고구려왕은 천제에 대한 종교 의례의 주관자이기도 했다. 특히 생시에 "은택이 하늘까지 미쳤고 위무는 사해에 떨쳤다恩澤洽于皇天 武威振被四海"는 업적을 이룬 광개토왕은 바로 그러한 천제의 혈통이 갖는 신성한 역할을 구체적으로 실현한 인물로서 숭배될 수 있는 가장 적절한 대상이었을 것이다.

따라서 기왕의 종교적 대상물을 광개토왕의 훈적을 기록하는 비신석으로 활용함으로써 광개토왕의 위상을 더욱 높이는 수단이 될 수 있다고 판단했을 것이다. 신앙의 대상이었던 건조물이 광개토왕의 비신석으로 선택된 데는 이러한 정치적·이념적 의도가 깔려 있었다고 짐작된다.[2]

---

2) 김현숙도 광개토왕비가 이전부터 고구려민의 신앙 대상이었던 비신을 이용함으로써, 이 비석은 4세기 말~5세기 초 고구려의 왕권과 종교적 신성성이 결합된 최고의 신성물이 되었다고 보았다. 더욱이 김현숙은 장군총의 호석도 민간에서 신앙의 대상이었던 신성물을 모아 고구려왕의 무덤에 사용함으로써 그 신성성을 가중하는 역할을 했다고 추정한다(김현숙, 2013, 468쪽).

4. 맺음말

이 글에서 다루는 내용은 사실상 논문이 지켜야 할 기본적인 태도를 벗어난 면이 적지 않다. 하나의 추론을 전제로 다시 추론을 거듭한 내용이기 때문에, 비록 문제 제기라는 의도라고 변명조로 시작했지만, 이 글에서 이끌어내는 결론이 매우 조심스럽다는 점을 다시 밝히지 않을 수 없다. 따라서 앞의 내용을 따로 요약 정리하지는 않겠다. 다만 이 글을 작성하면서 다시 확인한 광개토왕비 연구의 시각에 대한 생각을 밝히는 것으로 마무리하고자 한다.

일반적으로 비문 등 금석문 자료를 다룰 때 주로 글자의 판독이나 해석, 그리고 이를 사료로 역사상을 구성하는 데 초점을 맞추고 있다. 물론 금석문의 내용이 핵심이기 때문에 이는 당연하고 타당한 태도다. 하지만 어떤 금석문 자료의 외형이나 텍스트적 성격 역시 결코 간과할 수 없는 당대의 산물이다. 광개토왕비처럼 당대에 가장 심혈을 기울여 건립한 비의 경우는 더욱 그러하다. 이 글에서 일반적인 비신 형태와는 다른 광개토대왕비의 외형에 주목하고, 또한 2개의 텍스트라는 시각에서 비문 구성에 접근하려는 것도 그런 이유 때문이다. 광개토왕비는 당시 고구려인의 생각과 심성을 들여다볼 수 있는 일종의 타임캡슐이다. 그렇기에 보다 다양한 시각과 문제의식에서 광개토왕비에 접근하려는 노력이 더욱 절실하다고 본다.

:: 참고문헌

고구려연구재단, 2005, 『환인, 집안지역 고구려 유적 지질 조사 보고서』, 고구려연구
　　재단.

김현숙, 2013,「광개토왕비의 성격과 건립 목적」,『광개토왕비의 재조명』, 동북아역사
　　재단.

여호규, 2013,「광개토왕릉비의 문장구성과 서사구조」,『경북대학교 영남문화연구원
　　기획학술대회 발표논문집』, 경북대학교 영남문화연구원.

이우태, 2013,「금석학적으로 본 광개토왕비」,『광개토왕비의 재조명』, 동북아역사재단.

임기환, 2009,「고구려의 장지명 왕호가 왕릉비정」,『고구려 왕릉 연구』, 동북아역사
　　재단.

_____, 2011,「울진 봉평리 신라비와 광개토왕비, 중원고구려비」,『울진 봉평리 신라비
　　와 한국고대금석문 』, 한국고대사학회.

_____, 2013,「고구려의 요동진출과 영역」,『고구려발해연구』 45, 고구려발해학회.

_____, 2014,「집안고구려비와 광개토왕비를 통해본 고구려 수묘제의 변천」,『한국사
　　학보』 54, 고려사학회.

정호섭, 2012,「광개토대왕비의 성격과 5세기 고구려의 수묘제 개편」,『선사와 고대』
　　37, 한국고대학회.

吉林省長白文化硏究會·集安市博物館, 2004,「集安良民高句麗遺跡調査」,『東北史
　　地』 2004-4, 吉林省高句麗硏究中心, 吉林省 長春市.

孫仁杰·遲勇, 2007,『集安高句麗墓葬』, 香港亞洲出版社, 香港.

長福有, 2004,「高句麗第一個平壤城在集安良民卽國之東北大鎭-新城」,『東北史地』
　　2004-4, 吉林省高句麗硏究中心, 吉林省 長春市.

〜

왕자 복호卜好와
「광개토왕릉비」 명문銘文
- 초기 고구려-신라 관계에 대한 약간의 해석 -

조나단 베스트(Jonathan W. Best, 웨즐리언대학교 미술 및 미술사학과 명예교수)

1. 머리말

12세기에 편찬된 『삼국사기三國史記』에 따르면, 신라新羅(Silla)의 나물왕 奈勿王(King Namul, 재위 356~402)은 392년에 김씨 왕족의 방계에 속한 젊은 왕자인 실성實聖(Silsŏng)을 고구려高句麗(Koguryŏ) 조정에 인질로 보냈다. 그러나 인질로 선택된 인물의 이름(실성) 및 인질을 보낸 시점 (392)에 대한 『삼국사기』의 기사에 오류가 있음을 보여주는 증거들— 인접 시기의 자료인 414년에 건립된 「광개토왕릉비廣開土王陵碑」(이하

---

* 이 글은 영어 원문 "Prince Pokho and the Kwanggaet'o Stele Inscription: A Small Elucidation of Early Koguryŏ-Silla Relations"를 최상기(서울대학교 국사학과 박사과정)가 번역한 것이다.

「능비」라고 칭함)의 명문 및 13세기의 문헌인 『삼국유사三國遺事』 등에서 확인한 정보―이 존재한다.[1] 또한 이러한 증거들은 실성이 392년 고구려에 인질로 보내졌다는 『삼국사기』의 서술이 후대의 편찬 중에 만들어졌음을 보여준다. 실성이 인질로서 외국에 머물렀다는 기사는 『삼국사기』와 『삼국유사』에서 4세기 후반부터 500년 동안 거의 단절되지 않고 신라의 왕좌를 차지했다는 김씨 왕가의 시조로 추정되는 나물의 유교적 명성을 높이고자 창조되었던 것 같다. 확실히 『삼국사기』와 『삼국유사』에서 제시한 왕실 계보에 따르면, 실성은 나물로부터 이어졌다고 주장하는 김씨 혈족의 구성원들이 912년까지―혹은 신라가 멸망하기 겨우 22년 전까지―500년이 넘는 시간 동안 독점했던 신라의 왕좌에서 유일한 예외다. 그러므로 근거 사료들의 출처에 책임이 있는 『삼국사기』의 편찬자들이나 신라 후기 혹은 고려 초기의 역사가들이 오랜 기간 신라를 통치했던 김씨 왕가의 위대한 창시자로 여겨지는 인물이 친아들을 외국 조정에 인질로 보냈다는 사실에 불편한 감정을 가졌을 것이라는 가정은 비합리적이지 않을 것이다. 다음에서 제시한 사례들은 역사 기록에 대한 이러한 해석을 분명히 뒷받침한다.

---

1) 기본적으로 이 연구는 근래 저명한 「능비」의 명문을 강독하면서 필자가 파악한 비문 속의 두 글자에 대한 해석에서 비롯되었다. 필자는 긴 명문 중 이 두 글자의 해석이 5세기로 접어들 무렵 고구려와 일본 조정에 인질로 파견된 신라 왕자들에 대한 『삼국사기』와 『삼국유사』의 묘사에서 나타나는 명확한 차이점을 해결하는 데 도움을 줄 수 있다는 사실에 충격을 받았다. 따라서 비록 이들 왕족 인질에 대한 『삼국사기』와 『삼국유사』의 설명과 관련된 상당량의 이차적 연구와 「능비」의 명문과 관련된 연구 보고들이 다수 존재하지만, 여기서는 이 주제와 관련된 기본 사료―구체적으로 『삼국사기』, 『삼국유사』, 「능비」 및 훨씬 덜 중요하지만 『일본서기日本書紀』―에 대한 고찰에 전적으로 기반을 두었다. 필자가 4세기 후반~5세기 초반 신라―고구려 혹은 신라―일본 관계를 다룬 수많은 이차적 연구들을 인용하지 않은 것은 그들을 경시했기 때문이 아니라, 다만 이 연구가 기본 사료들로부터 도출한 정보에 전적으로 의지한 결과다.

2. 『삼국사기』와 『삼국유사』의 대조적인 서술

나물이 392년에 실성을 고구려에 인질로 보냈다는 『삼국사기』의 서술
에 오류가 있다는 견해는, 4세기 후반~5세기 초반 신라의 두 왕족 인
질이 충성스러운 신라 관료에 의해 고구려와 왜 조정의 억류로부터 탈
출했다는 근본적으로 동일한 내용을 『삼국사기』와 『삼국유사』가 명백
히 대조적으로 서술했다는 사실에 기반을 둔다.[2] 그런데 두 이야기의
사료적 근원은 모범적으로 자신을 희생한 신라 관료의 이름에서 직접
적으로 차이가 나타난다. 그는 『삼국사기』에서 박제상朴堤上(Pak Che-
sang)으로 불린 반면, 『삼국유사』에서는 김제상金堤上(Kim Chesang)으로
등장한다. 비록 그의 성姓에 대한 두 문헌의 차이는 여러 측면에서 명
확하지만, 현재 맥락에서는 박제상을 신라의 전설적 건국자인 박혁거
세朴赫居世(Pak Hyŏkkŏse, 재위 기원전 57~기원후 3)로부터 이어졌다고 주장
하는 박씨 일족에 속한 존재로 묘사한 『삼국사기』의 내용이 보다 고려
할 만하다. 반면 『삼국유사』에서는 용기와 자기희생으로 오랫동안 신
라를 지배한 집단의 영광을 높인 그는 외견상 김씨 왕가의 구성원으로
서술되었다.[3]

---

2) 『삼국사기』 권3, 신라본기新羅本紀3 나물이사금奈勿尼師今 37년 정월조, 『삼국사기』 권45, 열
전列傳5 박제상朴堤上 및 『삼국유사』 권1, 기이紀異1 나물왕 김제상奈勿王 金堤上을 볼 것(이병도 교
감, 1977; 한국정신문화연구원 편, 2003). 한국 측 초기 사료에서 일본 열도의 정부와 거주자들은 일괄
적으로 왜倭로 서술되었다. 그러나 근대 역사 서술에서는 중국의 역사가들이 열도 거주민들에게
처음으로 관심을 기울인 1세기와 7세기 사이 열도에서 발생한 중요한 정치적·사회구조적 변화를
반영하는 보다 정확한 전문 용어를 사용할 필요가 있다. 이러한 목적에서 마련된 기존의 용어들과
함께 이 글에서 때때로 등장하는 '야마토'라는 명칭은 일본 조정과 4, 5세기 그 지역의 문제들을
언급할 때 사용하는 용어다.
3) 만약 두 신라 왕자의 탈출을 도운 자의 이름을 김제상 ―『삼국사기』에서 박제상으로 서술한
것과는 대조적으로― 으로 표기한 『삼국유사』의 서술이 김씨 혈족의 명망을 높이기 위한 후대의
윤색이라면, 이는 나물이 392년 고구려 조정에 자신의 아들 중 한 명을 대신해 실성을 보내기로 결

이들 두 왕족 인질의 탈출에 대한 설명에서 두 번째로 명확한 차이점은 각 기사의 시간 구조와 관련된다. 『삼국사기』에서는 본문 중에 방계 왕족으로 등장했지만 다른 역사 기록 어디에도 이름이 나타나지 않는 이찬伊飡 김대서지金大西知(Kim Taesŏji)의 아들이라고 한 왕자 실성이 나물에 의해 임진년壬辰年에 해당하는 392년에 고구려 조정에 보내졌다고 했다. 그로부터 10년 후 문헌에서는 구체적으로 임인년壬寅年에 해당하는 402년에, 실성은 왕위에 오른 첫 달에 나물의 아들인 미사흔未斯欣(Misahŭn)을 일본의 야마토大和 조정에 인질로 보냄으로써 자신을 배척했던 나물에 대한 원한을 풀었던 것 같다. 기록에 따르면 다시 10년 후 실성의 재위 11년이자 임자년壬子年에 해당하는 412년에 실성은 나물의 다른 아들인 복호卜好(Pokho)를 고구려 조정에 인질로 보냄으로써 본인의 원한을 두 배로 갚았다.[4] 여기서 일본 조정에 보내진 미사흔의 사례를 포함해 세 명의 신라 왕자가 인질로 파견되었다는 『삼국사기』의 기록이 10년 간격으로 등장하고, 이 사건들이 모두 고구려 광개토왕廣開土王(King Kwanggaet'o, 재위 391~413)의 통치 기간 중에 발생했다는 점에 주의해야 한다.

이와는 대조적으로 인질이었던 신라 왕자들의 탈출에 대한 『삼국유사』의 서술은, 나물이 재위 36년인 391년에 야마토 조정으로부터 왕족 인질을 요구받자 본인의 가장 어린 아들인 셋째 미해美海(Mihae)를 보냈다는 사실과 결부되었다. 비록 여기서는 미해라고 했지만, 그는 분

정했다는 『삼국사기』의 기사가 김씨 왕가의 창시자로 추정되는 나물의 도덕적 권위를 높이기 위한 후대의 조작이라는 가설에 강력한 유사점을 제공할 것이다.

4) 주 2)에서 인용한 『삼국사기』의 기사에서 나타나는 관련 정보들과 더불어, 신라의 연대기에서 실성이 402년에 왕자 미사흔을 일본으로, 412년에 왕자 복호를 고구려로 보낸 일과 관련된 기사들을 살피기 위해서는 『삼국사기』 권3 신라본기3 실성이사금實聖尼師今 원년 3월조 및 11년조를 볼 것.

명히 『삼국사기』에서 미사흔이라고 한 나물의 아들과 동일인이다. 『삼국유사』에서 나물의 재위 36년을 명쾌하게 — 하지만 『삼국사기』에 따르면 부정확하게 — 경인년庚寅年이라고 했지만, 사실 이는 바로 전년인 390년이다.[5] 또한 기미년己未年에 해당하는 419년, 즉 신라 눌지왕訥祗王(King Nulchi, 재위 416~458) 재위 3년에 나물의 세 아들 중 맏이로 여겨지는 눌지가 그의 다른 동생인 보해寶海(Pohae)를 고구려 조정에 인질로 보냈다는 『삼국유사』의 기사도 『삼국사기』와 다르다. 미해가 『삼국사기』에 등장하는 미사흔의 또 다른 표기인 것과 마찬가지로, 보해는 복호를 다르게 서술한 것이다.[6]

『삼국유사』에서 확인되는 4세기의 마지막 10년 중 신라가 야마토 조정으로부터 종속을 강요당한 시기는 「능비」의 명문 중 391년으로 계산되는 신묘년辛卯年이 포함된 구절에 의해 입증된다. 다음에서 제시, 번역한 해당 부분은 「능비」의 첫 번째 면 8, 9행에서 등장한다(노태돈 외, 1992, 3~35쪽).[7]

백잔(즉 백제)과 신라는 예전에 우리의 속민이었고 조공해왔다. 그러나 신묘년 초에 왜가 □를 건너 백잔 □□ 신라를 정복하고 그로써 그들을 자신들의 신민으로 삼았다百殘新羅舊是屬民由來朝貢 而倭以辛卯年來渡□破百殘 □□ 新羅以爲

---

5) 『삼국사기』의 연표에 따르면 나물의 재위 36년은 신묘년辛卯年인 391년에 해당한다. 이렇게 재위 시점에 대한 해석에서 나타나는 불일치는 『삼국유사』와 『삼국사기』가 통치 시점을 다르게 계산했다는 점에서 기인한 것이다. 『삼국유사』는 군주가 즉위한 해 전체를 그의 재위 원년으로 계산하는 방식을 따랐다. 반면 『삼국사기』는 군주의 재위 원년이 전임자의 사망 이후 역년曆年에서 남아 있는 부분부터 시작한다고 여겼다. 결과적으로 『삼국사기』에서는 동일한 연도를 군주의 재위 마지막 해와 그 계승자의 재위 원년으로 간주하는 일이 흔히 발생한다.
6) 주 2)에서 인용한 『삼국유사』의 기사에서 나타나는 관련 정보들을 볼 것.
7) 특히 9쪽과 17쪽에서 제시한 「능비」에 대한 노태돈의 견해, 번역, 연구를 볼 것.

臣民.[8] (「능비」 1면, 8~9행)

　요컨대 고구려 조정에서 작성한 절대적으로 인접한 시기의 기록인 「능비」 명문의 이 구절은 391년 혹은 그 직후 일본 군대의 공격이 신라로 하여금 야마토 조정에 충성을 보이도록 강제했다는 『삼국유사』의 기사를 입증할 뿐만 아니라, 신라가 392년 고구려 조정에 왕족 인질을 보냈다는 『삼국사기』의 기사를 효과적으로 반박한다. 만약 신라가 이 시기 고구려에 왕족 인질을 보냈다면, 그 사실은 분명히 명문에 기록되었을 것이다. 우리가 다음에서 논의하듯이 「능비」의 명문에서 신라와 고구려 조정 사이에서 이루어진 모든 공식적인 소통 혹은 상호작용은 신라의 통치자가 그의 영역을 잠식하던 일본의 군대를 축출하기 위해 광개토왕의 도움을 얻고자 북쪽의 왕국으로 사절을 파견하는 399년 이후에 비로소 등장한다.

　논의를 더 진전시키기 전에 잠시, 우리가 발견한 『삼국사기』와 『삼국유사』에서 박―혹은 김―제상이 4세기 말~5세기 초 고구려와 일본 조정에서 신라의 왕족 인질을 구출한 사건을 설명할 때 나타나는 가장 기본적인 차이 중 일부를 검토하는 편이 유용할 것이다. 특히 ① 두 왕자의 이름, ② 그들이 외국 조정에 인질로 보내졌다는 시점에서

---

8) 「능비」의 명문에서 발췌한 이 구절은 주 6)에서 인용한 노태돈의 글에서 제시한 것이고, 번역은 아직 간행되지 않은 마크 바잉턴Mark E. Byington의 영문 번역을 쉽게 바꾸어 서술한 것이다. 필자는 바잉턴 박사가 그가 번역한 명문을 여기서 사용할 수 있도록 두 번이나 허락해준 것에 감사를 표한다. 다만 여기서 제시한 구절 중 첫 번째로 나타난 지워진 글자에 대한 바잉턴의 해석이 노태돈의 판독과 다른 점은 주의해야 한다. 노태돈이 판독하지 않고 남겨둔 부분을 바잉턴은 해海, 즉 '대양' 혹은 '바다'로 번역했다. 바잉턴이 해당 구절을 "…… 신묘년(391)부터 왜가 바다를 건너와서 백잔, □□ 신라를 깨뜨리고 그들을 자신들의 속민으로 삼았다"라고 해석하는 것을 선호함은 분명하다. 보다 구체적으로 일본의 군대가 반도로 건너와서 백제百濟(Paekche)와 신라에게 종속국 지위를 받아들이도록 강제했다는 점에서 이 부분에 대한 두 해석은 기본적으로 같은 의미다.

나타나는 차이에 주목해야 한다.『삼국사기』에서 왕자들은 미사흔과 복호로 불렸고 나물왕의 아들이라고 했다.『삼국유사』에서 그들은 미해와 보해로 불렸고 마찬가지로 나물의 아들이라고 했다.『삼국사기』에서 미사흔(미해)은 402년에 야마토 조정으로, 복호(보해)는 10년 뒤인 412년에 고구려 조정으로 보내졌다고 했다. 게다가『삼국사기』에서는 두 왕자가 392년 나물에 의해 고구려 조정에 인질로 보내졌던 실성의 보복으로 보내졌다고 했다. 반면『삼국유사』에서는 나물 본인이 390/391년에 야마토 조정이 왕족 인질을 요구하자 미해(미사흔)를 보냈고, 보해(복호)는 그의 친형인 눌지가 419년에 고구려 조정에 보냈다고 했다.

3. 「광개토왕릉비」 명문과의 비교

필자는 414년에 건립된 「능비」의 명문 중 지금까지 해석되지 않고 남겨졌거나 그저 추정에 근거해서 해석되던 일부 부분—사실 단지 두 글자—에 대한 언어학적 분석이『삼국사기』와『삼국유사』에서 박/김제상의 영웅적인 자기희생을 설명할 때 나타나는 차이점과 관련된 기본적인 문제들을 해결하는 데 도움이 되는 핵심 정보를 제공한다고 믿는다. 즉,「능비」의 명문이 제시하는 당대의 기록 중 이 두 글자로 이루어진 단어에 대한 적절한 해석이 나물의 아들로 알려진 신라의 왕족 인질이 지닌 여러 이름을 검증할 때 또는 그들이 국외에서 인질 생활을 시작한 정확한 시점을 결정할 때 필요한 증거를 제시한다는 것이다.

현재 논의 중인 두 글자로 이루어진 단어를 포함한 구절은 「능비」의 세 번째 면 두 번째, 세 번째 줄에 있고 명문에서 경자년庚子年으로 서술된 400년, 즉 광개토왕 재위 10년째 되는 해와 관련된 부분의 마지막 문장을 구성한다(노태돈 외, 1992, 12·19쪽). 이 부분에서는 전년, 즉 명문에서 기해己亥라고 기록된 399년(광개토왕 재위 9년) 신라 매금寐錦, (maegǔm)―혹은 나물왕과 실성왕 같은 '왕王'―이 당시 그의 나라를 침범한 일본 군대와의 전쟁 중 고구려에 요청한 군사적 지원에 대한 광개토왕의 승낙이 가져온 결과들을 상세하게 나열했다. 399년의 사건에 대한 「능비」 명문의 설명은 매금의 요청을 받아들인 광개토왕이 신라를 구원하기 위해 군대를 보내기로 약속했다는 내용을 명시한 문장과 함께 마무리되었다.

「능비」의 명문에서 이어지는 부분, 즉 이 글의 핵심 논의 대상에서는 400년에 벌어진 사건들과 그 여파를 보여준다. 이 부분은 전년의 약속에 따라 신라를 도와 일본 군대 및 당시 신라 영역 내에서 활동하던 가야 제국諸國 중 하나인 안라安羅(Alla)의 병력을 축출하기 위해 파견된 고구려 군대의 성공에 대한 묘사로 시작하며, 그 내용이 대부분을 차지한다. 그런데 이 부분의 마지막 문장에서는 신라 매금이 기뻐하면서 광개토왕의 군대가 제공한 도움의 대가로 광개토왕에게 복종하는 내용을 서술했다. 그러므로 논리적으로 매금의 복종 행위는 고구려 군대가 신라에 파견된 400년 이후의 시점에 발생한 것이 분명하고, 이어서 등장하는 고구려가 대방帶方 지역에 침입한 일본을 격퇴한 사건과 관련된 명문에서 갑진년甲辰年으로 기록된 404년(광개토왕 재위 14년)의 사건보다 선행할 것이다.

「능비」의 명문 중 400년에 발생한 사건과 신라의 순종적인 대응 및 특히 흥미로운 두 글자로 이루어진 단어를 포함한 구절의 마지막 문장昔新羅寐錦未有身來論事□國岡上廣開土境好太王□□□□寐錦□□僕句□□□□朝貢은 "과거에 신라 매금이 결코 일을 논의하기 위해 직접 온 적이 없었으나,

국강상광개토경호태왕□□□□매금□□복구□□□□가 공물을 바쳤
다"고 해석된다.[9]

　위에서 제시한 문장 중 특히 관심이 가는 부분은 복구僕句라는 단어
로, 필자가 받은 번역에서는 단지 현대 한국어 발음인 'pokku'로 기록
되었을 뿐이다. 5세기 초반 신라와 고구려 조정 사이에서 형성된 밀접
한 공적 제휴와 관련된 이 중요한 문장을 고찰할 때 처음 필자에게 충
격을 준 것은 복구의 현대 한국어 발음인 'pokku'와 『삼국사기』에서
고구려에 인질로 보내진 신라 왕자 복호 사이의 뚜렷한 유사성이었다.
다만 필자는 언어학 방면으로 전문적인 훈련을 받지 않았으므로, 동아
시아 역사 언어학에 정통한 두 학자인 브리티시컬럼비아British Colum-
bia 대학의 로스 킹Ross King과 애머스트Amherst에 있는 메사추세츠
Massachusetts 대학의 명예교수인 앨빈 코헨Alvin. P. Cohen에게 5세기와
12세기 사이에서 복구와 복호라는 두 단어의 발음이 유사할 수 있는지
여부를 문의했다. 이 넓은 시간 간격은 「능비」의 명문이 작성된 414년
과 『삼국사기』가 편찬된 12세기 중반이라는 시기를 아우르기 위해 지
정된 것이었다. 두 학자는 이 기간 동안 두 단어의 발음이 ─ 킹 교수의
말을 인용하면 ─ "거의 동일하다"는 점에 동의했다.[10] 「능비」의 명문

─────────────

9) 「능비」의 명문에서 발췌한 이 문장은 앞에서 인용한 노태돈의 글에 실린 것이며, 번역은 역시
아직 간행되지 않은 바잉턴의 영문 번역을 쉽게 바꾸어 서술한 것이다(앞의 주 6)을 볼 것). 다만 여
기에서 제시한 문장의 첫 구절 중 부분적으로 지워진 마지막 두 글자에 대한 바잉턴의 해석이 그에
대한 노태돈의 해석과 다르다는 점에 주의해야 한다. 노태돈이 이들을 '일을 논의하다(論事)'라고
해석한 반면, 바잉턴은 '공물을 바치다(朝貢)'로 해석했다. 따라서 바잉턴은 이 문장을 "이전에 신
라 매금이 직접 공물을 바치기 위해 온 적이 없었으나, 國岡上廣開土境好太王□□□□寐錦□□
僕句□□□□가 공물을 바쳤다"로 해석했다. 기본적으로 양쪽 해석은 같은 의미다. 즉 이전에는 신
라의 어떤 지배자도 고구려 조정에 직접 와서 복종을 표한 적이 없다는 것이다.
10) 코헨 교수와는 2012년 3월 5일, 킹 교수와는 2012년 3월 23일 의견을 교환했다. 다음에서
인용한 것은 킹 교수가 제공한 복호Pokho와 복구Pokku에 대한 분석 전체다.
"중세 중국어는 (여기서) 귀하의 목적에 비해 늦은 시기의 것입니다. 만약 이들이 표음식 표기

278

에서 명확하게 언급한 당시 신라 조정의 고구려에 대한 종속적 지위와 더불어 이 결론을 받은 뒤, 필자는 「능비」의 복구가 『삼국사기』에서 복호로 서술된 신라 왕자의 이름을 다른 발음 방식으로 표기한 것이라고 확신했다.[11]

복호Pokho의 다른 형태라고 할 수 있는 복구Pokku가 「능비」의 명문에 등장한다는 점에서 도출된 이 결론은 그 왕자에 대한 『삼국사기』의 서술을 해석할 때 역사적, 연대기적으로 중요한 시사점을 갖는다. 특히 『삼국사기』와 『삼국유사』에서 신라 왕자의 이름 및 그가 고구려 조정에 인질로 파견된 시점을 서술할 때 나타나는 차이를 해결하는 데 도움을 준다.

신라 왕자의 이름이 『삼국사기』의 복호와 『삼국유사』의 보해 중 어느 것이냐는 문제는 그 대표적인 사례다. 분명히 『삼국사기』에서 기술한 왕자의 이름이 「능비」 명문 중의 복구Pokku에 보다 부합한다. 이 문제를 논의했던 두 언어학자 모두 복호Pokho와 복구Pokku가 음성학적으로 동일한 반면, 보해Pohae는 복호Pokho나 복구Pokko의 발음과 통하지 않는다는 점에 동의했다. 이와 관련해 비록 시간의 흐름에는 문제가

〈표〉 '복호'와 '복구'의 언어학적 분석

	MC	LHan	OCM
① 복호卜好	pukxâu^B	pokhou^B	pôkhû^Ɂ
② 복구僕句	pukxâu^C	pokhou^C	pôkhûh
	bukkəu	bokko	bôkkô
	bukkju^C	bokkuo^C	---

라면, 그것들은 단지 첫 부분(오늘날과 마찬가지로 당시 한국어에서는 상관없었다고 생각되는 구분)의 발성만 다르고 내측 연구개음의 대기음 발음은 한국어와 거의 동일합니다. 이상의 재구성은 악셀 슈에슬러의 견해(Axel Schuessler, 2009, *Minimal Old Chinese and Later Han Chinese*, University of Hawai'i Press, Honolulu)에 기반을 둔 것입니다."

11) 「능비」 명문의 이 문장에서 고구려로 보낸 인질에 대해 아무런 언급을 하지 않았고, 오히려 단편적인 서술 상태를 감안하면 이는 단지 신라가 고구려의 군사적 지원에 대한 감사 차원에서 공물을 바쳤다는 의미로 해석된다고 반론을 제기할 수 있다. 그러나 이에 대해 보해/복호/복구가 처음에는 사절로 파견되어 오늘날이었다면 정중했을―하지만 이 경우에는 기만적이었던―고구려왕의 초대에 선의를 위한 외교 사명을 갖고 임했으나, 고구려 수도에 도착한 후 배반을 당해 인질로 억류되었다고 『삼국유사』에서 서술한 점을 통해서 반박할 수 있다(한국정신문화연구원 편, 2003, 271쪽).

있지만, 신라 왕자가 일본 조정에 인질로 보내졌다가 한국 측 사료에서 박제상 혹은 김제상으로 등장하는 인물의 책략에 힘입어 탈출한 사건을 서술한『일본서기』에서, 왕자의 이름이 미사흔未斯欣(Misahŭn)과 음성학적으로 같은 미질기지微叱己知(Mijilgiji. 일본어 발음은 Mishikochi)로 제시되었다는 점에 주의해야 한다.[12] 그러므로 8세기에 작성된『일본서기』에서 제시한 신라 왕자의 이름과 12세기에 편찬된『삼국사기』에 등장하는 미사흔이 연결된다는 사실이 함께 등장하는 다른 신라 왕자의 이름인 복호가 13세기에 작성된『삼국유사』의 보해보다 정확할 것이라는 추정에 간접적인 증거가 된다는 견해는 타당성이 있을 것이다. 게다가『삼국유사』에서 제시한 두 왕자의 이름인 미해美海(아름다운 바다 혹은 아름다움의 바다)와 보해寶海(보배로운 바다 혹은 보물의 바다)는 후대에 찬미 또는 시적詩的 표현을 위해 두 젊은 왕자에게 붙였던 것 같다.

복호가 고구려로 출발한 시점에 대해서도, 앞에서 언급했던 것처럼 「능비」에서 왕자의 이름을 다른 방식으로 기록한 복구의 명문 중에서의 위치와 의미에 대한 해석을 통해, 400년과 404년 사이에서 그가 인질 생활을 시작한 시점을 추정할 수 있다.『삼국사기』에서 복구/복호가 412년부터 고구려에서 인질 생활을 시작했다고 서술한 반면,『삼국유사』에서는 419년부터라고 해서 상당히 다르다. 복구/복호의 인질 체류 시점과 관련해 과거에 만들어진 또 하나의 견해, 즉 신라의 왕자들이 10년마다 외국 조정에 인질로 보내졌다는『삼국사기』기사의 적절성

---

12) 일본에 인질로 보내진 미사흔/미질기지에 대한『일본서기』의 내용은 '坂本太朗 외 교주校注, 1967, 337~341쪽, 특히 338~339쪽' 및 'William G. Aston 옮김, 1896, 231쪽'을 볼 것. 신라 왕자의 귀환을 둘러싼 환경에 대한 내용은 '坂本太朗 외 교주, 1967, 349~353쪽'과 'William G. Aston 옮김, 1896, 241~242쪽'을 볼 것. 미질기지와 미사흔의 동일 관계에 대해서는 '坂本太朗 외 교주, 1967, 339쪽의 주) 24'를 볼 것.

을 고려해야 한다. 구체적으로, 『삼국사기』에 따르면 실성은 392년 나물에 의해 고구려로 보내졌고, 이후 복수심에 불타는 실성은 미사흔을 402년에 일본으로, 복구를 412년에 고구려로 보냈다. 그러나 이미 앞에서 언급했듯이 필자가 보기에 실성이 392년에 고구려로 보내졌다는 기사는, 신라 김씨 왕가의 설립자인 나물에게 그가 자진해서 친아들을 외국 조정에 인질로 보냈다는 비도덕적 행위의 책임을 지우지 않기 위해 후대에 창작된 것 같다. 『삼국사기』에 따르면 나물은 당시 고구려가 강국이었고, 따라서 광개토왕의 요구대로 왕족 인질을 보내야 하는 상황을 잘 이해하고 있었다. 4세기 후반 현실 정치가 만연한 동아시아에서 그러한 행위는 유감스럽지만 예측 가능한 일로 쉽게 받아들여졌을 것이다. 필자는 후대의 역사가들이 이러한 행위가 나물의 이름을 더럽히는 것을 피하기 위해, 나물이 친아들 복호 대신 단지 같은 김씨 왕가의 방계에 속한 알려지지 않은 인물의 자식인 실성을 보냈다는, 덜 비난받을 만한 죄를 나물에게 부여하는 방식을 선택한 것이 아닌지 의심스럽다.

이 가설을 입증하기 위해, 『삼국유사』가 『삼국사기』와는 대조적으로 나물이 그의 아들 중 한 명인 미해 ─ 『삼국사기』에서 언급한 미사흔과 동일한 왕자 ─ 를 390년 혹은 391년에 야마토 조정의 특사特使 요구에 응해 일본에 인질로 보냈다고 서술한 점을 다시 한 번 살피고자 한다. 나물이 김대서지의 아들인 실성을 392년에 고구려로 파견했다는 『삼국사기』의 설명은 아마 허구일 텐데, 이 기사가 시간 순서상 나물이 그의 아들 미사흔을 일본에 보냈다는 기록이 위치할 부분에 삽입되었다고 추정하는 것은 불합리하지 않다. 실성을 강제로 고구려 조정에 보냈다는 가공의 기사가 392년에 발생한 것처럼 삽입되었다면, 일본에 인질로 보내진 미사흔과 그 후 고구려 조정에 보내질 복호에 대한 기록의 문제가 남는다. 10년 간격은 60갑자甲子 체계에서 효과를 볼 수 있는 무척 단순한 문제다. 특정한 해를 의미하는 두 글자로 이루어진 단어에서 단지 오른쪽 글자만 바꾸면 된다. 결국 신라 왕자들이 외국 조정에 인질로 보내지는 내용을 담은 『삼국사기』의 기사 세 건이 정확히 10년 간격―392년(壬辰), 402년(壬寅), 그리고 412년(壬子)―이라는 점 자체가 의심스러운 것이다.

4. 맺음말

따라서 실성이 392년부터 인질 생활을 시작했다는 『삼국사기』의 기사가 친아들을 고구려 조정에 감금당하도록 만들었다는 오명으로부터 나물의 명성을 구하기 위해 창작된 후대의 날조인 이상 그것을 거부한다면, 서사 흐름 속에서 그것이 차지했던 부분이 빈 상태로 남게 된다. 사료에서 실성에 대한 허구의 설명이 존재했던 위치에는 임인년壬寅年에 해당하는 402년이 아니라 임진년壬辰年에 해당하는 392년에 발생한 왕자 미사흔이 일본의 인질이 된 사건에 대한 기사를 배치해야 한다. 게다가 『삼국사기』에서 미사흔이 인질 생활을 시작한 시점을 10년 당겨서 392년으로 수정한다면, 이는 미해/미사흔이 390/391년 야마토의 요청에 따라 일본에서 인질 생활을 시작했다는 『삼국유사』의 서술 및 야마토 조정이 391년 신라에 종속을 강요했다는 「능비」의 명문과 함께 시간 순서에 부합한다. 미사흔이 외국에서 인질 생활을 시작한 시점이 392년으로 바뀜으로써 『삼국사기』의 시간 순서에서 예전에―그리고 방금 논의했듯이 그릇되게―미사흔의 기사가 위치했던 402년에 공백이 생긴다. 그렇다면 『삼국사기』에서 임자년壬子年에 해당하는

412년의 사건으로 서술된 고구려 조정에 인질로 보내진 복호에 대한 기사가 임인년壬寅年에 해당하는 402년을 차지할─사실 필자는 탈환이라고 주장한다─수 있을 것이다. 복호가 고구려에서 인질 생활을 시작한 시점을 10년 당겨서 402년으로 이해함으로써, 복구/복호가 고구려 조정에서 인질 생활을 400년과 404년 사이에 시작했다는 「능비」의 증거와 함께『삼국사기三國史記』의 이 기사에 시간적 안정성을 부여할 수 있다.[13]

:: 참고문헌

「광개토왕릉비廣開土王陵碑」

『삼국사기三國史記』

『삼국유사三國遺事』

---

13) 이 연구와 관련해 직접적으로 언급하기는 적절하지 않지만, 박/김제상이 두 왕자를 외국의 억류로부터 탈출시킨 시점을 결정할 때 여기서 제공한 정보에 대한 해석이 어떤 의미를 갖는지 고찰하는 것은 흥미로울 것이다.『삼국사기』에서는 제상의 영웅적 행동으로 두 왕자 모두 418년에 신라에 안전하게 돌아왔다고 서술했다. 반면『삼국유사』에서는 그가 왕자들을 해방시킨 시점이 그들의 형인 눌지의 즉위 10년, 즉 서기 426년이라고 보았다. 단, 사료에서는 눌지의 즉위 10년을 실제로는 425년인 을축년乙丑年에 해당한다고 잘못 서술했다. 왕자들의 귀환에 대한『삼국사기』의 서술은 '이병도 교감, 1977, 28쪽'을,『삼국유사』의 해당 서술은 '한국정신문화연구원 편, 2003, 271쪽'을 볼 것.

두 사서에서는 박/김제상이 고구려와 일본에서의 숭고한 업적 사이에 어떤 큰 간격도 없이 두 왕자를 잇따라 해방시켰다고 서술했다. 만약 이것이 사실이라면,『삼국사기』는 왕자들의 구출 시점을 418년으로 보는 견해를 뒷받침할 수 있는 약간의 맥락상의 증거를 제공한다. 즉,『삼국사기』에서는 그로부터 6년 후인 424년에 눌지가 표면상 고구려 조정과 우호적이고 동등한 관계를 맺기 위해 사절을 보냈다고 서술했다(이병도 교감, 1977, 29쪽; 한국정신문화연구원 편, 2003, 169쪽). 그러므로 무명武名 높은 광개토왕의 아들이자 후계자인 장수왕長壽王(King Changsu, 재위 413~491)의 통치가 시작될 무렵 분명히 진전된 신라-고구려 관계는 제상이 미사흔/미해와 복호/복구/보해를 탈출시킨 시점을 418년이라고 보는『삼국사기』의 견해를 증명하는 근거로서 그럴듯하게 해석할 수 있다. 비록 이 증거가『삼국유사』에서 제시한 시점인 425/426년의 신뢰성을 결정적으로 약화시킨다고는 주장할 수 없지만 말이다.

『일본서기日本書紀』

노태돈 외, 1992, 『역주 한국고대금석문』 1, 가락국사적개발연구원.

이병도 교감, 1977, 『삼국사기』 원문편, 을유문화사.

한국정신문화연구원 편, 2003, 『譯註 三國遺事』 1, 이회문화사.

坂本太朗 외 校注, 1967, 『日本書紀』 上, 岩波書店, 東京.

William G. Aston 옮김, 1896, 『Nihongi』, George Allen and Unwin, London.

당으로 이주한 고구려 포로와
지배층에 대한 문헌과 묘지명의 기록

김수진(서울대학교 국사학과 강사)

1. 머리말

7세기 고구려는 수·당과 치열한 전쟁을 했다. 전쟁을 수행하는 과정에서 고구려의 민들은 강제적으로 또는 자발적으로 당으로 이주했는데,[1] 고구려 민들의 당으로의 이주 기록은 크게 두 가지로 나타난다. 고구려

---

[1] 고구려와 수의 전쟁 과정에서도 양국 간에 포로는 발생했다. 다음은 당 고조가 영류왕榮留王에게 보낸 새서璽書로, 양국의 포로 교환을 제의하자 고구려가 수隋 대의 포로 만여 명을 찾아 당으로 돌려보낸 내용이다. "…… 今二國通和 義無阻異 在此所有高句麗人等 已令追括 尋卽遣送 彼處 所有此國人者 王可放還 務盡綏育之方 共弘仁恕之道 於是 悉搜括華人以送之 數至萬餘 高祖 大喜."(『삼국사기三國史記』권20, 고구려본기高句麗本紀8 영류왕 5년). 이처럼 고구려와 수의 전쟁에서도 양국 간에 포로는 발생했으나 고구려와 당의 전쟁만큼 상세하게 남아 있지 않다. 따라서 이 글에서는 고구려와 당의 전쟁 결과 발생한 고구려의 포로와 당으로 이주한 고구려의 지배층을 대상으로 한정해 정리하겠다.

와 당의 전쟁 과정에서 포로가 되어 당으로 천사遷徙된 것이 문헌 사료에 남은 것이 있고, 주로 평양성이 함락되면서 당으로 가게 된 고구려 지배층에 관한 기록이 묘지명으로 남은 것이 있다. 전자는 이름 없는 백성들이 포로가 되어 옮겨진 것이 다수이고, 후자는 고구려의 지배층이 당으로 건너가 당에서도 관직 생활을 이어간 경우가 다수다. 현재까지 소개된 고구려 관련 묘지명은 23개 정도다.[2]

문헌 사료의 부족으로 연구에 어려움을 겪고 있는 고구려사 연구자들에게, 중국에서 출토된 실물 자료인 묘지명은 진정 '가뭄에 단비'와 같은 역할을 하는 것이 사실이다. 묘지명 중에는 실물을 공개하지 않고 탁본만 공개하는 경우가 있는데, 실물을 공개하는 경우도 조작의 가능성이 있기 때문에 이를 사료로 취신할지 여부는 매우 신중하게 접근해야 한다. 그러나 새로운 문헌 사료가 발견되지 않는 이상, 금석문보다 더 매력적인 자료는 없을 것이다.

그동안 고구려 관련 묘지명의 주인공들을 고구려 '유민遺民'으로 칭하고, '유민'으로서 규정했다. 유민은 '망국의 백성', '왕조가 바뀐 후 새로운 조정에서 벼슬하지 않는 사람', '후예' 등의 사전적 정의를 갖는다.[3] 언뜻 보면 유민이 묘지명의 주인공들을 지칭하는 단어로 타당해

---

2) 바이건싱拜根興이 「천남생泉男生 묘지墓誌」, 「천헌성泉獻誠 묘지」, 「천남산泉男産 묘지」, 「천비泉毖 묘지」, 「고자高慈 묘지」, 「고질高質 묘지」, 「고흠덕高欽德 묘지」, 「고원망高遠望 묘지」, 「이타인李他仁 묘지」, 「고현高玄 묘지」, 「고족유高足酉 묘지」, 「고진高震 묘지」, 「고씨부인高氏夫人 묘지」, 「고목로高木盧 묘지」, 「고덕高德 묘지」, 「왕경요王景曜 묘지」, 「이회李懷 묘지」, 「두선부豆善富 묘지」, 「이인덕李仁德 묘지」, 「사선의일似先義逸 묘지」, 「고요묘高鐃苗 묘지」까지 21개를 고구려 관련 묘지명으로 정리했고(拜根興, 2012), 여기에 2013년에 소개된 「고모高牟 묘지」(樓正豪, 2013)와 「고제석高提昔 묘지」(王其褘·周曉薇, 2013)를 포함하면 2014년 현재 고구려 관련 묘지명은 총 23개다.
3) 『한어대사전漢語大詞典』에서는 '유민遺民'을 1. 망국의 백성, 2. 영락한 백성, 3. 왕조가 바뀐 후 새로운 조정에서 벼슬하지 않는 백성, 4. 재난을 당한 뒤 (살아)남은 백성, 5. 후예後裔, 6. 은사隱士, 7. 늙은 백성으로 정의하고 있다.

보이나 현재까지 발굴된 묘지명 주인공들의 면면을 살펴보면 그들 모
두를 수렴하는 단어로는 적합하지 않은 것 같다. 그렇다고 뚜렷한 대안
을 제시할 수는 없으나 일단 '유민'이라는 단어를 사용함에 주의가 필
요하다는 점은 분명하다.

이 글에서는 현재까지 확인된 고구려에서 당으로 이주한 고구려의
민을 문헌 사료와 고구려 관련 묘지명을 총괄해 정리하고자 한다. 문헌
사료를 통해서는 당으로 천사된 고구려 민의 대략적인 규모를 재확인
하는 데 그칠 수밖에 없을 것 같다. 이마저도 대부분이 당이 기록한 전
황戰況에 근거한 것으로 대조군이 없는 상황에서 정확한 수치라고 보기
는 어렵기 때문이다. 또한 고구려 관련 묘지명이 갖고 있는 주요 정보
를 한눈에 확인할 수 있도록 개별 묘지명 자료와 기존의 연구 성과를
바탕으로 당으로 이주한 고구려 관련 인물들에 대한 정보를 표로 일괄
정리하고(〈표 2〉 참조), 고구려 관련 묘지명 연구에서 가장 주목되었던
출신 표기와 정체성의 문제에 대해 이주 1세대의 고구려 관련 출신 표
기를 중심으로 재고하고자 한다.

2. 문헌에 나타난 고구려 포로 재정리

고구려 민의 일부는 당과의 전쟁 과정과 멸망이라는 결과로 인해 당으
로 이주했다. 남생男生을 필두로 한 고구려 지배층의 이주 역시 전쟁 과
정에서 발생했고, 이들은 '귀순'의 형태로 당으로 이주했다.[4] 한편 '부

---

4) 귀순이라는 이주 유형을 자신의 자유의지에 의한 자발적 이주로 보아야 할지, 아니면 전쟁의
시대가 낳은 사회적 불가항력으로 인한 강제적 이주로 보아야 할지는 간단히 판단하기가 어렵다.
그러나 남건男建처럼 끝까지 저항하다 포로가 되어 유배를 당하는 인물도 있기 때문에 일단 귀순

俘', '로로虜', '포로捕虜', '생구生口' 등으로 기록된 이름이 남지 않은 고구려의 민들도 강제로 당으로 이주했고, 다시 당의 필요에 따라 이곳저곳으로 옮겨졌다. 어떠한 전쟁이든 포로는 발생한다. 전쟁 포로의 규모는 대부분 전과戰果를 과장하기 위해 부풀리거나 전쟁의 혼란 속에서 추산되므로 기록된 숫자가 정확하다고 보기는 사실상 어렵다.

『삼국사기三國史記』 고구려본기에 실려 있는 고구려와 당의 전쟁 기록은 중국 측 기록인 『자치통감資治通鑑』을 중심으로 중국의 여러 기록에서 보철補綴해 작성했다. 고구려와 당의 전쟁 과정에서 고구려도 당군을 포로로 획득했을 것인데, 이에 대한 기록은 전혀 없다. 고구려가 처음부터 전황을 기록하지 않은 것인지, 아니면 기록했으나 자료가 사라진 것인지는 분명하지 않다. 당이 일방적으로 기록한 중국 측 기록만이 남아 있고, 『삼국사기』는 이를 거의 전재했기 때문에 고구려 포로수에 대한 정확한 대조군이 없는 것이 현실이다.

대조군이 없는 상황에서 『삼국사기』와 중국 측 기록을 비교하는 일이 의미가 없는 것으로 생각할 수 있지만, 일단 『삼국사기』와 『통전通典』, 『구당서舊唐書』, 『당회요唐會要』, 『책부원귀册府元龜』, 『신당서新唐書』, 『자치통감』에 나타난 당의 포로가 된 고구려의 민을 정리하면 각 기록 간에 문자 그대로 '대동소이大同小異'한 상황과 직면하게 된다(〈표 1〉 참조).

645년 4월 개모성에서의 포로를 『삼국사기』는 1만으로 기록한 반면 중국 측 기록은 2만으로 적었다. 이러한 '일一'과 '이二' 또는 '이二'와 '삼三'의 차이는 판각상의 오류로 보기도 하는데(이강래, 2007, 225~226쪽), 보다 주목되는 부분은 『신당서』가 '2만 호를 얻었다[得戶二

은 자발적 이주로 분류하겠다.

〈표 1〉 고구려와 당의 전쟁 기록에 나타난 고구려 포로

시기	위치	『삼국사기』	『동전』	『구당서』	『당회요』	『책부원귀』	『신당서』	『자치통감』
645. 4.	蓋牟城	獲一萬口 男女八萬口沒	獲口二萬	獲生口二萬	獲口二萬		得戶二萬	獲二萬餘口
645. 5.	卑沙城						獲其口八千	獲男女八千口
645. 5.	遼東城	勝兵萬餘人 男女四萬口		俘其勝兵萬餘口			獲勝兵萬 戶四萬	得勝兵萬 戶四萬 男女四萬口
645. 6.	白巖城	孫代音 … 得城中男女萬餘口		孫代音 … 獲士女一萬 勝兵二千四百			虜酋孫伐音 … 獲男女 凡萬 兵二千	孫代音 … 獲男女萬 得城中男女萬餘口
645. 6.	安市城 已対	延壽惠眞帥其衆三萬六千人詣軍門拜請命 帝命已下酋長三千五百人 遷之內地 餘皆縱之 使還平壤	延壽惠眞率十五萬六千八百人來降 上以酋首三千五百人授以戎秩 遷之內地 餘三萬人悉放還平壤	延壽惠眞率十五萬六千八百人請降 … 獲薩以下酋長三千五百人 授以戎秩 遷之內地 餘衆放還平壤	延壽惠眞率十五萬六千八百人來降 上以酋長三千五百人 授以戎秩 遷之內地 餘三萬人悉放還平壤	延壽惠眞等十五萬六千八百人請降	延壽等度勢窮 卽擧衆降 … 帝料酋長三千五百人 悉官之 許內從 餘衆三萬縱之	延壽惠眞帥其衆三萬六千人請降 … 耨薩以下酋長三千五百人 授以戎秩 遷之內地 餘皆縱之 使還平壤
645. 9.		劾班師 先拔遼蓋二州人戶	遂班師 先遣遼蓋二州戶口渡遼	班師	遂班師 先遣遼蓋二州戶口渡遼		遂詔班師 拔遼蓋二州之人以歸	劾加師 先拔遼蓋二州戶口
645. 10.	回軍	徙遼蓋巖三州戶口入中國者七萬人						徙遼蓋巖三州戶口入中國者七萬人
645. 10.	幽州			攻陷遼東城 其中抗拒王師 應沒爲奴婢者一萬四千人 並遣先集幽州 … 令有司準其直 以布帛贖之 赦爲百姓			遼降口萬四千 當沒爲奴婢 前集幽州 … 詔有司布帛贖之 原爲民	虜高麗民萬四千口 … 命其有司平其直 悉以錢布贖其民
645. 11.					凡徙遼蓋巖三州戶口入內地 前後七萬人			
	石城							
647. 7.	石城	我軍死者三千人		獲男女數百人				
647. 7.	積利城					斬首二千級		斬首二千級
648. 4.	易山			斬首獲八百餘人		斬首獲八百餘人		

시기	위치	「삼국사기」	「통전」	「구당서」	「당회요」	「책부원귀」	「신당서」	「자치통감」
655. 5.	貴端水	殺獲千餘人	·		殺獲千餘人			殺獲千餘人
658. 6.	赤烽鎭	程名振薛仁貴 將兵 來攻 不能免	·			生擒首領以下百餘人	程名振及高麗戰于 赤烽鎭 敗之(本紀) 復遣名振率薛仁貴攻 之 未能克(列傳)	捕虜百餘人
661. 9.	鴨綠水	殺三萬人 餘衆悉降 男生僅以身免	·					斬首三萬級 餘衆悉降 男生僅以身免
666	國內城	男生走據國內城 使其 子獻誠詣闕求哀	·	男生其子獻誠詣闕求 哀…男生脫身來奔 詔 授特進 遼東大都督兼 平壤道安撫大使 封玄 菟郡公			男生據國內城 遣子獻 誠入朝求救 蓋蘇文弟 淵淨土亦請舉地降	男生保別城 使其子 獻誠詣闕求救
666. 5.	國內城		·			男生走據國內城以自 守 其子獻誠詣闕求 救…乃授獻誠右武衛 將軍 使爲嚮導		
666. 6.	國內城		·					
666. 6.	京師	男生脫身來奔	·					
666. 6.	國內城		·					以獻誠爲右武衛將軍 使爲嚮導
666. 9.		帝詔男生 授特進遼東 都督兼平壤道安撫大 使 封玄菟郡公	·					
667. 9.	新城	城人師夫仇等 縛城主 開門降	·					城人師夫仇等 縛城主 開門降
668. 2.	薩賀水	敗死者三萬餘人		陳斬首五千餘級 獲生 口三萬餘人			俘口三萬	斬首三萬餘人

시기	위치	『삼국사기』	『통전』	『구당서』	『당회요』	『책부원귀』	『신당서』	『자치통감』
668. 2.	扶餘城		-	-	-	-	-	殺獲萬餘人
668. 9.	平壤城	王藏遣泉男産 帥首領 九十八人 指白幡 詣勣降 信誠, 烏沙, 饒苗	擒其高藏并男建等	拔平壤城 擒其王高藏 及其大臣男建等以歸	拔平壤城擒高藏男建 等	高藏遣男産帥首領 九十八人…遂擒高藏 男建男産等	執藏男建等 李勣拔高麗王高藏 執 之	高麗王藏遣男産帥 首領九十八人 持白幡 詣勣降
668. 11.	平壤城		-	拔平壤城 擒高藏男建 等				-
668. 12.	含元殿	帝受俘于含元殿 高藏, 泉男産, 信誠, 泉男生, 泉男建	-	-			數俘于廷 高藏, 男産, 男建, 獻 信誠, 男生	上受俘于含元殿 高藏, 泉男産, 信誠, 泉男生, 泉男建
668. 12.	含元宮			獻俘於含元宮 高藏, 男産, 男建, 男生				-
668. 12.					高藏, 男産, 男建		俘高藏以下	-
669. 4.		高宗移三萬八千三百 戶於江淮之南及山南 京西諸州空曠之地	-	移高麗戶三萬 八千二百…量配於江 淮以南及山南并涼以 西諸州空閑處安置				高麗之民多離叛 者 勅徙高麗戶三萬 八千二百於江淮之南 及山南京西諸州空曠 之地
669. 5.			移高麗戶口三萬 八千二百 配江淮以南 山南西京					-
669							徙高麗民三萬於江淮 山南	-

※ 『삼국사기』를 제외한 중국 측 기록은 편찬 연대가 이른 순서(舊→新)로 배열했음.

萬)'고 기록해 '2만 구를 얻었다(獲口二萬)'고 한 다른 중국 측 기록들과 '단위'에서 차이가 있다는 점이다. 다음으로 5월에 벌어진 비사성 전투에서『삼국사기』는 남녀 8000명이 죽었다(沒)고 기록했으나『신당서』와『자치통감』은 8000명을 얻었다(獲)고 기록했다.

645년 5월에 벌어진 요동성 전투에 대해『삼국사기』와『자치통감』은 고구려의 '정예병 만여 인勝兵萬餘人, 남녀 4만 구男女四萬口'가 포로가 된 것으로 기록했으나,『구당서』는 '정예병 만여 구勝兵萬餘口'만 기록했고,『신당서』는 '정예병 만勝兵萬, 호 4만戶四萬'이라고 기록해 역시 차이가 있다.『신당서』는 개모성 전투에서의 포로 기록과 마찬가지로 단위를 '호戶'로 기재했다.『삼국사기』와『자치통감』은 6월에 벌어진 백암성 전투에서 남녀 1만여 명이 포로가 되었다고 했고,『구당서』는 사녀士女 1만 명에 정예병 2400명을 얻었다고 했다.『신당서』는 남녀 1만 명과 병사 2000명으로 기록했다.

여기서 고구려와 당의 전쟁 기록 중 처음으로 고구려 인명이 확인되는데, 바로 백암성의 성주城主다. 백암성 성주를『삼국사기』와『자치통감』은 손대음孫代音이라 기록했고,『구당서』와『신당서』는 손벌음孫伐音으로 기록했다. 당은 요주, 암주, 개주를 일종의 기미주羈縻州로 설치하고(노태돈, 1981, 92쪽), 손대음(또는 손벌음)을 암주자사巖州刺史로 삼았으나 1년도 채 되지 않아 요주와 암주를 혁파했다.

이어서 안시성 근처에서 벌어진 전투 기록에서는 고구려의 북부 욕살 고연수高延壽와 남부 욕살 고혜진高惠眞, 대로對盧 고정의高正義라는 인명이 확인된다. 대로 고정의가 고연수에게 당군에 대항할 전략을 제시했으나 고연수는 수용하지 않았고, 결국 패배해 고연수와 고혜진은 3만 6800명을 거느리고 당군에 항복했다. 항복한 3만 6800명의 포로 중 욕살 이하의 관장官長 3500명에게 관직을 수여하고 당으로 옮겼으며, 나머지는 방환했다고 해 앞서의 전투 기록과 비교하면 포로에 대한 처리 방식까지 한층 구체적으로 기록하고 있다.

그런데 고연수와 고혜진이 안시성 구원을 위해 투입한 병력의 수는 고구려 병사와 말갈 병사를 합쳐 15만 명이었다.[5] 『구당서』와 『책부원귀』는 고연수와 고혜진이 15만 6800명을 데리고 항복했다고 기록했는데, 이는 처음 전투에 투입된 고구려 병사와 말갈 병사의 수를 모두 포로로 기록한 것이다.[6] 『구당서』와 『책부원귀』를 제외하면 모든 기록의 포로 수는 3만 6800인이다. 고정의의 행방에 대해서는 더 이상 언급이 없고, 당은 항복한 고연수를 정4품 홍려경鴻臚卿에, 고혜진을 종3품 사농경司農卿에 제수했다.

고연수는 항복한 뒤 분개하고 한탄하다 얼마 후 죽었고, 고혜진은 당 태종이 철군할 때 함께 당으로 들어가 장안에 이르렀다고 한다. 즉 고혜진은 문헌 사료에서 실명이 확인되는 최초의 당으로의 이주자라고 할 수 있다. 그러나 장안으로 이주한 후 당에서의 고혜진의 행적은 더 이상 나타나지 않는다. 고혜진의 묘지명이 발견된다면 645년 당으로의 가장 이른 시기 이주자에 대한 당의 대우 및 당에서의 생활상과, 20년의 시차를 두고 666년부터 본격적으로 나타나는 멸망기 당으로의

---

5) 고연수와 고혜진이 거느리고 출정한 고구려와 말갈의 군사 수에 대해 『삼국사기』, 『구당서』 본기本紀와 고려전高麗傳, 『자치통감』에서는 모두 15만 명으로 기록했으나 『구당서』와 『신당서』 설인귀전薛仁貴傳에서는 각각 25만과 20만으로 기록했다. 이러한 차이가 전쟁이라는 혼전 속에서 발생한 것인지 아니면 설인귀의 무장으로서의 능력을 과장하기 위해 숫자를 부풀린 것인지는 정확하지는 않으나, 열전에 기록된 숫자가 5만~10만이나 많으므로 후자일 가능성이 크다고 생각한다. 전쟁 기록에 나타나는 군사나 포로의 숫자는 결국 전과와 직결되어 과장하기 마련으로, 전쟁 기록에 나타나는 숫자의 부정확성을 보여주는 하나의 사례로 볼 수 있겠다.

6) 참고로 663년에 만들어진 것으로 추정되는 「당유인원기공비唐劉仁願紀功碑」에서는 "…… □ 其遼東盖牟□□□十城 駐□□□新城安地等三□ 虜其大將延壽惠眞 俘其甲卒十六萬 ……"이라고 해 고연수, 고혜진과 함께 포로가 된 고구려 병사와 말갈 병사의 수를 16만 명으로 기록했다(김영심, 1992, 478쪽).

이주자의 상황과 비교할 수 있는 자료가 될 것이다.[7]

　『삼국사기』의 인용 서목에 관한 기존의 연구에서 당唐 대에 해당하는 시기의 『삼국사기』 기록이 『자치통감』의 기록을 채용하는 경우가 많다는 것은 이미 밝혀졌다(田中俊明, 1982, 78쪽). 고구려 포로 수를 기록한 내용들을 정리한 결과 역시 그러한 경향성을 확인할 수 있었다. 『삼국사기』는 중국 측 기록에서 포로 수에 차이가 있을 경우 『구당서』나 『신당서』가 아닌 『자치통감』에 기록된 고구려 포로 수를 채택했고, 전황 등의 기술은 거의 대부분 『자치통감』의 '자구字句' 자체를 그대로 옮겨 적었다. 그러나 고구려와 당의 전쟁에서 발생한 포로에 관한 『삼국사기』와 『자치통감』의 기록에도 분명 수치의 차이(645년 4월 개모성)와 생존獲과 사망沒의 차이(645년 5월 비사성)가 있었다. 이러한 차이를 단순히 판각의 오류로 볼 것인지, 아니면 고구려가 자체적으로 전과나 피해 상황을 기록한 자료가 있었고 이를 『삼국사기』가 반영했기 때문에 나타난 차이에서 비롯된 것인지 판단하기는 어렵다.

　고연수와 고혜진의 안시성 구원에 관한 『삼국사기』 보장왕寶藏王 4년의 기사는 『자치통감』 태종 정관 19년 6월 정사丁巳조를 그대로 전재한 것이다. 그런데 고연수, 고혜진과 함께 등장하는 '대로'에 대해 중국 측 기록은 '연로해 일에 익숙하다(年老習事)'고만 서술했을 뿐 그의 이름이

---

7)　최근 발굴된 고제석 묘지명에서는 지금까지는 없었던 '국내성인國內城人'이라는 새로운 유형의 출자 표기가 확인되었다. 묘지명에는 고제석의 조부 고지우高支于가 정관貞觀 연간(627~649) 고구려와 당의 전쟁 중에 귀순한 것으로 되어 있다. 정관 중 고구려와 당은 645년, 647년, 648년에 전쟁한 기록이 있으므로 귀순은 이 세 시기 중 하나일 가능성이 높으나 특정하기는 어렵다. 보고자는 645년 고연수, 고혜진과 함께 투항한 욕살 이하 추장 3500인의 천사에 주목해 고제석의 조부도 이때 입당한 것으로 추정했다(王其褘·周曉薇, 2013, 55~56쪽). 따라서 고혜진과 함께 고제석의 조부인 고지우도 640년대에 입당한 것은 분명하므로 당으로의 초기 이주자로 분류할 수 있으나, 고지우의 묘지명이 발견되지 않아 묘지명을 통한 640년대와 660년대 이주자에 대한 당의 대우나 생활상의 차이를 직접 비교하기는 어렵다.

294

'고정의'라는 것은 『삼국사기』에서만 확인된다.

그때 대로 고정의는 연로해 일을 익히 잘 알았는데, (고)연수에게 "진왕秦 王이 안으로 여러 영웅을 제거하고, 밖으로 오랑캐를 복속시켜 독립해 황제 가 되었으니, 이 사람은 일세에 뛰어난 인재다. 지금 천하의 무리를 데리고 왔으니 대적할 수 없다. 나의 계책으로는 군사를 정돈해 싸우지 않고 시간 을 보내며, 오랫동안 버티면서 기병奇兵을 나누어 보내, 그 군량길을 끊는 것이 낫다. 양식이 떨어지면 싸우려 해도 할 수 없고, 돌아가려 해도 길이 없으니, 그제야 우리가 이길 수 있다"고 했다.(『삼국사기』 권21, 고구려본기9 보 장왕 4년)

고려에 대로가 있어 연로해 일을 익히 잘 알았는데, (고)연수에게 "진왕秦 王이 안으로 여러 영웅을 제거하고, 밖으로 오랑캐를 복속시켜 독립해 황제 가 되었으니, 이 사람은 일세에 뛰어난 인재다. 지금 천하의 무리를 데리고 왔으니 대적할 수 없다. 나의 계책으로는 군사를 정돈해 싸우지 않고 시간 을 보내며, 오랫동안 버티면서 기병奇兵을 나누어 보내, 그 군량길을 끊는 것이 낫다. 양식이 떨어지면 싸우려 해도 할 수 없고, 돌아가려 해도 길이 없으니, 그제야 우리가 이길 수 있다"고 했다.(『자치통감』 권198, 당기唐紀14 태 종 정관 19년)

위의 제시문을 보면 고연수, 고혜진과 함께 등장하는 '대로'에 대해 『삼국사기』는 '고정의'라는 이름을 분명히 적었지만, 『자치통감』은 '연 로해 일을 익히 잘 알았다(年老習事)'고만 했다. 『구당서』와 『신당서』도 비슷한 내용을 서술했지만 각각 "적 중에 대로가 있어 연로해 일을 익 히 잘 알았다(賊中有對盧 年老習事)"와 "대대로가 있었다(有大對盧)"고 해 그의 관직과 연장자적 면모만 서술하고 대로의 이름은 적지 못했다. '고정의'의 이름을 『삼국사기』에서만 찾을 수 있다는 것은 결국 고구려가 645년의 전황을 기록으로 남겼을 가능성이 있고, 『삼국사기』의 찬자는 여기서 고정의의 이름을 찾아서 당이 미처 파악하지 못하고 누락한 '대로'의 이름을 보충했다고 생각한다(이강래, 2007, 246쪽).

『삼국사기』와 『자치통감』을 비교했을 때 포로의 숫자나 획獲과 몰沒이라는 처리 방식에 차이가 보이는 것에 큰 의미가 없다고 치부할 수도 있다. 또한 『삼국사기』의 찬자 혹은 판각자의 실수로 생각할 수도 있다. 그러나 한편으로 생각하면 대조군이 없는 상황에서 이를 단순히 『삼국사기』의 오류나 오각으로 단정할 근거도 없다. 645년의 고구려와 당의 전쟁에 대한 『삼국사기』와 중국 측 기록은 '대동大同'한 가운데 미세하나마 '소이小異'가 나타나고, 중국 측 기록에는 누락된 '인명人名'을 『삼국사기』 고구려본기에서는 명확히 밝히고 있으므로 고구려는 645년의 전쟁의 성과와 피해를 파악해 나름의 기록을 남겼다고 생각한다. 그리고 『삼국사기』의 찬자는 문장의 간략화를 위해(田中俊明, 1982, 38쪽) 당시 최신의 사서인 『자치통감』을 주로 전재하고 『구당서』와 『신당서』를 참고하면서 고구려 자체 기록을 이용해 상이점을 비교하는 가운데 645년의 전쟁을 기록했다고 생각한다.[8]

당 태종은 645년 9월 철군하면서 먼저 요동성과 개모성 호구를 강제로 당으로 이주시켰고, 10월에 백암성의 호구까지 이주시키면서 고구려의 민 7만 명이 당으로 들어가게 되었다. 645년의 고구려와 당의 전

---

8) 이강래는 『삼국사기』와 중국 측 기록에 나타난 전쟁 기사를 정치하게 분석해 『삼국사기』 고구려본기의 찬자가 『자치통감』에 대부분 의존하면서도 그와는 다른 인식과 정보를 아울렀으며, 그 가운데에는 중국 사서의 필법을 배반하는 전승들도 있었던 것으로 파악해 고구려 측 전승물의 존재를 긍정했다(이강래, 2007, 246쪽).

쟁에 기록된 고구려의 인명은 손대음(손벌음), 고연수, 고혜진, 고정의다. 『자치통감』은 647년 7월, 당이 석성石城을 함락시키고 남녀 수백 명을 사로잡았다고 했고, 648년 4월에는 역산易山에서 참수하고 사로잡은 인원이 800여 명이라고 기록했다. 『삼국사기』에는 전투의 기록은 있으나 구체적인 피해 규모에 대해서는 적지 않았다. 649년 당 태종의 유언으로 고구려와 당의 전쟁은 한동안 소강상태에 들어간다.

당의 고구려 침략이 다시 시작된 것은 655년이었다. 655년 5월 정명진程名振 등이 귀단수貴端水를 건너와 공격해 고구려의 민 1000여 명이 죽거나 사로잡혔다(殺獲). 658년에도 정명진이 출정했는데, 각 기록별로 고구려와 당의 승패가 혼재되어 나타나고 있다. 이에 대해서는『삼국사기』고구려본기 찬자들의 승패의 취사선택과 관련해 전쟁 인식을 분석한 연구가 있었다(이강래, 2007, 241~242쪽). 658년의 전쟁 기록을 정리하면 다음과 같다.

(658) 6월, 영주도독營州都督 겸 동이도호東夷都護 정명진程名振과 우령군중랑장右領軍中郎將 설인귀薛仁貴가 군사를 이끌고 고려의 적봉진赤烽鎭을 공격했다. 함락시켜 400여 급을 참수했고 100여 인을 포로로 잡았다.(『자치통감』권200, 당기16 고종高宗 현경顯慶 3년)

3년 6월, 영주도독 겸 동이도호 정명진과 우령군낭장 설인귀가 군사를 이끌고 고려의 거봉진去烽鎭을 공격했다. 곧 함락시켜 400여 급을 참수했고 수령 이하 100여 인을 사로잡았다.(『책부원귀』권986, 외신부外臣部 현경 3년 6월)

3년 6월 임자, 정명진이 고려와 적봉진에서 싸워 패배시켰다.(『신당서』권3, 본기3 고종황제高宗皇帝 이치李治 현경 3년)

현경 3년, 다시 (정)명진을 보내 설인귀를 이끌고 공격하게 했으나 이기지 못했다.(『신당서』권220, 열전列傳145 동이 고려)

6월, 정명진이 고려를 공격했다.(『구당서』권4, 본기4 고종 이치 현경 3년)

(658) 여름 6월에 당의 영주도독 겸 동이도호 정명진과 우령군중랑장 설인귀가 군사를 거느리고 와서 공격했으나 이기지 못했다.(『삼국사기』권22, 고구려본기10 보장왕 17년)

『자치통감』은 영주도독 겸 동이도호 정명진이 설인귀와 함께 출정해 적봉진에서 승리했다고 전한다.『책부원귀』도 정명진이 거봉진을 빼앗고 승리한 것으로 기록했다.『신당서』는 본기에서는 당이 승리한 것으로, 고구려전에서는 당이 패배한 것으로 기록해 같은 사서 안에서도 승패가 교차하고 있다.『구당서』는 정명진이 고구려를 공격했다고만 기록하고 승패는 언급하지 않았다.『삼국사기』는 고구려가 승리한 것으로 기록했다. 정명진의 출정[9]과 승패에 대한 기록의 차이는 결국 전황의 기록이라는 것이 승패는 물론 전과로 상징되는 수급首級이나 포로의 수가 얼마나 자의적으로 기록될 수 있는가를 보여주는 사례라고 할 수 있다.

---

9) 참고로 정명진의 대對고구려전 출정에 대해서는 각 기록마다 차이가 있다.『삼국사기』와『자치통감』은 645년, 655년, 658년, 660년에 출정한 것으로 기록했고,『구당서』는 645년, 655년, 657년, 658년에 출정한 것으로 기록했다.『신당서』는 645년, 655년, 658년, 661년에 출정한 것으로 기록했다.『책부원귀』는 655년과 658년의 출정 기록만 있다.『구당서』와『신당서』의 정무程務 열전에 보이는 정명진의 출정 기록은 645년의 사비성과 655년 귀단수에서 전투한 것으로만 되어 있고, 그 후에는 진주晉州와 포주蒲州의 자사를 역임하고 용삭龍朔 2년(662)에 사망했다고 전한다.

당은 고종 대인 655년, 658년, 659년, 660년, 661년, 662년의 고구려 침략 결과를 모두 큰 공 없이 돌아갔다고 자평했다.[10] 포로의 수는 결국 전과와 직결된다고 볼 수 있는데, 이때의 당의 전과는 실패로 평가된 당 태종 대의 전과와 비교해보아도 매우 미미한 수준이었고, '1000여 인을 죽이고 잡았다(殺獲千餘人)'와 같은 불분명한 표현으로 전과를 기록하고 있다. 또한 『신당서』는 고구려와 당의 승패마저도 교차해 기록했다.

연개소문의 죽음은 고구려 지배층의 분열과 이탈의 시작을 알리는 신호였다. 그의 아들 남생은 동생인 남건, 남산男産과 대립하면서 국내 성에 고립되었고, 남생은 아들 헌성을 당으로 보내 구원을 요청하고 결 국 667년에 당으로 들어갔다. 666년 12월에는 연개소문의 동생 연정 토가 신라로 귀순했다가, 668년 봄 다시 당으로 들어가는 등 지배층의 이탈이 계속되었다. 문헌에는 고구려의 최고 귀족이었던 연개소문 일 가의 이탈만 기록되었지만 이것이 비단 연개소문 가문에 한정되었던 것이 아니었음은 현재까지 발굴된 묘지명 자료가 대변해준다.

668년 9월 평양성이 함락되었다. 평양성이 함락되는 과정에서 당의 이적李勣과 내응한 인물로 신성信誠과 오사烏沙, 요묘饒苗 등이 보인다. 12월 장안의 함원전 뜰에서 확인되는 인물은 보장왕, 남산, 남건, 신성, 남생 등으로 검주黔州로 귀양을 간 남건을 제외한 나머지는 당으로부터 관직을 받았다. 669년, 당으로 옮겨진 고구려 민의 수는 기록마다 차이

---

10) "高宗嗣位 又命兵部尙書任雅相 左武衛大將軍蘇定方 左驍衛大將軍契苾何力等前後討 之 皆無大功而還"(『구당서』 권199 上上 열전149 상 동이 고려). 임아상任雅相과 소정방蘇定方, 계필하 력契苾何力 등이 출정한 것은 661년 4월의 일이다. 『삼국사기』도 662년 방효태龐孝泰가 그의 아들 13명과 함께 사수蛇水에서 전사한 기사를 적으면서 당이 전후에 걸친 행군에서 모두 큰 성과 없이 물러갔다고 기록했다. "左驍衛將軍白州刺史沃沮道摠管龐孝泰 與蓋蘇文戰於蛇水之上 擧軍沒 與其子十三人 皆戰死 蘇定方圍平壤 會大雪 解而退 凡前後之行 皆無大功而退"(『삼국사기』 권 22, 고구려본기10 보장왕 21년).

를 보인다(중국 측 기록은 편찬 연대가 이른 순서로 제시).

『삼국사기』	『통전』	『구당서』	『당회요』	『태평환우기 太平寰宇記』	『신당서』	『자치통감』
3만 8300호	2만 8200호	2만 8200호	2만 8200호	2만 8200호	3만 명	3만 8200호

이에 대해 666년 12월 연정토淵淨土가 763호, 3543명을 이끌고 신라로 왔다는 기록을 통해 고구려의 1호당 인구를 4.64명으로 환산해서 669년 당으로 강제 이주한 고구려 민의 규모를 13만 명 정도로, 멸망 전의 요동성, 개모성, 백암성의 주민 7만 명까지 합치면 20만 명 정도로 추산한 연구가 있었다(이문기, 2010, 61~62쪽). 중국의 연구자들은 멸망 전후 고구려 민의 당으로의 이주 규모를 645년 8만 명과 669년 14만 명, 도합 22만 명(耿鐵華, 2004, 453~454쪽) 또는 21만 4500명(李德山, 2006, 147~148쪽), 645년의 7만 명, 『삼국사기』 신라본기 668년 9월의 기사를 근거로 보장왕 이하 20여만 명, 669년 20만 명 내외로 도합 47만 명 이상(楊軍, 2006, 13~14쪽), 645년에 대한 언급은 없지만 668년 보장왕 이하 20여만 명을 20~25만으로 잡고, 669년 14만 1500명 내외로 멸망 후만 최대 40만 명까지로 보는 견해도 있었다(趙炳林, 2010, 104쪽).

또한 645년 전쟁 중 5만 7900명을 포로로 삼아 당으로 옮겼고, 당 태종 회군 시 옮긴 7만 명을 '호'의 오류라고 해 35만 명으로 추산했는데, 이렇게 되면 645년에 당으로 들어간 고구려 민만 42만 7900여 명이 넘고, 668년 보장왕 이하 20만 명과 669년에는 『자치통감』의 3만 8200호를 채택해 19만 1000명으로 도합 82만 명에 달하는 것으로 본 연구도 있었다(苗威, 2011, 96~97쪽·198~199쪽). 이처럼 중국의 최근 연구들은 '민民'을 '호'로, '살획殺獲'으로 표기된 경우 '살'을 1/3, '획'을 2/3로 자의적으로 해석하는 등 당으로 들어간 고구려 민의 규모를 점점 더 늘려서 보려는 경향이 강하다. 그 결과 사료상 기록된 수치와 최대 4배 이상의 차이를 보인다.

3. 묘지명에 나타난 이주 1세대의 정체성 문제

645년에서 668년까지 문헌에 나타난 고구려와 당의 전황 정리를 통해 고연수, 고혜진, 고정의, 손대음(손벌음), 보장왕, 남생, 남건, 남산, 헌성, 연정토, 사부구師夫仇, 신성, 오사, 요묘 등 몇몇의 고구려 인명을 확인할 수 있었다. 이 중 남생, 남산, 헌성, 요묘의 묘지명은 중국에서 발굴되었다. 그동안 한국과 중국에서 고구려 관련 묘지명을 소개하는 연구들이 신속하게 이루어져 고구려 멸망기와 이후 지배층의 동향, 즉 묘지명 주인공들의 당에서의 관직 생활, 정체성의 문제 등을 파악하는 데 큰 도움을 받았다(〈표 3〉 참조).

특히 당으로 이주한 고구려 지배층의 정체성 문제는 많은 연구자들이 가장 관심을 갖고 연구한 주제로(김현숙, 2001; 馬一虹, 2006; 최진열, 2009; 이문기, 2010), 개별 묘지명을 다룬 연구에서도 빠지지 않고 언급하는 것이 출신 표기를 통한 정체성에 대한 분석이었다. 묘지명에 나타난 출신 표기의 시기별 변화, 즉 이주 세대별 인식의 변화를 세밀하게 고찰한 연구에서는 이주 1세대와 2세대는 고구려 출신이라는 정체성을 가지고 있었고, 조선祖先 의식도 뚜렷했다고 보았다. 그러나 730년대부터 정체성의 약화와 조선 의식에 변화가 나타나고, 8세기 중엽이 되면 선대가 중국 출신으로 고구려로 이주했다가 다시 중국으로 돌아왔다고 해서 고구려 출신임을 숨기는 형태로 변화한다고 보았다(이문기, 2010, 91~92쪽). 이러한 '경향성'은 묘지명의 출신 표기를 통해 분명히 나타나고 있다.

또한 고구려 묘지명에 나타난 출신의 간접적인 표기를 돌궐, 백제, 중앙아시아 출신의 묘지명과 비교해 당唐 대의 국가 권력이 고구려의 정체성 말살을 시도한 현상으로 본 연구도 있었다(최진열, 2009, 219~227쪽).[11] 최근에는 묘지명의 세대별 출자 표기의 변화를 고구려인으로서의 정체성이 희박해지고 당 사회에 흡수되는 경향으로 보는 것에 문제를 제기하고, 묘지명의 출자 표기는 당 사회의 시선을 의식한 공적公的 기록으로, 특히 '요동遼東 ○○인人'이라는 표기는 '도독부+지역'의 당토唐土로서의 고구려 출신임을 강조하는 기재 방식으로 당의 백성으로 자리매김하는 데 이용된 것이었다는 분석도 있었다(이성제, 2014, 102~104쪽). 이처럼 묘지명의 출신 표기는 줄곧 고구려 출신의 정체성 문제와 연결되어 연구자들의 관심의 대상이 되었다.

묘지명의 주인공들 중 고구려에서 출생해 살다가 전쟁을 직접 겪고 강제로 혹은 자발적으로 적국敵國이었던 당으로 들어간 이주 1세대(1.5세대 포함, 이하 1세대로 칭함)와 당에서 태어나 살게 되는 2세대 이후는 혈연관계라 할지라도 동화의 척도라고 할 수 있는 언어 구사 능력

---

11) 그러나 고족유 묘지명에 보이는 천추天樞 조성과 관련된 내용을 보면, 과연 당 조정이 '고구려' 국호의 사용을 철저히 통제했기 때문에 묘지명의 출신 표기에 '고구려' 국호를 기피하는 현상이 나타났던 것인지 의문이 든다. 고족유는 천추를 조성하는 데 일조해 무측천武則天에 의해 '고려번장 어양군개국공 식읍이천호高麗蕃長 漁陽郡開國公 食邑二千戶'에 봉해졌다. 그리고 천추에는 조성에 참여한 백관과 사이추장四夷酋長의 이름을 새겼다고 하므로 고족유의 이름과 함께 직함인 '고려번장高麗蕃長'도 새겨졌을 것이다(이문기, 2000, 470~471쪽). 하나의 사례에 불과해 조심스러운 면이 있지만 무측천의 권위와 정통성을 과시하기 위해 695년 국가 사업으로 완성된 천추에 '고려'라는 국명을 새겼다는 것을 통해서는 당이 국가 정책으로 '고려' 또는 '고구려'라는 국명을 쓰지 못하게 했다고 보기는 어려울 것 같다. 참고로 692년에 죽은 천헌성의 묘지명에는 선조가 '고구려 국인高句驪國人'이라고 밝히고 있다. 697년에 죽은 고자의 묘지명에서도 출신은 '조선인朝鮮人'이라고 기록했지만, 바로 뒤이어 선조가 주몽을 따라 해동의 여러 오랑캐를 평정하고 '고려국高麗國'을 세웠다는 것을 시작으로 국호 '고려'가 총 4회나 등장한다.

부터 당에 대한 인식 등 태생적으로 큰 차이가 있을 수밖에 없다. 결과적으로 보면 세대가 거듭될수록 선조나 출자에 대한 의식이 희미해지는 것은 정해진 수순이다. 시간이 흐를수록 선조가 고구려 출신이라는 의식은 약화되었을 것이고, 당인唐人으로 동화될 수밖에 없음은 기정사실이다. 조국이 망해서 사라진 경우는 더욱 빠른 속도로 진행될 것이다. 망국 출신 이주자의 숙명인 것이다.

그런데 묘지명의 출신 표기들을 보면서 과연 이주 1세대들이 '요동'이나 '삼한三韓', '조선' 등 고구려를 의미하는 명칭으로 출신을 표기한 것을 고구려인으로서의 정체성이 강했던 것으로 볼 수 있는가라는 의문이 들었다. 더구나 이주 1세대 중에는 고구려의 멸망을 예견하고 멸망 전에 고구려를 배신하고 당에 귀순한 '자발적' 이주자들이 많은데, 이러한 성향을 가진 자들은 자신이 처한 상황이나 필요에 따라 고구려인으로서의 정체성을 의도적으로 은폐하거나 폐기할 수도 있다고 생각한다. 그러나 이들은 그렇지 않았다.

이주 1세대 중 고목로만 유일하게 자신의 출신을 남북조시대부터 당에 이르기까지 유력한 명문세족이었던 발해 고씨渤海 高氏로서 '발해수인渤海蓨人'이라고 표기했다(이문기, 2010, 84쪽). 원조가 고구려로 피난을 했다가 자신의 대에 고향(중국)으로 돌아왔다면서(君之遠祖 避難海隅 曁我皇唐 大敷淳化 君乃越溟渤 歸桑梓) 선조의 기원을 중국에 둔 것이다. 또한 그의 증조, 조, 부에 관한 내용이나 고구려에서의 관직도 일체 언급하지 않았다. 그의 당에서의 관력은 종9품 하의 배융부위陪戎副尉만 기록되었는데, 다른 이주 1세대의 당에서의 관력과 비교하면 매우 낮은 관계에 그친 것으로 보아 그의 고구려에서의 지위 역시 매우 미약했다고 생각한다. 그렇기 때문에 고목로는 원조를 제齊의 후예라고 해 고구려에서의 미약한 출신을 '희석'하려는 시도를 한 것 같다. 고목로와 같은 사례

〈표 2〉중국 출토 고구려 관련 묘지명 정보

人名	출토지	사망	入唐	유형	官歷(高句麗)	官歷(唐)	출신지	사망지	葬地	撰者	소장처
高鐃苗	西安?	673	668	귀순	小將『三國史記』	左領軍 員外將軍(종3품)	遼東人	私第	長安城 南原	·	西安碑林博物館
高提昔	西安 東郊 龍首原	674 (26세)	645? ~648?	早亡 (祖父)	曾祖: 大相 水境城 道使 遼東城 大首領	祖: 易州刺史 長岑縣 開國伯 上柱國 父: 宣威將軍 右衛 高陵府 長上 折衝 都尉 上柱國	先祖 國內城人 → 京都	來庭里 私第	萬年縣 滻川之原	·	소장처 언급 없음 (실묘·탁본 미공개)
李他仁	西安 東郊	675 (73세)	666? ~668?	귀순	柵州都督兼總兵馬	右戎衛將軍(종3품) 同正員右領軍將軍(종3품) 右驍衛大將軍(정3품 추증)	遼東 柵州人 → 雍州 萬年縣	長安 私第(雍州 萬年縣)	長安城 東 白鹿原	·	陝西省考古研究院 (실묘·탁본 미공개)
泉男生	洛陽 孟津縣 東山嶺頭村	679 (46세)	667 (34세)	귀순	中裏小兄, 中裏大兄, 中裏位頭大兄, 將軍, 莫離支, 三軍大將軍, 太莫離支	特進, 太大兄, 平壤道行軍大總管兼 使持節按撫大使(666), 使持節遼東大都督, 上柱國, 玄菟郡 開國公(668), 使持節大都督, 井·汾·箕·嵐州諸軍事, 井州刺史(679)	遼東郡 平壤城人	安東府 官舍	洛陽 北邙	王德眞	鄭州市 河南博物院
高玄	洛陽 后李村	690 (49세)	667	귀순	언급 없음	宣城府 左果毅都尉 總管 雲麾將軍(683) 神武軍統領(686) 右玉鈐衛中郎將(687) 新平道左三軍總管(689) 左豹韜衛行中郎將(690)	遼東 三韓人 → 西京 (長安) 赤縣	神都 (洛陽) 合宮縣 私第	北邙之原	·	洛陽 新安縣 鐵門鎭 千唐志齋

인물	출토지	사망	入唐	유형	官歷(高句麗)	官歷(唐)	출신지	사망지	葬地	撰者	소장처
泉獻誠	洛陽 東山嶺頭村	692 (43세)	666 (16세)	귀순	九歲在本蕃 拜先人之職	右武衛將軍(666) 衛尉正卿 衛尉寺卿(679) 上柱國 卞國公(682) 雲麾將軍. 右衛大將軍. 員外置同正員. 右羽林衛 上下(684) 神武道軍大摠管(686) 龍水道大摠管(688) 左衛大將軍. 員外置同正員. 檢校天樞子來使(690)	先祖 高句驪國人		洛陽 邙山	梁惟忠	소재 불명
高牟	未詳	694년 (55세)	668?	귀순	未詳 (褙樓로 표기)	雲麾將軍 左領軍衛翊府中郎將(정4품 하) 冠軍將軍 左羽鈴衛大將軍(정3품)	安東人 (馬邑)	洛陽 時邕坊	洛州 合縣 北 邙山		洛陽 碑誌拓片博物館 (탁본만 소장, 실물은 소재 불명)
高足酉	洛陽 伊川縣 平等鄕 樓子村	695 (70세)	667? ~668?	귀순	선대와 자신에 대한 언급 없음 (다만 族本殷家 因生代承)	明威將軍. 守右威衛黃化府折衝都尉. 長上. 守左威衛孝義府折衝都尉(668), 雲麾將軍. 行左武衛湖浪府中郎將(669), 右領軍衛將軍(679), 上柱國(680), 右玉鈴衛大將軍(689), 行左豹韜衛大將軍(690), 鎭軍大將軍. 高麗蕃長. 漁陽郡開國公(695) 幽州等七州諸軍事. 幽州刺史(추증)	遼東 平壤人 → 洛州 永昌縣	荊州의 官舍 (전염 후 유증?)	洛州 伊闕縣 新城之原		伊川縣 文物管理委會

인물	출토지	사망	入唐	유형	官歷(高句麗)	官歷(唐)	출신지	사망지	葬地	撰者	소장처
高質	洛陽 孟津縣	697 (72세)	667? ~668?	귀순	三品位頭大兄兼 大將軍	明威將軍, 行右衛翊府左郎將(669. 4) 雲麾將軍, 行左武威翊府中郎將(669. 11) 左威衛將軍 充銀膝道安撫副使(681) 柳城縣 開國子(684)	遼東 朝鮮人	磨米城 (戰死)	洛陽 合宮縣 平樂鄕	臺承慶	洛陽 新安縣 鐵門鎭 千唐志齋
高慈	洛陽 北邙	697 (33세)	667? ~668?	귀순	해당 없음	冠軍大將軍, 行左豹韜衛將軍, 柳城縣 開國公(690) 瀘河道討擊大使, 淸邊東軍總管(696). 左玉鈐衛大將軍, 左羽林軍上下(697), 鎮軍大將軍, 行左金吾衛大將軍, 幽州都督(주증) 上柱國, 右武衛長上, 遊擊將軍, 零送將軍, 定遠將軍, 壯武將軍, 行左豹韜衛翊府郎將(696)	朝鮮人	磨米城 南 (戰死)	洛陽 合宮縣 平樂鄕		羅振玉 소장 이후 현재는 소재불명
泉男産	洛陽 劉家坡村	701 (63세)	668 (30세)	항복	中裏小兄, 中裏大活, 中裏大活, 中軍主活, 位頭大兄, 大大莫離支	司宰少卿, 金紫光祿大夫, 員外置同正員(668) 上護軍(699) 遼陽郡 開國公, 營繕監大匠, 員外置同正員	遼東 朝鮮人	洛陽 私第	洛陽縣 平陰鄕	泉光富 (子)	鄭州市 河南博物院
泉毖	洛陽 東山 嶺頭村	729 (22세)	.	唐 출생	해당 없음	淄川縣 開國男(709) 朝散大夫, 太廟齋尉, 宣德郞, 放逐(과기)	京兆 萬年人	京兆府 長安 興寧里 私第	河南府 洛陽縣 ㅁ山 舊塋	泉隱 (父)	洛陽古代 藝術博物館
高木盧	西安郊外 郭家灘	730 (81세)	667 ~668?	귀순	언급 없음	陪戌副尉(附(증)록 引)	渤海 蕃人	私第	京兆 崇道鄕 齊 禮里 白鹿原		西安碑林博物館

人名	出土地	死亡	入唐	유형	官歷(高句麗)	官歷(唐)	出身지	死亡地	葬地	撰者	所藏처
高欽德	洛陽	733 (57세)	.	唐 출생	해당 없음	陶城府果毅 折衝, 郎將, 中郎, 將軍	渤海人	柳城郡 公舍	洛陽縣 清風里 北邙 洪原	徐察 (孫壻)	南京博物院
李仁德	西安 近郊	733 (61세)	.	唐 출생	해당 없음	雲麾將軍, 行右屯衛翊府中郎將, 金城縣開國公, 冠軍大將軍	先世 樂浪望族	醴泉里 私第	長安城 南 高陽 原	.	西安碑林博物館
王景曜	洛陽 北邙	734 (55세)		唐 출생	해당 없음	殿中奉乘, 屯衛中候, 本府司階, 甘泉果毅, 遊擊將軍 守翊府左郎將, 中郎將, 右威衛將軍, 黨州別駕(刾亽), 右威衛將軍(녹직).	先代 太原人 祖 父 高句麗 → 京兆人	京兆	河南 平樂原	.	河南 新安縣 鐵門鎮 千唐志齋
高遠望	洛陽市 孟津縣	740 (44세)	.	唐 출생	해당 없음	玉州盧龍折衝都尉, 幽州淸化折衝都尉, 鄭鄱府折衝, 依舊充副使, 鄭鄱府折衝, 依前充副使, 河南慕善府折衝, 兼安東鎭副使, 安東大都護府副都護兼松漠使. 上柱國	先祖 殷人	燕都 公舍	洛陽縣 清風鄉 北邙 首陽	徐察 (女壻)	1997년 출토되었으나 소장처에 대한 언급 없음
豆善富	洛陽	741 (58세)		唐 출생 (6代祖 때 고구려로 이주 이주)	해당 없음	檢校□□□軍事, 涼州銅鞮府左果毅 都尉, 遊擊將軍, 上柱國, 左武將軍, 絳州武城府 折衝都尉, 絳州武城府 折衝都尉, 晉州晉安府折衝都尉, 右 金吾衛郎將	先祖 扶風 平陵人	洛都 皇城 右 衛率府之官舍	洛陽 河南縣 梓澤鄉 邙山之原	.	開封博物館

인물	출토지	사망	入唐	유형	官歷(高句麗)	官歷(唐)	출신지	사망지	墓地	撰者	소장처
高悳	洛陽市 瀍河	742 (67세)	·	唐 출신	해당 없음	平州 白楊鎭將 郡州 龍文府果毅 歧州 杜陽府果毅 萬歲, 長平, 正平, 懷仁, 洪泉 等 五 府折衝 右武衛郎將 右武衛翊府郎將 (정5품 上) 定遠將軍 右龍武軍翊府中郎 上柱國	先代 渤海人 (高漸離의 후예) → 遼陽	東京 道政里 (洛陽 元吉坊)	河南 梓澤鄕 (北邙)	·	洛陽 新安縣 鐵門鎭 千唐志齋
李懷	?	745 (68세)	·	唐 출신	해당 없음	遊擊將軍 行右衛扶風郡積善府左果毅 宣威將軍 左威衛河南府折衝, 壯武將軍 左領軍衛翊府右郎將, 忠武將軍 左龍武軍翊府中郎將	先祖 趙郡 贊皇人	東京 道政坊 私第	洛陽縣 平樂鄕 之原	·	洛陽 新安縣 鐵門鎭 千唐志齋
高氏夫人	伊川縣 白元 鄕 土門村	772 (42세)	·	唐 출신	해당 없음	夫: 唐州 慈丘縣令(종6품 상) 邵陝	渤海人 (齊胄)	洛陽 履信里 私第	伊川縣 吳村 土 門東南原	·	伊川縣 文物管理委員會
高農	洛陽 北邙	773 (73세)	·	唐 출신	해당 없음	定州別駕(종4품 하) 遊擊將軍, 開府儀同三司(今否)	渤海人	洛陽 (博陵郡) 敦里 私第	北邙山 南麓 新 塋(합장)	楊悠	羅振玉 소장 이후 현 재는 소재 불명
似先義逸	西安市 東 郊 灞橋 務莊鄕	850 (65세)	·	唐 출신	해당 없음	掖廷局監作, 內僕局令, 內外省使, 瓊林庫使, 左藏戍, 荊門重鎭, 內侍伯, 監軍使, 莊宅使, 鴻臚使, 禮賓使, 河中諸州兩道節度并行營攻 討監軍使 内給事 大盈庫使 弓前庫 使, 按庭令, 鎭青光祿大夫, 上柱國, 汝南公	遼東 → 中部 (黃龍縣)	大寧里 私第	萬年縣 豊潤鄕 原	王式	西安碑林博物館

※ 〈표 2〉는 묘지명의 판독문, 묘지명을 소개한 논문들. '拜根興. 2012. 「唐代高麗百濟移民研究: 以西安洛陽出土墓志爲中心」. 中國社會科學出版社'을 중심으로 작성함.

〈표 3〉 고구려 관련 묘지명별 연구 성과

인물	논문
高鐃苗	金榮官, 2009, 「高句麗 遺民 高鐃苗 墓誌 檢討」, 『한국고대사연구』 56
	張彦, 2010, 「唐高麗遺民「高鐃苗墓志」考略」, 『文博』 2010-5
高提昔	王其禕·周曉薇, 2013, 「國內城高氏: 最早入唐的高句麗移民」, 『陝西師範大學學報』 2013-3
	김영관, 2013, 「高句麗 遺民 高提昔 墓誌銘에 대한 연구」, 『白山學報』 97
李他仁	孫鐵山, 1998, 「唐李他仁墓誌考釋」, 『遠望集(下)』, 陝西人民美術出版社
	拜根興, 2010, 「唐 李他仁 墓志에 대한 몇 가지 고찰」, 『忠北史學』 24
	안정준, 2013, 「'李他仁墓誌銘'에 나타난 李他仁의 生涯와 族源」, 『목간과 문자』 11
泉男生	朴漢濟, 1992, 「泉男生 墓誌銘」, 『譯註 韓國古代金石文 I』, 駕洛國事蹟開發研究院
	梁志龍, 2005, 「泉氏家族世系及其事略」, 『東北史地』 2005-4
	張福有·趙振華, 2005, 「洛陽, 西安出土北魏与唐高句麗人墓志及泉氏墓志」, 『東北史地』 2005-4
高玄	宋基豪, 1998, 「고구려 유민 高玄 墓誌銘」, 『서울大學校博物館年報』 10
泉獻誠	朴漢濟, 1992, 「泉獻誠 墓誌銘」, 『譯註 韓國古代金石文 I』, 駕洛國事蹟開發研究院
	梁志龍, 2005, 「泉氏家族世系及其事略」, 『東北史地』 2005-4
	張福有·趙振華, 2005, 「洛陽, 西安出土北魏与唐高句麗人墓志及泉氏墓志」, 『東北史地』 2005-4
高牟	樓正豪, 2013, 「高句麗遺民 高牟에 대한 考察」, 『韓國史學報』 53
高足酉	李文基, 2000, 「高句麗 遺民 高足酉 墓誌의 檢討」, 『歷史敎育論集』 26
	拜根興, 2001, 「高句麗 遺民 高足酉 墓誌銘」, 『中國史研究』 12
高質	王化昆, 2007, 「'武周高質墓志'考略」, 『河南春秋』 2007-3
	閔庚三, 2007, 「신출토 高句麗 遺民 高質 墓誌」, 『新羅史學報』 9
	拜根興, 2009, 「高句麗 遺民 高性文·高慈 父子 墓誌의 考證」, 『忠北史學』 22
	趙振華·閔庚三, 2009, 「唐高質, 高慈父子墓志研究」, 『考古与文物』 2009-2
	閔庚三, 2009, 「中國 洛陽 신출토 古代 韓人 墓誌銘 연구」, 『新羅史學報』 15
高慈	朴漢濟, 1992, 「高慈 墓誌銘」, 『譯註 韓國古代金石文 I』, 駕洛國事蹟開發研究院
	拜根興, 2009, 「高句麗 遺民 高性文·高慈 父子 墓誌의 考證」, 『忠北史學』 22

인물	논문
泉男産	朴漢濟, 1992, 「泉男産 墓誌銘」『譯註 韓國古代金石文 Ⅰ』, 駕洛國事蹟開發研究院
	梁志龍, 2005, 「泉氏家族世系及其事略」, 『東北史地』 2005-4
	張福有·趙振華, 2005, 「洛陽, 西安出土北魏与唐高句麗人墓志及泉氏墓志」, 『東北史地』 2005-4
泉毖	朴漢濟, 1992, 「泉毖 誌銘」, 『譯註 韓國古代金石文 Ⅰ』, 駕洛國事蹟開發研究院
	梁志龍, 2005, 「泉氏家族世系及其事略」, 『東北史地』 2005-4
	張福有·趙振華, 2005, 「洛陽, 西安出土北魏与唐高句麗人墓志及泉氏墓志」, 『東北史地』 2005-4
高木盧	·
李懷	·
高欽德	·
李仁德	·
王景曜	·
高遠望	·
豆善富	
高德	이동훈, 2008, 「高句麗遺民 「高德墓誌銘」」, 『韓國史學報』 31
高氏夫人	李文基, 2002, 「高句麗 寶藏王의 曾孫女 '高氏夫人墓誌'의 檢討」, 『歷史敎育論集』 29
	宋基豪, 2007, 「고구려 유민 高氏夫人 墓誌銘」, 『韓國史論』 53
高震	朴漢濟, 1992, 「高震 墓誌銘」, 『譯註 韓國古代金石文 Ⅰ』, 駕洛國事蹟開發研究院
	馬一虹, 2006, 「從唐墓志看入唐高句麗遺民歸屬意識的變化: 以高句麗末代王孫高震一族及權勢貴族爲中心」, 『北方文物』 2006-1
似先義逸	馬詠鐘·張安興, 1995, 「唐'似先義逸墓誌'考釋」, 『碑林輯刊』 3
	金憲鏞·李健超, 1999, 「陜西新發現的高句麗人, 新羅人遺蹟」, 『考古与文物』 1999-6
	尹龍九, 2003, 「중국출토의 韓國古代 遺民資料 몇 가지」, 『한국고대사연구』 32

※ 高木盧, 李懷, 高欽德, 李仁德, 王景曜, 高遠望, 豆善富 墓誌銘은 단독으로 다룬 연구가 없음.

도 확인되므로 이주 1세대들이 후속 세대보다 반드시 고구려인으로서의 정체성이 강했다고 단정할 수만은 없을 것이다.

고목로를 제외하면 이주 1세대는 자신이 고구려 출신임을 분명하게 밝혔다. 그러나 이들 중 상당수가 '자발적'으로 고구려를 등지고 입당했다는 것을 생각할 때 자신의 출신을 고구려, 더 정확히는 고구려를 의미하는 명칭으로 표기한 것은 당으로 이주한 후 '고구려 출신'이라는 것에 어떠한 '이용 가치'가 있었기 때문이라고 생각한다. 또한 '출신 표기=정체성'이라는 등식이 성립하는가도 의문이다. 따라서 고구려 관련 묘지명 중 1세대로 분류되는 고요묘, 이타인, 천남생[12], 고현, 천헌성, 고모, 고족유, 고질, 고자, 천남산, 고목로를 통해 이들의 정체성에 대해 재고하고자 한다.

이주 1세대와 적어도 2세대까지는 자신의 출신을 숨기려 해야 숨길 수 없었고, 어쩌면 숨길 필요가 없었을지도 모른다. 이들은 자신들이 고구려의 왕족이나 최고의 귀족 가문 출신이라는 데 높은 자부심을 갖고 있었다(노태돈, 1981, 96쪽). 고구려의 지배층이 당으로부터 관직과 사제私第를 받고 장안이나 낙양에 거주할 수 있었던 이유도 역설적이지만 고구려에서의 지위 덕분이었다. 막연히 이들이 '고구려'라는 출신 때문에 차별과 불이익을 받았을 것으로 간주하지만, 고구려 지배층 중 이주 1세대에 한해서는 재고할 부분이 있다. 이들은 남건과 같이 끝까지 저항한 경우를 제외하면 고구려의 '지배층'이었다는 점에서 오히려 그 특권을 당에서까지 이어가는 경우가 많았다. 이후에 헌성처럼 모함으로 억울하게 죽는 경우도 발생하지만, 일단 이주 1세대는 대부분 고구

---

12) 연개소문의 후손들 중 묘지명이 발견된 연남생, 연남산, 연헌성 등에 대해서는 '연淵'이 아닌 묘지명의 표기대로 '천泉'으로 하겠다.

려에서의 위치에 상응하는 대우를 받았다. 즉 고구려에서의 지위와 입당 유형이 당에서 제수하는 관계官階를 결정했다.

이러한 현실은 묘지명 주인공의 성姓을 통해서도 추정할 수 있다. 현재 발견된 묘지명 중 '고씨高氏'의 빈도는 절반이 넘는다. 부자간, 부녀간도 있지만 23명 중 13명이 고씨로 약 57퍼센트에 가깝다. 좀 더 세분화하면 1세대로 분류되는 11명 중 7명이 고씨이므로 약 64퍼센트에 달한다. 이 비율을 단순히 고구려 지배층 중 '배신자'가 많았던 것으로 연결해서는 안 된다. 남건처럼 자살을 시도했거나 저항하다 유배되어 묘지명은커녕 흔적도 없이 사라진 고구려 지배층의 숫자가 얼마나 되는지 알 수 없기 때문이다. 그런데 이 64퍼센트의 수치를 액면 그대로 인정해 고구려 왕족과 지배층의 대량 이주로 볼 수도 있지만, 고씨가 아닌 자들이 멸망이라는 혼란한 상황을 이용해 고구려의 유력 성씨였던 고씨를 '모칭冒稱'했을 가능성도 있다고 생각한다.[13] 이들이 고씨를 모칭했다면 그 이유는 결국 멸망한 왕조의 성이지만 고씨가 당에서 정착하는 데 유용했기 때문일 것이다.

이타인, 고현, 고족유, 고질, 고자 등의 묘지명에서는 '고구려의 멸망을 예견하고' 당에 귀순했다고 밝히고 있다. 이들은 고구려가 곧 멸망할 것이라는 현실적인 상황 판단 아래 누구의 강요에 의해서가 아닌 자신의 의지로 남보다 한발 앞서 고구려를 버리고 당을 선택한 이주

---

13) 묘지명이 발견된 인물 중 '고요묘'가 고씨를 모칭한 것이 아닐까 의심된다. 고요묘는 『삼국사기』 고구려본기에서는 성은 없고, 명만 '요묘'로 기록되어 있다. 묘지명의 내용도 다른 묘지명과 비교했을 때 구체적이지 못하고, 추상적인 미사여구만으로 이루어졌다고 해도 과언이 아니다. 또한 고구려에서의 가계나 관직 등은 일체 언급하지 않았다. 요묘가 고구려에서 소장小將이라는 낮은 관계를 가졌다 할지라도 군대의 지휘체계 내에서 어쨌든 하급 지휘자의 위치였다고 볼 수 있는데 군대를 지휘했던 인물들인 고연수, 고혜진 등은 그 성명이 문헌에 정확하게 기록되어 있었음을 상기하면 요묘가 당으로 이주하면서 고씨를 모칭했을 가능성도 있다고 생각한다. 고모와 고목로도 비슷한 맥락에서 고씨를 모칭했을 가능성이 있다고 생각한다.

1세대다. 따라서 이들의 묘지명에서 출신을 요동, 삼한, 조선이라 표기했다고 해서 곧 고구려인으로서의 정체성이 강했다고 연결하는 것은 적절하지 않다. 이의 입당 계기가 '외국'이라는 새로운 환경에서 더 잘 살아가기 위한 이주자로서의 '수사적' 표현으로 볼 수도 있겠지만, 이들이 멸망이라는 현실 앞에 놓인 '저항'과 '귀순'이라는 선택지에서 후자를 택한 것은 분명한 사실이다.

신성, 오사와 함께 이적과 내응해 평양성이 함락되는 데 결정적인 역할을 한 요묘는 종3품의 좌령군左領軍 원외장군員外將軍에 올랐고(김영관, 2009, 377쪽), 고모는 긴급 문서가 담긴 백낭白囊(혹은 적낭赤囊)을 들고 귀순해 정4품의 운휘장군雲麾將軍 좌령군위左領軍衛 익부중랑장翊府中郎將을 제수받았다(樓正豪, 2013, 396쪽). 그런데 고요묘와 고모의 묘지명에는 이들의 고구려에서의 관력을 적지 않았고, 선조에 대한 언급도 전혀 없다. 집안에 대해서도 귀하고 명망이 있었다(고요묘: 族高辰卜 價重珣琪, 고모: 族茂辰韓 雄門譽偃 傳芳穢陌 聲高馬邑) 정도로 상투적이고 추상적으로 서술했다. 고요묘와 고모는 고구려의 유력한 지배층이었다기보다는 고구려가 멸망하는 과정에서 고구려를 배신한 것을 기반으로 당에서 입신立身했다고 생각한다.

1세대, 2세대가 지나면서 '고구려 출신'이라는 특권은 사라졌다. 2세대 이후의 묘지명에서 고구려나 고구려를 의미하는 간접적인 명칭들로 출신을 밝히지 않는 것을 정체성의 약화로 이해할 수도 있다(이문기, 2010, 87쪽). '발해인渤海人'(고흠덕, 고덕, 고진, 고씨부인), '낙랑망족樂浪望族'(이인덕), '은인殷人'(고원망), '부풍평릉인扶風平陵人'(두선부), '조군찬황인趙郡贊皇人'(이회) 등의 표기가 2세대 이후에 나타나는 현상은 더 이상 '고구려 출신'이라는 것이 당唐 대 사회에서 특권으로 작용하지 않았음을 의미한다. 이들은 이제 현실적으로 아무런 이용 가치가 없어진 고구려 출신을 버리고 선조를 중국 출신으로, 또는 중국의 명문세족으로 자처하게 되는 것이다.

따라서 2세대 이후에 나타나는 고구려 출신에서 중국 출신으로의 전환은 출신에 대한 의도적인 은폐나 정체성의 약화로 직결시킬 수만은 없다. 고구려라는 출신이 일종의 특권으로 작용했던 이주 1세대와 달리 특권이 소멸하면서 더 이상 출신을 명확히 밝힐 필요가 없어진 이주 후속 세대들의 '현실'이 반영된 결과일 수 있기 때문이다. 보장왕의 손자였던 고진이 죽기 전 자사刺史를 보좌하는 종4품 하의 별가別駕로 관직을 마쳤다는 것은 이러한 현실을 대변한다(송기호, 2007, 491쪽).

또한 2세대 이후에 나타나는 군현명 본적 표기는 이민족도 당률에 따라 편호가 되면서 거주했던 군현명을 본적으로 취한 것으로, 정체성의 약화로 단정하기는 어렵다(최진열, 2009, 233쪽). 천남생의 증손인 천비[14]의 묘지명은 아버지인 천은이 작성했다. 천비의 묘지명에서는 출신을 '경조만년인京兆萬年人'으로 표기했는데, 이어서 바로 증조인 남생부터 시작해서 가계를 적고 있는 것을 보면(京兆萬年人也 曾祖特進 卞國襄公男生 祖左衛大將軍 卞國庄公獻誠 父光祿大夫衛尉卿卞國公隱) 고구려 출신의 선조에 대해 감추려는 의도가 없고, 자신의 선조에 대해 명확히 인식하고 있음을 알 수 있다. 천비가 태어나고 자란 관적貫籍을 적은 것뿐이다. 관적의 부여는 이주자들이 당에서 법적으로 당인임을 인정받고 행정적으로 당인으로 편제되었음을 의미하는 것이다. 그러나 법과 현실의 괴리는 크다. 법에서 당인으로 인정한 것과 현실에서 당인으로 온전히 인정

---

14) 마이훙馬一虹은 천비의 이름이 비毖, 자字가 맹견孟堅으로 이름과 자가 같지 않은 것을 들어 '한화漢化'의 정도가 확실히 높아진 것으로 보았다(馬一虹, 2006, 35쪽) 그러나 이주 1세대인 천남생은 원덕元德, 고현은 귀주貴主, 고모는 구仇, 고질은 성문性文, 고자는 지첩智捷 등 각각 이름과 자가 있었으므로 '이름과 자가 같지 않음名字不同'을 한화의 척도로 볼 수는 없다.

받는 것은 또 다른 층위에서 고민해야 할 문제다.

최근 발표된 고모의 묘지명에서는 고구려를 의미하는 다양한 명칭이 보이는데, '진한辰韓', '예맥穢陌', '마읍馬邑', '삼한三韓', '한향韓鄉' 등이 그것이다. 또한 보고자는 『문원영화文苑英華』의 판문判文을 통해 고모가 '우가牛加'를 등지고 당으로 온 실존 인물이었음을 확인했다. 중랑장 고모는 장안의 외곽에서 사냥을 즐기다 문금門禁을 어겼는데, 술에 취한 교위校尉의 책망을 받았다. 고모와 교위는 사냥을 한 죄와 술을 마신 죄를 따져 상대방을 고소했다. 그러나 금렵은 '번관蕃官'에게는 적용되지 않았고, 술을 살 수가 없는 것이었지 마시는 것을 제한하는 금주는 아니어서 피차 고소할 사안은 아니었다고 한다. 이 사건이 발생한 시기는 670년 8월에 고종이 금주령禁酒令을 내리고, 684년에 무측천이 낙양을 신도神都로 정하면서 금군禁軍도 이동하므로 670년에서 684년 사이로 볼 수 있는데, 금주령이 확인되는 670년에 발생한 것으로 추정하고 있다(樓正豪, 2013, 399~404쪽).

고모 묘지명에는 선대에 관한 기록이 없고 고모 자신이 직접 입당하는 것으로 나타난다. 694년 55세로 사망했으므로 640년대는 10세 이전이라 고구려의 '기밀'을 가지고 입당하는 것은 불가능하다. 고모가 "어려서부터 임기응변의 자질로 일찍이 중요한 임무를 맡았는데 적당한 시기를 기다려 귀순해是以早資權略 夙稟機樞 候青律以輸誠"라고 했으므로 고구려가 멸망하는 668년을 전후로 당으로 이주한 것 같다.

여기서 주목하고 싶은 것은 이주 1세대의 '번관'으로서의 태도다. 고모와 교위의 다툼을 금주령이 내려진 670년에 발생한 것으로 본다면 고모는 이주한 지 고작 2~3년이 된 상태로, 중랑장(정4품)인 자신보다 하위인 술 취한 교위(6품~9품까지)의 무례한 태도에 크게 분노해 금오위金吳衛에 찾아가 판결을 내려달라고 한 것이다. 고모의 입장에서는 교위의 부당한 처사에 대해 관에 고발해서 시비를 명백히 가리고자 한 것이다. 어쩌면 고모는 번관의 사냥에 대한 예외 조항들을 이미 숙지했기에 자신에게는 큰 흠결이 없으므로 더 당당히 제소할 수 있었는지도 모르겠다.

무측천이 재화를 걸고 주최한 활쏘기에서의 천헌성의 발언에서도 '번관'으로서의 의식이 엿보인다. 문무관 중 활을 잘 쏘는 자 다섯 명을 뽑고자 했는데, 천헌성과 설돌마지薛吶摩之 등이 꼽혔다. 이에 천헌성은 무측천에게 "다음에도 한관漢官의 이름이 없을까 두려우니 그만두시길 바랍니다"라고 하자 무측천이 기뻐하며 이를 따랐다고 한다.[15] 여기서 천헌성의 발언은 무측천 앞이기에 겸양을 보인 것일 수도 있고, '번관' 으로서 다수의 '한관'에 대한 예의를 표현한 것일 수도 있다. 그러나 어쩌면 '한관'보다 뛰어난 '번관'의 군사적 능력을 무측천에게 과시하면서 은밀히 '한관'들을 조롱한 것일 수도 있다. 천헌성은 본인조차 번관이면서 "사이四夷가 중국(漢族)을 가벼이 여길까 두렵습니다"[16]라고 하는 것을 보아 중화와 이적을 구분하고, 이를 강하게 의식했음도 알 수 있다.

---

15) 子獻誠 授右衛大將軍 兼令羽林衛上下 天授中 則天嘗內出金銀寶物 令宰相及南北衙文武官內擇善射者五人共睹之 內史張光輔先讓獻誠爲第一 獻誠復讓右玉鈐衛大將軍薛吐摩支 摩支又讓獻誠 旣而獻誠奏曰 陛下令簡能射者五人 所得者多非漢官 臣恐自此已後 無漢官工射之名 伏望停寢此射 則天嘉而從之(『구당서』 권199상, 열전149상 동이 고려); 泉獻誠 高麗人也 則天天授元年 遷左衛大將軍 時內出金銀寶物 令宰相於南北衙文武官內 擇善射者五人 共睹之 內史張光輔先讓 獻誠爲第一 獻誠復讓 右玉鈐衛大將軍薛吶摩之 摩之又讓獻誠 旣而獻誠奏曰 陛下今簡能射五人 所得者多非漢官也 臣恐自此後無漢官 功射之名 伏望停寢此射 則天嘉而從之(『책부원귀』 권814, 총록부總錄部 양讓).

16) 是歲 以右衛大將軍泉獻誠爲左衛大將軍 太后出金寶 命選南北牙善射者五人睹之 獻誠第一 以讓右玉鈐衛大將軍薛吶摩 吶摩復讓獻誠 獻誠乃奏言 陛下令選善射者 今多非漢官 竊恐四夷輕漢 請停此射 太后善而從之(『자치통감』 권204, 당기20 측천순성황후則天順聖皇后 천수天授 원년 690).

고질 부자의 전사나 70세의 고령에도 전장을 누비던 고족유의 모습은 '번장蕃將'으로서의 뛰어난 능력과 활약을 보여주지만, 결국은 당에서 인정받기 위한 노력의 일환이었다. 이주 1세대의 지위 상승에 가장 확실하고 빠른 길은 군공軍功을 세우는 것이었기 때문이다(김현숙, 2001, 83쪽). 이주 1세대는 당 조정으로부터 관적이 부여되어 법적으로 당인이 되었고, 관직도 받았다. 때로는 번관으로서 패기를 보이기도 했지만, 번관은 이주 1세대들에게는 떼어낼 수 없는 꼬리표이기도 했다.

마지막으로 묘지명의 주인공과 함께 당으로 이주한 선대와 후손의 묘지명이 앞으로 발견될 가능성이 있기 때문에 혈연관계를 정리해둘 필요가 있다. 이미 직계 후손은 정리되었고(이문기, 2010, 74~75쪽), 여기에 선대, 묘지명 주인공과 관련된 인물, 문헌에 언급된 인물, 그리고 최근 발굴된 묘지명을 보충하면 표의 내용과 같다.

묘지명	入唐 代	직계 혈연	관련 인물
高鐃苗	본인	–	信誠, 烏沙
高提昔	祖	曾祖: 伏仁, 祖: 支于, 父: 文協	夫: 右驍尉永寧府果毅都尉 泉氏
李他仁	본인	祖: 福鄒, 父: 孟眞, 子: 乙孫, 尊武	–
泉男生	본인	曾祖: 子游, 祖: 太祚, 父: 盖金, 子: 獻忠(남건에 의해 고구려에서 亡), 獻誠	大兄 弗德, 大兄 冉有
高玄	본인	曾祖: 高寶, 祖: 高方, 父: 廉	–
泉獻誠	父+본인	曾祖: 太祚, 祖: 盖金, 父: 男生, 兄弟: 獻忠(고구려에서 亡), 子: 玄隱(隱), 玄逸, 玄靜	首領 冉有, 祖母(淵盖蘇文의 夫人?)
高牟	본인	–	–
高足酉	본인	子: 帝臣	–
高質	본인	曾祖: 前, 祖: 式, 父: 量, 子: 鞠仁, 慈	兄弟도 함께 입당
高慈	父+본인	曾祖: 式, 祖: 量, 父: 文(高質), 兄弟: 鞠仁, 子: 崇德	
泉男産	본인	父: 盖金, 兄: 男生, 男建, 子: 光富	–

泉毖	曾祖	曾祖: 男生, 祖: 獻誠, 父: (玄)隱	夫人: 高藏의 外孫 王暐의 딸
高木盧	본인	子: 履生	-
李懷	曾祖	曾祖: 敬, 祖: 直, 父: 隱之, 子: 智通	夫人: 太原縣君 王氏
高欽德	曾祖	曾祖: 瑗, 祖: 懷, 父: 千, 兄: 未詳 子: 遠望, 崇節	夫人: 太原王氏, 河南程氏 孫婿: 徐察
李仁德	미상	父: 甲子, 子: 思敬, 思讓	-
王景曜	父	祖: 湛, 父: 排須, 子: 右肱	王毛仲, 夫人: 李氏, 高氏
高遠望	高祖	曾祖: 懷, 祖: 千, 父: 欽德, 弟: 崇節 子: 巖, 嵩, 女: 성명 미상	女婿: 東海 徐察
豆善富	父	父: 夫卒	夫卒의 昆季 5名
高德	祖? 父?	子: 懷州懷仁府別將	-
高氏夫人	曾祖	曾祖: 寶藏王(藏), 祖: 連, 父: 震, 子: 太福, 太初, 太虛 등 5인	夫: 唐州慈丘縣令 邵陝
高震	祖	祖: 藏, 父: 連, 子: 叔秀, 女: 唐州慈丘縣令公夫人(高氏夫人)	高德武, 高寶元, 夫人: 眞定侯氏
似先義逸	미상	祖: 鳳榮, 父: 進, 子: 元約, 元剛, 元禮, 元錫, 元綽(양자?), 女: 4명, 성명 미상(양녀?)	夫人: 高平縣君 范氏 女婿: 雷氏, 崔氏, 周氏, 劉氏

앞으로 묘지명이 발견될 가능성이 있는 고구려 관련 인명은 다음과 같다. 고혜진, 신성, 오사, 고지우, 고문협高文協, 이을손李乙孫, 이존무李尊武, 불덕弗德, 염유冉有, 고렴高廉, 천현은泉玄隱, 천현일泉玄逸, 천현정泉玄靜, 고제신高帝臣, 고국인高鞠仁, 고숭덕高崇德, 천남건, 천광부泉光富, 고리생高履生, 이경李敬, 이직李直, 이은지李隱之, 이지통李智通, 고원高瑗, 고회高懷, 고천高千, 고숭절高崇節, 이갑자李甲子, 이사경李思敬, 이사양李思讓, 왕배수王排須, 왕우굉王右肱, 고엄高巖, 고숭高嵩, 두부졸豆夫卒, 고장高藏, 고련高連, 고덕무高德武, 고보원高寶元, 고숙수高叔秀, 사선봉영似先鳳榮, 사선진似先進, 고구수高仇須 등이다. 이들의 묘지명이 추가로 발견된다면 당으로 이주한 고구려 관련 인물을 연구하는 데 가장 귀중한 1차 사료가 될 것이다. 또한 연구자들의 관심사인 당으로 이주한 고구려인의 정체성의 세대별 변화라는 측면에 대해 많은 사례를 통해 좀 더 명확하게

구현할 수 있을 것이다.

4. 맺음말

고구려와 당의 전쟁으로 고구려의 민들은 당으로 이주했다. 고구려의 민들은 '생구'라는 이름으로 강제로 당으로 옮겨졌고, 이들 대부분은 망국의 백성으로 핍박받으며 힘겨운 삶을 이어갔을 것이다. 사료에서는 이렇게 포로가 되어 당으로 들어간 고구려의 민들의 규모를 대략 20만 명 정도로 기록하고 있다. 문제는『삼국사기』의 전황의 기록이 중국 측 기록을 거의 그대로 전재하고 있다는 점이다.

전과를 상징하는 전쟁 포로의 숫자는 어떠한 전쟁이나 과장되기 마련이고, 또한 혼란 속에서 추산되므로 정확하지 않을 수밖에 없는 한계가 있다. 이를 대조할 만한 명확한 기록이 없는 상황에서는 기록대로 고구려 포로의 숫자를 최대 20만 명 정도로 추산할 수밖에 없다. 그러나 당으로 이주한 고구려 포로의 수치를 다룬 중국의 최근 연구들에서는 출정 인원을 모두 포로로 적은 기록을 채택하거나 '구'로 기록된 것을 '호'의 오기라고 해서 '호'로 간주해 계산하는 방법 등으로 고구려 포로의 숫자를 40만 명 이상, 또는 80만 명 이상으로 보면서 사서의 기록보다 최소 2배에서 4배까지 늘려 보는 경향이 나타나고 있다.

고구려의 민들만 당으로 이주한 것은 아니었다. 묘지명을 통해서 고구려 지배층의 당으로의 이주 정황과 당에서의 관직 생활 등을 확인할 수 있었다. 현재까지 고구려 관련 묘지명으로 분류된 것은 23개다. 23개 중 이주 1세대로 분류할 수 있는 것이 11개로, 이중에서 고씨는 7명으로 약 64퍼센트를 차지한다. 그러나 이 비율로 미루어 단순히 고구려 지배층이 저항과 귀순 중 귀순을 더 많이 선택했다고 볼 수는 없다. 끝까지 저항하다 묘지명은커녕 무덤도 없이 사라졌을 고구려 지배층의 숫자가 얼마나 되는지는 아무도 알 수 없기 때문이다. 또한 이 64퍼센트의 '고씨' 중에는 고씨를 모칭한 자들도 포함되었을 것으로 추정했는데, 이는 멸망한 왕조의 성이지만 고구려의 유력 성씨였던 고씨가 당에서 정착하는 데 유용한 측면이 있었음을 의미한다고 생각한다.

이주 1세대가 묘지명에 남긴 출신 표기는 후속 세대와 비교했을 때 고구려를 의미하는 명칭인 경우가 많았다. 또한 이들은 이주 동기를 '고구려 멸망의 기미를 알고 귀순'했다고 밝히는 경우가 많았다. 물론 이를 당에서 살아가기 위한 수사적 표현으로 볼 수도 있지만, 일단은 저항의 대항축인 귀순을 택한 자들이라는 점에서 강제가 아닌 자의로 이주했다고 볼 수 있다.

이주 1세대는 후속 세대와 비교했을 때 고구려에서의 귀속 지위가 거의 유지되었다. 대부분 고구려에서 지배층이었고, 당으로 이주한 후에도 그에 상응해 관계를 받았다. 이들의 고구려에서의 귀속 지위가 당에서도 계속 유지될 수 있었던 것은 결국 이들이 고구려의 지배층이었기 때문이었다. 지배층 출신의 이주 1세대는 고구려 출신임을 애써 지울 필요가 없었다. 고구려 출신이라는 점이 당에서 정착하는 데 긍정적으로 작용했기 때문에 이들은 고구려 관련 명칭으로 자신의 출신을 묘지명에 남겼던 것이다.

그러나 후속 세대들에게는 고구려 출신이 더 이상 장점으로 기능하지 않았고, 자신의 노력으로 얻는 성취 지위만이 그들의 몫으로 남았다. 따라서 고구려 관련 인물 묘지명의 출신 표기의 변화는 정체성의 강약이나 유무로 해석하기보다는 '고구려 출신'이 당唐 대 사회에서 어떻게 인식되었고 기능했으며 변화했는가를 통해서 이해해야 한다.

중국에서 발견되는 고구려 관련 묘지명들은 고구려 멸망의 산물이다. 하지만 앞으로 더 많은 묘지명들이 발견된다면 이를 통해 멸망 후 고구려인들의 의식 변화와 당으로의 동화 과정 등을 복원할 수 있는 가장 중요한 자료가 될 것이다. 어쩌면 고구려 관련 인물이 주인공인 묘지들이 이미 발굴되어 어느 박물관 수장고의 '비림碑林' 속에서 자신들을 알아봐주길 기다리고 있을지도 모르겠다. 내일이면 다시 새로운 묘지명이 발견되었다는 소식이 들려오길 기대해본다.

:: 참고문헌

耿鐵華, 2004,『중국인이 쓴 高句麗史』上, 고구려연구재단.

고구려연구재단 편, 2004,『중국소재 고구려관련 금석문 자료집』, 고구려연구재단.

김영관, 2009,「高句麗 遺民 高鐃苗 墓誌 檢討」,『한국고대사연구』56, 한국고대사학회.

_____, 2013,「高句麗 遺民 高提昔 묘지명에 대한 연구」,『白山學報』97, 백산학회.

김영심, 1992,「唐 劉仁願紀功碑」,『譯註 韓國古代金石文 I』, 駕洛國史蹟開發研究院.

김현숙, 1992,「唐 劉仁願紀功碑」,『譯註 韓國古代金石文 1』, 駕洛國史蹟開發研究院.

_____, 2001,「中國 所在 高句麗 遺民의 동향」,『한국고대사연구』23, 한국고대사학회.

_____, 2004,「고구려 붕괴 후 그 유민의 거취 문제」,『한국고대사연구』33, 한국고대사학회.

노태돈, 1981,「高句麗 遺民史 研究」,『韓㳓劤博士停年紀念史學論叢』, 知識産業社.

樓正豪, 2013,「高句麗遺民 高車에 대한 考察」,『韓國史學報』53, 고려사학회.

민경삼, 2007,「신출토 高句麗 遺民 高質 墓誌」,『신라사학보』9, 신라사학회.

_____, 2009,「中國 洛陽 신출토 古代 韓人 墓誌銘 연구: 高質 墓誌銘을 중심으로」,『신라사학보』15, 신라사학회.

박승범, 2007,「중화인민공화국 학계의 고구려 유민 연구 검토」,『高句麗研究』29, 고구려발해학회.

拜根興, 2001,「高句麗 遺民 高足酉 墓誌銘」,『中國史研究』12, 중국사학회.

_____, 2009, 「高句麗 遺民 高性文·高慈 父子 墓誌의 考證」, 『忠北史學』 22, 충북대학교 사학회.

_____, 2010, 「唐 李他仁 墓志에 대한 몇 가지 고찰」, 『忠北史學』 24, 충북대학교 사학회.

송기호, 1998, 「고구려 유민 高玄 墓誌銘」, 『서울大學校博物館年報』 10, 서울대학교 박물관.

_____, 2007, 「고구려 유민 高氏夫人 墓誌銘」, 『韓國史論』 53, 서울대학교 국사학과.

안정준, 2013, 「'李他仁 墓誌銘'에 나타난 李他仁의 生涯와 族源: 高句麗에서 활동했던 柵城 지역 靺鞨人의 사례」, 『목간과 문자』 11, 한국목간학회.

여호규, 2010, 「1990년대 이후 고구려 문자자료의 출토 현황과 연구동향」, 『한국고대사연구』 57, 한국고대사학회.

윤용구, 2003, 「중국출토의 韓國古代 遺民資料 몇 가지」, 『한국고대사연구』 32, 한국고대사학회.

_____, 2014, 「중국 출토 한국고대 유민자료와 연구동향」, 『한국고대사학회 제27회 동계 합동토론회 발표요지문』, 한국고대사학회.

이강래, 2007, 「한·중 사서에 보이는 고구려와 중국의 전쟁 기록 비교 검토」, 『동북아역사논총』 15, 동북아역사재단.

이동훈, 2008, 「高句麗遺民 『高德墓誌銘』」, 『韓國史學報』 31, 고려사학회.

이문기, 2000, 「高句麗 遺民 高足酉 墓誌의 檢討」, 『歷史敎育論集』 26, 역사교육학회.

_____, 2002, 「高句麗 寶藏王의 曾孫女 '高氏夫人墓誌'의 檢討」, 『歷史敎育論集』 29, 역사교육학회.

_____, 2010, 「墓誌로 본 在唐 高句麗 遺民의 祖先意識의 變化」, 『大邱史學』 100, 대구사학회.

이성제, 2014 , 「高句麗·百濟遺民의 系譜認識: 出自 관련 墓誌 기록과 그 의미에 대한 재검토」, 『한국고대사학회 제27회 동계 합동토론회 발표요지문』, 한국고대사학회.

이홍직, 1971, 「三國史記 高句麗人傳의 檢討」, 『韓國古代史의 研究』, 新丘文化社.

임기환, 2006, 「고구려본기 전거 자료의 계통과 성격」, 『한국고대사연구』 42, 한국고대사학회.

정병준, 2008,「고구려 유민 연구」,『중국학계의 북방민족·국가 연구』, 동북아역사재단.

최진열, 2009,「唐人들이 인정한 高句麗人의 正體性: 唐代 墓誌銘에 보이는 高句麗의 別 稱(朝鮮·三韓·扶餘) 分析을 중심으로」,『동북아역사논총』 24, 동북아역사재단.

_____, 2012,「唐代 高句麗 표기 기피현상: 隋唐 墓誌銘의 國名 표기 분석을 중심으 로」,『동북아역사논총』 38, 동북아역사재단.

한국고대사회연구소 편, 1992,『(譯註) 韓國古代金石文』, 駕洛國史蹟開發研究院.

姜淸波, 2010,『入唐三韓人硏究』, 暨南大學出版社, 廣州.

金憲鏞·李健超, 1999,「陝西新發現的高句麗人, 新羅人遺迹」,『考古与文物』 1999-6, 狹西省考古研究所, 西安.

馬一虹, 2006,「从唐墓志看入唐高句麗遺民歸屬意識的変化」,『北方文物』 2006-1, 黑 龍江省文物管理局, 哈尔濱.

拜根興, 2006,「高句麗, 百濟遺民關聯問題研究的現狀与展望」,『中國歷史地理論叢』 2006-4, 西安.

_____, 2009,「在唐高句麗遺民遺物, 遺迹的現狀及其分布」,『中國歷史地理論叢』 2009-1, 陝西師範大學, 西安.

_____, 2012,『唐代高麗百濟移民研究: 以西安洛陽出土墓志为中心』, 中國社會科學 出版社, 北京.

_____, 2013,「入唐高麗移民墓志及其史料价值」,『陝西師範大學學報』 2013-2, 陝西 師範大學, 西安.

拜根興·侯振兵, 2011,「論唐人對高句麗及高句麗遺民的認識」,『唐史論叢』 13, 三秦 出版社, 西安.

蒙曼, 2007,「唐朝軍事系統中的朝鮮半島徙民」,『中央民族大學學報(哲學社會科學版)』 2007-2, 中央民族大學, 北京.

苗威, 2011,『高句麗移民研究』, 吉林大學出版社, 長春.

楊軍, 2006,「高句麗人口問題研究」,『東北史地』 2006-5, 吉林省社会科学院, 長春

梁志龍, 2005,「泉氏家族世系及其事略」,『東北史地』 2005-4, 吉林省社会科学院, 長春.

王其禕·周曉薇, 2013,「國內城高氏: 最早入唐的高句麗移民: 新發現唐上元元年『泉 府君夫人高提昔墓志』釋讀」,『陝西師範大學學報』 2013-3, 西安.

李德山, 2006, 「高句麗族人口去向考」, 『社會科學輯刊』 2006-1, 社會科學輯刊編輯部, 北京.

張福有·趙振華, 2005, 「洛陽, 西安出土北魏与唐高句麗人墓志及泉氏墓志」, 『東北史地』 2005-4, 吉林省社会科学院, 長春.

張彦, 2010, 「唐高麗遺民『高鐃苗墓志』考略」, 『文博』 2010-5, 陝西省文物局, 西安.

趙炳林, 2010, 「高句麗滅亡後的人口流向考」, 『前沿』 2010-9, 内蒙古社会科学联合会, 内蒙古自治区 呼和浩特.

趙振華·閔庚三, 2009, 「唐高質, 高慈父子墓志研究」, 『東北史地』 2009-2, 吉林省社会科学院, 長春.

田中俊明, 1982, 「『三國史記』中國史書引用記事の再檢討: 特にその成立の研究の基礎作業について」, 『朝鮮學報』 104, 朝鮮學會, 奈良.

『진서』동이東夷 조공 기사朝貢記事의 재검토

윤용구(인천도시공사 문화재 담당)

1. 머리말

『진서晉書』[1]는 양진兩晉 대(서진西晉 265~316; 동진東晉 317~420)를 서술한 단대사斷代史지만, 정작 동이전의 내용은 빈약하기 그지없다. 서문에 따른다면 『진서』 사이전四夷傳의 구성은 무제武帝 대(265~289) 입공한 23국이 입전立傳 대상이었다.[2] 일찍이 『진서각주晉書斠注』에서 지적[3]한

---

1) 『진서』는 정관貞觀 20년(646) 당唐 태종太宗의 칙명으로 방현령房玄齡의 책임하에 정관 22년 (648)에 완성한 것이다. 20여 명의 편찬원을 동원해 총 130권에 달하는 방대한 분량을 서술했다. 특히 완본이라 할 장영서臧榮緖의 『진서』를 비롯해 당시 존재하던 20여 종의 진사晉史를 참고했다 (中村圭爾, 1989, 175쪽).

2) 『진서』 사이전에는 24국(동이東夷 15; 서융西戎 6; 남만南蠻 2; 북적北狄 1)이 입전되어 있는바, 임읍 국林邑國만이 동진 효무제孝武帝 대 처음 입공했고, 나머지는 모두 서진 무제 대 조공으로 기재되

대로 사이전 서문의 입공국 숫자는 의문이 있다.[4]

동이전에는 부여국夫餘國, 마한馬韓, 진한辰韓, 숙신씨肅慎氏, 왜인倭人, 비리神離 등 10국의 15개 종족(혹은 국가)이 입전되어 있다. 입전된 내용으로 보면 서진 대 동이 제족諸族을 서술한 것이다. 변한弁韓(弁辰)은 진한전辰韓傳에 부전附傳되어 있으나, 고구려와 예맥은 열전은 물론 본기에도 빠져 있다. 동이전의 내용 또한 『삼국지三國志』 동이전을 축약한 것이 대부분이다.

숙신과 그 주변 비리 등 10국에 관한 내용을 제외하면 『진서』 무제기와 동이전에 수록된 조공 기사가 새로운 기록의 전부라 하겠다. 그 가운데 마한을 비롯한 삼한의 사례가 많은 부분을 차지하고 있다. 이는 동이 제국諸國이 서진 본국과 직접 교섭한 것으로 생각해온 내용이다.

이 때문에 『진서』의 동이 조공 기사는 일찍부터 군현郡縣의 쇠퇴와 함께 마한과 진한 등 동이 제국의 정치적 성장을 이해하는 주요 지표로 여겨져왔다(末松保和, 1932, 43~12쪽·1954, 132~134쪽).[5] 물론 3세기 후반까지도 백제 지역 내 군소국群小國의 병존 상태를 반영한다는 시각도 없지 않다(김철준, 1990, 111쪽). 그러나 천관우가 마한을 백제伯濟로, 진한을 사로斯盧라 이해한 이래 마한의 소멸과 백제의 성장이라는 측

어 서문의 기록에 부합된다.

3) 즉, 무제본기의 3~20국에 이르는 마한馬韓 등 동이의 조공이나, 왕가王嘉의 『습유기拾遺記』에 기록된 무제 태시泰始 10년(274) 조량국朝梁國의 입공 사실이 『진서』에 누락된 것을 지적하면서, "此云二十三國 攷之本紀 不盡符合 唐史臣作序 未知何據"라고 했다(嗚仕鑑·劉承幹 同注, 1975, 1628쪽).

4) 왕가王嘉의 『습유기』 권9, 진시사晋時事에서는 조량국 외에도, 무제 태시 원년(265) 빈사국頻斯國, 태시 10년(274) 부지국浮支國, 태강太康 원년(280) 인지국因墀國 등 서역 제국諸國이 내공來貢했음을 보였다(王嘉 撰, 齊治平 校注, 1981, 208~213쪽).

5) 서술한 내용 가운데 양평襄平의 동이교위부東夷校尉府와의 원거리 교섭을 지적하며 통교 형태의 발전을 설명하고 있어 주목된다.

면에서 주목해왔다(천관우, 1976, 342~343쪽; 이기동, 1990, 58~59쪽; 노중
국, 1990, 87~90쪽; 유원재, 1994, 140~153쪽; 권오영, 1995, 32~35쪽·2001,
38~47쪽; 선석열, 1997, 77~78쪽; 이현혜, 1997, 23~29쪽; 김수태, 1998,
203~213쪽; 임기환, 2000, 27~29쪽).

　한편 풍납토성에서 출토된 시유도기施釉陶器 등의 중국 자기를 서진
과의 교섭 결과 유입된 물품으로 이해하면서, 『진서』의 동이 조공 기사
에 대한 다각도의 의미 부여가 이루어졌다(박순발, 1999, 41~43쪽·2001,
15~16쪽; 권오영, 2002, 26~30쪽·2003, 3~11쪽, 이정인, 2001; 성정용, 2003; 이
명엽, 2003; 이휘달, 2005). 최근에는 3세기 후반 백제가 서진과의 대외 교
역권을 장악했고, 이의 논거로『진서』의 동이 조공 기사가 통용되고 있
음을 본다(문안식, 2000, 70~72쪽; 김수태, 2001, 28~29쪽·2004, 33~35쪽; 윤
상열, 2003, 59~61쪽; 임기환, 2004, 96~101쪽; 송지연, 2004, 12~13쪽; 장수남,
2004, 11~20쪽; 임웅재, 2005, 35~37쪽).

　그러나 전문도기의 연대는 그동안 서진 대에 집중된 것으로 보았으
나 최근 들어 자료의 증가와 함께 상한은 전한, 하한은 남조까지 확장된
상태다. 백제의 도성으로 추정되는 풍납토성 경당지구 196호 전문도기
의 경우 동진 초기에 속할 가능성이 제기되었으며, 풍납토성보다 늦은
시기에 축조된 것으로 추정되는 몽촌토성에서 나온 전문도기 또한 서진
대로 한정해서 이해하기 어려워졌다(권오영, 2014, 185~189쪽).

　『진서』조공 기사의 경우에도 사료 상태와 이에 대한 이해에 비추어,
의미 부여가 지나치다고 생각된다. 대부분의 연구에서 마한왕의 조공
기사를『삼국사기三國史記』의 기년에 맞춰 백제 고이왕으로 여기고 있
으나, 이를 담보할 근거가 제시된 것은 아니다. 특히『진서』는 당 태종
의 찬탈에 따른 명분 제시, 또한 예견되는 황위 계승의 정치 상황 및 '화
이일가華夷一家'를 표방하며 진행된 주변 민족, 특히 고구려에 대한 정

책 수행과 깊이 연계해 편찬되었다는 점에서 주의를 요하는 사서다(李培棟, 1982·2009, 50쪽; 윤용구, 1998, 154쪽; 三崎良章, 2002, 26쪽; 이성규, 2004, 50~52쪽). 또한 진晉 무제 사마염司馬炎이 진명천자眞命天子임을 내세우기 위해 재능과 무략을 강조하고 각종 참조와 미신 사상을 꾸며 넣었는데(이계명, 2000, 187~190쪽), 동이 등 이민족의 조공 또한 유용한 도구로 서술되었다.

따라서 이 글에서는 『진서』의 동이 조공 기사에 대한 문헌적 검토를 좀 더 진행하고, 이를 『진서』와 서진 대 제반 상황에서 사료의 의미를 살펴보고자 한다. 2장에서는 관련 사료를 정리하고 이를 바탕으로 3장에서는 동이 조공 사무를 담당했던 관부의 추이를, 4장에서는 조공 사절을 이끈 주도 세력의 존재와 그 실체에 대해 살펴보고자 한다.

2. 조공 기사의 정리

동이 조공 기사는 촉蜀이 망한 뒤 사실상 실권을 잡았던 조위曹魏 원제元帝 경원景元 연간으로부터 무제 말 무렵까지 『진서』 본기와 동이전에 수록되어 있다. 이의 내역은 스에마쓰 야스카즈末松保和가 처음 정리한 이래 여러 논고에 재록되었다. 이 글에서 정리한 자료 또한 기왕의 내용과 크게 다르지 않으나, 몇 가지 내용을 보완해 작성한 것이 〈표〉다.[6]

---

6) 첫째, 흔히 '문제작상文帝作相'으로 표현되는 서진 건국 직전부터, 건국 초에 이르는 위진魏晉 교체기의 내용을 추가했다. 이후 조공 기사와의 연계 이해를 위함이다. 둘째, 『진서』의 조공 기사를 인용한 문헌의 내용을 비교해보았다. 이에는 「진기거주晉起居注」와 같이 『진서』 편찬에 이용된 원사료도 있지만 대개는 당·송 대 기록이다. 통행본 『진서』가 편찬 당시의 모습이 아니라는 점에서, 전존傳存 과정에서 재수록한 문헌은 유용한 비교 자료가 된다. 셋째, 마한과 진한뿐 아니라 왜인과 숙신 등 『진서』 동이전에 입전된 종족을 포괄했다. 본기의 조공 주체로 범칭된 '동이'의 범주를 이

① 『진서』동이 조공 기사의 대부분은 본기와 동이전에 수록되어 있는데, 대개는 '동이 몇 개국 조공 운운' 식으로 기재되어 있다. 그러다 보니 숫자 표기는 물론 유사한 글자에서 이동이 심하다. 예컨대 한자 1·2·3—·二·三, 3三과 5五, 7七과 9九 등이 그것이다. 또한 주主와 왕王, 십十과 천千, 마馬와 진辰의 표기도 이동이 쉽게 일어나고 있음을 본다. 이 경우 현행본『진서』의 내용이 반드시 옳다고 볼 수만은 없다. 마한전에 수록된 마한주는 왜여왕倭女王, 부여왕, 진한왕과 마찬가지로 마한왕으로 표기한『통전通典』과『통지通志』의 표기가 옳다고 생각된다.

② 부여의 조공은 286년 한 차례만 기록으로 나타난다. 그러나 부여전에 "무제 시기에 빈번히 와서 조공했다武帝時 頻來朝貢"라고 한 데서 누락된 사례가 많음을 알 수 있다. 언급한 대로 고구려의 경우는 의도적으로 누락시켰다. 마한전에는 태강과 태희太熙 연간의 조공을 기재하고는 다시 태강 이전인 함녕咸寧 3년(278)의 조공 사실을 언급하며 '부래復來'로 표기했다. 태희 이후 연호의 오자가 아니면 기재 순서에서 착오가 있다고 하겠다. 후자일 가능성이 지적되어왔지만, 그렇다고 '부래'의 표현대로 함강咸康 2년(336) 혹은 그 이전의 조공 사실을 인정하기는 어렵겠다. 앞서 언급한 내용과 함께 고려할 때『진서』의 조공 기사는 구체적인 표기에서 모호한 측면이 많다고 하겠다. 현재의 표기를 믿고 미세한 분석을 행하기 어렵다는 사실을 의미한다고 하겠다.

③ 동이 조공 기사는 261년에서 268년까지 위진魏晉 교체기로 불릴 기간과, 276년에서 291년까지의 시기로 대별해볼 수 있다. 후자는 다시 손오孫吳를 통일한 태강 이후와 이전으로 세분할 수 있다. 276년은 동이 제국이 속한 평주平州가 유주幽州로부터 분리된 해인데, 이후 조공

해하기 위해서는 동이 제국의 조공 기사를 전체적으로 살펴야 하기 때문이다.

기사가 급증한 이유는 분명치 않다. 중요한 사실은 276년 동이 제국이 평주로 배속되었음에도 신미국新彌國 등 마한 20여 국이 282년 유주도 독幽州都督에게 조공하고 있다는 사실이다. 또한 286년 이후로는 동이 교위부東夷校尉府에 조공한 경우가 많이 보이는 점이다. 위진 교체기의 기록에는 낙랑군, 요동군 등 변군과 통교한 듯이 나타난다. 이로 보면 이민족을 담당하던 변군현에서 유주도독부로, 다시 동이교위부로 바뀌었는지 확인할 일이다. 이 경우 그 추이뿐 아니라 평주 및 소속 군현의 역할 변화도 고려할 부분이다. 유주도독부든 동이교위부든 동이 제족이 그에 이르기 위해서는 낙랑·대방군 및 요동·현도군을 거쳐야 하기 때문이다.

④『진서』무제기 282년 9월 동이 29국의 조공과 장화전張華傳의 동이마한신미제국東夷馬韓新彌諸國의 기록은 동일한 사실을 가리킨다고 생각된다. 마찬가지로 290년 동이 7국의 조공과 마한전 및 비리 등 10국조의 같은 해 기록은 동일 조공 사실을 나타낸 것이 아닌가 추정된다. 장화가 유주도독에 임용된 것은 282년 1월이고, 같은 해 3월 이후 부임해 284년 입경入京하게 된다. 이 시기 신미국 등 20여 국이 조공한 기록은 282년 9월의 동이 29국밖에 없으며, 288년까지도 충족한 사례가 없다. 282년은 마한전과 진한전에 조공 사실이 별도로 기재되어 있지 않다. 그렇다면 신미국의 조공 사절은 29국에 달할 가능성도 있다.

⑤ 290년의 조공한 모노국牟奴國 등의 기사는 숙신 서북에 자리한 비리국神離國에 이어 있다. 그러나 국수國帥의 칭호에 삼한의 신지臣智를 연상케 하는 신지臣芝라는 표현을 쓰고, 모로국模盧國 등 마한의 소국명과 흡사한 표기를 하고 있어서 최근 임기환에 의해 삼한 소국일 가능성이 지적되었고, 이어 권오영도 동의한 바 있다. 관련 기록을 검색한 결과『태평어람太平御覽』에 인용된「진기거주晉起居注」에는 좀 더 상세한

내용이 수록되어 있다. 이 기록은 일찍부터 숙신 연구자에게는 알려져 왔다. 여기서 주목되는 것은 이 기록이 남만전으로 편재되어 있다는 점이다. 더구나 『통지』에는 마한전에 부주付注된 형태로 되어 있기도 하다. 비록 청淸 대 방지方志에 수록된 것이지만 『광동통지廣東通志』 외번조外蕃條에 유사한 기록도 보이는데, 이는 모노국 기사를 남만전으로 분류한 전통을 이은 듯하다. 모노국을 숙신 서북에 위치한 비리국조에 붙인 『진서』에 착오가 있음을 짐작하게 한다.

⑥ 모노국 조공 기사에 대해 「진기거주」에는 『진서』의 6국에 더해 비리국이 추가되어 7국으로 나온다. 이는 같은 해 조공한 본기의 동이 7국과 부합하는 것이다. 290년 모노국 등 7국이 마한 소국일 가능성을 추정하게 하는 이유다. 그런데 『진서』 동이전 비리 등 10국조에 본기의 7국과 달리 6개 국명이 보이는 것을 근거로 나머지 하나를 백제로 본 이해는 성립되기 어렵겠다.

⑦ 〈표〉의 동이 조공 기사를 일별할 때 눈에 보이는 가장 큰 특징은 왕과 특정 소국(신미국, 모노국)이 맹주가 되어 20~30여 국 혹은 17만 9000여 구를 거느린 사행 조직을 이끌고 집단적으로 서진에 조공한다는 점이다. 맹주를 내세운 집단 사행이 276에서 291년에 걸쳐 빈번하게 이루어진 것이다. 그런데 신미국이 거느린 20여 국과 모노국이 거느린 17만여 인구를 감안할 때 두 집단은 일정한 거리를 둘 수밖에 없다. 여기에 289년 동이 절원絶遠 30여 국을 또 다른 조공 사절로 본다면 더욱 복잡한 해석이 요구된다. 이처럼 대규모 조공 사절을 이끈 주도 세력의 존재가 복수로 나타나고 있는 것이 주목되는데, 이의 위치 등을 가늠할 수 있다면 3세기 후반 동이 제국의 존재 양태를 이해하는 데 유용한 자료가 될 것이다.

〈표〉 서진 대 동이 조공 일람

연 대	『晋書』本紀	馬韓傳	辰韓傳	기 타
景元　2년(261)				樂浪外夷韓濊貊 朝貢 [2]
3년(262)	4월 肅愼 來獻 [1]			倭女王 數至 [3]
泰始　원년(265)	12월 四夷 會集 [4]			倭女王 重譯朝獻 [5]
2년(267)	11월 倭人 來獻			
3년(268)				裨離等4國 來獻 [6]
咸寧　2년(276)	2월 東夷8國 歸化			
	7월 東夷17國 內附			
3년(277)	是歲 東夷3國 內附 [7]	復來 [8]		
4년(278)	3월 東夷6國 來獻	又請內附		
	是歲 東夷9國 內附			
5년(279)	12월 肅愼氏 來獻 [9]			
咸寧中(275~280)				馬韓王(主) 來朝 [10]
太康　원년(280)	6월 東夷10國 歸化	其主頻遣使入貢 [11]	其王遣使獻	
	7월 東夷20國 朝獻			
2년(281)	3월 東夷5國 朝獻	其主頻遣使入貢	復來朝貢	3월 東夷辰韓等5國 朝獻 [12]
	6월 東夷5國 內附			
3년(282)	9월 東夷29國 歸化			正月 新彌等20餘國 詣都督朝獻 [13]
7년(286)	8월 東夷11國 內附	又頻至	又來	夫餘王 詣校尉請援 [14]
	是歲 馬韓等11國 遣使來獻			
8년(287)	8월 東夷2國 內附	又頻至		
9년(288)	9월 東夷7國 詣校尉內附			
10년(289)	5월 東夷11國 內附	又頻至		
	是歲 東夷絶遠30餘國 來獻			
太熙　원년(290)	2월 東夷7國 朝貢	詣校尉上獻 [15]		正月 牟奴等7國 詣校尉上獻 [16]
永平　원년(291)	是歲 東夷17國 詣校尉內附 [17]			

---

1)　(景元三年) 夏四月 肅愼来獻楛矢石砮弓甲貂皮等 天子命歸於大將軍府(『진서』권2, 문제기文帝紀).

　　(景元三年) 夏四月 遼東郡言 肅愼國遣使重譯入貢 獻其國弓三十張 長三尺五寸 楛矢長一尺八寸 石砮三百枚 皮骨鐵雜鎧二十領 貂皮四百枚(『삼국지』권4, 삼소제기三少帝紀).

2)　陳留王景元二年 …… 秋七月 樂浪外夷韓濊貊 各率其屬來朝貢(『삼국지』권4, 삼소제기).
曹奐景元二年 (濊)與韓王 率其屬朝貢於魏(『속후한서續後漢書』권81, 동이 예전濊傳).

3)　文帝作相 又數至(『진서』권97, 왜인전).

4)　泰始元年冬十二月庚寅 設壇于南郊 百僚在位及匈奴南單于四夷 會者數萬人(『진서』권3, 무제기武帝紀).

5)　晉武帝 泰始元年 倭人國女王遣使重譯朝獻(송본宋本『책부원귀册府元龜』권968, 조공).
泰始初 遣使重譯入貢(『진서』권97, 왜인전).

6)　裨離國……養雲國……寇莫汗國………一羣國…… 泰始三年 各遣小部獻其方物(『진서』권97, 비리 등 10국).

7)　是歲 西北雜虜及鮮卑匈奴五溪蠻夷東夷三國前後千餘輩 各帥種人部落內附(『진서』권3,

무제기).

　三年 西北雜虜及鮮卑匈奴五溪蠻夷東夷三國前後十餘輩 各率種人部落内附(송본『책부원귀』권977, 항부降附).

8)　『진서』권97, 마한전에는 "武帝太康元年二年 其主頻遣使入貢方物 七年八年十年又頻至太熙元年 詣東夷校尉何龕上獻 咸寧三年 復來 明年 又請内附"라고 했다. 함녕이 태강 이전의 연호이기에 수록 위치에는 착오가 있다. 그러나 '부래復來'라는 표현은 그 직전 조공이 있어서가 아니라, 태강~태희에 이어 서술하면서 덧붙은 수사일 가능이 높다.

9)　이와 관련해『진서』권97, 숙신씨전肅愼氏傳에는 "魏景元末來貢 …… 至武帝元康初 復來貢獻"라고 한 기록이 있다.『진서각주晉書斠注』에서 지적한 대로 원강元康은 태강의 오자가 분명한데, 함녕 5년의 조공과 다른 것인지는 알 수 없다.

10)　晉武帝咸寧中 馬韓王來朝 自是無聞 三韓盖為百濟新羅所吞幷(『통전』권185, 변진弁辰).

　晉武帝咸寧中 馬韓主來朝 自後無聞 按三韓尋為百濟新羅所幷(『태평환우기太平寰宇記』권172, 삼한국三韓國).

　晉武帝咸寧中 馬韓王來朝(송본『책부원귀』권999, 입근人觀).

11)　晉武帝太康元年二年 其王頻遣使入貢方物(『통지』권194, 동이 마한전).

12)　太康二年三月 東夷辰韓等五國朝貢(송본『책부원귀』권968, 조공).

13)　(太康三年 春正月) 甲午 乃出華爲持節都督幽州諸軍事領護烏桓校尉安北將軍 撫納新舊戎夏懷之 東夷馬韓新彌諸國 依山帶海 去州四千餘里 歷世未附者二十餘國 並遣使朝獻(『진서』권36, 장화전. 그런데『옥해玉海』권172, 조공조에는 "歷世未附者三十餘國"이라고 했다).

14)　武帝時 頻來朝貢. 至太康六年 為慕容廆所襲破 …… 明年 夫餘後王依羅 遣詣龕 求率見人還復舊國 仍請援(『진서』권97, 부여국전).

15)　太熙元年 東夷七國朝貢 是年 辰韓詣東夷校尉何龕 上獻(송본『책부원귀』권968, 조공).

16)　Ⓐ 牟奴國摸盧國末利國卑離國滿都國□余國沙樓國 晉起居注曰 太熙元年正月 牟奴等國大小口十七萬九千餘人 各遣正副使 詣護東夷校尉何龕上獻方物(『태평어람太平御覽』권787, 남만 모노 등 7국).

　Ⓑ 至太熙初 復有牟奴國帥逸芝惟離 模盧國帥沙支臣芝 于離末利國帥加牟臣芝 蒲都國帥因末 繩余國帥馬路 沙樓國帥釤加 各遣正副使 詣東夷校尉何龕歸化(『진서』권97, 동이 비리 등 10국).

　Ⓒ 晉史載裨離等十國云 裨離國在肅愼西北馬行可二百日 領户二萬 養雲國去裨離馬行又五十日 領户一萬 寇莫汗國去養雲國又百日行 領户五萬餘 一羣國去莫汗又百五十日 計去肅愼五萬餘里 其風俗 土壤 並未詳 泰始三年 各遣小部獻共方物 至太熙初 復有牟奴國帥逸芝惟離 模盧國帥沙支臣芝 于離末利國帥加牟臣芝 蒲都國帥因末 繩余國帥馬路 沙樓國帥釤加 各遣正副使 詣東夷後尉何龕歸化(『통지』권194, 동이 마한전 부주付注).

　Ⓓ 晉武帝平鳴 林邑扶南入貢之後 曰牟羅曰橫盧曰末利曰卑離曰滿都曰□余曰沙樓曰蒲林 皆昔所未聞 (『광동통지廣東通志』권58, 외번지).

17)　是歲 東夷十七國南夷二十四部 並詣校尉内附(『진서』권4, 혜제기 영평永平 원년291).

　惠帝元康元年 東夷十九國南夷二十四部 並詣挍尉内附(송본『책부원귀』권977, 항부).

3. 조공 사무의 담당 관부

한漢 대 이래로 중국과 이민족의 접촉은 통상 그에 근접한 주군州郡에서 맡아보았다. 때로 이민족의'내속內屬', 곧 집단적으로 투항해 온 경우에는 이들을 일정 지역에 정착시키고 이른바 '영호지절관부領護持節官府'를 두어 통치했다. 『삼국지』 동이전에 입전된 동이 제족은 유주부幽州部 관할의 4개 변군(현도·요동·낙랑·대방군)과 접촉한 것으로 나타난다.

그런데 이민족을 주변에 두었던 변군이 대개 그렇듯 이들 동이족은 각기 접촉하던 군현이 정해져 있었다. 대체로 보아 부여·고구려는 현도군에서, 한과 왜인은 대방군, 그리고 동옥저 및 예의 경우는 낙랑군이 담당했다. 서진 대에 들어서도 이 점은 크게 바뀌지 않았다. 『진서』 지리지에 의하면 동이 제족은 평주의 관할 아래 편재된 군현과 접해 있었다.

평주: 『우공』의 기주 땅을 살펴보면 주 대에는 유주의 경내였고, 한 대는 우북평군이 속했다. 후한 말기에 공손도가 스스로 평주목이라 칭했으며, 그의 아들 공손강과 강의 아들 공손문의가 요동을 점거하니 동이 9종이 모두 복종해 섬겼다. 위나라에서 동이교위를 두어 양평에 있게 하고, 요동·창려·현도·대방·낙랑의 5군을 나누어 평주로 삼았으며, 뒤에 다시 이를 합해 유주로 만들었다. (공손)문의가 멸망한 뒤 호동이교위를 설치하고 양평에 (치소를) 두었다. (진 무제) 함녕 2년(276) 10월에 창려·요동·현도·대방·낙랑 등 다섯 군국을 나누어 평주를 두었다. (평주에서) 통솔하던 현은 26(곳이며), 호는 1만 8100이다.[7] (『진서』 권14, 지리지 평주조)

---

7) 平州 按禹貢冀州之域 於周爲幽州界 漢屬右北平郡 後漢末 公孫度自號平州牧 及其子康康子文懿並擅據遼東 東夷九種皆服事焉 魏置東夷校尉 居襄平而分遼東昌黎玄菟帶方樂浪五郡 爲平州 後還合爲幽州 及文懿滅後 有護東夷校尉居襄平 咸寧二年十月 分昌黎遼東玄菟帶方樂浪

이 기록에서 평주가 유주로부터 분치된 것은 함녕 2년(276)이다. 본기에는 태시泰始 10년(274)으로 나온다. 어느 하나를 택하는 경우도 있지만, 274년에 결정되고 276년에 시행된 것으로 이해하는 것이 현재로선 무리가 없다고 여겨진다(叢佩遠, 1998, 452~457쪽). 아무튼『진서』지리지 평주조의 내용은 276년 이후의 사실을 반영하고 있는데, 실제 지리지의 지리 분획은 무제 태강 4년(283)의 일로 보는 것이 일반적이다(孔祥軍, 2007, 81~83쪽).

지리지의 내용을 좀 더 살펴보면 흥미로운 사실을 발견하게 된다. 곧 평주자사가 있는 치소는 창려군 창려이고, 동이교위는 요동군 양평에 자리했다는 점이다. 유주의 경우도 자사부는 범양국范陽國 탁현涿縣에 있었고, 오환교위를 겸한 유주도독은 연국燕國 계현薊縣에 있었다.[8] 흔히 유주자사가 오환교위를, 평주자사가 동이교위를 겸한 사실로 보면 의아한 내용이다.[9]

결론부터 속히 말하면 무제 태강 3년(282) 주군의 군정과 민정을 구분하고, 자사에게는 도독과 교위 같은 영병領兵을 금지한 조치에 따른 결과다. 그리고 평주에 도독이 없는 것은 유주도독이 겸임했기 때문이다.[10] 따라서 동이 조공과 그 담당 관부의 소재를 이해하기 위해서는

浪等郡國五置平州 統縣二十六 戶一萬八千一百.

8) 유주도독의 치소가 계현임은 장화의 경우로 알 수 있다. "范享燕書曰 高祖少有大度雄略傑出 晉安北將軍張華鎭薊總御諸部 高祖童冠往見 華甚異之謂高祖曰 君必爲命時之器 匡時濟難者 也 脫所著幘簮 以遺高祖 結股勤而別"(『태평어람』권478, 인사부人事部 증유贈遺).

9) 조위 대 평주와 동이교위는 모두 요동에 자리해 있었다. "魏分遼東昌黎元菟帶方樂浪等郡國 五置平州 後還合爲幽州 咸寧二年 分昌黎遼東元菟帶方樂浪等郡國五置平州 治昌黎 是則公孫 度之平州乃遼東 而咸寧所置之平州乃柳城 即昌黎也"(『요사습유遼史拾遺』권14, 지리지 평주조).

10) "泰始初 轉征東將軍進爵爲公 都督靑州諸軍事 靑州刺史 加征東大將軍靑州牧 所在皆有 政績 除征北大將軍 都督幽州諸軍事 幽州刺史 護烏桓校尉 至鎭表立平州 後兼督之"(『진서』권 36, 위관전衛瓘傳).

진 무제 태강 연간(280~289)에 이루어진 이른바 '파주군병罷州郡兵'과 '군주분치軍主分治'의 변화와 뒤이은 혜제 대 '군주분치'의 파행상을 이해할 필요가 있다(汪淸, 2006, 148~168쪽). 관련 기록을 나열하면 다음과 같다.

(가) 진 태강 초(280~)에 무제의 조에 이르기를 "상고 및 중대에 주목·자사·어사·감어사를 둘 때 모두 기강을 총괄했을 뿐 부세는 맡지 않았다. 백성을 다스리는 일은 제후와 군수의 임무였다. 지난 한나라 말에 천하가 혼란에 빠지고 이어서 오·촉이 할거하면서부터 자사가 안으로는 민정을 관장하고, 밖으로는 군사를 거느리는 것이 오늘날 상례가 되었다. 지금 종묘의 신령과 사대부의 힘을 입어 천하가 다시 하나로 합쳐졌으니, 마땅히 병장기를 거두어들여 천하를 쉬게 할 일이다. 여러 주 가운데 일이 없는 곳은 그 병을 파해 자사의 직책을 나누어 한나라 때와 같게 하라. …… 2천 석(군태수)이 백성을 다스리는 중책을 전담하고, 그 위에서 엄정한 감찰을 맡는 것은 모두 오랜 관례였다.[11] (『후한서後漢書』 백관지百官志 28 자사조 유소보주劉昭補注 소인所引 성주목조省州牧詔)

(나) 오나라를 평정한 뒤, 황제(무제)의 조에 의해 천하의 군역을 파해 나라 안의 안정을 크게 도모함에 따라, 주·군은 모두 병사를 거두었으며 (다만) 대군은 무리 100인, 소군은 50인을 두었다. 황제께서 일찍이 선무장에서 군

---

11) 晉太康之初 武帝詔曰 上古及中代 或置州牧 或置刺史 置監御史 皆總綱紀而不賦政 治民之事 任之諸侯郡守 昔漢末四海分崩 因以嗚蜀自擅 自是刺史内親民事 外領兵馬 此一時之宜爾 今賴宗廟之靈 士大夫之力 江表平定 天下合之為一 當韜戢干戈 與天下休息 諸州無事者罷其兵 刺史分職 皆如漢氏故事 出頒詔條 入奏事京師 二千石專治民之重 監司淸峻於上 此經久之體也 其便省州牧.

사를 논할 때, 도(산도)가 병에 걸리자 가마에 타고 따르도록 말씀하셨다. 이로 인해 (산도는) 노흠과 더불어 용병의 근본에 대해 논하면서 주·군의 무비를 모두 파한 것은 잘못이라 말했는데, 그 논리가 자못 정연했다.[12](『진서』권43, 산도전山濤傳)

(다) 진 태강 중(280~289)에 도독은 군무을 맡고 자사는 민정을 맡아 각각 사람을 두었다. 혜제(재위 290~306) 말 다시 두 직을 하나로 합했고, 중요한 주가 아닌 곳은 단지 자사만 두었다. 주의 관부에는 별가·치중·의조·문학제주·제조부종사사를 두었다.[13](『남제서南齊書』권16, 백관지 주목자사州牧刺史)

(라) 태강 3년(282) 다시 익·양주에 경거를 두고 자사로 하여금 군무를 보고하게 했다. 촉에는 강이가 많아 서이부를 두고 평오군사 장목을 (서이)교위에 임명해 군무를 총괄하게 했다. 주는 별도로 다스려 서이가 촉을 다스리게 했다. 각각 장사·사마를 두었다. (태강) 5년(284) 영주를 파하고 소속된 군은 익주에 합쳤다. (이어) 남이교위를 두었다.[14](『화양국지華陽國志』권8, 대동지大同志)

위의 사료 (가)와 (나)는 오를 평정한 이후인 태강 3년(282)에 주군의 군병을 대폭 감축하고, 민정은 군국郡國의 제후와 태수가 담당하며 자

---

12) 吳平之後 帝詔天下罷軍役 示海內大安 州郡悉去兵 大郡置武吏百人 小郡五十人 帝嘗講武于宣武場 濤時有疾 詔乘步輦從 因與盧欽論用兵之本 以為不宜去州郡武備 其論甚精 于時咸以濤不學孫吳 而闇與之合 帝稱之曰 天下名言也 而不能用 及永寧之後 屢有變難 寇賊焱起 郡國皆以無備不能制 天下遂以大亂 如濤言焉.

13) 晉太康中 都督知軍事 刺史治民 各用人 惠帝末 乃并任 非要州則單為刺史 州朝置別駕治中議曹文學祭酒諸曹從事史.

14) 太康三年 更以益梁州為輕車 刺史乘傳奏事 以蜀多羌夷 置西夷府 以平鳴軍司張牧為校尉 持節統兵 州別立治 西夷治蜀 各置長史司馬 五年 罷寧州 諸郡還益州 置南夷校尉.

사는 본래 취지대로 감찰 기능만을 맡도록 했음을 보여준다. 사료 (다)는 혜제 대 들어 다시 원래대로 환원되거나 편법으로 운영되었음을 보여준다. 영병은 도독과 교위에 맡겼으나 수취나 민정에는 관여하지 못했던 것이다. 이 때문에 교위부는 자사부와 각기 관리를 두고 독자적으로 운영되었다.

후한 말 이래 지방 사회 피폐의 핵심인 주목영병제州牧領兵制를 폐지하고, 병력을 감축해 수취 재원의 확대를 시도한 조치였다. 앞서 태시 5년(269)에는 군현 관리와 호족 세력의 상업 행위를 금지한 바 있었다.[15] 또한 각종 부렴賦斂을 현물로 납부할 수 있는 조치를 취하되 변경에 좀 더 낮은 세율을 부과한 호조제戶租制 시행도 같은 맥락에서 이해된다(唐長孺, 1983, 154쪽).[16]

이처럼 서진은 무제 태강 3년 주군 병력을 축소하고, 군현 관리 및 호족 세력의 영향력을 크게 감퇴시키고자 했다. 따라서 주군의 유사 시 억제력은 물론 이민족에 대한 통제도 축소될 수밖에 없었다(唐長孺, 1983, 145~154쪽; 高敏, 1998, 155~169쪽). 물론 혜제惠帝 원강元康 이후 다시 원상으로 회복되었다. 하지만 사료 (나)의 기록대로 무비武備를 상실한 주군의 대처 능력은 돌이킬 수 없었던 것이다(唐長孺, 1983, 150쪽).

『진서』 지리지의 낙랑군의 범위로 본다면 평안도 일원은 고구려의 영향 아래 잠식된 상태로 나타난다. 또한 선비 제부諸部(慕容部, 段部, 宇文部)에 의해 요서 지역이 점거되었고, 요동은 모용선비와 고구려가 그

---

15) "泰始五年正月癸巳 勅戒郡國計吏諸郡國守相令長 務盡地利 禁遊食商販 其休假者 令與父兄同其勤勞 豪勢不得侵役寡弱 私相置名"(『진서』 권26, 식화지食貨志).

16) 이 시기 호조제에 대해 최근 와타나베 신이치로渡邊信一郎가 후한 이래 지방 군현 관리와 호족층이 백성과 변경의 이민족에게 수탈해 온 부렴을 국가 재정 기구 속으로 재편하려던 데서 성립되었음을 논증했다(渡邊信一郎, 2001, 44~45쪽). 변경에 대해서는 지역 특산물을 현물로 납부하게 하는 등의 우대 조치를 실시했다(張學鋒, 2000, 52~58쪽).

주도권을 놓고 각축했다(池內宏, 1941, 297~298쪽). 이 점에서 서진 말 낙랑군 조선현에 숨어든 유요劉曜의 기록이 주목된다.

유요가 약관의 나이 때 어떤 일에 연관되어 주벌당하게 되었는데, 조순과 함께 유수에게로 도망갔다. 이에 유수가 오래된 궤에다 넣어 왕충에게 보내니, 왕충이 다시 조선으로 보내버렸다. 몇 해가 지난 뒤에 기근이 들어 굶주리자 성명을 바꾸고는 현의 군졸로 빌붙어 있었다. 이때 최악이 조선령으로 있었는데, 그를 보고는 기이하게 여겨 곡절을 물으니, 유요가 머리를 조아려 자수하고 눈물을 흘리며 애걸했다. 그러자 최악이 말하기를, "경은 최원숭이 손빈석만 못하다고 여기는가! 어찌 그렇게 두려워하는가. 지금 조칙을 내려 경을 체포하라고 다그치고 있으니, 백성들 사이에 있으면서는 목숨을 보존할 수가 없다. 이 조선현은 몹시 궁벽하고 외지니 형세상 능히 서로 구원할 수 있을 것이다. 비록 급한 일이 생기더라도 인수를 풀어놓고서 경과 함께 떠나버리면 그만이다"라고 했다.[17] (『진서』 권103, 유요재기劉曜載記)

앞의 기록 가운데 중국 동방 지배의 거점인 낙랑군의 수현首縣을 가리켜 '유벽幽僻'하다면서, 언제든지 현령의 신표를 내던질 수 있다는 조선령朝鮮令 최악崔岳의 발언은 서진 대 변방 군현의 상태를 잘 보여준다. 『진서』 동이 조공 기사 가운데 변경 군현의 역할이 거의 보이지 않는 것은 이 때문이다. 또한 동이 제국이 평주에 속해 있으면서도 유주도독이 교섭 업무를 대신한 배경도 이에 있다.

---

17) 弱冠游于洛陽 坐事當誅 亡匿朝鮮 遇赦而歸 …… 初 曜之亡 與曹恂奔於劉綏 綏匿之於書匱 載送於忠 忠送之朝鮮 歲餘 饑窘 變姓名 客為縣卒 岳為朝鮮令 見而異之 推問所由 曜叩頭自首 流涕求哀 岳曰 卿謂崔元嵩不如孫賓碩乎 何懼之甚也 今詔捕卿甚峻 百姓間不可保也 此縣幽僻 勢能相濟 縱有大急 不過解印綬與卿俱去耳.

그러나 언급한 대로 동이 조공은 286년을 경계로 동이교위부에서 교섭한 사례가 적지 않다. 동이교위의 설치 시기에 대해서는 명확한 기록이 없으며, 286년 최초의 동이교위 선우영鮮于嬰이 하감何龕으로 교체되었음을 볼 뿐이다. 흔히 평주자사가 동이교위를 겸했다고 이해되어왔으나, 자사 분직分職을 명시한 태강 3년 이후로는 시행되기 어려운 일로 여겨진다.[18] 290년까지 동이교위직에 있던 하감에게서 평주자사의 직함을 찾아보기 어려운 이유도 여기에 있었다. 동이교위부의 설치와 관련해 그 시기를 가늠할 수 있는 자료로는 다음의 것이 유일하다.

> 태강 3년(282) 가을 8월 평주·영주를 파했다. 자사는 3년에 한 번 업무를 아뢰게 했다.[19] (『진서』 권3, 무제기)

이 기록은 283년 8월 평주와 영주를 파했다는 것이다. 혁파한 뒤의 조치에 대해서는 언급이 없다. 이 시기 평주자사는 선우영으로 생각되는데, 바로 전해 11월 창려에 침입한 모용선비를 격퇴한 바 있었다.[20] 선우영은 『진서』 부여전에 따르면 286년 동이교위로 등장한다.

그렇다면 283년 평주를 파하고 곧바로 동이교위부를 설치할 가능성이 높다. 평주와 함께 혁파된 영주寧州의 경우 군현은 익주益州로 환속하면서 남이교위를 설치하기 때문이다(사료 (라)). 물론 평주도 동일했

---

18) 286년 동이교위로 나타나는 선우영은 281년 평주자사로도 기록되어 있다. 통상 교위부가 위치한 주부州部의 자사가 겸임한 사례에 따라 필자도 평주자사 선우영이 동이교위를 겸한 것으로 잘못 해석한 바 있다(윤용구, 2005, 80쪽). 282년 8월 평주가 폐지된 점, 또한 같은 해 7월의 조칙으로 자사는 교위와 같이 영병직領兵職의 겸임 금지 조치가 290년까지 시행되었던 사실을 이해하지 못했다.

19) 太康三年 秋八月 罷平州寧州 刺史三年一入奏事.

20) "太康二年 十一月 鮮卑寇遼西 平州刺史鮮于嬰討破之."

다고 단정하기는 어렵다. 현재로선 286년 이전 어느 시기에 동이교위부로 전환되었으리라 추측할 뿐이다. 기록상 동이교위로 보이는 선우영이 마지막 평주자사를 맡았던 인물인 점에서도 그러하다.

서진 대 동이 제국의 조공 사무는 위진魏晉 교체기에는 전대와 같이 변경 군현에서 담당하되, 때로 조위 대 관구검毌丘儉의 시기와 같이 유주자사의 영향하에 군현이 협조하는 형태로 이루어졌을 것으로 여겨진다. 276년 평주가 유주에서 분립하면서 유주자사의 역할은 평주자사가 담당했으나, 282년 자사의 영병이 폐지되고 뒤이어 평주자사가 폐지되자, 동이의 조공 사무는 유주도독이 통할했다.

286년 이전 동이교위가 설치되고 이후로는 동이교위부에서 동이 제국의 교섭을 담당했다. 물론 동이교위의 감호監護 대상은 위치상 요동의 모용선비가 주된 대상일 수밖에 없었다(윤용구, 2005). 동이교위부와 교섭하던 시기에도 이전보다는 크게 위축되었겠지만, 낙랑군과 대방군 등 변경 군현은 교위부의 통제하에 조공 업무를 보좌했을 것으로 여겨진다. 290년 마한에서 요동군 양평의 교위부로 조공한다고 할 때 대방군과 낙랑군을 거치지 않고는 어렵기 때문이다.

4. 조공 사절과 원거리 교역의 실재

〈표〉의 서진 대 동이 제국의 조공 기록은 그동안 다음의 두 가지 점에서 주목해왔다. 첫째는 마한왕·진한왕, 혹은 신미국을 맹주로 해서 '수십 국' 운운하는 집단적 형태로 서진과 교섭하는 점이다. 둘째는 282년 마한 신미국 등 20여 국이 북경 부근인 연군 계현에 자리한 유주도독부와 288년 이후로는 요동의 양평에 치소를 둔 동이교위부와 통교하

는 등 변경의 군현이 아니라, 이를 관통해 중국의 내지內地 깊숙한 지역
과 교섭한 점이다.

(1) 조공 사절의 주도 세력

『진서』 마한전과 진한전에 따르면 280년 이후 마한왕과 진한왕이 각기
서진과의 조공을 주도한 듯 서술했다. 『통전』은 함령 중(275~279)에 조
공한 마한도 마한왕으로 기록했다.[21]

〈표〉의 동이 조공 기사를 살펴보면 마한은 평주가 유주에서 분립하
던 276년부터 나타나고, 진한은 유주도독이 적극적으로 이민족 통교
업무를 담당하던 280년대부터 본격화하고 있다. 276년 동이 17국의
집단 조공을 비롯해 280년 동이 20국, 282년 마한신미제국 20여 국(혹
은 29국)의 조공 사절이 나타나며, 289년 동이 30국, 290년 모노국 등
17만 9000여 구를 거느린 집단 조공 기록이 보인다.

진 무제가 즉위한 이래 폭발적으로 증가했음을 보여준다. 언급한 대
로 마한 혹은 마한왕·진한왕·신미국·모노국 등 복수의 조공사절단을
확인할 수 있다. 이러한 대규모 집단 조공 사절의 등장은 조위曹魏 대에
는 찾아보기 어려운 현상이었다. 이와 관련해 개별 접촉을 적극 유도하
던 조위 대 오환교위 전예의 활동을 살펴보기로 하자.

문제 초년에 북방의 민족이 강성해지자 변방의 관소를 침입해 소란스럽게
했다. 그래서 전예를 지절호오환교위로 삼고, 견초·해준과 함께 선비족을
감독하도록 했다. ① 고유 동쪽, 예맥 서쪽에 있는 선비 수십 부족은 가비
능·미가·소리가 땅을 나누어 지배했다. 그들은 공동으로 서약해 말을 중

---

21) "晉武帝咸寧中 馬韓王来朝 自是無聞 三韓盖爲百濟新羅所吞并"(『통전』 권186, 조근).

국에 팔지 않기로 했다. ② 전예는 융적이 하나가 되면 중국에 이로울 것이 없으므로, 먼저 그들을 분리시켜 그들 스스로 적이 되어 공격하고 다투게 했다. (그 결과) 소리가 맹약을 위반하고 말 천 필을 관에 주자, 가비능에게 공격을 받았고 전예에게 구원을 요청했다. 전예는 서로 합쳐지면 많은 피해를 줄 것을 걱정해 선을 구하고 악을 토벌함으로써 융적에게 신의를 보이고자 했다.[22]『삼국지』26, 전예전田豫傳)

위의 사료 ①과 ②는 선비 수십 부족을 이끄는 가비능·미가·소리 등이 중국과 개별적으로 말 교역을 하지 않기로 하자, 오환교위 전예가 이들을 분리·조정해서 선비 부족의 자중지란을 이끌어내고 있음을 보여준다. 특히 위의 사료는 선비 부족이 개별 교역과 집단 교역의 장단점을 잘 알고 있었음을 알려준다.

맹주를 중심으로 제 집단이 연합해 중국에 교섭할 경우, 이민족이 이로운 점은 무엇일까? 위협적인 효과로 더 많은 상사賞賜를 기대할 수 있겠고, 중국의 분리 조종책을 차단하려는 의도도 엿보인다. 아울러 교섭을 주도한 이민족 맹주의 경우, 중국으로부터 받은 상사를 재분배해 그의 정치적 권위를 신장하는 데 이용했을 것이다. 이는 서진 대 동이의 조공 기사에서도 마찬가지였다. 문제는 조위와 달리 서진은 집단적인 조공을 자주 허용한 점이다. 서진의 통제력 약화와 이를 상대한 삼한 맹주의 정치적 성장을 엿볼 수 있는 대목이다. 특히 군현이 아닌 동이교위부와 같은 지절영호관부持節領護官府를 통해 교섭하는 경우 이민

---

22) 文帝初 北狄彊盛 侵擾邊塞 乃使豫持節護烏丸校尉 牽招解儁并護鮮卑 自高柳以東 濊貊以西 鮮卑數十部 比能彌加素利割地統御 各有分界 乃共要誓 皆不得以馬與中國市 豫以戎狄為一 非中國之利 乃先搆離之 使自為讐敵 互相攻伐 素利違盟 出馬千匹與官 為比能所攻 求救於豫 豫恐遂相兼并 為害滋深 宜救善討惡 示信衆狄.

족에게 더 많은 상사를 제공했다고 생각된다. 조공과 같은 공적 교섭은 적어도 양자의 현실적 이익이 합치될 때 이루어졌던 것이다.

그런데 마한의 조공 기사에서 276년에서 282년까지는 마한왕이 주도한 것으로 되어 있다. 이때 마한왕의 실체에 대해서는 여러 견해가 있으나 최근 백제왕으로 보는 견해가 절대 다수라 하겠다.

문제는 마한의 조공 기사에서 마한왕은 282년 이후로는 더 이상 나타나지 않을 뿐 아니라, 앞서 언급한『통전』에서 "진 무제 함령 중(275~280)에 마한왕이 와서 조공했다. 이후로는 조공 온 것을 듣지 못했는데, 삼한이 대부분 백제와 신라에 의해 병탄된 때문이다晉武帝咸寧中馬韓王來朝 自是無聞 三韓盖爲百濟新羅所呑并"라고 하듯 백제에 병합된 존재로 볼 수도 있기 때문이다. 요컨대 마한을 통합한 백제와 서진 대 마한왕으로 조공했다는 백제왕은 사료상 연결되기가 어렵다. 연결된다고 보면 양자 사이에는 국호는 같되 왕계王系의 단절을 상정해야 할지도 모른다. 282년과 290년 두 차례 대규모 사행을 벌인 조공 기사의 경우는 신미국과 모노국 등 주도 세력이 분명하다.『진서』비리 등 10국조에 6개 국명이 보이는 모노 등 7국 조공 사행에도 백제가 들어갈 자리는 없는 것이다.『진서』마한전과 진한전에 따르면 마한왕과 진한왕을 백제왕과 신라왕으로 단정하기는 쉽지 않다고 생각된다.

그러나『진서』의 마한 등 삼한의 활발한 조공 기사는 서진의 통제력 약화와 토착 사회의 정치적 성장을 엿볼 수 있는 대목으로 중시된다. 특히 282년 진한왕이 주도한 진한 등 3국(혹은 5국), 신미국 등 20여 국, 286년 '마한 등 11국'의 기록이나 마한왕이 주도했을 시기의 동이 여러 소국의 집단적 통교는 삼한 각지의 지역연맹체가 군현의 소멸기라는 급변하던 정세 속에서 상호 경쟁하는 모습으로 여겨진다. 이는 자연적으로 313년 군현의 퇴출을 전후해 삼한 지역 내 제 세력 사이의 복속과 전쟁으로 이어졌을 것이다.

(2) 원거리 교역의 실재

『진서』를 통해 마한 등 삼한 제국의 원거리 교섭을 처음 언급한 것은
스에마쓰 야스카즈였다(末松保和, 1954, 132~134쪽). 곧 양평의 동이교위
부와의 원거리 교섭을 지적하며 통교 형태의 발전을 지적했다. 현재
3세기 후반 백제가 서진과의 대외 교역권을 장악하고, 이를 바탕으로
마한 통합 등 고대 국가로 발전했다는 것이 일반적인 견해다.

마한의 원거리 교섭은 282년 9월 신미국 등 마한 20여 국의 유주도독
부 통교, 286년 이후 급증한 동이교위부와의 교섭이 주목을 받아왔다.

> 태강 3년(282) 봄 정월 갑오 이에 장화를 지절 도독유주제군사 영호오환교
> 위 안북장군으로 삼았다. 신구의 세력을 무마해 받아들이니 오랑캐와 중국
> 이 그를 따랐다. 동이, 마한, 신미 제국은 산에 의지하고 바다를 둘렀으며
> 주로부터 4000여 리 떨어져 있었는데, 역대로 귀부하지 않았던 20여 국이
> 함께 사신을 보내어 조공을 바쳤다.[23] (『진서』 권36, 장화전)

위의 사료는 282년 신미국 등 동이 마한 20여 국이 처음으로 유주도
독부와 통교했음을 보여준다. 이는 282년 8월 평주자사가 혁파된 이후
동이 관련 업무를 유주도독이 통합하던 시기에 일어난 것이다. 유주도
독의 치소는 연국 계현에 있었다. 그렇다면 신미국 등 동이 마한 20여
국이 유주도독의 치소와 직접 통교했을까?

---

23) 太康三年 春正月 甲午 乃出華爲持節都督幽州諸軍事領護烏桓校尉安北將軍 撫納新舊
戎夏懷之 東夷馬韓新彌諸國 依山帶海 去州四千餘里 歷世未附者二十餘國 竝遣使朝獻.

마한 신미국 등 20여 국의 위치를 '주州로부터 4000여 리'로 표현한 것은 이들이 북경의 유주도독의 치소까지 간 것이 아니라, 대방군의 남단으로부터 산정한 거리로 여겨진다. 곧 신미국의 조공은 대방군에 파견된 유주도독부 파견 관리 혹은 과거와 같이 대방군에서 대행하고 이를 유주에 보고하는 형식을 취했을 것이다.

마한과 동이교위부와의 통교도 마찬가지였을 것으로 보인다. 이들의 조공이 동이교위부를 매개로 했다는 이해가 있다(김수태, 1998, 209쪽). 〈표〉에서 보면 동이교위부 조공은 마한의 290년 조공뿐이다.[24] 더욱이 290년이면 대동강 이북 평안도 일대의 낙랑군의 소속 현들이 모두 폐지되고 사실상 고구려의 영향력 아래 들어간 시기였다. 따라서 이를 관통해 요동과 통교한다는 것은 생각하기 어렵다. 교위부의 이민족 교섭도 그 단독으로 이루어지는 것이 아니라 주군州郡의 협조하에 이루어졌기 때문이다. 동이교위 하감이 부여를 공격한 선비를 격퇴하기 위해 파견한 독호督護 가탐은 통군統軍·영병領兵의 직을 맡은 주군의 좌관이었다(嚴耕望, 1961, 208~209쪽·314쪽). 가탐이 평주부 소속인지 아니면 요동군이나 현도군 군부 소속인지는 알 수 없지만, 동이교위의 업무를 주군에서 협력한 증거라 하겠다.

교위와 군현의 관계를 좀 더 잘 보여주는 것에 1971년 가을 네이멍구內蒙古 허린거얼和林格爾에서 발견된 후한 대 벽화묘인 오환교위 출행도가 있다. 전실 중층의 북벽에 교위가 탄 주거主車 주변에는 별가종사別駕從事 등 교위부 소속의 문무 관리가 보이고, 동벽 상방에 이러한 행

---

24) 동이교위부에 삼한이 조공한 것은 기록상 290년 마한 한 차례뿐이다(『진서』권97, 마한전, "武帝 …… 太熙元年 詣東夷校尉何龕上獻"). 그나마 『책부원귀』에는 진한의 일로 기록되어 있다(송본 『책부원귀』권968, 외신부外臣部 조공, "太熙元年 東夷七國朝貢 是年辰韓詣東夷校尉何龕上獻"). 그러나 정작 『진서』에는 286년 이후 진한의 조공 기록이 없으므로, 『책부원귀』의 기록은 마한의 오기로 여겨진다.

렬을 앞에서 말을 타고 안내하는 안문장사雁門長史가 그려져 있다(內蒙古自治區博物館文物工作隊, 1978, 13쪽·15쪽). 안문군 같은 변군의 장사는 군병郡兵을 통솔하며 이민족 사무를 전담하던 요좌僚佐였다(嚴耕望, 1961, 102~103쪽). 변군 장사의 협조는 교위가 소속 주의 자사를 겸하고 있었기 때문이다.

마한에서 교위부로 가기 위해서는 대방군을 비롯해 낙랑군과 요동군을 거쳐야 하는데, 이들의 협조 없이 단독으로 이루어질 수는 없다. 290년 마한의 동이교위부 조공이란 실상 전통적인 교섭 창구인 대방군에 조공한 것이 교위부로 통보되었을 뿐이다. 요컨대 서진의 동이교위는 선비를 영호領護하되, 주변의 동이 제족은 요동군과 대방군을 비롯한 인근 변경 군현의 협조를 받아 통어했다고 여겨진다.

5. 맺음말

이상에서 『진서』에 보이는 동이 제국의 조공 기사 정리와 관련된 몇 가지 문제를 나열해보았다. 서술한 내용을 요약하는 것으로 맺음말에 대신하고자 한다.

① 현존 『진서』는 당 태종의 '어찬御撰'으로 불릴 정도로 정치적 요소가 많이 작용한 사서로서 동이의 조공 기사도 유의할 부분이다. 당연히 입전되어야 할 고구려와 예맥이 누락되어 있는 점, 삼한의 기사로 의심되는 비리 등 10국의 기록이 숙신 서북에 위치한 것으로 묘사되어 있는 점 등이 그것이다. 또한 조공 기사의 시기, 규모 등에서 필사와 거듭된 판각상의 오류가 많은 점도 유의할 부분이다.

② 마한왕·진한왕과 특정 소국(신미국, 모노국)이 맹주가 되어 30여

국 혹은 10여만 구를 거느린 사행 조직을 이끌고 집단적으로 서진에 조공하고 있다는 점이 주목할 부분이다. 맹주를 내세운 집단 사행이 276년에서 291년에 걸쳐 빈번하게 이루어진 것이다. 이는 서진의 통제력 약화와 삼한 사회의 정치적 성장을 엿볼 수 있는 대목으로 중시된다.

③ 마한의 조공 기사에서 276년에서 282년까지는 마한왕이, 280년에서 286년까지는 진한왕이 대규모 조공 사절을 이끌고 있으나, 이를 백제왕과 신라왕으로 특정하기는 사료상 어렵다고 생각된다. 282년 9월 마한 29국을 이끈 신미국과, 17만 9000여 구를 거느린 모노 등 7국의 대규모 사행 조직이 병존한다고 할 때, 조공 기사에 보이는 마한 혹은 마한왕을 곧바로 백제가 주체가 되어 수행했다거나, 백제왕을 지칭한다고 보기는 어렵다.

④ 서진 대 조공 사무는 전대와 같이 변경 군현에서 담당하되, 때로 조위 대 관구검의 시기와 같이 유주자사 등 지절영호관부의 영향하에 군현이 협조해 이루어졌다. 위진魏晉 교체기에는 유주자사, 276년 평주가 유주에서 분립하면서 유주자사의 역할은 평주자사로 이관되었다. 다시 282년 자사의 영병권이 소멸하고 평주자사가 폐지되자 유주도독이 통할했으며, 286년 이후로는 동이교위부로 이관된 듯하다. 동이교위부와 교섭하던 시기에도 이전보다는 크게 위축되었겠지만, 낙랑과 대방군 등 변경 군현은 교위부의 통제하에 조공 업무를 보좌했을 것으로 여겨진다.

⑤ 따라서 3세기 후반 마한 등 삼한의 원거리 교섭의 근거로 제시한 282년 9월 신미국 등 마한 20여 국의 유주도독부 통교, 286년 이후 동이교위부와의 교섭은 종전의 교섭 형태와 크게 달라진 것이 아니었다. 특히 군현이 아닌 동이교위부와 같은 지절영호관부와의 교섭이 늘어난 것은 더 많은 상사賞賜를 제공했기 때문으로 생각된다. 오히려 조위

와 달리 서진 대 맹주를 필두로 한 집단적인 조공을 자주 허용했다는
점이 유념할 대목이다. 서진의 통제력 약화와 이를 상대한 삼한 맹주의
정치적 성장을 엿볼 수 있기 때문이다.

:: 참고문헌

권오영, 1995, 「백제의 성립과 발전」, 『한국사』 6, 국사편찬위원회.

_____, 2001, 「백제국伯濟國에서 백제百濟로의 전환」, 『역사와 현실』 40, 한국역사연구회.

_____, 2002, 「백제의 대중교섭의 전개와 그 성격」, 『고대 동아세아와 삼한·삼국의 교
섭』, 복천박물관.

_____, 2002, 「풍납토성 출토 외래유물에 대한 검토」, 『백제연구』 36, 충남대학교 백제
연구소.

_____, 2003, 「백제의 대중교섭의 진전과 문화변동」, 『강좌 한국고대사 4』, 가락국사적
개발연구원.

_____, 2014, 「몽촌토성을 통해 본 백제 왕궁의 실체」, 『백제학연구총서: 쟁점백제사』
3(백제 왕궁은 어디에 있었나), 한성백제박물관.

김수태, 1998, 「3세기 중후반 백제의 발전과 마한」, 『마한사 연구』, 충남대학교 출판부.

_____, 2001, 「백제의 대외교섭권의 장악과 마한」, 『백제연구』 33, 충남대학교 백제연
구소.

_____, 2004, 「한성백제의 성장과 낙랑·대방군」, 『백제연구』 39, 충남대학교 백제연
구소.

김철준, 1979, 「『위지魏志』 동이전東夷傳에 나타난 한국 고대사회의 성격」, 『대동문화연
구』 13, 성균관대학교 대동문화연구원; 1990, 『한국문화사론』, 서울대학교 출
판부.

노중국, 1990, 「목지국目支國에 대한 일고찰―考察」, 『백제논총』 2, 백제문화개발연구원.

문안식, 2001, 「백제의 영역확장과 변경세력의 추이」, 동국대학교 사학과 박사학위논문.

박순발, 1999, 「한성백제의 대외관계」, 『백제연구』 30, 충남대학교 백제연구소.

_____, 2001, 「마한 대외교섭의 변천과 백제의 등장」, 『백제연구』 33, 충남대학교 백제

연구소.

_____, 2013, 「백제, 언제 세웠나: 고고학적 측면」, 『백제, 누가 언제 세웠나: 백제의 건국시기와 주체세력』, 한성백제박물관.

선석열, 1997, 「포상팔국浦上八國의 아라국阿羅國 침입에 대한 고찰」, 『가라문화』 14, 경남대학교 가라문화연구소.

성정용, 2003, 「백제와 중국의 무역도자貿易陶磁」, 『백제연구』 38, 충남대학교 백제연구소.

송지연, 2004, 「대방군의 성쇠에 대한 연구」, 『사학연구』 74, 한국사학회.

유원재, 1994, 「진서晉書의 마한과 백제」, 『한국상고사학보』 17, 한국상고사학회.

윤상렬, 2003, 「삼한사회의 정치적 성장과 대방군」, 연세대학교 사학과 석사학위논문.

윤용구, 1998, 「3세기 이전 중국사서에 나타난 한국고대사상韓國古代史像」, 『한국고대사연구』 14, 한국고대사학회.

_____, 2005, 「고대중국의 동이관東夷觀과 고구려: 동이교위를 중심으로」, 『역사와 현실』 55, 한국역사연구회.

이계명, 2000, 「『진서晉書』 서진 제제諸帝, 왕王의 사론에 나타난 방현령房玄齡 등의 역사관」, 『대구사학』 60, 대구사학회.

이기동, 1990, 「백제국의 성장과 마한 병합」, 『백제논총』 2, 백제문화개발연구원.

이명엽, 2004, 「백제토기의 성립과 발전과정에 나타난 중국 도자기의 영향」, 한신대학교 국사학과 석사학위논문.

이성규, 2004, 「중국 고문헌에 나타난 동북관東北觀」, 『동북아시아 선사 및 고대사 연구의 방향』, 학연문화사.

이정인, 2001, 「중국 동진 청자 연구: 4세기 백제지역 출토품과 관련하여」, 이화여자대학교 미술사학과 석사학위논문.

이현혜, 1997, 「3세기의 마한과 백제국伯濟國」, 『백제의 중앙과 지방』, 충남대학교 출판부.

이휘달, 2005, 「중국과 백제 출토 육조청자六朝靑瓷의 비교검토」, 전남대학교 인류학과 석사학위논문.

임기환, 2000, 「3세기~4세기초 위魏·진晉의 동방정책」, 『역사와 현실』 36, 한국역사연구회.

_____, 2004, 「한성기 백제의 대외교섭」, 『한성기 백제의 물류시스템과 대외교섭』, 학연문화사.

임웅재, 2005, 「백제 고이왕의 즉위문제와 지배권의 강화과정」, 단국대학교 사학과 석사학위논문.

장수남, 2005, 「3~4세기 백제의 대중관계의 변화」, 성균관대학교 사학과 석사학위논문.

천관우, 1976, 「삼한고三韓攷 제3부: 삼한의 국가형성」, 『한국학보』 2·3, 일지사; 1989, 『고조선사·삼한사연구』, 일조각.

高敏, 1998, 「晋武帝 '罷州郡兵'問題辨析」, 『魏晋南北朝兵制硏究』, 大象出版社, 鄭州.

孔祥軍, 2007, 「『晋書·地理志』政區斷代考」, 『書品』 3期.

內蒙古自治區博物館文物工作隊, 1978, 『和林格爾漢墓壁畫』, 文物出版社, 北京.

唐長孺, 1983, 「魏晋州郡兵的設置和廢罷」, 『魏晋南北朝史拾遺』, 中華書局, 上海.

鳴仕鑑·劉承幹 同注, 1975, 『晋書斠注』 第2冊, 新文豊出版公司, 台北.

嚴耕望, 1961, 「郡國佐官: 丞·長史(尉)」, 『秦漢地方行政制度』 上冊, 中央硏究院歷史語言硏究所, 臺北.

王嘉 撰, 齊治平 校注, 1981, 『拾遺記』, 中華書局, 北京.

李培棟, 1982, 「『晋書』 硏究」, 『上海師範大學學報』 2~3期; 2009, 『『晋書』·『八書』·『二史』 硏究』, 中國大百科全書出版社, 北京.

叢佩遠, 1998, 「西晉對東北的統治」, 『中國東北史』 1, 吉林文史出版社, 長春.

渡邊信一郎, 2001, 「戶調制の成立-賦斂から戶調へ」, 『東洋史硏究』 60-3, 東洋史硏究會, 東京.

末松保和, 1932, 「新羅建國考」, 『史學雜誌』 43-12; 1954, 『新羅史の諸問題』, 東洋文庫, 東京.

三崎良章, 2002, 「晋書」, 『五胡十六國: 中國史上の民族大移動』, 東方書店, 東京.

張學鋒, 2000, 「西晉の占田·課田·租調制の再檢討」, 『東洋史硏究』 59-1, 東洋史硏究會, 東京.

中村圭爾, 1989, 「晋書」, 『中國史籍解題事典』(神田信夫·山根幸夫 編), 燎原書店, 東京.

池內宏, 1941, 「晋代の遼東」, 『帝國學士院紀事』 1-1; 1951, 『滿鮮史硏究』 上世 1, 吉川弘文館, 東京.

汪淸, 2006, 「晋武帝 '罷州郡兵'與 '軍主分治'的努力」, 『兩漢魏晋南北朝 州,刺史制度硏究』, 合肥工業大學出版社.

☙

양직공도의 사료적 가치와 독법

강종훈(대구가톨릭대학교 역사교육과 교수)

1. 머리말

〈양직공도梁職貢圖〉는 중국 남조의 양나라(502~557)에 조공을 한 주변
국가 사신들의 모습을 그리고, 그 나라에 관한 설명을 제기題記의 형식
으로 덧붙인 두루마리 그림이다(〈사진 1〉).[1] 양 무제의 아들로 훗날 황
제(원제元帝)의 자리에 오르는 소역蕭繹이 형주자사荊州刺史로 재임 중이
던 520~530년대에 제작한 것으로 알려져 있다. 현재 남아 전해지는
것은 소역이 직접 그린 원본은 아니고 북송 시기인 1077년경에 모사된

---

1) 이 글에서 활용하는 사진 가운데 1·2는 '深津行德, 1999, 76쪽'에서 스캔한 것이며, 3·4·5는
'伏見沖敬 편저, 1999'에서 해당 부분들을 복사한 것임을 밝혀둔다.

〈사진 1〉 양직공도 북송 대 모본(부분. 우측: 백제국사, 중앙: 구자국사, 좌측: 왜국사)

것으로, 1960년대 초에 중국의 난징박물원에서 발견되어 세상에 널리 알려졌다(金維諾, 1960; 이홍직, 1965). 이 북송 대 모본摹本은 앞부분과 중간의 일부 및 뒷부분이 떨어져 나가 불완전한 상태로 남아 있는데, 사신의 모습이나 제기가 확인되는 13개가량의 나라들 가운데 우리의 고대 삼국 중 하나인 백제가 포함되어 있다. 그래서 지금까지 많은 학자들이 이 자료에 관심을 갖고서 다양한 연구를 진행해왔다.

그러던 중 근자에 이르러 비록 사신의 그림은 빠졌지만, 원래 양직공도에 실렸던 제기를 전록轉錄한 것으로 여겨지는 기록들이 새로 발견되었다. 청淸 대에 장경張庚이라는 인물이 베껴 그린 별도의 모본에 들어 있던 것이라고 해 '장경 모본 제기'라는 이름이 편의적으로 붙은 이 기록에는 백제 외에도 북송 대 모본에 빠져 있던 고구려와 신라에 관한 제기도 들어 있다(윤용구, 2012).

신발견 장경 모본 제기에서 특별히 주목되는 것은, 백제에 관한 서술의 경우 애초에 북송 대 모본을 통해 알려진 것과 차이를 보이는 것들이 꽤 있다는 점이다. 그리고 이번에 처음으로 그 내용이 알려진 고구려와

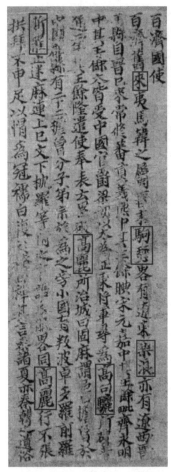

〈사진 2〉 북송 대 모본의 백제국사조

신라 관련 제기에서는, 고구려의 경우 기존에 다른 사서들을 통해 접했던 기록과 비교할 때 그다지 새롭다거나 논란이 될 만한 것은 별로 없으나, 신라의 경우에는 고대 한일관계사의 측면에서 상당한 논란을 불러일으킬 만한 내용도 들어 있어, 심도 있는 논의의 필요성이 제기되는 상황이다.

이에 이 글에서는 북송 대 모본의 백제국사조(〈사진 2〉)와 장경 모본의 백제 및 신라 관련 제기의 내용을 중심으로 양직공도의 사료적 가치를 점검하면서, 이 자료들을 한국 고대사 연구에 어떻게 활용할 수 있을지 생각해보고자 한다.[2]

<hr />

2) 한편 소역의 양직공도를 모사한 것이라고 여러 학자가 추정하는 또 다른 모본 2종이 1980년대 후반에 타이완의 고궁박물원에서 발견된 바 있다. 각각 '남당고덕겸모양원제번객입조도南唐顧德謙模梁元帝番客入朝圖'와 '당염립본왕회도唐閻立本王會圖'라는 이름으로 불리는 이들 모본은 제기는 없이 사신의 그림만 남아 전해지는데, 현존 북송 대 모본에서는 보이지 않는 고구려와 신라 사신의 모습도 확인된다(深津行德, 1999). 양직공도 연구가 제대로 이루어지려면 이들 이본 2종에 대해서도 세심한 논의가 이루어져야 하고, 제기가 전해지는 북송 대 모본과 장경 모본의 경우에도 백제뿐만 아니라 여타 국가들의 제기를 면밀히 비교 분석하는 작업이 함께 진행되어야 할 것이다. 그렇지만 지면의 제약도 있고 논지가 산만해질 우려가 크기 때문에, 본고에서는 우선적으로 백제와 신라 관련 제기를 주 대상으로 삼아 집중적인 논의를 펼치고자 한다.

2. 양직공도의 백제 관련 기록의 검토

우선 양직공도에 실린 백제 관련 제기의 내용을 모본에 따라 구분해 표로 제시하면 다음과 같다.

〈표 1〉 모본별 양직공도 백제국사 제기의 내용 비교

A-1. 북송 대 모본	A-2. 장경 모본[3]
ⓐ 百濟 舊來夷馬韓之屬	ⓐ 百濟國 舊東夷馬韓之屬也
ⓑ 晉末駒瑟旣略有遼東 樂浪亦有遼西晉平縣	
ⓒ 自晉已來 常修蕃貢 義熙中 其王餘腆 宋元嘉中 其王餘毗 齊永明中 其王餘太 皆受中國官爵 梁初以太爲征東將軍	ⓑ 自晉以來 嘗修蕃貢 義熙中 有百濟王夫餘腆 宋元嘉中 有百濟王夫餘毗 齊永明中 有百濟王夫餘太 皆受中國官爵 梁初以爲征東將軍
ⓓ 尋爲高句驪所破	
ⓔ 普通二年 其王餘隆 遣使奉表云 累破高麗	
ⓕ 所治城曰固麻 謂邑檐魯 於中國郡縣 有二十二檐魯 分子弟宗族爲之	
ⓖ 旁小國有叛波,卓,多羅,前羅,斯羅,止迷,麻連,上巳文,下枕羅等附之	
ⓗ 言語衣服 略同高麗 行不張拱 拜不申足 以帽爲冠 襦曰複衫 袴曰褌	ⓒ 其言語衣服 略與高句驪等全 其行不張拱 拜不申足則異 帽曰冠 襦曰複衫 袴曰褌
ⓘ 其言參諸夏 亦秦韓之遺俗	ⓓ 普通二年 奉表獻貢

위에서 보듯이 북송 대 모본의 기록(A-1)이 장경 모본의 기록(A-2)보다 분량이 많다. 전체적으로 볼 때 후자, 즉 A-2가 전자, 곧 A-1의 내용을 절반 정도로 줄인 것이라고 할 수 있으며, A-1에 없던 내용이 A-2에서 새로 확인되는 것은 없다.

그런데 두 기록에 함께 나오는 내용들을 비교해보면, 완전히 똑같은 것이 아니라 자구의 차이도 있고 순서의 변화도 발견된다. 예컨대 A-2

---

3) 장경 모본의 백제국사 제기는 '윤용구, 2012'에 부록으로 실린 사진 자료를 확인한 후 인용했다. 후술할 신라국사 제기도 마찬가지다.

ⓐ의 '국國'·'야也', ⓑ의 '부夫', ⓒ의 '기其'·'즉이則異' 등은 A-1에 없던 글자들이 추가된 것이며, 반면에 A-1 ⓒ의 마지막 문구에 들어 있던 '태太'가 A-2 ⓑ에서는 누락되어 있다. 그리고 A-2 ⓐ의 '동東', ⓑ의 '이以'와 '상甞'은 각각 A-1 ⓐ의 '래來', ⓒ의 '이已'·'상常'과 다르게 쓰인 글자들이다.

한편 A-1 ⓒ에서 '기其'로만 표현되었던 것이 A-2 ⓑ에서는 '유백제有百濟'로 바뀌어 나오고, A-1 ⓗ에서 '약동고려略同高麗', '이모위관以帽爲冠'으로 쓰여 있던 것은 A-2 ⓒ에서 '약여고구려등동略與高句驪等仝', '모왈관帽曰冠'으로 자구 자체가 변경되어 있다. 아울러 A-2 ⓓ의 기록은 A-1 ⓔ에 나오는 내용을 압축하면서 표현도 수정한 후, 기재 순서를 뒤로 뺀 것이다.

그렇지만 이와 같은 표현상의 상이점들에도 불구하고, 함께 실려 있는 부분은 내용상으로 두 기록이 크게 차이가 나지 않는다. 몇몇 자구에서 미세한 차이가 발견되더라도, 그것이 곧 자구의 본래 의미를 변화시킬 정도는 아닌 것이다. 이는 북송 대 모본이나 장경 모본이 애초에 소역이 제작한 양직공도의 제기 내용을, 그대로 옮겼든 줄여서 실었든, 나름대로 적절히 반영하고 있음을 뜻한다. 사실 북송 대 모본도 원래 있던 전문을 옮긴 것이 아니라 장경 모본처럼 일정하게 축약한 것일 가능성을 상정해볼 수 있으나(윤용구, 2012), 여하튼 현재 양쪽에 남아 있는 내용이 양직공도의 원문에서 유래한 것만은 확실하다고 판단된다.

그러면 북송 대 모본과 장경 모본의 기사들을 좀 더 세밀히 검토하면서 양직공도 소재 백제 관련 기록의 내용을 알아보도록 하자.

먼저 A-1 ⓐ와 A-2 ⓐ를 보면, 전자에는 '국國'과 '야也'가 없음에 반해 후자에는 들어 있다. 애초의 원문에 어떻게 나와 있었을지는 알 수 없지만, 어느 쪽이든 내용에서 별 차이는 없다. 문장 구조의 측면에서 보면, 종결사 '야也'가 들어간 후자가 상대적으로 완결성이 높기는 하나, 전자처럼 문장을 써도 아무 문제가 없다. 애초의 원문은 전자처럼 되어 있었는데 후자를 기록한 자가 옮기는 과정에서 '국國'과 '야也'를 임의로 보충한 것일 수도 있고, 원래는 후자와 같이 되어 있었는데 전자의 기록자가 부주의했거나 불필요하다고 생각해 이들 두 글자를 뺀 것일 수도 있다.

정작 여기서 문제가 될 수 있는 것은 A-1 ⓐ에서 보이는 '래來'다. 원문에 이처럼 나와 있었다고 가정하고서 ⓐ 기사를 해석하면, "백제는 옛날〔舊〕 '래이來夷' 마한에 속했다." 또는 "백제는 옛날부터〔舊來〕 '이夷' 마한에 속했다" 정도가 될 것이다. 마한을 흔히 '동이東夷'라고는 불러도 '래이來夷'라고 표현한 예가 없기 때문에 전자의 해석은 어딘지 어울리지 않는 느낌이 들고, 후자처럼 마한을 그냥 '이夷'라고만 부르는 것도 어색하기는 마찬가지다. 특히 후자와 같이 해석을 할 경우, 백제는 이전 시기뿐 아니라 당시까지도 마한에 속해 있다는 의미가 되기 때문에 실제와 어긋난다.

그래서 여기서의 '래來'는 원문을 옮겨 쓰는 과정에서 생긴 오기誤記

일 가능성이 높다고 하겠는데, 문맥상으로 볼 때나 자형의 유사함을 감안할 때(〈사진 3〉 참조), '동東'을 잘못 적은 것이 아닐까라는 추측을 쉽게 해볼 수 있다. 그리고 이런 추측은 바로 A-2 ⓐ 기사에서 해당

〈사진 3〉 동東(좌)과 래來(우)의 초서체

글자가 '래來'가 아닌 '동東'으로 명기되어 나옴을 통해 정당함을 인증받게 된다.

이와 같은 오기는 특히 외국과 관련된 지명이나 인명 등의 고유명사에서 흔히 나타나는바, A-1 ⓑ에 보이는 '구슬駒瑟'은 그 대표적인 사례로 거론될 수 있다. A-1 ⓑ는 그동안 백제의 요서 지역 진출설과 관련해 학계의 논란을 야기한 기사인데, 그에 관해서는 후술하기로 하고, 여기서는 일단 요동 점령의 주체로 표기된 '구슬駒瑟'의 실체에 관한 논의부터 해보도록 하자.

A-1 ⓑ 기사의 '구슬駒瑟'은 다른 어느 기록에도 보이지 않는 이름이다. 하지만 여러 사서를 살펴볼 때 그것이 고구려를 가리킨다는 것은 의문의 여지가 없다. 고구려가 4세기 후반 한때, 그리고 5세기 초 이후 멸망 시까지 줄곧 요동을 점령한 나라였음은 주지의 사실이고, 양직공도보다 앞서 편찬된 『송서』를 비롯해 『양서』와 『남사』 등의 백제전을 보면, 백제가 요서 지방을 점령하기에 앞서 '고려高驪'(『송서』) 혹은 '구려句驪'(『양서』)나 '구려句麗'(『남사』), 즉 고구려가 요동을 공략해 차지했음을 분명히 밝혀놓았기 때문이다. 사실 양직공도에 실린 이 기사는 송(420~479)이 멸망한 지 9년 만인 488년에 편찬된 『송서』 백제전의 '百濟國 本與高驪俱在遼東之東千餘里 其後高驪略有遼東 百濟略有遼西 百濟所治 謂之晋平郡晋平縣'이라는 기사와 매우 유사하다. 따라서 A-1 ⓑ 기사의 '구슬駒瑟'은 고구려를 지칭하는 어떤 표기를 잘못 옮겨 적은 것으로 봄이 합당하다.

그렇다면 원래의 표기는 어떤 것이었을까? 우선 앞글자 '구駒'는 '구句'를 대신해 사용된 것으로, '구句'의 좌변에 '마馬'를 일부러 넣은 것이라 할 수 있다. 이는 『송서』나 『양서』에서 뒷글자에 '려麗' 대신 '려驪'를 쓴 것과 같은 이치인데, 남조의 지배층이 고구려를 짐승의 부류로 멸시한 데서 비롯된 것일 수도 있고, 고구려의 장수왕이 즉위한 이 듬해(413)에 동진에 사신을 보내어 자백마赭白馬를 바친 것과 439년에 송에 군마 800필을 보낸 것 등이 일정하게 영향을 미쳐 고구려는 곧 말[馬]의 나라라는 인식이 남조 지배층의 뇌리에 뿌리내린 결과일 수도 있다.[4] 여하튼 '구駒'는 고구려와 관련지을 수 있는 글자이므로 애초에, 아마도 소역이 제작한 원본에서부터 그렇게 나왔을 가능성이 크다고 여겨진다.

한편 뒷글자 '슬瑟'은 아무리 찾아보아도 고구려와 관련될 여지가 없다. 이것은 필시 '려麗' 자를 옮겨 쓰는 과정에서 오독이 발생한 것일 가능성이 큰바, 과연 〈사진 4〉에서도 확인할 수 있듯이 두 글자는 붓으로 썼을 때 자형이 흡사하다.

결국 현존 양직공도의 북송 대 모본에 보이는 '구슬駒瑟'은 '구려駒麗'

〈사진 4〉 려麗(좌)와 슬瑟(우)의 초서체

를 잘못 옮긴 것이라 할 수 있겠는데, 여기서 한 가지 유의해야 할 점은 '려麗'가 '슬瑟'로 오독되었다는 것이 어떤 의미를 지니는가다. 이는 전록자의 역사에 관한 지식 수준이 그다지 높지 않았음을 뜻하는 것이기도 하지만, 전록자가 참고한 자료가, 그

---

4) '고구려'라는 이름의 글자 중 하나에 '마馬'가 들어간 것은 이미 『한서』의 지리지와 왕망전王莽 傳 등에서 '고구려高句驪'라고 표기함에서부터 비롯되었다. 이후 『삼국지』에서 '고구려高句麗'라고 기록하면서 변화가 있었으나, 송 대에 범엽范曄이 『후한서』를 편찬할 때 다시 '고구려高句驪'라는 표현을 썼고, 이후 남조에서는 고구려의 국명에 '마馬'가 들어간 글자가 일반적으로 사용되었다.

것이 소역이 직접 만든 원본이었든 그것을 베낀 비교적 이른 시기의 모본이었든, 현재 북송 대 모본에서 보는 것과 같은 정자체, 즉 해서로 쓰인 것이 아니었을 가능성을 시사하는 것이다. 동진의 왕희지 이후 초서나 행서 같은 흘림체가 유행했음을 감안할 때도, 애초의 자료는 '려麗'와 '슬瑟'이 혼동될 여지가 큰 흘림체, 다시 말해 초서로 쓰여 있었을 것으로 판단된다. 이 점은 향후 양직공도 연구에서 유념할 필요가 있다.

다음으로 생각해볼 것은 앞에서 거론했듯이, A-1 ⓑ 기사에서는 고구려를 가리키는 이름이 『송서』나 『양서』 등과는 달리 뒷글자가 아닌 앞글자에 '마馬'가 들어갔다는 점이다. 이는 후대의 전록 과정에서 자의적으로 변경되었을 가능성도 물론 상정해볼 수 있겠으나, 소역이 처음 양직공도를 제작할 당시에 활용한 자료에서부터 그렇게 기록되어 있었을 가능성이 더욱 크다고 여겨진다. 앞서 언급한 바와 같이 역사 관련 지식이 부족한 전록자가 원본의 고유명사를 일부러 고쳐서 기록했을 가능성은 높지 않아 보이기 때문이다. 아울러 A-1 ⓑ 기사는 전술한 것처럼 『송서』 백제전의 기사와 내용상 상당한 유사성을 보이는데, 『송서』에 기록된 '고려高驪'가 아닌 다른 표기를 보인다는 것은 양직공도의 제작자 소역이 참고한 자료가 『송서』와는 별개 계통의 것이었음을 의미하는 것일 수 있다. 양직공도의 제기를 작성하는 데 활용된 자료들이 모두 소역 자신이 직접 발췌한 것은 아닐 수 있고, 그럴 경우 소역에게 자료를 정리해 제공한 자들이 임의적으로 '구려駒麗'라고 바꾸었을 가능성은 충분히 고려해야겠지만, '구려句驪'라면 모를까 '고려高驪'를 '구려駒麗'로 변경했을 가능성은 높지 않아 보인다. 이는 결국 백제의 요서 진출과 관련된 기록이 『송서』 외에도 존재했음을 암시하는 것으로, 앞으로 이 방면 연구를 할 때 고려 대상에 넣어야 할 것이다.

고구려의 표기와 관련해 또 하나 주목해야 할 것은 북송 대 모본의 경우, 지금까지 거론한 '구려駒麗'만이 아니라 '고구려高句驪'(A-1 ⓓ), '고려高麗'(A-1 ⓔ, ⓗ) 등으로 다양하게 나온다는 사실이다. 이것은 소역이 양직공도의 제기를 기록할 때 활용한 자료들이 여러 계통이었음을 알려주는 것이기도 하고, 설사 그가 '고구려高句驪'와 '구려駒麗', '고려高麗'가 동일한 실체임을 알고 있었다고 하더라도 원자료의 표기를 일부러 하나로 통일시키지 않았음을 말해주는 것이다. 향후 양직공도의 사료적 성격을 이해함에 있어, 이 점도 간과해서는 안 될 것이다.

그러면, 이제부터는 북송 대 모본에는 실렸던 것들이 장경 모본에서 빠진 채로 나오는 것을 어떻게 이해해야 할지 생각해보도록 하자. 앞의 〈표 1〉에서 보듯이 A-2, 즉 장경 모본의 제기에서는 A-1, 즉 북송대 모본에 실려 있던 것들이 상당 부분 누락되어 있다. 지금까지 상세하게 검토한, 요서 진출 관련 기사인 A-1 ⓑ를 비롯해 백제가 고구려에게 격파당한 적이 있음을 알리는 A-1 ⓓ, 백제의 도읍 명칭과 지방통치체제에 관해 서술한 A-1 ⓕ, 백제 주변의 나라로서 백제에 부용된 소국들을 거론한 A-1 ⓖ, 그리고 백제에서 쓰는 단어들 가운데 중국의 것을 따른 것이 많음을 언급하고서 그 이유를 진한의 유속遺俗이라고 설명한 A-1 ⓘ 등이 그 누락된 부분에 해당한다. 또 A-2 ⓓ를 보면, A-1 ⓔ의 내용이 일부 반영되기는 했으나, 보통 2년(521) 양에 사신을 보낸 백제 무령왕의 이름 '여융餘隆'과 그의 국서에 들어 있던 '누차 고려를 격파했다(累破高麗)'라는 표현이 빠져 있다. 이처럼 장경 모본, 즉 A-2에서 누락된 부분들은 대체 왜 빠진 것일까?

이에 대해 답하기에 앞서 한 가지 확실하게 짚고 넘어가야 할 점이 있다. 그것은 바로 A-2에는 보이지 않고 A-1에만 나온다고 해서, A-1에 실린 기사들이 본래부터 있던 기사임을 불신하거나 그 사료적 가치를 부정하려고 해서는 안 된다는 것이다. A-2의 기사들은 본래의 것이 상당 부분 누락된 상태로 남아 있는 것이고, 반면에 A-1의 기사들은 원래 없던 것을 후대의 전록자가 자의로 추가한 것이 결코 아니라는 것을 인식하고서 문제에 접근해야 한다.[5]

A-2에서 원래의 내용이 많이 누락된 이유를 제대로 알기 위해서는 일단 남아 있는 부분의 특징을 찾아보는 작업부터 시작하는 것이 필요하다. 장경이 모본을 만들 때 제기를 옮기면서 관심을 가졌던 부분이 무엇이었는가를 알면, 옮기지 않은 부분의 성격을 이해하는 데도 도움을 얻을 수 있을 것이기 때문이다.

A-2에 남아 있는 기사들의 내용은 백제의 유래를 서술한 것(A-2 ⓐ)과 백제와 중국 역대 왕조 사이의 교류를 언급한 것(A-2 ⓑ), 백제의 언어와 의복 등에 관해 소개한 것(A-2 ⓒ), 그리고 양나라 때의 양국 간 교류 사실을 적은 것(A-2 ⓓ) 등으로 정리될 수 있다. 중국인의 입장에서 관심을 가질 만한 것들로 채워져 있음을 금방 알아차릴 수 있다. 양직공도 자체가 각국 사신의 모습을 그린 것이므로 그 나라의 의복에 관한 서술을 남긴 것은 어쩌면 당연한 일일 테고, 언어 관련 서술의 경우도 복식과 관련된 것으로 중국과 유사한 면을 보이는 사례들을 선별한 것이어서 충분히 이해가 가는 것이다.

반대로 누락된 것들은 대부분 백제의 내부 사정을 전하는 것(A-1 ⓕ)이거나 백제와 주변 국가 사이의 관계를 서술한 것들(A-1 ⓓ, ⓔ, ⓖ)이다. 이런 것들은 장경과 같은 후대의 중국인이 특별하게 관심을 기울일 만한 내용들이 아니며, 원래의 기사를 줄여서 싣고자 할 때 가장 먼저

---

5) 처음 장경 모본의 존재가 알려졌을 때, 거기에 A-1 ⓑ의 요서 진출 관련 기사가 보이지 않는다고 해서 마치 큰 문제가 되는 것인 양 보도되기도 했다. 그렇지만 이는 사료에 대한 기본적인 이해의 부족에서 나온 기우일 뿐, A-1을 불신할 근거가 될 수는 없다.

빠질 수밖에 없는 것들이다.

한편 이런 관점에 설 때, 백제의 요서 진출과 관련된 A-1 ⓑ는 중국과 관련된 것이어서 얼핏 생각하면 남아 있어야 했을 것으로 보인다. 그렇지만 이 기사는 또 다른 차원에서 누락이 불가피했을 것으로 판단되는바, 그것은 바로 문맥상으로 볼 때 기사의 내용이 쉽게 이해되지 않는 점이 있기 때문이다.

A-1 ⓑ는 해석하자면, "진나라 말기에 '구려'가 이미 요동을 공략해 차지하자, '낙랑'이 또한 요서 진평현을 차지했다"가 된다. 분명히 백제에 관한 기술인데 느닷없이 '낙랑'이 요서 지역을 차지한 사실이 거론되어 있는 셈이니, 맥락이 이어지지 않는다고 여기는 것은 어쩌면 자연스럽다고도 할 수 있다. 아마 장경도 이런 이유로 이 기사를 옮겨 적지 않았을 가능성이 크다고 여겨진다.

그러면 이제 A-1 ⓑ의 독법과 관련된 논의를 본격적으로 해보도록 하자. 종래 이 기사를 근거로 백제의 요서 진출을 부정하려고 하는 견해들이 여러 차례 나온 바 있다(이홍직, 1965; 유원재, 1995; 김기섭, 1997). 양직공도에 요서 지방을 점령한 주체가 '낙랑'으로 나오고 있으니, 백제의 요서 진출은 사실로 볼 수 없다는 것이다. 이 기사는 313년 무렵 낙랑과 대방에 머물던 세력 가운데 일부가 요서 지역의 모용씨 세력에게 귀부해 간 것을 전하는 것으로서,『송서』 등에 나오는 백제가 요서 지역에 군사적으로 진출했다는 전승은 와전된 것일 뿐이라는 주장이 계속 이어졌다.

언뜻 보면 엄격한 사료 비판의 토대 위에서 제기된 합리적인 주장처럼 보이기도 하지만, 여기에는 치명적인 논리적 결함이 도사리고 있다. 우선 백제의 요서 진출 사실은 양직공도에서 처음 나온 것이 아니라는 점이다. 이미 거론했듯이 그보다 40~50년 전에 편찬된『송서』백제전에 관련 기록이 나왔으며, 양직공도를 참고해 작성된 것으로 추정되는 『양서』백제전에도 그 사실이 실려 있다. 그런데 이들 자료는 모두 고구려가 요동을 점령하자 백제 역시 요서를 공략해 차지했음을 분명히 전하고 있다. 『송서』백제전에 전하는 내용이 사실과 다르게 와전된 것임을 증명하지 못하면서, 시간적으로 뒤진 양직공도 백제국사조의 기록에만 의지해 전자의 사료적 가치를 무시하거나 부정하려는 것은 올바른 사료 비판의 태도가 아니다. 더욱 유의해야 할 것은 양직공도보다 1세기 정도 뒤늦은 당나라 정관 연간에 편찬된 『양서』에는 양직공도에서처럼 낙랑이 요서 지방을 점령한 주체로 되어 있지 않고,『송서』의 서술과 마찬가지로 백제가 진출의 주체였다고 적혀 있다는 점이다. 이는 곧 『양서』의 편찬자인 요사렴姚思廉과 『양서』편찬의 저본이 된 자료를 요사렴에게 물려준 그의 부친 요찰姚察이 양직공도의 서술에 문제가 있다고 판단했기 때문에 다시 『송서』처럼 서술 내용을 바꾼 것이라고 봄이 순리일 것이다.

이와 관련해 다시금 상기해야 할 것은 이 기사가 낙랑이 아니라 백제 사신의 그림에 덧붙어서 나온다는 사실이다. 백제 사신의 모습을 그리고 백제에 관한 설명을 덧붙인 자료인 이상, 낙랑민의 이주 사실이 특별히 기록될 이유는 없다. 그리고 낙랑은 요서 지방을 공격해 차지한 것이 아니라, 그곳을 장악하고 있던 모용씨 세력에게 귀부해 간 것일 뿐이라는 점도 유념하지 않으면 안 된다. 요컨대 양직공도의 기사 A-1 ⓑ를 빌미로 백제의 요서 진출 사실을 부정하려는 논의는 객관적이고 합리적인 입장에서 출발한 것이라고 볼 수 없으며, 그럴 리가 없다는 선입견에 기반을 두고서, 비유컨대 과녁과는 엉뚱한 방향으로 잘못 쏜 화살에 불과한 것이다.

그렇지만 어쨌든 이 기사가 정상적인 해석으로는 쉽게 납득되지 않는 점이 있음은 확실하다. 한반도 서북부에 자리 잡고 있던 낙랑이 요서 진출의 주체인 것처럼 상정한다면, 앞서도 언급한 바와 같이 이 기사가 백제국사조에 실려야 할 이유가 마땅치 않은 것이다. 그래서 그동안 이 문제를 해결하기 위한 하나의 방법으로 끊어 읽기를 새롭게 해보려는 시도가 있었다(김세익, 1967). 즉 '晉末駒麗旣略有遼東 樂浪亦有遼西晉平縣'으로 끊어 읽지 않고, '晉末駒麗旣略有遼東樂浪 亦有遼西晉平縣'으로 끊어 읽자는 것인데, 이렇게 되면 해석은 "진나라 말기에 (고)구려가 이미 요동과 낙랑을 공략해 차지하자, (백제) 또한 요서 진평현을 차지했다"로 바뀔 수 있다. 여기서 낙랑은 요동과 함께 고구려에 의해 점령당한 객체로 변화하게 되고, 요서 진평현을 차지한 주체는 고구려가 아니라 일종의 숨어 있는 주어로서 앞 문장에서 이미 주어로 나온 백제가 된다는 것이다. 실제로 낙랑은 고구려에 의해 4세기 초에 정복되었기 때문에 이런 시각에서 접근해야 당시 상황과 부합한 이해가 가능해지며, 이 기사가 백제국사조에 실린 이유도 비로소 설명될 수 있다는 것이다.

이런 새로운 해석을 처음 제시한 이는 북한의 학자 김세익이었는데, 아마도 당시 북한 학계를 이끌던 박시형과 김석형 등이 민족주의 사학자 정인보의 영향을 받아 광개토왕릉비문의 신묘년조를 끊어 읽기를 달리해 새롭게 해석하려는 것을 보고서 영감을 얻었을지도 모르겠다. 아무튼 이러한 시도는 백제국사조와 이 기사의 정합성을 제고시켰다는 점에서 앞서 본, 백제의 요서 진출에 대해 부정적인 입장에 서 있던 이들의 사료 해석에 비해서는 진일보한 것으로 평가할 만하다.

그러나 다시 엄밀하게 따져본다면 이런 식의 이해도 심각한 문제를 지니는 것은 마찬가지다. 바로 양직공도보다 앞서 편찬된 『송서』의 관련 기록에서는 낙랑이 아예 보이지 않았고, 그 자리에 백제가 대신 들어 있었기 때문이다. 이는『양서』에서도 같은 양상으로 나타난다. 이처럼 다른 관련 기록들에서 고구려에 의해 점령당한 지역으로 요동만 거론되었지 낙랑이 함께 언급되지 않았으며, 요서를 차지한 주체로 백제가 생략되지 않은 채 노출되어 있다는 사실은 양직공도의 해당 기록을 끊어 읽기를 다르게 해 해석하는 것이 매우 무리한 것임을 보여준다. 그리고 적어도 A-1 ⓑ 기사만을 놓고 문장을 해석할 때, 처음에 제시했던 것처럼, 낙랑이 고구려에 공략당한 객체가 아니라 요서 진평현을 차지한 주체로 보는 것이 문리상 조금도 어색하지 않다는 것은 누구라도 수긍할 수 있는 바다.

그렇다면 도대체 이 기사는 어떻게 이해하는 것이 올바른 것일까? 백제국사조에서 낙랑이 백제 대신 요서 진출의 주체로 나오는 이 미스터리를 어떻게 해결할 수 있을까? 이에 대해 필자는 이미 10여 년 전 나름의 견해를 밝힌 적이 있는데(강종훈, 2003), 여기서 다시 그 요지를 되새겨보자면 다음과 같다.

백제는 372년에 동진에 처음으로 공식 사절을 보내 조공을 바쳤는데, 이에 동진은 보답의 차원에서 백제의 근초고왕에게 '영낙랑태수領樂浪太守'라는 직함을 수여했다. 이 사건은 동진의 지배층에게 백제가 '낙랑'으로도 인식되는 계기가 되었고, 그 결과 백제가 요서 지방에 군대를 보내 그 지역을 점령한 일이 발생했을 경우, 이는 사실상 백제의 진출이지만 '낙랑'의 진출로도 받아들여질 여지가 생겼다. 백제가 지녔던 이러한 이중적 위상이 양직공도 백제국사조에서 백제가 아닌 '낙랑'을 요서 진출의 주체인 것처럼 기록하게 한 배경이 되었다는 것이다.

물론 백제가 동진 이후 양나라 시기까지 줄곧 낙랑과 동일시되었던 것은 아니었다. 백제왕이 낙랑태수라는 직함을 함께 띠었던 것은 4세기 후반의 길지 않은 기간에 한정되었을 것으로 보이지만, 어쨌든 그

런 사실이 있었다는 것 자체가 후대에 남조의 지배층으로 하여금 백제
와 낙랑을 의도적이든 그렇지 않든 혼동해 인식하게 하는 계기가 되었
을 것은 분명하다. 양직공도를 제작한 소역 자신이 그런 인식을 지녔
을 수도 있고, 그에게 백제국사조 서술의 바탕이 된 자료를 제공한 이
가 그와 같은 생각에서 백제 대신 낙랑을 적어놓은 것일 수도 있다. 어
느 쪽이든 6세기 전반 당시 남조 지배층의 백제 인식의 일단을 보여주
는 것임에는 차이가 없으며, A-1 ⓑ의 기사는 바로 그 점에서 사료적
으로 귀중한 가치를 지닌다고 말할 수 있겠다. 더 나아가 비록 백제와
낙랑이 혼동을 일으키고는 있으나 요서 진출과 관련된 사건이 백제국
사조에 실렸다는 것은 적어도 남조의 지배층 사이에 백제의 요서 진출
이 와전이나 허구가 아닌 실제의 사실로 받아들여졌음을 뜻하는 것으
로서, 큰 의미를 갖는다고 할 것이다.

　지금까지 양직공도 백제국사조의 내용을 북송 대 모본과 장경 모본
의 기록을 비교하면서 살펴보았다. 이제부터는 논의의 대상을 바꾸어
장경 모본을 통해 새로 알려진 양직공도 신라국사조의 내용을 검토해
보기로 하자.

3. 양직공도의 신라 관련 기록의 검토

장경 모본의 백제국사조가 원래 기사를 대폭 줄여 실은 것임을 감안할
때, 신라국사조의 내용도 본래 소역이 작성했던 것보다 상당히 축약된
것일 가능성이 매우 높다. 그런데 양직공도보다 늦게 편찬되었지만 중
국 정사 가운데 최초로 신라전이 입전된 『양서』의 기록을 살펴보면, 놀
랍게도 장경 모본의 내용이 거의 대부분 포함되어 있다. 그래서 양직공

도 신라국사조의 내용을 제대로 검토하려면, 『양서』 신라전과의 내용
비교가 절대적으로 필요하다고 할 수 있다.[6] 일단 양자의 내용을 비교
하기 쉽게 표로 만들면, 다음과 같다.

〈표 2〉 양직공도 장경 모본의 신라 제기와 『양서』 신라전의 내용 비교

B-1. 장경 모본의 신라 제기	B-2. 양서 신라전
ⓐ 斯羅國 本東夷辰韓之小國也 魏時曰新羅 宋時曰斯羅 其實一也	ⓐ 新羅者 其先辰韓種也(……)魏時曰新盧 宋時曰新羅 或曰斯羅
ⓑ 或屬韓 或屬倭國王 不能自通使聘	ⓑ 其國小 不能自通使聘
ⓒ 普通二年 其王姓募名泰 始使隨百濟奉表獻方物	ⓒ 普通二年 王姓募名泰 始遣使隨百濟奉獻方物
ⓓ 其國有城 號曰健年 其俗與高麗相類 無文字 刻木爲範 言語待百濟而後通焉	ⓓ 其俗呼城曰健牟羅(……)其拜及行與高驪相類 無文字 刻木爲信 語言待百濟而後通焉

먼저 『양서』 신라전에 관한 이야기부터 하자면, B-2 ⓐ와 ⓓ의 중간
에는 각각 다른 기사들이 적지 않은 분량으로 들어가 있다. ⓐ의 중간
부분에는 '진한辰韓'에 대한 보충 설명으로 『삼국지』 위서 동이전 한조
에 실린 내용이 비교적 상세히 인용되었고, 신라의 지리적 위치에 대한
서술이 추가되어 있다. 그리고 ⓓ의 중간에는 중앙과 지방의 행정 단
위로서의 '탁평啄評'과 '읍륵邑勒'에 대한 설명, 산업 및 풍습 관련 서술,
주요 관등에 관한 언급, 복식 관련 용어의 소개 등이 들어가 있다. 아마
도 이러한 내용 가운데 적지 않은 부분이 소역이 원래 작성한 양직공
도의 신라 제기에도 들어 있었을 것으로 추측된다.

---

6) 사실 백제의 경우도 사정은 마찬가지다. 양직공도 북송 대 모본의 백제국사 제기에 기록된 내
용이, 백제 주변의 소국들에 관한 서술 부분을 빼면 거의 그대로 『양서』 백제전에 반영되어 있음을
확인할 수 있다. 따라서 양직공도 소재 백제국사 제기 내용을 분석할 때, 『양서』 백제전과 대조하
는 작업도 함께하는 것이 필요하지만, 이 글에서는 지면의 제약으로 인해 부득이하게 그 작업을 생
략했다.

여하튼 남아 있는 자료만으로 비교 검토를 해본다면, 양쪽 모두에서 ⓐ는 신라의 유래와 명칭에 관해 서술한 것이고, ⓑ는 그동안 교류가 없었던 이유를 설명한 것이며, ⓒ는 보통 2년, 즉 521년에 백제 사신을 따라 처음 조공이 있었던 사실을 적은 것이다. ⓓ는 '성城'의 존재 및 명칭에 대한 소개와 풍속 및 문자 생활의 정도에 관한 언급 등으로 내용이 구성되어 있다.

전체적으로 보아 양자의 내용은 대동소이하다고 할 수 있지만, 표현상의 차이가 곳곳에서 확인된다. 무엇보다도 두 기록의 ⓐ에서 각기 표제로 내건 국명이 '사라斯羅'와 '신라新羅'로 서로 다르다. 진한에서 유래했음을 전하는 문구에서도 양자는 약간의 차이를 보이며, 위나라와 송나라 때의 호칭도 서로 다르게 기록되어 있다. 호칭과 관련해서는 좀 더 세밀한 논의가 필요한바, 잠시 후 다시 거론하기로 하자.

다음으로 두 기록에서 ⓑ는 신라가 남조의 국가들과 그간 교류가 없었던 이유를 설명한 부분인데, 『양서』에서는 '그 나라가 작아서'라고만 서술했음에 비해, 양직공도에서는 '혹은 한韓에 속하기도 하고 혹은 왜국왕倭國王에 속하기도 해' 스스로 교빙 사절을 보낼 수 없었다고 적고 있다.[7] 후자의 내용은 마치 임나일본부설에서 주장해온 바와 같은 고대 일본의 한반도 남부 지배를 연상케 하는 면이 있어, 이 자료가 언론을 통해 처음 알려지는 과정에서 마치 큰 논란거리가 새로 생긴 양 우려하는 목소리가 나오기도 했다. 이 기사에 대해서도 면밀한 고찰이 필요하므로, 일단 논의의 순서를 뒤로 돌리고자 한다.

B-1과 B-2 양자의 ⓒ를 비교해보면 밑줄 친 부분에서 자구의 차이

---

7) '或屬韓 或屬倭國王 不能自通使聘'을 '或屬韓 或屬倭 國王不能自通使聘'으로 끊어 읽는 경우도 있으나(윤용구, 2012), 『양서』의 기록을 참고하면 전자와 같이 끊어 읽어 해석하는 것이 옳다고 판단된다.

가 발견되기는 하지만, B-1 즉 양직공도 장경 모본의 신라 제기와 B-2 즉 『양서』 신라전의 내용이 사실상 같다고 할 수 있으며, ⓓ의 경우도 이는 마찬가지다. B-2 ⓓ의 '건모라健牟羅'가 B-1 ⓓ에 '건년健牟'으로만 나오는 것은 아무래도 전록 과정에서 오기와 탈자가 발생한 결과일 것이다.

그러면 ⓐ에서 보이는 신라의 국명 표기에 관한 논의를 본격적으로 해보도록 하자. 먼저 주목해야 할 것은 위나라 때의 호칭이라고 나오는 '신라新羅'(B-1)와 '신로新盧'(B-2)다. 여기서 '위나라 때'라고 한 것은 무엇을 뜻하는 것일까? 양직공도의 저자 소역이나 『양서』의 편찬자 요사렴은 위나라 때 신라의 명칭이 무엇이었다는 것을 어떻게 알았을까?

이는 당연히 두 자료보다 훨씬 앞서 편찬된, 앞에서 잠시 언급한 바와 같이 『양서』 신라전을 작성할 때 참고되었음이 확실한 『삼국지』 위서 동이전 한조에서 정보를 얻은 결과로 보아야 할 것이다. 주지하다시피 거기에는 위나라 때 한반도 남부에 존재한 진한 소국 가운데 하나로 신라의 전신이라고 할 수 있는 '사로국斯盧國'이 나온다. 소역이나 요사렴이 자신이 작성한 자료에서 위나라 때의 신라 명칭을 언급할 수 있었던 것은 이런 배경이 없었더라면 불가능했을 것이다.

그런데 여기서 흥미로운 것은 B-1이나 B-2에서는 공히 '사로국斯盧國'의 첫 글자가 '사斯'가 아닌 '신新'으로 표기되어 있다는 점이다. 이것은 필시 전록 과정에서 빚어진 실수들로 보아야 할 텐데, 〈사진 5〉에서 알 수 있듯이 흘림체로 쓰였을 경우 두 글자는 서로 혼

〈사진 5〉 사斯(좌)와 신新(우)의 초서체

동되기 매우 쉽다. 결국 두 자료는 모두『삼국지』를 참고해 위나라 시기 신라의 명칭을 기록하면서 초서로 쓰인 원자료에서 앞글자 '사斯'를 '신新'으로 오기한 것일 가능성이 높다고 판단된다. 그리고 양직공도 장경 모본은 여기서 한 걸음 더 나아가 뒷글자인 '로盧'마저 '라羅'로 잘못 옮긴 것이라고 할 수 있겠다. 양직공도에서의 오기가 장경이 모사할 때 생긴 것인지 아니면 애초에 소역이 원본을 작성할 때 이미 발생한 것인지는 아직 단정하기 어려우나,『양서』의 예를 통해 보면 적어도 '사斯'와 '신新'의 혼동은 비교적 일찍부터, 즉 소역의 원본 작성 때부터 있었을 가능성을 충분히 상정해볼 수 있다.

  송나라 때의 명칭 표기도 '사라斯羅'와 '신라新羅'로 서로 다르게 나오는데, 양직공도 장경 모본의 경우는 앞서 위나라 때의 명칭을 '신라'라고 했기 때문에 송나라 때의 명칭은 자연히 그와 다른 표기로서 '사라'가 택해졌을 것이다. 그리고 양직공도에서는 송나라 때의 명칭이 양나라 때까지 그대로 이어지는 것으로 파악하고, 표제어로 '사라'를 내세운 것이 아닐까 여겨진다.

  한편『양서』는 신라의 대중국 외교가 활발해지면서 중국 왕조 지배층의 신라에 대한 지식이 이미 높아진 상태에서 편찬되었기 때문에 표제어는 당연히 '신라'가 되었던 것이라 할 수 있겠는데, 이 경우에도 간과해서는 안 될 것은 '혹 사라라고 한다〔或曰斯羅〕'라고 해 '신로新盧'(즉 사로)와 '신라' 외에 '사라'라는 명칭도 전해짐을 특별히 부기했다는 점이다. 이것이 과연 어떤 자료를 참고한 결과인지는 확언하기 힘들지만, 일단 양직공도에서 그 명칭이 사용되었다고 한다면, 요사렴이 그것에 주목해 '사라'라는 또 다른 명칭도 있다고 덧붙여 소개한 것일 수 있다.

  그런데 이 '사라'는 앞 장에서 본 북송 대 모본의 백제국사조 기사 A-1 ⑧의 백제 주변 소국들 이름에도 나오는 표기라는 것이 유의된다.

6세기 초 지증왕 대에 국호를 '신라'라고 확정했음을 고려할 때, 521년 신라 사신이 양나라를 방문했을 무렵 그 국호가 알려졌을 수도 있겠다. 그렇지만 백제 사신의 도움을 받아 의사소통이 이루어지던 상황이었기에,[8] 만약 백제가 신라를 '사라'라고 전했다면 양에서는 그것이 정식 국명인 것으로 생각했을 것이니, 그로 인해 백제국사조는 물론이고 신라국사조에 '신라'가 아닌 '사라'라는 명칭으로 나온 것이 아닐까 조심스럽게 추정해본다.

그러면 여기서 다시 송나라 때의 신라 명칭이 양직공도나 『양서』에 기록된 배경에 대해 살펴보자. 양직공도의 저자 소역이나 『양서』의 편찬자 요사렴이 신라의 송나라 때 호칭을 대체 어떻게 알 수 있었을까? 송의 역사를 기록한 『송서』에는 신라전이 아예 없고, 신라와 송 사이에 사신의 왕래도 없었던 상황이었는데, 그들은 과연 어떤 정보에 의거해 송나라 때의 호칭을 언급할 수 있었던 것일까?

이에 대한 답은 의외의 곳에서 찾아진다. 바로 『송서』 왜국전에 보이는 이른바 왜 5왕의 작호 가운데 나오는 '신라'가 그 단서가 된다. 송의 역사를 기록한 『송서』에서 '신라'의 이름이 확인되는 것은 여기가 유일하다. 왜 5왕의 작호를 둘러싼 문제는 따로 전론이 필요한 중요 주제지

---

8) 앞에 제시한 B-2에는 생략되었지만, 『양서』 신라전에는 신라의 관등 다섯 개가 소개되어 있다. 제1 관등인 서불한 즉 이벌찬에 해당하는 것으로 추정되는 '자분한지子賁旱支'를 비롯해, 제3 관등 잡간迊干 즉 소판蘇判을 일컬은 것으로 보이는 '제한지齊旱支', 제6 관등 아간 즉 아찬을 표기한 것으로 여겨지는 '알한지謁旱支', 제7 관등 일길간 즉 일길찬을 잘못 적은 것으로 의심되는 '일고지壹告支', 제9 관등 급벌간 즉 급찬을 뜻하는 것으로 생각되는 '기패한지奇貝旱支' 등이 그것이다. 어느 것이든 6세기 신라 금석문에서 확인되는 관등명과는 표기가 다르다. 아마 당시 신라 사신단을 구성한 인물들의 관등을 물어보고 옮겨 적은 것이 아닐까 추측되는데, 그들이 직접 알려준 것이 아니라 백제 사신의 통역을 거친 뒤 기록으로 남았기에 이런 결과가 생겼을 것이다. 특히 주목되는 것은 관등 어미가 이 시기 신라에서 일반적으로 표기되던 '간지干支'가 아니라 '한지旱支'로 나타나 있다는 것인데, 이는 백제 계통의 사료가 활용된 것으로 판단되는 『일본서기』 흠명기의 이른바 임나 부흥회의 등에 보이는 '한기旱岐'와 유사성이 뚜렷하다.

만, 5세기 당시 송과 교류한 왜국의 왕이 '사지절使持節 도독왜백제신라임나진한모한육국제군사都督倭百濟新羅任那秦韓慕韓六國諸軍事' 등을 자칭했고, 백제가 빠진 대신 가라가 들어간 '사지절使持節 도독왜신라임나가라진한모한육국제군사都督倭新羅任那加羅秦韓慕韓六國諸軍事'의 직함을 송으로부터 인정받은 것은 실제로 있었던 사실이다. 바로 여기서의 '신라'라는 이름이 『양서』에 그대로 송나라 때의 신라 호칭으로 인용이 되었던 것이며, 양직공도에서는 '신라' 대신 '사라'라는 이름으로, 즉 '신'이 '사'로 오독되어 기록되었던 것이라 하겠다. '신'을 '사'로 오독한 것도 꼭 장경이 모사할 때 일어난 것이라고만 볼 수는 없고, 소역 스스로가, 아니면 『송서』로부터 관련 자료를 뽑아 소역에게 제공한 이가, 서체의 유사함으로부터 말미암은 자의적 파악에서든 백제국사조에서도 언급되는 '사라'에 구애된 탓이든 '신'을 '사'로 기록했을 가능성이 크다.

이렇게 파악하면, B-1 ⓑ에서 '사라', 즉 신라가 '혹은 왜국왕에게 속했다'고 서술된 이유도 자연스럽게 해명이 될 수 있다. 신라가 '한'에 속했다는 것은 앞에서 '본래 진한의 소국'이었다고 언급한 것을 감안할 때 당연히 나올 수 있는 표현이지만, '왜국왕'에게 속했다는 것 역시 『송서』 왜국전의 내용을 참고했다고 보면 특기된 이유를 충분히 납득할 수 있는 것이다. 아울러 '혹은 왜에 속했다〔或屬倭〕'가 아니라 굳이 '혹은 왜국왕에게 속했다〔或屬倭國王〕'라고 표현된 것도 바로 이런 배경에서 이해가 가능해진다.

이제 남은 문제는 그것이 과연 어느 정도 사실성을 지니고 있느냐일 것이다. 실제로 송나라 때 신라는 왜왕에게 속했다고 볼 수 있을까? 물론 그렇게 볼 수는 없다. 왜왕이 스스로 칭한 작호가 허장성세에 불과했다는 것은 송이 '백제'에 대한 왜왕의 군사 지배권을 시종일관 인정하지 않았다는 것에서 잘 드러난다. 송의 지배층으로서는 한반도 남부 지역의 사정에 거의 무지한 상태였기 때문에, 백제를 제외하고 신라 등의 여타 세력에 대한 왜왕의 군사 지배권 행사를 인정하는 식의 조치를 취했을 뿐이다. 따라서 왜왕의 작호가 당시 신라와 왜 사이의 관계를 있는 그대로 반영한다고 말할 수는 도저히 없다.

이와 관련해 양직공도를 참고했음이 분명한 『양서』에는 '혹 한에 속하거나 혹 왜국왕에 속했다. 스스로 교빙 사절을 보낼 수 없었다(或屬韓或屬倭國王 不能自通使聘)'라는 문구 대신 '그 나라가 작아서 스스로 교빙 사절을 보낼 수 없었다(其國小 不能自通使聘)'로 표현되었다는 것도 유의할 필요가 있다. 『양서』는 신라가 단순히 나라가 작았기 때문에 스스로 교빙 사절을 보낼 수 없었다는 식으로 서술한 것인데, 이는 신라의 대중국 외교가 활발해지면서 중국의 지배층이 전후 사정을 제대로 파악한 결과라고 할 수 있다.

사실 송에서 양에 이르는 시기에 남조의 지배층은 한반도 상황뿐만 아니라 왜의 내부 사정에도 그다지 밝지 않았다. 송 대에 왜의 사신이 몇 차례 송에 조공을 바치러 온 적이 있고, 『일본서기』에 의할 때 송의 사신이 왜를 방문한 적도 있었던 것으로 보이지만, 『송서』 왜국전에는 양국 사이의 조공 및 책봉에 관한 내용만 실려 있을 뿐 그러한 교류 과정에서 알게 된 왜의 내부 사정은 전혀 기술되어 있지 않다. 양나라 때의 사정을 적은 『양서』의 경우에도 그 왜전의 내용을 보면, 기사의 대부분을 『삼국지』 위서 왜인전으로부터 전재하면서 말미에 송 이후의 책봉 관련 내용을 부기하는 정도에 그치고 있다. 이러한 새로운 내용의 부족은 양직공도와 거의 같은 시기에 편찬된 소자현蕭子顯의 『남제서』에 더욱 심각하게 보이는데, 거기에는 서두에 왜국의 위치를 적고 한말漢末 이래 여왕을 세웠다고 기술한 다음 아예 '토속은 앞선 사서에 이미 나타나 있다(土俗已見前史)'라고 해 왜국의 사정에 대한 서술 자체를 생략

374

한 채, 남제 시기의 사실로서 송을 대신해 남제가 성립된 후 왜왕에 대한 작호를 올려주었다는 책봉 관련 기사만 덧붙였을 뿐이다.

사정이 이렇다 보니 양직공도에서도 왜에 관한 내용이 부실하기는 마찬가지다. 북송 대 모본은 왜국사조의 후반부가 결실된 채 전해졌고, 새로 알려진 장경 모본은 축약이 있었던 것이 분명해 보이지만 전체적으로 내용이 남아 있는데, 역시 그 대부분은『삼국지』위서 왜인전의 내용을 발췌해 순서를 뒤바꿔가며 옮긴 것이다.[9] 장경 모본에서 주목되는 것은 말미에 '제 건원 중에 표를 바치고 공헌했다(齊建元中 奉表貢獻)'라는 기사가 실려 있다는 점인데, 이것은 소역이 관련 사실을 오해해 잘못 전한 것이다. 왜는 송에 사절을 파견한 적은 있으나, 송이 멸망하고 남제가 들어선 뒤에는 직접 사신을 보내어 조공을 하지 않았으며, 다만 남제가 왕조 교체를 이룬 후 왜왕 무武를 책봉하면서 기존 작호에서 안동대장군을 진동대장군으로 올려주는 조치를 취했을 뿐이다. 그런데 양직공도에서는 이것을 마치 왜가 조공을 바친 것인 양 서술한 것이니, 왜에 관한 지식이 얼마나 불완전했는가를 잘 보여주는 사례라 할 수 있다.

한편 왜왕 무는 남제를 이어 양이 들어섰을 때도 정동장군으로 다시 책봉을 받은 것으로『양서』왜전에 나오는데, 그 책봉은 왜 사신의 조공의 결과로 이루어진 것이 아니었으며, 앞 시기 남제 때의 예에서처럼 왕조 교체에 따른 일방적인 책봉 갱신에 불과했다.[10] 결국 양직공도가

---

9) 양직공도 왜국사조와『양서』왜전,『삼국지』위서 왜인전의 내용을 비교 검토하는 작업은 지면 관계상 생략한다. 분명한 것은 양직공도 장경 모본의 왜국사조는 말미의 남제 시기 교섭 관련 기사를 제외하고는 모든 내용이『삼국지』위서 왜인전에서 유래했다는 사실이다.

10) 현재 알려진 양직공도 장경 모본에는 이와 관련된 기록이 보이지 않는다. 축약으로 인한 생략일 가능성도 크다고 여겨지지만, 여하튼 양직공도에 실린 왜 관련 기록이 양나라 당시의 상황을 반영하는 것으로 보기는 어렵다.

제작되던 시기에 소역을 비롯한 양의 지배층이 왜에 관해 충분한 정보를 가졌다고 볼 근거는 전혀 없다고 할 수 있다. 신라가 왜국왕에게 속하기도 했다는 신라국사조의 서술 또한 어떤 확신을 갖고 쓴 것이라고 말하기 어려움은 자명한 것이다.

물론 여기서 한 가지 의문이 제기될 수는 있다. 왜가 송 대 이후 남조에 직접 사신을 보낸 적이 없는데도 어떻게 양직공도에 왜국 사신의 모습이 그려지고 왜국과 관련된 제기가 실릴 수 있었을까라는 의문이다. 이것은 양직공도의 성격을 이해함에 있어 매우 중요한 문제이기도 한데, 당대에는 직접 조공을 하지 않았다 하더라도 과거에 조공을 한 적이 있는 나라라면 망라해 제작한다는 원칙이 세워졌기 때문에 왜의 사신이 들어간 것으로 판단된다. 결과적으로 양이 망하는 순간까지 왜의 사신 파견은 이루어지지 않았지만, 당시로서는 과거에 입공을 한 적이 있으니 언제 다시 올지 모른다는 생각을 했을 수도 있다. 왜의 사신 모습은 이전 시기에 그려진 것을 참고해 그렸을 수도 있고, 50여 년 전인 478년, 즉 송이 멸망하기 직전에 마지막으로 왔던 왜 사신의 모습을 기억하는 자들로부터 도움을 받아 상상하며 그렸을 수도 있다.

4. 맺음말

지금까지 양직공도의 백제국사조와 신라국사조의 내용을 둘러싼 문제들을 살펴보았다. 관련 사료를 어떻게 파악하는 것이 합리적일지를 따져보고, 그 사료적 특성에 대해서도 생각해보았다. 자료가 원본이 아닌 모본이라는 점에서 전록 과정의 오기와 누락, 표현상의 대체 등을 주의해서 살펴야 한다는 것, 특히 흘림체로 된 자료의 필사 때 발생할 수 있는 오독을 염두에 두어야 한다는 것 등을 강조했다. 모본마다 자구의 차이가 보이기는 하지만 의미상으로는 거의 같다고 할 수 있는데, 이는 전록자가 글자를 한 자씩 대조하면서 옮긴 것이 아니라 자구가 지닌 의미에 초점을 맞추어 전달하는 과정에서 발생한 현상으로 이해할 수 있을 것이다. 그간의 연구를 돌이켜보면 사료의 원상을 중시한다며 맥락에 맞지 않는 해석을 고집하는 경우들도 있었는데, 자료의 작성과 전록 과정에서 생길 수 있는 다양한 변수들을 고려하면서 합리적인 해석의 방향을 찾는 것이 매우 중요함을 강조하고 싶다.

북송 대 모본의 백제국사조에 고구려의 국명 표기가 세 가지 사례로 나타나는 것에서 알 수 있듯이, 애초에 소역이 양직공도를 제작할 때 여러 자료가 참고되었으며, 그런 의미에서 양직공도는 엄밀하게 말해 1차 사료라고는 볼 수 없다. 그리고 사정을 제대로 파악하지 못한 상태에서 전대의 여러 기록을 자의적으로 이해함으로써 많은 오해를 야기한 경우도 있는데, 장경 모본의 신라국사조에 보이는 '혹은 왜국왕에 속했다(或屬倭國王)'는 구절이 대표적인 예가 되겠지만, 북송 대 모본의 백제국사조에서 백제와 고구려 사이의 공방전에 관해 시간적 순서를 실제 상황과는 다르게 서술한 것도 그런 예에 해당될 것이다.[11]

그렇지만 이러한 한계와 문제점들이 있음에도, 양직공도는 자료 부족에 시달리는 한국 고대사 연구자들에게 매우 소중한 사료임에는 틀림없다. 북송 대 모본의 백제국사조에서 확인되는 담로제 관련 내용이나 부용된 주변 소국들에 관한 정보는 양직공도에서 처음 알려진 것이며, 특히 후자는 『양서』에도 나오지 않고 오직 양직공도를 통해서만 접

---

11) A-1을 보면, 양나라 초기에 백제왕 '여태餘太', 즉 동성왕이 정동장군으로 책봉된 후에 얼마 있다가 고구려에게 격파되었고, '여륭餘隆' 즉 무령왕의 재위 시기에 이르러 고구려를 여러 번 물리치며 세력을 회복한 것처럼 서술되어 있으나, 이것이 실제 사실과 다름은 새삼 말할 필요도 없다.

할 수 있는 것이다. 물론 그에 대해서도 심도 있는 사료 비판이 필요하겠지만, 한국 고대사 관련 자료의 부족을 보충해준다는 그 자체만으로도 양직공도가 지니는 가치는 충분한 것이다.

:: 참고문헌

강종훈, 2003, 「4세기 백제의 요서 지역 진출과 그 배경」, 『한국고대사연구』 30, 한국고대사학회.

김기섭, 1997, 「백제의 요서경략설 재검토: 4세기를 중심으로」, 『한국고대의 고고와 역사』, 학연문화사.

유원재, 1995, 「백제의 요서영유(설)」, 『한국사』 6, 국사편찬위원회.

윤용구, 2012, 「『양직공도』의 유전流傳과 모본」, 『목간과 문자』 9, 한국목간학회.

이홍직, 1965, 「양 직공도 논고」, 『고려대학교개교60주년기념논문집 인문과학편』(1971, 『한국고대사의 연구』, 신구문화사에 재수록).

김세익, 1967, 「중국 료서지방에 있었던 백제의 군에 대하여」, 『력사과학』 1967-1, 사회과학원출판사, 평양.

金維諾, 1960, 「職貢圖的時代與作者」, 『文物』 1960-7, 文物出版社, 北京.

伏見沖敬 편저, 1999, 『合本 書藝大字典』, 敎育出版公司.

深津行德, 1999, 「台湾故宮博物院所藏『梁職貢図』模本について」, 『朝鮮半島に流入した諸文化要素の研究(2)』, 學習院大學東洋文化研究所, 東京.

백제사 관련 신출토新出土 자료의 음미

주보돈(경북대학교 사학과 교수)

1. 들어가면서

되돌아보면 한국 고대사 영역 가운데 1980년대 이후 연구가 괄목할 만하게 진척된 분야로 백제사를 꼽는다고 해서 이의를 달 여지는 별로 없을 터다. 그럴 정도로 지난 30여 년 동안의 백제사 연구는 가히 장족의 발전을 이루었다고 단언해도 좋을 듯싶다. 그 점은 백제사를 전론專論한 단행본의 간행 현황을 살피면 확연히 드러난다. 1970년대까지는 백제사를 본격적으로 다룬 연구서가 단 한 편도 없었다. 그에 견주어 1980년대 이후 현재까지 출간된 단행본은 줄잡아 수십 편에 달하는 것으로 헤아려진다. 실로 엄청난 양적 성장이 이루어졌음이 여실히 입증

된다. 그와 함께 뚜렷한 질적 향상이 수반되었음은 물론이다.[1]

백제사 연구가 1980년대 들어와 그처럼 활발하게 이루어진 배경에는 연구자의 수가 급격하게 늘어난 사실도 당연히 작용했겠지만, 다른 한편 새로운 자료의 출현이란 대목도 큰 몫을 차지한다고 여겨진다. 『삼국사기三國史記』 백제본기百濟本紀를 비롯한 몇몇 빈약하기 짝이 없는 기존의 문헌만으로는 아무래도 백제사를 체계적으로 재구성하기란 턱없이 부족한 일이었기 때문이다. 게다가 그들 가운데 일부는 사실성조차 심히 의심스럽게 여겨지던 상태였다.

1971년에 진행된 무령왕릉武寧王陵 발굴은 머지않아 백제 관련 새로운 연구 자료가 다수 출현하리란 사실을 마치 예고라도 해주는 신호탄과 같았다. 과연 이후 잇따라 새로운 문자 자료가 꾸준히 출현했다. 새 자료가 백제사 연구를 추동推動하는 주요 계기로 작용했음은 두말할 나위가 없다. 연구 수준이 점점 향상되어가면서 종래 거의 도외시되다시피 해온 자료들도 적극 활용할 기반이 구축되어갔다. 이를테면 백제사 관련 사료가 상당히 많이 담겨 있으나 근본적인 문제점으로 말미암아 오래도록 이용을 꺼려 해왔던 『일본서기日本書紀』의 한계도 어느 정도 극복할 수 있게 됨으로써 이후 백제사 연구를 크게 촉진시킨 사실을 뚜렷한 사례로 손꼽을 수 있다.

그러나 백제사 연구 성과 전반을 일별하면 비약적인 발전을 이루어간 가운데 문제점 또한 적지 않게 노출됨도 숨길 수 없는 실정이다. 그것은 기본 사료가 안고 있는 한계가 명백함에도 그를 꼼꼼히 챙겨보지 않고 소홀히 지나친 사실에서 드러난다. 그런 경향성은 기존 사서에 대해서

---

1) 그와 같은 동향은 2007년 충청남도 역사문화연구원이 간행한 15권으로 구성된 '백제문화사대계 연구총서'로 대충 정리된 바 있다.

는 새삼 말할 필요도 없고, 간혹 새로운 자료를 취급하는 데서도 마찬가지로 드러나는 현상이다. 이는 혹여 사료학史料學의 근본을 소홀히 하고 있는 것이 아닌가 하는 의구심조차 들게 하는 대목이다.

어떤 사료라도 언제나 비판적 입장에서 철저히 분석해야 함은 마땅한 일이다. 그럴 때 비로소 원래의 사실 그대로가 드러날 토대가 마련되는 것이다. 이는 역사학에서 갖추어야 할 기초적이며 필수적인 행위에 속한다. 사료의 성격과 의미를 면밀히 분석하고 음미한 바탕 위에서 나름의 역사적 해석을 시도함이 올바른 순서겠다.

그런데도 백제사 연구를 언뜻 들여다보면 기본 사료를 단단히 다져가는 작업을 외면하고 조급하게 해석에 매달리는 사례가 적지 않게 발견된다. 기존 사서는 물론이고 새로이 출토된 문자 자료에 대해서도 낱낱이 따져 철저하게 음미해보지 않은 채 성급하게 해석을 먼저 시도하는 것이다. 이는 약간 심하게 표현한다면 자료에 담긴 정보를 미처 제대로 캐내지도 못하고서 내버린 모양으로 비쳐진다. 사료가 특히 부족한 대상일수록 더욱더 뼛속 깊숙이까지 파고들어가 골수骨髓까지 빨아내는 접근이 요망된다. 여기서는 그런 입장에서 기왕의 백제사 자료를 다루는 자세와 방법에 대해 잠시 문제 제기를 해보려는 것이다.

주어진 시공간적時空間的 제약은 물론이고 필자의 능력이 갖는 근본적인 한계 때문에 그와 같은 문제점을 낱낱이 들추어내어 한꺼번에 다루기는 힘든 일이다. 그래서 최근 발굴되어 널리 알려진 자료 가운데 앞으로 논란해볼 만한 몇몇에 한정해 약간의 논의를 진행시켜보려고 한다.

평소 백제사 연구와 일정하게 거리를 두어온 필자가 감히 이런 작업에 나선 것이 약간 의아스럽게 느껴질지도 모르겠다. 그러나 이런 시도가 갑작스레 이루어진 것은 아니다. 백제사 연구 중심의 흐름에서 비켜나 약간 떨어져 바라보면서 느껴왔던 소회所懷의 일단을 피력해보려는 것이다. 이를 통해 한창 무르익어가고 있는 백제사 연구 성과를 깎아내린다거나 찬물을 끼얹으려는 의도는 조금도 없다. 다만 조그마한 문제 제기를 기화로 기존 연구 성과를 잠시 되돌아보고 더욱 단단하게 다짐으로써 수준을 한 단계 높여나갔으면 하는 충정에서다.

2. 신출토 금석문 자료

정말 우연스레 드러난 무령왕릉이 던진 충격파는 당시 필설筆舌로는 표현하기 어려울 정도로 대단했다. 유구遺構 자체나 부장副葬 유물이 전혀 도굴되지 않은 원래의 모습 그대로를 온전히 간직했다는 점에서도 그러했으나, 특히 가장 크게 눈길을 끈 대상은 무령왕의 생몰生沒 사항을 알려주는 묘지墓誌였다. 이를 통해 무덤 속의 주인공이 누구인지를 확실히 알 수 있었기 때문이다.

일반적으로 무덤의 피장자가 누구인지를 알려주는 주된 실마리는 묘비墓碑나 묘지다. 주인공의 이력과 관련된 기본 사항을 무덤 바깥에다가 돌 등에 새겨 일종의 과시용으로 길이 남길 목적에서 세우는 것이 묘비라면, 비슷한 내용을 땅속에다가 묻는다는 점에서 차이가 나는 것이 묘지다. 한국 고대 사회에서도 비교적 이른 시기에 중국으로부터 묘비나 묘지 문화가 수용되었지만, 이후 그리 발달해간 것 같지는 같다. 특히 묘비의 경우에는 국가적 입장에서 강하게 통제를 가해 함부로 세울 수 없도록 율령 속에 하나의 편목篇目으로 넣어서 조치한 데서 영향을 받은 바가 큰 듯하다(주보돈, 2012a).

묘비와 달리 묘지는 외부로부터 가해지는 통제력이 미치지 않았음에도 어떻게 된 셈인지 일반 부장품과 함께 껴묻는 하나의 문화로서 정착되지 않았다. 이따금씩 묘지가 무덤에서 출토되기는 하지만 지극히 드문 사례에 속한다. 현재까지 확인된 몇몇은 고구려의 것에 국한되며, 그나마 묵서명墨書銘의 형태로만 나올 뿐이다. 백제나 신라의 경우에는 사례가 더욱 희소하다. 그 까닭으로 한국 고대 사회에서 조영된 무덤의 대부분을 누구의 것인지 알지 못하는 형편이다. 그런 측면에서 무령왕릉에서 묘지가 출토된 사실은 이례적이라고 함이 무방하겠다. 그래서 그 자체를 하나의 기념비적 사건에 속한다고 평가해왔다.

다 아는 바처럼 우리 고대 사회에서도 봉분封墳이 현저한 무덤, 이른바 고총高塚의 조영이 일정 기간 널리 유행했거니와 그들 가운데 지금껏 주인공을 확정할 수 있는 대상은 극소수다. 그나마 왕릉으로서 주인공을 명확히 비정할 수 있는 것은 무령왕릉이 거의 유일한 사례에 속한다.

삼국시대의 국왕과 관련해서 상략詳略의 차이는 있으나 여러 형태로 정리된 기록이 남아 있다. 그래서 그와 연결 지을 만한 문자가 새로이 출현한다면 이는 엄청나게 큰 의미를 갖는다. 기존 사서에 보이는 내용의 진위眞僞 여부나 이동異同 여하를 판별할 수 있는 주요 단서가 되기 때문이다. 지석誌石의 출토로 무령왕이 523년 5월 62세로 사망했고, 이후 이른바 3년상을 치른 뒤인 525년 8월에 이르러 시신이 현재의 무덤으로 옮겨져 안장되었으며, 그것이 대묘大墓라 불린 사실이 드러났다. 후대에 정리된 기존 사서의 내용을 그런 당대의 기록으로 대비對比해 볼 수 있는 흔치 않은 기회를 갖게 된 것이다. 그 결과 무령왕의 이름은 사마斯麻로서 『삼국사기』 백제본기와 동일하다는 점, 양자의 몰연월沒年月이 정확하게 일치하는 점 등 기존 사서의 내용도 꽤나 신빙할 만하다는 사실을 확인할 수 있었음은 대단한 소득이었다고 평가된다. 이

밖에 3년상의 실상을 비롯한 장의葬儀 관련의 새로운 정보를 적지 않게 확보할 수 있었다.

그런데 무령왕릉에서는 국왕의 묘지만 출토된 것이 아니었다. 무령왕보다 몇 년 늦게 사망한 왕비의 묘지도 함께 출토되었다. 왕비의 묘지는 따로 돌을 마련해서 새긴 것은 아니었다. 이미 무령왕릉을 조성하면서 지석과 함께 넣어두었던 매지권買地券의 뒷면을 왕비의 묘지로 재활용했다. 매지권은 무령왕의 무덤, 즉 대묘가 위치한 땅을 지신地神으로부터 돈을 주고서 사들인다는 내용이다. 이제 막 죽은 사람의 육신이 땅속의 사후 세계로 들어간다는 사실에 대해 그를 관장하는 지신에게 정식으로 신고하고서 적당한 땅값 지불을 매개로 허락받는다는 장의 절차의 하나가 기록되어 있는 셈이다. 사실 당시 무령왕의 지석도 매지권의 범주에 넣어서 이해해야 한다는 주장까지 제기되었으나 현재는 지석과 매지권의 양자로 구분함이 일반적인 견해로 정착되었다.

이처럼 무령왕비의 지석은 새 돌을 마련해서 작성하지 않고 이미 사용된 매지권의 뒷면을 재활용한 점이 특징적이다. 사실 이미 조영된 무령왕릉에 곁들여 왕비의 시신을 합장한 것이므로 일견 당연한 일로도 여겨진다. 그러나 무령왕비의 지석을 꼼꼼히 들여다보면 반드시 거기에만 그치지 않음이 감지된다. 여기에는 당시 왕비를 비롯한 지배 귀족의 여인은 물론, 일반 여성의 지위와 관련해서도 그냥 지나칠 수 없는 중요한 사항이 엿보이기 때문이다. 논의의 진전을 위해 왕비의 지석 전문을 잠시 소개하면 다음과 같다.

丙午年十二月百濟國王大妃壽
終居喪在酉地乙酉年二月癸
未朔十二日甲午改葬還大墓立

志如左

(‘무령왕비武寧王妃 지석誌石’)

백제 국왕의 대비大妃로 지칭된 인물의 사망 시기가 526년 12월이
며, 3년상(정확하게는 27개월)을 거친 뒤인 529년 2월 12일 시신을 대묘,
즉 무령왕릉으로 옮겨 묻었다는 기본적인 사실이 확인된다. 동일하게
3년상을 치르면서도 왕비를 대상으로 사용된 수종壽終, 거상居喪, 개장
改葬 같은 용어는 국왕 대상의 붕崩, 안조安厝, 등관登冠 등에 견주어 약
간의 차이를 보인다. 국왕이나 왕비의 죽음과 관련해 그런 용어상의 차
이가 하나의 원칙으로서 정립되어 있었던 것인지 어떤지는 알 도리가
없다. 다만 무령왕의 죽음에 대해 ‘붕’이라는 각별한 용어를 사용한 점
에 비추어 왕비의 죽음을 단순히 ‘수종’이라고만 표현한 데 그친 것은
어딘가 어울리지 않는다는 느낌을 갖게 하는 대목이다. 양자 사이에는
상당한 간극間隙이 있다고 여겨지기 때문이다. 그 점을 방증傍證해주는
몇몇 구체적인 사실이 왕비의 묘지 내에서 찾아진다.

첫째, 왕비의 죽음을 ‘병오년십이월丙午年十二月’이라 해 사망한 날짜
를 기록하지 않은 점이다. 이는 국왕의 사망일을 명시한 것과는 뚜렷
하게 대조되는 사실이다. 그리고 왕비의 사망일을 기록하지 않은 것과
는 다르게 3년상을 치른 뒤 대묘에 개장한 날짜만은 명시한 것도 특징
적이다. 이로 미루어 일단 사망일보다는 개장한 날짜를 중시했음이 유
추된다. 그것은 죽음 자체는 살아 있는 사람들과 관련된 것이지만 이제
땅속에 묻는 행위는 그와는 별개로 지신에게 신고해야 하는 의식이었
기 때문으로 보인다. 그래서 사망일보다는 차라리 개장일을 중시 여겨
그를 명시한 것으로 이해할 수 있다. 그런 측면에서 보면 일단 개장한

뒤에는 사망일은 생략해도 무방한 대상이었다고 하겠다.[2] 그럼에도 국왕의 경우에는 사망일까지 명시했는데 왕비의 경우에는 그렇지 않았다는 자체는 양자 사이의 어떤 차별을 느끼게 하는 대목이다. 그 점은 다음의 사항과도 직결된다.

둘째, 왕비를 '백제국왕대비百濟國王大妃'라고만 표현한 점이다. 국왕대비의 실체에 대해서는 논란의 여지가 있으나 당시 상주였을 성왕聖王의 입장에서 그렇게 표현한 것으로 여겨진다. 성왕으로서는 어머니를 대비라 불렀을 터이기 때문이다. 그런데 여기서 각별히 주목해볼 사실은 대비의 이름을 구체적으로 명시하고 있지 않다는 점이다. 이는 예사로워 보이지는 않는 사항이다. 대비의 죽음을 기록하면서 그 이름을 단순한 실수로 누락했다고 단정하기는 어렵다. 실명實名을 의도적으로 거론하지 않았다고 함이 정당한 이해겠다. 이는 당시 왕비가 차지한 위상을 여실히 보여준다. 이로써 국왕과 왕비의 정치사회적 지위가 격절隔絶했음이 확인된다. 왕비는 독립된 존재가 아니며, 마치 국왕에게 부속된 존재처럼 다루어지고 있었다고 풀이해도 무방할 정도다.

이상에서 언급한 것처럼 왕비를 대묘에 합장하면서 사용한 용어, 묘지를 따로 마련하지 않고 매지권의 뒷면을 재활용한 점, 사망일을 구체적으로 명시하지 않은 점, 왕비의 이름을 명기하지 않은 점 등은 지석을 점검하면서는 그냥 지나칠 수 없는 대상이다. 왕비의 지위가 그럴진대 당시 일반 여성의 그것까지 미루어 짐작할 수 있기 때문이다.

여기서 굳이 그런 점을 들추어내는 것은 무령왕릉이 발굴된 지 무려 40여 년의 세월이 흐르면서 그를 전문적으로 다룬 숱한 학술회의를 치

---

2) 그렇다면 사묘祠廟와 묘묘墓에 대한 제일祭日이 달랐을 수도 있다. 묘지에 사망일을 기재하지 않은 대신 개장일만을 기재한 것도 그런 사정과 무관하지 않아 보인다.

르고 무수한 유관 논문과 단행본까지 나온 마당이지만, 그를 본격적으로 취급한 사례는 아직껏 접해보지 못했기 때문이다. 백제 관련 사료가 지극히 빈약하다는 사실은 늘 적시摘示되면서도 정작 기초 사료에 대한 분석과 음미는 소홀했음을 단적으로 드러내준다. 굳이 이런 사항을 지적하려는 것은 새로운 사료의 접근 방법과 인식상의 문제점을 반성하는 차원에서다.

그러한 경향성은 생각 외로 제법 넓게 퍼져 있는 듯하다. 이에 대해서 필자는 2009년 미륵사지彌勒寺址의 서탑西塔에서 출토된 사리봉안기舍利奉安記를 다루면서 이미 지적한 바가 있다(주보돈, 2012b). 따라서 여기서 사리봉안기를 달리 대상으로 삼지는 않으려니와 다른 자료를 취급하는 데서도 그런 점이 여전히 간취看取되는 사실을 지적해두고 싶다.

새로 출토된 문자 자료를 다루려면 여러 각도에서 다양하게 접근해야 함에도 그렇지 못한 사례도 발견된다. 어쩌면 새 자료가 당대의 금석문이기 때문에 반드시 무조건 사실 그대로를 보여준다는 선입견을 지닌 나머지 또 다른 측면이 있을 수 있다는 점을 간파하지 못하고서 그냥 지나쳐버린 탓인지도 모르겠다. 다음의 사료는 그런 실상을 되돌아보게 하는 사례로 손꼽을 수 있다.

（오른쪽） 百濟昌王十三秊太歲在
（왼쪽）　丁亥妹兄公主供養舍利
（'백제창왕명석조사리감百濟昌王銘石造舍利龕'）

이는 창왕명 사리감에 보이는 명문銘文이다. 1995년 부여 능산리 고분군 옆에 위치한 이른바 능사陵寺의 발굴을 통해 중앙부 목탑 터의 심초석心礎石으로 추정되는 곳에서 출토되었다. 윗부분은 둥근 아치형이며, 아랫 부분이 직선으로 처리된 화강암 석재로서 중앙부에는 공양된 사리를 장치하기 위한 감실龕室을 깊이 파서 만들었다. 그를 둘러싼 입구의 양쪽 어깨면의 오른쪽과 왼쪽에 각각 10자씩 고루 글자를 새겼다.

명문의 내용은 전체 20자로서 그리 길지 않은 편이지만, 사리감을 만든 인물과 시점 등을 뚜렷하게 명시하고 있어 상당한 주목을 끌었다. 이에 따르면 사리를 공양한 주체는 매형공주妹兄公主였음을 알 수 있다. 매형공주의 매형이 이름인지 혈연상의 호칭인지, 혹은 그녀와 창왕과의 관계가 어떠한지를 둘러싸고서 약간의 논란이 있었다. 대체로 혈연 호칭으로서 창왕의 누나, 혹은 손아래 누이를 가리킨다고 보는 쪽으로 정리되었다. 그렇다면 이름이 드러나지 않은 공주는 성왕의 딸이 되는 셈이다. 공주 주도 아래 사리를 안치한 행위는 일단 신라인에게 죽임을 당한 비운의 아버지 성왕의 명복을 빌기 위한 것이겠다. 사실 538년 부여로 천도하고 난 뒤 능산리에 무덤군이 조성될 즈음 사망한 국왕은 오직 성왕뿐이었으므로 그런 추정은 일견 타당하다고 여겨진다.

그런데 앞의 명문에서 주목되는 대상은 '창왕십삼년태세재정해昌王十三秊太歲在丁亥'라는 부분이다. 창왕은 성왕의 아들로서 관산성管山城 싸움을 주도적으로 이끈 여창餘昌 바로 그 사람이다. 태자 때의 이름을 그대로 왕명으로 사용한 점이 눈길을 끈다. 창왕이란 왕명은 577년에 작성된 왕흥사王興寺 출토의 사리함 명문에서도 확인되는 사실이다. 일반적으로 지적되듯이 위덕왕威德王이 시호가 아니라 당시에 사용되던 왕명이라면, 초기에는 창왕으로 불리다가 577년 이후 어느 시점부터 위덕왕이라 고쳤거나, 아니면 양자가 함께 불렸던 것으로 추정된다. 그런 측면에서 위덕왕이라는 왕명이 사용된 시점이 언제인지 밝히는 것은 상당한 의미를 가지는 일이겠다. 혹시 창왕과 위덕왕을 처음부터 병용竝用한 것인지도 모를 일이다.

그것은 어떻든 앞의 명문이 작성된 시점은 정해년丁亥年으로, 이해는 창왕 13년에 해당한다. 창왕 13년은 567년이므로 이를 역산하면 그 원년은 곧 555년이 된다. 창왕은 이 명문에 의하는 한 555년에 즉위한 셈이다. 그런데 『삼국사기』 백제본기에 따르면 창왕은 그보다 1년 앞선 554년에 즉위했다고 되어 있다. 이해는 성왕이 관산성에서 사망한 바로 그 시점이다. 『삼국사기』와 명문의 기년紀年을 대비하면 양자는 1년의 차이가 생겨난다. 이를 단순히 『삼국사기』 백제본기의 기년이 기본적으로 유월칭원법踰月稱元法인 반면 당시에는 유년칭원법踰年稱元法을 적용한 데서 비롯한 것이라 이해할 수도 있다. 물론 백제 당대의 칭원법이 어떤지를 규명할 결정적 단서가 없으므로 당연히 그처럼 판단할 여지도 없지는 않다.[3] 그렇다면 1년의 오차는 쉽게 칭원법의 차이에서 비롯한 데 불과하다고 결론지을 수도 있겠다.

그러나 『일본서기』에는 그와는 전혀 다른 내용이 보여 문제가 그렇게 간단하지만은 않다. 『일본서기』에 따르면 왕자 여창은 성왕이 사망하자마자 곧바로 즉위하지 않았으며, 우여곡절을 거쳐 557년 즉위한 것으로 되어 있다.[4] 그렇다면 백제의 왕좌王座는 특이하게도 3년간이나 빈, 이른바 공위空位의 기간이 존재하는 셈이다. 이를 사리감의 명문과 대비해도 2년의 차이가 난다. 사리감 명문을 액면 그대로 받아들이면 공위 기간의 설정은 사실과 다른 커다란 오류를 범하는 결과가 된다. 사실 명문을 주요 근거로 삼아 그렇게 주장한 견해도 없지 않다. 물론 겉으로 드러난 사실만을 놓고서 판단하면 충분히 성립 가능한 하나의 해석이기도 하다.

---

3) 만약 그렇다고 한다면 고구려의 경우는 고구려본기와는 달리 이미 당대에 즉위년칭원법을 채택하고 있었던 것과는 대비된다.
4) 『일본서기』 권19, 긴메이천황欽明天皇 18년조.

그렇지만 그처럼 성급하게 결론 내리기에 앞서 약간 다른 대안적 측면도 아울러서 고려해보아야 한다. 이 무렵의 『일본서기』 백제 관련 사료를 일별하면 상당히 구체성을 띠고 있음이 눈에 들어온다. 이를테면 백제와 신라 및 가야가 연합군을 편성해 한강 유역으로 진출한 상황이라든가, 점령지를 놓고 벌인 긴장감 넘치는 첩보전의 전개, 한성으로부터 백제의 자진 후퇴와 보복전인 관산성 싸움, 그리고 성왕의 너무도 극적인 처형 장면 등 매우 사실적이며 구체적인 일련의 내용으로 구성되어 있다. 그런 최후의 결과로서 공위 시기가 나온 것이다.

그처럼 자세한 기술이 가능했던 것은 소위 백제삼서百濟三書 가운데 어느 하나를 활용했기 때문으로 여겨진다. 『삼국사기』 백제본기는 아예 그런 내용의 편린片鱗조차 싣지를 않아 지극히 소략한 사실과는 자못 대조적이다. 이런 점을 감안한다면 공위와 관련된 내용도 쉽사리 부정해버리기에는 어딘가 석연치 않은 아쉬움이 남는다. 그러므로 이 문제는 약간 다른 각도에서 좀 더 음미해볼 필요가 있는 것이다.

『일본서기』에 따르면 노쇠한 성왕 말년 백제의 한강 유역 진출 및 관산성 싸움을 주도한 인물은 20대의 젊은 여창이었다. 신라를 상대로 삼은 전면전 개시 문제를 놓고서 기로耆老들의 반대가 만만치 않았지만, 여창은 끝내 자신의 고집을 꺾지 않고 강행했다. 싸움은 백제의 완전한 참패로 끝났다. 이로 말미암아 전후戰後 패전의 책임 소재 문제를 둘러싼 논란이 일어났음은 매우 자연스런 추세였다.

그러나 『삼국사기』는 그런 상황에 대해 침묵으로 일관하고 있다. 그에 견주어 『일본서기』는 555년 8월 여창이 스스로 책임을 절감하고서 아버지 성왕을 추모하기 위해 갑자기 출가해 수도하겠다는 폭탄선언을 던진 것으로 기록하고 있다. 이를 둘러싸고서 재조在朝는 물론이고 재야在野에서도 크게 논란이 되었다. 그런 과정을 거친 끝에 100명의 출가와 대대적인 불사佛事 등이 대안으로 채택되어 마침내 타협이 이루어짐으로써 논란은 일단 마무리되었다. 그러다가 557년에 이르러 왕위에 오른 것이다.

이런 일련의 사료가 기년상 아무런 잘못이 없다면 555년 8월부터 557년 3월에 이르기까지는 일단 공위의 기간으로 설정할 수 있지만 내부의 구체적인 실상은 잘 알 수가 없다. 이 기간 『삼국사기』 백제본기에서 어떤 일이 벌어졌는지를 전해주는 기사가 전혀 찾아지지 않기 때문이다.[5]

여하튼 여창의 출가 문제는 타협으로 일단락되었지만 즉각 왕위에 오르지는 않았던 것으로 풀이된다. 앞서 여창은 555년 2월 자신의 동생인 왕자 혜惠를 일본에 파견했다. 이는 공식적인 즉위 행사(그를 위한 행사도 포함)를 치른 것은 아니나 국왕으로서 기본 직무는 줄곧 수행해 왔음을 반영한다. 그런 측면에서 같은 해 8월의 출가 소동도 위덕왕이 정식 즉위를 타진하기 위해 취한 계획적인 몸짓일 수도 있겠다. 그렇지 않다면 여창이 벌인 실추된 국왕의 권위를 회복하려는 복마전이 깔린 일종의 정치 쇼일 수도 있다. 그러다가 드디어 557년 지배 귀족들로부터 승인을 받고서 절차를 밟아 정식으로 즉위 선언을 한 것으로 추정된다. 이제 기왕과 다름없는 상태로 국왕권이 회복되었음을 상징하는 일이겠다.

이상과 같이 풀이하면 공위의 구체상은 잠깐 젖혀두더라도 그 자체 존재한 사실까지 굳이 부정할 필요는 없을 듯싶다. 다만 사리기의 명문과 정합적으로 이해하면, 이후 백제의 공식 기록에서는 여창이 즉위한

---

5) 다만 『삼국사기』 권27, 백제본기5 위덕왕 원년(554)조에서는 고구려가 크게 병력을 일으켜 웅천성熊川城을 공격했다가 실패하고 돌아간 사실만을 기록했다.

후 소급해 555년을 즉위 원년으로 결정함으로써 사실상 공위 사실을 빼버렸을 가능성이 크다. 말하자면 위덕왕이 즉위한 마당에 굳이 공위 기간을 설정할 이유가 없었으므로 정식 기년에서 의도적으로 지워버린 것이다. 위덕왕의 통치가 정상 궤도에 오르자 한동안 갈등이 존재하기는 했으나 기년을 공식 정리하면서 그를 공백으로 남겨둘 필요는 없는 일이었다. 그래서 위덕왕이 555년 아무런 문제없이 왕위에 오른 듯이 명문상에도 비쳐진 것이라 하겠다.[6] 이를 『삼국사기』 백제본기에서는 당시의 공식 기록 그대로를 받아들인 반면, 『일본서기』는 여타 자료를 근거로 공위의 흔적을 특별히 남긴 것으로 풀이된다. 백제와 관련된 기록을 싣고 있기는 하나 두 사서가 근본 성격상 차이를 갖고 있는 데서 온 당연한 결과였다.

이렇게 이해하면 사실 백제 당대에는 유년칭원법이 통용되었다는 느낌도 든다. 그러나 성왕의 사망 시점을 『삼국사기』에서는 554년 7월이라 한 반면 『일본서기』에서는 12월이라 설정했으므로 약간의 문제가 뒤따른다. 전자라면 당연히 즉위년칭원법이 통용되었다고 할 수 있겠지만, 후자라면 유월칭원법이 적용되었다고 간주할 여지도 있으므로 반드시 유년칭원법이 원칙이었다고 단정 짓기는 곤란하다. 당시의 칭원법 실상이 실제 어떠했는지 결정짓는 일은 일단 유보하고, 현재로서는 앞으로 더 나은 자료의 출현을 기다리는 수밖에 없다.[7]

앞에서 소개한 신출 자료들에 대해서는 판독상 이견異見은 거의 없

---

6) 그 점과 관련해 각별히 주목해볼 필요가 있는 것은 위덕왕만 원년이 설정되어 있는 사실이다. 『삼국사기』 백제본기에서 온조溫祚를 제외하고는 원년조가 설정된 유일한 사례다. 온조본기溫祚本紀가 뒷날 정리된 점을 고려하면, 위덕왕 원년에도 상당한 작위성作爲性이 깃들어 있다는 느낌이다.

7) 백제왕의 사망과 즉위년을 기록한 『일본서기』의 경우에도 즉위년칭원과 유년칭원이 혼효되어 있어 당대의 실상을 파악하기 곤란한 측면이 보인다.

다. 그런데 새로이 출토되는 금석문 자료 가운데는 판독이 문제가 되어 전혀 다른 해석이 내려지는 경우도 간혹 나타난다. 때로는 그에 대한 의견 편차가 커서 새 자료가 역사 복원에 전혀 도움이 되지 못함은 물론, 오히려 혼란만 부추기는 결과로 이어지는 경우까지 왕왕 발견된다. 사실 금석문의 판독은 그만큼 중요한 일이라 하겠다. 그런 정도는 아니지만 백제의 새 자료에서도 판독과 해석에 조심스럽게 접근해야 할 사례가 찾아진다.

① 丁酉年二月

② 十五日百濟

③ 王昌爲亡王

④ 子立刹本舍

⑤ 利二枚葬時

⑥ 神化爲三

('왕흥사王興寺 사리기舍利器')

이는 2007년 부여의 백마강변에 위치한 백제 전傳왕흥사지 발굴 결과 출토된 사리 장치의 외함外函에 새겨진 명문이다. 첫머리의 정유는 아래에 보이는 '백제여창百濟王昌'으로 미루어 위덕왕 23년(577)임이 거의 확실시된다. 기년이 확정적이라는 측면에서 자료가 지닌 가치는 대단히 높다.

그런데 이 명문 속에는 몇 가지 불확실한 점이 엿보여 논란이 되고 있다. 첫째, '입찰立刹'이 무엇을 의미하는가 하는 문제다. '찰刹'의 본래적 의미는 당연히 사찰이겠지만, 한 걸음 더 나아가 때로는 좁은 의미로서 사찰의 중심을 이루는 탑塔을 지칭하기도 한다. 따라서 입찰을 글자 그대로 왕흥사의 창건으로 이해할 수도 있고, 그보다는 좀 더 좁혀서 뒤이어지는 사리 장치와 관련한 건탑建塔 행위에 한정해 이해할 수도 있겠다. 양자가 함께 추진됨이 일반적이지만 왕흥사와 관련된 기록이 여러 다른 모습으로 나타나므로 문제는 그리 간단하지가 않다.

『삼국사기』에는 왕흥사의 창건을 600년으로 명시한 기록이 있고,[8] 그와는 다르게 634년에 이루어졌다는 기록도 있어[9] 내용상 뚜렷한 차이를 보인다. 『삼국유사』에서는 양자를 결합해 법왕法王이 창건 사업을 시작했으나 곧바로 사망하자, 그 아들인 무왕武王이 이어받아 수십 년이 지나 완성한 것으로 이해했다.[10] 다만 사찰의 이름을 미륵사라고도 불렀다고 함으로써 약간의 혼동을 일으킬 소인素因을 제공했다.

이처럼 기록상 약간의 착란이 섞여 있지만 그동안 왕흥사는 600년 건립을 시작해 무려 34년에 달하는 대역사大役事의 과정을 거쳐 634년에 완공했다고 봄이 일반적이었다. 그렇지만 이제 그와는 전혀 다른 내용이 '왕흥사 사리기'에 보여 연구자들을 매우 곤혹스럽게 만들고 있다. 어떻든 기왕의 해석 그대로를 수용하기는 어려워졌다. 그래서 왕흥사의 창건 및 이후의 추이를 둘러싸고서 논란이 벌어졌던 것이다.

그런데 왕흥사의 창건 배경과 관련해 약간의 문제점이 간취된다. 기존의 문헌 기록을 그대로 따라가면 법왕이 왕흥사를 창건하면서 승려 30인을 출가시켰다고 한 점, 사찰 명칭을 왕흥사라고 명명한 점, 그리고 왕이 배를 타고 들어가 장려한 모습을 감상했다고 한 점 등으로 미루어 국왕 중심으로 불교의 중흥을 도모하려 한 목적이 밑바탕에 짙게 깔렸음이 역력하게 느껴진다. 그런데도 사리기에는 창왕이 단지 죽은

---

8) 『삼국사기』 권27, 백제본기5 법왕法王 2년조.
9) 『삼국사기』 권27, 백제본기5 무왕武王 35년조.
10) 『삼국유사』 권3, 흥법3 법왕금살法王禁殺.

아들을 위해 건립(혹은 건탑)한 것이라 해서 전혀 다른 배경을 설정하고 있다. 특히 ③행의 4자 망ㄷ을 삼ㅌ으로 판독하고서 논지를 한층 더 확대시킨 견해까지 제기되었다. 그것은 여하튼 왕흥사의 창건 배경이나 목적도 여러모로 다르게 해석될 여지가 커진 것이다.

여기서 사리기와 관련해 각별히 주목해보고 싶은 대목은 ⑤행 4자인 '장葬'의 해석 문제다. 글자 자체나 문맥상으로 보면 이를 '묻는다'는 뜻을 지닌 '예瘞'로도 판독해볼 여지가 크지만, 앞서 소개한 무령왕비의 지석에 보이는 장葬과도 비슷한 모습을 띠므로 일단 그렇게 읽는 견해에 좇아서 약간의 논의를 진행해보기로 하겠다.

일반적으로 '장'이라 읽고서 그 대상을 '본래의 사리 2매'로 보고 있다. 그렇다면 사리를 '장사 지낸다'는 의미가 되므로 표현이 매우 어색해지고 만다. 그래서 이 '장'을 '예'와 마찬가지로 '묻는다'는 뜻으로 새기려는 견해가 제시되었다. '장'은 본래 '장사 지낸다'는 뜻이지만 그 외연을 약간 넓혀 '땅에 묻는다'고 풀이할 수 있기는 하다. 그렇지만 사리를 탑에 묻는 행위를 대상으로 삼아 '장'이란 단어를 사용했다고 하는 것은 썩 어울리지 않는다. 그것이 성립하려면 용례를 달리 더 찾아야 마땅하다. 그렇지 않으면 전무후무한 용법인 셈이어서 문제가 될 수 있다.

게다가 바로 뒤이어진 '신비로운 조화로 (두 개가) 세 개로 되었다神化爲三'는 내용과 연결하면 약간 이상스럽게 느껴진다. 사리를 탑에 묻는데 원래 2개였던 것이 3개로 변화했다면 이 사리함에 기록된 내용은 과연 언제, 어떻게, 어떤 방식으로 작성되었을까. 사리를 묻는 과정에서 그런 일이 벌어졌다면 사리함에 그런 내용을 동시에 기록하는 행위는 너무나도 이상하지 않은가. 정상적이라면 그렇게 기록하기 어려운 일이겠다.

그러므로 이 '장'의 목적어를 사리로 설정하기보다는 차라리 죽은 왕자를 가리키는 것으로 해석해볼 수는 없겠는가. 왕자의 시신을 장사 지낼 바로 그즈음 그런 신이한 일이 벌어진 것이다. 말하자면 본래 보관해오던 2매의 사리가 죽은 왕자를 장사 지낼 때 신비롭게도 3개로 늘어나는 조화가 일어났다는 것이다. 신비로운 현상이 왕자의 장례를 계기로 일어났으므로 그 결과로서 창왕은 왕흥사(혹은 그 탑)를 창건하는 명분으로 삼았다고 풀이된다. 물론 실제로 그런 일이 일어났다기보다는 큰 불사를 일으킬 구실을 마련한 데 지나지 않겠지만, 그를 매개로 그야말로 실추된 상태의 '왕흥王興'을 도모하려는 의도를 내재한 것이었다.

만약 이상과 같은 이해가 성립되면 '왕흥사 사리기'의 명문은 다음과 같이 끊어 읽어볼 여지도 생겨난다.

ⓐ 丁酉年二月十五日百濟王昌爲亡王子立刹 ⓑ 本舍利二枚 葬時 神化爲三

('왕흥사 사리기')

비교적 좁은 공간을 활용할 수밖에 없는 금석문에서는 주어나 목적어가 왕왕 생략되기도 하고, 전반의 내용이 압축적으로 표현됨은 흔히 있는 일이다. 그런 측면에서 위와 같이 읽어도 한문 문맥이 전혀 성립하기 어려운 것은 아니라고 판단된다.

창왕이 자식의 죽음을 계기로 거창한 불사를 도모하면서 그런 이야기를 만들어낸 의도가 어디에 있는지 매우 궁금해지는 대목이다. 특히 사찰명을 왕흥사라고 한 것과 무관하지 않을 듯싶다. 물론 처음 그런 사명寺名을 붙이지는 않았을지라도(혹시 처음에는 미륵사라 했다가 무왕이 익산에 미륵사를 창건하면서 이를 왕흥사라 고쳤을 수도 있다) 왕흥을 지향한 실상과 무관하지는 않을 것 같다. 다만 위덕왕의 뒤를 이어 아들이 아닌 동생 혜가 즉위하고, 그를 뒤이은 법왕法王이 짧게 재위한 점, 무왕이 익산에 밀려나 있다가 복귀해 즉위한 점 등은 그런 실정과 무관하지 않을 듯하다. 장차 새로운 각도에서 면밀히 추구해볼 과제다.

3. 신출토 목간木簡 자료

대체로 금석문 자료에 실리는 글자 수는 적고 표현이 매우 압축적인 탓에 그 전모를 확연하게 파악하기는 그리 쉽지가 않다. 그런데 그러한 금석문보다 한층 자료의 수량은 많으면서도 더 단편적이어서 상대적으로 정보를 캐내기 힘든 대상이 목간이다. 그런 까닭에 목간은 사료로서 본격적인 활용에 앞서 그와 관련한 기본적 사항에 대해서는 한결 치밀한 검토가 행해져야 한다. 그런 과정을 제대로 거치지 않고서 섣부르게 해석에 활용하면 사실을 곡해曲解하게 되고, 나아가 거기에 담긴 참신한 정보를 사장死藏해버리는 결과로 이어진다.

근자에 백제 말기의 왕도였던 부여를 중심으로 새로운 목간 자료가 적지 않게 출토됨으로써 이 방면 연구를 크게 추동하고 있음은 두루 알려진 바와 같다. 출토된 목간은 매우 단편적, 파편적이기는 하지만 여러 측면에서 더할 나위 없이 온갖 소중한 정보를 담고 있어 초라하기 그지없는 백제사의 빈 구석을 메우는 데 크게 일조一助해주는 것이다. 그 가운데 특히 주목해볼 만한 대상은 문서 행정의 실상을 어렴풋하게나마 반영하는 몇몇 목간 자료다.

지금까지 출토된 백제 문서 행정 관련 내용을 담고 있는 목간으로는 각기 '좌관대식기佐官貸食記', '지약아식미기支藥兒食米記', '병여기兵与記'

라는 이름이 붙여진 세 점을 들 수 있다. 이들은 정식 장부로서 종합 정리하기에 앞서 기초 자료로 활용된 문서 단편들이라 추정된다. 말미에 기記가 붙은 것으로 미루어 그런 종류의 단간短簡들이 당시 그렇게 불렸음을 짐작할 수 있다. 이들은 백제 문서 행정 발달사를 추적하는 데 대단히 요긴한 자료들이다.

이들을 대상으로 행해진 다각도의 분석을 통해 이미 대강은 드러난 상태다. 그러나 세밀히 들여다보면 재음미되어야 할 부분 또한 적지 않게 남은 것으로 여겨진다. 그 가운데 상대적으로 분량이 많고, 또 중요한 정보를 담고 있다고 판단되는 '좌관대식기'를 중심으로 내용을 잠시 음미해보고자 한다. 이 문서를 대상으로 시도된 분석이 접근 방법상 약간의 문제점을 안고 있다고 여겨지기 때문이다. 논의의 순조로운 진행을 위해 우선 문서 전부를 원상에 준하는 형식으로 제시하면 다음과 같다.

(앞)① 戊寅年六月中　　固淳夢三石　　　　　　佃麻那二石

　　②　　　　　　　　止夫三石上四石　　　　比至二石上一石未二石×

　　③佐官貸食記　　佃目之二石上二石未一石　習利一石五斗上一石未一石×

(뒤)① 素麻一石五斗上一石五斗未七斗半　佃首?一石三斗半上石未石甲　幷十九〔石〕×

　　② 今沽一石三斗半上一石未一石甲　刀刀邑佐三石与　　　　　　得十一石×

('좌관대식기佐官貸食記')

이 문서는 앞면 상단에다가 2행으로 적성 연월과 제목을 쓰고는 다시 행을 바꾸어서 2단을 각기 3행씩 나누어 인명과 함께 대식貸食한 수량 및 횟수와 미횟수를 구분해 기재했다. 뒷면은 역시 전체를 3단으로 나누고 각 단 2행씩 같은 방식을 취했다. 그중 마지막 단의 2행은 대식한 전체 수량(혹은 받아들여야 할 수량)과 회수된 합계를 기재했다. 목간의 앞뒷면을 합한 그 자체로 하나의 완전한 단위 문서로서 종결된 듯한 느낌이다.

그동안 진행된 연구 결과로서 7세기 초 백제에서는 곡식을 일정 기간 대여해주고 원금과 함께 이자를 상환받는 대식제가 실시되었다는 점이 널리 지적되었다. 다만 대식의 구체적인 성격이 어떠하냐에 대해서는 논란이 많아 견해가 합치되지는 못한 실정이다. 대식의 대가로 50퍼센트에 달하는 이자를 돌려받은 측면에서는 일본 고대의 재정 운용을 위한 출거出擧와 비슷하다고 간주하는 입장이 있는가 하면, 고구려의 진대법賑貸法나 조선의 환곡제還穀制와 비슷한 성격이라고 진단하는 등 한결같지가 않다. 아직 그 성격을 한마디로 잘라 말하기는 곤란한 상태다. 장차 어떻게 결론이 내려지더라도 그에 앞서 자료 자체에 대해 더욱 면밀한 분석이 선행되어야 함은 두말할 나위가 없다.

무인년을 618년으로 보는 데는 대체로 의견이 접근하고 있다. 따라서 이는 바로 그해 6월에 '좌관대식佐官貸食'한 상황을 정리한 기초 문서라 하겠다. 그런데 다음의 내용 분석에 앞서 '좌관대식'이라 할 때 '좌관'과 '대식'의 구체적인 의미는 철저한 검토 과정을 거치지 않으면 안 되는 대상이다. 그렇게 해야만 누가, 누구에게, 무엇을, 무슨 목적으로 대여했느냐의 기본적 사항이 추출될 수 있기 때문이다.

'좌관'은 글자 그대로를 풀이하면 '관청(관리)을 돕는다' 혹은 '돕는(보좌하는) 관(관리)'이라는 뜻이다. 이럴 때 '관官'이란 곧 관리, 관료가 될 수도 있겠고, 더 나아가 그 자체가 관청이라는 뜻으로도 이해될 수 있겠다. 지금까지 대부분 후자의 입장을 취했던 것 같다. 그렇게 보면 '좌관'은 저절로 대식을 해준 주체이며, 그 아래 열거된 사람들은 그를 받는 대상으로 결말이 난다. 말하자면 '좌관'이란 관청이 바로 아래에 열거된 사람들을 대상으로 대식해준 셈이 되는 것이다. 그러면 '좌관'은 저절로 대식을 전담하는 관청으로 귀결된다. 대식의 대상은 관청에 속한 하급 관원들이거나 그렇지 않으면 일반인들이 되겠다. 전자라면 '좌관' 자체를 굳이 대식을 전문하는 기구로 볼 필요는 없겠고, 후자라면 그와는 다르게 대식을 전담한 기구가 된다. 그 여부를 가늠할 수 있는 자료가 달리 없으므로 어떤 해석도 일단 성립이 가능하다고 할 수는 있다.

그러나 후자라면 대식 행위를 집행하고 그 경과를 기록한 문서의 관리를 담당한 당해 부서에서 자신들의 관서官署를 가장 앞서 제시해둔다는 사실이 매우 이상스럽게 여겨지는 대목이다. 대식을 전담하는 부서라면 그렇지 않아도 기록할 공간이 비좁기 이를 바 없는 목간에 주체인 자신을 내세웠다는 것은 너무도 의아하게 여겨진다. 그렇지 않고 만약 전자처럼 특정 관부가 소속 관원들에게 일시 대식했다는 주장이 성립하려면, 다른 부서가 작성한 문서들도 각기 따로 존재한다고 설정해야 마땅하다. 그럴 때 본 문서는 '좌관'이란 관서에만 해당하는 셈이다. 그렇게 된다면 역으로 '좌관'은 대식의 주체가 되어서는 안 된다. 그런 문서들을 종합적으로 관리하는 상급 기구가 따로 존재한다고 보아야 하기 때문이다.

요컨대 '좌관'은 대식의 주체로 성립하기는 힘든 측면이 엿보인다. 그렇다면 당연히 대식의 대상으로 풀이함이 올바르다. 그런 의미에서 '좌관대식기'는 '좌관에게 대식한 기록' 정도로 풀이함이 적절할지 모른다. 곧 '좌관'은 대식의 주체가 아니라 대상인 셈이다.

그런 결론을 방증해주는 자료는 비슷한 시기의 목간인 '지약아식미기'다. 지약아의 실체는 불분명하지만 약藥을 다루는 관련 기구거나 약을 투여받는 대상자 둘 중의 어느 한쪽인 것으로 추정된다. 전자라면 식미의 주체가 될 수 있을지도 모른다. 그러나 그렇게 보면 대상이 전혀 제시되지 않은 채 주체만이 문서에 기록된 셈이 되는데, 이는 사실상 정상적인 문서로는 성립하기 곤란하다. 행위의 주체만 있고 식미의 실제적 대상이 없어지는 결과가 되기 때문이다. 따라서 지약아를 어떻게 설정하더라도 식미를 지급받는 대상으로 풀이함이 옳다. 지약아에게 식미를 공급한 주체는 이 문서 단간에는 기재되지 않았으며, 따로 존재하는 것이다.

다시금 그런 사정을 단적으로 보완해 보여주는 것이 '병여기'다. 여기에는 주체도 대상도 없으며, 오직 객체만 있다. 누가 누구에게 병兵(혹은 병기兵器)을 준 기록이라는 뜻으로 풀이된다. 병이라는 객체만 있고 그를 지급받는 대상자가 보이지 않는 것은 아래의 문서 속에 그들 각각이 기재되어 있어 따로 앞에 제시할 필요가 없었기 때문이다. 대상이 다양해 하나로서 제시하기 곤란했거나, 아니면 특별히 그렇게 할 필요가 없었으므로 앞머리에는 아무것도 기재하지 않았던 것이다. 주체를 기재하지 않았던 것은 '병'을 관리하는 부서를 군이 밝힐 필요가 없는 데서 온 당연한 결과라 하겠다.

이상과 같은 사례로 미루어 '좌관대식기'의 '좌관'을 대식의 주체가 아니라 대상이라 해도 지나치지 않을 듯싶다. 그렇다면 '좌관' 자체는 특정한 관부가 아니라 바로 아래에 열거된 사람들을 가리키는 것으로 이해함이 적절하다. 관청을 대상으로 삼은 대식 행위를 상정하기란 곤란하다. 다만 '좌관'의 '관'은 막연한 관청일 수도 있겠고, 아니면 관리, 관인일 수도 있겠다. '좌관'은 그런 관청 혹은 관리를 보좌하는 직명職名 또는 역명役名을 그냥 통칭하는 셈이다. '좌관'은 구체적으로는 바로 아래 열거된 인명들을 가리킨다.

그렇게 보면 '좌관'이란 어쩌면 정식 관료라기보다는 그들을 보좌해주는 역할을 맡은 사람들이겠다. 그런 사정은 열거된 인명들에서도 어렴풋이나마 유추된다. 이 인물들에게는 성씨, 관등, 관직 등이 따로 보이지 않는 점이 주목된다. 그들이 정식 관원이라면 관등이 없었을 리가 없겠고, 관직도 당연히 기재되었을 터다. 게다가 이름 자체가 한문식이 아니라는 점도 참고가 된다. 특히 관등과 관직을 보유한 정식 관원이라면 대식을 받는 대상이 된다는 자체가 매우 의아스럽게 여겨지는 대목이다. 대식 행위가 특별한 사정이 아니라 항상적이었다면 더욱 이해하기 곤란한 일이다. 그런 의미에서 일단 '좌관'은 관청을 보좌하는 역할을 맡은 하위직으로 풀이함이 옳다고 하겠다. 다만 그 구체상은 현재로서는 확연히 드러나지가 않는다. 이에 대해서는 다시 뒤에서 언급하기로 하겠다.

다음은 대식의 '식食'과 관련한 문제다. '식'이 곡물을 지칭함은 분명하겠으나 구체적으로 어떤 곡물인지 뚜렷하게 드러나지가 않는다. 막연히 '식'이라고만 표현되었으나 당시의 주식主食을 나타낸 것만은 분명하다.[11] 그렇게 추정하는 데 참고해볼 만한 자료가 앞서 소개한 '지약아식미기'다. 논의의 편의상 이를 잠시 소개하면 다음과 같다.

(1면) 支藥兒食米記 初日食四斗 二日食米四斗小升一 三日食米四斗 ×
(2면) 五日食米三斗大升 六日食三斗大二 七日食三斗大升二 九日食米四斗大 ×

('지약아식미기支藥兒食米記')

---

11) 덕흥리 벽화고분德興里壁畵古墳의 묵서명이나 경주 황남동 376번지의 목간에도 식食이 보인다. 양자 모두에 창고를 가리키는 경椋이 함께 보인다는 점이 특징적이다. 특히 황남동 376번지 목간에는 '식食' 외에 '미米'가 따로 보이므로 그것이 쌀이 아님은 분명하다. 이 밖에 대안사 적인선사탑비大安寺寂忍禪師塔碑, 창녕의 인양사비仁陽寺碑에도 곡물을 지칭하는 '식食'이 보인다.

402

이 목간은 사각형의 긴 막대기 형태이며, 4면에 묵서가 쓰인 이른바 사면四面목간이다. 3면과 4면은 1, 2면과는 직접적으로 맥락이 거의 닿지 않는 내용으로 이루어져 있다. 그래서 원래의 목간을 재활용한 것으로 추정된다.

아쉽게도 목간의 하단부가 파손되어 전모를 파악하기가 곤란해졌지만 지약아에게 날마다 '식미'를 지급한 사실을 기록한 문서임은 분명하다. 매일 지약아에게 지급한 '식미'가 같지 않았던 것으로 보면 날마다 지급하는 액수가 고정적이었던 것은 아닌 셈이다. 이는 매일 지급받는 대상 인원상의 변동에서 기인한다고 여겨진다. 식미를 지급받는 대상이 수시로 달라졌던 것이다. 그 원인을 뚜렷하게는 알 수 없지만 지약아가 약과 관련된 점을 고려하면 약품을 제공받는 환자의 변동에 따른 결과가 아닌가 싶다.

흔히 이 '식미'를 단일한 품목으로서 쌀이라 이해하지만, 반드시 그렇게만 단정 짓기는 곤란한 측면이 엿보인다. 왜냐하면 앞의 목간 자체에서 초일·6일·7일은 '식'을, 2일·3일·5일·9일은 '식미'를 지급해 '식'과 '식미'를 구분하고 있기 때문이다. 그렇다면 '식'은 단일 품목인 반면, '식미'는 그 자체 '식'과 '미'로 나누어볼 수도 있겠다. 혹여 '식'과 '식미'로 나누어 이해할 여지도 보인다.

물론 4일과 8일이 대상에서 빠진 점으로 미루어,[12] '식'이 '식미'의 단순한 실수에 의한 누락에서 비롯한 것일지도 모른다. 하지만 그것이 몇 차례나 되풀이된다는 사실은 단순한 실수로 보아 넘기기에는 어딘가 석연치 않은 느낌이다. 거기에는 의도성이 깃들었다고 간취되기 때

---

12) 사실 8일조차 반드시 실수에 의한 누락이라 단정하기도 어렵다. 식미를 지급할 필요가 없는 날일지도 모르기 때문이다.

문이다. 따라서 '식'이 '식미'를 줄인 것이라 볼 가능성도 없지는 않지만, 일단 양자를 구분해 이해함이 올바른 접근일 듯싶다. 사실 수전농업水田農業이 별로 발달하지 못한 상황이었음을 고려하면 당시로서는 쌀米이 주식이 되기는 어려웠겠고, 따라서 특수하게 취급되었다고 봄이 적절하다. 약藥과 연관 있는 사람들에게 각별히 지급된 것도 그 점을 방증해주는 사실이다. 이처럼 '식미'는 그 자체가 쌀이 아니라 '식'과 '미'(혹은 식미)로 나뉘며, 그 가운데 주식인 '식'은 보리 같은 물품으로 여겨진다.

'지약아식미기'의 '식'을 쌀이 아니라 보리로서 그것이 당시의 주식이라고 한다면, '좌관대식기'의 대식 대상인 '식'도 그에 견주어 이해함이 적절하다. 사실 좌관들에게 그처럼 많은 분량의 쌀이 대식으로 지급되었다고 보기는 어렵기 때문이다. 따라서 대식한 곡물도 당시 주식으로서 보리였다고 이해함이 적절하겠다. 상환 시점인 6월은 보리 수확이 모두 끝나고 쌀농사가 한창 진행 중인 때인 점도 그를 생각하는 데 참고가 된다.

그런데 '좌관' 10인 각각에게 지급한 분량이 지나치게 많다는 느낌이 든다. 최저가 1석石 3두반斗半이며, 최고는 3석까지였다. 3석이 최고로 책정된 것으로 미루어보면 그들에게 대식의 최고 한계가 기준으로 그처럼 미리 설정되었던 것으로 짐작된다. 아마도 상환 가능성을 염두에 둔 조치였다고 보인다. 당시 3석의 수량이 현재 구체적으로 어느 정도인지 가늠하기는 곤란하지만, 어떻든 1인 혹은 1가족 대상의 대식 수량으로는 지나치게 많다는 느낌이다. 어쩌면 '좌관'에게 지급된 대식이란 전부 특정 개인만을 대상으로 한 것이 아니라, 그를 대표로 한 어떤 단위 조직 전체를 대상으로 삼은 것이 아닐까 싶다. 그 점은 '좌관'의 성격 문제를 다시 검토해보지 않을 수 없게 하는 사실이다.

'좌관'에 대해서 달리 추적할 만한 사료가 따로 없지만 목간 자체 내부에서 그를 풀어갈 만한 약간의 실마리가 찾아진다. 그것은 가장 말미에 기록된 도도읍좌刀刀邑佐란 인물이다. '좌관대식기'에 의하는 한 도도읍좌 관련 기록은 몇 가지 측면에서 주목해볼 대상이다.

첫째, 목간에 보이듯 대식한 수량이 많은 대상부터 작은 대상의 순서로 기록하고 있지만 유일하게 도도읍좌만은 그렇지 않다는 점이다. 그에게는 3석이 대식되었다. 정상적인 순서라면 앞부분에 기재되어야 마땅하다. 그럼에도 가장 말미에 배치되어 일반적 기재 양식으로부터는 벗어나 있다. 이는 도도가 '좌관대식기'에서 정식이 아니라 예외적인 대상으로 취급되었음을 암시해준다.

둘째, 그에게는 '도도읍좌삼석여刀刀邑佐三石与'라 해 3석을 지급한다는 동사 '여与'를 각별히 명시한 점이다. 다른 사람들을 대상으로 상환을 뜻하는 '상上'(올렸다)과 그러지 못한 '미未'('미상未上'의 약칭일 듯)의 사실을 기재한 것과는 뚜렷이 대조되는 부분이다. 다른 사람들은 이번 6월 기준으로 이미 그 전 어느 시점에 대식한 것을 환수받는 내용이 중심을 이룬 반면, 도도읍좌의 경우에는 그렇지 않았다. 도도를 예외적인 대상으로 다루고 있다는 점은 이로써도 입증된다.

다른 사람들에게는 대식이 언제 실시된 것인지 불분명하지만, 이미 기준 시점 훨씬 전에 이루어졌다. 그처럼 대식할 때의 사정을 취급한 문서는 당연히 따로 존재했을 터다. 그러므로 이번 문서는 기존 문서를 토대로 삼아 상환받기로 예정된 무인년 6월을 기준으로 이자와 함께 원금이 수납된 현황을 기록한 것이 분명하다. 그럼에도 도도읍좌의 경우만은 전혀 그렇지가 않게 예외적으로 취급되고 있다. 아마도 도도읍좌의 상환 여하와 관련한 내용은 뒷날 어느 시점에 이르러 다른 문서에 따로 정리되었을 터다.

도도에게는 상환된 사실은 기록하지 않고 오직 지급한 사실만이 기재되었다고 해서 이를 무상지급이라고 확대 해석한 견해도 있지만, 이는 지나친 추정이다. 문서 자체 내부의 어디에도 그렇게 볼 만한 흔적은 없다. 같은 달에 이미 대식한 대상으로부터 상환받는 내용을 정리한 문서임에도 도도읍좌에게만은 유독 이제 막 대식했다는 사실만 기록했을 뿐이다. 따라서 도도 대상의 대식은 이번에는 원금과 이자의 상환이 이루어질 수 없는 특별한 사정에서 기인한다. 왜 그런 일이 벌어졌는지에 대해서는 장차 따로 해석되어야 할 문제다.

셋째, 그와 관련해 도도읍좌의 인명 표기 방식도 각별히 주목해볼 대상이다. 도도읍좌는 도도와 읍좌의 둘로 나뉜다. 도도는 그대로 인명이라 해도 무방하지만 읍좌는 반드시 그렇지가 않다. 한문식으로 표기되어 음차音借한 다른 인명과는 뚜렷이 구별되기 때문이다. 또한 인명이 4자로 구성되어 다른 사람은 2자 혹은 3자인 것과도 대비된다. 따라서 도도와 읍좌는 분리해 이해함이 올바른 접근일 듯하다.

이상과 같이 읍좌는 앞의 다른 사례들과 비교하면 인명의 일부분인 것처럼 기재되어 있지만 사실상 도도와는 다르게 그가 소속한 관부의 직임職任을 지칭할 공산이 크다. 읍좌는 '읍의 보좌'란 뜻으로 풀이되므로 글자 그대로 '좌관'에 해당한다. 읍이란 상대적으로 많은 사람이 모여드는 행정구역의 중심 단위를 지칭함이 일반적이다. 이를테면 군郡이나 현縣 등 지방 행정 단위의 치소治所, 혹은 왕경王京의 하위 행정 단위인 부部나 항巷을 가리킬 수도 있다. 어쩌면 도도는 그런 읍치 행정의 보좌역을 맡았던 것이 아닌가 싶다. 굳이 도도에게만 읍좌를 붙여 표현한 데는 당연히 앞에 열거된 인물들과 구별하려는 의도가 깃들어 있다고 하겠다. 다른 사람들은 이미 대식해준 것을 상환받는 대상이었다면, 도도에게는 이제 대식해주었기 때문에 그렇게 다른 방식으로 표기했을 수도 있겠다.

　그러나 그보다는 그들과는 소속을 달리한 까닭에 그를 나타내기 위해 다르게 표기한 것으로 여겨진다. 바꾸어 말하면 앞의 9인은 동일한 관서에 소속한 '좌관'인 반면, 도도만은 그와는 달리 어떤 읍에 속한 '좌관'으로서 성격이 달랐던 것으로 이해된다. 어쩌면 앞의 '좌관'은 대식을 전담하는 부서의 하위 보좌관일지도 모르겠다. 이상과 같이 여기면 '좌관대식기'는 어떤 관부의 하위를 구성하는 보좌역補佐役을 대상으로 삼은 대식 행위를 기록한 문서로 봄이 어떨까 싶다. 일정한 기간 50퍼센트의 이자로 대식한 것을 이제 주어진 기한이 다 차서 원금과 이자를 돌려받는 내용을 기재한 것이다. 다만 도도에게만은 과거가 아니라 이때 비로소 대식했다. 그는 역시 '좌관'이기는 했으나 읍좌로서 소속 부서가 달랐던 것으로 보인다. 그래서 도도는 어떤 특별한 사정으로 다른 사람들과는 다르게 당년當年의 대식을 받는 입장이었다. 따라서 이 문서에 보이는 대식은 해마다 정기적, 정례적으로 이루어진 일이 아니라 하위 보좌관들을 대상으로 특수한 사정 아래 이루어진 것일 공산이 크다. 게다가 대식의 수량이 지나치게 많다는 점도 그렇게 판단하는 데 놓칠 수 없는 부면部面이다. 그것은 그들 혼자만을 대상으로 한 것이 아니라 그를 대표로 내세운 특정 단위 조직의 대식 행위를 기록한 것처럼 보이기도 한다. 원금과 이자 상환의 비율이 매우 낮은 점도 그와 관련지어 이해해야 하겠다.

　이상과 같이 이해할 때 '좌관대식기'를 통해 쉽사리 고구려의 진대법과 같은 진휼책賑恤策, 혹은 일본 고대의 출거제와 같은 성격으로 이해하거나 조선 왕조의 환곡제를 선뜻 연상하면서 일반화시킨 결론을 내리기에는 좀 더 신중함이 요구된다. 어떻든 장차 나은 자료의 출현을 기다리면서 인내하는 자세가 긴요한 국면이라 하겠다.

4. 나오면서

필자가 처음 이 글을 기초起草해보려는 시도를 한 것은『삼국사기』백제본기에 대해 평소 지녀왔던 몇 가지 의문을 풀기 위해서였다. 평소 기본 사료로서의 백제본기를 깊숙이 들여다볼 기회가 있을 때마다 몇 가지 점에서 강한 의문이 들었기 때문이다. 그럴 때 백제본기의 출발인 온조기溫祚紀와 끝인 의자왕기義慈王紀가 주된 관심사였다.

첫째, 온조기에는 온조 외에 왜 비류沸流란 인물이 시조로서 등장할까 하는 점이다. 물론 신라의 경우에도 박·석·김 3성의 시조가 각기 따로 나오기는 하지만 왕통 계보 속에 정리된 형태로 들어가 있다. 그러나 백제의 경우 온조는 정통으로 자리매김 되고 있으면서도 비류는 거기서 밀려나 일설─說로만 소개되어 있을 따름이다. 과연 백제 당대에 그렇게 정리되었을까. 백제가 온존하던 시절의 정식 사서에 그처럼 정리되었다면 과연 일설이 따로 존재할 수 있을까 하는 의문이었다.

그런데 백제의 시조로는 그 밖에도『주서周書』를 비롯한 중국 측 몇몇 사서에 구태仇台가 등장하며, 일본 측 사서인『속일본기續日本紀』에는 도모都慕가 보이는 사실이 주목된다. 이처럼 유독 백제에서만 시조가 다수 보이며, 특히 사서의 계통이 달라지면 왜 하필 그것조차 각기 다르게 나타나는 것일까. 게다가 백제본기 온조 원년에는 동명묘東明廟까지 세워서 숭앙의 대상으로 삼았다. 연구자라면 왜 이런 현상이 일어났을까는 당연히 품어봄 직한 의문이겠다.

둘째, 백제 시조인 온조나 비류에 대해 본문이나 일설에서 모두 고구려의 시조인 주몽朱蒙의 아들로 설정되어 있는 점이다. 이에 대해서는 특히나 강한 의문이 들었다. 고구려본기나 백제본기에서 드러나듯이 백제는 건국 이후 줄곧 고구려와는 갈등하고 대결하는 관계였다. 사실

두 나라는 단 한 차례의 사신도 서로 주고받은 적이 없을 정도로 적대적이었다. 4세기 후반대에는 근초고왕近肖古王이 고구려의 고국원왕故國原王을, 그로부터 100년 지난 뒤인 5세기 후반에는 고구려의 장수왕長壽王이 백제의 개로왕蓋鹵王을 살해하는 일이 벌어졌다. 서로 간에 마치 물고 물리는 불구대천의 원수처럼 여기고 있었던 것이다.

그런 상황에서 과연 백제가 당대에 정식 역사서를 편찬하면서 자신의 시조를 실제로 주몽의 아들이라고 내세워 기록상에 남기고자 했을까. 적대적인 관계였으므로 그 자체가 사실이라 하더라도 의도적으로 숨기고자 함이 당연하지 않을까. 그렇지 않다면 일반적으로 통용되듯이 국가와 왕실의 정통성 확립과 위엄을 과시하기 위해서라는 고대의 공식 사서 편찬 목적은 근본부터 재검토되지 않으면 안 된다.

온조기를 통해 갖게 된 두 가지 커다란 의문은 언제나 필자의 머리를 떠나지 않고 맴돌았다. 결국 그런 내용은 당대적인 표현이 아니며, 멸망 후에 어떤 특별한 목적으로 백제 역사서가 새로이 정리된 결과였다고 보지 않으면 풀기 어렵겠다는 생각을 갖기에 이르렀다. 말하자면 적어도 온조기의 내용을 구성한 자료는 상당 부분 백제 당대가 아니라 멸망 이후 재정리되었다는 것이다. 물론 다른 왕대기王代紀라고 그러지 않았을 리가 없을 터지만, 유독 온조기만은 후대에 정리된 내용을 심히 많이 담고 있는 것으로 여겨진다. 널리 지적되어왔듯이 온조기의 내용이 유달리 사실성이 매우 높은 내용으로 이루어졌다는 점은 그런 추정을 방증해준다.

그렇다면 그 자체 내용의 사실성 여부를 떠나 사료로서 활용하기에 앞서 누가, 언제, 어떤 목적에서 그와 같은 시도를 했을까를 밝히는 작업은 당연히 시도되어 마땅한 일이겠다. 이런 의문점들에 대해 선뜻 납득할 만큼의 그럴듯한 해답을 별로 접촉하지 못했다. 그래서 필자 스스로 이를 풀어내려는 의욕을 잠시 가져보았던 것이다.

한편 당연하게도 의자왕기에는 당대에 정리된 내용이 들어갈 수가 없는 일이다. 전체가 멸망 후에 정리되었을 터이기 때문이다. 따라서 의자왕기의 모든 기사는 백제인의 의사와는 직접적인 관계가 없는 내용으로 채워져 있다. 물론 그 자체는 당연히 백제 당대에 남겨진 기록에 의거했겠지만, 선택과 정리 과정에서 후대적 인식이 아무래도 크게 스며들 여지가 어느 곳보다도 강했다. 특히 치열하게 전쟁을 치른 상대였던 만큼 승리자인 신라인의 의식이 강하게 스며들어갔을 것으로 쉽사리 추정해볼 수 있겠다.

의자왕기를 사료로서 취급하려면 이런 점을 깊이 인지하지 않으면 안 된다. 그런 의미에서 백제본기 가운데 의자왕기는 다른 것과는 확연히 구별해서 이해함이 적절하다. 이를테면 백제 멸망 이후 신라로 내투來投해 관등과 관직을 받고 활동한 귀족들의 입장이 적지 않게 반영되었을 것임이 분명하다. 거기에는 사실성에서 문제가 없을 수 없겠다. 신라와 백제의 관계 기사 가운데는 전자의 입장이 강하게 끼어들어 정리된 내용도 적지 않았을 터다. 이를테면 백제와 고구려의 연화설連和說[13]을 대표적인 사례로 손꼽을 수 있다. 이 부분은 특히 조심스레 다루어야 할 대상이다.

---

13) 의자왕 대 백제와 고구려의 연화連和는 사실과는 거리가 있다. 이들 기사를 면밀히 검토하면 모두 신라 사신을 통해 당에 전달되고, 그것이 『당서唐書』에 기록되었다. 백제본기 의자왕 3년 이후에 보이는 기사는 백제본기 단독의 새로운 내용이 아니라 모두 『당서』나 신라본기에 의해서 재편집된 것이다. 그런 내용은 고구려본기에는 없다. 따라서 신라가 당병과 연합해 그 도움을 받기 위한 외교적 수사修辭나 활동을 통해 논의된 것을 사실로서 받아들이기는 어렵다. 백제와 고구려가 연화한 것이 사실임을 입증하려면 두 나라가 서로 사신을 직접 주고받는 등으로 교류했다거나 그와 유사한 자료를 동원해 논리적으로 입증해야 한다. 연화설에 이용된 사료가 갖는 한계를 명백하게 인식하지 않으면 안 된다. 그것이 역사학의 기본이 되는 기초 사료에 대한 비판적 작업이기 때문이다.

이상과 같이 보면 백제본기에 접근할 때 반드시 고려해야 할 측면은 사료 자체가 지닌 원천적인 한계가 내재되었다는 사실이다. 마치 당대의 사실인 듯이 보이면서도 그 속에는 이미 크게 왜곡, 부회附會될 만한 요소가 들어가 있다고 하겠다. 특히 온조기와 의자왕기의 경우는 사료로서 본격적인 활용에 앞서 그런 점이 명확하게 인식되고, 따라서 한층 철저히 점검되지 않으면 안 되는 대상이다. 그와 같은 기초적 작업이 사료학을 근간으로 하는 역사학의 본령本領이기 때문이다.

그럼에도 기왕에 그런 점이 별로 두드러지게 드러나지 않았으며, 대신 백제본기 기사 자체의 적극적인 활용과 해석에만 몰두해온 듯한 느낌이다. 실증적인 작업을 통해 역사상을 구체적으로 복원하기에 앞서 좀 더 기초적인 작업에 철저를 기해야 하리라 여겨진다. 이는 아무리 되풀이 강조해도 지나치지 않은 일이다. 그렇지 않으면 백제사라는 거탑巨塔은 자칫 쉽게 무너질지도 모른다.

기실 그런 염려스런 접근이 최근 새로이 출토되는 명문을 다루는 데서도 비슷한 양상으로 나타남을 목도했다. 이로 말미암아 백제본기를 잠시 젖혀두고서 신출토 자료를 먼저 다루는 것이다. 그것이 백제본기보다도 접근 방법상의 문제점을 한결 분명하게 드러낼 수 있으리라 판단되었기 때문이다.[14]

---

14) 이 글은 원래 2013년 6월 백제학회에서 발표한 논문을 약간 수정 보완한 것이다. 편집 방침상 분량이 너무 제한됨에 따라 낱낱이 각주를 달 수 없었다. 이 점과 함께 당시 토론자였던 전남대학교 이강래 교수의 훌륭한 지적에 대해 각주를 통해서 낱낱이 수정 보완하지 못했음을 정말 미안하게 생각한다. 그 밖에도 후주를 달지 않은 이유로는 필자의 게으름 탓을 손꼽을 수 있지만, 굳이 변명을 하자면 추구한 내용 자체가 어느 특정 논문을 겨냥한 시도가 아니라 새로 출토된 백제사 관련 자료의 연구 경향에 보이는 문제점을 대충 짚어보려는 것이었기 때문이다. 이 점 널리 혜량해주시기 바란다.

:: 참고문헌

김용민·김혜정·민경선, 2008,「부여 왕흥사지 발굴조사 성과와 의의」,『목간과 문자』1,
　　한국목간학회.

노중국, 2009,「백제의 구휼·진대정책과 '좌관대식기' 목간」,『백산학보』83, 백산학회;
　　2010,『백제사회사상사』, 지식산업사.

양기석, 2009,「백제 왕흥사의 창건과 변천」,『백제문화』41, 공주대학교 백제문화연구
　　소; 2013,『백제 정치사의 전개과정』, 서경문화사.

이우태, 2010,「한국의 매지권」,『역사교육』115, 역사교육연구회.

이희관, 1997,「무녕왕 매지권을 통하여 본 백제의 토지매매문제」,『백제연구』27, 충남
　　대학교 백제연구소.

정동준, 2009,「좌관대식기 목간의 제도사적 의의」,『목간과 문자』4, 한국목간학회.

주보돈, 2012a,「통일신라의 (능)묘비에 대한 몇 가지 논의」,『목간과 문자』9, 한국목간
　　학회.

＿＿＿, 2012b,「미륵사지 출토 사리봉안기와 백제의 왕비」,『백제학보』7, 백제학회.

홍승우, 2009,「좌관대식기에 나타난 백제의 양제와 대식제」,『목간과 문자』4, 한국목
　　간학회.

＿＿＿, 2013,「부여지역 출토 백제 목간의 연구 현황과 전망」,『목간과 문자』10, 한국
　　목간학회.

三上喜孝, 2009,「古代東アジア出擧制度試論」,『東アジア古代出土文字資料の研究』,
　　雄山閣, 東京.

「여신라왕김중희서與新羅王金重熙書」로 본 헌덕왕의 즉위 사정

이문기(경북대학교 역사교육과 교수)

1. 문제 제기

'여신라왕김중희서與新羅王金重熙書'[1]는 당唐 헌종憲宗이 신라 애장왕哀莊王에게 내린 한 통의 칙서勅書로, 당의 저명한 문장가 백거이白居易의 문집인 『백씨장경집白氏長慶集』을 비롯한 몇몇 문헌에 수록되어 오늘날까지 전해지고 있다. 칙서라면 나당羅唐 간의 외교 관계에서 작성된 많은 외교 문서 중의 하나였으므로, 당시 당과 신라의 사정이 일정 부분 투영되어 있기 마련이다. 이 자료는 그중에서도 헌덕왕憲德王 즉위 초의

---

1) 이 칙서의 표제는 소전所傳 자료에 따라 조금씩 다르지만, 4장에서 논의하듯이 『문원영화文苑英華』의 표제를 따른다.

사정이 반영되어 있다는 점에서 적지 않은 주목을 받아왔다. 예컨대 일찍이 스에마쓰 야스카즈未松保和는 이를 신라 하고下古 여러 국왕의 홍년薨年에 대한 기록을 재검토하는 단서로 삼으면서 다양한 측면에서 음미한 바 있었고(未松保和, 1954, 413~432쪽), 권덕영은 이 자료를 실마리로 해『삼국사기三國史記』에 실린 헌덕왕 즉위년의 견당사遣唐使 파견 기록이 착오임을 해명했다(권덕영, 1997, 75~76쪽).

이「여신라왕김중희서」는 특히 두 가지 측면에서 주목할 필요가 있다고 본다. 첫째, 이 칙서의 작성 및 사급賜給 시기가 당 헌종 원화元和 5년(810, 헌덕왕 2)의 겨울로 추정됨에도 불구하고(권덕영, 1997, 75쪽), 그 대상을 '신라왕 김중희', 곧 애장왕으로 기록하고 있는 점이다. 칙서가 작성된 시점에서 보면 애장왕은 그보다 1년여 전인 809년(애장왕 10) 7월에 숙부인 김언승金彦昇 등에게 살해되었고, 그 뒤를 이어 언승 자신이 왕위에 올라 재위 중인 상황이었다. 따라서 통상적인 경우라면 이 칙서는 '신라왕 김언승'에게 내려주는 것으로 작성되어야 마땅하지만, 여기에는 아직 애장왕이 칙서의 수신자로 등장하고 있다. 이는 당 조정이 그때까지 애장왕의 사망과 헌덕왕의 즉위 사실을 인지하지 못하고 있었음을 시사한다. 그렇다면 우리는 이 칙서를 통해 조카를 시해하고 비상非常한 방식으로 왕위에 오른 김언승이 즉위 후에도 국내외적으로 상당한 곤경에 처해 있었던 사정을 엿볼 수 있겠다.

둘째, 이미 지적되어 있듯이 이 칙서는『삼국사기』에 수록된 헌덕왕 즉위년 기사의 오류를 밝히는 방증 자료가 될 수 있다.『삼국사기』신라본기新羅本紀에는 그가 왕위에 오른 직후인 809년 8월에 이찬 김창남金昌南을 애장왕의 죽음을 알리는 고애사告哀使로 당에 파견했으며, 이에 부응해 당 헌종은 정사正使 최정崔廷과 부사副使 김사신金士信을 신라에 보내 헌덕왕과 그 왕비를 책봉했던 것으로 기록하고 있다. 그러나

이는 『구당서舊唐書』 신라전新羅傳을 비롯한 중국의 각종 문헌에서 고애告哀, 하정賀正 겸 청책봉사請册封使 김창남의 입당入唐과 책봉사册封使 최정 등의 신라 파견 시기를 원화 7년(812, 헌덕왕 4)으로 기록한 것과는 시기면에서 3년의 차이를 보인다. 이렇게 서로 다른 기록 중에서 옳은 것은 물론 후자다(권덕영, 1997, 75쪽). 이에 더해 「여신라왕김중희서」의 존재는 『삼국사기』 신라본기에서 헌덕왕 즉위년의 견당사 파견 기사가 잘못 편년되어 있음을 거듭 확인시켜주는 것이다.

스에마쓰 야스카즈 등의 종래의 연구 역시 이상의 두 가지 측면을 주목했고, 도출된 결론 역시 충분한 설득력을 갖고 있다. 그렇지만 좀 더 세심하게 살펴보면 새로 검토되어야 할 필요가 있다고 여겨지는 약간의 문제가 남아 있다.

첫째, 「여신라왕김중희서」의 말미 부분에는 견당사 김헌장金憲章의 귀국에 즈음해 신라 국왕과 왕모 및 왕비 등 왕실 세력에 대한 신물信物의 하사와 더불어 '부왕副王'과 재상 이하에게도 물품을 하사한 내용이 보인다. 그런데 여기에 언급된 '부왕'은 이 자료를 제외하면 역대 신라 왕에게 내려진 칙서에서 더 이상 발견되지 않는 독특한 칭호다. '부왕'은 『신당서新唐書』 발해전渤海傳에서 발해왕의 장자長子에 대한 칭호라고 나오기는 하지만, 발해와는 달리 신라가 '부왕'을 정식 제도로 운영했거나 혹은 특정한 존재에 대한 칭호로 사용한 사례는 찾아볼 수 없다. 따라서 이 칙서의 '부왕'은 관행적이거나 상투적인 칭호가 아니라, 당시 신라의 특수한 사정이 반영된 특정인을 지칭하는 칭호라고 보지 않을 수 없다. 그렇다면 「여신라왕김중희서」에서 국왕·왕모·왕비 등 왕실 구성원의 하위에 있지만 재상보다는 높은 위상을 가졌던 신라의 '부왕'은 과연 누구였는지, 그리고 유독 이 칙서에서만 '부왕'이 물품 사여의 대상자로 등장하는 이유가 무엇인지 등이 의문이지만, 아직 이에 대한 해명은 이루어지지 않았다.

둘째, 『삼국사기』 신라본기에 기록된 헌덕왕 즉위 초의 일련의 기사를 보면, 그의 정치 운영이 여느 신왕新王의 그것과 마찬가지로 매우 순조롭고 정상적이었던 것으로 파악된다. 그런데 이러한 이해를 더욱 심화시켰던 것은 헌덕왕 즉위 직후인 809년 8월에 고애사 겸 청책봉사 김창남을 당에 보내 애장왕의 죽음과 신왕의 즉위를 알리자, 당 헌종이 책봉사를 보내 헌덕왕을 책봉했다는 기사라고 할 수 있다. 왜냐하면 헌덕왕이 즉위 다음 달에 당으로부터 무난히 책봉을 받았다는 것은 당이 헌덕왕의 즉위에 아무런 문제가 없었다고 보면서 그의 왕자王者로서의 정통성을 공인했다는 의미로 풀이될 수 있기 때문이다. 그러나 『삼국사기』와는 달리 고애사 김창남의 입당과 당 헌종의 책봉사 파견 시점이 중국 사료에서와 같이 이보다 3년 늦은 헌덕왕 4년(812)이었다면 이야기가 달라진다. 상식적인 차원에서 쉽게 예상할 수 있듯이, 숙부로서 조카인 애장왕을 시해하고 왕위를 찬탈한 헌덕왕이 즉위 초반의 통치에서 상당한 애로를 겪었다고 볼 수 있기 때문이다. 「여신라왕김중희서」는 이러한 추론을 뒷받침하는 1차 사료가 될 수 있다. 그러므로 이 칙서를 고려하는 가운데 헌덕왕 즉위 초기의 정국 운영 양상을 재검토해볼 필요가 있을 것 같다.

셋째, 헌덕왕 즉위 초에 정상적이고 순조로운 통치가 이루어졌다고 이해하게 만들었던 핵심 기사, 즉 고애사 김창남의 입당과 당의 책봉사 파견 시기를 과연 누가 어떤 의도로 3년을 앞당겨 즉위년 8월조에 편년했느냐는 의문이 제기될 수 있다. 이에 대해서는 『삼국사기』 편찬자의 책임으로 돌리는 견해가 나와 있지만(末松保和, 1954, 417쪽), 그대로 따르기에는 석연치 못한 구석이 남아 있다. 그러므로 이 문제 역시 새로 검토되어야 한다.

이 글은 이상의 문제 제기를 바탕으로 「여신라왕김중희서」를 활용해 헌덕왕 김언승의 즉위와 그 직후의 통치를 재조명해볼 목적에서 마련되었다. 먼저 『삼국사기』를 중심으로 국내 사료를 종합해 809년 7월 김언승이 정변을 통해 조카인 애장왕을 살해하고 왕위에 오르는 과정과 즉위 직후의 통치 양상을 개관하고자 한다. 다음으로 각종 중국 문헌 사료를 종합해 헌덕왕 즉위 초의 견당사 파견 시점을 정리하고 파견의 의도를 헤아려볼 것이다. 이어서 「여신라왕김중희서」를 분석해 여기의 '부왕'이 일반 신료로서는 최상위의 물품 사여 대상자로 등장하는 이유와 부왕이 누구인지를 밝혀 헌덕왕 즉위 초기에 보이는 통치상의 애로를 추론해보고자 한다. 이러한 작업을 토대로 마지막으로 『삼국사기』에서 헌덕왕 즉위년에 견당사 파견 기사를 편년하는 오류를 범하게 된 이유를 생각해보겠다.

사실 이 문제는 이미 여러 논자에 의해 산발적으로 언급되어온 것이다. 그럼에도 이 글에서 재론하는 이유는 종래의 연구에서 간과했던 약간의 작은 문제들을 밝혀보기 위해서다. 이 소론小論이 이후 헌덕왕 대 초반 정국을 제대로 이해함에 있어 하나의 디딤돌로 쓰일 수 있다면 더 이상의 바람이 없겠다.

2. 『삼국사기』로 본 헌덕왕의 즉위와 집권 초기의 통치

『삼국사기』 헌덕왕 즉위년조에서는 그가 왕위에 오르기까지의 관력官歷을 다음과 같이 요약하고 있다.

(가) 헌덕왕이 왕위에 올랐다. 이름은 언승이고 소성왕昭聖王의 친동생이다.

원성왕 6년에 사신으로서 당나라에 갔다 와서 대아찬大阿湌의 관등을 받았고, 7년에는 반역한 신하를 죽임으로써 잡찬迊湌이 되었으며, 10년에 시중侍中이 되었고, 11년에 이찬伊湌으로 재상이 되었다. 12년에 병부령兵部令이 되었고 애장왕 원년에 각간角干이 되었으며, 2년에 어룡성御龍省 사신私臣이 되었고 얼마 안 있어 상대등上大等이 되었다가 이때 와서 즉위했다. 왕비는 귀승부인貴勝夫人인데 각간 예영禮英의 딸이다.(『삼국사기』 권10, 신라본기10 헌덕왕 즉위년)

후일 헌덕왕으로 즉위하는 김언승은 원성왕의 태자였던 인겸仁謙의 둘째 아들이자 소성왕의 아우로서 왕실과 매우 가까운 왕족이었다. 그가 정계에 진출해 본격적으로 활동하기 시작했던 시기는 조부 원성왕의 치세였다. 원성왕 6년(790)에 견당사로 다녀온 뒤 대아찬에 올랐으며, 동同 7년에는 반란을 도모한 이찬 제공悌恭의 목을 베는 공로를 세워 잡찬으로 승진했다. 이 당시 언승의 나이는 정확하게 알 수 없지만, 같은 해에 파진찬[2]으로서 시중이 된 맏형 김준옹金俊邕(후일의 소성왕)과 함께 정계의 주요 인물로 부상했던 것으로 보인다. 이어서 원성왕 10년(794)에는 잡찬으로 시중에 임명되었고, 이듬해에는 이찬으로 재상이 되었으며, 다시 그 이듬해에는 병부령이 되었다. 그런데 이러한 시중→재상→병부령은 얼핏 거듭된 전직轉職처럼 보이지만, 실은 원성왕 12년(796)에 이르러 김언승이 시중과 재상을 겸하다가 다시

---

[2] 김준옹과 언승 형제의 관력 중 관등 기록에는 미심쩍은 점이 많다. 우선 원성왕 7년 김준옹이 시중에 임명되었을 때의 관등에 대해 대아찬 또는 파진찬이라는 서로 다른 기록이 남아 있고, (가)에서는 아우인 언승이 같은 해에 형인 준옹보다 상위 관등인 잡찬으로 승진했다고 나와 자못 의심의 여지를 남기는 것이다. 또 『삼국사기』 신라본기 애장왕 즉위년(800)에서는 "아찬 병부령 언승이 섭정했다"고 관등을 잘못 기록하고 있다.

재상과 병부령의 양직兩職을 겸대兼帶한 것으로 이해된다(이문기, 1984, 30~31쪽). 이렇게 요직을 겸함으로써 그는 원성왕 11년(795)에 태자로 책봉되어 차기 왕위 계승권을 확보한 맏형 준옹과 더불어 정계의 실세로 군림했을 것이다.

소성왕이 재위 2년 만에 사망하고 조카인 김청명金淸明(애장왕)이 13세의 어린 나이로 왕위에 오르자 김언승은 각간으로서 재상과 병부령을 겸한 가운데 섭정을 맡아 드디어 신라 최고 권력자의 위상을 확보했다.

어린 애장왕의 즉위와 숙부 김언승의 섭정은 소성왕이 유조遺詔를 통해 절묘한 역할 배분을 시도했던 결과로 볼 수 있다. 소성왕은 동同 2년 (800) 6월 사망하기 직전에 13세였던 장자 청명을 태자로 책봉해 차기 왕위 계승권을 부여했다. 그러면서 한편으로는 종래의 모후母后에 의한 섭정이라는 관례(진흥왕과 혜공왕의 사례 참조)를 버리고 권력의 실세였던 동생 언승에게 섭정을 약속함으로써 장차 발생할 개연성이 컸던 숙질叔姪 간의 왕위를 둘러싼 다툼을 미연에 방지하려 했던 것으로 여겨진다.

소성왕의 유조에 의해 13세의 어린 애장왕의 섭정자로서 위상을 확보한 언승은 섭정을 시작하자마자 자신의 권력 기반을 더욱 공고히 하는 조치를 취했다. 애장왕 2년(801)에 어룡성 사신이 되었으며, 이어 상대등에 올랐다고 했다. 종래의 어룡성은 왕의 행차와 관련된 업무를 직장職掌으로 했으며, 어백랑御伯郎(이후 봉어奉御 → 경卿 → 감監으로 개명)이 장長을 맡고 있는 내성內省 예하의 소부小府에 지나지 않았다. 그러나 섭정 언승이 어룡성에 장관직인 사신을 신설하고 그 자리에 취임하면서 어룡성은 내성에 버금가는 위상을 가진 내정의 수부首府로 그 격이 높아졌으며, 일종의 섭정부로서 일약 권력의 핵심 기구로 기능했다. 이에 더해 그는 얼마 후 상대등에 취임해 자신의 권력 기반을 더욱 강화해나갔던 것이다.

다만 이러한 김언승의 관력을 이해함에 있어 약간의 주의가 필요하다. 관련 사료를 문면 그대로 받아들이면, 김언승은 애장왕이 즉위한 후에 병부령→어룡성 사신→상대등의 관직을 역임하면서 섭정의 역할을 수행했던 것으로 이해될 수도 있다. 그러나 이는 잘못이다. 왜냐하면 그가 섭정부로 활용할 목적으로 그 위상을 크게 높이고 자신이 신설해서 취임한 어룡성 사신을 금방 그만두고 상대등으로 전임傳任했다고 생각하기는 어렵기 때문이다. 따라서 전임인 것처럼 기록된 위의 관직들은 사실은 김언승이 겸했던 관직을 나열하고 있다고 보아야 한다. 그렇다면 김언승은 애장왕의 치세 동안 재상·병부령·어룡성 사신·상대등 등 4개의 요직을 겸한[3] 채 섭정을 맡았던 당대 최고의 권력자였다고 할 수 있다(이문기, 1984, 30~31쪽).

그런데 최고의 권력자 김언승은 애장왕 10년(809) 7월에 돌연 군사를 동원해 애장왕을 살해하고 스스로 왕위에 오르는 정변을 일으켰다.

(나)-1 가을 7월 …… 왕의 숙부 언승 및 그 아우 이찬 제옹悌邕이 군사를 거느리고 궁궐로 들어가 난을 일으켜 왕을 죽였다. 왕의 아우 체명體明이 왕을 지키다가 함께 죽임을 당했다. 왕의 시호를 추증해 애장哀莊이라 했다.(『삼국사기』 권10, 신라본기10 애장왕 10년 7월)

---

3) 김언승이 재상직에 있었음은 여러 사료에서 확인된다. 대표적으로 『신당서』 신라전의 "(원화 3년) 또 그 재상 김언승, 김중공과 왕의 동생 소(판) 김첨명에게 문극을 내려주기를 비니 조서로서 모두 그렇게 하라고 했다((元和 3年) 又其宰相金彦昇 金仲恭 王之弟蘇(判)金添明 丐門戟 詔皆可)"에서 보듯이, 애장왕 9년(808) 당시에도 그는 재상직에 있었다. 나아가 『구당서』 헌종본기의 "(元和 7年 7月) 己卯 以新羅國大宰相金彦昇爲開府儀同三司 檢校太尉 持節大都督雞林州諸軍事 雞林州刺史兼寧海軍使 上柱國 封新羅國王"이라는 기사를 참조하면, 그는 즉위 직전에는 재상 중에서도 최상위인 대재상大宰相이었을 가능성이 크다.

(나)-2 제40대 애장왕. 김씨이며, 이름은 중희重熙 또는 청명淸明이라 했다. 아버지는 소성왕, 어머니는 계화황후桂花皇后다. 신묘년(800)에 즉위해 10년 간 다스렸다. 원화 4년(809) 기축 7월 19일에 왕의 숙부인 헌덕·흥덕興德 두 이간伊干에게 살해되었다.(『삼국유사三國遺事』 권1, 왕력王曆)

앞의 두 사료를 종합하면 김언승이 정변을 일으킨 정확한 시기는 809년 7월 19일로 볼 수 있다. 그리고 정변을 주도한 핵심 인물은 언승과 그의 동생 제옹(혹은 수종秀宗, 후일의 흥덕왕)으로 애장왕의 숙부들이었으며, (나)에 명기되지는 않았지만 언승의 막냇동생 김충공金忠恭, 종제이면서 시중에 재임 중이던 김헌정金憲貞(혹은 金獻貞),[4] 헌덕왕의 왕위 즉위와 함께 대재상과 상대등을 물려받은 김숭빈金崇斌, 김헌정을 대신해 헌덕왕에 의해 시중에 임명되는 김양종金亮宗 등 다수의 유력 진골 귀족들도 적극 가담했던 것으로 추정된다. 이들은 군대를 일으켜 궁궐로 난입해 애장왕과 그를 시위侍衛하던 왕제王弟 체명을 살해함으로써 정변을 성공시켰다.

이 809년 7월에 일어난 갑작스러운 김언승의 정변은 애장왕 6년(805) 애장왕이 섭정을 벗어나 친정親政을 개시하면서부터 그 씨앗이 뿌려졌다. 805년에 18세에 이른 애장왕은 신라의 관례에 따라 섭정을 끝내고 친정을 시작했다. 애장왕의 친정 개시는 지난 5년 동안 섭정으로서 최고의 권력을 누려왔던 김언승의 입지를 점차 위축시켜나갔다. 물론 애장왕 친정기에도 김언승은 상대등을 비롯한 고위직을 여럿 겸대하고 있어 외형상 정치적 지위를 유지했던 것처럼 보이지만, 실질적인 권력 행사에서는 상당한 견제와 제약을 받았을 것이다.

---

4) 헌덕왕 4년 견당사로 파견된 김헌장과 동일인이다(이기동, 1984, 165~166쪽).

이 점은 친애장왕 세력의 급속한 성장에서 방증을 얻을 수 있다. 친애장왕 세력을 대표했던 인물이 애장왕의 친동생 체명이었다. 『신당서』 신라전에는 애장왕 9년(808)에 견당사로 파견된 김력기金力奇가 귀국할 때 황제로부터 문극門戟을 하사받은 세 명의 신라 신료가 보이는데, 왕의 숙부인 재상 김언승과 그의 동생 김중공金仲恭, 그리고 왕의 동생인 소판 김첨명金添明이 바로 그들이다. 여기서 보이는 김중공과 김첨명은 국내 사료에서는 확인되지 않는 이름이지만, 숙부·왕의 동생 등의 표현에서 보면 김언승의 막냇동생 김충공과 왕제 김체명으로 비정해도 무방할 것 같다. 그렇다면 808년에는 친애장왕 세력을 대표하는 왕제 김체명이 소판(잡찬)의 관등을 지닌 채 재상의 반열에 올라, 당 조정으로부터 김언승과 김충공에 버금가는 유력자로 인식될 정도로 성장해 있었음을 알 수 있다. 왕제 체명은 809년에 일어난 정변에서 애장왕을 시위하다가 함께 피살된 점에서 알 수 있듯이 애장왕을 지근거리에서 보좌하는 측근으로 자리 잡고 있었다. 그러므로 809년 7월 김언승 등이 일으킨 정변은 애장왕 친정기에 급속하게 성장한 친애장왕 세력과의 정치적 세력 다툼에서 수세에 몰린 김언승 세력이 불리한 정치적 환경을 일거에 타개하기 위해 찾아낸 마지막 카드였던 셈이다.

조카 왕을 시해한 김언승은 곧바로 스스로 왕위에 올랐던 것으로 보인다. 죽은 왕에게 애장왕이라는 시호를 올렸다고 하는데, 이는 애장왕의 장례 절차 진행까지 함축된 표현으로 볼 수 있고, 이를 주관한 사람이 헌덕왕으로 생각되기 때문이다. 숙부가 조카인 왕을 시해하고 왕위를 찬탈한 신라 역사상 초유의 사건은 신라 조야朝野에 큰 파문을 불러일으켰을 것임에 틀림없다. 불법적, 반인륜적인 행위에 대해 비판의 분위기가 크게 형성되었음 직하다. 이에 따라 헌덕왕이 왕자王者로서의 정통성을 확보하는 데도 상당한 어려움을 겪었을 것이다.

그런데 이상하게도『삼국사기』헌덕왕본기의 초기 기사를 일별하면 그러한 흔적은 잘 드러나지 않는다. 오히려 정상적인 왕위 계승을 통해 즉위했던 여느 신왕과 조금도 다르지 않게 매우 정상적이고 순조로운 통치가 이루어진 것으로 기록하고 있다.『삼국사기』헌덕왕본기 기사의 즉위 초기에 이루어진 주요 통치 행위를 정리하면 다음과 같다.

(다)-1 헌덕왕 원년(809) 7월: 왕위 즉위 직후 김숭빈을 대재상 및 상대등에 임명.

(다)-2 헌덕왕 원년(809) 8월: 대사면 실시, 고애사 김창남을 당에 보내 애장왕 사망 통보·당 헌종이 조제책봉사弔祭册封使로 정사 최정, 부사 김사신을 보내 헌덕왕을 개부의동삼사開府儀同三司 검교태위檢校太尉 지절持節 대도독계림주제군사大都督林州諸軍事 겸 지절 충영해군사充寧海軍使 상주국上柱國 신라왕으로, 아내 정씨貞氏를 왕비로 책봉·대재상 김숭빈 등 3인에게 문극 하사.

(다)-3 헌덕왕 2년(810) 정월: 양종을 시중에 임명.

(다)-4 헌덕왕 2년(810) 2월: 신궁 친사親祀, 제방 수리 등 권농 정책 시행.

(다)-5 헌덕왕 2년(810) 10월: 견당사 김헌장 파견.

(다)-6 헌덕왕 3년(811) 정월: 시중 양종을 이찬 원흥元興으로 교체.

(다)-7 헌덕왕 3년(811) 2월: 이찬 웅원雄元을 완산주完山州 도독에 임명.

(다)-8 헌덕왕 3년(811) 4월: 처음으로 평의전平議殿에 나아가 정사政事 처리.

(다)-9 헌덕왕 4년(812) 봄: 시중 원흥을 균정均貞으로 교체.

(다)-10 헌덕왕 4년(812) 9월: 급찬級湌 숭정崇正을 북국北國에 사신으로 파견.

즉위 후 4년 동안 행해진 헌덕왕의 통치는 대략 ① 상대등·시중·도독 등 주요 관직에 대한 인사의 단행, ② 대사면, 신궁 친사 등 즉위 의례의 거행, ③ 당과 발해와의 외교 교섭 등 세 가지 유형으로 크게 나눌 수 있다. ①의 경우 신왕 즉위 후의 정계 개편 작업이지만, 즉위 공신들에 대한 논공행상의 의미도 가졌을 것이다. ②는 자신의 왕위 즉위를 선포하는 행위로서 신왕 즉위 후에 관례적으로 행해졌던 즉위 의례의 일환이었다. ③은 대외적으로, 특히 당으로부터 신왕의 즉위를 공인받기 위한 것으로 이 또한 신왕의 즉위에 부수되는 일반적인 절차의 하나였다. 이렇듯 『삼국사기』는 헌덕왕이 왕위 즉위나 즉위 초의 통치에서 어떤 어려움도 겪지 않았으며, 여느 신왕과 마찬가지로 평온하고 정상적인 정치 행위가 이루어진 것으로 서술하고 있다.

그런데 헌덕왕 3년(811)의 다음 기사에서는 이와는 조금 다른 분위기가 읽힌다.

(라) 여름 4월에 처음으로 평의전에 나아가 정사를 처리했다.(『삼국사기』 권10, 신라본기10 헌덕왕 3년 4월)

(라)에서는 헌덕왕이 즉위 3년 4월이 되어서야 처음으로 정청政廳인 평의전에 나아가 정사를 처리했다고 했는데, 이때부터 비로소 정상적인 통치가 행해졌다는 의미로 여겨진다. 그렇다면 그는 즉위 후 약 1년 8개월 동안 정청에 나가 정무를 보지 못하는 비정상적인 상황에 처해 있었다고 할 수 있다. 이에 더해 이미 밝혀졌듯이 즉위년 8월 고애사 김창남의 파견과 이에 따른 당 헌종의 책봉사 파견 기사가 헌덕왕 4년의 사실을 3년 소급해 기록한 잘못을 범한 것이라면, 『삼국사기』 헌덕왕본기의 즉위 초 기사가 보여주는 것과는 달리 오히려 (라)에서 간과되는 비정상적인 상황이 전개되었을 것이라는 추측이 가능하다.

이렇게 보면 『삼국사기』 헌덕왕본기의 즉위 초 기사는 헌덕왕이 즉위하는 과정에서 저지른 조카 애장왕의 시해와 왕위 찬탈이라는 불법

424

적인 행위를 숨기려는 의도에서 서술된 것이 아닌지 의심이 간다. 이 문제는 5장에서 재론하기로 한다.

3. 중국 문헌으로 본 헌덕왕 즉위 초의 견당사 파견과 그 의도

『삼국사기』 헌덕왕본기의 즉위 초 기사에는 견당사가 두 차례 파견되었던 사실이 기록되어 있다. 즉 즉위 직후인 809년 8월에 고애사 김창남을 당에 보내 애장왕의 죽음을 알렸고, 이에 당 헌종은 조제 겸 책봉사로 최정 등을 파견해 헌덕왕과 왕비를 책봉하는 한편 대재상 김숭빈 등 3인에게 문극을 하사했다. 그리고 이듬해인 810년 10월에는 왕자 김헌장을 견당사로 보내 금은 불상과 불경 등을 바치고 순종順宗의 명복을 빌었다고 한다. 그러나 이중 809년 8월의 고애사 파견이나 헌덕왕에 대한 책봉 기사는 그 시기가 중국 사료와 다르다는 점이 누누이 지적되어왔다(권덕영, 1997, 75~76쪽). 그러므로 중복되는 느낌이 없지 않지만 2차에 걸친 견당사의 파견 시기와 파견 의도를 살피기 위해 중국 문헌 속의 견당사 파견 기사를 재검토하기로 한다.

먼저 고애사 김창남의 파견 및 헌덕왕 책봉과 관련된 기사를 뽑아보면 다음과 같다.

(마)-1 (원화 7년) 6월 정해삭丁亥朔 …… 계사癸巳 …… 기해己亥 …… 을축乙丑 …… 기묘己卯에 신라국 대재상 김언승을 개부의동삼사 검교태위 지절 대도독계림주제군사 계림주자사 겸 영해군사 상주국으로 삼고 신라국왕으로 책봉했으며, 이어서 언승의 처 정씨를 비로 책봉했다. 8월 정해삭 새로 신라국 대재상 김숭빈 등 3인에게 마땅히 본국의 관례에 따라 극戟을 내려

주었다.(『구당서』 권15, 본기15 헌종 이순 하 원화 7년 6월)

(마)-2 (원화) 7년 중흥重興이 죽으니 그 재상 김언승을 세워 왕으로 삼았다. (김언승이) 김창남 등을 사자로 보내 고애했다. 그해 7월에 언승에게 개부의동삼사 검교태위 지절 대도독계림주제군사 겸 지절 충영해군사 상주국 신라 국왕을 내려주고, 언승의 처 정씨를 책봉해 왕비로 삼았다. 이어서 그 나라 재상 김숭빈 등 3인에게 극을 하사하되 또한 본국의 구례舊例에 준해 지급하게 했다. 겸해서 직방원외랑 섭어사중승 최정에게 명해 부절을 가지고 조제하고 책봉케 했는데, 그 나라의 질자質子 김사신을 부사로 삼았다.(『구당서』 권199 상, 열전149 상 동이東夷 신라국)

(마)-3 (원화) 7년 (중흥이) 죽고 언승이 즉위해 와서 상喪을 알리니 직방원외랑 최정에게 명해 조문하게 했다. 또 신왕을 임명하고 처 정씨를 왕비로 삼았다.(『신당서』 권220, 열전145 동이 신라)

(마)-4 (원화 7년) 7월 신라왕 김중희가 죽고 그 재상 김언승이 즉위해 사신을 보내 알렸다. 조서를 내려 언승을 개부의동삼사 간교태위簡較太尉 사지절 대도독계림주제군사 겸 지절 충영해군사 상주국으로 삼아 신라왕으로 책봉하고 처 진씨眞氏를 왕비로 삼았다. 이어 유사有司로 하여금 격식에 준하게 하고, 겸해 직방원외랑 섭어사중승 최정을 사신으로 임명했다.(『책부원귀冊府元龜』 권965, 외신부外臣部 봉책封冊3)

(마)-5 (원화 7년) 4월 신라의 하정겸고애사賀正兼告哀使 김창남 등 54인이 조현朝見했다.(『책부원귀』 권972, 외신부 조공朝貢5)

(마)-6 (원화 7년) 7월 경오庚午에 신라 질자 시위위소경試衛尉少卿 사자금 어대賜紫金魚袋 김면金沔을 광록소경光祿少卿으로 삼아 조제책립부사弔祭册立副 使로서 최릉崔稜을 따라 신라에 보냈다. 8월 초하루 정해丁亥에 신라국 대재 상 김숭빈 등 3인에게 칙명을 내려 본국의 구례에 준해 극을 하사했다.(『책 부원귀』 권976, 외신부 포이褒異3)

(마)-7 (원화) 7년 중흥이 죽고 그 재상 김언승이 왕이 되어 김창남 등을 사신으로 보내 고애했다. 7월 언승에게 개부의동삼사 검교태위 지절 대도 독계림주제군사 겸 지절 충영해군사 상주국 신라왕을 제수하고, 처 정씨正 氏를 책봉해 왕비로 삼았다. 이어 대재상 김숭빈 등 3인에게 극을 하사했는 데, 또한 본국에 준해 지급하게 했다. 겸해서 직방원외랑 섭어사중승 최정 에게 명해 부절符節을 가지고 조제하고 책립册立하게 했으며, 그 나라 질자 김사신을 부사로 삼았다.(『당회요唐會要』 권95, 신라)

먼저 고애사 김창남의 입당에서부터 헌덕왕의 책봉에 이르는 절차 를 세분해서 생각해보면, 고애사 김창남의 입당 및 조현, 헌덕왕 책봉 요청→김언승을 개부의동삼사 검교태위 지절 대도독계림주제군사 계 림주자사 겸 영해군사 상주국 신라 국왕으로, 처 정씨貞氏를 왕비로 책 봉→대재상 김숭빈 등 3인에게 문극 하사→직방원외랑 섭어사중승 최정을 조제 및 책립 정사로, 신라 질자 김사신을 부사로 임명→최정 과 김사신 및 김창남 등 신라로 귀국→헌덕왕과 왕비에 대한 책봉 의 식 거행 정도로 정리할 수 있다.

여기서 우선 주목할 것은 이러한 일련의 일들이 있었던 시기다. 『삼 국사기』와는 달리 중국의 모든 문헌에서 김창남의 입당과 당 헌종이 헌덕왕을 책봉한 시기를 원화 7년(812, 헌덕왕 4)으로 명기하고 있으므로, 이상의 절차는 812년의 일로 볼 수 있다. 다만 자료에 따라서는 이 일들이 일어난 월일月日까지 기록된 경우가 있어 좀 더 구체적으로 파악할 수 있다. (마)-5에 따르면 하정겸고애사 김창남 등 54명의 신라 견당사가 입당해 조현했던 것은 812년 4월이었다. 이때 김창남 등은 당에 애장왕의 죽음을 알리고 신왕으로 즉위한 김언승에 대한 책봉을 요청했을 것이다.

당 조정은 이러한 요구에 부응해 논의와 정해진 절차를 거쳐 같은 해 7월에 당 헌종이 헌덕왕과 왕비에 대한 책봉호를 내렸다((마)-2, (마)-4, (마)-7 참조). 다만 종래의 연구에서 이를 6월 혹은 7월로 보는 유보적인 견해도 있었는데(권덕영, 1997, 75쪽), 이는『구당서』헌종본기((마)-1)의 두찬杜撰에 이끌린 결과로 볼 수 있다. (마)-1을 보면 원화 7년조의 서술에서 '6월 정해삭' 기사에 이어 '계사癸巳 …… 기해己亥 …… 을축乙丑 …… 기묘己卯'의 일진日辰이 이어지고, 마지막 기묘일에 김언승에 대한 책봉 기사가 기록되어 있다. 김언승의 책봉이 6월에 있었던 것으로 착각하게 만들 소지가 충분하다. 그러나 (마)-1의 '을축'과 '기묘'를 '정해삭'에 맞추어 날짜를 환산해보면 39일과 53일이라는 차이가 있어 결코 6월이 될 수 없다.『삼정종람三正綜覽』을 참조하면 을축은 '7월 정사삭丁巳朔'의 초9일이고, 기묘는 23일에 해당한다. 곧 (마)-1은 '6월 기해'와 '7월 을축' 사이에 '7월'을 누락한 것이다.

따라서 당 헌종이 헌덕왕과 왕비를 책봉했던 정확한 시점은 원화 7년(812) 7월 23일임을 알 수 있다. 그리고 (마)-2, (마)-7 등에는 대재상 김숭빈 등 3인에 대한 문극의 하사가 당 헌종의 헌덕왕 책봉에 이은 일련의 조치인 것처럼 기록되어 있지만, 여기에도 약간의 시차가 있었다. 즉 (마)-1, (마)-6을 보면 책봉호가 내려진 후 8일째가 되는 812년 8월 초하루에 대재상 김숭빈 등에게 문극을 하사했으며, 그와 동시에 조제 겸 책립사로 정사 최정과 부사 김사신이 임명되었다. 당의 조제 겸 책립사 최정, 김사신과 견당사 김창남 일행은 늦어도 812년 8월 초에는 당의 수도 장안을 출발해 신라를 향했을 것이다. 이들은 견당사들의 일반적인 귀국 여정이 2~3개월이었던 점을 참조하면(권덕영, 1997, 227~231쪽), 812년 9월이나 10월에는 신라 왕궁에 도착해 헌덕왕에 대한 책봉 의식을 거행했던 것으로 보인다.

이상 장황하게 하정사, 고애사, 청책봉사 등 여러 목적을 가진 견당사 김창남 일행의 입당과 귀국 시기를 검토했다. 이로써 김창남 등의 입당과 귀국이 원화 7년(812, 헌덕왕 4) 4월에서 8월 사이에 있었던 일이었음이 거듭 확인되었다. 요컨대 헌덕왕은 애장왕을 시해하고 스스로 왕위에 오른 지 4년째가 되는 812년이 되어서야 뒤늦게 김창남 일행을 당에 보내 애장왕의 죽음을 알리고, 신왕인 자신의 책봉을 요청했다. 이렇게 헌덕왕의 고애사 파견이 늦어진 이유를 부정한 방법으로 집권한 사실을 당에 알리기 어려웠기 때문으로 풀이한 견해가 나와 있다(최홍조, 2013, 239~240쪽). 물론 타당한 견해로 보이지만, 당 조야朝野의 인식에 대한 염려 외에 다른 사정도 있었던 것 같다. 바로 국내의 사정이다.

앞에서 『삼국사기』 헌덕왕본기 즉위 초 기사의 일반적인 기조와는 달리 헌덕왕은 3년 4월에 이르러서야 처음으로 평의전에 나가 직접 정사를 처리할 수 있었다. 그 전의 약 1년 8개월 동안은 신왕으로 즉위했음에도 원만한 정치 운영이 불가능했음을 의미한다. 헌덕왕 3년(811) 4월 평의전에서의 청정聽政 이후 비로소 헌덕왕이 주도하는 정상적인 정치 운영이 가능할 수 있었다. 이러한 국내 상황의 호전에 힘입어 이듬해인 812년 4월에 헌덕왕은 고애사 겸 청책봉사 김창남 등을 당에 보내 애장왕의 죽음을 알리고 신왕으로서 책봉을 받는 등 묵은 숙제를 해결할 수 있었던 것이다.

헌덕왕은 812년의 고애사 파견보다 몇 개월 전인 810년 10월에 왕자 김헌장을 견당사로 보낸 바 있었다. 『삼국사기』는 물론 중국의 여러 문헌에서도 이 사실이 확인된다.

(바)-1 겨울 10월에 왕자 김헌장을 당나라에 보내 금은으로 만든 불상과 불경 등을 바치고, "순종을 위해 명복을 빕니다"라고 아뢰었다.(『삼국사기』 권10, 신라본기10 헌덕왕 2년 10월)

(바)-2 (원화) 5년(810) 왕자 김헌장이 와서 조공했다.(『구당서』 권199 상, 열전149 상 동이東夷 신라국)

(바)-3 (원화 5년) 10월 신라왕이 그 아들을 보내어 금은 불상 및 불경과 깃발(幡) 등을 바치고, "순종을 위해 복을 빕니다"라고 상언上言하면서 아울러 방물을 바쳤다.(『책부원귀』 권972, 외신부 조공5)

(바)-4 원화 5년 10월 신라왕이 그 아들을 보내 금은 불상을 바쳤다. (『당회요』 권49, 상像)

(바)-5 (원화) 5년 그 나라 왕자 김헌장이 와서 조공했다.(『당회요』 권95, 신라)

사료 (바)에 보이듯이 헌덕왕은 즉위 2년(810, 원화 5) 10월에 왕자 김헌장을 견당사로 당에 파견했다. 김헌장은 원성왕의 셋째 아들인 예영의 아들로서 헌덕왕의 종제從弟다. 애장왕 8년(808) 정월에 시중에 임명되어 헌덕왕 2년(810) 정월에 양종에게 물려줄 때까지 시중으로 재임했다. 재임 중 헌덕왕이 주도한 정변에도 가담했음은 물론이다. 헌덕왕 5년(813)에 건립된 '단속사신행선사비斷俗寺神行禪師碑'의 비문을 찬한 '황당위위경국상병부령이간김헌정皇唐衛尉卿國相兵部令伊干金獻貞'과 동일 인물이다(이기동, 1984, 165~166쪽).

헌덕왕이 정계의 중신이자 근친인 김헌장을 견당사로 파견했던 표면적인 목적은 금은 불상 및 불경과 깃발 등 각종 불교 관련 물품을 바치면서 5년 전에 죽은 순종의 명복을 빈다는 것이었다. 죽은 지 5년이 지난 시점에서 새삼스럽게 순종의 명복을 비는 것도 어색하거니와, 불상 등의 불교 물품을 바친 것도 이색적인 경우라고 할 수 있다. 따라서 김헌장의 견당사 파견에는 표면적인 목적과는 다른 숨은 의도가 있었다고 하겠다. 그 실질적인 의도는 자신의 애장왕 시해와 왕위 찬탈을 통한 불법적인 왕위 즉위에 대한 당 조정의 분위기를 파악하려는 데 있었다. 즉 당 조정이 신라에서 일어난 불법적인 왕위 교체 사실을 알고 있는지 여부를 살펴 나름의 대응책을 마련하려 했던 것이 아닐까 한다. 일종의 정탐사偵探使였던 셈이다.

그러나 당시 당 조정의 분위기는 신라에서 일어난 불법적인 왕위 교체를 알릴 만한 여건이 조성되어 있지 않았던 것 같다. 이에 김헌장은 애장왕의 사망 소식을 알리지 못했으며, 신라의 사정을 애매하게 얼버무리고 말았던 것으로 보인다. 이로 인해 810년의 시점에서 애장왕을 수신자로 하는「여신라왕김중희서」가 발급되었던 것이다.

4.「여신라왕김중희서」에 반영된 헌덕왕 즉위 초의 딜레마

「여신라왕김중희서」라는 칙서는 중국 문헌에 네 가지가 전해지고 있다. ①『백씨장경집』권56, 한림제조翰林制誥3(『백씨문집白氏文集』권39, 한림제조3)의 「여신라왕김중희등서與新羅王金重熙等書」, ②『문원영화』권471, 번서蕃書4 신라서新羅書의 「여신라왕김중희서與新羅王金重熙書」, ③『전당문全唐文』권284, 장구령張九齡2의 「칙신라왕김중희서勅新羅王金重熙書」, ④『전당문』권665, 백거이10의 「여신라왕김중희등서與新羅王金重熙等書」가 그것이다.

이러한 네 가지 칙서는 일단 표제부터 조금씩 다르다. 또 몇몇 글자에 출입이 있으며, 문장의 서술 순서가 바뀐 경우도 있다.[5] 그러나 내용면에서는 별반 차이가 없다. 다만『전당문』권284에 실린 칙서에서는 저자를 장구령으로 기록한 점이 특이한데, 이는 잘못이다. 장구령(673~740)은 당 현종玄宗대에 문한관文翰官으로 활동한 인물로, 이 칙서가 작성된 810년 당시에는 이미 사망해 이 세상에 없었기 때문이다.

이상 현전하는 네 가지 칙서 중에서 일단 표준으로 삼을 수 있는 것은『문원영화』의 그것이다. 이 글에는『백씨문집』의 그것과 대교對校한 흔적이 남아 있어, 『문원영화』만의 고유한 저본이 존재했던 것으로 여겨지기 때문이다.『문원영화』에 실린 「여신라왕김중희서」를 전재하면 다음과 같다.

(사)「與新羅王金重熙書」

勅新羅王金重熙 金憲章及僧冲虛等至 省表兼進獻及進功德 幷陳謝者具悉 卿一方貴族 累葉雄材 秉(註: 集作仗)忠孝以立身 資信義以爲國 代承爵命 日慕華風 師旅叶和 邊疆寧泰 況又時修職貢 歲奉表章 進獻精珍 忠勤並至 功德成

---

5) 『전당문』권284의 장구령 찬撰 「칙신라왕김중희서」에는 말미의 "宜官吏僧道將士百姓等"이라는 구절이 "宜官吏將士百姓僧道等"과 같이 순서를 바꾸어 서술되어 있다.

就 恭敬彌彰 載覽謝陳 益用嘉歎 滄波萬里 雖隔於海東 丹悃一心 每馳於闕下
以玆歎賞(註: 集作嘉尙) 常屬寢興 勉弘始終 用副朕意 今遣金憲章等歸國 幷
有少信物 具在(註: 集作如)別錄 卿母及妃幷副王宰相已下 各有賜物 至宜領之
冬寒 卿比平安好 卿母得如 宜官吏僧道將士百姓等 各家存問 遣書指不多及

(『문원영화』 권471, 번서4 신라서)

이 칙서는 표제와 서두에서 분명하게 드러나듯이 신라왕 김중희, 즉
애장왕에게 내려진 것이다. 견당사인 김헌장과 승려 충허沖虛가 도착해
외교 문서를 올리고 공물과 불교 물품을 바친 다음 신라로 귀국할 즈
음에 일종의 답서로 작성된 것이다. 따라서 작성 시기는 810년이며, 특
히 말미 부분에 '동한冬寒'이 언급되어 있으므로 810년 겨울(11월 혹은
12월)이 확실하다.

칙서의 내용을 통해 제기되는 의문은 두 가지다. 하나는 이 칙서의
수신자가 애장왕으로 되어 있는 이유고, 다른 하나는 신물을 하사받은
인물로 국왕과 왕모, 왕비 등 왕실 세력과 더불어 일반 신료로서 부왕
과 재상이 기록되어 있는데, 이 부왕이 누구였느냐는 의문이다. 애장왕
이 칙서의 수신자가 된 이유는 김헌장이 애장왕의 사망 사실을 당에
제대로 알리지 못했으므로, 당 조정은 여전히 애장왕이 재위 중인 것
으로 판단할 수밖에 없었다. 그래서 수신자를 신라왕 김중희로 한 것
이다.

그러면 물품 사여의 대상으로 기록된 부왕은 누구일까. 부왕은 사전
적 의미로는 정식 국왕이 아닌 왕에 버금가는 차석次席의 왕으로 풀이
될 수 있는데, 신라에서는 부왕이라는 제도를 운영한 적도 없었고, 부

왕이란 칭호가 사용된 사례도 찾아볼 수 없다.[6] 그러면 부왕이 여기에 등장하는 이유는 무엇일까. 당의 황제가 견당사를 통해 신라 신료에게 물품을 하사할 경우, 그 대상자들은 견당사의 요청에 따라 선정되는 것으로 보인다. 예컨대 애장왕 8년(808)에 재상 김언승과 그의 아우 김중공, 왕의 친제 소판蘇判 김첨명(체명)이 문극을 하사받은 것은 견당사 김력기의 요청에 의한 것이었다. 그렇다면 이 칙서에서 물품 사여의 대상자로 기록된 부왕과 재상도 김헌장의 요청에 따른 것이라고 할 수 있다. 재상에 비정되는 인물로는 일단 상대등 김숭빈(헌덕왕 4년 대재상)과 견당사 김헌장(헌덕왕 5년 국상)을 꼽을 수 있다. 그런데 부왕은 표기 순서상 이들보다 상위에 있던 존재였다. 상대등, 재상보다 상위의 인물이라면 헌덕왕을 제외한 다른 인물을 생각할 수는 없다. 부왕은 곧 재위 중이던 헌덕왕에 비정되는 것이다.

재위 중인 헌덕왕이 부왕으로 칭해진 것은 김헌장의 보고에 따랐기 때문일 것이다. 그는 당 조정에 애장왕의 시해와 헌덕왕의 왕위 찬탈을 제대로 알릴 수가 없었다. 그리하여 헌덕왕은 엄연한 신라왕으로 재위 중이었지만 새로운 왕임을 알리지 못하고 국왕보다는 하위지만 재상과는 구별되어 그 상위에 위치하는 부왕이라는 칭호로 이 칙서에 등장하는 것이다. 이를 통해 우리는 불법적인 방식으로 왕위에 오른 헌덕왕이 경험했던 즉위 초의 딜레마를 읽어낼 수 있다.

---

6) 『삼국사기』 헌덕왕 14년조에 친제 수종秀宗을 부군副君으로 삼아 월지궁月池宮에 들게 했다는 기사가 보여, 부왕과 같은 맥락에서 이해할 여지가 있다. 그러나 시기면에서 부군이 오히려 칙서의 부왕을 모방했다고 보는 것이 순리다.

5. 『삼국사기』 헌덕왕 즉위년 견당사 파견 기사의 편년 오류에 대해서

『삼국사기』 신라본기 헌덕왕 즉위년 8월조에서는 고애사 김창남의 당 파견과 당 헌종의 책봉사 파견을 다음과 같이 기록하고 있다.

> (아) 가을 8월에 대사면을 실시했다. 이찬 김창남 등을 당나라에 보내 왕의 죽음을 알렸다. 헌종이 직방원외랑 섭어사중승 최정을 보내면서 신라의 질자質子 김사신을 부사로 삼아 부절을 가지고 조문, 제사하고, 왕을 개부의동 삼사 검교태위 지절 대도독계림주제군사 겸 지절 충영해군사 상주국 신라 왕으로 책봉하고 아내 정씨貞氏를 왕비로 책봉했으며, 대재상 김숭빈 등 세 사람에게 문극을 내려주었다. 살펴건대 왕비는 각간 예영의 딸인데, 지금 정貞씨라 하니 모를 일이다.(『삼국사기』 권10, 신라본기10 헌덕왕 즉위년)

그러나 이는 중국 문헌의 기록과 비교할 때 헌덕왕 4년(812, 원화 7)에 있었던 일을 3년을 앞당겨 편년한 오류임을 앞에서 거듭 지적해두었다. 그러면 이러한 편년 오류를 범한 장본인은 누구일까? 이에 대해서 일찍이 스에마쓰 야스카즈가 비교적 간략하게 자신의 견해를 내놓은 바 있다.

> (자) 사기史記(『삼국사기』)는 무슨 이유로 위와 같이 연월年月의 개역改易(3년을 앞당김)을 군이 했던 것일까. …… 만약 당사唐史의 기록대로 원화 7년의 일로 본다면 신라에서는 헌덕왕 4년조에 수록되지 않으면 안 된다. 그런데 『삼국사기』는 헌덕왕 2년(원화 5)조에서 이미 당사에 의해 왕자 김헌장의 입당을 기록했으므로, 그보다 2년이 흐른 원화 7년에 이르러 비로소 고애사

를 보낸다는 것은 불합리한 것이 된다. 『삼국사기』의 편자는 이 불합리를 합리화하기 위해 원화 7년의 기사를 3년 전인 원화 4년에 해당하는 헌덕왕 즉위년조로 옮겼을 것이다.(「新羅下古諸王薨年存疑」, 417~418쪽)

스에마쓰 야스카즈는 『삼국사기』의 고애사 김창남 파견 기사의 편년 오류는 오류라기보다 편찬자에 의한 의도적인 수정의 결과라고 이해했다. 즉 김창남 파견 기사를 헌덕왕 즉위년조로 옮긴 것은 중국 문헌에 따라 파견 시기를 편년할 경우 810년의 견당사 김헌장 파견 기사와의 사이에 불합리한 점이 발생하므로 이를 합리화하기 위해 수정을 가했다는 것이다.

스에마쓰 야스카즈의 주장처럼 김창남 파견 기사의 편년 오류가 『삼국사기』 편찬자에 의해 이루어졌을 가능성을 완전히 배제할 수는 없다. 해당 기사의 문장 흐름이 『구당서』 신라전의 그것과 대동소이한 점에 유의하면, 『삼국사기』 편찬자가 『구당서』 신라전의 기사를 채록하면서 편년만 달리 3년을 소급했을 가능성도 있다. 또 해당 기사 말미에서 『구당서』 신라전에서 왕비의 성씨로 기록된 정씨貞氏에 대해 의문을 제기하는 세주細注를 베풀고 있는 점도 『삼국사기』 편찬자가 이 기사를 『구당서』에서 채록했을 가능성을 엿볼 수 있게 한다.

그러나 이 또한 하나의 가설에 지나지 않는다. 비록 후대의 자료이기는 하나 『삼국사절요三國史節要』의 해당 기사를 음미하면 이와는 달리 파악될 여지가 크다.

(차) (기축년 가을 7월, 애장왕 10년, 당 원화 4년) 언승이 그 아우인 제옹과 더불어 그 임금과 그 둘째 아우를 시해하고 스스로 왕위에 올랐다. 시호를 올려 애장이라 했다. 가을 8월에 크게 사면했다. 이찬 김창남 등을 당

에 보내어 고애했다. 이찬 김창남 등을 당에 보내 고애하되, 병으로 죽었다

〔薨〕고 말하면서 또 승습承襲을 청했다. 황제가 직방원외랑 섭어사중승 최정

을 보내면서 질자 김사신을 부사로 삼아 부절을 가지고 조제하게 하였다.

언승을 개부의동삼사 검교태위 지절 대도독계림주제군사 겸 지절 충영해

군사 상주국 신라왕으로 삼고 정씨를 왕비로 책봉했으며, 재상 김숭빈 등에

게 문극을 하사했다.(『삼국사절요』권13, 기축 애장왕 10년[7])

앞의 사료에서 가장 특이한 내용은 고애사 김창남이 당 조정에 애장

왕의 사망 원인을 병사病死라고 보고했다는 것이다. 이는 『삼국사기』

나 중국 문헌의 해당 기사에는 전혀 기록되어 있지 않은 완전히 새로

운 사실이다. 그러면 이러한 『삼국사절요』의 기사는 어디서 유래한 것

일까. 찬자에 의해 창작된 허구적인 서술이 아니라면,[8] 이는 별도의 저

본 사료에 의해 서술된 것으로 볼 수밖에 없다. 곧 『삼국사절요』의 편

찬자가 참조했던 저본 사료에 김창남이 당 조정에 애장왕이 병으로 죽

었다고 보고한 내용이 있었던 것이다. 이는 물론 헌덕왕의 애장왕 시해

를 숨기기 위한 의도였을 것이다.

그러면서도 『삼국사절요』의 편찬자가 이 기사를 애장왕 10년(809, 헌

덕왕 즉위년) 8월에 편년하고 있는 사실은 각별히 유의할 대목이다. 이

기사에서 이렇게 다른 내용을 서술하면서도 이를 『삼국사기』와 마찬가

지로 애장왕 10년으로 편년하고 있는 이유는 무엇일까. 두 가지의 가

능성을 상정할 수 있겠다. 하나는 내용 서술과 편년이 각각 서로 다른

---

7) 거의 같은 내용의 기사가 『동국통감東國通鑑』권10, 신라기新羅紀 기축 애장왕 10년조에도 그
대로 실려 있다.

8) 유학자들의 '전해서 저술할 뿐 창작하지 않는다述而不作'는 편사編史 태도를 감안하면, 허구적
사실을 의도적으로 창작, 삽입했다고 보기는 어려울 것이다.

저본에 근거해 이루어졌을 가능성을 떠올릴 수 있다. 즉 내용 서술에서는 『삼국사기』의 그것과는 다른 별도의 저본 사료를 채록했고, 편년은 『삼국사기』에 의거했다고 보는 것이다. 다른 하나로는 내용 서술과 편년 모두가 하나의 저본에 근거했을 가능성을 생각할 수 있다. 즉 『삼국사절요』 편찬에 이용된 저본 사료 자체에 들어 있는 애장왕 10년 8월에 고애사 김창남이 애장왕의 사인을 병사로 보고했다는 기록을 그대로 채록했기 때문일 가능성도 있다.

두 가지 가능성 중에서 어느 쪽이 옳은지를 단정하기란 어려운 일이다. 그러나 일반적인 편사 작업에서 내용 서술과 편년을 서로 다른 저본에 의거해 서술하는 것은 매우 드문 경우라고 할 수 있다. 오히려 대부분의 기사는 내용 서술과 편년을 하나의 저본에 의거하고 있다. 이를 고려해 필자는 『삼국사절요』의 이 기사의 내용 서술과 편년이 『삼국사기』 해당 기사의 저본과는 구별되는 별도의 저본 사료에 근거한 것으로 생각하고 싶다.

이상의 추론이 허용된다면, 『삼국사절요』가 채록한 모종의 저본 사료처럼 고애사 김창남의 입당과 당 헌종의 책봉사 파견 시기를 중국 문헌의 원화 7년이 아닌 원화 4년 8월로 기록한 사료가 국내에 이미 존재했음을 알 수 있다. 그렇다면 『삼국사기』에서 김창남의 입당 시기를 헌덕왕 즉위년 8월로 편년했던 것도 편찬자에 의한 의도적인 개역 改易이 아니라 편찬에 이용한 저본 사료의 편년과 서술을 그대로 채록했던 결과일 수도 있다.[9] 요컨대 『삼국사기』에서 고애사 김창남의 입당 시기를 헌덕왕 즉위년 8월로 편년한 것이 스에마쓰 야쓰카즈의 견

---

9) 『삼국사기』 해당 기사의 저본이 『삼국사절요』의 그것과 같았을 가능성도 있다. 다만 그럴 경우 『삼국사기』의 찬자가 이미 애장왕 시해 사실을 서술했으므로, 김헌장이 당에 병사했다고 보고한 사실이 허위임을 알고 의도적으로 삭제했을 것이다.

해처럼 찬자의 의도적인 개역으로 보기는 어렵다고 생각한다.『삼국사절요』의 해당 기사 검토에서 짐작되듯이『삼국사기』의 편찬에 이용된 저본 자료에 김창남의 입당과 그에 따르는 일련의 기사를 헌덕왕 즉위년(809, 애장왕 10년, 원화 4년) 8월로 편년한 내용이 들어 있었고, 찬자가 이를 그대로 채록한 결과 원래보다 3년을 소급한 편년 오류가 발생했을 가능성이 크다.

이상 살폈듯이『삼국사기』해당 기사의 편년 오류는 편찬자에 의한 의도적 수정이 아니라 그 전에 만들어진 저본 사료를 그대로 채록한 데서 발생한 것으로 볼 수 있다. 그렇다면 우리는『삼국사기』의 저본 사료와 같이 누가 과연 이렇게 편년을 수정했느냐는 의문에 답하지 않으면 안 된다.

이 문제의 해명과 관련해 우선 주목할 것은『삼국사기』,『삼국사절요』와 같이 이 기사를 헌덕왕 즉위년 8월로 편년했을 경우, 헌덕왕에 의한 애장왕 시해와 왕위 찬탈이라는 불법 행위가 은폐되거나 희석되는 결과를 가져온다는 점이다. 이렇게 편년이 이루어지면 비록 헌덕왕이 즉위 과정에서 불법 행위를 저질렀다고 해도 당의 황제는 그것을 문제 삼지 않고 그가 왕으로 즉위하자마자 즉위의 정당성을 인정해 주었으며, 책봉을 통해 왕자王者로서의 정통성까지 공인했다는 이해가 성립되기 때문이다. 그런 만큼 헌덕왕의 즉위 과정에서 발생했던 불법적, 비도덕적 행위에 대한 비판은 약화되기 마련이다. 이렇게 보면 이러한 편년의 수정은『삼국사절요』의 해당 기사에 나오는 고애사 김창남이 애장왕의 사인을 병사라고 보고했던 사실과 맥락을 같이한다고 하겠다. 양자 모두 김언승의 애장왕 시해와 왕위 찬탈을 은폐하려는 의도를 갖고 있기 때문이다.

이 점에 유의하면 해당 기사의 편년 수정은 헌덕왕 즉위 과정의 불법성을 숨기면서 오히려 그를 옹호 내지 미화하려는 의도에 의한 것으로 추정해볼 수 있다. 아마 헌덕왕의 시대거나, 아니면 그에서 멀지 않은 시기에 고애사 김창남의 입당 시기가 사실보다 3년이 빠른 헌덕왕 즉위년 8월로 수정되지 않았을까 한다. 헌덕왕의 치세로부터 상당한 시간이 흘렀거나 혹은 신라가 멸망한 뒤였다면 새삼스럽게 헌덕왕을 미화할 필요가 전혀 없었을 것이기 때문이다. 그래서 필자는 헌덕왕 재위 당시거나, 아니면 그를 이어 왕위에 오른 아우 수종(홍덕왕)의 재위 중에 고애사 김창남의 파견 시점을 헌덕왕 즉위년 8월로 수정하는 작업이 이루어졌던 것으로 본다.

다만 이럴 경우 편년이 수정된 기사가 어떤 과정을 거쳐『삼국사기』는 물론『삼국사절요』에까지 전해졌는지가 궁금하다. 주지하듯이『삼국사기』의 편찬에서 주된 저본 자료는『구삼국사舊三國史』였다(정구복, 2012, 44쪽). 그러므로 헌덕왕 즉위년 8월의 기사도『구삼국사』의 그것을 전재했을 것으로 보인다. 그런데 고려 초에 편찬된『구삼국사』가 이 기사의 편년을 수정해 헌덕왕을 미화해야 할 하등의 이유가 없었으므로,『구삼국사』편찬자도 편년 수정의 장본인일 수가 없다. 아마『구삼국사』편찬을 위해 수집된 신라시대에 기록된 저본 사료에서 이미 편년이 수정되어 있었을 것이다.

그러면 신라시대의 저본 사료는 무엇이었을까. 다양한 가능성이 있겠지만, 아래 보이는『향사鄕史』를 간과할 수 없다.

(카) 가만히 당에서 벼슬살이하던 날을 생각해보니, 유자규柳子珪가 동국東國(신라)의 일을 기록한 것을 읽었는데 서술된 정사政事의 조목이 왕도王道가 아님이 없었다. 이제 향사鄕史를 읽어보니 완전히 성조대왕聖祖大王(원성왕) 때의 사적事迹이었다.(「신라국초월산新羅國初月山 대숭복사비명병서大崇福寺碑銘幷序」)

앞의 사료에서 최치원이 활동했던 9세기 후반 헌강왕 대에『향사』로 표현된 신라 역사서가 있었음을 알 수 있다. 물론 이『향사』는 고유한 서명書名이 아니라 신라에서 자신의 역사를 기록한 사서史書를 의미하는 최치원식 표현이다. 그런데 최치원은 유자규의 동국사東國史에 수록된 내용이『향사』에 들어 있는 성조대왕, 곧 원성왕의 사적이었음을 확인한 것이다. 이를 참조하면 두 가지 사실이 추지될 수 있다. 하나는『향사』는 아무리 빨라도 원성왕 대 이후 시점에 쓰였다는 점이고, 다른 하나는 원성왕의 사적이 기록되어 있었듯이『향사』에는 다른 신라 역대 왕들의 치적을 포함하는 역사가 수록되어 있었을 것이라는 점이다. 어쩌면 재위 순서에 따라 역대 왕들의 역사가 실려 있었을지도 모르겠다. 그렇다면『향사』에는 당연히 헌덕왕의 치적과 그 시대의 역사도 들어 있었다고 보아야 한다.

이렇게『향사』가 신라 하대에 쓰였다면, 그 속에 포함된 헌덕왕의 역사 기록에서 그의 즉위 과정에서의 불법적, 비도덕적 행위를 굳이 드러낼 필요는 없었을 것이다. 오히려 그의 왕위 즉위를 합리화하는 윤색이 가해졌을 가능성이 있다. 그러므로 고애사 김창남의 입당과 당 헌종의 책봉사 파견 시기를 3년 올려 헌덕왕 즉위년 8월로 편년을 수정했던 장본인은『향사』의 헌덕왕 대 역사를 편찬했던 신라의 사관史官으로 추정해 볼 수 있고, 그는 애장왕의 사인을 병사로 보고한 내용까지 수록했던 것으로 추정된다.

이상에서 검토했듯이『삼국사기』에서 고애사 김창남의 입당과 당 헌종의 책봉사 파견 기사를 헌덕왕 즉위년(809) 8월에 편년한 것은 3년을 소급한 분명한 오류다. 이를『삼국사기』찬자의 의도적인 변경으로 파악한 견해가 있지만 따르기 어렵다. 왜냐하면『삼국사절요』의 해당 기사를 주목하면 809년 8월에 고애사로 입당한 김창남이 당 조정에 애장왕의 사인을 병사로 보고했음이 기록된 별도의 저본 사료가 존재했음이 드러나기 때문이다. 그렇다면 『삼국사기』의 편년 오류는 편찬자의 의도적 변경이 아니라 809년 8월로 편년된 저본 사료를 그대로 채록했던 데서 발생한 것으로 보아야 한다.

이 기사의 편년을 3년 소급해 수정한 장본인은 신라 하대에 『향사』를 편찬했던 신라의 사관으로 볼 수 있다. 그는 이 기사의 편년 수정을 통해 헌덕왕 즉위 과정의 불법적, 비도덕적 행위를 은폐하면서 그의 왕위 즉위를 정당화하려 했다. 이는 고애사 김창남이 헌덕왕의 애장왕 시해 사실을 숨기기 위해 병사했다고 보고했던 사실이나, 『삼국사기』 헌덕왕 즉위 초 기사에서 간파되는 정상적인 정치 운영이라는 일반적인 서술 기조와 맥락을 같이하는 것이다. 이렇게 보면 『삼국사기』는 물론 『삼국사절요』에 이르기까지 신라 하대에 편찬된 『향사』가 일정한 영향을 미쳤음을 짐작할 수 있다.

:: 참고문헌

『구당서舊唐書』

『당회요唐會要』

『동국통감東國通鑑』

『문원영화文苑英華』

『백씨장경집白氏長慶集』

『삼국사기三國史記』

『삼국사절요三國史節要』

『삼국유사三國遺事』

『신당서新唐書』

『전당문全唐文』

『책부원귀冊府元龜』

권덕영, 1997,『고대한중외교사: 견당사연구』, 일조각.
이문기, 1984,「신라시대의 겸직제」,『대구사학』26, 대구사학회.
이기동, 1984,「신라 하대의 왕위계승과 정치과정」,『신라 골품제사회와 화랑도』, 일조각.
최홍조, 2013,「신라 신행선사비의 건립과 그 정치적 배경」,『목간과 문자』11, 한국목간학회.

末松保和, 1954,「新羅下古諸王薨年存疑」,『新羅史の諸問題』, 東洋文庫, 東京.

3부

고고 미술 자료의 활용

환런 왕장러우望江樓 적석총으로 본 주몽설화

강현숙(동국대학교 경주캠퍼스 고고미술사학과 교수)

1. 머리말

문자 자료가 많지 않은 한국 고대사 연구에서 고고 자료와 문자 자료의 접목은 불가피해졌다. 그렇지만 문자 자료와 고고 자료는 서로 상보적이라기보다는 오히려 그렇지 못한 경우가 적지 않아서 고고 자료와 문자 자료의 상보적인 연구는 자료의 선택적 이용으로 인한 자의적인 해석이 되거나 순환논리의 오류에 빠지기도 한다. 때문에 이용하고자 하는 문자 자료나 고고 자료에 대한 비판적 검증이 선행되어야 한다. 이 글에서 환런桓仁 왕장러우望江樓 적석총으로 주몽설화를 살피려는 것도 이러한 이유에서다.

환런 왕장러우 적석총은 환런 일대의 적석총 가운데 이른 시기에 속하는 비교적 큰 분구를 가진 무덤으로, 입지 조건이나 개인 착장용 금공 장신구 등에서 동 지역 다른 적석총에 비해 월등한 위치를 점한다. 도굴되어 원상이 훼손된 상태에서 조사가 이루어졌고, 조사 보고 또한 충분하지 못해서 그간 연구자들의 주목을 끌지는 못했었다. 그러던 중 2004년 환런 왕장러우 적석총을 재조사해 왕장러우 4호 적석총을 동명왕릉으로 비정한 발표가 있었다(張福有, 2007, 2~13쪽; 張福有·孫仁杰·遲勇, 2007, 18~19쪽).

환런 왕장러우 적석총을 주목한 것은 지안集安 퉁거우通溝 분지에서의 고구려 왕릉 비정이 계기가 되었을 것이다. 세계문화유산 등재를 목적으로 한 지안 퉁거우 분지의 고분에 대한 정비 조사 결과로, 퉁거우 분지의 초대형 적석총 가운데 일부를 유리왕 이후의 지안 고구려 왕릉으로 비정했다(吉林省文物考古研究所·集安市博物館, 2004). 유리왕 대 국내로 천도했다는 전제하에 왕릉을 비정하다 보니 동명왕릉은 제외되었고, 동명왕릉을 졸본 지역에서 구하다 보니 환런 왕장러우 적석총에 대한 재조사의 필요성이 생긴 것이다.

현재까지 확인된 환런 일대의 초기 고구려 고고 자료에서 금제 장신구와 철제 차관 등 상위에 해당되는 유물이 출토된 고분은 환런 왕장러우 적석총이 유일하다. 그런 이유로 왕장러우 적석총 가운데 금제 이식이 출토되고 고분군의 중간에 위치한 왕장러우 4호 적석총을 동명왕릉으로 비정했다. 그러나 그 고고학적 근거가 안정적인 것은 아니어서 오히려 동명왕릉 비정은 문자 기록과 고분 자료의 즉물적인 대입에 의한 것이 아닌가 하는 의구심이 들게 한다. 따라서 상위에 대항되는 유물이 출토된 환런 왕장러우 적석총에 대한 고고학적 평가가 왕릉 비정에 앞서 선행되어야 할 문제라고 판단되었다. 한편, 환런 왕장러우 적석총에 대한 고고학적 평가는 고구려 초기 기사와 관련된 물적 증거가 될 수 있다. 특히 고구려 건국과 관련된 주몽설화를 실증해줄 여지가 있다는 점에서 더욱 그러하다.

주몽설화는 『삼국사기三國史記』를 비롯한 여러 사서에서 전하지만, 전하는 내용에서 조금씩 차이를 보이고 있다. 더욱이 당대의 기록이 아닌 후대의 기록물인 데다가 출생과 관련된 내용은 신화적 성격을 띠고 있어서 이를 전설로 치부해 사료로서 신뢰하지 않으려는 견해도 있지만, 설사 후대에 고쳐 썼다고 해도, 주몽은 고구려 건국 시조인 동명왕으로 부여(북부여/동부여)에서 출자出自했고, 이후 시기에도 지속적으로 숭배 대상이었다는 점에는 별 이견이 없다.

이 글은 동명왕릉 비정이나 주몽의 출자지出自地에 대해 구체적으로 논의하는 데 목적을 둔 것은 아니다. 환런 왕장러우 적석총을 통해 고구려 초기 물질문화 속에서 부여와의 관련을 실증하는 데 주안을 두고자 한다. 환런 왕장러우 적석총에서 출토된 당시 상위의 문물이라고 할 수 있는 금공제의 개인 장신구나 수레 부속구의 하나인 철제 차관 등의 유물이 해당 사회에서 차지하는 의미는 토기와는 다른 해석이 가능하기 때문이다. 따라서 토기가 아닌 상위 신분의 문물에서 고구려와 부여의 문화적 관련이 인정된다면 주몽 집단의 부여 출자와 관련지어 해석할 수 있을 것이며, 이는 나아가 『삼국사기』 초기 기사의 신뢰 여부에 대해 시사하는 바 적지 않을 것으로 기대된다.

2. 주몽설화를 둘러싼 여러 논의

(1) 주몽설화의 구성

고구려 건국에 대해서는 『삼국사기』, 『삼국유사三國遺事』, '광개토왕릉비廣開土王陵碑', '모두루묘지牟頭婁墓誌', 그리고 중국『위서魏書』의 고구려전 등 여러 사서가 전하고 있다. 주몽의 탄생과 고난과 핍박의 성장 과정, 이주, 건국 과정 등으로 구성된 내용이 다분히 설화적인 성격을 띠고 있어서 주몽설화로 부른다.

『삼국사기』 고구려본기 동명왕조의 기사는 동명왕인 주몽의 탄생 설화와 함께 건국하기까지의 과정과 건국 후의 사건을 기술한 것으로, 이를 다시 정리해보면 다음과 같다. ① 주몽의 출생과 그 배경 및 성장 과정으로, 주몽은 동부여에서 태어났고 활을 잘 쏘며, 동부여왕 금와에게 고난과 핍박을 받고 남하하게 된 배경을 설명했고, ② 고구려 건국의 주체는 동부여에서 함께 남하한 세 명의 인물(오이烏伊, 마리摩離, 협보陜父)과 모둔곡毛屯谷에서 만난 인물들(재사再思, 무골武骨, 묵거黙居)로, 모둔곡에서 만난 세 명의 인물에게 성씨를 내리고 각자에 맞는 일을 맡겼으며, ③ 건국에 대해서는 기원전 37년 졸본천에 이르러 나라를 세우고 도읍을 정했으나, 궁실을 지을 겨를이 없어서 비류수가에 초막을 짓고 살다가 동명왕 4년(기원전 34)에 성곽과 궁실을 지었다고 설명하고 있다. ④ 주변 집단의 복속은 먼저, 비류수 상류의 선주 집단인 송양국을 복속해 송양왕을 다물도주로 삼고, 이어 행인국과 북옥저를 정벌했다는 내용으로 건국 후 주변 집단을 복속함으로써 성장했음을 설명했다. 그리고 ⑤ 동명왕 14년(기원전 24) 어머니 유화가 동부여에서 돌아가셔서 금와가 태후의 예로써 장사 지내고 신묘를 세웠으며, 동명왕은 사신을 부여에 보내 토산물을 주어 그 은덕을 갚았고, ⑥ 동명왕 19년(기원전 19) 유리가 부여에서 어머니와 함께 남하해 태자로 삼고, 그해 가을 40세에 죽어 용산龍山에서 장사 지냈다는 내용으로 다시 부여와의 관련을 설명하고 있다.

『삼국사기』보다 앞선 중국 사서인『위서』 고구려조도『삼국사기』 고구려본기 동명왕조와 유사한 구성으로 되어 있다. ① 주몽의 탄생과 고난 그리고 남하, ② 보술수普述水에 이르러 3명의 인물(마의麻衣, 납의衲衣, 수조의水藻衣 입은 자)을 만나, ③ 흘승골성紇升骨城에 이르러 고구려라고 했다. 일부 지명과 인물명에서 차이가 있지만, 주몽의 탄생과 고구려 건국 과정의 전반적인 내용은 서로 같다고 할 수 있다.

반면,『위서』보다 앞선 414년에 세워진 '광개토왕릉비'의 첫머리에는 ① 주몽은 북부여에서 출자했으며, ② 남하해 엄리대수奄利大水에 이르러 거북과 연초의 도움으로 강을 건너고, ③ 비류곡 홀본忽本 서쪽 산 위에 성을 쌓고 도읍을 정했으며, ④ 홀본 동쪽 언덕에서 용의 머리를 밟고 승천한 것으로 쓰여 있다. 이와 비슷한 시기의 문자 자료인 '모두루묘지'에는 모두루는 북부여 사람으로 추모왕(주몽)을 따라 고구려로 왔음을 기록해서, '광개토왕릉비'와 '모두루묘지'가 조성된 시점에는 주몽의 출자를 북부여로 인식하고 있었음을 유추할 수 있다.

한편『삼국사기』백제본기 온조왕의 즉위 기사에 의하면, 온조왕은 주몽의 아들로, 주몽은 북부여에서 도망해 졸본부여로 와 졸본부여 왕을 이어서 왕이 되었고, 온조는 졸본부여에서 낳은 둘째 아들로, 북부여에서 낳은 아들이 태자가 됨으로써 첫째 아들인 비류와 함께 남하한 것으로 되어 있다.

이처럼『삼국사기』고구려본기 동명왕조와 백제본기 온조왕조,『위서』, '광개토왕릉비'와 '모두루묘지' 등에서 전하는 주몽의 출자지는 조금씩 다르지만, 주몽이 부여(북부여/동부여)에서 출발해 엄시수(엄리대수)를 건너, 모둔곡(보술수)에서 3인의 인물을 만나 함께 비류수 상류에서 나라를 세우고 홀본 서쪽 산 위에 성(흘승골성)을 쌓고 도읍으로 했다는 내용이나 지명, 인명 등은 서로 비슷하다.

현재 사서에 전하는 비류수는 훈강渾江으로, 졸본은 홀본으로 현재의 환런현 일대이며, 홀본 서쪽 산 위의 성을 오녀산성五女山城으로 비정하고 있다. 실제 환런 일대의 고구려 유적 가운데 기원전 3세기경으로 소급 가능한 유적이 있고, 이 일대의 적석총도 지안 퉁거우 분지의 고분군에 비해 이른 시기에 조성되어서 늦어도 기원전 3세기부터 지속적으로 주민이 거주했음을 알 수 있다. 따라서 남하한 주몽이 이 일대의 선주민과 함께 고구려를 건국했으며, 환런 일대가 고구려 초기 도읍지라는 점은 고고학적으로도 설명 가능하다.

(2) 주몽설화를 둘러싼 논의

고구려의 건국을 설명하는 주몽설화에 대해서는 전승되어온 여러 이야기를 취합한 것으로 역사적 사실이 포함되지 않은 것으로 보는 견해도 있지만, 건국 설화가 갖는 정치적 의미에 초점을 두고 역사성을 부각하려는 견해도 있다.

고구려 건국 설화에 대한 서로 다른 시각 차이는 『삼국사기』 고구려본기 동명왕조에 전하는 고구려 건국에 대한 내용이 부여의 건국 설화인 동명설화와 그 구성 줄거리, 일부 지명이 서로 유사할 뿐 여러 사서에 전하는 주몽의 출자지가 부여, 동부여, 북부여 등 서로 다른 데 기인한다.

주몽의 출자지에 대해서는 5세기 초의 기록인 '광개토왕릉비'와 '모두루묘지'에서는 주몽이 북부여로, 435년에 고구려를 다녀간 북위 사신 이오李敖의 견문을 바탕으로 기록된 것으로 보는 『위서』 고구려전에는 부여로, 고려시대에 편찬된 『삼국사기』 고구려본기 동명왕조와 『삼국유사』 등에서는 동부여로 전하고 있다.

따라서 주몽설화를 둘러싼 논의는 북부여와 동부여, 부여의 위치, 그리고 상호 관련 여부에 모아졌다. 때문에 주몽의 출자지를 각기 다르게 기록한 배경에 대한 설득력 있는 설명이 이루어진다면 주몽설화에 역사적 의미를 부여할 수 있을 것이라고 판단된다.

한편 동명은 부여 시조로, 북쪽의 고리국 또는 다른 곳에서 이주해 부여를 건국한 것으로 전해진다. 부여의 영역은 서쪽으로 오환, 선비와 접하고, 동쪽으로는 읍루와 남쪽으로는 고구려와 이웃하며, 서남쪽으로는 랴오둥遼東의 중국 세력과 연결되어 3세기 전후 무렵에는 사방 2000리에 달하는 강력한 나라로 성장했다. 그러나 285년 중국 북방의 모용선비慕容鮮卑에 의해 수도가 함락되어 부여 왕실은 북옥저 방면으로 피난했고, 346년에는 고구려의 복속하에 놓였다. 따라서 북옥저로 피난해 정착한 부여인들을 고구려에서 동부여라고 했으며, 원래 자리했던 부여를 북부여로 구분해서 불렀던 것으로 이해하고 있다. 여하튼 부여는 중심지에서 변화가 있었지만 고구려에 복속되기까지 고구려와 병존했던 나라였기 때문에, 주몽의 출자지는 고구려의 시각에서 부여사의 전개 과정을 살펴봄으로써 해결할 수 있을 것이다.

고구려 건국 시조인 주몽을 부여에서 남하한 인물로 서술한 것은 적어도 부여가 고구려에 복속된 4세기 중엽 이전이었을 것이다. 고구려에 복속된 곳에서 건국 시조의 출자지를 삼을 이유가 없기 때문이다. 한편 '광개토왕릉비'가 세워진 414년경의 비문이나 이와 비슷한 시기로 비정되는 '모두루묘지'에는 북부여에서 온 것으로 되어 있다. 이는 5세기 초의 고구려에서는 주몽이 북부여에서 출자한 것으로 생각하고 있었기에 그리 기록했을 것이다. 따라서 『삼국사기』에 주몽의 출자지를 동부여로 기록한 것은 모용선비의 공격으로 부여가 북옥저 지역으로 옮긴 이후부터 고구려에 복속되기 이전 사이의 기간에 서술된 것으로 볼 수 있다. 때문에 동부여 출자설은 3세기 말이나 4세기 초경에 북옥저 지역에 동부여가 성립됨으로써 해부루와 금와의 동부여 출자설이 만들어져 주몽설화에 더해진 것으로 보고 있다(노태돈, 1999, 28~52쪽). 현재 북부여와 동부여 중심지에 대한 위치 비정이나 그 세력 범위에 대해서는 여러 논의가 있지만, 이 글의 목적이 여기에 있는 것은 아니어서 상술詳述은 피하고자 한다. 이처럼 문자 기록이 주몽의 출자지를 서로 다르게 전하는 것은 당시 부여의 역사적 사정이 반영된 것으로, 주몽설화가 후대의 정치적 상황에 따라 일부 윤색, 가필되었다고 해도 단순히 전설을 취합한 것은 아닐 것이다. 이는 졸본으로 비정된 환런 일대의 고구려 물질문화 속에는 해당 지역의 선주민과 구별되는 부여에서 남하해 온 건국 주체 집단의 정체성을 보여주는 물질 자료가 있었는지를 살핌으로써 설명될 수 있을 것이다. 주몽설화의 사실성을 실증하는 단서와 관련해 주목되는 것이 환런 왕장러우 적석총이며, 이와 대응시켜볼 수 있는 부여의 유적은 푸예 위수楡樹 라오허선老河深 중층분묘다.

3. 환런 왕장러우 적석총과 푸예 위수 라오허선 중층 유적 비교

(1) 환런 왕장러우 적석총

환런 왕장러우 적석총은 환런 야허향雅河鄕 남변南邊의 시하다촌石哈達村 북쪽 구릉에 위치한다. 이 구릉은 용처럼 생겼다 해서 룽강龍崗, 룽산龍山 또는 룽터우산龍頭山으로 부르고 있다. 구릉의 북쪽은 급격한 낭떠러지로 그 아래 훈강이 흐르며, 강 너머 동북쪽으로 멀리 오녀산성이 보인다. 1971년에 고분이 심하게 도굴, 파괴되어 번시시本溪市와 환런현 문물관리부에서 도굴당한 4기의 고분을 조사하고, 도굴된 장신구 등 일부 문물을 회수했으며(桓仁滿族自治縣文物志編纂委會, 1990), 1994년에 간략한 보고가 이루어졌다(梁志龍·王俊輝, 1994). 이후 2004년에 랴오닝성 문물고고연구소遼寧省文物考古研究所, 번시시 박물관本溪市博物館, 환런현 발굴대에서 6기의 적석묘를 발굴했으나 이에 대한 정식 보고는 이루어지지 않았고, 유적의 일부가 소개되거나(李新全, 2005·2008) 고구려 왕릉 비정 연구에서 왕장러우 4호 적석총을 동명왕릉으로 비정하면서 유구와 유물 사진 일부가 소개되었다(張福有·孫仁杰·遲勇, 2007).[1]

조사, 보고된 내용을 종합해볼 때 환런 왕장러우 적석총은 모두 6기이며 분구의 평면 형태는 불규칙한 타원형으로 분형이 정형화되어 있지는 않다. 구릉의 정상부에서부터 아래로 내려오면서 6기의 무덤이 열상으로 배치되어 있으며, 정상부에서 아래로 내려오면서 번호를 부여했다. 4기는 돌출된 능선에 자리하고, 나머지 2기는 완만한 비탈에 자리한다. 모두 무기단식의 석광적석총[2]으로, 1호분·4호분·6호분이 비교적 규모가 크고, 2호분과 3호분은 상대적으로 작은 규모다. 5호분은 지표 위에 냇돌이 한 겹 깔려 있어서 매장을 완료하지 않은 적석총의 기초 부분으로 보고 있다.

6기의 무덤 가운데 보고된 것은 중간에 위치한 4호 무덤과 구릉 아

---

1) 환런 왕장러우 적석총을 소개하는 글이 여럿이고, 글마다 사실 관계가 조금씩 차이가 있다. 특히 무덤의 규모나 출토 유물에 대한 설명이 그러한데, 금제 귀걸이의 경우 1994년 보고(梁志龍·王俊輝, 1994)에는 6호 적석총에서만 출토된 것으로 쓰여 있고, 2008년 글(李新全, 2008)에서는 4호 적석총에서 이전耳珦과 함께 출토되고 6호 적석총에서 출토되지 않은 것으로 되어 있다. 금제 귀걸이의 형식은 같지만 1994년과 2008년 글에 제시된 도면이 각기 달라서 이 글에서는 4호와 6호 적석총에서 각기 출토된 것으로 파악하고자 하며, 향후 출토 맥락이 보다 확실해지면 수정 보완할 것이다.

2) 1994년 보고에서는 분구를 '원구상圓丘狀 적석 구조'로, 매장부는 주검이 놓일 공간을 남겨두고 정연하지 않게 벽석을 쌓은 것으로 보고했다. 그러나 매장 공간의 크기가 길이 3.5~4미터, 너비 2~2.9미터, 높이 0.1~0.3미터로 평면은 넓으나 높이가 낮은 점으로 보아 석곽일 가능성보다는 목관이나 목곽을 안치한 뒤 그 주위에 돌을 쌓은 것이 함몰되면서 생긴 공간으로 보는 것이 합리적이라고 판단되어 석광적석총으로 분류했다.

래쪽에 위치한 6호 무덤 두 기다. 4호분은 잔존 분구 길이는 13~15미터이고, 높이는 1.6미터다. 경사면 위쪽을 조금 깎아내어 면을 고른 뒤 바닥에 작은 냇돌을 고르게 깔고 주검을 안치한 후 작은 돌 위에 큰 돌을 사용해서 묘실 전체를 봉해 분구를 완성했다. 매장부 바닥에 깔린 작은 냇돌 사이에서 인골과 구슬 등 일부 유물이 수습되었고,[3] 북쪽 적석 분구의 바깥쪽으로 냇돌로 지름 30센티미터 정도의 둥글게 돌을 돌린 시설이 덧붙여 있는데, 그 내부에서 비교적 많은 토기편들이 발견되었다. 이 부가된 보고자는 묘제墓祭와 관련을 가진 구조물로 보고 있다. 1994년 보고문(梁志龍·王俊輝, 1994)에서는 구슬 등만 수습되었다고 했으나, 2008년 논문(李新全, 2008, 296쪽 도면 39)에서는 금제 귀걸이와 유리제 이전耳瑱이 함께 보고되었다. 금제 귀걸이는 보요의 한쪽 끝에 금사를 길게 해 반으로 접어 한쪽 끝에 작은 고리를 만들고 한쪽을 말면서 좌우에 각 4개씩의 고리를 만든 것으로, 왕장러우 6호 출토 금제 귀걸이와 같은 방식으로 제작된 같은 모양이다.

6호분도 4호분과 마찬가지 방법으로 축조했다. 지면을 평탄하게 고른 뒤 10~27센티미터 정도 크기의 돌을 깔아 바닥을 만든 후 주검을 안치하고 돌을 덮어 분구를 완성했다. 분구는 서남쪽 모서리에 담장을 쌓듯이 돌을 돌린 후 쌓아 올렸다고 하는 것으로 보아 계장식으로 축조한 것으로 보인다. 남아 있는 분구는 한 변 길이 13.5미터, 너비 13미터, 잔존 높이 1.5미터다.[4] 6호분에서는 다양한 유물이 수습, 출토되었다. 1971년 조사 당시 매장부에서 금제 귀걸이와 동제 운주銅節約, 토기

---

3) 2008년 글(李新全, 2008)에 제시된 귀걸이와 유리제 이전耳瑱도 아마 묘실 바닥에서 출토되었을 가능성이 있다.
4) 분구의 규모는 2005년 글(李新全, 2005)을 참고했는데, 1994년 보고문에는 길이 10.5미터, 너비 9미터, 서남쪽에 남아 있는 높이는 1.5미터로 기록되어 있다.

편 등을 수습했고, 이미 무덤 내에서 금, 은기와 동기, 철검 등의 유물이 도굴되었으며, 당시 주민이 갖고 있던 철제 차관과 구슬 장식을 회수했다고 한다. 여기서 관심을 끄는 것은 매장부에서 출토된 금제 귀걸이다. 이 귀걸이는 4호 적석총에서 출토된 것과 같은 제작 방법으로 만든 것으로, 푸예 위수현 라오허선 중층 분묘에서도 이와 유사한 금제 귀걸이가 출토된 바 있다. 이 외에 차관[5]은 길이 7.1센티미터, 폭 4.8~6.5센티미터, 두께 1.7~1.9센티미터 크기인데, 윗부분의 지름이 조금 좁아진 원통형으로 상단과 중간에 한 줄 돌기가 있고, 중간의 돌기 아랫부분이 약간 오목하게 들어가며, 지름이 커진 아래쪽에는 굴대와 고정시키기 위한 장방형 구멍이 뚫려 있다. 이와 유사한 형태의 차관도 위수 라오허선 중층 분묘에서 출토된 바 있다. 이처럼 유물의 일부가 푸예 위수 라오허선 중층 분묘에서 출토된 것과 특징을 같이하므로 중층 분묘와 비교해볼 필요가 있다.

(2) 푸예 위수 라오허선 중층 분묘와 비교

① 라오허선 중층 분묘

부여 주민이 남긴 것으로 이해되는 푸예 위수 라오허선 유적은 백두산에서 발원한 제2 송화강 북쪽 기슭의 구릉 위에 위치하며, 1980년과 1981년에 걸친 두 차례의 발굴 조사로 3개의 문화층이 확인됨에 따라 (吉林省文物考古研究所, 1987) 청동기시대 이후 지속적으로 주민이 거주하면서 형성된 유적임을 알 수 있다. 하층은 청동기시대 주거지로 이루

---

5) 1994년 보고문에서 주민에게서 회수한 철제 차관이 보고되었는데, 유물 설명에서는 동제 차관 한 점이 보고되어 철제와 동제 차관 두 점이 있는 것인지, 철제와 동제 차관이 동일 유물인지 확인되지 않는다. 다만, 2007년 글(張福有, 2007)에서는 철제 차관 사진이 소개되어서 철제 차관이 맞을 것으로 추정된다.

어졌으며, 토제 정鼎을 비롯한 토기와 석기 등이 출토되어 시퇀산西團山 문화의 유적으로 보고 있고, 상층은 말갈의 분묘로 철제 갑옷편과 시유 도기 등의 유물이 출토되었다. 그 사이에 위치하는 중층 유적은 목관, 목곽묘로 이루어졌다.

라오허선 중층에서는 129기의 무덤이 비교적 정연한 배치를 보인 다. 수혈식의 장방형 평면을 가진 목관묘와 목곽묘로, 머리는 서쪽을 향하고 있으며, 일부 무덤(24호와 9호묘, 28호묘와 상층의 유구)을 제외하고 는 중복되거나 파괴되지 않아서 대부족의 공동묘지로 파악하고 있다. 주검을 안치한 장구는 79기에서 목판의 흔적이 확인되었으나, 관못 등 이 확인되지 않아 목관이나 목곽은 목재를 서로 짜 맞추어 만든 것으 로 보인다. 장속은 모두 1차장으로 단인장이나 다인장이며, 다인장의 경우 남녀 합장묘로, 남녀 동혈합장(3기)보다는 남녀 이혈합장이 40기 로 다수를 점하고, 1남 2녀 이혈합장묘는 12기로 그다음을 점한다. 남 녀의 안치는 남자가 오른쪽, 여자가 왼쪽이며, 1남 2녀의 경우 남자는 중앙에 안치된다.

부장품은 각종 토기, 철기, 청동기, 금, 은, 석제 장식품, 무기, 생산 도구, 생활 용구와 거마구로 다종다양하다. 토기는 모래가 섞인 태토의 호와 심발이 주종을 이루어 기종은 비교적 단순한 편이다. 무기는 검과 모, 환두도, 화살촉과 화살통 그리고 갑옷과 투구가 출토되었으며, 그 중 북방식의 안테나식 손잡이를 가진 동병철검銅柄鐵劍도 포함되어 있 다. 거마구로는 재갈과 재갈멈치, 차관, 마면馬面과 말장식이 있다. 장신 구는 주로 개인 착장용으로, 금·은·마노 등의 재질의 귀걸이, 구슬, 팔 찌와 반지, 장식패, 대구 등이 있다. 남자의 무덤에서는 무기와 갑옷과 투구 등이, 여성의 무덤에서는 팔장식이 출토되며, 장신구는 여성보다 남성의 무덤에 더 많이 부장되는 경향을 보인다.

부장품은 착장된 것과 매납埋納된 것으로 나눌 수 있는데, 장신구와 무기의 일부는 착장 상태로, 그 외 토기와 무기는 매납된 상태로 출토되었으며, 어느 정도 매납에서의 정형성을 갖고 있다. 토기는 머리 위쪽으로는 호, 심발 등이, 머리 앞쪽에는 소형 토기가 놓인다. 장신구는 귀 근처에 귀걸이와 이전耳墳, 목 부분에는 마노 구슬 등이, 허리에는 장식패가 놓이고, 팔과 손에서는 팔장식과 반지가 확인된다. 무기 가운데 검은 허리 옆에 놓여서 착장 상태로 추정되며, 환두도나 추는 머리 앞쪽에, 모는 머리 근처에 놓인다. 소형 환두도와 추는 가슴 부분에 놓이며, 투구와 갑옷, 재갈은 다리 부분에 안치된다. 그리고 동경은 주로 남성묘의 허리 부분에서 보인다. 이 외에 말 어금니가 1~3개 출토되기도 해 말의 순생이 관찰되며, 환두도나 환두추 등 무기와 장신구, 화폐의 일부에서 훼기毁器가 확인된다.

　부장품 가운데 한漢대 동경이나 곡봉형 대구, 전한의 오수전 등은 중국 중원 문화의 요소로서, 중원 지방의 한 대 동경이나 뤄양洛陽 사오거우燒溝 한묘漢墓의 부장품과 비교함으로써 라오허선 중층 분묘의 연대를 전한 말에서 후한 초로 비정하고 있다. 반면 동병철검이나 동물형 장식패, 동복銅鍑과 귀걸이 등은 북방적 요소로서 집단의 족속에 대한 단서를 제공한다. 무덤의 주인공에 대해서는 선비와 부여 등 여러 견해가 있었지만, 선비의 무덤과 달리 단인장과 일차장의 성격이 강해 현재는 부여족으로 보는 견해가 대세다.

　이처럼 라오허선 중층 분묘는 매장부의 구조나 매장 방식, 부장품의 구성이나 내용이 고구려 적석총과 일대일로 대응되는 것은 아니지만, 환런 왕장러우 4호와 6호 적석총의 금 귀걸이와 차관 등은 서로 비교해볼 수 있다. 특히 푸예를 대표하는 분묘 유적으로서 무덤의 조영 시기가 주몽설화의 고구려 건국과 일부 중복되어 관심을 끈다.

② 푸예 위수 라오허선 중층 분묘와 비교

환런 왕장러우 적석총과 라오허선 중층 분묘는 분묘의 개체 수나 부장품 등에서 질적으로 비교할 만한 대상은 못 되지만, 앞서 일별했듯이 당시의 위신재威身材라고 할 수 있는 개인 착장용 장신구인 금제 귀걸이나 거마구의 하나인 차관 등은 서로 비교해볼 만하다.

환런 왕장러우 4호와 6호 적석총에서 출토된 금제 귀걸이와 같은 방식으로 제작된 금제 귀걸이는 라오허선 중층의 55호묘, 56호묘와 106호묘에서 출토되었다(〈그림 1〉). 라오허선 56호묘는 성인 남성 1인이, 106호묘는 성인 여성 1인이 매장된 목곽묘로, 라오허선 56호와 106호에서 금 귀걸이는 귀 근처에서 출토되어 착장된 상태로 매납된

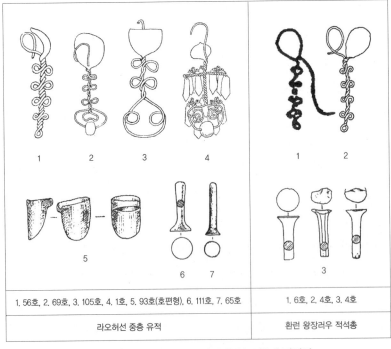

1. 56호, 2. 69호, 3. 105호, 4. 1호, 5. 93호(호편형), 6. 111호, 7. 65호	1. 6호, 2. 4호, 3. 4호
라오허선 중층 유적	환런 왕장러우 적석총

〈그림 1〉 환런 왕장러우 적석총 6호와 라오허선 중층 분묘 금제 귀걸이

것으로 보인다(吉林省文物考古硏究所, 1987, 19~20쪽). 이러한 형태의 귀걸이는 중국 북방의 한대 무덤에서 출토되지만, 중국 중원의 귀걸이와는 다른 것이어서 북방식 귀걸이라고 할 수 있다.

라오허선 중층 분묘에서 이러한 특징을 가진 귀걸이는 여러 무덤에서 출토되었고, 형태는 간단한 것부터 여러 줄의 고리를 만들고 그 사이에 구슬이나 편오각형 보요를 꿰는 복잡한 형태에 이르기까지 다양하다. 그중 왕장러우 6호 적석총과 라오허선 55호, 56호, 106호 무덤에서 출토된 것이 가장 간단하고 단순한 형태다. 한편, 라오허선 1호묘에서 출토된 편오각형 보요가 달린 귀걸이는 모용선비의 무덤인 베이퍄오北票 라마퉁喇嘛洞 II-266호묘에서 출토된 것과(遼寧省文物考古硏究所 編, 2002, 40쪽) 동형이다. 모용선비가 랴오닝 동부 지역으로 진출한 것이 3세기 후반경임을 감안해볼 때 구슬이나 보요가 달린 귀걸이가 상대적으로 늦은 형식임을 알 수 있다. 따라서 라오허선 중층 분묘에서 출토된 금제 귀걸이는 구슬이나 보요가 달리지 않은 간단한 형태에서(〈그림 1〉의 1) 구슬이 달리고(〈그림 1〉의 2, 3), 보요가 달리는 복잡하고 장식성이 강한 형태로(〈그림 1〉의 4) 변화한다고 볼 수 있다. 이에 비추어보면 왕장러우 6호 적석총의 금제 귀걸이는 비교적 이른 시기에 해당된다고 할 수 있다.

한편, 이른 특징을 가진 귀걸이는 이전과 공반共伴되었다. 서로 비슷한 형식의 금제 귀걸이와 이전의 공반은 왕장러우 4호 적석총과 라오허선 중층 106호 분묘에서 확인되었다. 그리고 이전은 금이나 은제의 호편형弧片形 귀걸이도(〈그림 1〉의 6) 출토되었다. 한쪽 끝을 둥글린 장방형 판의 호선과 반대 방향을 잘라서 코일처럼 만든 것으로, 이 역시 중국 중원에서는 보고된 예가 없을 뿐 아니라 아직까지 중국 북방에서도 확실한 예가 보고된 바 없어 부여식 귀걸이라고 할 수 있다. 이러한 귀걸이는 라오허선 47호와 103호 무덤에서 이전과 공반되었는데, 이와 유사한 공반 양상은 윈펑雲峰댐에 수몰된 석호石湖 왕바버즈王八脖子 적석총에서 확인되었다(吉林省文物考考研究所, 2007, 83쪽; 吉林省長白文化研究會·集安市博物館, 2004). 따라서 고구려에서 가장 먼저 확인되는 금공 장신구는 금제 귀걸이이며, 귀걸이는 부여와 관련을 갖는다고 할 수 있다.

차관은 거마구의 하나로서 수레의 굴대 끝에 끼우는 장식으로, 차관의 부장은 수레 부장 관념의 표현으로 해석될 여지가 있다. 환런 왕장러우 적석총에서 철제 차관은 4호와 6호 적석총 두 기에서 확인되었으며, 각각의 차관이 어느 무덤에 부장되었는지 확인할 수는 없지만 제시된 차관은 한쪽 끝이 막힌 원통형이며, 반대쪽에 굴대에 고정시키는 못 구멍이 있는 것으로, 이와 유사한 형태의 차관이 라오허선 56호 무덤에서 출토된 바 있다(〈그림 2〉). 따라서 차관과 금제 귀걸이로 미루어 볼 때 환런 왕장러우 적석총과 시간적으로 대응되는 무덤은 라오허선 56호 무덤이라고 할 수 있다.

반면, 훼기는 조금 신중할 필요가 있다. 보고자는 왕장러우 4호 적석총의 적석 분구 북측에 둥글게 돌을 돌린 지름 30센티미터 정도 크기

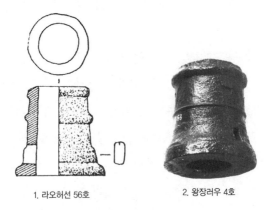

1. 라오허선 56호   2. 왕장러우 4호

〈그림 2〉 철제 차관

의 시설 내부에서 여러 점의 깨진 토기편이 확인되어, 이 구조물을 묘제墓祭의 흔적으로 보고 깨진 토기들을 훼기의 결과로 해석했다. 뿐만 아니라 1호 적석총 매장부 출토 토기 가운데에도 원래의 모습을 갖고 있는 것이 없어서 이를 훼기 습속으로 판단했다.

토기의 훼기 행위는 범북방적인 습속의 하나로, 훼기는 의미가 조금 다른 두 과정을 거쳤을 것이다. 하나는 토기의 파쇄破碎로, 이는 깨진 토기보다 토기를 깨뜨리는 행위 그 자체에 의미를 더 둔 것이라고 할 수 있다. 한반도 서남부 지방의 분구묘나 일본 분구묘의 주구에서 확인되는 파쇄된 토기가 그 예에 해당된다. 다른 하나는 토기의 일부를 깨서 매납한 것으로, 파쇄 행위보다는 깨진 토기 그 자체에 더 큰 의미가 있어서 전자와 구별할 필요가 있다. 보고자의 견해를 존중하자면 왕장러우 4호 적석총뿐 아니라 1호 적석총에서도 관찰되는 토기의 훼기가 후자의 경우에 해당되는 것으로 보인다. 토기의 훼기는 중국 한 대 동부선비나 선비 모용부 등 중국 북방족의 무덤에서 흔히 관찰되는 것으로, 북방족에서 보이는 토기의 훼기도 구연부의 일부나 동체나 저부 쪽에 작은 구멍을 내는 정도여서 후자에 해당된다고 할 수 있다. 그러나 왕장러우 적석총의 1971년 조사, 수습 내용을 보고한 글이나 2007년 책(張福有, 2007, 11쪽)에 소개된 토기의 사진을 보면(〈그림 3〉), 토기는 모두 잔편으로 한 개체분으로 원상 복원되지 않아서 토기의 파쇄 행위로 보기 어렵고, 또한 구연이나 저부의 일부를 훼손시킨 북방족의 토기 훼기와도 다른 양상이다.

설사 토기의 훼기라도 하더라도 이러한 토기의 훼기는 라오허선 중층 분묘에서는 보고되지 않았고, 소개된 토기의 도면에서도 구연부나 저부 훼기의 흔적은 관찰되지 않는다. 오히려 라오허선 중층 분묘에서 훼기는 환두도環頭刀나 추錐 등의 철제 무기나 도구를 구부려 매납하는

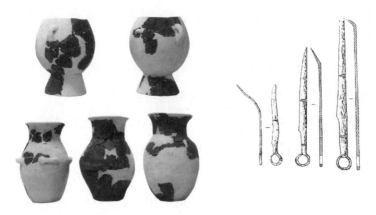

〈그림 3〉 환런 왕장러우 4호 적석총 출토 토기   〈그림 4〉 라오허선 중층 훼기

철기의 훼기가 주가 되며(〈그림 4〉), 머리 쪽에 부장된 깨진 구슬 또는 반파된 오수전 등도 훼기의 결과로 보고 있어서, 환런 왕장러우 적석총과는 다르다.

이와 같이 환런 왕장러우 적석총과 위수 라오허선 중층의 분묘는 서로 다른 묘제일 뿐 아니라 훼기 습속에서도 차이가 있지만, 환런 왕장러우 적석총의 유물 중에 금제 귀걸이나 차관 등과 같은 일부 유물은 고구려 물질문화 속의 부여 요소라고 할 만하다.

③ 라오허선 중층 분묘로 본 환런 왕장러우 적석총의 연대와 성격

전술한 바와 같이 환런 왕장러우 적석총은 이미 도굴된 상황에서 조사되어 무덤의 원상이 잘 드러나지 않은 까닭에 크게 주목을 받지 못했다. 그러다가 세계문화유산 등재를 위한 지안 퉁거우 분지 내의 고분 정비 조사에서 퉁거우 분지 내의 초대형 적석총을 왕릉으로 비정했고, 그 연장 선상에서 환런 왕장러우 적석총도 재조사하게 되었다. 2004년에 재조사한 결과에 따라 왕장러우 4호 적석총을 동명왕릉으로 비정한 바 있

다(張福有·孫仁杰·遲勇, 2007, 18~19쪽). 따라서 환런 왕장러우 적석총의 시간 위치와 함께 그 성격의 일단을 살펴볼 필요가 있다.

먼저, 환런 왕장러우 적석총의 시간 위치를 판단할 만한 객관적인 증거는 확보되지 못했다. 다만, 왕장러우 4호와 6호 적석총에서 출토된 금제 귀걸이, 차관과 동형의 유물이 라오허선 중층 56호 무덤에서 출토되어 이를 통해 연대 비정이 불가능한 것은 아니다. 라오허선 56호 무덤의 금제 귀걸이는 라오허선 중층 분묘에서 출토된 귀걸이 중 가장 간단한 형태여서 라오허선 중층 분묘 가운데 비교적 이른 시기에 해당된다. 따라서 라오허선 56호의 연대를 통해 환런 왕장러우 4호와 6호 적석총의 시간 위치의 대강을 살필 수는 있다.

라오허선 56호 무덤은 1인 단인장의 남성 무덤으로, 금제 귀걸이와 마노제 경식, 동물문 패식, 대구 등 개인용 장신구와 철제 낫·곽 등의 농공구, 동병철검·철촉·화살 주머니·환두도·모 등의 무기류, 동경·동복·갑옷과 투구 등 다양한 유물이 부장되어 피장자는 상위 신분에 해당될 것이다. 이 상위 신분의 남성은 금제 귀걸이와 금동제 동물문 패식 등 북방계 장신구와 동병철검 등 북방계 무기를 착장한 채 매납되었다(〈그림 5〉). 허리쯤에서 한 대 동경인 칠유칠수문경七乳七獸紋鏡이 출토되었다. 중국 중원 지방에서 다유금수문경多乳禽獸紋鏡이 방격규구사신경方格規矩四神鏡과 마찬가지로 후한 초에 유행했음을 감안해볼 때(孫機, 1991, 274쪽) 라오허선 56호묘의 칠유칠수문경을 기원 이전으로 올려보기는 조심스럽다. 따라서 환런 왕장러우 4호나 6호 적석총도 기원 이전으로 올려보기 어려울 것이다.

기원 이전으로 소급시키기 조심스럽지만, 환런 왕장러우 4호나 6호 적석총은 현재 알려진 고구려 고분 가운데 가장 이른 시기의 개인 착장형 금공 장신구가 부장된 고분임에는 틀림이 없다. 더욱이 이미 매장부의 바닥까지 도굴된 상황임에도 당시 조사자는 원래 금, 은기, 동기, 철제 유물 등이 더 부장되었을 것으로 추정한 것으로 보아 금공품은 더 많았던 것으로 추정할 수 있다. 그러나 환런 왕장러우 6호 적석총보다 늦은 시기의 지안 퉁거우 분지 마셴거우麻線溝 2378호분에서는

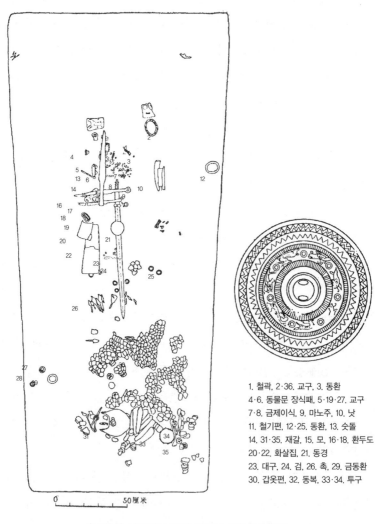

1. 철곽, 2·36. 교구, 3. 동환
4·6. 동물문 장식패, 5·19·27. 교구
7·8. 금제이식, 9. 마노주, 10. 낫
11. 철기편, 12·25. 동환, 13. 숫돌
14. 31·35. 재갈, 15. 모, 16·18. 환두도
20·22. 화살집, 21. 동경
23. 대구, 24. 검, 26. 촉, 29. 금동환
30. 갑옷편, 32. 동복, 33·34. 투구

〈그림 5〉 라오허선 56호 무덤과 칠유칠수문경

금공 장신구가 확인되지 않았고, 퉁거우 분지 내의 초대형 적석총 가운데 금공품은 3세기 후반경에 치싱산七星山 871호분에서 보요가 확인되는 정도다. 마셴거우 2378호분은 지안 퉁거우 분지에서 가장 이른 형식의 고총임에도 개인 착장용 금공 장신구가 부장되지 않은 점을 감안해볼 때, 환런 왕장러우 4호나 6호 적석총의 금공 장신구 부장은 동 시기에 병존했을 무기단 적석총과는 차별적인 높은 위상을 보여준다고 할 수 있다. 더욱이 고대 사회에서 착장용의 개인 장신구가 갖는 사회·정치적 의미를 고려해볼 때 금제 귀걸이의 부장이 가지는 의미를 과소평가할 수는 없다.

그러한 점에서 2006년에 환런 왕장러우 4호 적석총을 동명왕릉으로 비정한 견해를 주목할 필요가 있다. 이에 의하면 왕장러우가 위치한 구릉은 일찍부터 주민들이 룽강, 룽산 또는 룽터우산이라고 불렀으며, 이 구릉에 위치하는 7기의 고분 중 4호분을 중앙에 두고 양쪽에 3기씩(1, 2, 3호와 5, 6, 7호) 자리하는 무덤은 배총陪冢으로 파악했다(張福有·孫仁杰·遲勇, 2007, 18쪽).[6] 여기서는 동명왕릉으로 비정한 고고학적 증거로 토기와 부장 유물을 들고 있다. 토기는 물레를 사용하지 않은 모래가 섞인 태토로 빚고 소성도가 높지 않은 이른 시기의 특징을 가져서 시간적으로는 고구려 건국 초와 비슷한 시기로 판단했다. 여기에 출토된 차관이나 청동 방울은 수레와 관련을 갖는 사회 등급상 높은 신분에 해당되는 외래품이며, 마노나 녹송석제 장신구를 1호 적석총이나 6호 적석총보다 상위의 것으로 파악해 6기의 적석총 중 가장 상위의 무덤인 4호 적석총을 동명왕릉으로 비정했다.[7] 그리고 『삼국사기』의 동명왕

---

6) 2007년 글에서는 4호 적석총에서 금제 귀걸이가 출토되었다는 점은 설명하지 않았으며, 기존의 보고 내용과 달리 7기의 적석총이 있었고, 그중 7호 적석총은 파괴가 심해 기록하지 않았다고 했다(張福有·孫仁杰·遲勇, 2007, 18쪽). 그러나 현지답사에서 7호묘의 흔적은 확인할 수 없었다.

을 룽산龍山에 장사 지냈다는 기록과 왕장러우 적석총이 자리한 구릉이 용과 같은 형상을 하고 주민들이 룽산龍山으로 불렀다는 점을 역사적 근거로 제시했다.

물론 환런 왕장러우 적석총은 훈강을 사이에 두고 동북쪽으로 멀리 오녀산성이 보이는 구릉에 다른 고분들과 묘역을 공유하지 않은 배타적이고 월등한 입지 조건을 가져서 환런 일대의 다른 적석총들과는 차별적이다. 그러나 금제 귀걸이와 차관이 공반된 6호 적석총과 비교해볼 때 6호 적석총이 4호 적석총의 배총일 것이라는 고고학적 근거는 없다. 더욱이 호편형 금제 이식은 원평댐에 수몰된 석호 왕바버즈 적석총에서도 출토된 바 있어 금공 장신구가 부장되었다고 해도 그것이 왕릉임을 증명하는 결정적 증거가 되지는 못한다. 만약 왕릉이라고 한다면 당시 사회 발전 단계 속에서 왕의 위상을 다시 해석해야 할 여지가 있다.

그럼에도 불구하고 환런 왕장러우 유적은 두 가지 점에서 유의할 필요가 있다. 먼저, 왕릉 비정 문제를 차치하고 훼기는 범북방적인 요소지만, 환런 왕장러우 적석총에서 출토된 금제 이식이나 차관과 동형의 유물이 부여의 매장 유적인 라오허선 중층 분묘에서 출토된 바 있다. 이러한 요소들은 고구려 초기 물질문화 속에 부여 문화 요소가 있었음을 실증하는 것이다. 다른 한 가지는 위신재라고 할 수 있는 상위의 문물이 포함되어 있다는 점이다. 상위의 문물이 부여와 관련을 갖고 있다는 것은 주몽의 부여 출자를 뒷받침해주는 증거로 채택할 수 있다. 여기에 부여에서 출자한 주몽이 부여에서의 묘제가 아닌 고구려 적석총

---

7) 1994년 보고문(梁志龍·王俊輝, 1994)에서는 6호분에서 금제 귀걸이가 출토되었다고 하므로, 만약 금제 귀걸이가 두 점이라면 별 문제지만, 어느 한 무덤에서 출토된 것의 오기라면 동명왕릉 비정은 4호나 6호 적석총 어느 한 무덤이 될 것이다.

을 채택했는가에 대한 설명이 더해진다면, 주몽의 부여 출자에 대한 의구심이 보다 해소될 것이다.

④ 주몽 집단과 적석총

고구려 초기 적석총에 부여와 관련된 요소가 포함되어 있지만, 여기서 한번 짚고 넘어가야 할 문제는 바로 묘제에서의 차이이다. 즉, 고구려의 적석총은 매장부가 지상의 분구 중에 있고 돌로 분구를 쌓아 올린 반면, 부여의 목관·목곽묘는 매장부가 지하에 있어서 지상의 토축 분구와 구별되는 분墳과 묘墓가 분리된 무덤으로, 양 묘제는 서로 다른 관념하에서 조성된 것이기 때문이다. 물론 적석총과 목관·목곽묘가 기본적으로 1인 단인장의 수혈식 방법으로 매장했다는 점은 서로 공통되지만, 그러한 매장 방법은 선사시대 이래 보편적인 장법의 하나이므로 상이한 두 묘제의 관련을 설명해주는 근거가 되지는 못한다.

따라서 문제는 주몽이 부여에서 출자했다는데, 아직까지는 환런 일대에서 주몽과 함께 남하한 사람들이 자신의 전통적인 묘제를 사용한 증거가 확인되지 않는다는 점이다. 때문에 전통을 고수하려는 묘제의 보수적인 성향을 고려해볼 때, 부여에서 남하해 온 집단이 새로 정착한 지역의 묘제를 선택한 이유에 대한 설명이 필요하다.

그에 대해서는 다음과 같은 상황을 가정해볼 수 있다. 주몽설화를 전하는 문자 기록을 종합해보면, 남하해 온 집단은 그 규모가 크지 않았으며, 이들이 새로운 터를 잡았던 졸본의 비류수 일대에는 일정 수준의 선주민 집단이 있었음을 알 수 있다. 이 선주민 집단이 늦어도 전국시대戰國時代 말경부터는 일정 수준의 물질문화를 소유한 안정적인 상태였다는 점은 고고 자료로 어느 정도 확인할 수 있다. 문자 기록과 고고 자료로부터 이주 집단이 새로 정착한 곳에 자신의 문화를 이식시킬 만한 여건을 만들지 못했음을 쉬이 유추할 수 있다.

일례로 환런 츄수이통抽水洞 유적은 주거지와 회갱灰坑으로 이루어진 생활 유적으로 여기에서는 명도전과 포전, 일화전, 진秦 반량전 등 전국계 화폐와 함께 동촉, 동정삼익동촉鐵鋌三翼銅鏃, 철곽鐵钁, 철도 등 여러 점의 철제 농공구류가 출토되었다(武家昌·王俊輝, 2003). 토기는 청동기시대 이래 재지在地의 단면 장방형이나 원형의 파수가 달린 협사갈도灰砂褐陶와 함께 중원계의 니질계 토기가 출토되었다. 유적에서 출토된 화폐 가운데 한대에 주조된 것은 없고, 진 반량전은 진시황이 중국 통일을 기념해 기원전 221년에 주조한 것이어서 츄수이통 유적은 전국 연·진 교체기 즉 기원전 3세기 말경의 유적으로 비정된다. 오녀산성에서도 신석기시대에서 금대에 이르기까지 5개의 문화층이 확인되어(遼寧省文物考古研究所, 2004) 장기간에 걸쳐 주민이 거주했음을 보여준다. 청동기시대 층은 동검을 모방한 석검으로 미루어 기원전 4~기원전 3세기로 보고 있으며, 고구려 초기층은 3기층으로, 협사갈도와 오수전과 대천오십 등 한대와 왕망 대 화폐로 인해 기원전 2세기에서 기원후 1세기경으로 비정하고 있다. 따라서 츄수이통 유적이나 오녀산성의 고구려 초기층도 마찬가지로 커다란 변동 없이 전국 말기부터 지속적으로 주민이 거주했음을 보여준다.

환런 일대의 대표적인 생활 유적 두 곳은 전국 말기부터 지속적으로 주민이 거주하면서 철제 도구와 무기, 화폐 등 일정한 수준의 물질문화를 누리고 있었음을 보여준다. 일정 수준의 문화를 갖고, 안정적인 생활을 했던 환런 일대에 주몽의 남하가 물질문화에서의 충격은 되지 못했을 것이다. 오히려 부여에서 남하해 온 소수의 이주민에게 자신의 전통적인 물질문화를 지속시킬 만한 인적 물적 여건을 마련하지 못했을 것이며, 다수의 안정적인 선주민을 통합하기 위해서는 자신의 문화 전통을 이식시키기보다는 재지의 문화 전통을 수용하는 것이 훨씬 효율적이었을 것이다. 따라서 통합의 상징적인 기제로 보수적인 성향이 강한 묘제를 이용했을 것이며, 적석총이 이주민과 선주민을 통합하는 구심점 역할을 했을 것이다.

4. 맺음말

고구려 초기 고고학 자료가 질적으로나 양적으로 모두 충실하지 못한 상황에서 부여와의 관련을 보여주는 구체적인 물질 증거는 많지 않다. 더욱이 여러 사서는 고구려 건국을 주도한 주몽이 부여에서 남하했다고 전하고 있음에도, 전통을 고수하려는 경향이 강한 묘제가 서로 달라서 고고학적으로 부여와 고구려의 관련을 적극적으로 설명하기 어려웠다.

그러나 환런 왕장러우 적석총에서 착장용 개인 장신구인 금제 귀걸이나 수레 부속구의 하나인 차관이 출토되었고, 그 유물이 푸예의 위수라오허선 중층 분묘에서 출토된 것과 특징을 같이한다는 점은 고구려와 부여의 관련을 보여주는 중요한 물질 증거라고 할 수 있다. 때문에 부여에서 출자한 주몽 집단이 환런 일대의 선주 집단의 묘제를 채용했다고 해도 당시의 위신재로 볼 수 있는 착장용 개인 금공 장신구나 수레 부속구의 부장으로부터 주몽설화가 갖는 사실성을 부정할 수는 없다.

고구려와 부여의 관련은 이후의 물질문화 속에서도 지속적으로 관찰된다. 라오허선 56호묘와 샤훠룽下活龍 8호분의 철제 화살 주머니, 라오허선 54호와 67호묘와 완바오팅萬寶汀 242호분, 산청샤山城下 195호분의 덮개가 있는 청동 방울, 라오허선 11호묘와 완바오팅 242호분의 재갈멈치, 그리고 최상위 무덤으로 비정되는 임강총과 위산샤 2110호 분의 청동제 얼굴 모양 장식의 차할車轄은 마오얼산帽兒山 유적에서 출 토된 바 있다(강현숙, 2006). 특히 가장 발달된 형태의 귀걸이인 라오허 선 1호묘의 금제 귀걸이에 달린 편오각형 보요는 고구려의 서대총, 위 산샤 992호분, 위산샤 3319호분 등 4세기 중엽경의 무덤에서 보인다 는 것은 부여의 물질문화가 지속적으로 고구려에 유입되었을 가능성 을 시사하며, 임강총의 철도나 위산샤 992호분 철모의 훼기가 라오허 선 중층 분묘의 무기 훼기와도 같아서 부여 주민의 고구려 유입도 상 정해볼 수 있다. 그러나 4세기 말 이후가 되면 부여와 관련지을 수 있 는 문물들은 더 이상 고분에서 찾아볼 수가 없다. 이러한 고고학적 정 황이 고구려의 부여 복속과 관련 있는지 여부는 추후 해결해야 할 과 제다.

결국 전국시대부터 주민들이 철기 문화를 소유하며 안정적으로 성 장했던 환런 일대의 물질문화에서 위신재로 볼 수 있는 문물이 부여와 관련을 갖고 있다는 것은 기원전 37년에 고구려를 건국했다는 주몽설 화가 허구라기보다는 당대의 실상이 어느 정도 반영된 결과라고 해석 할 수 있다. 이는 주몽설화가 후대의 정치적인 이유로 부여 동명설화 의 내용을 차용한 창작이 아니라는 점을 시사하며, 불완전한 고고 자 료지만 환런 왕장러우 적석총이 가지는 역사적 의미가 여기에 있다고 하겠다.

:: 참고문헌

강현숙, 2006, 「고구려 고분에서 보이는 중국 삼연 요소의 전개과정에 대하여」, 『한국상 고사학보』 51, 한국상고사학회.

노태돈, 1999,「주몽설화와 계루부桂婁部의 기원」,『고구려사 연구』, 사계절.

리신추안李新全, 2005,「五女山山城及其周圍的高句麗早期遺跡」,『고구려 문화의 역사적 의의』, 고구려연구재단.

國家文物局 主編, 2007,「鴨綠江右岸雲峰水庫淹沒區古墓葬調查與發掘」,『2007 中國重要考古發現』, 文物出版社.

吉林省文物考古研究所, 1987,『楡樹老河深』, 文物出版社, 北京.

吉林省文物考古研究所·集安市博物館, 2004,『集安高句麗王陵: 1990~2003年集安高句麗王陵調查報告』, 文物出版社, 北京.

吉林省長白文化研究會·集安市博物館, 2004,「集安良民高句麗遺跡調查」,『東北史地』2004-4, 吉林省高句麗研究中心, 吉林省 長春市.

武家昌·王俊輝, 2003,「遼寧桓仁縣抽水洞遺址發掘」,『北方文物』2003-2, 北方文物雜志社, 黑龍江省 哈爾濱市.

孫機, 1991,『漢代物質文化資料圖說』, 上海古籍出版社, 上海.

梁志龍·王俊輝, 1994,「遼寧桓仁出土青銅遺物墓葬及相關問題」,『博物館研究』1994-2(中國考古集成 高句麗編 再收錄), 吉林省博物館, 吉林省.

遼寧省文物考古研究所編, 2002,『三燕文物精粹』, 遼寧人民出版社.

遼寧省文物考古研究所, 2004,『五女山城』, 文物出版社, 北京.

李新全, 2008,「高句麗早期遺存及其起源研究」, 吉林大學大學院 博士學位論文.

張福有, 2007,『高句麗王陵統監』, 香港亞洲出版社, 香港.

張福有·孫仁杰·遲勇, 2007,『高句麗王陵通考』, 香港亞洲出版社, 香港.

桓仁滿族自治縣文物志編纂委會, 1990,『桓仁滿族自治縣文物志』.

꿍

평양도읍기 고구려 왕릉의 선정과 묘주墓主 비정

강진원(서울대학교 국사학과 강사)

1. 머리말

고구려사 연구는 그간 많은 진전이 이루어졌고, 그에 따라 여러 방면
에서 논의가 심화되어왔다. 이는 왕릉 연구 또한 다르지 않다. 고구려
의 두 번째 도읍인 국내國內, 즉 오늘날의 지린성吉林省 지안集安 일대의
초대형 적석총積石塚을 대상으로 왕릉을 선정하고 묘주墓主를 비정하는
작업이 이루어졌으며, 최근에는 그 능원陵園의 양상(강진원, 2013a)이나
왕릉 조영의 특징(기경량, 2010) 등을 구명하는 데까지 논의가 확장되고
있다.

  그에 비해 평양도읍기 고구려 왕릉에 대해서는 그동안 심도 있는 연
구가 이루어지지 못했다. 성과가 없지는 않았으나 활발한 논의로 나아

가지 못한 감이 있다. 고구려에서는 수릉제壽陵制와 귀장제歸葬制가 실시되지 않았다(기경량, 2010, 29~30쪽). 그러므로 평양도읍기의 고구려 왕릉은 평양 일대에 존재할 텐데, 현재 깊이 있는 연구를 함에 현실적인 제약이 따름과 함께, 새롭게 밝혀진 사실이 별반 없는 것도 한 원인이리라 생각한다.

하지만 그럼에도 평양도읍기 고구려 왕릉 연구는 평양 천도 이후 고구려의 실상을 밝혀주는 데 결코 가볍지 않은 비중을 점하고 있다. 왕릉은 당시 최고 권력층의 의도와 바람이 반영된 구조물이기 때문이다. 이 시기의 고구려 국내의 상황을 알 수 있는 문헌 사료가 매우 소략한 점을 감안하면 그 중요성은 더욱 커진다. 따라서 만족할 만한 수준의 성과를 얻을 수 없다 해도 지속적인 관심의 대상이 되어야 한다.

그 면에서 이 글에서는 평양도읍기 고구려 왕릉에 대한 필자의 생각을 조심스럽게 개진해보고자 한다. 대략적인 선후 관계에 대해서는 연구자들 사이에 어느 정도 의견이 모아지는 상황이므로, 각 고분의 묘주가 누구였는지를 밝히는 문제가 향후 평양도읍기 고구려 왕릉 연구를 진전시키는 데 초석이 될 것이다. 이에 먼저 평양도읍기의 왕릉을 선정한 뒤, 다음으로 각 고분의 묘주를 비정해보겠다.

영성한 자료와 필자의 능력 부족으로 글을 써나감에 많은 무리가 있을 줄 안다. 질정을 바랄 따름이다.

2. 평양도읍기 고구려 왕릉의 선정

장수왕 15년(427) 평양 천도 이후 고구려 왕실은 이 지역에 능묘陵墓를 조성했을 것이다. 오늘날까지도 평양 일대에는 많은 고구려 시기 고분들이 존재하는데, 한 변의 길이가 20미터 이상이거나(강현숙, 2006, 17쪽) 직경 30미터 이상(趙俊杰, 2009, 154쪽)이면 최대급으로 분류할 수 있다. 이중에 그간 왕릉으로 눈여겨왔던 고분들의 현황을 정리해보면 다음과 같다.

〈표 1〉 평양 일대 왕릉급 고분의 현황

이름	분구			매장부				벽화 제재	비고
	외형	규모 (한 변 길이×높이)	기단	위치	묘실 수	연도	천장 구조		
전동명왕릉	방형	22×8.15	○	지상	단실	중앙	절천정	연꽃 장식	
진파리 1호분[1]	방형	30×7		지상	단실	중앙	평행삼각 고임	사신	
진파리 4호분	방형	23×6		지상	단실	중앙	평행삼각 고임	사신	
경신리 1호분	방형	54×12	○	지상	단실	중앙	평행삼각 고임		
호남리 사신총	방형	20×4	○	지상	단실	중앙	평행삼각 고임	사신	
토포리 대총	방형	29.4×7.8	○	지상	단실	중앙	평행삼각 고임		
강서대묘	방형	51.6×8.86		반지 하	단실	중앙	평행삼각 고임	사신	대·중·소 묘 삼각상 배치
강서중묘	방형	추정 41		지상	단실	중앙	평행삼각 고임	사신	

※강진원, 2013b, 191쪽 〈표 1〉

덧붙여 기왕에 이루어진 묘주 관련 연구 성과를 표로 정리해보면 다음과 같다.

---

1) 진파리 고분군은 북한 측에 의해 동명왕릉 고분군으로 개칭되면서 새롭게 연번이 부여되었다.

진파리 고분군	1호	2호	3호	4호	5호	6호	7호	8호	9호
동명왕릉 고분군	9호	7호	8호	1호	2호	3호	4호	5호	6호

<표 2> 평양도읍기 왕릉 묘주 비정 현황

고분	연구자	피장자 비정
전동명왕릉	아즈마 우시오東潮	동명왕
	나가시마 키미치카永島暉臣愼, 웨이춘청魏存成, 조영현, 정호섭, 자오쥔제趙俊杰, 몬다 세이이치門田誠一	장수왕
	강현숙	허묘虛墓
진파리 1호분 (동명왕릉 9호분)	정호섭	안장왕
진파리 4호분 (동명왕릉 1호분)	나가시마 키미치카, 정호섭	문자명왕
	자오쥔제	조다
진파리 7호분 (동명왕릉 4호분)	정호섭	조다
경신리 1호분(한왕묘)	아즈마 우시오, 강인구	장수왕
	자오쥔제	문자명왕
토포리 대총	아즈마 우시오	문자명왕
	자오쥔제	안장왕
	강인구	문자명왕 혹은 안장왕
호남리 사신총	정호섭, 자오쥔제	안원왕
	아즈마 우시오	양원왕
	강인구	안원왕 혹은 양원왕
강서대묘	세키노 다다시關野貞, 이병도, 아즈마 우시오, 정호섭	평원왕
	나이토 코난內藤湖男, 최택선, 자오쥔제, 강인구	영양왕
강서중묘	자오쥔제	평원왕
	세키노 다다시, 이병도	영양왕
	나이토 코난	영류왕
	강인구	양원왕 혹은 평원왕
	최택선	대양왕(보장왕 부친)
강서소묘	자오쥔제	양원왕
	최택선	영류왕
내리 1호분	이도학	영류왕

대체로 〈표 1〉에서 거론한 8기의 고분이 왕릉으로 거론되고 있으며, 경우에 따라서는 진파리 7호분이나 내리 1호분이 들어가기도 한다. 그

런데 이들 고분들을 모두 왕릉으로 보기에는 주저됨이 있다. 평양 천도 이후 집권했던 고구려왕 9명 모두가 평양 일대의 왕릉에 묻혔다고 보긴 어렵기 때문이다. 먼저 보장왕은 당에서 죽음을 맞이했으므로 왕릉이 평양에 존재할 수 없다. 다음으로 영류왕은 연개소문에게 참혹하게 피살되었고, 그 시신은 훼손되어 버려졌다. 시신이 매장되지 않았을 가능성도 있으며, 설령 훗날 무덤을 만들었다 해도 왕릉에 버금가는 규모는 아니었다고 생각하는 편이 자연스럽다(李丙燾, 1975, 394쪽). 피살된 수隋 양제煬帝의 경우 훗날 당唐 태종太宗이 황제의 예(帝制)를 갖추어 매장했음에도 봉분의 규모가 높이 3미터, 직경 10미터에 불과하다(齊東方, 2001, 57쪽). 이는 영류왕을 생각함에 좋은 참조가 된다. 이상을 보면 평양 일대에 왕릉이 조성된 고구려왕은 7명이 상한이며, 후술하겠지만 그 가운데 왕릉에 준하는 규모의 무덤에 묻히지 않은 인물이 존재했을 가능성도 있다. 그런데 앞서 언급한 고분들의 수는 그보다 많다. 따라서 이들 가운데는 실제 왕이 묻히지 않은 무덤도 있을 것이다. 어떤 고분들이 그에 해당할까?

얼핏 생각하기에는 벽화의 유무를 기준으로 제시할 수도 있겠다. 그런데 고분의 등급을 나눌 때 벽화의 유무가 꼭 필수 불가결한 요소는 아니다. 만일 왕릉을 비롯해 최고위 계층의 무덤에 벽화가 그려졌다고 상정한다면, 반대로 중하위 지배층의 무덤에는 벽화가 그려지지 않았다고 보는 편이 자연스럽다. 그런데 실상은 그렇지 않다. 직경이 10~20미터 사이인 고분 중에도 벽화분이 나타나고 있으며(趙俊杰, 2009, 160쪽), 평양 일대 고분 가운데 최대 규모를 자랑하는 경신리 1호분에는 벽화가 없다. 이는 당시 벽화가 선택적으로 수용되었음을 보여준다. 그 점은 국내도읍기의 석실적석총石室積石塚을 통해서도 뒷받침된다. 석실적석총 단계에 이르면 벽화를 그려넣는 것이 가능하지만, 실제 벽화가 그려진 고분들 중 왕릉에 볼 수 있을 만한 사례는 없다.

　분구 규모로 판단해볼 수도 있겠다. 하지만 앞의 고분들은 모두 그 일대에서 우월한 규모를 자랑하고 있으며 최대급에 해당한다. 따라서 이미 일정 기준을 넘어선 거대 고분들을 대상으로 다시 계선을 그어 왕릉을 구별하려는 것은 다소 성급한 시도가 아닌가 한다. 뒤에서 다시 이야기하겠지만 장수왕릉으로 여겨지는 전(傳)동명왕릉의 규모가 앞에 언급된 고분들 가운데서는 특별하게 거대하지 않은 것도 좋은 참조가 된다.

　그렇다면 어떻게 접근해야 할까? 필자는 해당 고분이 여러 고분군 속의 일원인지를 중시해야 한다고 생각한다. 〈표 1〉의 진파리 1·4호분 이나 〈표 2〉의 진파리 7호분이 그에 해당한다. 이들은 진파리 고분군 소속 고분들로 우월한 입지 조건을 갖추지 못한 채 전동명왕릉의 배후 고분으로 자리하고 있다. 그런데 국내도읍기에 이미 우월한 입지를 확보해 왕릉을 조성하는 풍습이 굳어졌다(강진원, 2013b, 196쪽). 진파리 1·4호분을 제외한 〈표 1〉의 고분들 또한 기본적으로 탁월한 입지 조건 위에 조영되었다. 이는 전동명왕릉의 배장묘군으로서(조영현, 2004, 51쪽) 조밀한 지역에 고분들이 소군(小群)을 이루고 있는 진파리 고분군 의 소속 고분인 진파리 1·4호분과는 그 양상이 판이하다. 따라서 진파 리 1·4호분, 나아가 같은 지역에 조성된 진파리 7호분과 같은 고분들 을 왕릉으로 보기에는 무리가 있다. 해당 고분에는 왕실 인물이나 고위 지배층이 묻혔을 것이다.[2]

　한편 내리 1호분의 경우 최근 영류왕릉으로 보는 견해가 제기되었

---

2) 진파리 고분군 내의 벽화 고분들은 사신도가 단독으로 현실 벽면을 차지하고 있지 않기 때문 에, 호남리 사신총보다 시기적으로 다소 이른 시기에 조성되었다고 여겨진다(정호섭, 2011, 241쪽).

다(이도학, 2008, 114~115쪽). 그런데 고분이 영류왕 사망 시점인 7세기 중엽보다 훨씬 이르게 편년됨은 차치하더라도, 앞서 언급했듯이 피살되었고 그 혈육이 왕위에 오르지도 못한 인물의 무덤을 상당한 규모로 조성했다고 보기에는 무리가 있다. 따라서 해당 고분 역시 왕릉 검토 대상에서는 제외하는 편이 좋을 것이다. 이 고분이 배타적인 묘역을 형성하고 있지 못하며, 여러 고분과 함께 일군을 이루고 있음(東潮, 1997, 198쪽)을 생각하면 더욱 그러하다.

그렇다면 일단은 전동명왕릉, 경신리 1호분, 호남리 사신총, 토포리 대총, 강서대묘, 강서중묘 등을 평양도읍기 왕릉으로 생각해볼 수 있겠다. 발굴 상황의 진척이나 연구 심화에 따라 추후 변수가 생길 수는 있겠으나, 현재로서는 앞에서 거론한 고분들을 대상으로 논의를 이어나가는 것이 좋다고 생각한다.

3. 평양도읍기 고구려 왕릉의 묘주 비정

그럼 왕릉으로 여겨지는 고분에는 어떤 인물들이 묻혔을까? 본격적인 논의에 앞서 원활한 묘주 비정 작업을 위해서는 우선 각 고분들 간의 선후 관계를 알아둘 필요가 있다. 이 문제는 상당한 진척이 이루어졌는데, 논자에 따라 세부적인 부분에서는 차이가 있겠으나 대체로 '전동명왕릉→경신리 1호분→호남리 사신총·토포리 대총→강서대묘·강서중묘'와 같은 순서로 조영되었다고 보는 데는 큰 이견이 없는 것 같다 (東潮, 1997, 191쪽; 조영현, 2004, 73쪽; 아즈마 우시오·다나카 도시아키, 박천수·이근우, 2008, 440쪽; 정호섭, 2011, 163~166쪽). 이 글에서는 그에 따라 순차적으로 고분을 언급하며, 그 묘주를 추정해보고자 한다.

먼저 전동명왕릉이다. 내·외부의 구조나 벽화 등을 보면 이 고분은 5세기 말에 축조되었다고 생각된다(조영현, 2004, 85쪽; 趙俊杰, 2009, 176쪽). 전동명왕릉의 능사陵寺로 조영된 정릉사定陵寺에서 출토된 와당이 5세기 말~6세기 대로 편년된다는 것(정호섭, 2011, 229쪽 재인용)을 보아도 그러하다. 처음 평양 지역에 묻혔을 군주는 장수왕으로 그 몰년은 491년이다. 이는 전동명왕릉의 축조 시기와 겹치므로, 그 묘주를 장수왕으로 추정해볼 수 있지 않을까 한다.

그 점은 정릉사와 그 뒤편에 있는 전동명왕릉이 하나의 짝을 이루고 있는 것을 통해서도 뒷받침할 수 있다. 사찰과 왕릉이 조합을 이루고 있는 이러한 면모는 북위 영고릉永固陵과 그 능사인 사원불사思遠佛寺에서도 엿보인다. 영고릉은 문명태후文明太后의 수릉이고, 사원불사는 문명태후 생전에 영고릉 인근에 만든 사원이다. 당시 고구려와 북위가 우호적인 관계 속에 빈번하게 교섭했던 것을 볼 때, 전동명왕릉과 정릉사는 북위의 영향을 받아 조성되었을 가능성이 크다(趙俊杰, 2009, 168쪽; 趙俊杰, 2010, 147쪽; 정호섭, 2011, 230~232쪽; 門田誠一, 2012, 101~103쪽). 그런데 북조 황실에서는 영고릉 이후로 무덤을 만들 때 사찰을 함께 건립하는 예를 찾기 어렵다. 이를 보면 전동명왕릉은 영고릉의 파급력이 가장 강했을 시기, 즉 영고릉 건립 시점에서 그리 멀지 않은 때에 조성되었다고 보는 편이 자연스럽다. 이후 그러한 유형이 등장하지 않는데, 굳이 과거의 영고릉을 떠올리며 능묘를 조성할 뚜렷한 이유를 찾기 어렵기 때문이다. 그렇게 본다면 전동명왕릉은 영고릉 건설 시점(484년)에서 가장 가까운 시기에 죽은 왕의 무덤일 가능성이 높고, 그 주인공은 바로 491년에 사망한 장수왕으로 볼 수 있다.

벽화의 제재 또한 가벼이 넘길 수 없는 부분이다. 전동명왕릉의 벽면은 연꽃 장식으로 가득하다. 이는 당시 불교가 성행했음을 말한다. 그런데 본디 연꽃 장식으로 벽화 전면을 채운 고분은 지안集安 일대에서 주로 보이는 바이고, 평양 일대에는 이 전동명왕릉 정도밖에 없다(전호태, 2000, 213~214쪽). 이는 전동명왕릉이 평양 지역의 고분 축조 경험보다는 지안 지역의 그것과 연결될 수 있음을 보여준다. 평양 지역에 축조되었으나 국내 지역의 전통에 영향을 받고 있었다면, 이 고분의 묘주는 평양 천도 이후 가장 가까운 시기에 죽은 장수왕일 가능성이 높다 하겠다.[3]

물론 이에 대해 다르게 생각할 수도 있다. 전동명왕릉은 '동명왕이 묻혔다고 전해지는 무덤'이기에 그 묘주를 동명왕, 곧 주몽으로 보는 것이다(아즈마 우시오·다나카 도시야키, 박천수·이근우, 2008, 439쪽). 그런데 이렇게 생각하려면 애초 존재했던, 아마 실제로는 전설상의 인물을 모신 가묘假墓일 주몽의 무덤이 평양으로 옮겨졌어야 한다. 하지만 그러한 흔적은 남아 있지 않다. 이는 시조묘始祖廟 기록을 통해서도 뒷받침할 수 있다. 시조묘는 시조 왕릉, 즉 주몽의 무덤을 포함하는 개념이다 (강진원, 2007, 8~10쪽). 그런데 평양도읍기에도 고구려왕들은 졸본에 가서 시조묘에 제사했으므로, 당시에도 졸본에 주몽의 무덤이 있었다는 것을 알 수 있다. 따라서 전동명왕릉의 묘주를 주몽으로 보기에는 무리가 있다.[4]

---

3) 장수왕長壽王이라는 왕호 또한 주목된다. 이때의 '장수長壽'는 단순히 오래 살았다는 의미가 아니라, 석가모니의 전생이 장수왕이라는 데서 비롯되었다는 설이 있다(조경철, 2006, 17~18쪽). 고구려의 왕권이 절정에 달한 시기에 단순히 장수를 기리는 의미로 왕호를 그렇게 정했다고 보기에는 석연치 않은 구석이 있다. 따라서 불교 설화의 군주호에서 그 시호를 가져왔다고 보는 편이 자연스러울 것이다. 만일 그렇다면 당시 왕실의 불교에 대한 관심이 매우 지대했을 것이며, 장수왕릉 또한 불교적 색채가 매우 강렬했다고 추정된다. 그런데 현재 평양 일대의 고구려 왕릉 가운데 이에 가장 부합하는 것이 전동명왕릉이다. 그러므로 장수왕릉을 이 고분으로 볼 수 있겠다.
4) 그렇다면 왜 이 고분을 전동명왕릉으로 인식하게 되었는지가 관건일 것이다. 이는 더 검토해야 할 문제지만, 평양 일대에 주몽과 관련한 전승이 있다는 것에 주목할 필요가 있다고 생각한다.

이와 달리 전동명왕릉을 묘주가 없는 허묘虛墓로 볼 수도 있겠다. 즉 평양 천도 후 지역 주민들과 구성원들을 규합하기 위해 조성한 정치적 상징물로 보는 것이다(강현숙, 2008, 44~47쪽). 그에 따르면 전동명왕릉에 관대棺臺가 없는 이유는 실제 시신을 들이지 않았기 때문이다. 그러나 관대의 부재가 곧 실묘實墓임을 부정하는 근거는 되지 못한다. 지안 및 평양 일대의 왕릉 가운데 관대가 나오는 것은 태왕릉과 장군총·강서대묘 정도밖에 없기 때문이다(강현숙, 2008, 46쪽). 실제 묘주가 있는 고분에서도 관대는 필수 요건이 아니었음을 알 수 있다. 이는 관대 없이 목관이 사용된 황해북도 은파군 대청리 1호분의 사례(권오영, 2009, 17~18쪽)에서도 뒷받침된다. 전동명왕릉에서는 금제 관장식과 관못이 출토되었으므로, 관대 없이 관을 현실玄室 바닥에 놓았던 것으로 여겨진다(정호섭, 2011, 228쪽; 門田誠一, 2012, 100쪽). 나아가 장군총 주변에 배장묘군陪葬墓群이 존재한다거나 능사까지 마련된 점을 보면, 장군총을 허묘로 보기에는 무리가 있다(이도학, 2009, 136쪽 및 151쪽).

다음으로 경신리 1호분, 즉 한왕묘漢王墓다. 전반적인 양상을 보면 경신리 1호분은 전동명왕릉 다음 단계에 조성된 무덤으로 여겨진다(강인구, 1990, 64쪽; 아즈마 우시오·다나카 도시야키, 박천수·이근우, 2008, 422쪽; 趙

「천남산묘지명」에 따르면 "주몽은 해를 품고 패수에 임해 도읍을 세우고朱蒙孕日臨浿水而開都"라 해서 주몽이 패수, 즉 당시의 대동강을 건너 도읍을 열었다고 한다. 이는 평양이 수도가 됨에 따라 고구려인들이 주몽 신화의 무대 또한 평양 일대로 인식하게 되었음을 보여주는 일례로 여겨지며, 평양 천도 이후에는 대동강 일대에서 주몽 신화를 재현하는 의례가 행해졌을 가능성을 시사한다. 평양 일대의 주몽 관련 유적지는 그러한 상황 속에서 탄생했다고 생각되는데, 그것이 오늘날까지 전해지는 것을 보면 고구려가 멸망한 뒤에도 사라지지 않았음을 알 수 있다. 아마 후대에 평양을 주몽의 활동 지역으로 여기는 인식 속에 이 일대의 어느 대형 고분을 주몽의 무덤으로 여기는 움직임이 일어나기 시작했으며, 그것이 바로 후대에 "동명왕묘는 평양부 동남쪽 중화 지역인 용산에 있으며, 세간에서 '진주묘'라 한다東明王墓[在府東南 中和境龍山 俗號珍珠墓]"(『고려사』 권58, 지 제12, 지리3, 평양부)와 같은 형태로 남았던 것이 아닐까 한다.

俊杰, 2009, 171쪽). 전동명왕릉의 묘주가 장수왕이므로, 경신리 1호분의 묘주는 그다음 왕인 문자명왕으로 추정하는 것이 좋지 않을까 한다. 물론 이에 대해 다른 의견도 존재한다. 진파리 4호분, 즉 동명왕릉 1호분을 문자명왕릉으로 보는 것이다(정호섭, 2011, 240쪽). 이 고분은 진파리 고분군의 일원이므로 애초 왕릉으로 보기는 어렵다고 여겨지지만, 해당 고분이 전동명왕릉보다 훨씬 후대에 조영되었다는 점도 문제다. 진파리 고분군은 1·2·3호분, 4·5·6호분, 7·8·9호분의 3개 소군小群으로 나눌 수 있다. 그런데 열상列狀으로 늘어서 있는 진파리 7·8·9호분 쪽이 삼각상三角狀으로 늘어선 나머지 고분들보다 먼저 조성되었다(강현숙, 2008, 42~43쪽). 다시 말해 진파리 4호분은 진파리 고분군 내에서도 후대에 조성되었다고 여겨지며, 전동명왕릉과의 시기적 격차가 상당하다. 한편 일반적으로 고분의 단위 소군單位小群 내 축조 순서는 가장 큰 고분이 초축분初築墳일 때가 많다는 점, 그리고 진파리 고분군 각 고분이 하위에서 상위로 축조되었다고 여겨지는 점을 감안해 그 선후 관계를 파악해도 '전동명왕릉→7호분→9호분→8호분→1호분→2·5·6호분→4호분'이 된다(조영현, 2004, 71쪽). 역시나 진파리 4호분은 전동명왕릉보다 훨씬 후대에 조성되었다. 그러한 면을 보아도 해당 고분을 문자명왕릉으로 보기는 힘들다.

그런데 경신리 1호분은 분구 한 변의 길이가 50미터를 넘는 등 그 규모가 대동강 유역에서 최대다(아즈마 우시오·다나카 도시야키, 박천수·이근우, 2008, 422쪽). 물론 국내도읍기의 전반적인 양상에는 미치지 못하지만 평양도읍기 왕릉들이 대체로 이전 시기에 비해 작아진 점(강진원, 2013b, 197~199쪽)이나, 이후 강서대묘를 제외하면 이런 규모의 왕릉이 조영되지 않은 점을 생각하면 특기할 일이다. 경신리 1호분이 문자명왕릉임을 볼 때, 여기에는 해당 고분의 축조를 관할했을 안장왕의 의도가 반영되었던 것이 아닌가 한다. 안장왕은 520년대 후반 조양 일대를 유린했으며(노태돈, 1999, 461쪽), 왕 11년(529) 백제군을 맞아 오곡五谷에서 친히 싸워 대승을 거두고, 새로운 세력과의 혼인 관계를 도모하는 등 고구려의 국력을 키우고자 애쓴 인물이다. 또 시조묘를 친히 제사하며 시조 주몽의 권위를 빌려 집권체제를 공고히 하고자 노력했다(강진원, 2007, 74~78쪽). 왕실의 위엄을 제고하는 데 주력했던 인물이었기에, 그 부친인 문자명왕의 무덤 또한 이전의 왕릉보다 거대하게 축조하면서 왕권의 위상을 드높이려 한 것이 아닐까 한다.

그렇다면 남은 고분들의 묘주는 문자명왕 이후의 군주들이라 하겠다. 그런데 이 무렵 군주들의 경우에는 왕호를 통해 그 장지를 유추할 수 있어 주목된다. 평양도읍기 고구려왕들의 왕호와 장지에 대한 기록을 정리하자면 다음과 같다.

〈표 3〉 평양도읍기 고구려왕들의 왕호와 장지

왕호	『삼국사기』	『삼국유사』	일본 측 기록
장수왕長壽王			
문자명왕文咨明王	명치호왕明治好王	명리호(왕)明理好(王)	
안장왕安藏王			
안원왕安原王			안강상왕安岡上王, 박국향강상왕狛國香岡上王
양원왕陽原王	양강상호왕陽崗上好王, 양강왕陽岡王	양강왕陽崗王	
평원왕平原王	평강상호왕平崗上好王, 평강왕平岡王	평강(왕)平岡(王)	양향陽香
영양왕嬰陽王	평양(왕)平陽(王)	평양(왕)平陽(王)	대흥왕大興王
영류왕榮留王		무양왕武陽王	
보장왕寶藏王			

'국원國原'에 묻힌 고국양왕의 장지가 국강상國岡上으로도 전해지듯 '원原'과 '강상岡上'은 통한다. 그렇다면 안원왕, 양원왕, 평원왕 등

의 장지는 각기 '안강상安岡上', '양강상陽岡上', '평강상平岡上'이라 하겠다. 그런데 이들 지명은 각 왕들의 칭호에도 나타나고 있다. 따라서 해당 왕들의 왕호가 장지葬地에서 연원했다고 볼 수 있다(임기환, 2002, 23~24쪽). 광개토왕 이후 안장왕에 이르기까지 적용되던 시호적 성격의 왕호가 사라지고, 고국양왕 이전의 장지명 왕호가 다시 부활한 것이다(여호규, 2010, 15~17쪽). 귀족연립정권기의 왕권 약화로 인해 광개토왕~안장왕 대처럼 왕호에 훈적을 드러내는 부분이 사라졌다(임기환, 2002, 31~32쪽).

한편 영양왕과 영류왕의 경우는 훈적과 관련된 왕호라고도 보기 힘들고 장지명에서 유래한 것도 아니다(임기환, 2002, 33쪽).[5] 현전하는 정식 왕호가 나타난 배경에 대해 이야기할 자리는 아니기에 그것을 차지하면, 눈에 띄는 것은 영양왕과 영류왕의 이칭이 각기 평양왕平陽王과 무양왕武陽王이라는 것이다. 또 이들 군주와 형제지간이자 보장왕의 부친이 대양왕大陽王인데, 영양왕의 휘가 원元 혹은 대원大元이고 영류왕의 휘가 건무建武 혹은 성成인 것이나, 이 두 왕의 이칭을 보면 대양왕의 '대양大陽'을 그의 이름으로 여기기는 힘들다. 이들 삼형제는 '○양陽'이란 칭호를 공유하고 있다. 그런데 이를 훈적과 관련된 것으로 보기는 어렵다. '양陽'이 하천의 북쪽 지대를 뜻한다는 점을 감안하면, '평양平陽', '무양武陽', '대양大陽'은 지명, 즉 해당 인물이 묻힌 곳을 일컫는

---

5) 영류왕의 경우에는 '영류榮留'를 훈적의 의미로 이해할 수도 있겠다. 그러나 연개소문에게 참혹하게 죽임을 당한 상황에서 그러한 왕호를 고구려 당대에 올려주었으리라 여겨지진 않는다. 『삼국사기』 고구려본기 보장왕 즉위조나 제사지에서는 영류왕을 건무왕建武王이라 이르는데, 이는 그의 휘에서 기인한 것으로, 아마 고구려 당대에는 별다른 공식적 왕호 없이 그렇게 불렸던 게 아닐까 한다. 영류왕이란 왕호는 해당 군주를 지지하던 세력이 암암리에 썼거나, 혹은 고구려 멸망 후 추모 차원에서 붙여졌을 가능성이 크다고 여겨진다.

것이 아닐까 한다.[6)]

전체적인 선후 관계를 볼 때 경신리 1호분 다음에 축조되었다고 여겨지는 것은 호남리 사신총과 토포리 대총이다. 두 고분은 시기적인 격차가 크지 않으며, 모두 광대산(해발 106미터) 남쪽 기슭의 전망 좋은 구릉 위에 있다(아즈마 우시오·다나카 도시아키, 박천수·이근우, 2008, 391쪽·395쪽). 그런데 이러한 입지는 안원왕과 양원왕의 장지에 부합하는 것으로 보인다. 두 군주의 장지에 강상岡上이 들어가는 것을 보면, 해당 지대는 평평한 대지보다는 구릉이나 경사진 기슭임을 알 수 있다. 안원왕의 장지인 '안강상'의 경우 '안安' 자가 붙은 것을 보면 편안한 느낌을 준다거나 조망이 아늑한 지역인 것 같다. 또 양원왕의 장지인 '양강상'의 경우 '양陽' 자가 붙은 것을 보면 하천 북쪽에 위치했을 것이다. 그런데 광대산 남쪽 기슭에 자리한 채 대동강을 굽어보는 호남리 사신총과 토포리 대총의 입지가 그러한 장지명에 부합한다. 아늑한 구릉에 소재하고 있어 '안강상', 즉 '편안한 언덕'으로, 또 남쪽에 하천이 흐르고 있어 '(하천의) 북쪽 언덕'으로 명명했을 가능성이 있기 때문이다. 따라서 호남리 사신총과 토포리 대총은 안원왕릉 및 양원왕릉으로 볼 수 있지 않을까 한다. 두 고분 가운데 조금이라도 일찍 조영된 것이 어떤 것이었는지를 명확히 알기는 어렵다. 그러므로 일단은 안원왕릉과 양원왕릉은 광대산 남쪽에 위치한 호남리 사신총과 토포리 대총에 비정할 수 있음을 밝히는 선에서 그치고자 한다.

---

6) 『삼국사기』 온달전에서는 평강왕(평원왕) 다음 왕으로 양강왕이 나온다. 이 양강왕을 영양왕으로 보면서 '평양강왕'에서 '평平'이 누락되었다고 보는 견해도 있다. 이에 따르면 영양왕의 장지는 평양강, 영류왕의 장지는 무양강, 보장왕 부친의 장지는 대양강이다(임기환, 2002, 33쪽). 그런데 양강왕이 양원왕의 이칭임을 감안하면 온달전의 양강왕은 영양왕의 오기로 보는 게 자연스럽다(이기백, 1967, 149쪽). 평원왕의 앞뒤로 양원왕과 영양왕이 자리하고 있으므로 충분히 혼동할 수 있는 부분이다.

이들 고분 다음에 축조되었다고 여겨지는 것은 강서삼묘江西三墓, 즉 강서대묘·중묘·소묘다. 따라서 양원왕 이후의 왕릉은 이 안에서 찾는 편이 타당할 것이다. 먼저 평원왕릉의 경우 그 장지는 '평강상平岡上'이다. 평강상은 '평지의 언덕' 혹은 '평평한 언덕'을 가리키므로, 평원왕릉은 평평한 지대 위의 구릉에 자리한다고 예상할 수 있다. 그런데 현재 많은 연구자들이 평원왕릉으로 보고 있는 강서대묘나 강서중묘는 평야 지대 정중앙에 있다. 따라서 현재까지의 비정이 잘못되었으며, 평원왕릉은 다른 곳에서 찾아야 한다고 볼 수도 있겠다. 단 이 또한 문제는 있다. 평원왕이 590년에 사망했으므로, 만일 그렇다면 6세기 말 전후에 조성된 왕릉급 고분을 새롭게 찾아야 하는데, 현재로서는 이 무렵 조성된 고분 가운데 강서삼묘 외에 딱히 왕릉의 풍격을 지닌 개체를 찾기 힘들기 때문이다. 그러므로 이 문제에 대해서는 시각을 조금 달리해서 바라보아야 한다고 생각한다.

강서대묘를 포함한 강서삼묘는 평탄한 평야 지대에 우뚝 솟아 있다. 그 규모조차 결코 작지 않다. 그런데 분구 좌우가 대칭을 이루며 가운데가 높다란 산등성이 모양을 이룬다면 '강岡'의 지형에 해당된다(여호규, 2010, 24쪽). 이에 착안해 고분들을 평야에서 바라보면 흡사 낮은 언덕岡과 같은 인상을 줄 것인데, 이는 고구려 당대에도 마찬가지였으리라 짐작된다. 즉 '평지의 언덕'이나 '평평한 언덕', 즉 '평강상'으로 여겨질 만한 상황이 아닐까 한다. 애초 평야에 입지했다는 의미의 장지명을 왕호로 삼을 수도 있었으나, 거대한 분구묘가 자리함에 따라 그 일대가 '평강상'으로 여겨졌고, 그로 인해 '평강상왕(평원왕)'으로 왕호가 굳어졌을 가능성이 있다. [7]

---

7) 장지명이 바뀌는 사례는 동천왕의 사례를 통해서도 엿볼 수 있다. 동천왕의 장지는 동천지원東川之原, 즉 동양東壤이었으나, 순사殉死하는 이가 많아 시원柴原으로 불렸다.

물론 그렇게 보아도 의문은 남는다. 영양왕의 장지명인 '평양'의 경우 언덕에 위치했다는 인상을 주지 않기 때문이다. 영양왕릉이 강서삼묘 중 어떤 고분이든 평원왕릉처럼 장지명에 '강상'을 넣어도 무방할 텐데 그렇지 않은 것이다. 그런데 영양왕릉에 앞서 동일 지역에 자리한 평원왕릉이 이미 '평강상'이란 이름을 선점했다는 점을 생각하면, 이는 어렵지 않게 풀릴 문제라고 생각한다. 이미 '평강상'이라는 이름이 존재하는데 중복되는 표현을 쓰기는 곤란했을 것이다. 그에 따라 해당 지역이 봉상강 북쪽의 평야 지대이므로 그 장지를 '평양平陽', 즉 '평평한 강 북쪽의 지역'이라 칭했던 것이 아닐까 한다.

그렇다면 강서삼묘의 묘주는 각기 누구로 보아야 할까? 〈표 2〉에 나타나듯 대부분의 연구자들은 이들 가운데 강서대묘가 가장 먼저 조영되었다고 보고 있다. 필자 역시 별다른 이견이 없다. 그러므로 강서대묘는 평원왕릉으로 볼 수 있다. 강서대묘는 한 변의 길이가 50미터를 넘는다. 평양도읍기의 대형 고분 중에서는 경신리 1호분과 더불어 최대급이다. 당시 기준으로 거대한 규모를 자랑하는 왕릉이 축조된 것인데, 거기에는 왕권의 의도가 반영되었다고 보는 편이 자연스럽지 않을까 한다. 강서대묘가 평원왕릉이므로 해당 고분은 영양왕 대에 조영되었을 것이다. 영양왕은 제세안민濟世安民을 자임했을 정도로 국정을 주도하려는 의지가 강력했다. 이를 감안하면 영양왕은 고구려를 일신하고자 하는 의도에서 그 부친의 무덤을 이례적으로 크게 조영했던 것이 아닌가 한다. 경신리 1호분(문자명왕릉)의 경우와 마찬가지라 하겠다.

한편 강서중묘의 경우에는 강서대묘와 시기적으로 가깝다고 여겨지는데, 그렇다면 영양왕릉으로 비정할 수 있겠다. 남은 강서소묘의 경우 양원왕릉 혹은 영류왕릉으로 파악하는 견해도 있다. 그런데 양원왕릉으로 보는 견해는 양원왕의 '양강'과 평원왕의 '평강', 그리고 영양왕의

'평양'이 '평平'·'양陽'·'강崗' 세 글자의 서로 다른 조합이라고 여긴 뒤, 세 고분이 동일 지역에 있다는 논의 아래 나온 비정이다(趙俊杰, 2010, 148쪽). 그러나 그렇게 보기 힘들 뿐더러 강서소묘가 양원왕의 사망 시점인 6세기 중엽의 산물이란 뚜렷한 근거도 없다. 문제가 있기는 영류왕릉으로 보는 것도 마찬가지다. 처참하게 살해된 영류왕의 무덤이 선왕들과 함께했다고 보기는 어렵다.

강서소묘는 세 고분 가운데 가장 규모가 작고 상대적으로 소박한 모습이지만 왕릉에 버금가는 위세로 함께하고 있다. 이에 주목되는 인물이 보장왕의 아버지인 대양왕이다. 그는 보장왕 2년(643) 왕으로 봉해졌는데, 연개소문의 정변 이후 그 아들 보장왕이 왕위에 오른 점을 보면 당시 이미 고인이었을 가능성이 크다. '강서대묘→강서소묘→강서중묘'의 순서로 조영되었다는 견해(아즈마 우시오·다나카 도시아키, 박천수·이근우, 2008, 419쪽) 또한 이를 뒷받침한다. 비록 왕위에 오르진 못했으나 왕실의 지친至親이었기에 그 무덤이 왕릉에 준해서 만들어졌을 것임은 짐작 가능하다. 설령 보장왕 즉위 당시 살아 있었다 해도, 왕에 봉해졌고 군주의 생부이기에 일반 왕실 인물의 무덤을 상회하는 수준으로 축조되었을 것이란 점에는 변함이 없다. 현재로서 강서소묘의 주인공으로는 대양왕 외에 다른 인물을 생각하기 힘들지 않을까 하며, 그렇다면 강서삼묘에는 평원왕·영양왕·대양왕 삼부자가 잠들었다 하겠다.[8]

---

8) 평양平陽이 '평평한 강의 북쪽 지역'을 의미한다고 보았는데, 대양大陽의 경우에는 '크게 펼쳐진 강의 북쪽 지역'을 말하는 게 아닐까 한다. 강서삼묘 남쪽에는 대동강의 지류인 봉상강의 물줄기가 흐르고 있다.

한편 영류왕의 경우에는 무양武陽을 장지로 볼 수 있는데, 참혹한 최후를 맞은 인물의 시신을 수습했다 해도 그 장지에 대한 이름이 공식적으로 용인되었으리라 여기긴 힘들다. 영류왕의 휘가 '무武'인 점을 생각하면, '무양'은 '영류왕(무)이 묻힌 어떤 지역(□陽 혹은 陽□)'을 의미하는 세간의 지칭일 가능성이 있다.

이렇게 생각해도 해명해야 할 문제들이 남아 있다. 우선 안장왕릉의 행방이다. 종래에는 진파리 1호분이나 토포리 대총 등에 비정하기도 했으나, 그렇게 보기는 힘들다. 만일 존재한다면 안장왕릉은 엄연한 왕릉일 텐데 고분군 속의 일원으로 자리했다고 보기도 어렵고, 토포리 대총의 입지에 안장왕릉이 부합한다는 명확한 근거도 없다. 안장왕이 시해되었고 사후 그 동생인 안원왕이 즉위한 것을 보면, 왕위 계승의 양상이 비정상적이었으며, 거기에는 정치 세력간의 갈등이 함께하고 있었다(노태돈, 1999, 349쪽 및 465~466쪽; 임기환, 2004, 262~263쪽 및 267~268쪽). '안장安藏'이란 왕호가 전해지는 것을 보면 안원왕 측에서 일정 정도의 예우를 했으므로, 무덤도 조성했으리라 여겨진다. 그러나 권력 투쟁에서 승리한 측에서 굳이 그를 위해 왕릉과 같은 규모의 무덤을 만들었다고 보긴 어렵기 때문에, 왕릉급에는 미치지 못하는 수준이 아니었을까 한다. 다시 말해 현재 왕릉으로 선정된 고분 가운데 안장왕릉이 존재할 가능성은 낮다고 여겨진다.

물론 이에 대한 반론도 가능하다. 영양왕 11년(600) 『신집』을 편찬할 때 안원왕 말년의 참상이 누락되었으므로(노태돈, 1999, 400쪽) 안장왕의 시해 또한 이즈음에는 자연사한 것처럼 개변되었을 것이며, 그렇다면 이즈음 안장왕릉이 여타 왕릉들처럼 증축되거나 새롭게 조성되었다고 볼 수 있는 것이다. 즉 기존 왕릉 가운데 어느 하나로 비정할 수 있다고 생각할 여지도 있다. 하지만 영양왕의 직계 조상이 안원왕인 만큼 영양왕이 안장왕릉에 대한 별도의 조치를 했다고 보기는 어렵지 않을까 한다.[9]

---

9) 그 면에서 진파리 고분군 중 하나로 보는 견해가 제기될 수도 있다. 그러나 진파리 고분군은 전동명왕릉, 즉 장수왕릉의 배장묘군으로서의 성격을 갖는다. 시해된 왕의 무덤을 장수왕릉 배장묘군의 일원으로 조영했을 것 같지는 않다.

다음은 문자명왕의 부친인 고추대가古雛大加 조다助多의 무덤을 어디로 볼 것인지에 대해서다. 조다는 일찍 죽었으며 왕에 봉해졌다는 기록도 없다. 따라서 왕릉보다는 격이 떨어지는 무덤 가운데 그 대상을 찾는 편이 합리적이라고 생각된다. 이에 주목되는 것이 바로 진파리 7호분이다. 진파리 7호분은 현실의 구조 및 벽과 천장의 비율이 전동명왕릉과 가장 유사하므로 전동명왕릉과 비슷한 시기에 조성되었을 것이다(姜賢淑, 2008, 41쪽 및 52쪽). 전동명왕릉이 장수왕릉이므로, 이 고분의 묘주는 조다로 추정해볼 수 있지 않을까 한다(정호섭, 2011, 240쪽).

마지막으로 강서삼묘 단계에 이르러 배장묘군이 사라진 이유다. 현재 강서삼묘 주변에는 같은 시기의 다른 고분이 존재하지 않는다. 배장묘군을 포기한 채 장지가 마련된 것이다(아즈마 우시오·다나카 도시야키, 박천수·이근우, 2008, 443쪽; 趙俊杰, 2010, 150쪽). 이는 이전까지의 양상과는 다르다. 그 배경을 단순히 왕권의 약화에서 찾을 수도 있겠다. 그러나 그렇게 보기에는 석연치 않은 구석이 있다. 안원왕 대나 양원왕 대 왕권이 심각하게 동요했고 집권체제가 와해되었음에도, 왕릉 조영에 있어서 배장묘가 함께하던 전통은 이어졌기 때문이다. 비록 귀족연립정권기였으나 평원왕 대나 영양왕 대 국정이 상대적으로 안정되었음(이영재, 2012, 27~33쪽; 최호원, 2012, 5~10쪽 및 17~20쪽)을 생각하면 더욱 그러하다.[10]

그러므로 원인을 다른 데서 찾아야 할 텐데, 영양왕 대 이후 자신들만의 배타적인 가족묘군家族墓群을 이루고자 하는 의도가 반영된 것일

---

10) 평원왕·영양왕 대 고구려의 국내 상황이 왕들의 비정상적인 죽음과 귀족간의 상쟁으로 대표되는 이전 시기에 비해 안정되었음은 인정해도 좋을 것이다. 단 그 양상이 이른바 전성기의 그것에 비견할 바는 못 된다고 생각한다. 어디까지나 귀족연립정권이 유지되는 가운데 찾아온 상대적 안정기로 보는 편이 합당하다.

지도 모르겠다. 영양왕은 '제세안민'을 자임하며 국정을 주도하려는
의지가 확고했고, 그 동생 건무(훗날의 영류왕)도 군사적으로 활약했다.
이 시기 왕실은 이전보다 강력한 힘을 갖고자 했고, 그 위상 자체도 이
전 시기에 비하면 상대적으로 제고되었으리라 여겨진다. 공식 역사서
로 『신집』이 새롭게 편찬된 것은 그 일례라 하겠다. 그에 따라 당시 왕
실에서는 일개 왕릉이 여러 배장묘와 함께 묘지墓地를 쓰던 기존 관행
에서 벗어나, 백제의 송산리·능산리 고분군이나 남조의 제릉 구역처럼
기본적으로 왕실 인물들이 함께하는 묘역을 새롭게 정립해 왕실 구성
원의 배타적 면모를 나타내려 한 것이 아닌가 한다.

이상에서 검토한 부분을 정리해보면 다음과 같다.

〈표 4〉 평양도읍기 고구려 왕릉 비정

왕	장지	고분
장수왕		전동명왕릉
조다		진파리 7호분
문자명왕		경신리 1호분
안장왕		미상
안원왕	안강상 혹은 안원	토포리대총 혹은 호남리사신총
양원왕	양강상 혹은 양원	토포리대총 혹은 호남리사신총
평원왕	평강상 혹은 평원	강서대묘
영양왕	평양	강서중묘
영류왕	무양	미상
대양왕	대양	강서소묘

4. 맺음말

지금까지 논의한 바를 보자면 다음과 같다.

기왕에 평양도읍기의 고구려 왕릉으로 여겨졌던 고분들 중에 실제

왕릉으로 여겨지는 개체들은 전동명왕릉, 경신리 1호분, 호남리 사신총, 토포리 대총, 강서대묘, 강서중묘 등이다. 각 고분들의 묘주를 비정하자면 전동명왕릉은 장수왕, 경신리 1호분은 문자명왕, 토포리 대총은 안원왕, 호남리 사신총은 양원왕, 강서대묘는 평원왕, 강서중묘는 영양왕으로 추정된다. 진파리 7호분과 강서소묘의 경우 각기 고추대가 조다와 보장왕의 부친 대양왕이 묻혔을 것이다.

이들 가운데 경신리 1호분(문자명왕릉)과 강서대묘(평원왕릉)는 그 규모가 평양도읍기 고분 가운데 최대급이다. 왕릉 조영을 주도했을 안장왕과 영양왕이 이를 통해 정국 쇄신의 의지를 가지고 왕실의 권위를 다잡으려 했기 때문인 것으로 보인다. 왕릉의 규모에 왕권 강화의 의지가 녹아든 것이다. 단 그렇다 해도 임강총이나 천추총, 태왕릉 등 국내도읍기 최대급 왕릉의 그것에는 미치지 못하고 있다는 점은 주목할 필요가 있다. 이는 무덤 중시 관념의 약화와 전생적 내세관 및 자유혼 관념의 성행, 그리고 위진남북조시대 중국 습속의 영향 등으로 인해 평양도읍기에 이르면 능원과 함께하는 거대한 규모의 무덤을 조성하는 움직임이 쇠퇴 일로에 들어섰기 때문이다(강진원, 2013b, 216~217쪽). 상당한 힘을 기울여 무덤을 조영한다 해도, 국내도읍기의 그것에는 미치지 못했던 데는 그럴 만한 배경이 있었던 것이다.

고구려의 묘제墓祭 및 묘상 건축墓上建築에 대한 검토와 국내도읍기 왕릉 성과와의 면밀한 비교가 이루어진다면, 평양도읍기 왕릉 연구도 보다 나은 결과를 낳을 수 있으리라 생각한다. 그 부분에 대한 고찰은 추후의 과제로 삼겠다.

:: 참고문헌

강인구, 1990, 「고구려 봉토석실분의 재검토」, 『한국고고학보』 25, 한국고고학회.

강진원, 2007, 「고구려 시조묘 제사 연구: 친사제의 성립과 변천을 중심으로」, 서울대학교 국사학과 석사학위논문.

_____, 2013a, 「고구려 능원제陵園制의 정비와 그 배경」, 『동북아연사논총』 39, 동북아역사재단.

_____, 2013b, 「고구려 능원제의 쇠퇴와 그 배경」, 『한국문화』 63, 서울대학교 규장각 한국학연구원.

강현숙, 2000, 「고구려 고분 연구」, 서울대학교 국사학과 박사학위논문.

_____, 2006, 「중국 길림성 집안 지역 고구려 왕릉의 구조에 대하여」, 『한국고대사연구』 41, 한국고대사학회.

_____, 2008, 「전동명왕릉과 진파리 고분군의 성격 검토」, 『호서고고학』 18, 호서고고학회.

권오영, 2009, 「고구려 횡혈식석실분의 매장 프로세스」, 『횡혈식석실분의 수용과 고구려 사회의 변화』, 동북아역사재단.

기경량, 2010, 「고구려 국내성 시기의 왕릉과 수묘제」, 『한국사론』 56, 서울대학교 국사학과.

김창현, 2005, 「고려시대 평양의 동명 숭배와 민간신앙」, 『역사학보』 188, 역사학회.

노태돈, 1999, 『고구려사 연구』, 사계절.

문은순, 2008, 「6~7세기 고구려 왕릉과 백제·신라 왕릉의 구조 비교」, 『고구려발해연구』 30, 고구려발해학회.

시노하라 히로카타, 2004, 「고구려의 태왕호와 태왕가인식의 확립」, 『한국사연구』 125, 한국사연구회.

아즈마 우시오·다나카 도시아키, 박천수·이근우 옮김, 2008, 『고구려의 역사와 유적』, 동북아역사재단.

여호규, 2010, 「고구려 태왕호의 제정과 국강형 왕릉입지의 성립」, 『역사문화연구』 35, 한국외국어대학교 역사문화연구소.

이기백, 1967, 「온달전의 검토: 고구려 귀족사회의 신분질서에 대한 별견」, 『백산학보』

3, 백산학회.

이도학, 2008, 「집안 지역 고구려 왕릉에 대한 신고찰」, 『고구려발해연구』 30, 고구려발
　　　해학회.

＿＿＿, 2009, 「고구려 왕릉 연구의 현단계와 문제점」, 『고구려발해연구』 34, 고구려발
　　　해학회.

이병도, 1976, 『한국고대사연구』, 박영사.

이영재, 2012, 「6세기 말 고구려의 정국과 대왜 교섭 재개의 배경」, 『역사와 현실』 83,
　　　한국역사연구회.

임기환, 2002, 「고구려 왕호王號의 변천과 성격」, 『한국고대사연구』 28, 한국고대사학회.

전제헌, 1996, 『동명왕릉에 대한 연구』, 한국문화사.

전호태, 2000, 『고구려 고분벽화 연구』, 사계절.

정호섭, 2011, 「백제 벽화고분의 조영과 문화 계통」, 『한국고대사연구』 61, 한국고대사
　　　학회.

＿＿＿, 2011, 『고구려 고분의 조영과 제의』, 서경문화사.

조경철, 2006, 「동아시아 불교식 왕호 비교: 4~8세기를 중심으로」, 『한국고대사연구』
　　　43, 한국고대사학회.

조영현, 2004, 「전동명왕릉의 축조시기에 대하여」, 『계명사학』 15, 계명사학회.

자오쿤제趙俊杰, 김화동 옮김, 2009, 「대동강유역 고구려 봉토석실묘의 등급과 계층: 고
　　　구려 왕릉의 추정을 겸하여」, 『고구려발해연구』 35, 고구려발해학회.

최호원, 2012, 「고구려 영양왕대의 신라공격과 국내정치」, 『한국사연구』 157, 한국사연
　　　구회.

魏存成, 2002, 『高句麗遺跡』, 文物出版社, 北京.

趙俊杰, 2010, 「高句麗平壤期王陵考略」, 『邊疆考古研究』 2010-9, 教育部人文社會科
　　　學重點研究基地 吉林大學邊疆考古研究中心, 長春.

齊東方, 2001, 『隋唐考古』, 文物出版社, 北京.

關野貞, 1941, 『朝鮮の建築と藝術』, 岩波書店, 東京.

東潮, 1997,『高句麗考古學研究』, 吉川弘文館, 東京.

門田誠一, 2012,「高句麗王陵の築造思想にみる儒教と佛教: 追孝から追福へ」,『佛教
大學歷史學部論集』2, 佛教大學.

梅原末治·藤田亮策 編, 1966,『朝鮮古文化總鑑』4, 養德社.

Ꮙ᎓

지안集安 장군총의 분구에 관한 몇 가지 검토

조영현(대동문화재연구원 원장)

1. 머리말

1만여 기가 밀집된 지안集安 고분군에서 가장 탁월한 고분은 장군총將軍塚이다. 정밀 가공된 치석재治石材가 대량 투여되어 그야말로 웅장한 석조 고총의 면모를 지녔기에 고구려 적석총의 결정체라고 할 수 있다. 거기에 걸맞은 기획과 축조 기술이 다른 어느 고분보다도 뛰어난 수준임은 두말할 필요가 없다.

오랜 전통을 지닌 고구려 적석총의 정점에 선 장군총이므로 그만큼 과제들도 많아 보인다. 그런데 분구墳丘 내부의 조사 자체가 불가능하므로 그 안에 들어 있는 제반 내용들은 영영 확인할 수 없다. 그런 점에서 여기서는 기존 자료 분석을 통해 주목되는 몇 가지 점에 대해서만 축조 기술 측면에서 검토해보고자 한다.

실측도와 규모 및 내용에 관한 기본적인 자료는 근래 보고된『집안
고구려왕릉集安高句麗王陵』과 일제강점기의 조사 결과인『통구通溝』와
『조선고적도보朝鮮古蹟圖譜 1』및 그 해설서이다.

2. 장군총과 대형 적석총의 형태와 규모

(1) 장군총의 평면 형태와 규모

장군총의 분구를 받친 지대석 범위 중에서 우변이 31.7미터로 가장 짧
다. 이에 비하면 전변은 0.1미터, 좌변은 0.9미터, 후변은 무려 1.4미터
가 더 길다. 분구 저변도 마찬가지인데, 우변 30.5미터를 기준해 전변
은 0.25미터, 좌변은 0.6미터, 후변은 0.75미터가 더 길다(〈표 1〉). 따라
서 지대석과 분구 저변의 길이는 우변〈전변〈좌변〈후변이다. 대소 정밀
치석재만 1177매가 들어간 장군총 4변의 길이가 제각각이라는 점은
원상에서 어느 정도 벗어났음을 말해준다.

〈표 1〉 장군총의 4변 길이(『집안고구려왕릉』)

	우변 동(동남)	전변 남(남서)	좌변 서(서북)	후변 북(북동)
지대석	31.70미터	31.80미터	32.60미터	33.10미터
분구 저변	30.50미터	30.75미터	31.10미터	31.25미터

방형계 치석재 고분은 일반적으로 어느 한 변과 그 반대쪽 변이 대
칭을 이룬다. 그런데 세월이 흐르면서 지진이나 자체 중압 등으로 거대
한 구축물이 서서히 붕괴되는 것은 불가피한 자연현상이다. 그 과정에
서 원상보다 높이가 낮아지고 변형된 범위는 넓어지게 된다. 따라서 상

대적 길이로 보아 전·후변은 전변이, 좌·우변은 우변이 원상에 가깝다고 할 수 있으며, 그것을 보여주듯이 원상에 가까운 두 변의 각 계단들은 뒤틀림이 거의 없다.

분구의 변형 요인은 지진 외에도 후변과 좌변 사이의 (정북) 모서리에 위치한 기단석 침하(吉林省文物考古研究所·集安市博物館, 2004, 337쪽)와 분구에서 자생하는 나무들이다. 전변과 우변에는 상부에만 비교적 큰 나무가 있었으나 좌변과 후변에는 온통 나무들로 뒤덮여 있었다(池內宏, 1973, 도판 42~46). 그루터기의 팽압膨壓으로 계단석들의 틈새는 촉진되었을 것이다. 그 결과 분구의 전·우변은 틈새 없이 거의 직선을 유지했으나 좌·후변은 벌어진 틈새들만큼 길어졌을 뿐 아니라 바깥으로 밀려나가서 활처럼 굽은 부분도 생겼다.

안정된 전변과 우변의 길이를 비교하면 전변이 우변보다 지대석은 10센티미터, 분구 저변은 25센티미터가 길다. 이 현상은 시공할 때 난 차이인지, 오랜 세월 동안 변모된 것인지, 아니면 그것이 바로 원상인지 세 가지 중 하나일 것이다. 두 변의 지대석이나 분구 계단들이 안정 상태일 뿐 아니라 후술할 석실의 평면 형태에도 보이는 유사한 현상은 축조 당시의 원상임이 확실시된다. 따라서 장군총의 평면 형태는 대략 정방형이지만, 자세히 표현하면 미약한 횡장방형이다. 지대석의 노출 폭은 전변 60센티미터, 우변 52.5센티미터로 전변이 약간 넓다. 앞쪽을 옆쪽보다 넓게 노출시킨 상태는 거의 모든 인공 구축물의 자연스러운 시공 형태라고 할 수 있어 두 변이 원상일 가능성을 더욱 높여준다. 분구의 평면율[1]은 0.992이다.

---

1) 평면율은 길이와 너비의 비율로, 길이÷너비의 수치로 나타낸다. 1.0이면 완벽한 정방형이고, 2.0이면 길이가 너비보다 2배인 (종)장방형이며, 0.5면 길이가 너비보다 절반인 횡장방형이다.

(2) 대형 적석총 분구의 평면 형태와 규모

종래 대형 적석총의 규모는 대개 무너진 상태로 계측함으로써 원상과 동떨어진 계측치로 표현된 사례가 허다했다. 이로 인해 실제보다 큰 규모로 인식되게 할 뿐 아니라 네 변의 길이조차 적지 않게 달라 왜곡된 묘형으로 판단하기도 한다. 2기부터 15기에 의한 연접분連接墳, 단봉單封내 복수분, 단봉형 연접분(曹永鉉, 2004a, 221~224쪽)이 아니면서 절석재切石材를 투입한 적석총은 거의 모두 정방형 또는 그것과 아주 가깝다. 따라서 일부 혹은 상당 범위가 무너진 상태의 대형 적석총인 태왕릉, 천추총, 서대총, 칠성산 871호분, 임강총의 5기와 차상위 규모인 우산992호분, 마선구2100호분 2기는 정방형계로 판단되므로 원상에 가까운 평면 규모를 파악해보고자 한다(표 2). 관련 도면·계측치는 『집안고구려왕릉』의 내용을 활용한다.

〈표 2〉 지안 고분군 대형·차상위 적석총의 평면 형태와 규모

		(우산) 임강총	칠성산 871호분	우산 992호분	마선구 2100호분	(마선구) 서대총	(마선구) 천추총	(우산) 태왕릉	(우산) 장군총
입지		구릉	완사면	완사면	완사면	완사면	평지	구릉	구릉
계단 간격·수		조밀	조밀	조밀	조밀	조밀	7단?	7단?	7단
분형	보고서	현 높이	10	9.2(동북)	중심6.5	6	11	11	14	13.07
		외관 평면	76×71	남46 북46 동48 서40	남38.5 북36.1 동37.5 서36.5	남29.6 북33 동33 서32.2	남62.5 북53.5 동53.5 서56.7	남60.5 북53.5 동67 서62.6	남63 북68 동62.5 서66	남30.75 북31.25 동30.5 서31.1
		외관 형태	원각방구	전방후원	방대복두	방대형	제형	방형	방형	방형
	필자	원상 (평면율)	51.2 내외	47내외	35내외	29내외	51.4 내외	58내외	60×61.2 (0.98)	30.5× 30.75 (0.992)
		외관 형태	정방형	정방형	정방형	정방형	정방형	정방형	정방형	정방형

보고서: 『집안고구려왕릉』, 단위: 미터

너른 구릉의 능선부에 입지한 태왕릉太王陵은 구조 요소와 축조 방식 등 장군총과 유사한 점들이 여럿이다. 전변(서) 66.0미터, 후변(동) 62.5미터, 좌변(북) 68.0미터, 우변(남) 63.0미터로 계측되었고, 62미터 내외의 방형분이라고 보고되었다. 상대적으로 안정된 우변도 거의 모든 석재가 약간씩 벌어졌는데, 그 틈새들을 감안해 원래 길이를 60미터 내외로 보고자 한다. 전·후변은 중간 지점을 석실 중심의 연장 선상과 접점으로 잡은 뒤, 거기서 상대적으로 안정된 동남 모서리까지를 기준한 결과 전변은 61.2미터로 판단된다. 따라서 태왕릉은 길이(좌·우변) 60미터 내외, 너비(전·후변) 61.2미터 내외로 평면율 0.98인 미약한 횡장방형이지만 대략 정방형에 속한다(〈도면 1〉의 ⑦).

미고微高 평지에 입지하고 주체부가 유실된 천추총千秋塚은 계단 석재의 가공도가 높지 않으나 여러 측면에서 태왕릉과 유사한 점이 많다. 전변(서) 62.6미터, 후변(동) 67.0미터, 좌변(북) 71.0미터, 우변(남) 60.5미터로 계측되었으며, 63미터 내외의 정방형으로 보고되었다. 비교적 안정 상태인 전변에도 중간 범위만 지탱석에 의해 밀려나지 않았을 뿐 다른 3면의 계단석들은 거의 밀려나거나 붕괴되었다. 현상 길이 62.6미터인 전변은 벌어진 틈새 그리고 밀려난 석재들로 보아 원상은 58미터 내외로 보고자 하며, 평면은 대략 정방형에 해당한다(〈도면 1〉의 ⑥).

산록의 하위 사면에 입지한 서대총西大塚은 조밀한 계단식 적석총이다. 주체부는 도굴로 인멸되었고, 이탈된 석재들이 특히 경사 아래쪽에 넓게 퍼져 있다. 남(동남)변 62.5미터, 북(북서)변 53.5미터, 서(서남)변 56.7미터, 동(동북)변 53.5미터의 평면 사다리꼴로 보고되었다. 상대적으로 양호한 북변의 유존 상태로 보아 원상은 51.4미터 내외로 추정된다. 동·서변은 경사 아래쪽으로 가면서 더 벌어졌고, 남서 모서리와 남동 모서리가 바깥쪽으로 크게 밀려나 있으므로 원상은 대체로 정방형이 분명하다(〈도면 1〉의 ③).

사면에 입지한 칠성산七星山 871호분도 조밀한 계단식 적석총이며, 중앙부의 도굴에 의한 피해 상태와 입지가 서대총과 비슷하다. 남(남서)변 46.0미터, 북(북동)변 46.0미터, 서(서북)변 40.0미터, 동(동남)변 48.0미터이며, 전방후원형으로 보고되었다. 훼손 상태가 덜한 서변과 최상단의 일부 석렬을 참고해서 분구 중심을 잡아 작도한 결과, 한 변이 47미터 내외의 정방형으로 판단된다(〈도면 1〉의 ②).

임강총臨江塚은 구릉상에 입지하는 매우 조밀한 계단식 적석총이다. 불규칙하고 평퍼짐하게 퍼진 상태이기에 원각방구형圓角方丘形으로 보고되었다. 퍼진 상태로 계측된 한 변 71~76미터는 원상보다 크게 확대된 규모임에 틀림없다. 바깥으로 덜 밀린 부분들과 조밀한 계단식 석재들의 상태를 조합해서 원상을 추정해본 결과, 한 변이 대략 51.2미터 내외인 정방형으로 보고자 한다(〈도면 1〉의 ①).

차상위 규모인 우산992호분과 마선구2100호분은 산록 하부의 완사면에 입지하는 조밀한 계단식 적석총이다. 전자는 남변 38.5미터, 북변 36.1미터, 서변 36,5미터, 동변 37.5미터로 계측되었고, 방대상方臺狀 혹은 복두형覆斗形으로 보고되었다. 전반적으로 비교적 양호한 상태인 제1계단의 동북 모서리와 북변을 기준으로 다른 세 변의 상태를 감안하면 한 변이 대략 35미터 내외의 정방형임이 분명하다(〈도면 1〉의 ④). 후자는 동변 33.0미터, 서변 32.2미터, 남변 29.6미터, 북변 33.0미터로 계측된 방대형으로 보고되었다. 조밀한 계단식 적석총들 중에는 유존 상태가 가장 양호하며, 원상에 가깝게 보이는 남변을 기준하면 한 변의 길이가 대략 29미터 내외인 정방형이다(〈도면 1〉의 ⑤).

이 결과로 보면 지안 고분군의 정방형계 대형 적석총 규모는 태왕

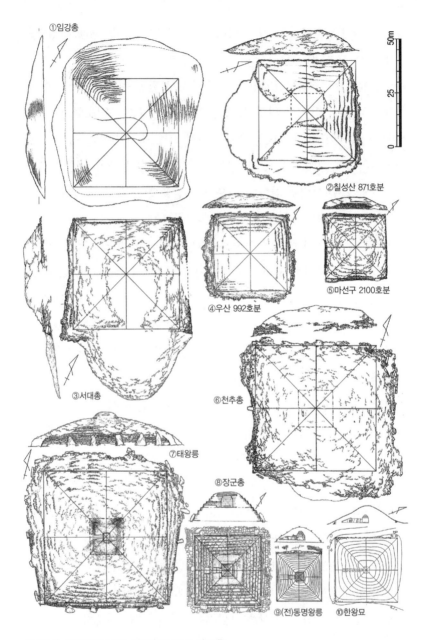

①임강총
②칠성산 871호분
③서대총
④우산 992호분
⑤마선구 2100호분
⑥천추총
⑦태왕릉
⑧장군총
⑨(전)동명왕릉
⑩한왕묘

〈도면 1〉 정방형계 대형·차상위분 중의 장군총
※(①~⑧은 『집안고구려왕릉』의 실측도를, ⑨⑩은 해당 조사 내용·실측도를 저본으로 조합해 재작성.)

504

릉(60.0~61.2미터), 천추총(58미터 내외), 서대총(51.4미터 내외), 임강총
(51.2미터 내외), 칠성산 871호분(47미터 내외) 순이며, 태왕릉이 가장 크
다. 차상위 적석총 중에는 조밀한 계단상으로 축조된 우산992호분
(35미터 내외)이 가장 크다. 대형 계단식 적석총의 유행이 지나고 고총
형 치석조 계단식 적석총이 유행하기 시작하는 시점의 고분이 바로 장
군총(30.5~30.75미터)이며, 그러한 적석총 중에서는 분구와 석실 규모
가 가장 크다. 그리고 장군총과 가장 유사한 축조 요소들을 지녔고, 또
한 선행 대형 적석총의 마지막 고분이 바로 태왕릉이다. 태왕릉에 비
해 장군총은 비슷한 분구 높이임에도 한 변 길이를 1/2로 하여 면적이
1/4이 되도록 줄였다. 이렇게 형태는 태왕릉 조묘造墓 시기와 달리 당
시 지안을 중심으로 적석총과 병행되던 봉토분처럼 고총형을 갖추었
음을 의미한다. 그리고 주변부에는 자갈 포장을 했으며, 배수구가 아닌
암거暗渠를 설치함으로써 깨끗한 묘역을 조성했다.

  장군총을 모델로 축성된 치석조 계단식 적석총은 산성하 묘구의 형
총兄塚과 제총弟塚, 그리고 장군총의 제1배총이 대표적이다. 모두 바깥
쪽 표면을 마연한 치석재, 밀림방지턱, 내물림 축조 방식, 절석조截石造
기법이 계단식 변부 축조에 공통 요소로 적용된 고분들이다.

  제4계단까지 유존한 형총은 연도羨道 개석의 위치로 보아 다섯 계단
으로 축조되었음이 확실시된다. 지면에서 1.2미터 높이인 연도 바닥면
은 제2계단면과 수평을 이루거나 혹은 20~30센티미터 정도 낮은 유단
식일 가능성도 있다. 석실 천장면은 제5계단면과 같은 높이였음이 확
실시된다. 『통구通溝』에는 이 고분 제1계단의 한 변이 22.9미터이고, 제
4계단의 한 변이 13.8미터로 기술되었으므로 제5계단 한 변은 11미터
내외가 된다. 장군총의 석실은 분구 제2축성 단계와 더불어 축조되었
는데, 그 시작인 제4계단의 한 변은 22.5미터이다. 이로 보아 형총 분

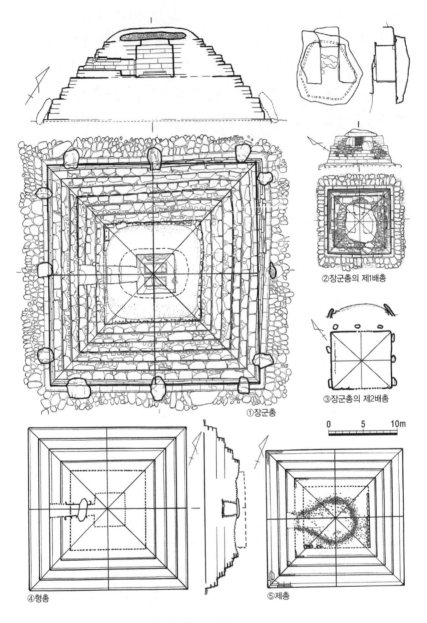

①장군총

②장군총의 제1배총

③장군총의 제2배총

0   5   10m

④형총

⑤제총

〈도면 2〉 치석조 계단식 석실적석총 중의 장군총

※(①②는 『집안고구려왕릉』·『조선고적도보 1』, ③∼⑤는 『통구』의 실측도를 저본으로 재작성.)

구를 대략 장군총의 제2축성 단계의 규모와 비슷하게 맞춘 것이 아닌가 한다. 0.4미터 차이라는 것이 벌어진 틈새를 감안하면 원상은 차이가 거의 없었을 가능성이 있기 때문이다(〈도면 2〉의 ④). 지탱석은 보이지 않는다. 석실이 유실된 제총은 한 변이 19.7미터인 정방형이다. 형총보다 규모만 작을 뿐 묘향, 평·단면 형태, 3단계 축성 방식, 5단 계단식 등 여러 면에서 유사하다(〈도면 2〉의 ⑤).

장군총의 제1배총은 석실 바닥면 높이가 형총의 그것과 비슷하다. 분구는 한 변이 9.22미터이고 제1계단 높이가 2.2~2.4미터로, 주분인 장군총의 축소판이라고 할 수 있을 정도로 치석재와 축조 기법 등 여러 면에서 같은 점이 많다(〈도면 2〉의 ②).

3. 분정 시설

장군총의 분정부墳頂部에 시설물이 있었다는 데는 이론의 여지가 없다. 대형 적석총과 장군총의 유존 상태 및 출토 유물과 더불어 중국 전국戰國 중기 이래의 능묘와 『위서魏書』 「물길전勿吉傳」의 '총상작옥冢上作屋'을 참고하면 분정부에 별도 시설물이 있었음은 분명하다. 그런데 남아 있지 않은 구조물의 실체를 연구자에 따라 기둥으로 지탱한 기와지붕, 난간 시설, 묘상 건축물로 추정했다. 묘상 건축물은 향당이거나 전각, 능각, 능침, 침전 등 중국 고대 제왕릉의 그것처럼 보았다.

기둥으로 지탱한 와즙지붕이라는 견해의 근거는 기둥을 꽂아 세웠던 자취로 본 제7계단면 주연부周緣部의 둥근 구멍들이다. 그런데 그렇게 작은 구멍에 쇠기둥을 박았거나 내력 벽체로 지지하는 구조가 아닌 나무 기둥만으로 무거운 기와지붕을 지탱할 수 있다는 것을 상상하기 어렵다.

난간 시설로 지목한 유일한 근거도 제7계단면 주연의 구멍들이다. 이를 증명하려면 우선 장군총을 완성한 상태의 분정과 함께 그 둘레에 난간 시설의 필요성이 설명되어야 한다. 난간으로 둘러진 안쪽은 인간 행위의 공간인 평탄면이 전제되어야 한다. 그런데 중앙부에 올려둔 거대한 반석을 감싸면서 두텁게 성토盛土된 것은 평탄면의 조성과 무관함을 말해준다. 설사 성토면 위에 아주 좁게 평탄면을 조성했다고 해도 피장 주인공의 머리 위쪽에 사람들이 올라서게 된다. 일본 열도 고분에서 논의되는 분정의 의례 장소일 경우는 일단 평탄면이 필요조건으로 전제된 것이다. 그곳이 묘사墓祀 기능으로는 부적절하며 조묘 과정 속에 치른 장송 의례에 한정된 장소라고 할 수 있다. 특히 나중에 측면의 조출부造出部 기능을 고려하면 분정 평탄면의 기능 문제는 보다 종합적인 고찰이 필요하다. 고구려나 낙랑의 고분 중에는 분명한 방대형분으로 확인된 사례조차 없을 뿐더러 장군총 안팎의 수많은 기와는 어떻게 설명할 것인가?

묘상 건축물이라면 그야말로 거대한 기둥이 필수 요소이다. 묘상 건축의 전형적인 예로 흔히 중국 허베이성河北省의 전국 중산왕릉中山王陵을 든다(〈도면 3〉의 ③). 주체부는 중앙부 지하 깊숙이 위치한다. 조역도가 그려진 동판이나 발굴 결과에는 3단 계단식 성토 분구의 분정 평탄면 위에 사모지붕 전각을 세웠음이 밝혀졌다. 제1, 제2단 측면에는 각기 기둥으로 받친 달개(눈썹)지붕을 달아냈는데, 그중의 제2단은 회랑으로 보고되었다. 중산왕릉의 계단면에는 기둥의 기초나 벽주가 남아 있었다. 이와 달리 장군총에는 평탄면은 물론 계단면에 주초나 벽주의 흔적조차 없으므로 그 가능성은 거의 없다.

평양(구 중화中化)의 전傳동명왕릉 추정 복원도가 전제헌(전제헌, 1994,

60쪽)에 의해 제시된 바 있다. 그는 지안 고분군의 태왕릉과 장군총 및 평성(구 강동江東)의 한왕릉 출토 기와 등을 방증 삼아 왕릉 위에는 능각이 있었다고 판단했다. (전)동명왕릉은 평양 천도로 이건된 동명왕릉으로 보는 입장에서 기단 위의 봉토를 사각추형四角錘形으로 추정하고 그것을 안에 품은 능각도를 작성했다(〈도면 3〉의 ②). 그러나 그 고분에는 기와 등 지상 건축물과 관련된 어떠한 직접적인 근거도 없을 뿐 아니라 한 변 20미터 내외, 높이 2.2미터에 이르는 정방형 기단 위의 성토봉분을 감싸는 거대한 목조 기와지붕 건물의 존재를 수긍하기 어렵다.

서울 석촌동 4호분은 한 변 24미터 내외의 할석조割石造 계단식 적석총이다. 그런데 내부는 성토되어 있어 석재로 채워진 고구려 적석총의 내부 상태와 다르다. 분구 안팎에서 많이 출토된 세 가지 일반기와는 분정부가 와즙지붕으로 시공되었을 가능성이 고려된다. 방

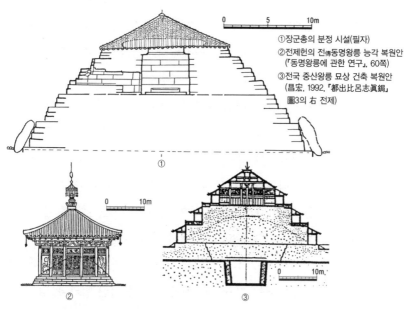

①장군총의 분정 시설(필자)
②전제헌의 전傳동명왕릉 능각 복원안 (『동명왕릉에 관한 연구』, 60쪽)
③전국 중산왕릉 묘상 건축 복원안 (昌宏, 1992, 『都出比呂志眞銅』 圖3의 右 전제)

〈도면 3〉 장군총 분정 시설 복원안과 여타 묘상 건축 참조

형 기단 위의 원형 봉토분인 평성 한왕묘는 봉분의 표면 아래 30센티 미터 밑에서부터 부분적으로 기와가 출토되었다((旧)朝鮮總督府, 1972b, 118~119쪽·1980b). 이것으로 석실로 향해 스며드는 물기를 막는 실효성 여부를 알 수는 없으나 일부 범위라는 점에서 와즙기와의 상징적인 잔영일 수도 있겠다.

장군총의 분정 구조를 이루는 유구·유물의 근거 요소는 다섯 가지다. 첫째는 제7계단면의 주연을 따라 일주한 직경 10센티미터의 원형 구멍들이다. 둘째는 제7계단면의 중앙부에 자리 잡은 높이 80센티미터인 거대한 천장용 반석의 존재다. 셋째는 거대한 천장석 주위와 위에 회를 섞은 황토로 두텁게 덮은 볼록렌즈형 성토층이다. 넷째는 분구 안팎에서 출토된 다량의 기와이며, 종류는 수키와·암키와·수막새로 당시의 세 가지 일반 기와가 모두 구비되어 있다. 다섯째는 분정 성토층에서 출토된 양단의 연결용 고리마디로 길게 연속된 이른바 철련鐵鏈의 존재다.

먼저 큰 기둥의 존재를 수긍할 만한 근거가 없는 묘상 건축물이나 난간일 가능성을 제외한다. 결론부터 말하자면, 회를 섞은 황토로 볼록하게 성토한 바탕면에 추정 산자樋子와 회반죽을 깔고 와즙한 기와지붕으로 판단된다. 전각 구조라면 내부에 높이 80센티미터인 거대한 반석과 그것을 감싸고 성토한 이유를 이해하기 어렵다. 분정부에 회를 섞은 황토를 두텁게 쌓았다는 것은 석실로 빗물이 스며들지 않게 하는 적극적인 시공 방법이다. 나아가 그 상태를 확실하게 보호하면서 생택처럼 모양 좋게 만든 것이 바로 와즙지붕이다. 특히 회는 방수뿐 아니라 와즙의 바탕을 이루는 성토층의 견고성과 와즙 직전의 (추정) 산자와의 접착 효과도 고려했을 것이다. 수키와 속심인 아귀토의 유실을 막고 빗물을 차단하는 수막새는 기왓등의 처마 끝에 설치된 기와다. 암막새는 존재하지 않던 시절이므로, 암키와 중에서 밑면 끝에 몇 차례 눌러 그은 것들은 혹시 기와 끝에 물 맺힘 현상을 막기 위한 것으로 여겨지기도 한다. 제7계단면 자체가 중앙부의 천장석에서 주연 쪽으로 약간 경사져 있는 점도 물 빠짐을 위한 배려임에 틀림없다.

따라서 장군총의 분정 시설은 나지막한 사각추 모양으로 성토한 뒤와즙으로 사모지붕 모양을 갖추되 짧은 처마를 지닌 구조라고 할 수 있다. 처마 끝의 붉게 칠한 수막새(吉林省文物考石研究所·集安市博物館, 2004, 도판 115-4)가 도드라지게 표현된 와즙지붕은 시기상 이른 안악 3호분 벽화의 주옥廚屋과 방앗간(朝鮮畵報社, 1989, 도판 15 · 도판 20)에서도 보인다. 빗물을 막는 적석총 분정부의 성토 후 와즙지붕은 당시 일반적인 초본류 지붕과 차별된 '총상작옥冢上作屋 불영우습不令雨濕'의 실제적인 고급형이라고 할 수 있겠다. 지붕이 탈나면 결국 피장자 부부가 영면하는 방으로 빗물이 스며들게 된다. 부분적인 회반죽 흔적으로 보아 생택의 방처럼 회미장되었을 가능성이 있는 석실의 시공에 방수가 중요한 일이었을 것이다. 그리고 수묘인들에게도 기와 수리는 물론 그 틈새에 풀이 자라지 않도록 수시로 소재하는 등의 일이야말로 우선된 필수 과업이었을 것이다.

수막새의 너비는 21.0~22.2센티미터이고, 암키와는 너비 (상변) 47.8~(하변) 41.8센티미터, 두께 1.4센티미터로 평면 사다리꼴이다. 제7계단면은 길이 13.5미터, 너비 13.8미터로 평면율이 0.978이다. 이 평면율은 분구와 석실의 평면율과 미미한 차이는 있으나 일반적으로는 같다고 할 수 있는 정도다. 거기에 양측의 짧은 처마를 고려하면 한 변의 양측 내림마루 사이에 기왓골이 대략 30열 내외, 기왓등은 29열 내외로 추산된다.

한편, 장군총의 제1배총 출토 암키와 중에는 그어 새긴 '소小', '어魚', '십十', '신申(혹은 갑甲)', '대大, (혹은 견犬)'라는 글자와 부호가 있다. 이것은 『집안고구려왕릉』에서도 지적된 바와 같이 해당 기와를 지붕에 놓을 위치에 따라 식별하기 위한 용도일 가능성이 높다. 직경 1.0~1.6센티미터 굵기의 철련은 양단의 둥근 고리로 사슬처럼 연결된 것이며, 연결된 상태의 잔존 길이는 2.17미터이고 연결 단위는 30.8~31.5미터다. 그중의 일부에도 '이二', '육六'이라는 숫자나 글자가 새겨져 있어 기와의 그것처럼 사용할 어떤 부분이나 위치를 나타냈을 가능성이 높다. 천추총 기와 중에도 '전前', '후後', '상上', '하下'라는 명문이 있어 주목된다.

장군총의 기와 종류는 몇 가지 더 있을 가능성이 있다. 시기적으로 훨씬 앞선 임강총의 맞배형 마루기와脊瓦나 서대총의 구멍 뚫린 수막새(吉林省文物考石研究所·集安市傳物館, 2004, 도 46-2, 91-12)와 유사한 모양의 기와가 필요할 것이기 때문이다. 수막새의 구멍은 등에 뚫려 있는 점으로 보아 설치한 기와의 고정용으로 판단된다. 그것은 제7계단면 주연의 구멍과 연관될 가능성도 고려된다. 또한 사모지붕형[2] 와즙의 꼭대기에는 사방 마루를 따라 올린 마지막 수키와 4점을 정점에서 아우르는 정방형에 가까운 기와 1점도 있었을 것이다. 그 형태는 태왕릉 석곽의 마루용 석판과 유사할 것으로 추정된다(吉林省文物考石研究所·集安市傳物館, 2004, 도 197-C). 천추총이나 태왕릉과 달리 장군총에서 전磚은 출토되지 않았다.

제7계단면 주연부의 구멍 숫자와 배치는 분정면의 와즙 지붕 시설과의 관련성을 따져 살펴볼 수 있다. 『통구』와 『집안고구려왕릉』의 구멍 수는 차이가 있는데, 〈표 3〉은 양자의 보고서 내용에 의거한 수치 집계를 나타낸 것이다.

---

2) 경톄화耿鐵華도 이미 사모지붕四角攢尖式으로 추정했다. 그러나 주연부 구멍은 난간 시설용이고 묘상 건축을 침전寢殿으로 보아 장군총 분정 시설을 전국 중산왕릉의 건축물처럼 판단했다(耿鐵華, 1993, 109~110쪽).

512

<表 3> 장군총 제7계단면 주연부의 구멍

	우, 동(동남)변	좌, 서(서북)변	전, 남(남서)변	후, 북(북동)변
「통구」	24+(추정)2=26	?	?	17
「집안고구려왕릉」	21+?	18+2	2+?	17

　방형계 치석조 고분의 평면 형태처럼 지붕 시설의 각 변들도 대칭성을 생각할 수 있다. 전·후변과 좌·우변의 구멍 수는 달라도 배치 거리는 13.3미터 내외로 같다. 두 조사 보고서의 구멍 수를 비교하면 후변은 17공으로 같지만 우변은 다르다. 『통구』에서는 24공과 추정 2공의 결실 범위로 보아 26공으로 판단했고, 『집안고구려왕릉』에는 21공만 잔존한 것으로 되어 있다. 밝혀진 구멍 수가 다르면 당연히 많은 수인 26공이 원상과 가깝다.

　그런데 결실 부분에 2공이 있었던 것으로 파악한 점은 재고할 필요가 있다. 후자의 도면을 보면, 그 부분과 대면을 이루는 좌변 전단의 제1공과 제2공은 전변에서 0.5미터와 1.3미터 떨어져 있다. 좌변의 제1공과 대응되는 우변 부분은 결실되었고, 제2공과 대응되는 것이 바로 우변의 (잔존)제1공이다. 따라서 우변 전단의 결실 범위에는 제1공 지점만 결실된 것이 확실시되므로 전·후변은 각 17공이고, 좌·우변은 각 25공으로 판단한다. 사모지붕의 각 면 중간에서 볼 때 좌우대칭이 되기 위해서도 이처럼 홀수인 점이 자연스럽다. 즉, 각 면의 삼각형 꼭지를 이루는 최상단에는 평기와 1매가 놓인다는 점이 참고가 된다.

　한 면에서 양단 구멍 사이의 거리는 13.3미터이며, 구멍 중심들 사이의 거리 평균치는 전·후변이 55.4센티미터이고, 좌·우변이 83.1센티미터다. 암키와의 너비가 (상변) 41.8~(하변) 47.8센티미터인 점을 감안하면, 이 구멍들은 기왓골 너비에 비해 너무 널러서 양자가 일련 선상에 있지 않았음을 알 수 있다. 특히 좌·우변은 기와 너비에 비해 구멍

간격이 무려 2배에 가깝다.

주연부의 구멍들은 처마 밑에 횡으로 받친 평고대平高臺가 밀려나가지 않도록 바깥쪽에서 군데군데 짧은 통나무를 박아 세웠던 자리로 보고자 한다. 그리고 분정 성토층에서 출토된 철련은 와즙하기 위한 밑바탕인 성토 윗면의 산자 등 부재들의 흘러내림 방지용이 아닐까 추측된다.

4. 분구의 축성 단계

장군총은 절석切石을 정밀 가공한 치석재로 분구의 변부와 석실을 축조하면서 그 사이를 자갈로 충전하고 분정 시설을 갖춘 거대한 구축물이다. 분구의 축성 과정은 크게 3단계로 파악되었다. 제1단계는 석실 하부층을 조성하는 계단식의 제1~제3계단, 제2단계는 석실 구축과 연계된 계단식의 제4~제7계단, 제3단계는 분정 시설 단계다(〈도면 4〉).

분구를 축성하기 전에 준비 작업이 필요할 것이다. 먼저, 입지 지면의 정지 작업 전후 시점에는 대량의 석재와 토재를 포함한 축성재 인입로 개설과 적치장 및 석재 가공 작업장을 마련하는 일이다. 대량의 토재는 계단 층수의 진행에 맞추어 분구 주변에 붙여 쌓고 인입용 경사로를 조성하는 데 대부분을 차지할 것이다. 그 밖에 수라修羅('Y' 자형 통나무시렁), 대소 통나무, 밧줄 및 각종 연장을 마련하고 보관하는 일이다. 이어서 분구 축성의 선행 공정으로서, 황토 지면의 정지 작업과 예정 분구의 변부 안팎으로 깊이 1~1.2미터를 굴착해 자갈을 채우고 지대석(吉林省文物考石研究所·集安市博物館, 2004)을 설치하는 일이다.

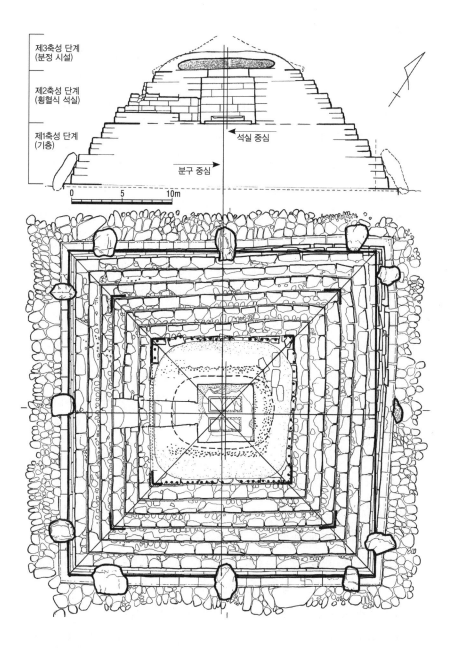

제3축성 단계
(분정 시설)

제2축성 단계
(횡혈식 석실)

제1축성 단계
(기층)

← 석실 중심

← 분구 중심

0   5   10m

〈도면 4〉 장군총의 축성 단계
※(「집안고구려왕릉」・「조선고적도보 1」의 실측도를 저본으로 조합해서 재작성.)

(1) 제1축성 단계

이 단계는 지대석으로부터 6.3미터에 이르는 높이까지로, 분구 하층이 자 석실의 기층 조성이다. 이 과정은 제1계단부터 제3계단까지 계단별 수평식으로 축조하되 상위 계단으로 올라가면서 면적을 등간격으로 좁히고 높이를 체감식으로 높였다. 각 계단은 치석재로 쌓고 그 내부는 강자갈과 산자갈을 채워 쌓은 것으로 보인다. 이때의 형태는 계단상의 나지막한 방대형方臺形이다. 그런데 이 단계의 분구 가운데 변부가 바깥으로 밀린 부분이 있음에도 그 위(제2축성 단계)의 석실은 매우 안정된 상태로 유지되었다. 이런 점은 태왕릉도 마찬가지다. 장군총 석실은 지면에서 무려 6.3미터 높이에 설치되었고, 삼국 최대 규모를 자랑한다. 그럼에도 공간 체적에 미치는 중압을 떠맡은 벽체가 침하 또는 무너지지 않았다는 점은 구조와 축조 방식에 그만한 배려가 있었음을 의미한다. 석실의 온전함은 무엇보다도 그 바탕인 제1축성 단계의 중앙부가 특히 견고하게 이루어졌음이 분명하기 때문이다.

그것이 바로 석실 직하 바탕인 이 단계의 중앙부에 미가공 절석재를 다량 사용한 것으로 추측된다. 변부 절석재 높이를 단위로 해서 먼저 중앙부의 테두리(대략 벽체 위치)를 절석재로 쌓고 그 내부를 자갈로 채운 다음, 그 테두리와 각 변부 계단석 사이의 공간을 자갈로 채웠을 가능성이 높아 보인다. 이러한 기층 조성은 이전 단계에 유행한 내선외후內先外後 축석 방식에 해당하는 계제식階梯式의 응용이라고 할 수 있다. 정지면은 수평이 아니므로 대략 제1계단의 4중 계단석 축석 작업 과정에서 조정함으로써 그 윗면이 수평을 이루도록 했다.

변부의 치석재 간 틈새를 통해 속을 들여다보면 자갈이 채워져 있고 일부는 틈새로 삐져나와 있다. 그러한 상태는 계단식 2단 적석총인 제1배총의 파손된 범위와 바깥으로 밀려서 기울어진 태왕릉과 천추총의 계단 치석재 사이에서도 잘 드러난다. 한 변이 9.22미터인 제1배총은 주체부의 기층에 해당하는 제1축성 단계가 바로 제1계단으로 이루어져 있다. 파손 범위에서 드러난 내부 상태는 대형 자갈과 그 사이의 공극을 줄이기 위한 잔자갈이 다량 섞여 있고, 그 윗면에는 너른 판석을 깔았다. 이 판석은 주체부의 평편하고 매끈한 바닥면으로 활용되지만 특히 주목되는 점은 벽체를 통해 가해지는 중압을 분산하는 발판 기능을 지녔다는 사실이다. 장군총 석실의 조성면인 제1축성 단계면(제3계단)의 중앙부도 이와 같은 양상일 것으로 유추된다.

장군총의 제1배총에 적용된 분구 하부의 구축 상태를 바로 장군총의 제1축성 단계의 속심을 이루는 중앙부 구축 상태로 보고자 한다. 그 속심 범위는 석실을 떠받드는 내부의 방형 대상부臺狀部가 되며, 그 자체의 주변부 절석들은 분구 내부에 위치하므로 굳이 가공할 필요가 없다.

(2) 제2축성 단계

이 단계에서는 한 변 22미터 내외의 바탕면 중앙부에서 횡혈식 석실을 축조하면서 동시에 분구 제4, 제5, 제6, 제7 계단을 조성했다. 축조 방식은 제1축성 단계와 마찬가지로 계단별 수평식, 상위 계단의 등간격 줄임과 체감식 높임이 적용되었다. 특히 체감식으로 높이는 방식은 고총 봉토분의 반구상半球狀과 비슷한 안정된 구축체를 의도했기 때문으로 보인다. 이 단계의 축조 높이만 5.2미터이고, 지대석에서는 11.5미터에 이르는 고총형의 방대형이 되었으며, 제3축성 단계의 바탕면을 이루게 되었다.

석실 벽석의 이면과 분구 표면의 계단석 사이에는 자갈과 할석을 충전한 것으로 보고되었다. 보고자는 이러한 공법을 계단협층충전법階壇夾層充塡法이라고 부른 바 있다(張雪岩, 1993, 124쪽). 사실 이것과 앞서 추정한 제1축성 단계의 조성 방식, 그리고 한반도 남부와 일본 열도의 고분에서 나타나는 제상성토기법堤狀盛土技法은 같은 맥락의 축조 공법이라고 할 수 있다.

분구 중심보다 약 30센티미터 앞에 위치하는 석실 중심은 시공상의 오차라기보다는 원상일 가능성이 훨씬 높다. 이런 점은 석실과 분구의 축조 방식이 장군총과 빼닮은 제1배총도 그렇고, 또한 선축된 태왕릉도 그렇다고 판단된다.

제7계단면은 석실의 천장부 평행고임석 윗면 높이보다 약 10센티미터 낮다. 천장면보다 주변부를 낮추어 스며든 물기가 자연스럽게 빠져나가도록 하는 이러한 상태야말로 장군총의 세심한 기획성을 엿볼 수 있는 부분이다. 여기에 부가되는 공정은 가장 중요하면서 고난도 작업인 거대한 반석을 석실 천장면에 올려놓는 일이다. 이 천장석은 길이 9.5미터, 너비 7.45미터, 두께 0.8미터의 부정타원형이며, 무게가 무려 120여 톤으로 추산된다.[3] 계단 치석재 1177매 중에서 가장 큰 제1계단 하단석은 기껏해야 7세제곱미터(5.7미터×1.1미터×1.12미터)로 22톤 정도에 불과하다. 계단석재와 비교할 수 없이 굉대한 천장석을 제7계단면까지 올려서 천장면에 안착시키는 데는 그만한 방법과 기술이 있어야 한다. 먼저 제7계단면으로 반입할 때는 대량의 흙을 계단의 사방에 붙여 쌓고 멀리서 시작된 인입경사로를 따라 천장석을 올린 수라를 이끌었을 것이다. 어쩌면 제1계단 제2층석부터 차례로 이러한 방법에 따

---

3) 이 무게를 같은 화강석재인 경북 포항(구 영일) 냉수리 고분 석실 천장석 3매 중의 대형인 남측 천장석과 비교해서 산출해보았다. 발굴 당시 이동식 골리앗 기중기에 의해 부피 약 3.12세제곱미터(2.6미터×3.0미터×0.4미터 내외)가 약 10톤(계측치 8.4톤+파손 범위 추산 1.6톤)으로 나왔다. 이에 비해서 장군총 천장석은 56.6세제곱미터(9.5미터×7.45미터×0.8미터)에 부정타원형이라는 점을 감안해 30퍼센트를 제한다면 대략 39.6세제곱미터이므로 무게는 약 127톤이 된다.

라 축성재를 반입했을 것이며, 계단 주변부의 성토층은 큰 석재를 이끌 때 먼저 배치한 계단석이 바깥으로 밀리지 않도록 지지하는 역할도 했을 것이다. 그리고 석실과 연도의 내부에는 점토와 토낭 등을 꼭꼭 채웠을 것이다. 이러한 임시용 흙들은 분정 시설까지 완료한 다음에 제거하고 전면적으로 물청소를 했을 것이다. 석실의 안정을 유지하는 데는 중심부 기층의 견고성(하부), 화강석을 정밀 가공한 사변 치석재 및 바닥 판석의 발판 효과(석재와 정밀 축석), 거대한 천장석(상부)이 핵심 요소라고 할 수 있다. 거대 천장석은 천장면뿐만 아니라 주변까지 넓게 덮는 것이어서 석실 벽체로 가해지는 중압을 분산시키고 전체의 흔들림을 막아주는 누름 효과를 지녔다.

한편, 장군총의 거대한 천장석 밑면의 상태는 제1배총의 그것을 통해 유추해볼 점이 있다. 제1배총의 천장석도 장군총의 그것처럼 거대한데, 밑면에는 벽석 이면의 범위를 따라 일주한 홈이 파져 있다(〈도면 2〉의 ②). 그 홈은 천장석의 측면에서 밑면을 따라 석실 안으로 스며드는 물기를 차단하기 위한 것이 분명하다. 이 기법은 주묘인 장군총에도 적용되었을 개연성이 매우 높다. 이것이 천장면에서 바깥으로 레벨을 약간 낮춘 점 및 상부의 와즙 시설과 더불어 모두 방수 효과를 위한 일련의 시공이 철저하게 기획되었음을 말해준다.

(3) 제3축성 단계

이 축성 단계는 중앙부의 거대한 천장석 위와 그 주변부인 제7계단면의 전후 13.5미터, 좌우 13.8미터 범위에서 이루어진 분정 시설 조성이다. 앞에서 살펴본 바와 같이, 회를 섞은 황토로 성토해 기와지붕의 바탕을 형성한 뒤 짧은 처마를 내면서 전면에 걸쳐 와즙지붕을 시공한 것으로 추정된다.

분정 시설까지 완성한 다음에는 지대석 바깥으로 큰 자갈을 깔아 포장하고, 그 위에서 제1계단면에 걸친 상태로 지탱석을 배치한 다음에 암거를 설치한 것으로 보인다. 대형 적석총 주위의 단순한 석조 배수구와 달리 암거는 우수를 보이지 않는 지면 아래를 통해 배수시킴으로써 장군총 주변의 환경을 정비한 것이라고 할 수 있다.

한편, 석실 묘도 앞쪽의 바닥면을 이루는 계단석에는 밀림방지턱이 있다. 이 부분은 석실에 피장자 부부가 모두 안장되면 폐쇄한 다음에 묘도 앞쪽 전체를 좌우 계단과 이어지는 계단석재들로 짜 맞추어 보충했음을 시사한다. 즉, 현존 상태와 달리 전면이 동일한 계단식으로 완성되어 횡혈식 석실봉토분처럼 입구를 전혀 드러내지 않은 상태가 되었음이 분명하다.

5. 고구려 적석총의 치석재와 지탱석

(1) 치석재

장군총의 치석재는 지대석과 계단석 및 횡혈식 석실 석재이며, 면을 이루는 부분에만 정밀 가공되었다. 장군총과 제1배총의 치석면은 대충 다듬은 상태에서 그친 여타 대형 적석총의 그것들과 달리 갈아서 매끈하게 처리한 것이 많다. 석재는 회색과 붉은색을 띤 두 가지 화강석으로 구분되고, 석질의 치밀도에도 차이가 적지 않다. 거의 모든 계단석 윗면은 절석흔이나 정으로 대충 쪼아낸 흔적이 긴 줄 모양으로 조밀하게 드러난 상태이고, 어떤 것은 그 부분들을 따라 다시 망치로 두드려 요철을 크게 줄였다. 하위에서 상위로 갈수록 가공도가 낮아져 내부에 석실이 축조된 제5, 제6 계단석 중에는 상대적으로 거칠게 가공된 것이 많다. 이처럼 하나의 고분에 사용된 석재들의 가공도 차이는 장군총의 축조 구도(曺永鉉, 1993, 주1)를 모델로 축조한 여러 적석총에서도 잘 드러나 있다.

분구의 계단용 치석재는 유존한 1146개와 유실된 31개분을 합하면 모두 1177개라고 한다. 장군총과 함께 연관성이 높은 천추총과 태왕릉의 분구, 그리고 대동강 유역의 봉토분인 (전)동명왕릉의 기단 치석재와 그 용례를 분석한 결과 몇 가지로 정리된다(〈도면 5〉).

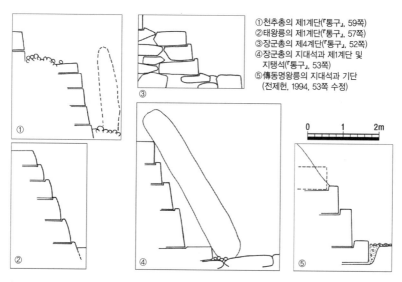

①천추총의 제1계단(『통구』, 59쪽)
②태왕릉의 제1계단(『통구』, 57쪽)
③장군총의 제4계단(『통구』, 52쪽)
④장군총의 지대석과 제1계단 및 지탱석(『통구』, 53쪽)
⑤傳동명왕릉의 지대석과 기단 (전제헌, 1994, 53쪽 수정)

〈도면 5〉 분구 치석재의 용례

첫째로 장군총 제1계단의 4중 석재들은 제2계단 이상의 3중 석재들보다 큰 것을 사용했다. 제1계단석 중에서도 하단석이 가장 크고, 그 위의 2중석, 다시 제3·제4 중석으로 올라가면서 상대적으로 작다. 특히 제1계단석의 높낮이에 따른 대소 크기는 천추총과 태왕릉, 그리고 (전)동명왕릉은 물론 장군총 유형인 제1배총이나 형총 및 제총에도 보이는 공통 요소다. 이처럼 계단식 적석총의 계단이나 기단의 하위에 큰 치석재를 배치한 것은 구조물의 하부에 미치는 중압을 감안한 기법이라고 할 수 있다.

둘째로 장군총 계단석재의 대다수는 노출 정면을 분구 표면의 경사 형태에 맞추어 가공한 이른바 사변석斜邊石이다. 각 계단석 가운데 상단석만 거의 수직으로 가공했으나 그 밑으로 갈수록 사변석의 기울기가 크다. 마치 아래로 향한 각진 나팔상 단면처럼 차례로 퍼진 형태다. 이와 대조적으로 천추총과 태왕릉의 제1계단석들은 상하 모두 같은 기울기로 가공된 사변석들이다. 이런 점은 일률적으로 같은 기울기로 가공한 것보다 계단석재가 배치될 높낮이에 따라 기울기를 다르게 설계한 장군총의 축조 기획이 더 발전적임을 보여주는 것이다. 이처럼 위치에 따른 기울기를 맞추어 사변석으로 가공한 석재 기술은 훗날 아치형 공간 구조물의 홍예虹霓로 이어진다. 백제에서는 중국 남조식 터널형 전축분인 무령왕릉보다 후속된 시점의 궁륭상 천장 석실분에서 사변석이 적용되었고, 부여 도읍기에 이르러 고구려의 정밀한 석재 가공 기술은 무령왕릉형 설계 구도를 띤 사비기의 중하총 석실에서 비로소 나타난다. 또한 그 영향은 대가야로 미쳐서 판상석을 대충 가공한 사변석으로 축조된 고아동 벽화고분에 적용되었다.

셋째로 사변석의 사변은 천추총과 태왕릉이 볼록하게 배부른 모양인 데 비해서 장군총과 (전)동명왕릉은 판판한 모양이다. 망치로 두들겨 정밀 가공하는 수공에서는 배부른 치석보다는 판판한 치석이 품이 더 드는 고급 기술임에 틀림없다. 더구나 반들반들하게 마연하려면 바탕이 판판한 것이 효과적이다.

넷째로 장군총에는 각 계단별로 상위 계단석이 바깥으로 밀려나가지 않도록 하위 계단석 전면 상단을 위로 돌출시킨 턱을 만들었다. 밀림방지턱(曺永鉉, 2004b, 61쪽)으로 부를 수 있는 이 부분의 두께는 제1계단이 18~20센티미터, 제2계단 이상은 그 절반 미만이다. 이런 점도 하위 및 바깥으로 향해 미치는 상대적인 중압을 의식해 설계하고 만든 것이라고 할 수 있다. 대형 적석총 중에서 밀림방지턱이 구비된 예는 장군총보다 선축된 태왕릉이 유일하고, 봉토분 중에는 장군총보다 후축된 (전)동명왕릉이 유일하다. 전자는 거의 같은 두께인 데 비해 후자는 위로 올라갈수록 체감식으로 얇아져 있다. 한편, 장군총에는 밀림방지턱과 맞물리는 상위 석재의 전면 하단을 말각抹角함으로써 축석 작업이 용이하도록 한 점도 축석 공정상 섬세한 배려가 작용된 기술의 하나로 주목된다.

다섯째는 밀림방지턱의 두께만큼 윗면 석재를 안쪽으로 들여쌓은 이른바 내물림 축조 기법이 자연스럽게 적용되었다. 내물림 축조 기법은 흔히 고구려 성벽 하부에서 볼 수 있는 고구려 특유의 벽체 축조 기술이라고 할 수 있다. 거기에다 밀림방지턱이 부가된 고분은 상대적으로 품이 많이 투입된 발전형이며 후행 요소임에 틀림없다. 장군총 외에 내물림 축석 기법이 적용된 대형 적석총은 태왕릉이 유일하며, 봉토분 중에는 (전)동명왕릉의 예가 잘 알려져 있다.

여섯째는 치석재로 축조한 고분이지만 천추총과 태왕릉의 제1계단 밑의 기석基石과 달리 장군총과 (전)동명왕릉에는 지대석이 구비되었다. 지대석은 상위 구축물을 받치는 석재로서 가장 발전된 양식이라고 할 수 있다. 더구나 지대석 윗면에도 분구 하단석의 밀림방지용으로 안쪽을 약간 낮추어 턱지게 가공했다. (전)동명왕릉의 지대석에는 이와 같은 기법이 발전적으로 적용되었다. 턱의 높이도 장군총의 그것보다 월등하게 높아져 아예 전형적인 계단석재식 밀림방지턱으로 만들고, 게다가 턱의 너비는 기단석재 체감률에 맞추어 재단됨으로써 또 하나의 세심한 석재 가공 및 지대석 설치의 기술적 수준을 보여준다.

한편, 제4계단의 모서리 하단 계단석과 그것을 받친 납작한 자갈면이 맞물리도록 자갈면을 재단해서 초석처럼 파낸 상태가 주목된다(〈도면 4〉의 ③). 이런 부분이야말로 세부 공정에서 행했던 실제 작업의 상황을 엿볼 수 있는 단서로서 주목된다. 해당 계단석을 정해진 위치에 놓는 도중에 받쳐 보고 가공했음이 틀림없다. 큰 공사에는 치밀한 기획·설계·기술이 필요하지만, 시공 과정에서 적절한 임기응변도 필요하다. 단단한 자갈면에 당시의 도구만으로 정밀하게 파내어 가공한 석공의 기술은 이미 최고조에 이르렀다고 보아야 하겠다. 그리고 계단용의 대형 절석재는 채석장에서 정으로 대충 쪼아 기본 모양만 만들어 장군총 주위의 석재 가공 장소로 운반한 다음, 거기서 정이나 끌 또는 망치로 다듬고 마연해서 분구 위로 반입한 것으로 보인다.

거대한 방형 공간 체적(5.43미터×5.5미터×5.4미터)으로 축조된 석실 내면은 평행고임 외에도 내경 벽면으로 인해 상부가 약간 좁혀져 있다. 그럼에도 모든 벽석 간에는 틈 없이 매끈하게 중첩되어 있는 상태는 내경도가 정밀하게 맞추어진 사변석으로 축석하도록 설계되었음을 의미한다. 이러한 석실임에도 너비가 길이보다 7센티미터 길다는 점이 주목된다. 평면율이 0.987로 분구 평면율 0.992와 비슷하다는 점은 분구와 석실이 미세한 횡장방형으로 기획되었음을 말해준다. 장수왕릉으로 판단(曹永鉉, 2004c, 56쪽)된 (전)동명왕릉은 길이 4.18미터, 너비 4.21미터, 높이 3.88미터로 평면율 0.993이며, 높이를 길이나 너비보다 미세하게 부족하도록 만들었다. 기단의 구조와 석재도 그렇지만 이처럼 석실도 장군총의 석실 구도를 답습하되 공간 체적만 줄였음을 알 수 있다.

석실의 상부 넓이를 줄인 것은 장군총보다 선축된 태왕릉 석실에도 나타나 있으나 적용된 기술이나 특히 애쓴 대상은 달랐다. 장군총 석실은 미세한 각도의 사변석으로 요철 없이 면을 맞추어 쌓은 데 비해 태왕릉은 양 측벽의 상부만 3단 평행고임으로 내밀어 천장부를 조성했다. 분구의 넓이와 달리 석실 규모는 작은 횡장방형이다. 이런 점은 비록 분구 넓이를 대폭 줄였으나 삼국 최대의 단실 용적인 석실을 갖춘 장군총과 대조적인 모습이다. 석실은 종향 관대 2대를 갖춘 석곽을 겨우 감쌀 정도의 여유만 둔 규모인데, 괄목할 점은 석곽 및 석곽재다. 정밀한 치수에 맞춘 크기로 다듬고 마연한 부위별 회녹색 니회암질泥灰岩質[4] 석재 17매를 조립한 최고 수준의 부부용 가형석곽家形石槨이다. 이런 점은 피장자의 안치 공간인 석곽에 온 정성을 기울인 반면 석실은 단지 그것을 감싸는 보호 공간의 의미뿐이었음을 말해준다. 그리고 태왕릉을 축조할 당시에는 지안에도 이미 석실이 도입되어 있었으나 아직은 전통적인 목곽이나 석곽에 비중을 높게 둔 것으로 보인다. 태왕릉이 마지막 단계의 최고 수준 석곽을 구비했다면, 장군총은 피장자 유택 공간으로서 삼국의 전무후무한 최대 석실을 구비한 결과가 되었다.

(2) 지탱석

장군총의 지탱석은 지대석 바깥으로 포장한 큰 자갈층 위에 놓여 있어 조묘 과업의 최후 공정으로 이루어진 것으로 보인다. 각 변의 중간에 1매, 양단에서 2.5~4.0미터 떨어진 지점에 1매씩 배치되어 있다. 양단 가까이에 배치된 지탱석들은 등간격이 아닌 점이 주목된다. 전변과 우변의 정남 모서리 쪽 2매와 전변의 정서 모서리 쪽 1매는 모서리 가

---

4) 이와 같은 석재는 백암산성(연주산성)의 암석들과 유사하다. 경도가 약해 판재로 가공하기에 용이하며 화강석과 달리 마연한 상태는 미려하다. 태왕릉의 전체 석재 중에서 유독 석곽재로만 쓰인 특별한 이 석재는 태왕릉 분구 형태와 유사한 천추총의 주체 시설에도 쓰였을 가능성이 있다.

까이에 배치된 다른 지탱석보다 간격을 더 띄웠다. 분구 중의 그 부분들이 가장 안정된 상태를 보인다는 점에서 당시 조묘자들이 지반이나 분구의 상태를 감안해 의도적으로 그렇게 배치했을 가능성이 높아 보인다.

장군총의 제2배총에도 지탱석이 배치되어 있다(〈도면 2〉의 ③). 한 변 10미터 미만의 분구에 3매씩 배치된 상태는 규모에 비해 굳이 어울리지 않는다. 제1배총은 주분인 장군총의 구조 부위와 흡사한 형태와 기법이 적용되었다고 한다면, 제2배총은 이처럼 지탱석 형식이 강조된 것처럼 보인다.

태왕릉의 경우『통구』와『집안고구려왕릉』의 평면도에 나와 있는 바와 같이, 비교적 안정 상태인 우변(남변)에 거대한 지탱석 5매가 걸쳐 있다. 이로써 태왕릉과 유사한 모양과 면적을 지닌 천추총의 지탱석도 한 변에 5매씩으로 인식하게 되었다. 그런데『조선고적도보 1』의 도판 239 복원 약도에는 전·후변 6매씩, 좌·우변 5매씩으로 표시되어 있다. 이는 전·후변과 좌·우변을 착각해 매수를 뒤바꾸어 표기한 것이다. 지탱석들 상호간의 간격 명기는 전·후변 14.54미터(36척), 좌·우변 10.91미터(48척)로 산술적 평균치를 따랐다. 좌·우변이 6매씩이라는 것은 비교적 안정 상태인 우변에서 5매와 그 서편에 1매 정도의 여유 공간이 있기 때문이다. 마찬가지로 후변에는 4매가 유존하지만 우변처럼 1매 정도의 여유 공간이 있으므로 원상이 5매로 추정되었다.

그런데 지탱석 상호간의 간격은 평균치 표시로 말미암아 등간격으로 인식되기 쉽다. 각각의 배치 위치는 분구 유지 효과를 위한 의도성이 있어 보이므로 간격의 실상을 찾아보고자 한다. 좌·우변은 지탱석 6매가 짝수이므로 중간 지점을 기준해 양쪽의 지탱석이 서로 등거리에 배치되었다. 중간 지점에서 좌우 지탱석 중심과의 거리는 첫 번째가 각기 5.4미터, 두 번째가 각기 15.0미터, 세 번째가 각기 22.0미터 떨어져 있다. 따라서 지탱석 6매의 상호 간격은 7.0미터, 9.6미터, 10.8미터, 9.6미터, 7.0미터로 중간 범위가 너르고 양단으로 좁게 배치했음을 알 수 있다. 전·후변의 지탱석들은 원상에서 다소간 이탈된 상태다. 지탱석 수가 5매이므로 변의 중간 지점에 지탱석 1매를 두고 그 양쪽으로 각각 13.0미터 지점과 22.0미터 지점에 지탱석을 두었을 가능성이 매우 높아 보인다. 그렇다면 5매 지탱석 상호간의 간격은 9미터, 13미터, 13미터, 9미터로 역시 중간 범위가 너르고 양단으로는 좁다. 그리고 어느 변이든 양단의 지탱석들은 분구 모서리로부터 등간격으로 배치되었다. 분구가 대체로 정방형에 가깝지만 지탱석을 전·후변에 5매씩, 좌·우변에 6매씩 배치한 것은 전·후변보다 좌·우변의 안정 상태에 더 유의했음을 말해준다. 이런 점은 제7계단면 주연부에 배치된 주공 수와 같은 양상이어서 주목된다.

6. 맺음말

장군총은 대략 정방형이지만 미세한 차이의 횡장방형이고, 석실 중심은 분구 중심에서 약 30센티미터 뒤쪽에 둔 것으로 파악되었다. 이런 점은 제1배총이나 태왕릉도 유사하므로 당시 조묘자들이 그렇게 설계했던 것으로 보았다. 적석총 영조기 중에서 비교적 시기가 늦고 무너진 상태인 대형 적석총 5기의 원상은 기존에 알려진 크기보다는 다소간 작은 정방형으로 판단되었다.

분정 시설은 다섯 가지 근거 요소에 의거해 성토 바탕면에 와즙한 지붕 시설로 보고자 한다. 특히 분정부 주연의 구멍들은 건물의 주공이나 난간용일 수 없으며, 기와지붕의 유실 방지를 위한 부재 설치용으로 보았다.

분구의 축성 단계는 석실 기층을 이루는 제1단계(제1~제3 계단), 석실 축조와 연동된 제2단계(제4~제7 계단), 분정부를 시설한 제3단계(성토 및 와즙지붕)로 파악했다. 석실이 온전한 요인은 하위 중앙부에 별도의 많은 절석 사용이 추정되고, 압력 분산과 요동 방지용의 거대한 천장용 반석 및 강도 높은 화강석 치석재를 했기 때문이라고 판단되었다.

장군총이 고구려 적석총의 정점이자 결정체로 보이는 것은 무엇보다도 정밀 치석재 1000여 매를 투입하고 치밀하게 축성한 웅장한 고총형 분구이기 때문이다. 그 밖에도 마연 치석, 높낮이와 경사도에 맞춘 대소 사변 치석재, 밀림방지턱, 내물림 축조 방식, 지대석 양식, 절석조기법 등 다양한 기법들이 적용되었다. 장군총은 최후의 대형 적석총인 태왕릉에 비해 높이는 비슷하되 넓이는 1/4로 줄인 반면, 품이 많이 드는 대량의 정밀 가공석과 삼국의 최대 석실로 축성되었다.

지안 고분군으로 보아 평양도읍기에도 여전히 영역 내 중심과 가까운 지리적 위치인 지안은 부도副都 또는 별도別都의 위세를 지닌 구도舊都였다. 도읍지인 평양 일대로 대거 파급된 적석총들의 위상은 재지의 봉토분에 비해 턱없이 낮았다. 이와 달리 지안에서는 대거 파급된 봉토분구와 병행관계였어도 마침내 적석 분구는 장군총에서 절정을 이루었고, 그 뒤로는 특히 석실을 중시하는 봉토분 위주로 정착되었다. 따라서 장군총은 지안 지역 주묘제 전환기의 핵심 고분으로, 지안 고분군의 밀집군과 가장 떨어진 동단이면서 국강상國罡上 두 왕릉(대형 적석총)과 꽤 이격離隔된 배후 지점이면서 배산과 탁월한 조망권을 지닌 곳에 입지한다.

:: 참고문헌

이희준, 2006, 「태왕릉의 묘주는 누구인가?」, 『한국고고학보』 59, 한국고고학회.

전제헌, 1994, 『동명왕릉에 관한 연구』, 사회과학원출판사.

_____, 1993, 「三国時代の橫穴式石室墳」, 『季刊 考古學(橫穴式石室の世界)』 5, 雄山閣
出版株式會社, 東京.

_____, 2004a, 「三国時代の墳形構成に関する研究: 連接と增築樣相を中心に」, 『福岡
大学考古学論集: 小田富士雄先生退職記念』, 小田富士雄先生退職記念事業
会.

曺永鉉, 2004b, 「전동명왕릉의 축조시기에 대하여」, 『계명사학』 15, 계명대학교 사학과.

_____, 2004c, 「전동명왕릉의 묘주 비정」, 『과기고고연구』 10, 아주대학교 박물관.

耿鐵華, 1993, 「高句麗墓上建築及其性質」, 『高句麗硏究文集』, 延邊大學出版社, 延吉.

吉林省文物考古硏究所·集安市博物館, 2004, 『集安高句麗王陵』, 文物出版社, 北京.

張雪岩, 1993, 「高句麗大型方壇階梯石室墓的構築與保護」, 『高句麗硏究文集』, 延邊
大學出版社, 延吉.

都出比呂志·眞鍋昌宏, 1992, 「古墳の墳丘」, 『古墳時代の研究』, 雄山閣, 東京.

(旧)朝鮮總督府, 1972a, 『朝鮮古蹟圖譜(一)』, 名著出版, 東京.

_____, 1972b, 『朝鮮古蹟圖譜(二)』, 名著出版, 東京.

_____, 1980a, 「朝鮮古蹟圖譜解說(一)」, 『朝鮮考古資料集成』 2, 宮地憲之助.

_____, 1980b, 「朝鮮古蹟圖譜解說(二)」, 『朝鮮考古資料集成』 2, 宮地憲之助.

朝鮮畫報社, 1989, 『高句麗壁畫古墳』.

池內宏, 1973, 『通溝』 卷上, 国書刊行會, 東京.

새롭게 발굴된 호남리 18호 벽화무덤에 대하여

박찬규(연변대학교 역사학부 교수)
정경일(연변대학교 역사학부 강사)

조선사회과학원 고고학연구소에서는 2013년 7월부터 10월까지 평양시 삼석구역 호남리湖南里에서 고구려 벽화무덤 1기를 비롯한 고구려 시기 석실봉토분 4기를 발굴 조사했다. 발굴 조사 중 일부 기간에 중국 연변대학 인문사회과학학원 역사학부 박찬규·정경일 교수가 참가했다.

여기서는 먼저 이번에 새로 조사된 호남리 벽화무덤에 대해 소개하고자 한다.

1. 무덤의 위치

무덤은 평양시 삼석구역 호남리에 있다.

삼석구역 호남리는 대동강가에 자리 잡았는데, 대동강가와 가까운 곳은 사질 충적평야 지대로 이루어져 있고, 얼마간 벗어난 곳부터는 붉은 진흙 지대다.

호남리의 남쪽 변두리를 따라 동쪽에서 서쪽으로 흐르는 대동강 기슭에서 북쪽을 바라보면 3000~4000미터 떨어진 곳에 광대산 줄기에 속하는 5개의 나지막한 봉우리가 솟아 있는데, 무덤은 동쪽에서부터 서쪽으로 세 번째에 놓인 봉우리의 남쪽 능선 기슭에 자리 잡고 있다.

무덤에서 동쪽으로 1000미터 정도 떨어진 곳에는 이미 널리 알려진 호남리 사신四神 무덤을 중심으로 무덤 떼가 있고, 서쪽으로 900미터 정도 되는 곳에는 토포리 큰무덤을 중심으로 한 고구려 무덤 떼가 있다.

이번에 발굴된 호남리 벽화무덤은 지금까지 조사 발굴된 17개의 무덤에 이어서 18호 무덤으로 번호를 주었다.

2. 무덤의 현 상태와 발굴 경과

오랜 세월이 흘렀지만 무덤무지는 비교적 잘 남아 있었고 반구형의 무덤무지 꼭대기에는 남북 100센티미터, 동서 70센티미터 크기의 장방형 구멍이 뚫려 있었다(〈도면 1〉).

무덤 발굴은 안길(널길)을 찾아 주검칸(널방)으로 들어가는 방법으로 진행했는데, 바깥쪽에는 막음돌과 진흙이 차 있었으므로 그것들을 들어내고 무덤 안길을 정리했다.

주검칸 안에는 흙이 3분의 2 정도 차 있었고, 그 속에서 길이 98센티미터, 너비 48센티미터, 두께 43센티미터인 큰 돌과 그보다 작은 돌 1개가 드러났다.

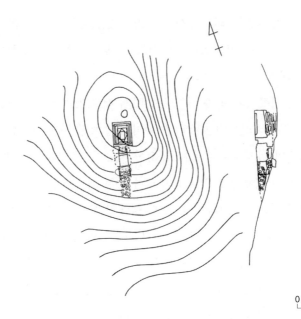

0   400cm

〈도면 1〉 호남리 18호 벽화무덤무지 실측도

주검칸 꼭대기에서 110~120센티미터 내려가면서부터 회벽 파편들이 나타나기 시작했다.

이와 같이 무덤 안길과 주검칸을 발굴하고 바닥에 있는 유물들을 정리했다.

3. 무덤의 구조 형식

평면이 원형인 무덤무지는 반구형으로 쌓였다. 무덤무지는 북쪽에서 남쪽으로 흘러내린 산릉선의 경사면에 쌓았으므로 남쪽이 높고 북쪽이 낮다. 무덤무지의 크기는 남북 직경 29미터, 동서 직경 25미터이며, 남쪽에서의 높이는 6.3미터, 북쪽에서의 높이는 1.5미터다.

무덤은 흙을 일정한 높이로 쌓고 평면을 고른 다음 거기에 축조한 지상식 외칸 석실봉토분이다. 무덤 방향은 195도다.

무덤은 무덤길과 안길, 주검칸으로 이루어져 있다(〈도면 2〉).

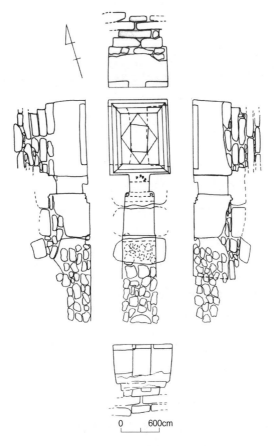

〈도면 2〉 호남리 18호 벽화무덤 실측도

안길 입구에 남북으로 길게 놓여 있는 무덤길(墓道)의 크기는 남북 길이 2.5미터, 동서 너비 1.7미터다.

발굴 당시에 무덤길과 안길 입구까지 돌들이 꽉 채워져 있었는데, 안길 입구 부분은 돌과 석회를 섞어 견고하게 만들었으며, 무덤길 부분은 막돌로 채워져 있었다. 아마도 무덤길과 안길 입구를 폐쇄했던 것으로 보인다.

무덤길 막음돌들의 크기는 〈표 1〉과 같다.

〈표 1〉무덤길 막음돌의 크기 (단위: 센티미터)

구분 크 기	1	2	3	4	5	6	7	8	9	10
길 이	30	56	65	40	70	50	32	40	22	37
너 비	30	35	32	24	70	40	25	25	18	20
두 께	22	30	30	21	18	12	8	6	7	24

무덤 안길은 주검칸 남벽 중심에 나 있다.

안길 바닥은 진흙 바닥 위에 3~5센티미터 두께의 석회를 깔아 만든 것인데, 많은 부분이 파괴되었다.

안길 바닥에는 턱 시설과 문턱 시설이 있었다. 턱 시설은 무덤 안길의 입구에서 안쪽으로 164센티미터 들어와서 만들어놓았는데, 평면이 긴 장방형이고 자름면이 네모난 돌을 안길 바닥에 가로놓은 다음 거기에 석회미장을 해서 만든 것이다. 턱 시설의 높이는 23센티미터이고, 너비는 26센티미터다.

이 안길 입구에서 안쪽으로 312센티미터 들어와서 계단식으로 된 문턱 시설이 있었는데, 그것은 3개 층으로 이루어졌다. 첫째 계단은 바닥에서 8센티미터 높이에 24센티미터 너비로 단을 주었으며, 두 번째 계단은 첫 번째 계단 돌에서 8센티미터 높이에 12센티미터 너비로 단을 주었고, 세 번째 계단은 두 번째 계단에서 8센티미터 높이에 41센티미터 너비로 단을 주었다. 세 번째 계단이 끝나면서 16센티미터 밑으로 꺾여 내려오면 주검칸 바닥과 이어진다. 즉 주검칸 바닥은 안길 바닥보다 8센티미터 정도 높다.

문턱 시설의 두 번째 계단 양쪽과 그 천장 부분에는 각각 1개의 문확이 있었는데, 그것은 여기에 문 시설이 있었다는 것을 보여준다. 그러나 발굴 과정에서 문으로 볼 수 있는 돌은 찾아볼 수 없었으므로 본래의 문은 나무로 만들지 않았겠는가 여겨진다.

무덤 안길 벽은 석회물림을 하면서 돌로 쌓고 겉에 회미장을 한 것인데, 많은 부분이 떨어졌다.

안길의 동서 두 벽은 안길 입구 부분, 중간 부분, 주검칸 입구 부분 등 3개 구간으로 이루어졌는데, 그 크기는 안길 입구 구간이 동서 너비 132센티미터, 남북 길이 164센티미터 정도이고, 중간 부분이 동서 124센티미터, 남북 길이 172센티미터이며, 주검칸 입구 부분은 동서 너비 84센티미터, 남북 길이 76센티미터다.

안길 천장은 길쭉하고 넓적한 판돌들을 벽체 위에 가로 건너놓아 평천장으로 만들었는데, 안길 입구로부터 주검칸 쪽으로 가면서 3단으로 꺾여 낮아졌다. 첫 번째 단은 안길 입구에서 턱 시설이 있는 곳까지로 거리는 167센티미터, 천장 높이는 190센티미터다. 두 번째 단은 턱 시설에서부터 문턱까지인데, 170센티미터의 구간을 차지하며 높이는 160센티미터다. 두 번째 단 천장의 제일 안쪽 양옆에는 문확이 있었는데, 그 직경은 9.5센티미터, 깊이는 5센티미터다. 세 번째 단은 문턱 시설부터 주검칸 입구까지인데, 구간은 80센티미터, 높이는 136센티미터다.

안길 천장에는 전부 회미장을 했었는데, 거의 다 떨어졌다. 무덤 안길의 길이는 412센티미터이며 매 구간의 너비와 높이는 〈표 2〉와 같다.

〈표 2〉 안길 너비와 높이 (단위: 센티미터)

구분 크기	안쪽	중간	바깥쪽
너비	84	116~124	132
높이	136	160	190

주검칸은 평면이 남북으로 긴 장방형으로 생겼다. 주검칸 바닥은 진흙 바닥 위에 10센티미터 두께로 숯을 펴고 그 위에 회와 돌을 섞어 15센티미터 두께로 깐 다음, 그 위에 5센티미터 두께로 회미장을 해서 만들었다. 회와 섞인 돌들은 자름자름한데, 그 크기는 〈표 3〉과 같다.

〈표 3〉 바닥돌 크기 (단위: 센티미터)

구분 크기	1	2	3	4	5	6	7	8	9	10
길이	11	12	6	6	14	9	10	8	9	10
너비	9	5	5	5.5	9	5	5	5	7.5	6
두께	6	4.5	4	5	8	2	5	4	4	5

바닥돌 가운데는 길이가 19~20센티미터 정도 되는 돌들도 더러 섞여 있었다. 주검칸 벽은 안길 벽과 같이 돌들을 석회물림하면서 쌓고 겉에 회미장을 해서 만들었다.

주검칸 동벽은 남북 길이가 304센티미터이고, 높이가 162센티미터다. 동벽은 밑에서 위로 올라오면서 안으로 약간씩 좁혀 안기울임을 주었는데, 그 윗선은 바닥선보다 안으로 8~12센티미터 들어와 있었다. 동벽의 30~70센티미터 되는 윗부분은 회벽이 떨어져 있었다. 회벽이 떨어지면서 드러난 돌들의 크기는 90×26센티미터, 60×18센티미터, 58×18센티미터다.

주검칸 북벽은 동서 길이 250센티미터, 높이 162센티미터다. 북벽도 동벽과 같이 안으로 약간씩 좁히면서 쌓았다. 북벽의 윗선은 밑선보다

12~16센티미터 안으로 들어와 있었다. 벽의 윗부분 30센티미터 구간의 회미장이 완전히 떨어지고, 남아 있는 회벽에도 듬성듬성 떨어진 곳들이 있다. 회벽이 떨어지면서 나타난 벽체돌의 크기는 60×18센티미터, 42×18센티미터, 70×14센티미터, 40×20센티미터, 70×14센티미터다.

서벽은 남북 길이 304센티미터, 높이 160~162센티미터다. 서벽의 회는 거의 다 떨어지고 그 아래에 일부분만 남아 있었는데, 회벽이 떨어지면서 드러난 돌의 크기는 70~28센티미터, 34×24센티미터, 50×16센티미터다.

주검칸 남벽은 무덤 안길에 의해 서쪽 부분과 동쪽 부분으로 나누어지는데, 비교적 곧추 올려 쌓아 축조했다. 남벽 서쪽 부분은 동서 길이 80센티미터, 높이 160센티미터다. 윗부분 30센티미터 구간의 회벽이 떨어져 없어졌다. 남은 회벽면도 더러 떨어진 곳이 있다. 남벽 동쪽 부분은 동서 길이 88센티미터, 높이 162센티미터다. 회벽의 윗부분 20~24센티미터 구간이 완전히 떨어졌다. 남아 있는 회벽면도 남벽 서쪽 부분처럼 더러 떨어진 곳들이 있다.

주검칸 천장은 평행고임 2단 위에 삼각고임 2단 천장을 하고 그 위에 평평한 판돌을 덮었던 것인데, 현재는 마감 천장돌이 없어졌다.

동쪽 평행고임 1단은 2개의 큰 돌을 잇대어 높이 만들었다. 회벽은 거의 모두 떨어졌다. 돌의 크기는 138×24센티미터, 92×20센티미터다. 동쪽 평행고임 2단은 4개의 돌을 잇대어 놓아 만들었다. 회벽이 거의 모두 떨어지고 밑면에 어느 정도 남아 있다. 동쪽 평행고임 1단의 밑면 너비는 20센티미터, 옆면 높이는 28~40센티미터이고, 평행고임 2단의 밑면 너비는 18센티미터, 옆면 높이는 28~36센티미터다. 동쪽 삼각고임 1단은 동남과 동북 삼각고임으로 이루어졌으며, 1개씩의 돌로 만들었다. 동남 삼각고임과 동북 삼각고임은 옆면의 회가 거의 다 떨어지고 밑면에 약간 남아 있었다. 동쪽 삼각고임 2단도 회미장을 했던 것인데 대부분이 떨어지고 그 흔적만이 약간 남아 있었다. 삼각고임 돌의 높이는 20~32센티미터다.

북쪽 평행고임 1단은 밑면 너비가 24센티미터, 옆면 높이가 40센티미터고 북쪽 평행고임 2단은 밑면 너비가 20센티미터, 옆면 높이가 32센티미터인데 여기에 발랐던 회가 많이 떨어지고 그 일부만이 남아 있었다. 북쪽의 삼각고임 1단에는 이미 언급한 동북 삼각고임과 서북 삼각고임 천장 부분이 있다. 서북 삼각고임 1단에는 회들이 더러 붙어 있었고 서북 삼각고임 2단에는 회들이 붙어 있지 않았다. 삼각고임의 높이는 26~34센티미터다.

서쪽 평행고임 1단과 서쪽 평행고임 2단은 여러 개의 돌을 잇대어 만들었는데 벽면에 발랐던 회가 어느 정도 남아 있었다. 평행고임 1단의 밑면 너비는 16센티미터, 옆면 높이는 38~40센티미터고 평행고임 2단의 밑면 너비는 28센티미터, 옆면 높이는 28센티미터다. 서쪽에 놓인 삼각고임은 이미 언급한 서북 삼각고임 1단과 서남 삼각고임 1단으로 되어 있다. 서남 삼각고임 1단 밑면에는 석회과 거의 다 떨어져 있었다. 그러므로 석회 흔적만을 더러 찾아볼 수 있었다. 서쪽에 놓인 삼각고임 2단에도 석회벽이 대부분 떨어져 있었다. 삼각고임돌의 높이는 28~40센티미터다.

남쪽의 평행고임 1단은 2개의 돌을 잇대어 만들었다. 평행고임 1단 밑면의 중간에서 서쪽으로 얼마간 치우친 곳에 30×10센티미터 크기의 회벽 흔적만이 남아 있고 거의 모두가 떨어져 있었다. 평행고임 2단은 밑면에 동벽에서 서쪽으로 30센티미터 되는 곳으로부터 140센티미터 되는 곳에까지의 회만이 남아 있고 옆면에는 석회 흔적들이 없었다.

538

평행고임 1단의 밑면 너비는 14센티미터, 옆면 높이는 24~28센티미터고 평행고임 2단의 밑면 너비는 16~20센티미터, 옆면 높이는 28센티미터다. 남쪽에 놓이는 동남 삼각고임 1단과 서남 삼각고임 1단에 대해서는 이미 서술했다. 남쪽 삼각고임 2단에는 석회 흔적을 거의 찾아보기 힘들 정도로 남아 있었으며 그 높이는 28센티미터다.

주검칸 바닥에서 2단 삼각고임 끝까지의 높이는 280센티미터다. 주검칸 바닥에는 동벽과 서벽에 접해 각각 1개씩의 관대가 놓여 있는데 그 생김새는 남북으로 긴 장방형이다. 동쪽 관대와 서쪽 관대가 다 북벽에서 20센티미터 정도 떨어져 있으며 돌과 석회를 섞어 쌓고 겉에 회미장을 해 만들었던 것인데, 서쪽 관대의 윗면이 완전히 파괴되어 있었다. 동쪽 관대의 길이는 280센티미터, 너비는 85센티미터, 높이는 26센티미터고 서쪽 관대의 길이는 270센티미터, 너비는 92센티미터, 높이는 26센티미터다.

4. 출토 유물

무덤에서는 쇠관못 7개가 나왔다(〈도면 3〉).

쇠관못은 주검칸 동북 모서리 바닥에서 1개가 나왔고, 무덤 안길의 안쪽 바닥에서 5개, 중간 바닥에서 1개가 나왔다.

쇠관못 7개 가운데 4개는 관못 머리가 있는 것인데, 2개는 크고 2개는 작다. 쇠관못의 머리 부분은 버섯갓 모양으로 생겼으며 몸체는 끝으로 가면서 가늘어져 뾰족해졌다. 몸체의 가로자름면(횡단면)은 정방형이다. 못들의 크기는 큰 것이 머리 직경 2.6센티미터, 높이 0.8센티미터, 길이는 9.7센티미터, 몸체 한 변의 길이가 0.5~0.6센티미터이고, 작은 것은 길이가 5.2센티미터이며 그 밖의 크기는 큰 것과 같다.

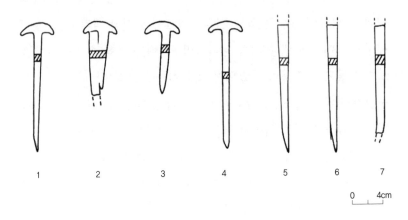

〈도면 3〉 호남리 18호 벽화무덤 출토 유물

5. 벽화

회벽에 그렸던 벽화는 회벽면이 떨어지면서 많이 없어지고 안길과 주
검칸의 동벽, 북벽, 서벽, 남벽 천장에 부분적으로 남아 있었다.

무덤 안길의 서벽에는 테두리선이 남아 있었다. 서벽 제일 안쪽 변두
리에는 위에서 20센티미터 내려온 곳에 두께가 3.5센티미터인 붉은 밤
색의 테두리가 17센티미터의 길이로 있었다.

안길 서벽 테두리선은 비록 얼마 남아 있지 않지만, 본래 안길에 변
두리를 따라 테두리를 둘리고 그 안에 벽화를 그렸던 것이라는 것을
알 수 있다.

안길 서벽에는 밑에서 50센티미터 올라와서 안길 안쪽 끝점으로부
터 10센티미터 남쪽으로 나온 곳에 직선무늬와 반원형 무늬가 그려져

540

있다. 검은색으로 직선을 긋다가 한쪽 끝에서 반원형의 호선을 이룬 무늬인데, 선의 두께는 0.4센티미터이고 길이는 14센티미터다.

주검칸 동벽에는 바닥에서 110센티미터, 남벽에서 북쪽으로 150센티미터 떨어진 곳에 청룡 몸체 부분이 그려져 있다. 청룡 몸체는 검은 갈색으로 윤곽을 그리고 그 안에 풀색 띠, 붉은색 띠, 격자무늬 등을 결합해 그렸는데, 그 길이는 25센티미터, 두께는 18센티미터다. 몸체는 북쪽보다 남쪽이 약간 들리면서 가로놓여 있다. 이 그림의 남쪽으로 50센티미터 정도 나가서 조금 윗부분에 같은 형태의 그림이 있었다. 이 그림의 길이는 19센티미터다(〈도면 4〉).

이 두 부분으로 나타난 청룡 몸체 그림은 서로 이어질 수 있는 상태로 놓여 있다. 즉 주검칸 동벽에 청룡이 그려져 있던 것이 거의 없어지고 두 부분 몸체 그림만이 남아 있다는 것을 보여준다.

동벽 남쪽 변두리에는 바닥에서 80센티미터, 위에서 130센티미터 되는 곳까지 두께 10센티미터의 붉은 갈색 테두리가 있다.

이것은 동벽의 변두리를 따라 붉은 갈색의 테두리가 둘려 있었던 것

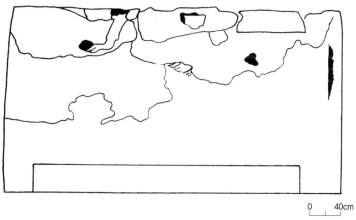

0   40cm

〈도면 4〉 호남리 18호 벽화무덤 동벽 벽화 모사도

인데 모두 없어지고 일부분만이 남아 있던 것으로 볼 수 있다.

주검칸 북벽에는 현무의 몸체 부분이 그려져 있었다(〈도면 5〉).

바닥에서 120센티미터, 동쪽에서 110센티미터 떨어진 곳에 푸른색 바탕에 갈색 선으로 윤곽을 그린 몸체 부분이 있었는데, 갈색 선의 두께는 0.4센티미터이고 푸른색 띠의 두께는 1센티미터다. 몸체 부분의 남은 길이는 10센티미터, 두께는 4센티미터다. 몸체는 위로 올라가면서 서쪽으로 휜 상태다.

주검칸 서벽에서는 세 곳에서 벽화 흔적이 나타났다(〈도면 6〉).

바닥에서 120센티미터, 북벽에서 40센티미터 정도 떨어진 곳에 붉은 선 무늬가 있다. 붉은 선은 북쪽에서 남쪽으로 오면서 휘어 내려온 호선弧線을 이루고 있다. 붉은색 선의 두께는 0.6센티미터이고 선 길이는 20센티미터다.

바닥에서 125센티미터 올라와 북벽에서 남쪽으로 115센티미터 정도 떨어진 곳에는 붉은 선 무늬가 있다. 2개의 선이 4센티미터 사이를

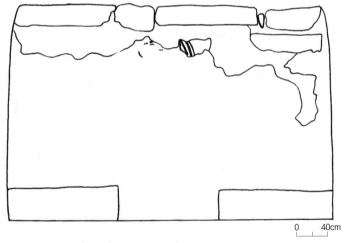

〈도면 5〉 호남리 18호 벽화무덤 북벽 벽화 모사도

두고 남쪽으로 가면서 휘어 오르다가 사이가 좁아지면서 겹쳐진 무늬다. 두 선이 겹쳐진 남쪽에는 1개의 선이 곧추 그려진 것이 보인다. 한쪽 끝이 겹쳐진 2개의 호선무늬라고 할 수 있다. 무늬의 길이는 25센티미터다.

남벽에서 북쪽으로 100센티미터 떨어지고 바닥에서 위로 100센티미터 올라온 곳에는 0.5센티미터 두께의 붉은 선 무늬가 있다. 선 무늬는 구부러져서 남쪽이 닫히고 북쪽이 열린 상태로 되어 있다. 남은 길이는 5센티미터다.

주검칸 서벽에서도 여러 모양의 붉은색 선 무늬가 나타났는데, 이것은 아마도 백호와 연관되었던 무늬라고 볼 수 있다.

주검칸 남벽에서는 서쪽 부분과 동쪽 부분에서 벽화 흔적이 나타났다(〈도면 7〉).

남벽 서쪽 부분에는 바닥에서 95센티미터, 서벽에서 40센티미터 떨어진 곳에 무늬가 있었다. 무늬는 검은색 선으로 되어 있는데, 그 두께는 1센티미터다. 2개의 선이 1.5센티미터 사이를 두고 가로 그어져 있

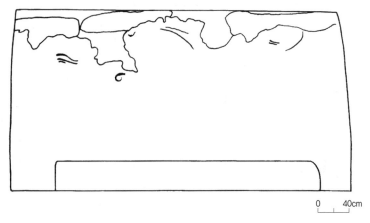

0   40cm

〈도면 6〉 호남리 18호 벽화무덤 서벽 벽화 모사도

는데, 길이는 24센티미터다. 가로선들은 중간 부분이 밑으로 약간씩 휘어 들어가 있었다. 주작의 몸체 밑선이 아닌가 생각된다.

이 무늬에서 서쪽으로 조금 떨어진 위에 검은 쌍선으로 된 사선무늬가 그려져 있었는데, 선들 사이의 거리는 1센티미터이고 선들의 두께도 1센티미터다. 사선들 가운데 동쪽의 것은 길이가 5센티미터이고 서쪽의 것은 8센티미터다.

남벽 동쪽 부분에는 테두리와 검은 선 무늬가 있다. 밑 변두리를 따라 동벽에서 서쪽으로 15센티미터 정도 떨어진 곳에 두께가 10센티미터인 붉은 갈색 테두리가 있다. 테두리는 15센티미터 정도의 길이로 남아 있다. 이것은 밑 변두리에도 테두리를 돌렸다는 것을 보여준다.

검은 선 무늬는 바닥에서 90센티미터 올라와 동벽에서 서쪽으로 30센티미터 떨어진 곳에 있다. 검은 선 무늬는 동쪽에서 서쪽으로 가면서 휘어 올라가다가 반대로 꺾인 무늬다. 검은 선의 두께는 0.7센티

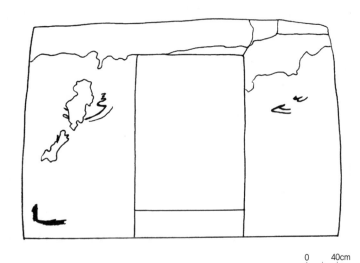

0   40cm

〈도면 7〉 호남리 18호 벽화무덤 남벽 벽화 모사도

미터이고 호선을 이룬 무늬는 길이가 17센티미터이며, 반대로 꺾인 직선무늬는 길이가 85센티미터다. 일부분만이 남아 있으므로 무늬의 주제를 잘 알 수 없다. 그러나 남벽에 주작이 있어야 하는 것인 만큼 그와 관련된 무늬로 볼 수도 있다.

이처럼 주검칸 벽들에서는 사신 그림의 부분들을 찾아볼 수 있다. 그러므로 주검칸 벽화의 주제는 사신도라고 할 수 있다.

벽화는 주검칸 천장에도 있었다. 동쪽 2단 평행고임 밑면, 서쪽 2단 평행고임 밑면, 남쪽 2단 평행고임 밑면에는 넝쿨무늬가 있었고, 동남쪽 1단 삼각고임과 동북쪽 1단 삼각고임의 밑면에는 별 그림과 둥근 원 그림이 있었다(〈도면 8〉).

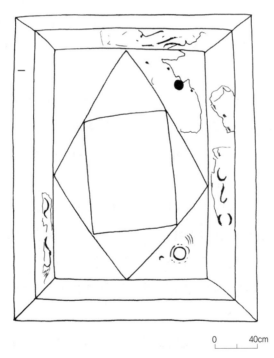

0 ⊢—⊣ 40cm

〈도면 8〉 호남리 18호 벽화무덤 천정 벽화 모사도

동쪽 2단 평행고임 밑면에는 가운데 부분에 넝쿨무늬가 있었다. 0.4~0.8센티미터 굵기의 검은 선으로 그린 넝쿨무늬는 하나로 이어지지 못하고 회벽이 떨어지면서 토막토막 끊겨 있었다.

서쪽 2단 평행고임 밑면의 북쪽 부분에도 넝쿨무늬가 있었는데, 2개의 토막으로 갈라져 있었다.

남쪽 2단 평행고임 밑변의 중간 부분과 동쪽 부분에 넝쿨무늬가 그려져 있었는데, 벽면이 떨어지면서 끊긴 상태로 나타났다.

남쪽 2단 평행고임 밑면에는 넝쿨무늬와 함께 테두리도 있었다. 밑면의 안쪽 끝에 두께 2.5센티미터의 갈색 테두리가 있었다. 이러한 테두리는 밑면과 닿아 있는 옆면 아래 끝에서도 나타났다. 옆면 아래 끝 테두리의 두께는 3센티미터다. 이것은 2단 평행고임 밑면의 안쪽 끝과 옆면의 아래 끝까지 원래 테두리를 돌렸다는 것을 말해준다. 이와 함께 다른 평행고임들에도 테두리를 돌리고 무늬를 그렸을 것이라고 추측해볼 수 있다.

동남쪽 1단 삼각고임 밑면의 중간 부분에는 검붉은색의 둥근 원이 그려져 있었는데, 직경은 9.8센티미터다. 원형으로 된 그림의 중심에는 뾰족한 홈이 있었는데, 아마도 컴퍼스 같은 것으로 원을 그리면서 생긴 것이 아니겠는가 생각된다.

이 금에서 북쪽으로 14센티미터 정도 떨어진 곳에 직경 2.9센티미터 크기의 검붉은색 별 그림이 있었다. 이러한 별 그림은 남쪽과 서남쪽에도 있었는데, 서남쪽의 것은 원 그림에서 20센티미터 떨어진 곳에 있으며 크기와 색은 같다. 3개의 별 그림을 연결하면 주검칸 안쪽으로 열린 둔각을 이룬다.

동쪽 1단 삼각고임 밑면에도 둥근 원 그림과 별 그림이 있다.

밑면 중간에서 서쪽으로 약간 치우친 곳에 직경 12센티미터 크기의 검붉은색 둥근 원 그림이 있다. 이 원 그림의 중심에도 홈 자리가 뚜렷하게 나타나 있다.

원 그림의 서쪽으로 10센티미터 정도 떨어진 곳에 직경 3.8센티미터 되는 검붉은색의 별 그림이 있었다. 여기에도 여러 개의 별 그림이 있었는데 떨어지고 지워져 없어진 것으로 인정된다.

벽화는 바닥에 떨어진 회벽 조각에서도 찾아볼 수 있었다. 회벽 조각에는 청룡 몸체, 인동무늬, 붉은색 무늬, 고리무늬, 밤색무늬 등이 있었다.

이상에서 본 바와 같이 호남리 18호 벽화무덤은 안길과 주검칸으로 이루어진 지상식 외칸 석실봉토분이며, 무덤에는 사신 그림과 함께 넝쿨무늬, 둥근무늬, 별 그림, 고리무늬, 인동무늬, 꽃모양무늬 등이 그려져 있다.

ↄ

고구려 유적·유물로 본 한국 문화의 원형

전호태(울산대학교 역사문화학과 교수)

1. 머리말

기록으로 확인되는 한국사 첫 장의 주인공은 고조선이다. 그러나 현재 남아 전하는 자료만으로는 고조선 사회에서 펼쳐진 문화에 어떤 성격과 내용이 담겨 있는지가 잘 드러나지 않는다. 한국사에서 해당 사회와 문화의 성격을 이해할 수 있을 정도로 기록이나 유적·유물이 남아 전하는 시기는 삼국시대부터라고 해야 할 것이다.

삼국시대의 여러 주인공 가운데 문화적 흐름을 주도한 나라로는 아무래도 고구려와 백제를 꼽아야 할 듯하다. 특히 고구려는 건국 및 성장 과정, 지정학적 입지 등에서 문화적 기반도 풍부했고 외래문화의 수용과 소화에도 유리했다. 이런 까닭에 고구려는 국제성, 보편성이 풍부하면서도 독자성이 뚜렷한 문화를 성립, 발전시킬 수 있었다. 삼국시대의 고구려 문화가 동북아시아 여러 나라에 직간접적으로 영향을 미치는 한편 후대에도 전해질 수 있었던 것도 이런 까닭이다.

이 글은 삼국시대 고구려 문화가 후대의 한국 문화와 어떤 관련이 있는지를 살펴보기 위해 준비되었다. 고구려 유적·유물에 대한 검토를 통해 고구려 문화에서 비롯되어 오늘날의 한국 문화로 이어지는 기질적 요소가 존재하는지 여부를 확인해보고자 한다. 이를 위해 먼저 살펴볼 것은 고구려 유적·유물로 읽히는 고구려 문화의 성격, 곧 유적·유물을 관통하는 문화적 기질이다. 동학제현의 질정을 바란다.

2. 고분벽화

고구려 사회와 문화를 거의 그대로 보여주는 것 가운데 하나가 고분벽화다. 중국 지린성吉林省의 지안集安과 환런桓仁, 북한의 평양과 안악 일대에 주로 남아 있는 고분벽화는 고구려인의 모습, 생활상을 구체적으로 알 수 있게 할 뿐 아니라 관념 세계와 미의식에 대한 이해도 가능하게 한다. 주목해야 할 것은 이 고분벽화라는 장르는 고구려에서 기원하지 않았다는 사실이다. 초기 고분벽화의 내용이나 벽화고분의 구조, 축조 기법 등으로 볼 때 고구려의 고분벽화는 이웃 중국에서 받아들인 문화 수용의 결과물로 이해해야 할 것이다(전호태, 2002, 76~81쪽).

고분벽화를 보다 구체적으로 살펴보면 고구려인은 무덤 속을 벽화로 장식한다는 개념을 받아들이는 데 그치지 않고 벽화 기법과 내용도 수용했음을 알 수 있다. 이는 표현 기법 및 내용 구성과 관련된 경험과 관념도 같이 받아들였음을 뜻하기도 하고, 이미 공유되는 것 혹은 익숙해진 것이 있어 수용이 가능했거나 쉽게 이루어졌음을 의미하기도 한다. 그 어느 쪽이든 고분벽화의 전래를 통해 외래문화가 대량으로 수용되었음은 확실하다고 하겠다.

주목되는 것은 고분벽화라는 장르가 고구려에 들어오는 과정에는 무덤의 축조 방식, 벽화의 표현 기법, 심지어 벽화의 제재와 주제까지도 거의 그대로 옮겨지지만, 오래지 않아 이런 요소들이 각각 선택적 변화를 겪으며 궁극적으로는 특유의 색채를 담은 것으로 재구성, 재창조된다는 사실이다. 물론 어떤 사회에 새로운 문화가 수용된 뒤 시간의 흐름에 따라 지역화 혹은 자기화가 이루어지는 것은 일반적인 현상이라고 할 수 있다. 그러나 고구려 고분벽화에 보이는 '고구려화' 과정과 결과에는 눈여겨볼 부분이 있다.

고분벽화의 고구려화 과정은 여러 측면에서 검토하고 확인할 수 있지만 구체적인 사례로 제시하기 좋은 것은 시대적 차이가 크지 않은 두 고분을 구성 요소별로 비교하는 일일 것이다. 357년 기년紀年 묵서명墨書銘이 있는 안악 3호분은 무덤의 구조, 무덤 축조 재료, 벽화의 구성과 기법 등에서 고구려에 벽화고분이 받아들여져 축조되던 초기 단계의 특징을 잘 드러낸다(〈그림 1〉). 안악 3호분은 널방이 열린 공간으로 처리되며 널방의 두 벽 부분에 잇대어 회랑이 설치된 것 등 구조적인 면뿐 아니라 대리석이라는 무덤 축조 재료, 무덤칸 천장부의 장식무늬까지 여러 측면에서 한, 위·진, 삼국으로 이어지는 중국 화상석과 고분벽화의 전통을 잇고 있다. 특히 안악 3호분에서는 중국 산둥山東의 이난베이자이沂南北寨 1호 한묘漢墓와 비교되는 요소가 다수 발견된다(전호태, 2006, 140~150쪽).

그러나 이러한 안악 3호분 벽화에도 문화 요소의 선택적 수용 및 자기화 과정을 보여주는 부분이 있다. 안악 3호분 동쪽 곁방 벽에 묘사

550

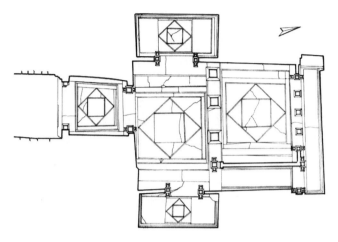

〈그림 1〉 안악 3호분 평면도

된 부엌 그림의 부뚜막은 아궁이의 위치, 확의 수와 형태로 볼 때 고구려 고유의 것이다. 비록 고분벽화라는 장르를 외부에서 받아들이면서 구성, 제재, 기법까지 그대로 들어오는 단계지만, 토착적인 것으로 대체할 수 있는 제재는 그대로 두지 않고 바꾸었음을 확인시켜준다. 이로 볼 때 벽화 속의 용두레 우물에서 물 긷는 장면이나 디딜방아로 곡식을 찧는 모습도 당시 사회의 일상을 그대로 반영한 것일 가능성이 높다.

408년 기년 묘지명으로 잘 알려진 덕흥리 벽화분은 안악 3호분보다 50년 뒤에 축조되었고 벽화의 주제도 안악 3호분과 같은 생활 풍속이라는 점에서 벽화고분의 고구려화 정도를 확인할 수 있게 하는 시금석과 같은 유적이다. 덕흥리 벽화분은 앞방과 널방만으로 이루어진 2실분으로 회랑과 곁방, 널길방이 없다(〈그림 2〉). 때문에 무덤 주인의 위세를 과시하는 대행렬도는 앞방 벽에 배치되었고, 귀족 부부의 일상을 담은 세세한 장면들은 널방 벽으로 옮겨졌다. 인물들이 겹치게 묘사된 안악 3호분 대행렬도와 달리 덕흥리 벽화분에서는 행렬의 인물들이 각각

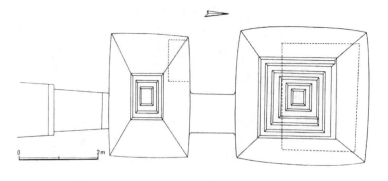

〈그림 2〉 덕흥리 벽화분 평면도

별도로 그려졌다(〈그림 3, 4〉). 안악 3호분에 비해 덕흥리 벽화분에서는 인물들의 세부적인 묘사도 매우 평면적이 되어 어떤 인물들은 가면을 쓴 것처럼 보일 정도다. 의식주 표현과 관련해 50년이라는 시간이 흐른 뒤의 작품인 덕흥리 벽화분에 나타난 가장 두드러진 변화는 복식으로, 벽화의 등장인물 가운데 특히 여성들은 긴 저고리와 주름치마라는 고구려적 색채가 매우 뚜렷한 옷차림을 하고 있다. 이처럼 덕흥리 벽화고분에서는 화법에서는 후퇴하고 인물 각각은 독립적인 존재로 형상화되며, 복식은 고구려식으로 바뀌는 고구려화 현상이 잘 나타난다.

불교의 전래, 불교 문화의 수용과 소화 과정을 보여주는 벽화 제재의 변화를 살펴보는 것도 외래문화 요소의 수용과 고구려화 과정을 이해하는 데 도움이 될 듯하다. 연꽃은 불교를 나타내는 제재로 불교적 깨달음의 상징이기도 하다. 고구려에 불교가 전해지면서 연꽃은 고분벽화의 제재로도 받아들여져 다양한 방식으로 벽화에 묘사된다. 흥미로운 것은 고구려 고분벽화에서는 연꽃이 제재 정도에서 벗어나 아예 주제가 되어버린다는 사실이다.

덕흥리 벽화분에는 연못이 등장하지만 무용총에는 무덤칸 천장에 그려진 하늘 세계의 구성 요소로 연꽃이 표현된다. 천왕지신총과 같이 널방 벽화가 연꽃무늬로 장식되는 사례가 보일 즈음이면 평양의 전동 명왕릉처럼 무덤칸 내부 전체가 연꽃무늬로 장식되는 새로운 유형의 벽화고분이 등장한다(〈그림 5〉; 전호태, 2000, 145~207쪽). 환런 미창구 장 군묘, 지안 산성하 983호분과 같은 사례에서 알 수 있듯이 요동을 거쳐 동방으로 전해진 불교의 영향을 일찍 받은 환런, 지안 지역에서는 5세 기 중엽 즈음 순수한 연꽃 장식 벽화고분이 유행처럼 번진다(〈그림 6〉).

〈그림 3〉 안악 3호분 대행렬도

〈그림 4〉 덕흥리 벽화분 행렬도

벽과 천장이 온통 연꽃으로만 장식된 벽화고분의 무덤칸은 그 자체로 연화정토로 보인다. 내세정토왕생에 대한 강한 소망과 의지가 연꽃 장식 벽화고분이라는 새로운 유형의 고분벽화를 출현시켰다고 하겠다. 주의할 것은 이런 사례가 동아시아의 다른 지역에서는 확인되지 않는다는 사실이다. 연꽃이 벽화 제재로 고구려에 수용된 뒤 나타난 고구려적 현상이라고 하겠다.

고구려에서 벽화 제재로 수용된 사신도 벽화의 제재 구성 및 비중의

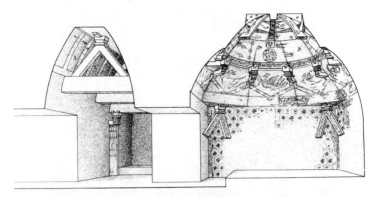

〈그림 5〉 천왕지신총 투시도

〈그림 6〉 환런 미창구 장군묘 투시도

변화 과정도 연꽃의 경우와 유사하다. 사신은 황도상의 28개 별자리가 7개씩 나뉘어 형상화된 뒤 방위신으로 믿게 된 상상의 존재이다. 음양 오행론이 체계화되고 풍수지리설이 논리화되어 널리 퍼지면서 중국에서는 종교적 신앙의 대상으로까지 높여졌다.

사신은 종교 관념이자 신앙의 대상, 회화 제재로 낙랑을 통해 중국의 한에서 수용되었다. 고구려 고분벽화에서 처음 묘사되던 시기의 사신은 평양 오야리 9호분 출토 낙랑 금구에 형상화된 것과는 달리 화공의 어색하고 서투른 필선이 그대로 드러나는 제재였다. 그러나 무용총이나 삼실총 벽화의 단계를 지나 쌍영총, 덕화리 1호분 벽화의 단계에 이르면 사신의 모습에 실재감이 뚜렷해지고 벽화 제재로서의 비중도 이전에 비해 높아진다(〈그림 7〉). 시간이 흐르면서 벽화의 사신이 무덤칸이라는 죽은 자의 세계를 지키는 신수로서의 힘과 위용을 보이게 되는 것이다. 결국 6세기 후반의 벽화고분에 이르면 사신은 벽화의 주제가 되고 무덤칸 벽면의 유일한 제재가 된다.

후기 벽화고분으로 분류되는 강서대묘와 강서중묘에서 사신은 고구

〈그림 7〉 삼실총 현무도

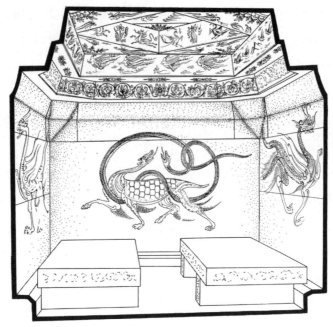

〈그림 8〉 강서대묘 현무도

려 고유의 조형 의지가 관철된 방위신의 모습으로 재탄생되어 무덤칸 벽면의 주인공 자리를 차지하는 존재로 모습을 드러낸다(〈그림 8〉). 고분벽화의 주제이자 사실상 유일한 제재로 등장하는 사신의 사례 역시 동아시아의 다른 지역에서는 찾아볼 수 없다. 특정 문화 요소가 고구려화되는 또 하나의 구체적인 사례이자 고구려적 현상이라고 하겠다.

3. 유적·유물

고구려화란 고구려적인 것을 전제로 하는 개념이다. 고구려적인 것, 곧 고구려 문화로 규정지을 수 있는 특정적인 요소가 있어 새로운 문화 요소가 고구려적인 것으로 바뀐다는 뜻을 담은 용어다. 고분벽화에서 고구려화의 사례를 찾아낼 수 있다면 그 외의 유적·유물에서도 고구려적인 것이 되는 과정이나 고구려 문화의 특징적인 측면을 드러내는 부분을 짚어낼 수 있지 않을까.

415년에 세워진 광개토왕릉비는 비문에 고구려인의 역사의식과 천하관을 구체적으로 표명하고 있어 재발견 당시부터 연구자들의 관심을 끌었다(노태돈, 1999, 356~391쪽). 높이만 6.34미터에 이르는 이 비석은 응회암 덩어리를 다듬은 것으로 석공은 비면이 형태를 갖출 수 있는 정도로만 치석治石했다(〈그림 9〉). 때문에 비문이 새겨지는 면의 요철凹凸에 거의 손을 대지 않아 탁본하기가 대단히 까다롭다. 위대한 왕의 업적을 기리기 위해 만든 왕릉비임에도 세심하게 치석을 하지 않은 점에서 이웃 중국이나 일본의 비석과 비교된다. 가능한 한 손을 적게 댄 인공물인 셈이다. 이는 고구려인들이 인위적으로 무엇을 만들 때 손을 적게 대 원형을 살리려는 경향이 있었음을 짐작하게 하는 사례라고 할 수 있다.

고구려의 성은 고구려인이 원형을 중시하고 되도록 그대로 두려 했음을 확인시켜주는 또 다른 사례에 해당한다. 고구려인이 성을 축조할 때 성돌의 기능을 고려하면서 쐐기꼴과 북꼴로 가공해 사용하며 자연 암벽의 굴곡을 최대한 활용하는 등 지형 조건에 맞는 공법으로 작업을 진척시켰음은 잘 알려진 사실이다(최희림, 1978, 57~72쪽; 양시은, 2013, 178~197쪽). 건축 기법의 하나로 그랭이 공법으로 일컫기도 하는 기법을 성벽 쌓기에 적용시킬 경우, 성벽을 쌓아나가다가 굴곡이 있는 바위나 높은 암벽을 만나면 성돌의 형태를 다듬어 이런 바위나 암벽에 잘 잇대게 쌓아 자연 지형을 살리면서 이 부분이 성벽의 일부가 될 수 있도록 축조하게 된다(〈그림 10, 11〉). 이런 방식으로 쌓은 성벽이 암벽이

〈그림 9〉 광개토왕릉비

〈그림 10〉 환런 고검지산성 동벽

〈그림 11〉 환런 고검지산성 서벽

나 바위를 깨내고 그 자리에 성돌을 쌓는 것보다 튼튼해 적군의 공격을 방어하는 데 더 유리함은 두말할 필요가 없다.

　고구려 주거문화를 결정지은 요소 가운데 하나인 온돌은 난방시설에 속하지만 온돌 난방을 위해 설치되는 부뚜막은 난방과 취사를 겸하는 시설이다. 고구려식 부뚜막은 아궁이 방향을 연기와 열이 빠지는 굴뚝 구멍과 직각으로 어긋나게 냄으로써 땔감의 연소 시간을 늦추고 연소열이 부뚜막 안에 오래 머물 수 있도록 고안되었다(〈그림 12, 13〉). 적은 땔감으로도 난방과 취사가 동시에 이루어질 수 있게 하기 위함이다. 이런 점에서 고구려식 부뚜막은 효율적이고 다목적적이다. 산림자원의 소비도 최소화하는 장치인 셈이다. 자연 친화적이면서도 용도와 목적에 대한 통합적 접근의 결과라고 할 수 있다. 이런 효율적이고 통합적인 접근 또한 고구려적 특성의 하나로 지적할 수 있을 듯하다.

　북옥저에서 시작되어 고구려에서 크게 유행한 온돌은 바닥 난방시설이어서 방바닥에서 올라온 따뜻한 공기가 방 전체를 고르게 데울 수 있게 한다(〈그림 14〉; 송기호, 2006, 5~56쪽). 벽난로 같은 벽 난방시설이 방의 공기 일부만 따뜻하게 하는 것과는 의도와 효과에서 뚜렷한 차이가 난다. 실제 벽난로를 통한 난방은 효과가 제한적이며 부분적이어서

〈그림 12〉 안악 3호분 주방　〈그림 13〉 용호동 1호분 출토 철제 부뚜막

〈그림 14〉 아차산 4보루 온돌

공간 전체에 따뜻해진 공기를 보낼 수 있는 온돌과 구분될 수밖에 없다. 온돌 역시 난방 효과라는 측면에서는 대단히 효율적이고 통합적이라 볼 수 있다.

고구려인의 복식은 저고리와 바지를 기본으로 하는 상의·하의 체계다. 신분이나 지위에 따라 통이 넓고 좁은 차이는 있지만, 저고리와 바지 모두 소매나 통이 몸에 붙지 않도록 여유 있게 제작되었다. 때문에 고구려인의 옷 선은 자연스럽게 흘러내리는 맛이 있으며 옷자락 안에 따뜻한 공기층이 형성되어 보온 효과도 낼 수 있다. 소맷부리, 옷깃, 바지 자락 끝에 덧띠에 해당하는 선襈을 대 마감해서 잘 닳지 않게 하는 실용적인 측면에 더해 심미적인 효과도 자아낼 수 있도록 했다(〈그림 15, 16〉). 이런 측면에서 실용성과 심미성의 조화, 이로 말미암은 통합적인 효과는 고구려 복식의 특징이라고도 할 수 있다.

유물 및 기록, 고분벽화로 확인되는 고구려의 악기는 무려 38종에 이른다. 이 가운데는 중국 외에 서역西域에서 들어온 악기도 상당수에 이른다. 새로운 악기가 받아들여지는 과정에 악곡, 춤, 노래도 함께 들어와 고구려 음악과 무용의 일부가 되었다. 흥미로운 것은 고구려의 춤이나 노래, 악곡 가운데는 외래의 것이 확실함에도 이웃 나라에 고구

〈그림 15〉 삼실총 여인도　　　〈그림 16〉 수산리 벽화분 여인도

려의 것으로 소개된 노래나 춤도 여럿 있다는 사실이다(전덕재, 2008, 309~316쪽). 물론 고구려로부터 소개되었으므로 고구려의 것으로 분류되기도 하지만, 발생한 지역의 것과 구분될 수 있을 정도로 변형되고 재창조된 까닭에 고구려 작품으로 이름 붙은 사례도 보인다. 음악, 무용 등의 고구려화 과정을 짚어보게 하는 부분이라고 하겠다.

4. 문화원형론

고분벽화와 다수의 유적·유물에 대한 이상의 검토를 바탕으로 고구려 문화의 다양한 산물에 관철되고 있는 기본적인 태도와 원리를 짚어본다면 외래문화에 대한 열린 자세, 선택적인 수용과 소화, 독자성과 보편성을 동시에 담은 고구려화된 산물로의 재창조라고 할 수 있다. 열려 있지 않다면 외래문화의 수용이 어려울 수밖에 없고, 수용 가능하고 적합하다고 판단되는 문화 요소를 선택적으로 소화하지 않는다면 문화적 혼란 상태에 빠지기 쉽다. 더욱이 새로운 문화 요소는 문화적 재창조 과정에 고구려인에게 익숙한 관념, 가치, 기호가 배어들어 고구려적이라는 평가를 받을 수 있는 산물로 재탄생되어 기존의 고구려 문화의 일부로 녹아들어 어우러져야 한다. 만약 그와 같은 결과를 불러오기 어려운 방식으로 재창조된다면 새로운 문화 산물은 고구려인으로서의 정체성을 확립하고 강화시키는 데 오히려 방해 요소가 될 수 있다.

2013년에 이루어진 문화 유전자 인식에 대한 설문조사 결과에 따르면, 한국인은 1970년대부터 2010년대까지의 일상 문화 활동의 바탕에 조화·어울림, 공동체 문화, 신명·흥, 정과 사랑, 여유, 끈기, 열정·도전·진취성, 소통·열림·공유, 자연스러움, 담금질·수련·단련 등의 기질적인 태도나 정서가 깔려 있다는 생각을 지니고 있다(전호태, 2013, 4~9쪽). 크게 10가지로 나뉜 이들 정서, 기질 가운데 앞에서 살펴본 고구려의 문화 전통과 관련해서 주목되는 것은 소통·열림·공유, 신명·흥, 조화·어울림 등이다.

소통·열림·공유에서 중심 개념은 열림이다. 열림을 통해 소통도 되고 공유도 가능해지는 까닭이다. 외부 세계의 문화 및 국가와 사회 안의 다양한 문화를 대하는 고구려인의 자세에서 두드러지는 특징 가운데 하나는 열림이라고 할 수 있다. 잘 알려진 것처럼 고구려는 예맥이 중심적 역할을 했지만 여러 민족과 사회가 힘을 모아 나라를 세웠고, 국가의 성장 과정에도 새로운 민족과 사회가 계속 합류했다. 이런 까닭에 사회·문화적으로 열려 있지 않으면 민족이나 사회 단위로 국가에서 떨어져 나가려는 원심력이 커질 수밖에 없는 나라였다. 고구려의 문화 전통에서 외래문화에 대한 열린 자세를 읽을 수 있는 것도 이 때문이라고 하겠다.

고구려의 문화 전통 안에 내재한 열린 자세는 고분벽화라는 새로운 장의미술葬儀美術 장르의 수용을 용이하게 했다. 고분벽화에 새로운 제재가 지속적으로 등장하는 것도 외래의 문화와 관념에 대한 고구려인의 열린 자세로 말미암아 가능한 현상이었다고 할 수 있다. 고분벽화는 불교라는 이방의 종교·신앙과 함께 서아시아·인도·중앙아시아의 문화가 대거 고구려에 수용되었음을 알게 한다. 이 과정에 새로운 음악, 악기, 무용, 노래 등이 고구려에 들어와 고구려 예술의 한 부분이 되었고, 고구려 문화를 풍부하게 만들었음을 기록과 유물을 통해서도 알 수 있다. 이 모든 것이 열림으로 시작해 소통과 공유로 이어지게 하는 고구려 문화 특유의 전통에서 비롯된 현상으로 보아야 할 것이다.

설문조사를 통해 추출된 신명·흥 또한 고구려 문화의 성격과 전통을 설명하는 개념의 하나로 받아들일 수 있을 듯하다. 신명이나 흥은 특정한 관념이나 행위에 깊이 빠져드는 상태인 '몰입'의 통로라고도 할 수 있으나 실제 두 개념 사이의 경계를 긋기는 그리 쉽지 않다. 신명으로 말미암아 몰입이 가능하고, 흥이 깨지는 순간 몰입 상태에서 빠져나오게 되는 까닭이다. 신명·흥·몰입은 한 덩어리로 얽혀 있는 개념이라고 해도 과언이 아닐 듯하다.

연꽃무늬 장식 고분벽화나 순수한 사신도 고분벽화는 현재까지 고구려에서만 발견된다. 연꽃에 투사된 종교적 관념이나 방위 신수로서의 사신에 대한 인식은 외래적인 면이 강하나 고분의 무덤칸이라는 특정한 공간을 연꽃으로만 채우거나 사신의 세계로 바꾼 것은 말 그대로 고구려적이라고 할 수 있다. 연꽃무늬 장식 고분벽화가 등장하는 과정은 고구려인이 불교 신앙에 깊이 빠져드는 과정이다. 그런데 5세기를 전후해 동아시아의 다른 나라와 사회에서도 불교 신앙이 크게 유행했음을 감안하면 연꽃무늬 장식 고분벽화는 고구려식 문화 소화와 재창조의 결과라고 할 수밖에 없다. 동아시아의 다른 나라와 달리 고구려에서는 불교적 깨달음, 정토의 상징인 연꽃에 대한 인식과 표현에 몰입하는 정도가 매우 심했음이 고분벽화를 통해 확인된다고 하겠다. 신명·흥이 전제되고 몰입이 뒤따르지 않았으면 나타나기 어려운 유형의 고분벽화인 셈이다. 사신도 고분벽화에 대해서도 마찬가지의 해석이 적용될 수 있을 것이다.

조화·어울림은 크든 작든 공동체의 통합을 가능하게 하고 유지시키는 데 전제되어야 할 태도이자 현상이다. 여러 민족과 사회로 구성된 국가가 사회적 통합력을 확보하기 위해 반드시 갖추어야 할 사회적 미덕 가운데 하나도 조화·어울림이다. 고구려의 문화 산물에서 외래문화를 고구려적 이미지, 관념을 담은 문화로 재창조하려는 의지를 읽게 될 때 함께 읽히는 것 가운데 하나가 조화·어울림·통합성 등인 것도 이때문일 것이다.

이미 살펴보았듯이 광개토왕릉비는 자연석에 가장 가까운 상태로 치석되었다. 때문에 말끔하게 다듬어져 자연 상태를 전혀 짐작할 수 없게 하는 중국이나 일본의 비와 구분된다. 자연에서 발견되는 괴석을 세운 것처럼 보인다는 점에서 광개토왕릉비는 선사시대의 선돌을 연상시킨다. 아마도 고구려의 석공은 이 비석을 자연석에 가까워 자연의 일부처럼 보이도록 다듬었을 가능성이 높다. 광개토왕릉비는 당시 고구려에 통용되던 비석에 대한 관념, 곧 자연과 잘 조화되고 주변과 어울리는 기념물을 더 높게 평가하는 분위기에 조흥助興된 행위의 결과물로 보아야 할 것이다.

고구려의 성도 조화·어울림을 중시하는 고구려인의 의식과 태도를 잘 보여주는 건축물이라고 할 수 있다. 자연 지형을 성벽의 일부로 포함시키는 그랭이식 축조 기법은 자연을 활용하고 축조 과정을 효율화한다는 측면에서뿐 아니라 성벽의 방어 능력도 높인다는 점에서 눈길을 모으는 경우다. 그랭이법 성벽은 자연과의 조화와 어울림을 중시하는 고구려인의 태도에서 나온 가장 효과적이고 효율적인 성벽 축조 기법이자 결과라고 할 수 있다.

이 외에 고구려인의 의복이나 예술에서도 조화와 어울림이라는 고구려 문화의 덕목을 읽을 수 있다. 심미성과 실용성을 동시에 담아내고 있는 고구려인의 저고리와 바지, 치마와 두루마기는 자연의 선을 잘 살리면서 솔기가 쉽게 닳지 못하도록 깃 마감된 뛰어난 작품이다. 물론 삼국시대의 고구려, 백제, 신라인 모두 거의 동일한 형태의 저고리와 바지를 입었다는 점에서 조화와 어울림이라는 문화적 기질 역시 기본적으로는 삼국인이 공유했다고 할 수 있다. 다만 색상과 무늬, 주름 등의 디자인적인 요소들에서 고구려 의복이 보여주는 빼어난 아름다움은 별도로 언급되어야 할 것이다.

조화와 어울림의 최종 목적이자 효과는 통일적 이미지이며 통합된 상태다. 앞에서 살펴본 열림·소통·공유라는 기질 혹은 태도가 신명·흥·몰입을 통해 조화와 어울림의 세계로 나아갔다 하더라도 통일되고 통합된 이미지를 담은 결과물들을 낳는 데 이르지 못한다면, 이런 일련의 생활·문화 활동은 진행 상태에 머문 상태로 평가받을 수밖에 없다. 단계별로는 완성 상태에 이르렀다 해도 지향하던 세계의 최종점에는 이르지 못했다고도 할 수 있다. 고구려에서 발전해 널리 확산된 온돌 난방과 한옥, 고구려 후기의 벽화고분 가운데 가장 높은 완성도를 자랑하는 강서대묘는 이런 논의와 관련해 주의 깊게 살펴보아야 할 유적이다.

온돌은 고구려 평민의 가옥에서는 일반화된 난방 방식이다. 평상이나 낮은 침대 생활에 익숙했던 귀족들과 달리 평민들은 취사와 난방을 겸하도록 고안된 부뚜막의 열을 이용할 수 있도록 고래를 놓고 구들돌을 올려 방바닥을 데우는 온돌로 겨울 추위를 견뎌냈다. 구들돌의 온기로 방바닥의 찬 공기를 데워 위로 올라가게 하면 결과적으로 방 안 공기 전체가 따뜻해지는 효율적인 난방법은 난방에 대한 접근 방식에서 부분적 효과에 그치는 벽 난방법을 채택한 지역과 뚜렷한 차이를 보인다. 고구려의 난방법에서는 난방 대상이 되는 공간 전체가 염두에 두어지며 열의 효과적인 이용, 난방 효과의 지속성까지 고려되는 까닭이다. 각 부분이 담당하는 기능이 하나로 모였을 때 자아내는 통합적 효과가 어떠한지를 고구려의 온돌 난방이 잘 보여준다고 해도 과언이 아니다.

6세기 말로 편년되는 강서대묘는 가장 늦은 시기에 축조된 벽화고분의 하나다. 사신이 무덤칸 널방 각 벽의 유일한 제재이자 주제인 전형적인 사신도 벽화고분이다. 강서대묘 벽화는 사신이라는 제재 겸 관념이 고구려에 수용되어 일련의 문화 요소 소화 과정을 거친 뒤 마지막으로 어떠한 모습으로 재탄생되는지를 잘 보여준다. 화가는 배경을 일체 생략한 채 사신만 묘사함으로써 보는 이로 하여금 푸른 하늘 한가운데서 포효하는 신수의 위용을 실감하게 한다(전호태, 2004, 262~268쪽). 실재하지 않는 사신이 실재하는 것처럼 느끼게 그려낸 화가의 능력은 사신 관념과 조형을 수용한 이래 고구려에서 진행된 신앙적 몰입의 정도를 짐작하게 한다.

강서대묘는 고구려식으로 재창조되고 완성된 사신의 모습을 보여줄 뿐더러 깔끔하게 잘 다듬은 대형 화강암 판석으로 짜임새 있게 조합된 돌방 건축으로도 눈길을 끄는 유적이다. 무덤의 구조와 석재의 형태, 흙더미 구성 성분 등을 상세히 검토하고 그 결과를 종합하면, 무덤의 설계자와 축조 작업 및 벽화 제작을 담당한 사람들이 무덤이 조성

566

된 곳의 사계절 온습도의 변화, 연교차와 일교차의 정도가 돌방 내부에 미치는 영향, 돌방 바깥을 덮은 흙더미의 무게로 말미암아 석재 각각이 받는 하중까지 고려했음을 확인할 수 있다. 이런 점에서 강서대묘는 벽화부터 무덤 축조 재료와 무덤 구조까지 하나하나 다듬어지고 전체가 조합된 상태에서 이루어내는 효과에 대한 검토도 마친 상황에서 축조, 완성된 작품이라고 하겠다. 열림, 몰입, 어울림을 지나 통일되고 통합된 데까지 나간 경우인 것이다.

이처럼 고구려 문화에서는 외래문화 수용에 대한 열린 자세, 새로운 문화 요소를 고구려적 관념과 가치에 어우러지도록 만들어가는 고구려식 소화 과정, 기존 문화와 조화되어 통합적 기능을 발휘하는 데 적합한 문화 산물로의 재창조 의지 등을 모두 읽을 수 있다. 이런 요소들은 궁극적으로 고구려의 정체성을 확립, 확산시키는 데도 큰 도움이 되었을 것으로 보인다. 오늘날 한국인의 기질, 정서상의 특징으로 언급되는 요소들 가운데서도 중심 개념이라고 할 수 있는 소통·열림·공유, 신명·흥, 조화·어울림 등이 고구려의 문화 전통 속에서도 발견된다는 것은 이런 기질과 정서가 고구려 때부터 존재했음을 반증한다. 열림, 흥, 어울림 등의 용어로도 뭉뚱그릴 수 있는 개념 혹은 정서가 한국인에게는 문화원형적 성격을 지닌 것임을 시사한다고도 할 수 있다. 이는 고구려 문화에 내재한 요소들에 대한 보다 적극적이고 정밀한 접근을 통해 한국 문화의 정체성에 대한 이해도 심화될 수 있다는 의미이기도 하다.

5. 맺음말

고구려 유적·유물에 담긴 문화적인 성격과 전통에 대한 분석은 한국 고대 문화의 중심 줄기에 대한 이해의 한 방편이기도 하지만 현대 한국 문화의 뿌리를 찾는 과정이기도 하다. 고구려 유적·유물 가운데 특별한 위치에 있는 고분벽화엔 고구려 문화의 성격을 알게 하는 여러 정보가 담겨 있다. 고구려가 외래문화를 수용하는 데는 개방적이었지만 새로운 문화 요소에 대해서는 고구려식 소화 방식을 적용시키려 했고, 고구려적 가치와 관념을 담은 문화로 재창조해 이것이 기존의 고구려 문화에 잘 어울려 들어갈 수 있게 하려 했음도 고분벽화에 잘 나타나 있다.

현대 한국인의 기질, 정서적 특징으로 거론되는 제 요소 가운데 소통·열림·공유, 신명·흥, 조화·어울림은 고구려 문화에서도 읽힌다. 고구려의 고분벽화, 성, 온돌 난방, 음악 등의 주요한 문화 산물들은 열림, 흥, 어울림의 과정을 거쳐 고구려 특유의 통합된 이미지와 기능을 갖추었다. 고구려의 온돌 난방과 강서대묘는 그러한 유적·유물 가운데 대표적인 사례에 해당한다.

:: **참고문헌**

노태돈, 1999, 『고구려사 연구』, 사계절.

송기호, 2006, 『한국 고대의 온돌: 북옥저, 고구려, 발해』, 서울대학교 출판부.

양시은, 2013, 「고구려 城 연구」, 서울대학교 고고미술사학과 박사학위논문.

전덕재, 2008, 「고대 일본의 고려악에 대한 기초 연구」, 『동북아역사논총』 20, 동북아역 사재단.

전호태, 2000, 『고구려 고분벽화 연구』, 사계절.

_____, 2003, 「고구려 고분벽화의 기원」, 『강좌 한국고대사』 9, 가락국사적개발연구원.

_____, 2004, 『고구려 고분벽화의 세계』, 서울대학교 출판부.

_____, 2006, 「고구려 안악3호분 재론」, 『한국고대사연구』 44, 한국고대사학회.

_____, 2013, 「2010년대 한국인의 일상과 문화유전자」, 『울산사학』 17, 울산사학회.

최희림, 1978, 『고구려 평양성』, 과학백과사전출판사.

5~6세기 고구려 남진 경영의
고고학적 증거

최종택(고려대학교 세종캠퍼스 고고미술사학과 교수)

1. 머리말

기원전 37년 졸본에서 건국한 고구려는 국내성으로 천도한 후 국가체제를 완비해 4세기 대에 이르러 동북아 4강의 하나로 부상했다. 427년 평양으로 천도한 후 고구려는 남진南進을 본격화해 475년에는 백제의 수도 한성을 함락시켰으며, 오늘날 만주 지역과 한반도 중부 및 남부 지역 일부까지 영토를 확장하는 등 전성기를 구가했다. 평양 천도 이후 고구려의 남진 과정에 대해서는 문헌 기록을 통한 연구가 상당히 진척되어 있으나 사료의 불충분으로 인해 구체적인 남진 과정이나 경영 방식에 대해서는 여전히 논란이 많은 것이 사실이다. 다행히 1980년대 이후 남한 지역에서 고구려의 유적과 유물에 대한 고고학적 조사가 활발히 진행되어 사료의 불충분으로 인한 문제를 다소 해결할 수 있게 되었다.

1979년 중원고구려비가 발견되어 고구려의 남진 과정 연구의 기폭제가 되었다. 중원고구려비의 발견으로 5세기 당시 고구려와 신라의 관계 및 고구려의 충주 지역 진출에 대한 연구가 활발히 진행되었다. 이후 1980년대부터 남한 지역에서 구조적으로 고구려 고분과 유사한 고분이 간헐적으로 조사되었다. 그러나 이를 고구려 고분으로 특정할 자료가 없어 '고구려계' 고분으로 인식했을 뿐 더 이상 진전된 논의는 불가능했다.

1988년 백제의 도성으로 추정되는 몽촌토성에서 고구려 유적과 유물이 조사되면서 남한 지역 고구려 유적에 대한 조사가 활기를 띠기 시작했다. 1994년에는 한강 북안의 아차산 일원에서 20여 개소의 고구려 보루가 확인되었고, 1997년부터는 발굴 조사가 시작되었다. 1999년에는 임진·한탄강 유역과 양주 분지에서 다수의 고구려 관방유적關防遺蹟이 확인되었으며, 금강 유역에서도 고구려 산성이 발굴되었다.

최근 2000년대 이후 고구려 토기가 부장된 고분의 조사 사례가 증가함에 따라 그동안 간헐적으로 조사된 '고구려계' 고분들을 고구려 고분으로 명확하게 인식할 수 있게 되었으며, 일부 고구려 고분군 주변에서는 취락유적이 조사되고 있다(〈그림 1〉).

이 글에서는 고구려 남진의 물적 증거인 관방유적과 고분, 취락유적에 대한 그간의 연구 성과를 검토한 뒤, 이를 바탕으로 고구려의 남진 과정 및 경영의 면면을 살펴보기로 한다.[1]

---

1) 이 글의 내용 중 필자의 기존 연구 성과를 반영한 부분은 별도로 인용처를 밝히지 않았다.

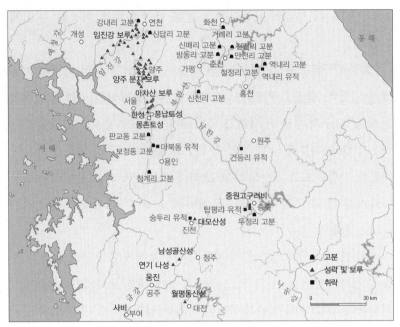

강내리 고분　연천
임진강 보루　신답리 고분　화천
개성　　　　　　　　거례리 고분　동 해
신매리 고분　천전리 고분
방동리 고분　만천리 고분　역내리 고분
춘천　철정리 고분　역내리 유적
양주　가평
양주 분지 보루
아차산 보루　신천리 고분　홍천
서울
한성　풍납토성
몽촌토성
서 해
판교동 고분
보정동 고분　마북동 유적　원주
용인　　　견등리 유적
청계리 고분
중원고구려비
탑평리 유적　충주
숭두리 유적　대모산성　두정리 고분
진천
남성골산성
연기 나성　청주　　　고분
웅진　　　　　　　성곽 및 보루
공주　월평동산성　취락
사비　부여　대전　　0　　30 km

〈그림 1〉 남한 지역 고구려 유적 분포도

2. 남한 지역 고구려 관방유적

(1) 관방유적의 입지와 분포

남한 지역에서 조사된 고구려 관방유적은 대략 50여 개소에 이르며, 향후의 조사 결과에 따라 유적의 수는 다소 증가할 것으로 생각된다. 관방유적은 평지성과 산성 및 보루로 구분되며, 임진·한탄강 유역과 양주 분지 일원, 한강 하류역의 아차산 일원, 금강 유역 등 4개 지역에 나뉘어 분포하고 있다.

경기도 연천군과 파주군 일대를 동서로 관통하는 임진강과 한탄강 유역은 한강 유역으로 진출하기 위한 중간 지점으로 강을 경계로 20여 개소의 고구려 관방유적이 분포하고 있다. 임진강 유역의 관방유적은 강의 남안南岸과 북안北岸의 평지에 마주 보고 배치된 것이 많으며, 평지성이 많은 것이 특징이다. 호로고루, 은대리성, 당포성이 대표적인 평지성인데, 임진강으로 흘러드는 샛강과 임진강 사이에 형성된 삼각형의 강안江岸 대지상에 축조했다. 강에 연한 두 면은 높은 현무암 절벽으로 이루어져 있어 견고한 방어 시설이 필요치 않으며, 나머지 한 면에만 견고한 성벽을 쌓았다.

양주 분지는 지리적으로 임진강 유역과 한강 하류역의 가운데 위치한 교통의 요충지로 28개소의 보루가 분포하고 있다. 보루들은 산 능선을 따라 남북으로 열을 지으며 배치되었다. 각각의 보루는 평지의 길목을 내려다볼 수 있는 전망이 좋은 능선상의 봉우리에 위치한다. 보루는 단독으로 입지하는 경우도 있으나 대부분은 능선을 따라 몇 개씩 연결되어 축조되었는데, 대략 500미터 정도의 간격을 두고 선형으로 배치되어 있다(〈그림 2〉).

한강 유역은 한반도의 중심부로 남북 간 왕래의 통로인 동시에 넓은

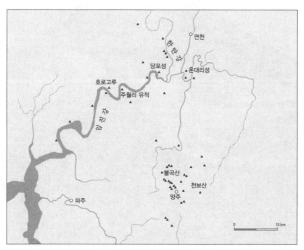

〈그림 2〉 임진·한탄강 유역 및 양주 분지 고구려 관방유적 분포도

들이 있고 서해로의 진출이 용이해 지정학적으로 중요한 지역이므로 삼국시대에 들어와서는 이 지역을 차지하는 것이 국가의 흥망을 좌우할 정도로 중요했다. 한강 북안의 아차산 일원에는 모두 21개소의 보루가 분포하는데, 지금까지 7개의 보루가 발굴되었거나 조사가 진행 중이다. 각각의 보루들은 400~500미터가량 떨어져 있는데, 각 보루는 목책이나 석축 등의 시설로 서로 연결되었을 가능성이 크다(〈그림 3〉).

금강 유역에서는 진천의 대모산성, 청원의 남성골산성, 연기 나성 및 대전의 월평동 유적이 조사되었는데, 남성골산성의 일부가 발굴되어 비교적 자세한 내용이 알려져 있다. 남성골산성이 위치한 곳은 금강 뱃길의 최상류에 해당하며, 고대는 물론 조선시대까지 교통과 물류의 중심지 역할을 했다. 금강 유역의 관방유적들은 다른 지역과는 달리 규모가 큰 산성이라는 점과 유적이 밀집 분포하지 않고 단독으로 분포한다는 점에서 분포상의 차이가 있다.

〈그림 3〉 아차산 일원 고구려 관방유적 분포도(배경 지도는 1966년 항공 사진)

(2) 관방유적의 구조

금강 유역에 위치한 대모산성과 남성골산성을 제외한 나머지 관방유적은 둘레 500미터 미만의 소형으로, 성벽과 내부의 건물지 등으로 구성되어 있다. 성벽은 목책 시설과 석성으로 구성되는데, 대체로 고구려군이 주둔한 초기에는 목책을 세워 방어 시설을 구축하고, 일정 시간이 지난 뒤에 목책의 바깥쪽에 석성을 쌓은 것으로 보인다. 각 지역별 성벽의 축조 방식에는 약간의 차이가 있는데, 임진강 유역의 호로고루, 은대리성, 당포성 등 평지성의 경우는 점토를 다져 쌓은 후 외면에 다듬은 석재를 붙여 쌓았다(〈그림 4〉). 한강 유역의 보루들은 목책 외곽으로 3~5미터의 거리를 두고 1~2겹의 석축 성벽을 쌓았으며, 그 내부는 마사토와 점토를 교대로 다져 판축板築했다(〈그림 5〉). 금강 유역의 남성골산성은 목책을 2줄로 쌓고 그 내부에 점토를 채워 성벽을 구축했으며, 문지門址 주변만 석축으로 보강했다. 평지성과 산성을 제외한 대부분의 보루들은 성벽에 여러 개의 치雉를 설치해 방어력을 보강했으며,

〈그림 4〉 호로고루 성벽 전경

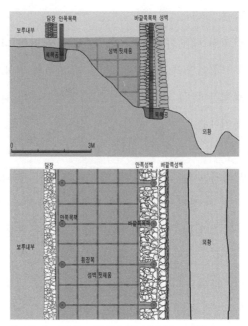

〈그림 5〉 아차산 고구려 보루 성벽 구조 개념도

일부 치는 구조를 달리해 출입 시설로 활용했다. 남성골산성의 성벽 외곽에는 해자垓子를 설치했으며, 홍련봉 2보루에도 성벽 외곽에 해자를 설치해 방어력을 강화했다.

관방 시설의 내부에는 여러 기의 건물과 저수 시설 및 배수 시설 등이 설치되었다(〈그림 6〉). 병사들의 막사로 사용된 건물들은 일부 움집 형태도 있지만 대부분은 지상 건물이다. 방형이나 장방형으로 돌과 점토를 섞어 쌓은 담장식 벽체에 맞배식 지붕을 덮은 구조로 대부분 사방 5미터 내외의 크기다. 건물지 내부에는 온돌이 설치되어 있는데, 온돌은 고래가 하나뿐인 이른바 '쪽구들'로 판석을 세워서 벽체를 만들고, 그 위에는 납작하고 긴 판석으로 뚜껑을 덮은 뒤 짚을 섞은 흙으로 미장한 형태다.

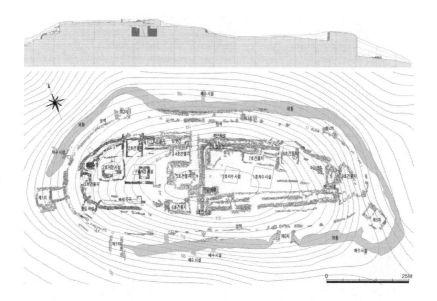

〈그림 6〉 홍련봉 2보루 유구 배치도

　모든 보루의 내부에는 1~2기의 저수 시설이 갖추어져 있다. 저수 시설은 풍화암반토를 네모나게 굴토해 만들었으며, 벽체와 바닥에는 뻘을 채워 방수 처리를 했다. 벽체에는 통나무를 쌓아가며 뻘을 채웠으므로 사용할 당시에는 통나무가 노출되어 벽체의 역할을 했을 것으로 보인다. 저수 시설의 규모는 약간씩의 차이는 있으나 저수 용량은 비교적 일정한 것으로 보아 보루의 규모에 따라 확보해야 할 저수 용량이 정해져 있었던 것으로 보인다.

　그 외에도 보루의 특징에 따라 여러 시설물이 설치되었다(〈그림 7〉). 아차산 4보루와 용마산 2보루 및 아차산 3보루의 경우 단야 시설이 설치되어 있어서 철기류에 대한 간단한 수리 정도는 직접 수행했던 것으로 추정된다. 홍련봉 2보루에서는 토기 소성燒成과 관련된 시설이 확인되었으며, 아차산 3보루와 홍련봉 2보루에서는 지하식 저장고가 확인

〈그림 7〉 아차산 고구려 보루 내부 시설물 각종
(① 건물지, ② 온돌, ③ 저수 시설, ④ 배수 시설, ⑤ 방앗간, ⑥ 단야로, ⑦ 소성유구燒成遺構)

되기도 했다. 또한 아차산 3보루에서는 방앗간이 확인되었는데, 방아확과 볼씨가 함께 배치된 상태로 발굴되었다. 이러한 각종 시설물들로보아 이들 보루에 주둔한 고구려군은 다양한 기능을 수행할 수 있는 병사들로 구성되어 있었으며, 출토된 철제 농공구들은 이들이 평상시에는 농사와 같은 생업에도 종사했음을 보여준다.

(3) 관방유적 출토 유물

발굴조사를 통해서 많은 유물이 출토되었는데, 토기류와 철기류가 주를 이룬다. 토기류는 대략 24개 기종으로 분류되며, 용도에 따라 저장용, 조리용, 배식용, 운반용 등으로 일상생활에서 사용된 실용기다. 아차산 일원의 보루에서 출토된 고구려 토기는 주로 6세기 전반에 해당되는 것으로, 점토띠를 만들어 테 쌓기 방식으로 기형을 갖춘 다음 회전대나 물레를 이용해 토기의 표면을 매끄럽게 다듬었다. 표면 색조로는 황색, 회색, 흑색 계통이 주를 이룬다(〈그림 8〉의 ①).

토기 다음으로 많은 양을 차지하는 것이 철기류인데, 기능에 따라 무기류, 마구류, 농기구류, 공구류, 용기류 등으로 구분된다. 무기류는 공격용과 방어용으로 나뉘며, 공격용 무기는 활과 화살, 칼, 창을 기본으로 하는데, 아차산 보루에서는 이들 기본적인 무기 외에도 다양한 무기들이 출토되었다. 특히 10여 명의 병사가 주둔했던 구의동 보루에서는 두 자루의 칼과 열 자루의 창, 네 자루의 도끼와 함께 3000여 발의 화살이 확인되어 당시 고구려군의 부대 편제와 무기 보유 현황을 잘 보여준다. 방어용 무기로는 투구와 찰갑이 있는데, 아차산 4보루에서는 철제 투구가 1점 출토되었으며, 무등리 2보루에서는 완전한 형태의 찰갑 상의가 1벌 출토되었다(〈그림 8〉의 ③, ④).

그 밖에 보습과 삽날, 살포, 낫, 단조철부와 끌 및 정 등의 철제 농공구류와 철솥, 철제 항아리 등의 다양한 그릇들이 출토되었다. 철제 무기류나 농공구류들뿐만 아니라 재갈과 재갈멈추개, 등자鐙子, 교구鉸具 등의 마구류도 소량 확인되었는데, 이는 각 보루에 주둔하던 고구려의 지휘관급들 정도는 말을 타고 산에 올랐음을 시사한다.

그 밖에 호로고루와 홍련봉 1보루에서는 다량의 기와와 함께 연화문 와당이 출토되었다(〈그림 8〉의 ②). 이러한 와당은 남한 지역에서는 처음 출토되는 것으로 고구려에서 기와나 와당은 왕궁이나 사찰 및 관청 등 공공건물에만 사용된 점으로 미루어 그 위상을 짐작하게 해준다. 또한 호로고루에서는 '상고相鼓'라는 명문銘文이 새겨진 토제 북이 출토되었

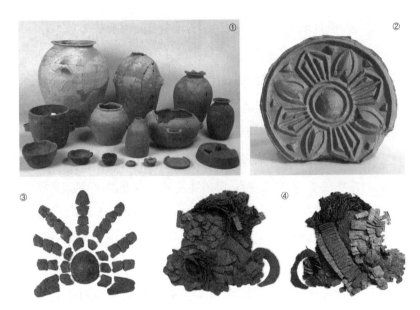

〈그림 8〉 남한 지역 고구려 보루 출토 유물 각종
　　　(① 아차산 4보루 출토 토기류, ② 홍련봉 1보루 출토 연화문와당, ③ 아차산 4보루 출토 철제 투구
　　　④ 무등리 2보루 출토 철제 찰갑)

으며, 천보산 2보루에서도 같은 형태의 토제 북이 출토되었다. 또한 남
성골산성에서는 금제 이식이 출토되었는데, 역시 이 유적의 위상이 상
당히 높았음을 보여주는 자료다.

(4) 관방유적의 연대

역사적인 상황을 고려할 때 남한 지역 고구려 관방유적은 고구려가 본
격적으로 남진을 시도한 4세기 말 이후에 축조된 것이다. 그러나 출토
된 토기류의 제작 기법과 형태적인 특징을 고려할 때 지역별 또는 유
적별로 축조 시점과 사용 기간에 상당한 차이가 있다.

　지금까지 가장 많은 연구가 이루어진 한강 유역의 경우 고구려 토기
의 대표적 기종인 구형호류에 대한 형식 변천에 따르면, 아차산 일원

보루에서 출토된 구형호류는 6세기 전반으로 편년된다. 반면에 몽촌토성에서 출토된 사이장경옹의 경우 형태적 특징으로 보아 5세기 후엽으로 편년된다. 또한 홍련봉 2보루에서는 520년에 해당하는 '경자庚子'명 토기가 출토되어 이러한 연대관의 명확한 근거가 되고 있다(〈그림 9〉). 이러한 토기류의 편년에 의하면 475년 백제의 수도 한성을 공함攻陷한 고구려군은 500년 무렵까지 한강 이남의 몽촌토성에 주둔했으며, 한강 북안의 아차산 일원 보루는 500년 무렵에 축조되어 551년까지 존속한 것으로 편년된다.

남한 지역 관방유적에서 출토된 토기류는 제작 기법과 형태적 특징을 기준으로 크게 두 유형으로 구분된다. 첫 번째 유형은 표면이 흑색이 많고, 태토에 모래가 섞여 있으며, 표면에 점열문이나 중호문 등이 시문施紋된 것이고, 두 번째 유형은 표면이 황색이고, 태토는 모래가 섞이지 않은 니질이며, 문양이 시문되지 않는 것이다. 한강 유역 고구려 토기의 편년에 따르면 전자는 5세기 중엽 이후 500년 무렵까지로 편년되며, 후자는 500년 이후 6세기 중엽까지로 편년된다.

임진강과 한탄강 유역의 관방 시설들에서는 두 유형이 모두 출토되

〈그림 9〉 홍련봉 2보루 출토 경자명 토기 각종

며, 일부 유적에서는 더 늦은 시기의 토기류가 출토되고 있으므로 5세기 중엽 이후 축조되어 일부는 7세기 중엽까지 사용된 것으로 생각된다. 양주 분지의 관방유적은 발굴된 사례가 부족해 자세히 알기 어려우나 천보산 2보루 출토 토기류를 통해 볼 때 5세기 중엽 이후에 축조된 것으로 생각된다.

　반면에 남성골산성을 비롯한 금강 유역의 관방유적에서는 첫 번째 유형의 토기류만 출토되어 비교적 짧은 기간 동안 존속했던 것으로 생각된다. 토기류의 연대관과 역사적 상황을 고려할 때 구체적으로 475년 이후 축조되어 500년 무렵까지 존속했던 것으로 추정된다.

3. 남한 지역 고구려 고분

(1) 고분의 입지와 분포

지금까지 남한 지역에서 조사된 고구려 고분은 모두 35기로 임진·한탄강, 북한강 상류, 남한강 상류 등 큰 강가에 위치하거나 성남, 용인, 화성 일대의 내륙에 분포한다. 내륙에 분포하는 경우도 하천에 인접해 있어서 강가의 저평한 지역에 입지하는 특징을 공유하고 있다. 고분은 1기 또는 2~3기가 분포하는 경우가 대부분이다. 그러나 충주 두정리 고분군은 5기가 한 줄로 배치되어 있으며, 연천 강내리 고분군은 9기의 고분이 3기씩 열을 지어 배치되어 있다. 이와 같이 나지막한 강안 대지에 고분이 입지하는 점과 여러 기의 고분이 열상으로 배치되는 점은 고구려 고분의 일반적인 특징과 동일하다. 이는 남한 지역의 고구려 고분이 비교적 넓은 지역에 걸쳐 소수로 분포하기는 하지만, 입지와 분포에 있어서 일정한 규칙에 따라 축조되었음을 보여주는 증거다(〈그림 10〉).

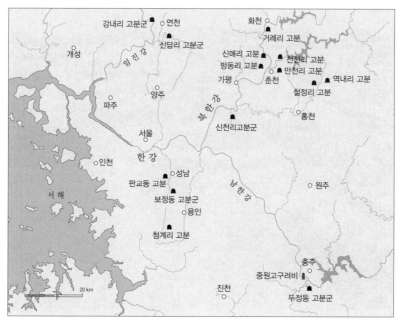

〈그림 10〉 남한 지역 고구려 고분 분포도

(2) 고분의 구조와 축조 기법

고분의 봉분 형태는 잔존 형태를 근거로 할 때 대체로 방대형으로 추정된다(〈그림 11〉). 묘실 위치는 지상식과 반지하식이 있으며, 반지하식이 많다. 지상식은 지면을 정지하고 바로 묘실을 구축한 것과 경사면을 'ㄴ'자 형태로 파내고 묘실을 축조한 것으로 구분된다. 대체로 굴곡이 있는 기반토 위에 입자가 고운 점토를 얇게 펴서 다진 뒤 묘실을 축조했으며, 벽석을 놓은 후 벽석 뒷면의 공간을 동시에 점토로 채우며 벽체를 구축했다. 반지하식은 벽체의 일정 높이까지만 굴광한 후 축조한 것으로 대부분의 경우가 이에 해당된다(〈그림 12〉).

묘실의 축조 재료는 크기나 형태에서 다소 차이가 있으나 기본적으로는 판석형 할석을 사용했다. 묘실 벽체는 장방형의 석재를 횡으로 눕

〈그림 11〉 연천 신답리 고분 전경

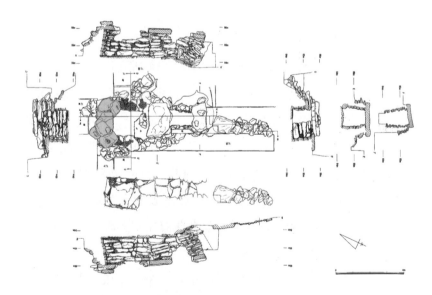

〈그림 12〉 연천 신답리 고분 평면, 단면, 입면도

혀서 쌓았으며, 석재 사이에 생긴 공간에는 작은 돌을 채워넣는 것이 일반적이다. 일부 고분은 벽체에 회반죽을 발라서 마감했다. 천장 구조가 일부라도 남아 있는 경우는 모두 삼각고임 방식의 천장이다. 묘실 벽체의 마지막 단은 편평한 석재를 이용해 정연하게 쌓고, 모서리에 각각 1매씩의 판석을 놓아 삼각형으로 모를 줄여 쌓는다. 삼각고임 천장이라도 형태에는 다소 차이가 있는데, 삼각고임과 평행고임 방식이 섞여 있는 것처럼 보이는 경우도 있다.

연도부연羨道部 쪽의 천장은 대체로 여러 매의 판석을 이용해 바로 덮는 평천장 형태이며, 묘실과 연결되는 부분은 대부분 커다란 장방형 석재를 이용해 덮음으로써 문미門楣의 효과를 내고 있다. 연도는 묘실 단벽의 우측에 치우쳐 위치하는 우편재 연도가 대부분이다.

고분의 바닥에 특별한 시설을 한 것이 상당수에 달하는데, 바닥 전면 또는 일부에 불을 놓아 다짐한 것과 회다짐을 한 것 등이 있다. 그 외에 수적으로는 적지만 바닥 전면에 할석이나 판석을 깔아 마감한 예도 확인된다. 바닥 처리와는 별도로 관대를 설치한 고분도 확인이 되는데, 바닥 처리를 한 고분의 경우는 관대가 설치되지 않은 경우가 많다. 관대는 묘실의 좌측에 설치된 경우가 대부분이며, 천전리 고분만 묘실 양측에 관대가 설치되어 있다. 관대는 대체로 천석이나 할석을 이용해 쌓았으며, 관대의 높이는 대략 10센티미터 내외로 높은 편이다.

묘실의 평면 형태는 기본적으로 장방형이다. 묘실의 규모는 대체로 묘실의 장축 길이와 비례하는데, 길이 2.2미터 미만의 소형과 2.2미터 이상의 중형으로 구분할 수 있다. 묘실의 평면 형태는 일반적으로 장방형이지만 장축비(길이를 폭으로 나눈 값)에서 차이가 있으며, 장축비 1.6 미만의 장방형과 1.6 이상의 세장방형으로 구분할 수 있다(〈그림 13〉).

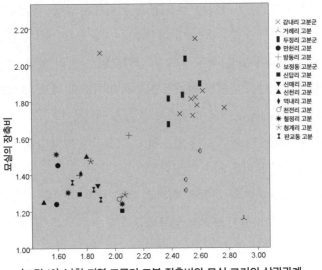

〈그림 13〉 남한 지역 고구려 고분 장축비와 묘실 크기의 상관관계

(3) 고분 출토 유물

남한 지역 고구려 고분에서 출토된 유물은 종류와 수량에서 매우 빈약하다. 출토 유물 가운데 관정과 관고리 등의 장구류葬具類가 가장 많고, 토기류와 금제 구슬과 유리 구슬, 은제 팔찌, 은제 지환 등의 장신구류 및 철곶, 철도자, 철환 등이 있다.

장구류로는 관정과 관고리가 있다. 관정이 압도적으로 많은데, 9기에서 모두 189점의 관정이 출토되었다. 관정은 머리의 모양에 따라 원두정圓頭釘과 방두정方頭釘으로 구분되며, 못 머리가 없는 'ㄱ' 자형도 있다. 원두정이 압도적으로 많으며, 방두정과 'ㄱ' 자형은 소량에 불과하다. 관고리는 강내리 2·4·7·8호분과 보정동 1·2호분에서 출토되었는데, 기본적으로 좌판과 이음쇠 고리 및 원형의 손잡이로 구성되어 있다. 보정동 고분군 출토품은 좌판이 원형이지만, 강내리 고분군 출토품은 화판형 좌판으로 훨씬 더 장식적이다.

토기류는 구형호류球形壺類, 장동호류長胴壺類, 심발류深鉢類, 병류瓶類 등 4개 기종 7점이 출토되었다. 구형호가 4점으로 가장 많이 출토되었으며, 나머지는 1점씩 출토되었다. 구형호류는 약간 눌린 공 모양의 편구형偏球形 동체에 짧게 외반하는 목을 가진 B형이 1점, 아래위로 약간 긴 구형의 동체부에 짧게 외반하는 목이 달린 C형이 3점이다. 두정리 2호분에서 출토된 B형 구형호는 고산동 11호분 출토품과 형태적으로 유사한데, 두정리 2호분 출토품이 몸통이 약간 길고 최대경이 동체부 중앙에 있어 고산동 11호분 출토품보다는 다소 이른 형태이며, 대략 5세기 중엽경으로 편년할 수 있다(〈그림 14〉).

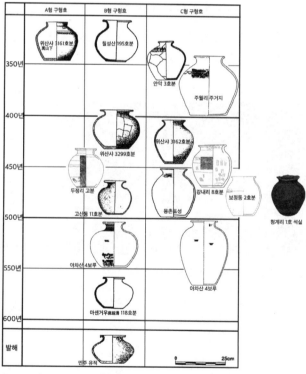

〈그림 14〉 남한 지역 고구려 고분 출토 구형호류의 편년적 위치

C형 구형호 중 보정동 2호분과 청계리 고분 1호 석실 출토품은 형태상으로 몽촌토성 출토품과 거의 같다. 이 두 점의 구형호에는 동일한 패턴의 문양이 시문되어 있는데, 몽촌토성에서 출토된 구형호류에서 유사한 문양이 다수 확인된다. 따라서 이 두 점의 구형호는 몽촌토성 출토품과 같이 5세기 후엽으로 편년할 수 있으며, 몽촌토성의 연대관에 따르면 475년에서 500년 사이로 추정된다. 또한 강내리 8호분 출토 구형호는 동 최대경이 동체 중앙에 있어 형태상으로 앞의 2점보다 다소 이른 시기로 판단되며, 5세기 중엽경에 해당한다.

　강내리 고분군에서 여러 점의 장신구류가 출토되었는데, 2호분과 8호분에서 은제 팔찌와 금제 구슬 및 유리구슬이 함께 출토되었다. 두정리 4호분에서는 은제 지환이 1점 출토되었다. 금제 구슬은 속이 빈 주판알 모양이며, 매달아 장식할 수 있도록 가운데나 양 측면으로 구멍이 뚫려 있다(〈그림 15〉).

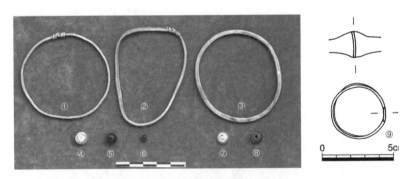

〈그림 15〉 남한 지역 고구려 고분 출토 장신구류 각종
(①~③ 강내리 고분군 출토 은제 팔찌, ④⑦ 강내리 고분군 출토 금제 구슬,
⑤⑥⑧ 강내리 고분군 출토 유리구슬, ⑨ 두정리 고분군 출토 은제 지환)

(4) 남한 지역 고구려 고분의 편년

남한 지역 고구려 고분은 묘실 길이 2.2미터를 기준으로 소형과 중형으로 구분되고, 장축비 1.6을 기준으로 장방형과 세장방형으로 나뉜다. 〈그림 13〉을 보면 강내리 고분군 9기와 두정리 고분 5기 모두 세장방형이며, 방동리 2호분도 세장방형에 속한다. 그런데 앞에서 살펴본 바와 같이 두정리 2호분 출토 B형 구형호와 강내리 8호분 출토 C형 구형호는 형태상 5세기 중엽으로 편년되며, 이 고분들은 세장방형에 속한다.

반면에 장방형으로 구분되는 보정동 2호분과 청계리 고분 1호 석실에서 출토된 C형 구형호는 5세기 후엽으로 편년된다(〈그림 14〉 참조). 출토 유물상의 이러한 차이와 일반적으로 고구려 횡혈식 석실분이 장방형 묘실에서 방형 묘실로 변화하는 사실을 염두에 두면 세장방형 묘실의 고분은 5세기 중엽경으로 편년할 수 있으며, 장방형 묘실의 고분은 5세기 후엽으로 편년이 가능하다.

묘실의 평면 형태와 바닥 처리, 관대의 유무 및 장구류 출토 여부는 매우 밀접한 관계를 가지고 있는데, 세장방형 묘실은 바닥 처리를 하고 관대를 설치하지 않은 경우가 많다. 반면에 장방형 묘실은 바닥 처리를 하지 않고 관대를 설치한 예가 많다. 또 바닥 처리를 한 경우라도 세장방형 묘실은 모두 불을 놓아 다짐 처리를 했으나, 장방형 묘실의 경우 바닥 처리 방식은 다양하다. 정리하면 5세기 중엽경에는 불을 놓아 다진 묘실 바닥에 관을 안치한 경우가 많고, 5세기 후엽경에는 관대를 설치하고 관 없이 시신을 직접 안치한 예가 많다.

4. 고고 자료를 통해 본 5~6세기 고구려 남진 경영

『삼국사기』등 문헌 사료에 따르면 고구려는 4세기 후반 북한강 상류와 남한강 상류를 거쳐 충주 지방으로 진출을 시도한 것으로 보인다. 또한 396년 광개토대왕은 백제 수도 한성을 공격해 아신왕의 항복을 받고 한강 이북의 58성 700촌을 획득한 후 돌아가기도 했다. 그 뒤 475년 장수왕은 백제 수도 한성을 공함한 후 개로왕을 죽이고, 백제는 웅진으로 천도하게 된다. 그런데 『삼국사기』에는 이때 장수왕 역시 한성을 공함한 후 군대를 이끌고 돌아간 것처럼 묘사되어서 논란이 일고 있다. 즉, 475년 이후 백제의 수도 한성이 위치한 한강 유역의 지배와 관련해 다양한 의견이 제시되고 있다.

그러나 몽촌토성에서 고구려 유적의 존재가 확인되면서 이러한 생각은 재고를 요하게 되었다. 475년 한성 공함 이후 장수왕과 고구려군은 돌아갔으나 일부는 몽촌토성에 주둔하고 있었다. 진천의 대모산성과 청원 남성골산성, 대전 월평동 유적 등이 몽촌토성과 비슷한 5세기 후반의 고구려 유적으로 편년되는 점은 고구려가 몽촌토성을 거점으로 해 금강 유역으로 남진을 계속했음을 확인시켜주는 것이다. 또한 몽촌토성에서 확인된 특수한 구조의 지상 건물지와 의례용 토기의 존재를 통해 몽촌토성에 주둔한 지휘관이 상당한 신분의 소유자였음을 추론할 수 있으며, 이를 통해 몽촌토성이 거점성의 기능을 담당했음을 상정할 수 있다. 진천의 대모산성은 발굴 조사가 이루어지지 않아 자세한 내용을 알 수 없지만, 청원의 남성골산성 역시 조사된 규모나 내용으로 보아 거점성으로서의 기능을 하기에 충분하다. 따라서 이러한 거점성들을 중심으로 고구려는 한강 이남 지역의 영역화를 시도했던 것으로 추정된다.

또한 남한 지역 고구려 고분은 비교적 넓은 지역에 걸쳐 분포하나 구조적인 특징에서 강한 정형성을 보이고 있다. 내부에서 출토되는 유물로 보아 5세기 중엽에서 후엽에 이르는 비교적 짧은 시기에 고구려인들에 의해 축조된 고분임이 분명하다. 고분의 피장자에 대한 자료는 별로 남아 있는 것이 없지만 연천 강내리 2호분과 8호분에서는 금제구슬과 은제 팔찌, 유리구슬 등이 출토되었으며, 충주 두정리 4호분에서는 은제 지환이 출토되었다. 이러한 장신구류가 출토된 고분은 비교적 규모가 큰 고분에 해당하며, 남한 지역 고구려 고분의 피장자는 상위 신분의 소유자였던 것으로 보인다.

〈그림 16〉 남한 지역 취락유적 출토 고구려 토기 각종
(① 역내리 유적, ②⑨⑩ 건등리 유적, ③ 송두리 유적, ④~⑦ 마북동 유적, ⑧ 철정리 유적, ⑪ 탑평리 유적)

최근 발굴 조사가 확대됨에 따라 관방유적과 고분 외에도 곳곳에서 고구려 취락유적이나 고구려 토기가 출토되는 유적이 조사되고 있어 주목된다. 이 유적들은 모두 신라에 의해 다시 사용되었기 때문에 고구려 시기의 유구나 문화층이 명확히 확인되지는 않지만 특징적인 고구려 토기가 출토된다. 이러한 취락유적에서 출토된 고구려 토기는 기형이나 문양에서 유사한 특징을 가지고 있으며, 5세기 후엽경으로 편년된다(〈그림 16〉).

그런데 이들 취락유적의 분포를 보면 춘천 우두동 유적은 만천리 고분과 인접해 있으며, 홍천 철정리 유적과 역내리 유적은 철정리 고분 및 역내리 고분과 바로 인접해 있다. 또 충주 탑평리 유적은 두정동 고분군 및 중원고구려비와 인접해 있으며, 용인 마북동 유적은 보정동 고분군과 인접해 있다. 한편 신답리 고분군과 강내리 고분군 주변에는 파주 주월리 유적 외에도 많은 수의 관방유적이 분포하고 있다. 이러한 분포상의 특징을 근거로 할 때 고분의 피장자는 인접한 취락유적이나 관방유적에 거주하던 고구려인으로 추정할 수 있겠다. 따라서 남한 지역 고구려 고분의 피장자는 단기간의 전투 중에 전사한 지휘관 등이 아니라 일정 기간 체류하던 집단의 상위 계층으로 보는 것이 합리적이다. 이러한 추론과 관방유적의 분포를 연계해볼 때 475년 한성을 공함한 고구려의 장수왕은 귀환했으나, 이후 점령지에 대한 영역화를 진행했던 것으로 이해된다.

그러면 한성 공함 이후 고구려가 영역화를 시도한 고구려의 남방 한계는 어디까지이며, 경영 방식은 어떠한 것이었을까? 충북 진천의 대모산성이나 청원의 남성골산성, 대전 월평동 유적의 고고 자료로 보아 5세기 대 고구려의 최대 영역은 백제 지역에서는 금강 하류의 대전 지역에까지 이르렀던 것으로 확인되며, 시기적으로 범위의 축소 확대가 있었던 것으로 판단된다.

고구려의 점령 지역, 특히 한강 이남 지역에 대한 고구려의 지배 방식에 대해서는 논란이 많지만 고고 자료만으로 보는 한 광개토대왕 대와는 달리 실질적인 지배를 시도했던 것으로 보인다. 구체적인 경영 방식에 대해서는 몇 가지 가능성이 제기되고 있다. 고구려가 이 지역을 중원고구려비에 보이는 '하부下部'로 통괄했을 가능성이 크고, 하부의 하위 조직으로서의 군현제는 아니더라도 군현명과 같이 대소로 세분된 행정 구획을 성에 귀속시켰을 것으로 보기도 한다(이호영, 1984, 5~8쪽). 또한 551년 백제가 한강 유역을 탈환할 당시 한강 유역이 군郡으로 편제되었던 것으로 이해하기도 한다(노태돈, 2005, 185~186쪽).

그렇다면 고구려가 점령한 이후의 백제의 한성은 어떻게 되었을까? 이에 대해서는 아차산 일원 고구려 보루는 중랑천변 일대의 남평양을 방어하기 위한 시설이며, 495년 문자명왕의 남순과 관련해 설치된 것으로 보는 견해가 제시된 바 있다(최장열, 2001). 또 남평양은 4세기 중엽에 황해도 신원군의 장수산성 아래에 있었으며, 475년 이후 한강 유역으로 옮겨졌다고 보기도 한다(손영종, 1990, 175~178쪽). 이러한 견해에 따르면 475년 백제의 한성을 공함한 후 몽촌토성에 주둔한 고구려는 이를 여전히 한성이라고 불렀으며, 495년 이후에는 한강 북안의 평지에 남평양을 건설하고 주변의 아차산에 보루를 축조한 것이 된다. 이는 475년 이후 고구려군은 몽촌토성에 주둔했다가 500년을 전후한 시점에 한강 북안의 아차산 일원 보루로 철수했다는 필자의 견해와도 일치한다.

고구려가 한강 유역에 대한 영역 지배를 관철했다면 이를 위해 파견된 지방관의 신분은 어떠했을까? 일반적으로 고구려에서는 대형大兄 관등을 지닌 수사守事를 파견해 군 단위의 행정을 담당하게 했는데, 중

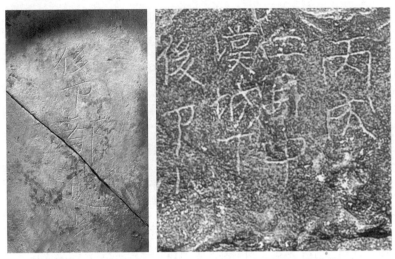

〈그림 17〉 아차산 4보루 출토 후부後部명 토기와 병술丙戌명 평양성 석각 일부

원고구려비에서도 수사가 보이는 점으로 미루어 한강 유역도 군과 같은 행정 단위로 편제되었다고 볼 수 있으며(노태돈, 2005, 187쪽), 수사와 같은 지방관의 존재를 상정해볼 수도 있다. 이에 대한 직접적인 자료는 없으나 아차산 4보루에서 출토된 '후부도○형後卩都○兄'명 접시가 일단의 실마리가 될 수도 있다(〈그림 17〉의 좌측). 여기서 '후부後卩'는 '후부後部'를 의미하는 것이고, '도○형都○兄'은 관등명이나 인명으로 보인다. 아차산 4보루보다 다소 늦은 시기의 것이지만 병술년(566)의 평양성 석각丙戌十二月中漢城下後卩小兄文達節自此西北行涉之에서 이와 같은 용례가 보인다(〈그림 17〉의 우측). 두 유물의 시차가 크지 않은 점과 한강 유역의 한성이 551년 이후 황해도 신원 지방으로 옮겨진 것(손영종, 1990, 177쪽)을 고려한다면 아차산 4보루의 '후부'도 한성의 '후부'로 해석할 수 있다. 이로 보아 당시 한강 유역이 도성에서 보이는 것과 같이 몇 개의 구역으로 구분되어 있었음을 알 수 있다. 아쉽게도 아차산 4보루의 명문에는 관등명이 표현되어 있지 않아 신분을 알 수 없으나 다양한

계층의 관리들이 파견되었을 가능성이 크다.

5. 맺음말

현재 남한 지역에서 조사된 가장 이른 시기의 고구려 유물은 파주 주월리 유적에서 출토된 구형호 등으로 4세기 후엽으로 편년된다. 그다음으로는 세장방형 묘실의 횡혈식 석실분으로 5세기 중엽경에 해당된다. 5세기 후엽에는 장방형 묘실의 횡혈식 석실분이 축조되었으며, 아울러 몽촌토성과 대모산성, 남성골산성, 월평동 유적, 은대리산성, 당포성 등도 이 시기에 해당된다. 이후 6세기 전반에는 한강 북안의 아차산 일원에 고구려 보루가 축조되고, 양주 분지와 임진·한탄강 유역 대부분의 보루들도 같은 시기로 추정된다.

4세기 후반 이후 고구려는 북한강 상류와 남한강 상류를 통해 충주 지역으로 진출했는데, 연천 강내리 고분군과 춘천 방동리 2호분 및 충주 두정리 고분군 같은 세장방형 고분은 고구려의 충주 지역 진출 및 영역화와 관련된 것으로 추정할 수 있다. 한편 475년 한성 공함 이후 고구려군은 몽촌토성에 주둔하고 진천과 청원, 대전으로 진출했으며, 점령지에 대한 영역화를 시도했던 것으로 이해되는데, 나머지 5세기 후엽 이후의 장방형 고분들은 이러한 영역화 과정에서 축조된 것으로 생각된다.

이상과 같이 남한 지역 고구려 고분 중 세장방형 묘실의 횡혈식 석실분은 5세기 중엽경 북한강 상류와 남한강 수계를 이용한 중원 지역 진출 및 영역화와 관련된 고고학적 증거다. 장방형 묘실의 횡혈식 고분들과 5세기 후엽의 관방유적들은 475년 한성 공함 이후 점령지에 대한 영역화를 시도했던 상황을 보여주는 확고한 증거로 판단된다. 또한 이 고분들 인근에서 고구려의 취락유적이 속속 조사되고 있는데, 이를 통해 고구려가 남한 지역에 대한 영역화를 적극적으로 시도했으며, 일정 기간 지속되었던 것으로 이해된다.

:: 참고문헌

강현숙, 1994, 「고구려 봉토 석실분의 변천에 대해」, 『한국고고학보』 31, 한국고고학회.

_____, 2000, 『고구려 고분 연구』, 서울대학교 고고미술사학과 박사학위논문.

노태돈, 2005, 「고구려의 한성 지역 병탄과 그 지배 양태」, 『향토서울』 66, 서울특별시 사편찬위원회.

백종오, 2009, 「남한내 고구려 고분의 검토」, 『고구려발해연구』 35, 고구려발해학회.

서영일, 2002, 「경기북부지역 고구려 보루 고찰」, 『문화사학』 17, 한국문화사학회.

심광주, 2005, 『남한지역의 고구려 성곽연구』, 상명대학교 사학과 박사학위논문.

안신원, 2010, 「최근 한강 이남에서 발견된 고구려계 고분」, 『고구려발해연구』 36, 고구려발해학회.

이호영, 1984, 「고구려·신라의 한강유역 진출 문제」, 『사학지』 18, 단국대학교 사학회.

최장열, 2001, 「한강 북안 고구려보루의 축조시기와 그 성격」, 『한국사론』 47, 서울대학교 국사학과.

최종택, 2002, 「몽촌토성 내 고구려유적 재고」, 『한국사학보』 12, 고려사학회.

_____, 2004, 「남한지역출토 고구려 토기 연구의 몇 가지 문제」, 『백산학보』 69, 백산학회.

_____, 2006, 「남한지역 고구려 토기의 편년 연구」, 『선사와 고대』 24, 한국고대학회.

_____, 2008, 「고고자료를 통해 본 백제 웅진도읍기 한강유역 영유설 재고」, 『백제연구』 47, 충남대학교 백제연구소.

_____, 2011, 「남한지역 고구려고분의 구조특징과 역사적 의미」, 『한국고고학보』 81, 한국고고학회.

_____, 2013, 『아차산 보루와 고구려 남진경영』, 서경문화사.

손수호, 2001, 『고구려고분연구』, 사회과학출판사, 평양.

손영종, 1990, 『고구려사 1』, 과학백과사전종합출판사, 평양

৩

발굴에서 해석까지
-정지산 유적의 사례-

이한상(대전대학교 역사문화학과 교수)

1. 머리말

이 글[1]을 준비하면서 학부생 시절부터의 발굴 현장 경험을 떠올려보았다. 원래 고대사를 전공하려 했었기에 발굴에 임하면서도 역사 기록과

---

[1] 필자가 이 글을 작성할 때 발굴 관련 기록을 보유하고 있지 않아 어려움이 있었다. 발굴 관련 서류는 국가기록원에 이관된 상태였기에 지표 조사 및 발굴 조사 약보고서, 지도위원회의 회의 결과 등을 복사해 활용했고, 부분적으로 필자의 기억 등에 의존했다. 애매한 부분은 이호형 동방문화재연구원 원장께 문의해 보완할 수 있었다. 발굴 당시와 그 후 유물 정리 과정에서 많은 분께 도움을 받았기에 간략히 기명해 사의를 표하고 싶다. 권오영, 고정룡, 김길식, 김여진, 김유진, 남궁승, 노유종, 박순발, 서기수, 서오선, 신영호, 안민자, 이남석, 이상엽, 고故 이세중, 이연숙, 이호형, 전유훈, 정찬필, 천선행, 오다 후지오小田富士雄, 다케스에 준이치武末純一, 사다모리 히데오定森秀夫, 하야시 히로미치林博通, 다나카 도시아키田中俊明, 요시이 히데오吉井秀夫, 가메다 슈이치龜田修一 등 제 선생님(無順).

의 접점을 찾으려 시도하곤 했다. 그러다 보니 실수도 많았고 핀잔도 많이 들었다. 필자가 주도한 발굴 가운데 그나마 고고학 자료와 문헌 사료의 접목이 가능했던 것으로는 공주 정지산 유적公州 艇止山 遺蹟(국립공주박물관, 1999)을 꼽을 수 있다. 이 유적은 숱한 우여곡절 끝에 현지에 보존되었고 사적史蹟으로 지정되었다. 장차 백제 역사유적지구의 세계 문화유산 등재 과정에서 그 격이 더욱 높아질 가능성도 있다.

가끔 공주를 방문해 정지산에 오를 때면 뿌듯한 기분이 들기도 하지만, 다른 한편으로는 중요한 유적을 제대로 발굴해내지 못했을 뿐만 아니라 유적의 중요도에 부합하는 보고서를 발간치 못한 부끄러움에 자책하곤 한다. 사적 설명 패널도 필자가 소략하게 작성했던 글(이한상, 1998)을 요약하는 정도에 머물러 있다. 조사 성과를 제대로 공개하지 못한 필자의 나태함 때문이다.

1996년 조사 당시, 그리고 발굴이 끝나 유물을 정리할 때만 하더라도 정지산 유적을 일생의 연구 테마로 삼고 싶다는 생각을 하곤 했다. 그러나 국립박물관의 체계상 다른 박물관으로 연이어 전근되었고, 대학으로 직장을 옮긴 뒤에도 다른 일에 매몰되다 보니 어느새 정지산 유적은 관심 영역에서 벗어나고 말았다. 대전으로 직장을 옮긴 이후 국립공주박물관을 찾아 정지산 유적 재보고서 발간 문제를 협의한 바 있지만, 현재의 여건에서는 불가하다는 통지를 받고 이 유적에 대한 연구 의지를 다시금 접고 말았다. 이 기회를 통해 그간 학계에 공개하지 못했던 정지산 유적 조사의 단계별 과정, 주요 유구遺構의 조사 경과, 유적의 연대와 성격 추정의 근거 등에 대해 논고의 형식을 빌려 정리해 보고자 한다.

2. 사적 474호 정지산 유적

먼저 이 유적이 발굴된 계기와 발굴 과정, 그리고 조사 종료 후 사적으로 지정되기까지의 전 과정을 간략히 정리해보면 다음과 같다. 물론 발굴 조사 보고서에도 관련 내용이 적기摘記되어 있지만 워낙 소략하다.[2)]

1995년의 일이다. 금강을 따라 공주에서 부여로 연결되는 백제큰길 공사를 추진하던 대전지방국토관리청은 문화 유적 지표 조사를 국립공주박물관에 요청했다. 국립공주박물관 학예연구실의 남궁승·이호형 연구원이 조사를 담당했는데 정지산 주변에서 약간의 백제 유물을 채집했으며, 그것을 계기로 발굴 조사로 이어졌다(국립공주박물관, 1995).

조사단의 조직을 보면 서오선 관장이 발굴 단장을 맡았고, 김길식·이한상·남궁승·이호형 연구원 등 4인이 조사를 담당한 것으로 되어 있다. 그러나 당시 국립공주박물관의 현안 사업은 이 발굴 조사가 아니었다. 어렵게 예산을 확보해 전시 시설을 개보수하고 있었던 것이다. 사실 정지산 유적 발굴 조사를 준비하면서 길어도 2~3주면 완료할 수 있으리라 예상했다. 따라서 발굴 조사는 가장 젊은 필자가 담당하기로 하고 공주대학교, 대전보건대학, 부산대학교, 한서대학교 졸업생 및 재학생 몇 명을 조사 보조원으로 채용해 돕도록 했다.

통상의 경우처럼 이 유적 발굴에서도 개토제開土祭를 지냈으나 눈발

---

2) 발굴 조사 보고서 발간 작업을 한창 준비하던 중 필자는 국립경주박물관으로의 전근을 통지받았다. 보고서 마무리 작업은 국립공주박물관에 남은 직원들과 새로 발령받은 직원이 담당하게 되었다. 당시 보고서의 조속한 발간을 지시하는 국립공주박물관장과 시간 여유를 가지면서 완성도를 높여 내면 어떻겠냐는 필자의 주장 사이에서 다소 마찰이 생겼다. 그 때문에 조사 담당자였던 필자가 배제된 채 보고서가 발간되었다. 보고서를 받아본 필자는 너무나 많은 오류, 그리고 질 낮은 인쇄 수준에 흥분하며 보고서의 폐기를 주장했으나 결국 받아들여지지 않았고, 부분적으로 재수정해 인쇄하는 수준에서 마무리되었다. 필자의 요청으로 조사보고서에서 필자의 이름은 삭제되었다. 세월이 흐르고 나서 생각해보니 책임 방기에 다름 아니었던 것 같다.

이 휘날리는 매서운 추위 때문에 을씨년스러운 분위기였다. 그날 바로 능선 전체의 중앙에 기준점을 설치하고 트랜싯, 나무말목, 큰 망치 등을 활용해 언 땅에 그리드Grid를 구획했다. 그리고 포클레인을 이용, 각 그리드 둑에 붙여 너비 1미터의 탐색 트렌치를 설정해 파내려갔다. 약 20센티미터가량을 걷어냈을 때 바로 밝은 색조의 풍화암반층이 노출되었다. 그때까지만 해도 당초의 예상처럼 유구가 거의 남아 있지 않으리라 생각했다. 그러나 조사 면적을 조금씩 넓혀갈수록 검은 색조의 유구 윤곽이 곳곳에서 확인되었다.

조사 대상지의 가장 북쪽, 즉 금강에 연한 곳에서 처음으로 유구의 윤곽선이 온전하게 확인되었다. 조심스레 바닥을 닦아보니 여자형呂字形 평면을 가진 수혈竪穴과 능선 전체를 휘감아 도는 환호상環壕狀의 유구 윤곽이었다. 여자형 평면은 중도식 토기문화권中島式土器文化圈의 주거지와 유사한 것이었고, 환호상의 윤곽은 청동기시대 이래 방어용으로 굴착했던 환호를 연상케 했다. 성격 급한 필자는 내부 조사를 진행하기도 전에 여자형 혹은 철자형凸字形 주거지住居址의 남계南界가 공주일 가능성을 생각했다. 일반적인 중도식 주거지는 하천변, 해변에 분포하지만 본 예는 산상에 입지하는 것이어서 특이하다고 여겼다. 다만 유구 내부토가 검은 편이었고 견도堅度가 낮아 약간의 의심을 가진 채 내부 조사를 실시했다.

십자형十字形 토층 둑을 남기고 내부 노출 작업을 진행, 바닥에 다다랐을 때 유리 조각과 함께 미국에서 제조된 야전식량 봉투가 검출되었다. 그때의 당혹감은 말이 필요 없을 정도였다. 그뿐만이 아니었다. 환호의 윤곽을 띤 도랑 내부를 팠더니, 역시 바닥에서 녹슨 실탄이 노출되었다. 인근의 공주대교가 한국전쟁 시 폭격으로 절단되었음을 잘 알고 있던 터라 이 유구가 한국전쟁기 금강방어선 전투의 흔적이었음을 어렵지 않게 유추할 수 있었다(〈그림 4-E〉). 여하튼 발굴 초반에 그토록 신경 쓰며 조사한 것이 현대사의 흔적이었던 것이다. 그것 역시 고고학 자료이며 현대사의 한 장면을 잘 보여주는 중요한 자료였지만, 당시만 하더라도 발굴 성과와는 거리가 먼 것이라서 실망했던 기억이 난다. 2000년대에 들어서서 정지산 대안對岸의 능선에서 북한군 진지陣地가 발굴(충청남도 역사문화연구원 외, 2009)됨에 따라 금강 양안에 분포하는 한국전쟁기 유구 세트가 성립됐다.

역시 발굴 초반에 사건이 하나 생겼다. 대전지방검찰청 공주지청이 국립공주박물관장을 소환 조사한 것이다. 정지산 유적을 발굴하면서 허가 구역 이외의 삼림을 무단 훼손했다는 시민들의 진정 때문이었다. 문제를 일으킨 것은 필자였다. 원래 발굴 허가는 능선 정상부에 한정해 받았으나 조사 과정에서 유적의 범위가 계속 넓어짐을 알게 되었다. 발굴 조사가 끝나면 그 위치에 교차로가 만들어져 능선 전체가 없어질 예정이었기 때문에 별도의 허가 절차 없이 조사를 강행했다. 요즘 같으면 매장문화재보호법 위반 혐의로 고소당할 정도의 큰 문제였지만, 그 당시에는 문제가 되지 않았다. 그런데 공주 시내 어디서나 잘 보이는 정지산 언덕의 소나무 숲이 굉음과 함께 사라지는 것을 보고 시민들이 신고했던 것이다. 다행히 서 관장께서 담당 검사를 만나 잘 설명한 덕분에 내사 종결로 처리되었다. 30대의 혈기 방장함이 빚은 사건이었다. 그때의 만용 덕에 사적지 하나가 생겼지만, 도로 공사는 위기를 맞이했다. 결과가 좋았다 하더라도 다시는 그런 무모한 일을 벌이고 싶지 않다. 여타 사항은 다음 장에서 설명하기로 하고, 여기서는 유적 보존 과정에 대해서만 간략히 언급하고자 한다.

발굴이 막바지에 이르렀을 때 후술하듯이 필자는 이 유적이 백제의 왕실 제사 유적, 특히 빈전殯殿일 가능성을 고려했다. 물론 논증이 거칠

〈그림 1〉 정지산 유적 원경(여름에 촬영, 공산성에서 본 모습)

어 다소 설득력이 부족했지만 유적의 중요성에 대한 인식은 확고했다. 조사 결과를 평가받는 자리이자 유적 보존 여부를 결정하는 지도위원 회의에 대비해 철저히 준비했다. 참석자들의 일정을 고려해 12월 5일에 회의를 개최했다. 그 무렵 날씨가 비교적 좋았으나 하필 그날 눈이 쏟아졌다. 눈 내리는 날 개토제를 했는데, 발굴이 거의 끝나 평가를 받는 날에도 다시 눈이 내린 것이다. 따라서 유적 아래 위치한 컨테이너에서 회의를 진행했다.

지도위원은 한병삼 전 국립중앙박물관장, 윤무병 전 충남대학교 교수, 장경호 전 문화재연구소장 등 세 분이었다. 슬라이드를 가득 채운 트레이를 환등기 위에 올려놓고 한 장 한 장 제시하며 조사 성과와 유적의 성격에 대해 설명했는데, 지도위원 세 분의 반응은 매우 진지했고 당시 조사의 '갑'이었던 대전지방국토관리청과 현대건설 관계자들은 좌불안석이었다. 윤 교수께서 현장을 직접 참관한 다음 결론을 내고 싶다는 의견을 내어 굴삭기를 이용, 산정에 올라 현장을 둘러보았다. 회의실로 내려와 내린 결론은 현지 보존이었다. 그와 같은 결정에는 현장 감리단監理團의 태도도 한몫했다. 학자들이 모두 유적의 중요성을 강력하게 주장했는데 감리단장은 유적을 두부 썰 듯 전체적으로 잘라서 옮겨주겠다는 주장을 여러 번 반복해 지도위원들의 자존심을 건드린 것이다.

이 결정으로 말미암아 정지산을 절단하고 통과할 예정이었던 백제 큰길 공사는 큰 차질을 빚을 수밖에 없었다. 원안대로 공사가 가능할 것으로 보고 금강에 다리 교각을 이미 다 세웠기에 추가적인 예산, 공정이 필요해졌고, 담당 공무원마저 중징계를 받았다는 소식을 접했다. 그에 더해 공주 시민들 사이에서 조사를 담당한 국립공주박물관과 필자를 비난하는 여론이 일었다는 이야기도 들려왔다. 피해를 본 분들에게 이 지면을 빌려 용서를 구하고 싶다. 지도위원 회의를 준비하면서 필자가 아이디어를 하나 냈다. 즉, 이처럼 중요한 유적 발굴의 성과를 시민들과 나누면 좋겠다는 생각이었다. 당시로서는 매우 큰돈을 들여 유적을 소개하는 컬러 팸플릿을 5000매나 인쇄했다. 그리고 그것을 지도위원 회의가 개최되기 전날 밤 공주 소재 신문 보급소로 배송했고, 이튿날 새벽 주요 일간지에 끼워 각 가정에 배달했다. 이와 같은 노력에도 불구하고 악천후 때문인지 발굴 현장에 많은 인파가 모이지는 않았다. 어떻든 새로운 시도였다고 자부하고 있으며, 지금도 그 팸플릿 한 장을 소중히 간직하고 있다. 그 후 유적은 방치되었다가 1998년에 충청남도 기념물 제147호로 지정되었고, 무령왕武寧王 대 빈전설殯殿說에 대한 학계의 반응이 조금씩 나오면서 2006년에 이르러 사적으로 승격되었다.

3. 생소한 구조의 중심 건물

정지산 유적에서 발굴된 여러 기의 유구 가운데 특히 주목되는 것은 유적의 중앙에 위치한 기와건물지, 그리고 그 주변에 배치된 7기의 대벽건물지大壁建物址다(〈그림 2〉). 발굴 경력이 일천日淺했던 필자로서는 처음 보는 유구였기에 조사 과정에서 다소의 실수가 있었다. 정지산 유적의 기와건물지와 대벽건물지가 어떤 특징을 지녔는지에 대해 발굴 경과를 곁들여 설명해보려 한다. 양자 가운데 대벽건물지에 대한 조사를 먼저 진행했다.

발굴 조사는 2월 초에 착수했으나 중심부에 대한 조사는 3월부터 시작했다. 봄이라고는 하나 여전히 땅이 얼었다가 녹기를 반복해 조사에

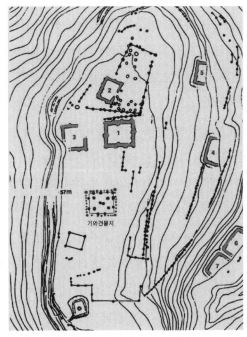

〈그림 2〉 정지산 유적 건물지 배치도(기와건물지와 대벽건물지)

어려움이 있었다. 지표면에 쌓인 경작토를 제거하고 평면을 깨끗이 노출하며 유구 윤곽을 확인하는 데 정성을 기울였다. 그러던 중 방형주구상方形周溝狀의 흔적이 드러났다. 평면을 상세히 노출한 결과 통상의 주구와는 다소 차이가 있었다. 사우四隅가 외부를 향해 둥글게 돌출되어 있었고, 네 변의 중위中位에도 몇 개씩의 돌출부가 존재했다. 그럼에도 대벽건물지에 대한 이해가 없었기에 주구周溝일 가능성을 고려했다.

그런데 문제가 생겼다. 당시 필자는 발굴 현장에 대한 책임도 지고 있었지만 종종 박물관에 들어가 행정 업무도 보고 전시실 개편 작업도 보조했다. 어느 날 조사보조원들에게 토층 확인 임무를 부여하고 박물관으로 들어가 일을 본 다음 현장에 복귀한바, 조사보조원들이 협심해 1호 대벽건물지의 벽 기조基槽를 마치 주구 내부 노출하듯 파내는 모습이 보였다. 너무나 놀라 큰 소리를 지르며 발굴을 중지시켰다. 생애 처음이자 마지막으로 조사보조원들에게 무안을 준 경험이었다. 조사 방법이나 세부적인 작업 지시를 하지 못한 필자의 잘못이었다. 잔존 매립토에 대한 노출 과정에서 크고 작은 기둥이 벽 기조에 촘촘히 세워졌던 흔적을 확인했다(〈그림 3-3〉). 불행 중 다행인 것은 벽 기조의 4분의 1 정도만 훼손된 것이었다. 그 후 나머지 4분의 3과 다른 6기의 유구를 조사할 때 더욱 주의를 기울이는 계기가 되었다.

1호와 3호 대벽건물지는 기와건물지 북쪽에 위치하며 3자者가 품자형品字形으로 배치되어 있어 기획성이 엿보인다(〈그림 2~4〉). 그에 비해 2호 대벽건물지는 1호와 3호 대벽건물지와는 달리 벽 기조의 한쪽이 출입 시설처럼 단절되어 있고, 별도의 울타리 속에 위치한다. 4~7호 대벽건물지는 동쪽 사면에 위치하며, 그 가운데 6호와 7호 대벽건물지는 연접되어 있다. 잔존 상태가 불량해 개축의 증거는 확인하지 못했다. 기둥 하부에 돌을 받친 것도 있지만 대부분 생토 바닥을 그대로 이용했다. 굵은 기둥은 벽 기조의 네 모서리와 중위에 있는데, 내외로 일부 돌출되어 있다. 굵은 기둥 사이에 작은 기둥이 조밀하게 배치되었다. 벽 기조에 기둥을 세우고 내부를 흙으로 다져 채운다 하더라도 그것만으로는 형태를 유지하기 어려운 구조다. 상부에 지붕 부재가 얹히고 그 하중이 벽으로 내려오면서 형태를 유지할 수 있었을 것이다.

대벽건물지란 용어는 일본 고고학자들의 자문을 받아 고건축학자古建築學者가 조어造語한 것이다(宮本長二郎, 1996). 정지산 유적을 조사하고 있을 때 일본 시가현립대학滋賀縣立大學의 다나카 도시아키田中俊明·하야시 히로미치林博通 교수가 공주를 방문해 정지산 유적을 찾았는데, 하야시 히로미치 교수가 바로 일본 비와코琵琶湖 주변의 대벽건물지를 연구한 전문가였다(林博通, 2001). 그때 대벽건물지의 구조와 성격에 대한 상세한 가르침이 있었고, 필자가 일본의 대벽건물지를 답사할 때 동행해 큰 도움을 주었다. 당시 제공받은 자료 가운데 한일 양국 대벽건물지를 집성한 연구 성과가 포함되어 있었는데, 가야와 백제 토기 연구자로 유명한 사다모리 히데오定森秀夫 교수의 논고(定森秀夫, 1996)였으며, 공산성公山城에서 발굴된 유구 가운데 2기의 대벽건물지가 포함되어 있음을 지적했다. 정지산의 대벽건물 7기는 백제 지상 가옥의 구조를 본격적으로 연구할 수 있는 계기를 마련해주었을 뿐만 아니라 일본 시가현滋賀縣 아노우穴太 유적, 나라奈良 난고南鄕 유적 등 일본 소재 대벽건물지의 계보가 백제에 있음을 잘 보여주는 근거가 되었다(아오야기 타이스케, 2002; 권오영, 2008). 정지산에서 대벽건물지 7기가 발굴된 것이 기폭제가 되어 공주와 부여 일원에서 대벽건물지의 발굴 사례가 급증했고, 현재까지 60여 기 이상이 발굴되었다(권오영·이형원, 2006; 김진환, 2013).

한여름이 다 되어서야 능선 정상 평탄부의 기와건물지를 발굴할 수

〈그림 3〉 정지산 유적 발굴 후 전경 (1. 정상부, 2. 기와건물지, 3. 1호 대벽건물지)

있었다. 그 이유는 그곳에 현대묘 2기가 있었기 때문이다. 이장 절차가 마무리된 후 드디어 발굴을 시작했다. 그때까지만 해도 그 건물지가 그리 중요한 유구일 것이라고는 꿈에도 생각하지 못했다. 지표에 드러난 기와 조각에는 특별한 문양이 없어 시대조차 제대로 특정特定하지 못했던 시절이다. 그리고 몇 개월의 시간을 보낸 것이다. 아울러 기와가 분포하는 그곳이 왜 볼록한지에 대해서도 주목하지 않았다. 능선에 몇 채의 고급 건물이 있고, 그 둘레에 여러 줄의 목책을 둘렀다는 정도만을 인식했다.

기와 출토 지점을 중심으로 십자형 둑을 남기고 평면 노출 작업을 시도했다. 기와는 주로 L자형 삭토면에 깔려 출토되었다. 기와의 위치를 그대로 둔 채 흙을 제거해 나갔는데 연화문 와당편蓮花紋瓦當片(〈그림 5-1〉)이 언뜻 눈에 들어왔다. 자세히 살펴보니 필자가 박물관에서 늘 보아왔던 공주 대통사지大通寺址 출토품과 유사했다. 그 뒤 와당 찾기에 노력을 경주했지만 한 조각을 더 수습하는 데 그쳤다. 오랫동안 지표면에 노출되어 유실된 것이 아쉬웠다. 실측 후 유물을 수습하고 초석礎石, 적심積心 등 건물지의 흔적을 찾기로 했다.

그런데 필자의 예상은 빗나갔다. 기와를 사용한 건물임에도 초석과 적심이 없는 구조였던 것이다. 풍화암반층에 구멍을 파고 그곳에 기둥을 세운 점은 전술한 대벽건물지와 같았다. 다만 대벽건물지의 경우 기조 속에 기둥이 세워졌음에 비해 이 건물지는 일반 굴립주건물지掘立柱建物址처럼 기조가 없다. 통상의 굴립주건물지와 다른 점은 기둥이 대벽건물지처럼 조밀하게 배열된 점이다. 기와건물의 크기는 긴 변이 8미터, 짧은 변이 6.4미터 정도이며, 기둥은 3열에 걸쳐 모두 45개에 달한다(〈그림 3-2〉). 이 구조대로 하면 건물 내에서 사람들이 활동할 만한 공간이 별로 없다. 기와를 올린 멋진 건물을 지으며 '왜 활용도를 고려하지 않았을까' 하는 의문을 제기할 수 있는 대목이다. 그 때문에 이 기와건물의 용도를 특수한 것으로 볼 여지가 생겼다.

또 하나 특이한 점은 건물지의 돌출부가 성토된 것이 아니라 생토면 그 자체라는 점이다. 즉, 건물을 만들면서 사방을 L자상으로 깎아냄으로써 건물의 웅장함을 더하고 배수 문제 등을 해결했던 것이다. 그렇다고 하더라도 궁궐이나 사찰에서 볼 수 있는 여타 기와건물지에 비해 소형이고 구조 또한 특이해서 건물의 용도에 대해 고민했다. 조사가 끝난 뒤 문화재연구소장을 역임한 장경호 선생께서 2층 건물로 복원했고, 그 복원안이 KBS 다큐에 소개되었으며 현재까지 활용되고 있다.

기와건물지를 조사하고 나서 전체 유구 배치도를 작성했는데, 그때

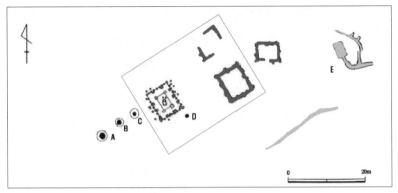

〈그림 4〉 정지산 유적 유구 분포(부분. A.貯13호, B.貯14호, C.貯15호, D.貯31호, E.참호와 교통호)

주목한 것은 기와건물지와 그 북쪽의 대벽건물지 2동이 품자상品字狀 배치를 보인다는 점이었다(〈그림 4〉). 여기서 건물 축조의 기획성을 엿 볼 수 있었다. 사찰에 가람 배치가 있듯 이 유적 형성 과정에도 무엇인 가 전체적인 설계도가 존재하지 않았을까 생각해보고 그것을 찾아보 려 시도했다. 정지산 유적 발굴 조사 보고서를 살펴보면 유구 배치도 가 매우 복잡하다는 느낌을 가질 것이다. 그 이유는 백제, 통일신라, 나 말여초, 현대의 유구가 복합적으로 분포하기 때문이다. 그 속에서 어떤 것이 기와건물지와 조합되는지 스케치해보며 조사를 진행했다.

전체적인 기획과 관련해 또 하나 주목할 수 있었던 것은 동쪽과 북 쪽 사면에서 확인한 여러 줄의 목책열木柵列이다. 주공柱孔은 둥글며 지 름 30~40미터 크기다. 능선 정상부의 방형 주공보다 크기가 작았으 나 경사진 능선을 전체적으로 둥글게 감싸고 지나가는 것이었다. 기반 토가 풍화암반인 경우 깊이가 30~40센티미터인 것이 대부분이었으나 주거지 매몰토 등 부식토 위에 만들어진 경우 풍화암반층이 나올 때까 지 팠다. 그 때문에 깊이가 90센티미터 전후인 경우도 확인된다. 사방 으로부터 격리된 공간을 만들기 위한 장치다.

610

정지산 유적에서는 방형의 수혈주거지竪穴住居址 35기와 원형圓形 저장공貯藏孔 40기가 발굴되었다. 저장공은 주거지의 부속 시설이다. 동쪽 사면의 16~19호 주거지와 목책木柵이 중복되었는데, 목책이 나중에 조성된 것이다. 원래 기와건물지 주변에도 수혈주거지가 존재했을 가능성은 있지만 확인되지 않았다. 기와건물 축조 공사 때문이 아닐까 생각해본 적이 있다.

왜냐하면 〈그림 4〉에서 볼 수 있듯이 기와건물지와 그 남쪽 평탄면에 13~15호 저장공(〈그림 4-A~C〉)이 일정한 간격을 보이며 위치한다. 같은 규모의 저장공임에도 13~15호 저장공은 깊이가 100~160센티미터임에 비해 31호 저장공(〈그림 4-D〉)은 깊이가 20센티미터에 불과했다.[3] 필자가 생각했던 것은 원래 원형 저장공이 만들어지던 시기의 지형에는 고저차가 존재했는데 기와건물을 만들어내면서 솟은 부분을 깎아내고 그 흙으로 사면 골짜기를 메웠을 것이라는 추정이다. 이 생각이 타당하다면 31호 저장공이 위치한 곳은 최소 70센티미터 이상 삭평되었을 가능성이 있다. 필자가 발굴을 위해 능선 전면에 걸쳐 그리드 구획용 말목을 박으면서 느꼈던, '산정山頂이 왜 이토록 평탄한가, 경작 때문인가'라는 의문을 해소하는 실마리가 되었다.

4. 유물을 통한 소묘

능선 정상부에는 지상 가옥이 주로 분포해 기와를 제외하면 출토 유물

---

[3] 보고서에는 이 유구의 깊이가 100미터라고 기술되어 있으나 오류다. 보고서의 수치 이용 시 주의가 필요하다.

의 수량이 적었다. 대다수의 토기류는 동쪽 사면의 골짜기 포함층에서 출토됐다. 그곳에 23호로 이름 붙인 주거지가 위치하며, 그 내부토와 주변 매립토 출토품이 많다.

발굴 과정에서 가장 눈에 띈 유물은 전술한 연화문와당蓮花紋瓦當이다. 풍납토성과 석촌동 고분군에서 한성기 와당의 존재가 확실히 알려져 있지만 남조풍南朝風 팔엽연화문와당八葉蓮花紋瓦當의 상한은 웅진기의 어느 시점이다. 아직 대통사大通寺의 위치나 창건기 와당의 형태를 알기 어려우나 정지산 유적의 기와는 그 가운데 이른 단계로 편년할 수 있는 자료임에 분명하다. 이와는 달리 정지산 와당 표면에 남겨진 범范의 흔적을 검토해 와당을 사비기泗沘期로 편년編年한 연구가 있다(시미즈 아키히로, 2003). 그러나 필자는 기와뿐만 아니라 유적 전체의 양상을 고려할 때 그렇게 늦추어 보기는 어려울 것으로 생각한다.

발굴 유물을 정리하는 과정에서 와당뿐만 아니라 평와平瓦, 환와丸瓦도 상세히 관찰한 결과 사비기 백제 혹은 통일신라 기와에서 흔히 보이는 제작 기법과 꽤 큰 차이가 있다는 점을 확인할 수 있었다. 즉 환와의 경우 언강을 별도로 만들어 붙였는데, 마치 토기호의 구연口緣을 별도로 만들어 접합하는 방식과 유사했다. 표면은 소문素紋이지만 판상의 도구를 이용해 긁어 올렸고, 상부는 회전 조정했다(〈그림 5-2〉). 이

〈그림 5〉 연화문와당(기와건물지)과 환와(1호 말각방형 수혈)

점에 주목해 웅진기에는 토기와 기와 장인이 분화되지 않았던 것으로 이해했다.

이 유적을 편년할 때 활용한 또 하나의 중요 자료가 사격자문전斜格子紋塼이다. 2편의 전塼(〈그림 6-2〉)은 모두 적갈색을 띠고 있어 회청색을 띤 무령왕릉武寧王陵 묘전墓塼과는 차이가 있지만, 사격자문에 주목해 유적의 연대를 6세기 전반으로 좁혀 볼 수 있는 근거로 삼았다. 무령왕릉 묘전의 제작지는 부여 정동리井洞里 요지窯址일 가능성이 있지만, 그곳에서 채집된 전塼 가운데 적갈색을 띠는 것은 아직 확인되지 않았다. 정지산 유적 전체에서 전塼이 소량 출토되었으므로 어떤 용도로 쓰인 것인지 가늠하기 어려웠다. 기와건물지의 바닥면이 조사 전에 이미 대부분 삭평削平되었기에 옥내屋內 포전鋪塼 혹은 제단祭壇이었을 가능성을 고려할 수는 있으나 검증할 방법은 없다.

토기 가운데 주목되는 것은 장고형長鼓形 기대편器臺片이다. 모두 17편이 출토되었다. 1호 말각방형 수혈抹角方形竪穴[4] 바닥에서 출토된 1점(〈그림 6-1〉)은 기대의 상체편上體片이고, 23호 주거지 주변 퇴적토 출토품은 잔존 부위가 많으며 장신長身에 속한다. 기타 수혈, 저장공, 포함층에서 출토된 기대는 대부분 소편小片이었다. 이 유적에서 출토된 기대편은 모두 기벽이 두텁고 소성도가 높은 것이며, 송산리宋山里 출토품으로 알려진 국립공주박물관 소장 장고형 기대에 비견되는 유물이다. 기대가 다수 출토된 점은 이 유적의 성격을 '제사'와 관련짓는 계

---

4) 이 유구는 여타 수혈과 달리 낮은 쪽에 환와를 연접해 만든 배수 시설을 갖추고 있어 특이했다. 조사 후 김길식 교수는 빙고氷庫일 가능성을 제기하면서 정지산 빈전용 얼음을 보관한 장소라 설명했다. 시간에 쫓기면서 현장 조사 시 배수 시설 실측을 누락했다. 사진과 레벨링 결과를 토대로 실내에서 보완하려 했으나 그 작업 또한 진행되지 못한 채 보고서가 발간되고 말았다. 이 역시 필자의 잘못이다.

〈그림 6〉 정지산 유적 출토 유물 (1. 장고형기대편, 2. 사격자문전편, 3. 유개삼족배, 4. 개배와 완)

기가 되었다.

이 유적 출토 토기 가운데는 정품精品이 많이 포함되어 있다. 23호 저장공 출토 유개삼족배有蓋三足杯 2점(〈그림 6-3〉)이 대표적인 사례다. 토기 가운데 가장 많을 양을 점하는 개배蓋杯(〈그림 6-4〉)의 경우도 기벽이 얇고 정품이 다수를 차지한다. 일부 유물은 한성기 토기와 유사함을 보이므로 이 능선에 취락이 형성되던 시점이 천도 직후부터였음을 알 수 있었다.

웅진기 백제의 중심지에서 제작된 것 외에 외지外地에서 반입된 토기도 여러 점 포함되어 있다. 발굴 과정에서 인지했던 것은 스에키須惠器의 존재였다. 〈그림 7-3~6〉의 토기는 색조, 기벽 두께, 정면 흔적 등이 백제 토기와는 달랐다. 필자가 처음 인식했다기보다는 현장을 방문했던 요시이 히데오吉井秀夫·가메다 슈이치龜田修一 교수 등 일본 학자들의 지적을 수용한 것이다. 다만 일부는 스에키로 볼 수 있지만 스에키와도 약간의 차이가 느껴진다는 언급이 있었다. 2003년에 이르러 일본 고분 시대 전공자가 4점의 유물을 다시 실측해 학계에 보고한 바 있다(기노시타 와타루, 2003). 〈그림 7-1〉은 소편小片이어서 제작지 특정特定이 어려웠으나 대가야 토기에서 유행한 단추형 꼭지여서 일단 대가

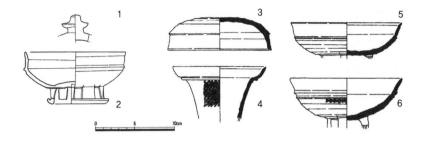

〈그림 7〉 정지산 유적 출토 外地土器(출전: 1~2. 보고서, 3~6. '기노시타 와타루木下亘, 2003')

야와 관련지어 보았다. 〈그림 7-2〉는 소위 고창식高敞式 토기土器다. 정지산 유적을 발굴할 때는 학계에서 고창식 토기에 대한 인식이 없었고, 필자 역시 마찬가지였다. 고창식 토기라는 명칭을 붙인 사람은 충남대학교 백제연구소에서 방문학자로 연구한 바 있는 사카이 기요하루酒井淸治 교수다(사카이 기요하루, 2004). 필자는 조사 보고서를 작성하는 과정에서 이 토기가 뚜껑인지 단각短脚의 고배高杯인지 몰라 고민한 적이 있다. 구연이 곡선을 그리며 약간 외반外反하는 기미가 있고 대각 끝도 통상의 고배와 달랐기 때문이다. 더하여 내외면의 색조가 회청색이고 단면 속심이 암자색인 점, 그리고 배杯 저면底面에 스에키처럼 회전깎기 흔이 남아 있는 점 또한 특이했다. 그 때문에 보고서에서는 이 토기를 개蓋로 분류했다. 나중에 사카이 기요하루 교수의 논문을 읽으면서 필자의 인식에 오류가 있음을 알게 되었다. 그 밖에 아직 제작지를 특정하기 어려우나 기벽의 두께, 기형, 색조 등으로 보아 나주 일원의 토기와 유사한 것도 여러 점 출토되었다. 이처럼 정지산 유적에서는 고창, 나주, 고령(?), 일본 등지에서 들여온 토기가 함께 출토되었다.[5]

---

5) 유물 관찰 시 김길식·요시이 히데오吉井秀夫 교수가 도움을 주었는데, 특히 요시이 히데오 교

그 계기는 무엇일까? 고대 유적을 조사해보면 토기는 사람의 이동에 수반해 원격지까지 옮겨지곤 한다. 그런데 정지산의 사례처럼 전체 토기에서 차지하는 비중이 극히 적고 다양한 계보를 가진 자료가 섞여 출토될 때 일반적인 교류·교역의 소산으로 보기보다는 새로운 가능성을 고려해보면 어떨까 생각했다. 그때 낸 아이디어가 바로 조문弔問이다. 몇 년 전 풍납토성 경당지구 우물 조사를 담당한 권오영 교수는 우물 속에 여러 지역 토기가 함께 출토된 배경을 '신성한 우물의 제사', '복속의례의 상징물'로 파악한 바 있어(권오영, 2008) 흥미를 자아낸다.

5. 무령왕릉 지석과의 접점

이 유적의 성격을 더 구체적으로 추정할 수 있는 단서는 무령왕릉 출토 지석誌石에서 확인할 수 있었다. 무령왕비가 세상을 뜨자 아들인 성왕은 27개월 동안 왕궁의 서쪽(酉地)에 설치한 빈전殯殿에 어머니의 유해를 안치하고 장례를 치렀다는 내용이다. 전술한 것처럼 발굴이 끝나갈 무렵 필자는 이 기록을 지형 조건, 방위, 발굴 결과와 관련지어 정지산 유적이 백제의 왕실 제사 유적이며, 특히 무령왕비의 빈전일 가능성이 높다는 주장을 펼쳤다. 지석의 기록처럼 백제 왕실은 2년 3개월간의 장례를 치렀다. 요즘과 비교해보면 지나치리만큼 긴 기간이다. 그 이유는 무엇일까. 국왕이나 왕비가 세상을 뜬 것은 국가적인 애사이므로 전국 각지와 주변국 조정에도 알릴 필요가 있었을 것이다. 따라서

수는 토기 제작 공정 관찰의 착안점을 상세히 알려주었고 관련 자료를 우송해주어 많은 도움을 받았다.

통신이 발달하지 않은 여건하에서는 빈殯 기간이 길어질 수밖에 없었을 것이다.

왕실의 장송 의례는 성대하게, 격식을 잘 갖추어 치렀을 것인데, 그 의례의 주재자가 중요했다. 통상 왕의 장례는 태자가 주재했으며 선왕의 장송 의례를 통해 왕위를 안정적으로 계승하려 했다. 즉 장례식은 주변 각국 조문 사절단, 국내 유력자들에게 새로운 왕의 탄생을 공표하는 자리기도 했던 것이다. 다만 무령왕비의 빈 기간이 무령왕과 마찬가지로 2년 3개월인 점을 어떻게 이해하면 좋을까. 그것은 성왕 재위 연간이 되면 백제 왕실의 빈 절차가 정형화되어 있었기 때문이 아닐까 한다. 무령왕비의 장례는 아들인 성왕이 주재했을 것이기에 '효孝'라는 관념을 매개로 왕실의 권위를 세우고 전국적인 추모 열기를 이끌어내고자 기도했기 때문일 것이다.

발굴 결과와 무령왕릉 지석을 접목하게 된 세부 과정에 대해 간략히 정리해보면 다음과 같다. 필자가 처음 국립공주박물관에 발령받았을 때 종종 했던 일이 박물관 전시실 안내였다. 발굴 조사 보고서와 박물관 도록을 읽어보고 그것을 외워 무대 위에서 일장 연설을 하듯 안내하곤 했다. 특히 왕과 왕비의 일생에 대해 약간의 각색까지 더해서 열심히 설명했다. 그럴 때마다 왕비의 지석은 왜 이토록 간략할까. 세로로 13칸을 구획하고도 왜 4칸에만 글자를 새긴 것일까. 조금 더 기록했더라면 훨씬 더 많이 연구할 수 있었을 것이라며 아쉬움을 토로한 적도 있었다.

왕비의 지석은 왕의 지석과 관련한 3개의 면과는 서체도 다르고 보다 날카로운 도구로 깊게 새겨져 있다(〈그림 8〉). 내용은 다음과 같다.

병오년 12월 백제국 왕태비께서 천명대로 살다 돌아가셨다(壽終). 서쪽의 땅에서 장례를 치르고 기유년 2월 12일에 다시 대묘로 옮기어 장사지내며

기록한다丙午年十二月 百濟國王太妃壽終 居喪在酉地 己酉年二月癸未朔十二日甲午 改葬還

大墓 立志如左.('무령왕비 지석')

〈그림 8〉 무령왕비 지석의 명문과 세부

　　병오년 12월은 서기 526년 12월로 무령왕이 무덤에 안장된 후 1년
4개월이 지난 시점인데, 사망일은 기록되어 있지 않다. 왕비는 왕과 마
찬가지로 사후 빈전에 안치되었다가 529년 2월 12일 왕릉에 합장되었
다. 빈 기간은 정확하지 않으나 왕과 마찬가지로 2년 3개월 정도였으
리라 추정한다. 여기서 무령왕비를 왕태비王太妃라 칭했는데, 이는 왕비
가 사망한 당시 무령왕의 아들인 성왕이 즉위한 상태였으므로 그리 칭
한 것이다.

　　최근 필자는 공주대학교 이훈 교수를 만나 놀라운 이야기를 들었다.
자신이 볼 때는 무령왕비 지석의 십이월十二月은 십일월十一月의 오독이
라는 것이다. 발굴 이후 수많은 석문釋文, 논문論文에서 십이월로 보아
왔으며, 필자 역시 그런 입장을 무비판적으로 받아들여 글을 쓴 바 있

었기에 깜짝 놀랐다. 다시금 유물과 사진을 확인해본바 십일월로 볼 수밖에 없을 것이라는 결론에 도달했다. 그러면 그간 우리가 생각했던 것보다 왕비의 빈殯 기간이 길어질 수도 있다. 그럼에도 지석誌石에는 십일월 며칠에 세상을 떴는지 날짜가 나와 있지 않으므로 무령왕처럼 27개월일 가능성은 여전하다 하겠다.

여하튼 이 기록에서 주목했던 것은 '거상재유지居喪在酉地'의 다섯 글자였다. 발굴 전만 하더라도 빈이 거행된 유지酉地는 중국 빈殯의 경우처럼 당연히 궁궐 내 서쪽이 아닐까 생각했다. 그런데 발굴을 진행하며 정지산 유적의 성격을 '국가적 제사 시설'로 추정하던 단계에서 이 기록을 다시금 음미했다. 그때 함께 검토한 것이 바로 왕 지석의 일부인 매지권買地券이다.

돈 1만 문, 오른쪽 1건. 을사년 8월 12일에 영동대장군 백제 사마왕은 전건의 돈으로 토왕 토백 토부모 상하의 여러 2천 석 관리에 아뢰어 서남쪽 땅을 사서 무덤을 썼으므로 문권을 만들어 밝히니 율령에 따르지 않는다錢一萬文 右一件 乙巳年八月十二日 寧東大將軍 百濟斯麻王 以前件錢詢土王土伯土父母上下衆官二千石 買申地爲墓 故立券爲明 不從律令.('무령왕 지석 매지권')

위 기록 가운데 '매신지위묘買申地爲墓'를 주목했다. 서남쪽 땅인 '신지申地'란 바로 왕궁에서 본 방향이다. 이 방위의 정확도는 불명이지만 지석에 방위를 나타내는 간지도가 표기되어 있는 점을 주목한다면 당시 방위에 대한 개념은 상당히 정확했을 것으로 추정된다. 왕릉 위치가 확정되었으므로 무령왕릉의 동북쪽인 '인지寅地'에 왕궁이 위치했을 것이다. 왕릉의 동북쪽에는 금강이 있으며, 그에 연해 성이 있으니 공산성을 왕궁으로 볼 수 있다. 그간 학계에서 왕궁이 어디에 위치하는

지 논란이 있었지만, 왕릉 지석의 방위로 본다면 공산성이 확실할 것으로 보인다. 다만 공산성 내에 왕궁이 있었는지 아니면 그 바깥에 있었는지, 안에 있었다면 쌍수정 앞 광장인지 아니면 성안마을인지 논란이 있다.

지도 위에 왕궁과 무령왕릉의 위치, 신지와 유지의 방향을 그어 보며 검토를 진행했다. 공산성에 왕궁이 존재할 것으로 보고 그곳과 무령왕릉을 잇는 선을 먼저 그었다. 그리고 일단 그 방향을 신지라 설정했다. 이어 공산성을 꼭짓점으로 해 그 선을 유지 방향으로 옮겨보았다. 신지와 유지 사이에는 30도의 각도 차가 존재한다. 그랬더니 그 선이 정지산의 중심 건물지 주변을 지나감을 알게 되었다. 공산성 금서루 쪽에서 바라볼 때 제민천濟民川(저습지)-정지산-금강錦江-연미산燕尾山 순으로 진행된다. 지형 조건을 보면 유지 방향에서 상례를 치를 만한 공간으로

〈그림 9〉 '거상재유지' 위치 비정

는 정지산 외에는 대안이 없다(〈그림 9〉).

다만 유지가 왕궁 내일 가능성도 고려하면 어떨까 하는 지적이 있었는데, 중국처럼 빈 기간이 짧으면 궁궐 내 전각을 빈전으로 꾸며 사용하기도 하지만 백제의 경우 2년 3개월의 장기간이고 많은 백성이 추모 분위기를 이어갈 수 있는 위치를 확보할 필요가 있었으리라는 추정이 가능하다. 삼림 훼손 시 공주 시내의 많은 사람들이 그 장면을 목격했듯이 왕과 왕비의 장례를 치를 때도 사방에서 조망되는, 사방을 조망할 수 있는, 그리고 왕릉에서도 가까운 정지산 언덕이 바로 거상재유지 장소가 아니었을까 추정했던 것이다.

이상에서 간략히 언급한 것처럼 정지산 유적의 중심 시기는 6세기 전반경이며 기와건물지 구조의 특수성, 대벽건물지를 비롯한 유구 배치의 기획성, 제의적 성격을 갖춘 출토 유물의 존재를 종합적으로 고려하면 백제의 국가적 혹은 왕실 제사 유적으로 규정할 수 있다. 더해서 무령왕릉 출토 지석의 기록과 접목해보면 빈殯이 거행된 유지酉地일 가능성이 높다. 향후 기초적인 검토부터 새롭게 시작해보고 싶다.

:: 참고문헌

국립공주박물관 외, 1995, 『백제큰길 예정부지 문화유적 지표조사 결과보고』.

국립공주박물관 외, 1999, 『백제의 제사유적 정지산』.

권오영·이형원, 2006, 「삼국시대 벽주건물 연구」, 『한국고고학보』 60, 한국고고학회.

권오영, 2008, 「벽주건물에 나타난 백제계 이주민의 일본 기내지역 정착」, 『한국고대사연구』 49, 한국고대사학회.

_____, 2008, 「성스러운 우물의 제사: 풍납토성 경당지구 206호 유구의 성격을 중심으로」, 『지방사와 지방문화』 11-2, 역사문화학회.

기노시타 와타루木下亘, 2003, 「한반도 출토 스에키(계) 토기에 대하여」, 『백제연구』 37,

충남대학교 백제연구소.

김길식, 2001,「빙고를 통해 본 공주 정지산유적의 성격」,『고고학지』12, 한국고고미술
　　연구소.

김진환, 2013,「백제 벽주건물지의 변천과정 연구」, 공주대학교 사학과 석사학위논문.

사카이 기요하루酒井淸治, 2004,「5~6세기의 토기에서 본 나주세력」,『백제연구』39, 충
　　남대학교 백제연구소.

시미즈 아키히로淸水昭博, 2003,「백제 '대통사식' 수막새의 성립과 전개: 중국 남조계
　　조와기술의 전파」,『백제연구』38, 충남대학교 백제연구소.

이한상, 1998,「정지산유적의 편년과 성격」,『백제의 왕실 제사유적, 공주 정지산 학술
　　발표회 요지』, 국립공주박물관.

이병호, 2001,「백제 사비도성의 조영과 구획」, 서울대학교 국사학과 석사학위논문.

이남석, 2009,「공주지역 백제문화유적의 유산적 가치」,『백제문화』40, 공주대학교 백
　　제문화연구소.

충청남도 역사문화연구원 외, 2009,『공주 신관동 관골유적』, 충청남도 역사문화연구원.

아오야기 타이스케靑柳泰介, 2002,「대벽건물고: 한일관계의 구체상 구축을 위한 일시
　　론」,『백제연구』35, 충남대학교 백제연구소.

宮本長二郎, 1996,『日本原始古代の住居建築』, 中央公論美術出版, 東京.

小田富士雄, 2000,「武寧王陵文物をめぐる東アジア世界, 武寧王陵誌石と王室喪葬
　　儀禮」,『日韓交涉考古學の基礎的研究: 原史·古代を中心に』240, 福岡大學總
　　合硏究所, 福岡.

_____, 2005,「考古資料にみる大陸系葬·祭の思想: 古墳壁畵から墓誌へ」,『七畏
　　史學』6, 七畏史學會, 福岡.

林博通, 2001,『大津京跡の研究』, 思文閣出版, 京都.

定森秀夫, 1996,「考古資料からみた日韓交流」,『いにしえの渡りびた-近江·大和·河內
　　の渡來人』, 滋賀縣文化財保護協會 設立25周年記念 埋藏文化財調査研究會,
　　滋賀.

&

6세기 백제 기와를 보는 시각

이병호(국립중앙박물관 학예연구관)

1. 머리말

기와는 건축 부재의 하나로 고고학뿐 아니라 미술사, 건축사, 사원사 등 다양한 분야에서 활용할 수 있는 소재다. 하지만 토기나 도자기, 금속공예품 등과 비교할 때 고대사 연구에서는 그다지 적극적으로 활용되지 않는 것도 사실이다. 지금까지 백제 기와에 대한 연구는 크게 편년과 기술, 유통이라는 측면에서 연구되어왔다. 이것들은 상호 연동되어 있기 때문에 복합적으로 다루어지는 경우가 많았고, 그러한 분석을 바탕으로 개별 유물에 보이는 공인이나 공방, 시기, 나아가 계통 차에 관한 논의도 이루어졌다.

기와의 연대를 아는 것은 이 분야 연구의 출발점이다. 기와의 연대는 그것이 공급되거나 폐기된 연대가 아닌 제작 연대를 가리키는 경우가 많다. 백제를 포함한 고대의 기와 연구는 초기에는 연판 문양의 형식 분류와 변화상을 파악하는 데 중심이 두어졌지만 점차 기술적인 측면에 주목하게 되었고, 최근에는 양자의 연쇄형으로 이루어진 형식 분류와 분석을 통해 상대 편년안이 제시되고 있다.

그런데 소비 유적에서 발견되는 기와는 사용 기간이 길어 창건 시에 제작된 기와뿐 아니라 보수용 기와나 다른 곳에서 사용하던 것을 재활용한 기와가 섞여 있는 경우가 많다. 따라서 기와의 연대를 명확히 하기 위해서는 창건 시에 주체적으로 사용된 기와 형식을 추출하는 것이 무엇보다 중요하다. 이것을 흔히 '창건와創建瓦'라 부르며, 이것을 추출할 때 자주 채용되는 것이 '절대다수의 논리'다. 하나의 건물이나 유적에서 출토된 기와 중에서 가장 다수를 점하는 형식이 그 건물을 창건할 때 주체적으로 사용되었을 것이라는 논법이다(上原眞人, 1997, 62~71쪽). 필자는 부여 능산리 사지를 비롯해 부여 지역 사원에 보이는 창건와에 대해 검토한 바 있다(이병호, 2008a·2008b·2013a). 이를 통해 사원들 간 창건와가 갖는 특징이나 선후 관계를 보다 객관적으로 검토할 수 있는 소지素地가 마련되기도 했다.

기와의 제작 기술과 공정을 복원하는 기술론은 고고학 분야에서 활발하게 진행되고 있다. 그중 와당의 경우는 편년론과 상호 보완적인 관계를 가지고 있지만 암키와나 수키와의 경우는 이와 무관하게 진행되기도 한다. 와당의 경우 와범의 형식이나 와당과 수키와의 접합 방식, 와당 뒷면의 처리 방식 등이 중시되며, 그 후 공인 차나 공방 차는 물론 연대 차나 계통 차에 관한 논의로 나아간다. 이러한 기술론을 통해 단순한 문양을 중심으로 한 연구가 점차 객관성을 확보하는 단계로 나아가게 된 점은 평가할 만하다. 암키와·수키와의 경우 한성기에는 토기 제작 기술과의 비교나 제작 공정에 관한 복원에 많은 관심이 두어지지만, 웅진·사비기에는 그러한 차이가 두드러지지 않아 대체적인 흐름만을 제시할 수 있을 뿐이다.

기와 가마터에서 생산된 기와들이 어떻게 소비되는지를 밝히는 유통론은 기와가 생산된 가마의 구조나 기와 공방의 생산 시스템, 생산 유적과 소비 유적의 수급 관계 등을 밝히는 것이다. 부여 지역의 경우 다른 곳보다 비교적 많은 가마터가 조사되어 이러한 논의가 활발하게 이루어지고 있다. 유통론은 편년론이나 기술론을 보완하면서 기와의 생산과 유통이라는 보다 진전된 논의가 이루어지게 한다.

또 유통론은 문화 교류나 계통에 관한 논의로 확장된다. 그중 6세기 백제 기와에 관한 연구는 고대 동아시아 문화 전파 루트의 중요한 기축을 이룬 남조-백제-일본 사이의 교류 양상을 구체적으로 확인할 수 있다는 점에서 중요하다. 초기에 백제 기와 연구를 주도했던 일본의 연구자들에게는 아스카데라飛鳥寺에 파견된 와박사瓦博士의 원류를 밝히는 것이 중요한 과제였다. 그에 따라 부여와 공주의 기와 중에서 아스카데라의 창건와와 동일한 문양과 기술로 만들어진 기와를 찾고자 노력했고, 더 나아가서는 백제 기와 제작 기술의 원류라 할 수 있는 중국 난징이나 한성기 기와에 대한 연구를 심화시켰다(龜田修一, 2006; 淸水昭博, 2012). 하지만 그러한 연구가 백제사나 백제 사회를 이해하는 데 어떻게 활용되고 기여할 수 있는지 같은 문제는 도외시되었기 때문에 반성이 필요한 것도 사실이다.

이 글은 6세기 백제 기와를 중심으로 기와에 관한 연구가 백제사 연구에 어떤 방향에서 기여할 수 있을지를 모색한 것이다. 2장에서는 기와의 문양이나 제작 기술이 크게 변화하는 웅진기의 기와에 대해 그 계통과 생산체제를 분석하고, 이를 통해 백제 관영 공방체제의 성립 과정을 논했다. 3장에서는 남조로부터 영향을 받아 성립된 백제의 기와 제작 기술이 주변 국가인 신라나 일본에 어떤 방식으로 전수되었는지 를 검토했다. 그 과정에서 6세기 대 고대 동아시아 불교 전파 과정에서 백제가 차지하는 위상이나 역할이 어느 정도 드러날 수 있을 것으로 생각된다. 한편 이 글에서는 와당의 제작 기법에 대해 〈도 1〉의 모식도 를 바탕으로 설명했다.[1]

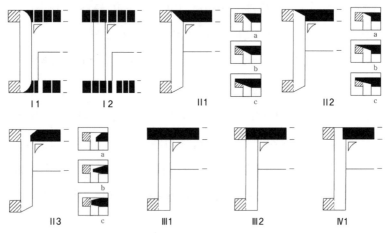

〈도 1〉 와당과 수키와의 접합 기법 모식도

---

1)　Ⅰ기법은 원통접합후분할법으로 와당 뒷면에 원통형의 수키와를 접합한 뒤 불필요한 수키와 의 아랫부분을 잘라내는 방식으로 이조반축泥條盤築 기법, 배면접합법背面接合法으로도 부른다. Ⅱ 기법은 수키와가공접합법으로 와당과 연결되는 수키와의 선단부를 1회 또는 2회 조정해서 부착 하는 방식이며, 가장 다양한 형식으로 세분된다. Ⅲ기법은 수키와피복접합법으로 와당 뒷면에 무 가공의 수키와를 연결시키는 것인데, 수키와 선단부가 와당 상부의 주연부를 이루는 방식으로 SR Side Round Tile 기법, 주연접합법周緣接合法이라고도 한다. Ⅳ기법은 수키와삽입접합법으로 와 당 뒷면에 무가공의 수키와를 연결시키는 방식이며, 고구려의 기와 제작에서 일반적으로 확인되는 기법이다. 또 모식도의 와당부에 보이는 빗금은 와범瓦范, 수키와부는 점토판粘土板과 점토뉴粘土 紐를 도시한 것이다(최영희, 2010, 108~110쪽을 바탕으로 일부 수정했음). 한편 이 글의 2장은 '李炳鎬, 2012'를 3장을 '李炳鎬, 2014b'를 바탕으로 이 글의 주제와 체재에 맞춰 수정 보완했음을 밝힌다.

2. 웅진기 기와의 계통과 생산체제

백제의 기와 제작에는 몇 차례의 획기가 있었는데 그중 웅진 천도가 주목된다. 서울 풍납토성이나 몽촌토성, 석촌동 고분군에서는 4세기를 전후해 기와가 출현하지만, 이곳에서 발견된 와당과 암키와·수키와들은 웅진기의 그것과는 문양이나 제작 기술이 전혀 다르기 때문이다(龜田修一, 2006; 山崎信二, 2011; 清水昭博 2012·2013). 한성기에는 〈도 2-1~3〉의 초화문이나 전문·수면문 등 다양한 와당 문양이 사용되고, 〈도 2-4〉와 같이 연화문이 출현하기는 하지만, 웅진기의 그것과는 계통을 달리한다. 또 암키와나 수키와도 다양한 방식으로 제작되던 것이 웅진기 이후에는 점차 정형화된다. 웅진기에 성립된 백제의 기와 제작 기술들은 사비 천도 후에도 큰 변화 없이 지속된다. 따라서 웅진기 백제 기와의 연원과 계통을 찾는 것은 매우 중요한 문제라 할 수 있다.

지금까지 발견된 웅진기 와당 중에는 공산성 추정 왕궁지 출토품이 가장 빠르다(〈도 2-5·6〉). 웅진기의 왕궁지로 추정되는 곳에서 출토되었는데, 최근의 발굴 결과 그 가능성이 더욱 높아졌다(이남석, 2013, 155~159쪽). 그런데 이곳에서 출토된 와당에 대해 문주왕 3년(477)의 궁실宮室을 중수重修한 기록에 주목해서 유송劉宋이나 남제南齊의 영향을 받아 성립한 것이며, 그 후 공주의 절터에서 출토되는 것들은 양梁의 영향을 받은 것이라고 보는 견해가 있다(李タウン, 2002).

그러나 필자는 477년 2월의 궁실 중수 기록을 유송(420~479)과 관련시켜 보는 것은 무리가 있다고 생각한다. 475년 한성이 함락된 후 백제와 유송·남제의 교류는 매우 제한적으로 이루어졌기 때문이다. 즉 475년 한성 함락 후 백제는 477년 3월 유송에 사신을 파견하지만 고구려가 길을 막아 돌아와야 했고, 남제(479~502) 건립 후인 484년 7월에

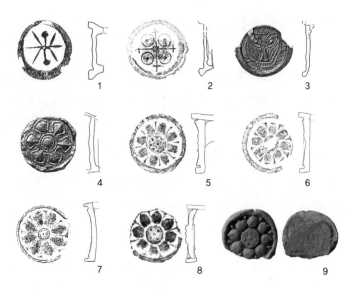

〈도 2〉 한성기와 웅진기의 주요 와당
(1·3·4. 풍납토성, 2. 석촌동 4호분, 5~7. 공산성, 8. 서혈사지, 9. 용정리 사지)

도 남제에 사신을 파견했지만 서해에서 고구려 군사를 만나 가지 못했다는 기록이 있다. 또 백제와 유송은 한성기부터 활발하게 교류했는데 풍납토성과 몽촌토성에서 출토된 연화문와당의 경우 문양은 북조 계통이지만 제작 기법은 한성기에 유행하던 기술(〈도 2-4〉, I 1기법)이다. 따라서 한성기 와당과 문양과 제작 기법이 다른 공산성 출토 와당의 성립에는 기존과 다른 계통의 영향이 있었다고 보아야 할 것이다.

공산성 출토 창건기 와당의 경우 지름이 18~19센티미터 정도로 크고, 색깔도 회색뿐 아니라 적색 계통이 섞여 있다(이남석, 1988). 와당과 수키와의 접합 기법은 선단 무가공의 수키와를 접합시키는 III 1기법(수키와피복접합법, 〈도 2-5·6〉)으로 제작되었는데, 이를 공산성식 와당公山城式瓦當으로 부르기도 한다(戶田有二, 2001·2007). 이러한 양식의 와당 출현과 관련해 주목되는 것이 동성왕 8년(486)에 보이는 다음의 기록이다.

628

八年 春二月 拜苩加爲衛士佐平, 三月 遣使南齊朝貢, 秋七月 重修宮室 築牛頭城, 冬十月 大閱於宮南.(『삼국사기三國史記』권26, 백제본기百濟本紀4 동성왕東城王 8년)

동성왕은 486년 2월 한성에서 내려온 구 귀족(眞氏) 세력을 견제하기 위해 백가苩加를 위사좌평衛士佐平으로 임명하는 등 정치적 안정을 꾀한다. 같은 해 3월 남제에 사신을 보내고, 7월에는 궁실을 중수하고 우두성을 쌓았으며, 10월에는 왕궁의 남쪽에서 군대를 사열했다. 그런데 3월 남제에 사신을 파견한 기록과 7월 궁실 중수 기록은 왕궁의 중수에 필요한 기술과 관련될 가능성이 있고, 10월에 대궐 남쪽에서 열병閱兵한 것은 왕궁의 중수 공사가 마무리되었음을 알려주는 것으로 볼 수 있지 않을까.

이에 필자는 공산성식 와당을 486년 남제의 기술 지원을 받아 성립한 것으로 보고자 한다. 공산성식 와당은 웅진기 왕궁의 전각에 사용된 기와 양식이지만 그보다 늦게 출현하는 소위 대통사식 와당大通寺式瓦當과 달리 웅진기 말이나 사비기 초에는 주류적인 위치를 점하지는 못한다.

웅진 천도 후 처음 궁실을 중수한 문주왕 3년(477)은 한성 함락 직후의 급박한 상황이었기 때문에 외부로부터 새로운 기술을 받아들여 왕궁을 조영造營했다기보다는 한성기의 기와 제작 기술을 그대로 이용해서 급조했을 것이다. 공산성 내부에서는 아직까지 한성기와 연결시킬 만한 기와가 발견되지 않았지만 〈도 2-8〉 공주 서혈사지 출토 와당에서는 한성기에 보이는 I 1기법(이조반축 기법)의 흔적이 확인되고 있다(戶田有二, 2007). 이것을 보면 한성기의 주류적인 제작 기술인 I 1기법이 웅진 천도 후에도 한동안 유지되었다고 볼 수 있다.

웅진기 기와에서 중요한 변화는 대통사지의 와당 출현을 들 수 있다. 이 와당은 〈도 3-1〉과 같이 8엽의 소판素瓣으로 된 연화문에 연판의 끝이 반전하는 돌기로 표현되었으며, 작고 낮은 중방과 연자, 와당의 뒷면을 회전 물손질로 마무리하는 성형 방식, 와당과 연결되는 수키와의 선단부 요면凹面을 비스듬하게 잘라낸 다음 와당과 접합시키는 Ⅱ2a기법을 사용한 특징이 있다. 이러한 문양과 제작 기술은 공주 대통사 건립을 계기로 남조 양梁의 기와 제작 기술이 도입되면서 성립된 것으로 대통사식 와당이라고 부른다(清水昭博, 2012, 207~211쪽). 또 대통사식 와당은 후술하는 것처럼 사비 천도 이후 주류적인 왕궁과 사원에서 가장 널리 사용하는 와당형이며, 신라나 일본에도 가장 직접적인 영향을 미치고 있는 것이 확인되었다.

백제 최초의 본격적인 사원이라 할 수 있는 대통사의 경우 남조 양으로부터 기와 제작 기술이 도입된 것으로 생각되지만, 현재까지 알려진 남조의 와당 중에 그와 동일한 문양이나 제작 기법으로 만들어진 것이 확인되지 않아 직접적인 조형을 찾기가 쉽지 않다. 이것은 일

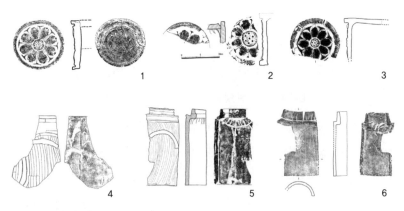

〈도 3〉 웅진·사비기의 주요 기와
(1. 대통사지, 2·4·5. 정지산 유적, 3·6. 정림사지)

본 최초의 사원인 아스카데라 창건와가 백제 지역의 기와들과 비슷하기는 해도 완전히 일치하지 않는 것과 같은 양상으로, 백제에서 일정한 변형이 이루어졌을 가능성이 있다.

그런데 사비도성의 관북리 유적이나 부소산성, 구아리 유적, 정림사지, 능산리 사지, 군수리 사지 등 사비기 초의 왕궁이나 사원에서 웅진기의 왕궁에서 사용하던 공산성식 와당이 아닌 대통사식 와당을 채택해서 사용한 이유는 무엇 때문일까. 결론부터 말하면 필자는 대통사식 와당이 백제의 관영(조와) 공방에서 제작된 와당이기 때문이라고 생각한다. 즉 사비 천도 전부터 대통사식 와당을 생산하던 기와 제작 집단이 새로운 도성의 조영을 담당하던 행정 조직에서 중심적으로 활동했기 때문에 주류적인 위치를 차지한 것이 아닐까 한다.

물론 공산성식 와당의 접합 기법(III1기법)은 사비기에도 계속 사용되고, 경주 지역에서 발견된 백제계 와당 중에도 그러한 접합 기법이 확인되기 때문에 7세기 대까지 공산성식 와당의 제작 기술이 계속 유지되었던 것은 분명하다. 하지만 사비 천도 이후 건립된 대부분의 건물지에서 예외 없이 대통사식 와당이 출토되는 현상에 주목하면 대통사식 와당이 공산성식 와당보다 더 늦게, 즉 보다 최신의 기술이 반영되어 성립되고 사비 천도를 전후한 중앙 행정 관서의 정비 과정에서 보다 중심적인 위치를 점한 것이 아닐까 한다.

사비기의 중앙 행정 조직인 22부사部司는 개로왕 대부터 무령왕 대를 거치면서 순차적으로 성립된 것으로 생각되는데, 내관內官 12부와 외관外官 10부로 크게 구분된다(武田幸男, 1980; 정동준, 2013). 그중 관영 공방의 경우 그 명칭에서 볼 때 내관 12부 중 공덕부功德部나 외관 10부 중 사공부司空部의 어느 한 부서에 소속되었을 것으로 예상되지만, 그 성립 시기나 과정에 대해서는 연구된 바 없다.

그런데 공주 송산리 6호분 출토 '양관와위사의梁官瓦爲師矣'명 전塼을 보면 적어도 이 전축분을 축조하면서 일정한 변화가 있었던 것을 예상할 수 있다. 필자가 명문전에서 주목하는 것은 '사師'라는 글자다. 이에 대해 지금까지는 그 전후 글자와 연결시켜 "스승으로 삼다", "모범으로 삼다"로 해석했지만, '실제로 그것을 제작한 기술자'에게 붙이는 접미사로 볼 여지가 있기 때문이다. 한위漢魏 낙양성洛陽城에서는 '이吏'나 '사師'라는 문자 기와가 자주 출토되는데, '이'는 감독의 역할을 하던 감작리監作吏이며, '사'는 실제로 기와를 제작했던 공인으로 소부少府나 장작대장將作大匠에 소속되었을 것으로 추정한 견해가 있다(向井佑介, 2010). 또 난징에서 출토된 '장승세사張承世師'명 전에 대해 벽돌을 제작한 장사匠師의 직급으로 이해하기도 한다(조윤재, 2008). 최근 난징에서는 '관와官瓦'나 '관요官窯', '관官' 등이 찍힌 문자기와가 소개되기도 했다(鎮江古城考古所 외, 2010). 이러한 점을 고려할 때 공주 송산리 출토 명문전의 '사'도 단순히 고분 축조 감독자인 총사塚師가 아니라 벽돌의 제작자를 가리키는 것으로 한정시켜 보는 것이 더 적절하지 않을까 생각된다.[2] 즉 이 명문전을 통해 공주 지역의 전축분 조영에 양나라의 관영 공방에 소속된 기술자인 '사'의 참여와 지도가 있었음을 짐작할 수 있다.

한편 송산리 6호분이나 무령왕릉 문양전의 생산지는 부여 정동리 요지(A지구)라는 것이 밝혀졌다(김성구, 1991; 장성윤·이찬희, 2013). 정동리 요지는 토기와 기와, 벽돌을 함께 생산하던 곳이지만 대통사식 와당은

---

2) 이 명문을 '양선이위사의梁宣以爲師矣'로 판독해 "양나라 사람(梁人) 선宣이 총사塚師로서 분묘의 축조를 감제監制했다"고 해석하기도 한다(조윤재, 2008). 판독과 관련해 '양梁'과 '위사의爲師矣'는 이견이 없지만 다른 두 글자는 '관품官品'이나 '양와良瓦'로 판독하는 경우도 있다. 이 명문을 '양관이위사의梁官以爲師矣'로 판독할 수 있다면 "양관梁官이 사師가 되었다", 즉 양나라 관영 공방에 있던 기술 공인이 벽돌을 만드는 '사'였다와 같이 해석할 수 있을 것이다. 다만 '이以' 자를 '품品' 자로 볼 수도 있기 때문에 단정할 수는 없다.

출토되지 않았다. 이 요지는 지표조사만 실시되었기 때문에 향후 대통사식 와당이 출토될 가능성이 남아 있지만, 현재까지의 자료를 놓고 볼 때 대통사식 와당은 그곳이 아닌 다른 불명요不明窯에서 생산된 것으로 보아야 할 것이다. 정동리 요지의 경우 왕릉의 축조와 관련되는 가마기 때문에 관영 공방으로 볼 수 있지만 장작대장과 같은 임시기구에서 운영했을 가능성이 있고, 전축분의 축조에 필요한 벽돌을 생산하는 것이 주된 목적이었기 때문에 그것이 곧 기와 생산을 위한 관영 공방이었다고 말하기는 어려운 측면이 있다.[3]

523년 무령왕의 뒤를 이어 즉위한 성왕은 무령왕릉을 축조한 당사자였다. 그는 526년 10월 웅진성을 수리하고 527년에 본격적인 사원인 대통사를 창건한다. 왕릉의 축조와 왕궁인 웅진성의 수리, 대통사의 창건은 성왕에 의해 일관되게 추진되었는데, 이것은 관영(조와) 공방의 성립이라는 측면에서 매우 중요하다. 왜냐하면 대통사식 와당은 양의 직접적인 기술 지원을 받아 왕릉을 축조한 다음 왕궁을 재차 수리하는 과정을 거치면서 순차적으로 성립된 것으로 볼 수 있기 때문이다. 정동리 요지의 경우 기와와 벽돌을 함께 생산하던 곳으로, 그곳에서 제작되어 공급된 무령왕릉 연화문전은 대통사식 와당의 문양과 상통한다. 또 공산성 출토 와당 중 〈도 2-7〉의 문양은 기존의 공산성식 와당과 유사하지만 접합 기법이 Ⅲ1기법이 아닌 Ⅱ2a기법을 따르고 있다(이남석,

---

3) 남조에서 국가적인 조영 사업에 관여한 관서로는 소부少府와 장작대장將作大匠이 있었다. 그중 소부 아래 견관서甄官署에서 와전의 제작을 담당했는데, 장작대장의 경우 '유사즉치有事卽置 무사즉파無事卽罷'하는 임시적 성격이 있었고 궁전이나 종묘, 황제릉 등 대규모 사업 시에 설치되었다. 양에서는 천감天監 7년(508)에 소부를 소부경少府卿, 장작경將作卿으로 개칭했다.

한편 이 글에서 말하는 관영(조와) 공방이라는 것은 중앙 행정 조직인 22부사 산하에 상설로 설치된 관서를 말한다. 백제의 경우 와박사瓦博士의 존재를 볼 때 588년 이전에 관영 조와 공방이 있었던 것은 분명하다고 할 수 있다.

1988, 63쪽). 이것을 보면 대통사식 와당은 왕릉의 축조나 왕궁을 수리하는 과정에서 양나라의 기술을 도입하면서 성립된 것으로 볼 수 있다. 또 그러한 토목공사가 성왕 대 초반에 연속으로 행해진 것을 보면 백제에서는 전축분을 축조하면서 양의 기술자인 '사'에게서 기술을 전수받았고, 그 후 왕궁의 수리나 사원의 조영을 거치면서 관영 조와 공방이 성립되었을 가능성이 있다.

한편 3장에서 검토하겠지만 흥륜사지 출토품들은 와당뿐 아니라 암키와·수키와의 제작 기법이 모두 공주 지역의 그것과 동일하다. 이는 경주 흥륜사지 창건와 제작에 백제에서 파견한 기와 제작 기술자의 영향이 있었다고 할 수 있다. 그런데 백제에서 신라 최초의 사원인 흥륜사를 건립하는 데 기와 제작 기술자를 파견하기 위해서는 그 내부에 관영 공방과 같은 것이 성립되어 있지 않으면 안 될 것이다. 당시 백제에서 신라로 기술자를 파견하는 것은 국가간의 공적인 행위였기 때문에 그러한 조직체계의 존재 가능성을 상정할 수 있다. 그리고 경주의 흥륜사지에서 발견된 소위 흥륜사식 와당興輪寺式瓦當이 대통사식 와당을 모델로 했다는 점에 주목하면(이병호, 2013b, 34~36쪽), 대통사식 와당을 제작하던 공인 집단이 바로 백제의 관영 공방에 소속된 기술자였을 가능성을 추론할 수 있다. 백제에서는 538년 사비 천도 전에 이미 이러한 관영 공방체제가 성립되었기 때문에 새로운 도성 조영에 필요한 대량의 기와를 안정적으로 공급받을 수 있었을 것이다. 그 과정에서 대통사식 와당이 가장 주류적인 위치를 차지하는 현상은 바로 그것을 제작하던 기술자들이 곧 관영(조와) 공방인 관요官窯에서 활동하던 장인이라는 사실을 시사하는 것이 아닐까 한다.

웅진기 대통사식 와당이 성립된 후에도 그것과 문양이나 제작 기술이 다른 와당이 정지산 유적과 용정리 사지에서 출토되었다. 〈도 3-2〉

정지산 유적 출토품은 대통사식 와당의 문양을 사용하고 뒷면에 회전물손질 흔적이 관찰되지만 접합 기법이 선단 무가공의 수키와를 접합시키는 Ⅲ1기법이다. 정지산 유적은 무령왕의 빈전殯殿으로 추정되는 곳으로 왕릉의 축조와 관련이 깊다(이한상, 2007, 458~470쪽). 이것을 보면 웅진기 말기의 관영 조와 공방에서는 전형적인 대통사식 와당뿐 아니라 Ⅲ1기법을 가진 와당들도 함께 생산되었을 가능성이 있다.

〈도 2-9〉 부여 용정리 사지의 경우 문양뿐 아니라 와당과 수키와의 접합 수법이 Ⅳ1기법으로 대통사식과는 전혀 다른 소위 고구려계 와당이다(부여문화재연구소, 1993). 웅진기 말이나 사비기 초에 대통사식 와당을 제작하는 관영 공방 외의 조와 집단이 별도로 활동했던 것을 보여주며, 특히 고구려의 영향도 함께 있었음을 증명하는 자료라는 점에서 중요하다. 용정리 사지는 부여 지역에 위치하는 사원으로, 그 창건 시기가 538년 사비 천도 이전인지 이후인지를 판단하기가 쉽지 않다. 하지만 부여 관북리, 쌍북리 일대에서도 고구려계 와당이 출토되기 때문에 웅진기 말이나 사비기 초에 고구려 계통의 영향이 있었던 것은 부정할 수 없다. 사비 천도 후 가장 먼저 조영된 정림사지에서 남조계의 기술뿐 아니라 고구려계의 문화 요소가 함께 확인되는 것(이병호, 2013c, 136~140쪽)은 이러한 분위기와 관련이 있을지 모르겠다.

백제 웅진기의 와당은 한성기 말 유송의 영향과 더불어 새롭게 남제의 영향을 받아 공산성식 와당이 성립되고, 대통사의 건립을 계기로 새롭게 양의 영향을 받아 대통사식 와당이 성립된 것으로 보인다. 대통사식 와당은 사비 천도 후 주류적인 와당형으로 자리하고, 신라 흥륜사식 와당의 성립에도 직접적인 영향을 미친다. 그런데 백제의 중앙 행정 조직은 사비 천도를 전후해서 완성된 것으로 이해되고 있다. 따라서 필자는 웅진기에 이루어진 대통사식 와당의 성립과 전개 과정을 백제

관영(조와) 공방의 성립과 정비 과정에 대비시켜 이해해보았다. 사비기
의 부여·익산·공주 지역의 거의 모든 기와 건물지에서 예외 없이 대통
사식 와당이 발견되는 이유도 바로 이러한 관영 공방의 문제가 게재된
것이 아닐까 생각된다. 다만 그 전에 성립된 공산성식 와당이 여전히
사용되고, 소수지만 고구려계 와당도 병존하고 있었다는 점은 주의할
필요가 있다.

3. 백제 기와 제작 기술의 전파 과정

4세기 후반에 불교를 수용한 백제는 6세기에 들어와 대통사를 건립하
고 불교 교학에 관한 연구를 본격화하는 등 불교가 급속하게 발전한다.
6세기 전반과 중엽에 각각 불교를 공인한 신라와 일본에서는 그 후 불
교가 급속하게 보급되어 사회의 주류적인 사조가 되었다. 웅진기 말에
서 사비기 초, 백제는 양 무제와의 교류를 통해 국가적인 발전을 이룰
수 있었고, 이때 불교는 중요한 매개제가 되었다. 6세기 대 동아시아에
서 불교의 전래와 공인, 그리고 수반된 기술의 전파 과정에서 한반도
의 고대 국가, 그중에서도 특히 백제의 위상에 대해서는 경유지론經由地
論이나 불교적佛敎的 조공론朝貢論이 제기되었다. 경유지론은 백제가 일
본에 불교나 사원 조영 기술을 전달한 것은 인정되지만, 백제적인 불
교나 백제적인 기술이 전달된 것이 아니라 중국의 그것을 그대로 일본
에 전달하는 경유지에 불과했다는 것이다(藤澤一夫, 1961). 불교적 조공
론은 최근 들어 일본 학계에서 주목되는 견해로 불교가 융성한 중국의
동진부터 수 대에 이르기까지 주변 제국은 중국 내부의 사정에 착목해
불교색이 짙은 상표문上表文을 올리거나 사리舍利나 불아佛牙를 조공품

으로 올리고, 중국의 한역 경전을 구하는 등 불교와 관련된 조공을 실시해 중국 황제의 환심을 사려 했다는 것이다(河上麻由子, 2011; 窪添慶文, 2010).

불교적 조공론의 경우 고대 동아시아론이라는 담론이 가지고 있는 한계의 하나로 거론되는 고대 동아시아의 범주를 한반도와 일본뿐 아니라 남해 제국南海諸國까지 포괄해서 검토했다는 측면에서 긍정적인 면이 없지 않다. 하지만 중국 남조의 문화만이 백제 불교나 그에 수반된 문화의 성립·발전에 단선적으로 작용했다는 것으로 오인할 여지가 있고, 백제가 단순히 불교적 조공만을 취한 것이 아니라 주변 국가와의 교류를 통해 내부적인 발전을 이룰 수 있었으며, 그것을 바탕으로 신라나 일본에도 백제적인 불교 문화를 전달했다는 점에서 보면 주변 국가의 사정을 도외시했다는 문제를 안고 있다.

백제는 무령왕 대와 성왕 대에 양 무제의 지원과 협력 속에 적극적으로 문물을 수입하는 등 긴밀한 관계를 유지하면서 정치적 안정과 문화적 발전을 이룰 수 있었다. 백제는 이렇게 습득한 선진 문물을 주변의 신라나 일본과의 외교 관계를 강화하고 그들의 협력을 끌어내기 위한 자산으로 활용했다. 그런 점에서 6세기 대 신라와 일본의 불교 수용 및 정착 과정에서 백제가 수행한 역할은 매우 주체적이며, 백제적인 불교 문화를 주변 국가에 전수했다는 측면에서 재조명할 필요가 있다(蘭田香融, 1989; 최연식, 2011). 백제는 단순히 중국 문화의 전달자나 경유지가 아니라 신라나 일본의 초기 사원을 건설하는 데 기술자를 파견해 지원하는 등 동아시아 불교 문화의 확산을 실질적으로 주도했다.

다음에서는 백제의 웅진기·사비기의 기와에 관한 분석을 바탕으로 신라와 일본 최초의 사원인 흥륜사와 아스카데라에서 출토된 기와를 비교 검토해서 이러한 문제에 접근해보고자 한다. 2장에서 검토한 공주 대통사지와 주변 유적에서 출토된 기와에 대해 중국 난징에서 출토된 기와와의 비교를 시도했다. 이를 바탕으로 신라 최초의 사원인 흥륜사지에서 출토된 기와의 문양과 제작 기술을 비교했으며, 그 후 일본 최초의 사원인 아스카데라의 창건와에 대해서도 함께 비교했다. 나아가 백제에서는 어떤 이유에서 신라나 일본에서 처음 사원을 만들 때 자국의 기술자를 파견했을지에 대해서도 생각해보았다.

앞 장에서 서술한 것처럼 백제의 본격적인 사원은 웅진기의 대통사다. 공주 대통사지로 알려진 지역에서는 중국 난징에서 출토된 기와와 유사한 와당들이 다수 수집되었다. 이를 대통사식 와당으로 부르는데, 소판 팔엽연화문의 문양과 뒷면의 회전 물손질 흔적, 수키와의 선단부를 2회 조정해서 와당과 접합시키는 II 2a기법(일본에서는 이것을 카타호조 片ほぞ 또는 편예상 2회 케즈리 片柄狀二回ケズリ로 부름)을 특징으로 한다(〈도 3-1〉). 이러한 특징은 한성기와는 전혀 다른 것으로 난징 지역에서 발견된 와당의 문양과 뒷면의 처리 기법이 동일해 남조에서 연원한 것으로 볼 수 있다(〈도 4-1·2〉).

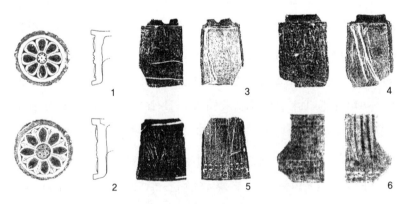

〈도 4〉 중국 난징 출토 기와(왕즈가오王志高, 2011)

웅진기의 기와는 와당뿐 아니라 암키와·수키와의 제작 기술도 남조의 그것과 동일하다. 공주 정지산 유적에서는 모골와통을 이용한 암키와와 유단식 수키와가 출토된 바 있다(〈도 4-4·5〉). 그중 수키와의 경우 바깥 면에 회전 물손질 흔적이 남아 있는데, 안쪽 면의 미구 부분에는 마포흔이 없다. 이것은 유단식 수키와의 미구 부분을 병 모양 토기의 목 부분처럼 점토띠를 덧붙여 쌓아가면서 별도로 제작했기 때문이다. 그런데 이와 동일한 제작 기법으로 만들어진 암키와와 수키와가 난징에서도 확인되고 있다(〈도 4-3~6〉).[4]

한편 사비 천도 이후 양 무제가 보낸 공장工匠·화사畵師 같은 기술자를 동원해서 건립된 부여 정림사지에서는 탑내소상塔內塑像뿐 아니라 대통사식 와당과 문양 및 제작 기술이 상통하는 와당과 수키와가 출토되었다(〈도 3-3·6〉). 6세기 중엽에 건립된 능산리 사지에서도 이러한 양상이 확인되기 때문에 웅진기와 사비기 초 백제의 기와 제작에는 남조 양의 영향이 지대했다고 할 수 있다(李炳鎬, 2013d). 하지만 중국 난징에서 출토된 기와 중에는 대통사지나 정림사지에서 출토된 와당과 비슷하기는 해도 동일한 문양을 가진 와당은 발견되지 않았다. 또 대통사식 와당에서 특징적으로 발견되는 Ⅱ2a기법이라는 접합 기법도 아직까지 확인되지 않는다. Ⅱ2a기법의 경우 백제에서 남조 기와 제작 기술의 영향을 받으면서도 한성기 이래의 기와 제작 기술의 전통이 있었기 때문에 외부의 새로운 기술과 재지적인 기술이 결합되는 과정에서 변형되어 출현했을 가능성도 없지 않다.[5]

---

4) 중국 난징 지역에서 출토된 최근의 기와에 대한 주요 성과는 다음이 참고된다(賀云翔, 2010; 山崎信二, 2011; 왕즈가오王志高, 2011; 井內決, 2012; 佐川正敏, 2012; 淸水昭博, 2013).

5) 서울 풍납토성이나 몽촌토성, 석촌동 고분군에서 출토된 와당들은 와당의 주연부와 수키와 선단부가 절반씩 접합되어 있다(〈도 2-1~4〉). 백제는 양나라로부터 기와 제작 기술을 전수받기 전부

앞서 잠시 언급한 것처럼 신라 최초의 사원인 흥륜사지의 창건와는 백제 웅진기 기와 제작 기술의 직접적인 영향을 받아 성립된 것으로 확인되었다(이병호, 2013b, 35~41쪽). 신라에서 기와 제작의 시작을 알려 주는 것으로는 5세기 말에서 6세기 초에 해당하는 월성 해자나 경주 물천리 요지 출토품을 들 수 있다. 하지만 흥륜사지에서는 와당의 경우 〈도 5-2·3〉과 같이 대통사식 와당과 유사한 연판 문양과 와당 뒷면의 회전 물손질을 통한 조정, Ⅱ2a 접합 기법의 채용 등이 확인된다. 〈도 5-6·7〉과 같은 암키와의 경우도 〈도 3-4〉 정지산 유적 출토품과 동일 하게 모골와통을 이용해서 제작되었으며, 〈도 5-9〉 수키와의 경우도 〈도 3-5·6〉과 같이 수키와의 미구 부분을 별도의 점토로 제작해서 붙 인 소위 남조계 유단식 수키와가 발견되었다.[6]

〈도 5-2~5〉에서 보는 것처럼 흥륜사지 창건와는 와당과 접합 기술 에서 두 그룹 이상의 기와 제작 집단이 관여한 것을 알 수 있는데, 암 키와 중에는 〈도 5-6〉과 같이 내면에 내박자의 흔적이 남아 있는 것이 있다. 이것은 경주 지역에서 발견되는 토기의 내박자 흔적과 같다. 따 라서 이러한 기와의 제작에 경주 지역에서 활동하던 토기 공인이 동원

터 이러한 자체적인 기와 제작 기술이 있었기 때문에 새롭게 Ⅱ2a기법과 같은 기술을 구사했을 가 능성이 없지 않다고 생각한다. 한편 베트남의 경우도 한나라 때부터 지속적으로 중국의 영향을 받 아 중국계 기와가 제작·사용되었는데, 그중에는 〈도 2-3〉과 유사한 인면문人面文 와당도 섞여 있 다. 이러한 와당은 3~4세기 대 린이林邑의 도성 유적을 비롯한 베트남 전역에서 발견되는데, 중국 남조의 직접적인 영향을 받아 성립된 것으로 알려져 있다(山形眞理子, 2012, 253~258쪽). 따라서 향 후 중국 난징의 기와와 백제·베트남 지역의 기와를 비교, 검토한다면 중국 남조의 기술과 백제적 인 변형의 문제가 보다 선명하게 드러날 수 있을 것이다.

6) 『삼국유사』 등에는 527년에 건립된 흥륜사가 당초 편모즙옥編茅葺屋이었다가 535년 을묘 년에 본격적인 건립이 시작되어 544년에 완성된 것으로 기록되어 있다. 따라서 흥륜사 창건와는 535년 단계부터 백제 기와 제작 기술의 직접적인 영향을 받아 제작된 것이라 할 수 있고, '흥륜사 식 와당'으로 부를 수 있다. 한편 〈도 5-8〉의 선단 유단식 암키와는 바깥 면의 주선朱線을 볼 때 암 막새였다는 것을 알 수 있고, 부여 구아리 사지 등의 사례를 볼 때 백제에서 영향을 받은 것으로 생 각된다(이병호, 2013b, 22쪽).

되었음을 짐작할 수 있다. 즉 백제로부터 전문적인 기와 제작 기술자가 신라에 파견되었을 때, 그것과 가장 유사한 기술을 구사하던 토기 제작 공인들이 동원되어 외부의 기술을 전수받았던 것임을 추정할 수 있다. 이러한 추정은 바로 흥륜사지 전 단계에 해당하는 경주 물천리 요지가 토기와 기와를 함께 생산하던 와도겸업요瓦陶兼業窯였던 것에서도 쉽게 추정할 수 있는 부분이지만, 〈도 5-6〉의 내박자 흔적은 이를 보다 직접 적으로 증명한다는 점에서 주목된다.

　〈도 5〉에서 제시한 경주 흥륜사지 창건와의 원류는 〈도 4〉와 같이 난징 지역에서 발견된 남조에 있다고 할 수 있다. 하지만 남조의 그것 이 곧바로 신라에 전해진 것이 아니라 백제를 경유해, 특히 백제 기술 자들에 의해 전수되었기 때문에 백제의 직접적인 영향을 받은 것이라 고 할 수 있다. 흥륜사지보다 먼저 제작된 월성 해자 출토품(〈도 5-1〉)

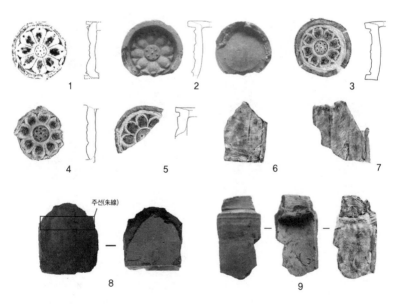

〈도 5〉 경주 출토 백제계 기와 (1. 월성 해자. 그 외 모두 흥륜사지)

은 대통사식 와당과 문양이 같지만 그 제작 기술이 한성기에 유행하던 기술이고, 공주 서혈사지에서도 확인된다(〈도 2-8〉). 따라서 그것의 제작은 기술자의 이동이 아닌 와범과 같은 도구의 이동만으로도 가능했다고 생각된다. 하지만 흥륜사지에서는 와당의 문양뿐 아니라 제작 기술, 나아가 암키와·수키와 등이 모두 백제계 기술과 동일하기 때문에 백제 와공의 이동에 의한 직접적인 영향을 상정하지 않을 수 없다.

　한편 백제의 기와 제작 기술은 아스카데라 창건와에도 직접적인 영향을 미친다.『일본서기日本書紀』등에 따르면 588년에 백제에서 고위 관료, 승려 등과 함께 사공·노반박사·와박사·화공 등의 기술자들이 하나의 프로젝트팀으로 조직되어 일본에 파견된 것으로 기록되어 있다. 그리고 아스카데라 발굴 조사에서 드러난 창건와들은 이를 증명해준다. 아스카데라 창건와는 연판 문양과 제작 기술, 와당과 접합된 수키

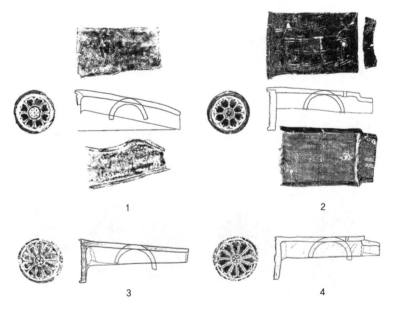

〈도 6〉 부여 왕흥사지(1·2)와 일본 아스카데라(3·4) 창건와

642

와의 형식, 암키와와의 조합 관계, 분포 양상 등에서 크게 하나구미花組와 호시구미星組라는 두 그룹으로 구분된다(花谷浩, 2000; 이다운, 2004; 上原眞人, 2006). 하나구미는 연판의 끝이 하트 모양을 한 수막새에 무단식 수키와가 결합된 것이고, 와당과 수키와를 결합할 때 Ⅱ3기법으로 접합되는 것이며(〈도 6-3〉), 호시구미는 연판이 점주상의 돌기 모양을 한 수막새에 유단식 수키와가 결합되고, Ⅱ2기법으로 접합된 것을 가리킨다(〈도 6-4〉).

하나구미와 호시구미의 구분은 연판의 문양과 제작 기법을 함께 고려하면서 두 그룹이 보여주는 차이점을 다양한 각도에서 재조명한 점에서 그 원류가 되는 백제 기와를 연구할 때 많은 시사점을 준다. 그리고 최근에는 그러한 조합 관계가 부여 왕흥사지에서 확인된 바 있다(국립부여문화재연구소, 2011). 즉 왕흥사지 창건와에서는 〈도 6-1〉과 같이 하트형 연판에 무단식 수키와가 결합한 그룹과 〈도 6-2〉와 같이 점주상의 연판에 유단식 수키와가 결합한 그룹이 확인된 것이다. 하지만 아스카데라 창건와에 보이는 이러한 조합은 백제의 관영 공방에서 활동하던 와박사 중 일부가 우연히 그와 같이 결합된 결과로 볼 수 있기 때문에, 백제의 특정 사원에서 원류를 찾기보다는 부여의 왕궁 구역에서 출토된 기와에서 찾는 것이 더 적절하다고 생각된다. 따라서 필자는 아스카데라에 파견한 백제의 와박사들이 사공부司空部나 공덕부功德部 등 백제 중앙 관영 공방에 소속된 기술계 관료였을 것으로 보았다(이병호 2013a, 54~55쪽).

그런데 아스카데라에서는 문헌 기록에 의해 당시의 기술 전수 방식을 어느 정도 복원해낼 수 있다. 즉 588년에 백제에서 새롭게 파견된 와박사 등의 '사師'가 있고, 그 아래에 '부수部首'로 표현된 야마토노 아야씨東漢氏 등 그 전부터 일본에 건너온 도래인 기술자가 있으며, 다시

그 아래 '제수諸手'로 표현된 일본 현지의 하급 기술자들이 동원되었다
(淺香年木, 1971; 大橋一章, 2009). 백제로부터 새로운 기술자가 일본에 건너
갔을 때 그들과 자유롭게 의사소통할 수 있고, 선진적인 기술을 가지고
있던 기존의 도래계 집단을 매개로 그 아래에 보다 많은 일본 현지의
기술자를 동원해서 대량 생산과 기술의 전수가 이루어지게 한 것을 짐
작할 수 있다.

〈도 7〉은 아스카데라에서 발견된 암키와로, 그 안쪽 하단에 동심원
모양을 한 토기의 내박자 흔적이 남아 있다. 이것은 당시 일본의 스에
키 중 대형옹을 제작할 때 사용하던 내박자와 동일하다고 한다(菱田哲郎,
1986). 문헌 기록에서 간략히 언급하고 있는 기술의 전수 과정, 그리고
〈도 5-6〉 신라 흥륜사지 출토 기와에서 보이는 사례와도 상통하는 것
으로, 기록상의 제수諸手나 그 아래 동원된 기술자들이 일본 현지의 토
기 공인이었음을 알려주는 것이라 하겠다.

이처럼 신라나 일본에서는 백제로부터 기와 제작 기술을 배울 때 현
지의 토기 공인을 동원해 기술의 전수가 이루어지게 했다. 그렇다면 백

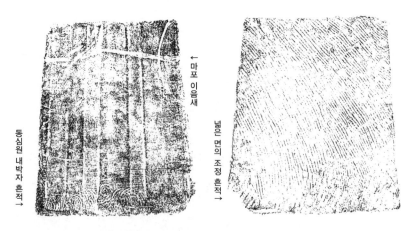

〈도 7〉 일본 아스카데라 출토 암키와(花谷浩, 2000)

제의 경우는 어떨까. 2장에서 검토한 것처럼 백제의 웅진기에는 남제나 양으로부터 새로운 기와 제작 기술을 수용했는데, 실제 어떤 과정으로 기술의 전수가 이루어졌는지 알 수 없다. 하지만 백제에서 신라나 일본에 기술을 전수한 패턴을 참고한다면 백제 또한 남조로부터 그와 유사한 패턴으로 기술을 전수받아 점차 자국의 기술로 내재화했음을 예상할 수 있다.[7] 백제의 대통사지에서 확인되는 남조의 기와 제작기술이 난징 지역의 그것과 비슷하기는 해도 똑같지 않고, 흥륜사나 아스카데라에서 확인된 기술 또한 백제의 그것과 비슷하기는 해도 똑같지 않은 것은 바로 이러한 기술의 전수 과정이 있었기 때문일 것이다.

6세기 전반 백제에서 본격적인 사원인 대통사를 건립한 것은 양 무제의 대외 전략 등 정치·외교적인 측면이 있음을 부정할 수 없다. 하지만 541년에 양나라 공장·화사를 지원받아 정림사지를 조영하는 등 백제는 국가의 발전을 이룰 수 있었다. 이처럼 백제는 양으로부터 기술을 전수받아 내재화한 후 그러한 경험을 바탕으로 신라나 일본에 기술을 전수하는 데 활용했다.

그렇다면 백제에서 신라와 일본이 최초의 사원을 건립하는 데 자국의 기술자를 파견한 이유는 무엇일까. 현대 사회도 마찬가지지만 당시의 국제 관계에서 아무런 보상이나 대가 없는 일방적인 지원은 상정하기 어렵고, 상호 호혜적인 것이었다. 백제는 주변 국가에 사원 축조 기술을 전수하는 것을 통해 현실적인 이득을 얻을 수 있었다고 생각한다. 신라 흥륜사의 경우 532년 신라의 금관가야 병합과 538년 사비 천도가 중요한 배경이 되었을 것이다(이병호, 2013b, 48쪽). 그 과정에서 백제

---

7) 백제의 경우 송산리 고분군의 '양관와위사의梁官瓦爲師矣'명 전의 존재와 전축분에 사용한 연화문과 대통사지 와당 문양의 유사성, 웅진기 백제 와당과 난징 출토 와당 문양의 차이 등에서 볼 때 남조의 와공瓦工이 아닌 벽돌 제작 공인이 관여했을 가능성도 함께 고려해야 할 것으로 생각된다.

는 고구려의 군사적인 위협에 대처하기 위해 신라와의 동맹을 강화하거나 유지할 필요가 있었다. 그러한 현실적인 이유가 있었기 때문에 신라에 기술자 집단을 파견했던 것이 아닐까 한다.

일본의 경우도 마찬가지였을 것이다. 백제는 550년대 한강 유역 상실 이후 교통로의 문제 등으로 인해 일본과의 외교 관계가 한동안 단절되어 있었다. 또 6세기 중후반에는 중국에서 수나라라는 통일왕조가 새롭게 세력을 떨치기 시작했다. 따라서 587년 소가씨蘇我氏와 모노노베씨物部氏의 내전이 종식된 후, 백제는 기존의 일본에 대한 외교적인 영향력을 회복하거나 확대하기 위한 의도에서 사원 건축에 필요한 기술자 집단을 파견한 것이 아닐까 생각된다(李炳鎬, 2013d, 324~326쪽). 백제는 이미 535년 단계에 신라의 흥륜사를 조영하는 데 자국의 기술자를 파견한 경험이 있고, 중국의 남북조나 고구려로부터 폭넓게 기술을 수용해 정림사지를 비롯한 많은 사찰을 건립하면서 상당한 기술력을 축적했기 때문에 이를 보다 효율적으로 수행할 수 있었을 것이다.

4. 맺음말

이상에서 6세기 백제 기와를 중심으로, 기와에 관한 연구가 역사 해석에 어떤 기여를 할 수 있는지를 모색해보았다. 2장에서는 웅진기 와당의 계통을 논하면서 관영 공방체제의 성립 과정을 검토했다. 3장에서는 백제가 신라나 일본에 기와 제작 기술을 전수한 과정을 구체적으로 비교 검토하면서 백제의 대외 관계에서 기와 제작 기술을 비롯한 사원의 축조 기술이 어떤 역할을 했는지를 검토했다. 백제는 6세기 동아시아의 정치·외교적인 환경 변화에 대응해 자국의 기와 제작 기술을 비롯한 사원 축조 기술을 주변 국가에 전수함으로써 주변 국가에 대한 외교적인 영향력을 지속시키거나 확대시킬 수 있었다. 바로 이 점이 백제사에서 불교나 그와 관련된 기술이 가진 구체적인 역할이 아니었을까 생각된다. 이러한 분석은 백제가 단순히 문화의 경유지가 아니었고, 불교적 조공만을 실시하지 않았으며, 고대 동아시아의 불교 전파를 실질적으로 주도했다고 평가할 수 있는 근거가 된다.[8]

한편 6세기 기와 제작 기술이나 불교의 전파 과정에서 중국 남조와 백제, 백제와 신라·일본의 관계를 고려할 때 남조와 베트남의 관계는 많은 시사를 준다. 〈양직공도梁職貢圖〉에는 린이林邑나 푸난扶南 등 남해 제국이 함께 등장하고 있다. 베트남에서는 중국의 직접적인 영향을 받아 성립된 중국계 기와를 비롯해 남조에서 수입된 것으로 생각되는 금동불이 발견되고 있다(淺井和春, 2001; 강희정, 2009; 藤岡穰, 2009; 山形眞理子, 2012). 향후 중국 남조와 백제·베트남과의 유물들을 비교, 검토한다면 남조의 영향을 받은 주변국의 제작 기술에 보이는 공통성과 차별성을 비롯해 중국과 다른 각국의 문화적 특성이 무엇인지가 보다 명확해질 것이다.

:: 참고문헌

강희정, 2009, 「푸난扶南 불교조각의 연원과 전개」, 『미술사와 시각문화』 8, 사회평론.
국립부여문화재연구소, 2011, 『백제 사비기 기와 연구』 III(학술연구총서 제60집).
김성구, 1991, 「부여의 백제요지와 출토유물에 대하여」, 『백제연구』 21, 충남대학교 백제연구소.

---

8) 7세기 대 백제 기와의 전개 과정과 대외 관계에 대해서는 '이병호, 2014a'에서 정리한 바 있다.

부여문화재연구소, 1993, 『용정리사지』(학술연구총서 제5집).

왕즈가오王志高, 2011, 「육조六朝 건강성 유적 출토 도와陶瓦의 관찰과 연구」, 『기와의 생산과 유통』, 한국기와학회 제8회 정기 학술대회 발표문.

이남석, 1988, 「백제 연화문와당의 일연구」, 『고문화』 32, 한국대학박물관협회.

_____, 2013, 「공산성은 백제의 웅진성이고 왕성이다」, 『공산성』, 국립공주박물관.

이다운, 2004, 「백제 와박사고」, 『호남고고학보』 20, 호남고고학회.

이병호, 2008a, 「부여 능산리사지 출토 와당의 재검토」, 『한국고대사연구』 51, 한국고대사학회.

_____, 2008b, 「부여 능산리사지 가람중심부의 변화과정」, 『한국사연구』 143, 한국사연구회.

_____, 2013a, 「비조사에 파견된 백제 와박사의 성격」, 『한국상고사학보』 81, 한국상고사학회.

_____, 2013b, 「경주 출토 백제계 기와 제작기술의 도입과정」, 『한국고대사연구』 69, 한국고대사학회.

_____, 2013c, 「백제사원과 일본 비조사 삼금당의 원류」, 『백제연구』 57, 충남대학교 백제연구소.

_____, 2014a, 「7세기대 백제 기와의 전개 양상과 특징」, 『백제문화』 50, 공주대학교 백제문화연구소.

이한상, 2007, 「백제의 장례풍습」, 『백제의 생활과 문화』(백제문화사대계12), 충남역사문화원.

장성윤·이찬희, 2013, 「송산리 고분군 벽돌의 생산과 수급」, 『한국상고사학보』 82, 한국상고사학회.

정동준, 2013, 『동아시아 속의 백제 정치제도』, 일지사.

조윤재, 2008, 「공주 송산리6호분 명문전 판독에 대한 관견管見」, 『호서고고학』 19, 호서고고학회.

최연식, 2011, 「6세기 동아시아 지역의 불교 확산 과정에 대한 재검토」, 『충청학과 충청문화』 13, 충청남도역사문화원.

최영희, 2010, 「신라 고식수막새의 제작기법과 계통」, 『한국상고사학보』 70, 한국상고사학회.

戶田有二, 2001, 「百濟の鐙瓦製作技法について(1)」, 『百濟文化』 30, 공주대학교 백제문화연구소.

_____, 2007, 「百濟の鐙瓦製作技法について(4)」, 『百濟文化』 37, 공주대학교 백제문화연구소

龜田修一, 2006, 『日韓古代瓦の研究』, 吉川弘文館, 東京.

菱田哲郎, 1986, 「畿內の初期瓦生産と工人の動向」, 『史林』 69-3, 史學研究會.

大橋一章, 2009, 『奈良美術成立史論』, 中央公論美術出版.

藤岡穰, 2009, 「中國南朝造像に關する覺書」, 『佛教藝術』 307, 每日新聞社, 東京.

藤澤一夫, 1961, 「日鮮古代屋瓦の系譜」, 『世界美術全集』 2, 角川書店.

武田幸男, 1980, 「六世紀における朝鮮三國の國家體制」, 『東アジア世界における日本古代史講座』 4, 學生社.

山崎信二, 2011, 『古代造瓦史: 東アジアと日本』, 雄山閣.

山形眞理子, 2012, 「南境の漢·六朝系瓦」, 『古代』 129·130合倂號, 早稻田大學考古學會.

上原眞人, 1997, 『瓦を讀む』(歷史發掘 11), 講談社.

_____, 2006, 「寺院造營と生産」, 『記念的建造物の成立』(鈴木博之·山岸常人 編), 東京大學出版會.

窪添慶文, 2010, 「南北朝時代の國際關係と佛教」, 『古代東アジアの佛教と王權』, 勉誠出版.

薗田香融, 1989, 「東アジアにおける佛教の傳來と受容」, 『關西大學東西學術研究所紀要』 22, 關西大學.

李炳鎬, 2012, 「瓦當からみた熊津時期百濟寺院の斷面」, 『奈良美術研究』 13, 早稻田大學奈良美術研究所.

_____, 2013d, 「百濟佛敎寺院の特性形成と周邊國家に及ぼした影響」, 早稻田大學博士學位論文.

_____, 2014b, 「百濟の造瓦技術の傳播過程」, 『奈良美術研究』 15, 早稻田大學奈良美術研究所.

李タウン, 2002, 「百濟の瓦生産: 熊津時代·泗沘時代を中心として」, 『韓半島考古學論叢』(西谷正 編), すずさわ書店.

井內潔, 2012, 『中國六朝瓦塼圖譜』, 井內古文化研究室.

佐川正敏, 2012, 「南北朝時代から明時代まで造瓦技術の變遷と變革」, 『古代』 129·130合併號, 早稻田大學考古學會.

淺井和春, 2001, 「ヴェトナムの彫刻」, 『世界美術大全集 東洋編12: 東南アジア』, 小學館.

淺香年木, 1971, 『日本古代手工業史の研究』, 法政大學出版局.

清水昭博, 2012, 『古代日韓造瓦技術の交流史』, 淸文堂.

_____, 2013, 『古代朝鮮の造瓦と佛敎』, 帝塚山大學出版會.

河上麻由子, 2011, 『古代アジア世界の對外交涉と佛敎』, 山川出版社.

賀云翔, 2010, 「南朝瓦總論」, 『古代東アジアの造瓦技術』, 奈良文化財研究所.

向井佑介, 2010, 「魏の洛陽城建設と文字瓦」, 『待兼山考古學論集Ⅱ』, 大阪大學考古學研究室.

花谷浩, 2000, 「飛鳥寺·豊浦寺の創建瓦」, 『古代瓦研究』Ⅰ, 奈良文化財研究所.

鎭江古城考古所·鎭江博物館, 2010, 「鎭江鐵甕城南門遺址發掘報告」, 『考古學報』 4期, 科學出版社.

650

가야 제국諸國의 존재 형태와 부산 연산동 고분군의 정치적 성격
– 묘제와 출토 유물을 중심으로 –

김세기(대구한의대학교 관광레저학과 교수)

1. 머리말

가야에 대한 연구는 1990년대 이후 각 지역별로 많은 고분 발굴이 이루어져 사료가 부족한 현실에서 문제를 해결하기 위한 방편의 하나가 되었다. 여기에 더해 고고학 전공자들과 문헌사학자들이 공동 연구를 통해 이를 해결하려는 경향이 나타나기 시작했다.

이러한 연구 경향은 자연히 '전기 가야연맹', '후기 가야연맹' 혹은 '대가야연맹'으로 대표되는 '연맹체설'과 부部체제 국가, 지역연맹체 혹은 영역 국가 내지 고대 국가로 대표되는 '고대국가설' 등 다양한 견해가 제시되고 논의되어왔다.

오랜 전통을 가진 연맹체설은 주로 문헌 자료에 입각해서 대가야의 내부 구조를 부체제 단계까지 간 것으로 보면서도 대가야의 국가 성격에서는 연맹체로 부르거나 지역연맹체로 규정하고 있다(백승옥, 2003, 63~119쪽). 이는 역시 여러 사료와 고고 자료들로 볼 때 대가야는 부체제가 실시되어 연맹체를 초월하는 것으로 보이지만, 『일본서기日本書紀』에 멸망할 당시 10국의 나라 명칭이 나타나는 것을 염두에 둔 고뇌적 표현이라고 하겠다. 그러나 이에 대한 반론도 만만치 않은데, 가야 지역 정치체의 상호 관계에 보이는 고분의 위계와 정치체의 위상 등으로 볼 때 가야 제국諸國의 존재 형태에 관심을 갖게 된다.

예컨대 고령의 대가야나 함안의 아라가야는 고대 국가 단계까지 발전했다고 보기도 하고, 성주의 성산가야나 창녕의 비화가야는 이른 시기에 신라에 복속된 상태로 존재한 것으로 보기도 한다. 그런데 최근 발굴 조사가 이루어진 부산 연산동 고분군의 성격에 대해 이를 가야 제국의 일원으로 해석하는 주장이 제기되어 가야 제국의 존재 형태를 재조명할 수 있는 논의의 장이 펼쳐지고 있다.

따라서 이 글에서는 지금까지 발굴 조사된 고분 자료와 문헌 자료를 종합해 5세기 이후 가야 제국의 존재 형태와 연산동 고분군의 정치적 성격을 논의해보기로 하겠다.

2. 각 지역 수장묘首長墓의 변화와 정치체

(1) 김해 지역

낙동강 하구에 위치한 김해 지역은 이른 시기부터 바다를 통한 활발한 해상 교역 활동으로 영남 지방의 다른 지역보다 빨리 발전할 수 있었고, 그것을 기반으로 기원 전후 시기부터 변진 12국 중 월등히 우세한 구야국狗邪國이 성립될 수 있었다. 김해 지역 여러 곳의 소분지를 이어주는 하천 수계 주변에 형성된 고분군들이 이러한 사실을 말해준다.

　김해 지역에서 수장묘로 볼 수 있는 고분군은 주류가 목곽묘로 이루어진 양동리 고분군과 대성동 고분군이다. 이중 양동리 고분군 집단은 김해 지역 전체를 장악하지는 못했으나 3세기 전반까지는 해반천 수계의 대성동 고분군 집단보다 우세한 김해 세력의 중심이었다(홍보식, 2000, 1~48쪽). 그러므로 이 시기 구야국의 중심 세력은 바로 양동리 고분군 집단임이 분명하다. 대성동 고분군이나 봉황대 유적에서는 이에 비견할 만한 유구와 유물이 아직 출토되지 않고 양동리 고분군에서만 대형 목곽묘가 존재하며, 한경漢鏡과 청동검파두식青銅劍把頭飾 등 많은 위세품威勢品(prestige goods)이 출토되어 이를 증명하고 있다.

① 고분 자료

(가) 장방형 목곽묘

이 시기 양동리 고분군에서 가장 먼저 등장하는 수장묘는 장방형 목곽묘인 양동리 162호분이다. 이 고분은 목곽의 길이 388센티미터, 너비 240센티미터, 깊이 59센티미터 규모의 대형 장방형 목곽묘일 뿐 아니라, 부장 유물에서 종전의 다른 목곽묘에서는 볼 수 없는 한경 2매를 포함한 10매의 동경과 수정 다면옥·유리구슬 목걸이 등 질 높은 위세품, 다량의 철정·철촉·철모 등 철제 무구, 재갈 등을 부장하고 있다(임효택·곽동철, 2000)(〈그림 1〉의 ①).

　2세기 후반 구야국의 주 고분군인 양동리 고분군에서 최고 수장묘인 162호분과 이와 비슷한 규모와 부장품을 가지고 있어 수장묘라고 판단되는 235호분도 목곽의 장폭비가 2:1 미만의 장방형 목곽묘다. 이는 울산 하대 43호분(부산대학교 박물관, 1997)이나 부산 노포동 35호분(홍보식, 1998)의 장폭비와 비슷해 아직까지 영남 지역의 공통적인 목곽묘 형태가 계속되고 있음을 알 수 있다.

그러나 3세기에 들어서면 구야국의 중심지가 서서히 양동리 고분군에서 대성동 고분군으로 이동한다. 이와 같은 사실은 3세기 후반으로 편년되는 대성동 고분군에서 대형 목곽묘들이 축조되고 종전과는 비교할 수 없을 정도로 많은 양의 유물을 부장하는 이른바 후장厚葬이 이루어졌으나 종전의 양동리 고분군에서는 이러한 변화가 지속되지 않는 것으로 보아 알 수 있다. 이것은 어떠한 이유에서든 구야국의 세력권이 양동리 고분군의 조만천 수계 집단에서 대성동 고분군의 해반천 수계 집단으로 이동되었음을 의미한다(홍보식, 2000, 1~48쪽).

이와 같은 변화의 대표적인 고분이 대성동 29호 목곽분이다. 이 고분은 묘광의 길이 960센티미터, 너비 560센티미터, 잔존 깊이 130센티미터의 규모에 목곽의 길이 494센티미터, 너비 344센티미터, 높이 123센티미터로 이전과 비교할 수 없을 정도의 대형 목곽묘다(신경철·김재우, 2000). 묘제의 형태도 규모가 커지면서 목곽의 길이가 약간 길어지기는 했으나 장폭비는 2:1로 김해형 목곽묘의 특징을 보여주고 있다. 이렇게 길이 5미터가 넘는 대형 목곽을 축조하기 위해서는 종전에 비해 축조 기술면에서 큰 진전이 있어야 하고, 또 축조 재료의 획득이나 인력 동원에서 강력한 정치력이 발휘되어야 가능한 묘제의 변화라고 하겠다.

묘제의 변화와 아울러 유물의 부장에서도 비교할 수 없을 정도의 큰 변화가 일어나는데, 그것은 가야 지역에서 최초로 순장殉葬이 실시되고 토기를 다량 부장하는 후장이 시작되는 것이다(신경철, 2000, 27~62쪽). 순장자는 1인으로 주인공 발치의 공간, 즉 토기를 다량 부장하는 공간과 주인공 피장 공간 사이에 주 피장자의 안치 방향과 직교되게 배치했으며, 유리구슬 목걸이를 착장하고 있었다. 이와 같은 변화는 양동리 고분군이나 봉황대 유적에서는 나타나지 않는데, 이는 대성동 고분군 세력이 이들 지역을 통제하기 때문이라고 생각된다. 따라서 이 시기에 김해 대성동 고분군의 정치체는 정치·군사적 권력이 확립되어 서서히 구야국에서 금관가야가 성립하는 것으로 이해된다.

(나) 주·부곽식 일자형 日字形 목곽묘

앞에서 언급한 바와 같이 장방형 목곽묘는 대성동 29호분에서 보이는 것처럼 구조면에서 대형화되고 유물면에서 집중화와 대량화의 특징적인 변화가 일어난다. 그런데 4세기가 되면 이러한 현상은 묘제의 변화

① 단곽 목곽묘(김해 양동리 162호분)

부곽 / 주곽

② 주·부곽 목곽묘(김해 대성동 39호)

〈그림 1〉 김해 장방형 목곽묘(양동리 162호분), 주·부곽식 목곽묘(대성동 39호분)

를 더욱 가속화시켜 장방형 목곽묘에서 부장품 공간이 따로 독립되어 주·부곽 목곽묘의 형태로 나타난다. 따라서 김해 지역 목곽묘의 가장 대표적 묘제인 주·부곽이 일렬로 배치되는 일자형 목곽묘가 성립되는 것이다(〈그림 1〉).

김해 대성동 고분군에서 주·부곽식 목곽묘로 가장 이른 고분은 대성동 13호분이다. 이 고분은 후대에 조영된 다른 고분에 의해 많이 파괴되어 유물의 전모는 알 수 없지만, 일부 남아 있는 유물이 파형동기巴形銅器 6점, 경식용 유리옥 등 당시 최고의 위세품인 점을 보면 금관가야의 왕묘王墓라고 판단된다. 고분의 규모는 주곽 묘광의 길이 602센티미터, 너비 394센티미터, 깊이 145센티미터, 목곽의 길이 500센티미터, 너비 240센티미터이며, 부곽은 묘광 길이 370센티미터, 너비 398센티미터, 깊이 42센티미터, 목곽의 길이 165센티미터, 너비 270센티미터, 높이는 약 100센티미터 전후다. 장축 방향이 동서인 주곽은 서쪽에 배치하고 부곽은 주곽의 동쪽에 2미터 정도 떨어져 배치했는데, 주곽의 장폭비는 김해형 목곽묘의 단곽분인 29호분과 마찬가지로 2:1이다.

주·부곽 목곽묘인 대성동 13호분에도 주곽에 순장자가 매장되었는데, 주 피장자의 머리맡과 발치에 각 1인과 주인공의 좌측 옆에 1인 등 모두 3인이 순장되었다. 부곽의 순장 여부는 파괴가 심해 확실하지 않으나 13호분보다 조금 후대의 고분이지만 역시 주·부곽식 목곽묘인 3호분의 부곽에 순장자가 있는 것으로 보아 부곽에도 1인 정도 순장시킨 것으로 생각된다(신경철·김재우, 2000). 이와 같은 주·부곽식 목곽묘는 금관가야의 주 묘제로 김해 대성동 고분군에서는 5세기 초까지 계속되고, 그 후로는 조영되지 않았다.

② 금관가야의 존재 형태

금관가야는 변한의 유력 소국이었던 구야국이 발전해서 성립된 가야로 전기 가야연맹의 맹주국으로 인식되었다. 구야국은 철을 생산하고, 한漢 군현이나 왜 등에 공급하는 등 교역을 통해 발전했으며, 앞서 본 것처럼 양동리 고분군에서 대성동 지역으로 이동해서 발전했다. 이러한 교역의 결과가 대성동 고분에서 출토된 통형동기나 파형동기, 북방의 철복과 같은 외래계 유물이다(〈그림 2〉).

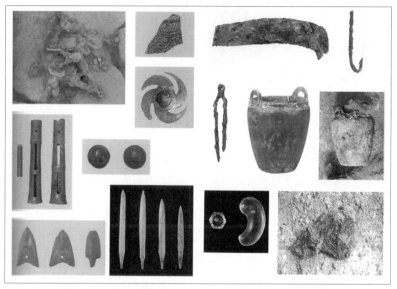

〈그림 2〉 대성동 고분군 출토 유물

이러한 전기 가야의 맹주로서 금관가야의 존재 형태는 김해 지역을 비롯해 동래·양산 지역까지를 포함하는 것으로 해석되기도 한다(이성주, 1993, 129~156쪽). 그러나 5세기 이후 동래 지역이 신라의 영역으로 편입되면서 금관가야의 영역은 축소된 것으로 생각된다. 이러한 금관가야의 존재 형태는 대성동 고분군의 순장 양상으로도 잘 나타나고 있다. 즉, 김해 지역의 순장은 대성동 고분군의 묘제인 주·부곽 목곽묘에 보이는 주·부곽 순장이다.

주·부곽 순장은 주인공을 안치하는 주곽과 부장품을 넣기 위한 별도의 부장곽을 갖춘 묘제에 나타나는 순장 유형이다. 이 유형은 목곽묘의 전통을 가지고 있는 지역에서 많이 나타나는데, 주곽 순장에서와 같이 주실의 주인공 머리맡이나 발치 부분에 순장하고 또 부실에도 순장시킨다. 그러나 가야 지역에서 가장 빠른 시기인 4세기 초에 순장이 나타나는 김해 대성동 고분군은 묘제상 주·부곽식 목곽 2기지만 대체로 주곽에만 순장했다. 대성동의 순장 목곽묘는 4세기와 5세기의 두 시기로 나뉘는데, 4세기 대 목곽묘의 순장은 대성동 3·13·39호분에는 3명을 순장했고, 부곽이 없는 형태인 대성동 23호분에는 2명을 순장했다(신경철·김재우, 2000).

김해 대성동 고분군의 순장을 통해 금관가야의 존재 형태를 살펴보면, 순장이 처음 등장하는 것은 대성동 13호분으로 4세기 중반에 해당하는데, 이때부터 5세기 전반까지 토광의 깊이가 깊어지는 등 고분의 규모는 확대되지만 순장 형태는 주곽에 2~3명을 순장하는 것이 그대로 유지되고 있다. 또 위세품도 통형동기나 청동경, 갑주, 마구 수준이며, 관모류는 나타나지 않는다. 이와 같이 금관가야는 5세기 이후에는 동래 지역을 신라에게 내주고 세력이 많이 약화되어, 가야 제국의 주도권도 약화되었다고 생각된다(김세기, 1997, 97~122쪽).

(2) 함안 지역

함안은 남강 하류역과 남해안에 근접한 남고북저의 분지로 이루어진 지역이다. 이 지역은 곡저 평야를 이용한 식량 생산과 수로를 이용한 외부와의 교역으로 일찍부터 정치체의 성장을 가져와 아라가야의 중심을 이룬 곳이다. 따라서 함안 지역에는 청동기시대의 지석묘로부터 원삼국시대의 목관묘와 목곽묘, 가야시대의 수혈식 석실묘에 이르기까지 많은 분묘가 존재해 선사시대 이래 가야시대의 세력 기반을 이해할 수 있는 자료가 되고 있다.

함안 지역의 고분군 중 수장묘로 볼 수 있는 고분군은 말이산의 능선과 구릉 사면에 걸쳐 넓게 형성된 도항리 고분군이다. 도항리 고분군은 고대한 대형 봉토를 가진 수혈식 석실분이 대부분이지만 지석묘, 목관묘, 목곽묘 및 횡혈식 석실분도 일부 섞여 있어 이른 시기부터 중심지 역할을 해온 것을 알 수 있다.

함안 지역은 김해의 구야국과 함께 변진 12국 중 안야국安邪國의 고지이며, 이것이 안라국安羅國 혹은 아라가야阿羅加耶로 발전한 곳이다. 그러나 적어도 3세기 이전부터 유력한 정치 세력으로 성장해 중국에까지 알려졌을 뿐만 아니라, 『삼국지三國志』 동이전東夷傳에 우호優號를 칭한 유력한 나라로 기록되어[1] 이 시기의 유적이 있었겠지만 안야국의 수장묘라고 생각되는 고분은 현재까지 고고학적으로 알려지지 않고 있다. 그 시기의 묘제는 김해 지역과 마찬가지로 목관묘 혹은 목곽묘였을 것으로 보이나, 창원 다호리 유적이나 김해 양동리 고분군처럼 대규모의 목관묘 유적이나 목곽묘 유적은 보이지 않는다. 아라가야의 주 묘제는 수혈식 석실분이지만 함안 지역도 처음 안야국 시기에는 목곽묘가 지배층 묘제였으나 점차 수혈식 석실분으로 바뀌어갔던 것이라고 생각된다.

---

1) "…… 신지에게는 간혹 우대하는 호칭인 신운견지보, 안야축지, 분신리아불례, 구야진지렴의 호칭을 더하기도 한다臣智惑加優呼 臣雲遣支報 安邪踧支 濆臣離兒不例 狗邪秦支廉之號"(『삼국지』 위서魏書 동이전 한漢).

① 고분 자료

(가) 장방형 목곽묘

함안 지역의 목곽묘 유적은 도항리 고분군의 북쪽 구릉 지대와 남강 연안의 황사리 고분군, 윤외리 고분군, 칠원 옥곡리 고분군에서 다수 확인되었다. 이 고분군들은 대체로 4세기까지도 길이 4미터 내외의 중소형 목곽묘가 구릉 경사면에 무질서하게 조영되었고, 부장 유물도 통형고배, 노형토기, 파수부잔 등의 토기류가 대부분으로 아직까지 수장묘는 없는 상태다.

유구의 평면 형태도 묘광의 장폭비가 대체로 2.5:1로 김해 지역의 2:1보다 약간 세장한 편이다. 이와 같은 세장한 평면적 특징은 이후 이 지역의 주 묘제인 수혈식 석실분에도 그대로 이어져 지역적 특징으로 이해할 수 있다.

함안에서 수장묘로 볼 수 있는 목곽묘는 도항리 고분군의 마갑총馬甲塚을 들 수 있는데, 이 고분은 묘광의 길이 890센티미터, 너비 280센티미터, 깊이 110센티미터이며, 목곽의 규모도 길이 600센티미터, 너비 230센티미터, 깊이 100센티미터의 대형 목곽묘에 속하고, 출토 유물도 상태가 매우 양호한 말 갑옷 일습—襲과 은상감환두대도와 철모·철겸 등의 철제품이어서 상류 지배층 분묘로 판단된다. 이 목곽묘도 함안의 다른 대형 목곽묘와 마찬가지로 장폭비 2.5~3:1의 비율을 보여 김해 지역의 장방형 목곽묘보다 약간 세장細長한 형태임을 알 수 있다(국립창원문화재연구소, 2002). 김해 지역에서는 장방형 목곽묘에서 다량의 유물 부장과 정치 지배력이 확대되면서 주·부곽식 일자형 목곽묘로 발전하는데, 함안의 경우 목곽묘에서는 순장이 행해지지 않고 더 이상 발전하지도 않는다. 이후 수장묘의 묘제는 내부 주체가 세장방형 수혈식 석실분으로 변화되면서 봉토가 대형화되고 순장이 행해진다.

(나) 수혈식 석실분

아라가야의 주 고분군은 함안의 중심지인 가야읍을 남북으로 뻗어 내린 해발 50미터 정도의 말이산 주 능선과 사면에 걸쳐 분포된 도항리·말산리 고분군이다. 이 고분군에는 대·소형 봉토분 100여 기가 밀집 분포되어 있는데, 행정구역이 달라 두 개의 고분군이 되었지만 원래 말이산의 능선과 사면에 연결되어 있다. 그러므로 이를 통틀어 말이산 고분군이라 부르기도 하고, 특히 고총고분이 집중되어 있는 도항리 고분군으로 지칭하기도 한다. 도항리 고분군의 대형 봉토분들은 대부분 수혈식 석실분이다(〈그림 3〉).

이들 대형 봉토분들은 가야 지역 고총고분의 일반적 입지와 마찬가지로 구릉의 정상부를 따라 일정한 간격을 유지하며 융기부에 축조해 더욱 크게 보인다. 도항리 고분군 중 최대의 고분인 4호분(구 34호분)은 북에서 남으로 뻗은 나지막한 구릉의 중심 융기부에 입지한다. 고분은 봉토 직경 39.3미터, 높이 9.7미터의 대규모 봉토 중앙에 수혈식 석실 1기만 설치한 단실 구조다. 석실의 길이 978.7센티미터, 너비 172.7센티미터, 깊이 166.6센티미터로 장폭비가 5.6:1의 매우 세장한 형태를 띠고 있다. 이 밖에 주 능선에서 서쪽으로 뻗은 가지능선 말단부에 위치한 8호분도 직경 38미터, 높이 5미터의 봉분 중앙에 석실 1기만 배치했다. 석실의 규모는 길이 11미터, 너비 1.85미터, 깊이 1.9미터로 장폭비가 5.9:1의 세장형이다. 또 능선의 남쪽 융기부에 위치한 15호분도 묘실은 8호분과 같은 단실 구조이며, 석실의 길이 9.4미터, 너비 1.85미터, 깊이 2미터의 규모로 장폭비 5:1의 세장한 형태다.

함안 도항리 고분군의 묘제상 가장 큰 특징은 석실 네 벽에 방형 감실龕室이 설치된 점이다. 이 감실은 대개 양 장벽의 위쪽에 각 2개, 단벽에 각 1개가 설치되었는데, 장벽의 감실은 서로 같은 높이에서 마

〈그림 3〉 함안 도항리 고분군

주 보게 되어 있고 단벽의 감실은 서로 약간 어긋나게 마주 보고 있다. 규모는 한 변의 길이가 40~60센티미터, 깊이 60~80센티미터 정도다. 현재로서는 가야 지역에서 함안에만 존재하는 이 석실 벽의 감실의 용도는 마주 보는 감실에 긴 통나무를 걸쳐 봉토의 무게에 의해 개석이 부러지는 것을 막고 석실 벽도 보호하는 보완 시설로 보는 것이 타당할 것이다(이주헌, 1996, 403~418쪽). 이것은 도항리 고분의 개석 재질이 부러지기 쉬운 점판암계 사암이 많고, 두께도 얇은 판석이 11매 이상 덮여 있는 점으로 알 수 있다. 실제로 발굴·조사된 도항리 8호분이나 15호분의 개석을 보면 대부분 중간에서 반절되어 있어 이를 증명한다. 함안 지역과 같이 장폭비 5:1 이상의 세장한 석실을 가진 고령의 경우 개석의 수도 9매 이하가 많고, 또 석질도 대부분 단단한 화강암제가 많아 개석이 부러진 예는 거의 찾아보기 어렵다. 따라서 도항리 고분의 감실은 백제 무령왕릉의 감실처럼 등불을 밝히기 위한 등감은 아닌 것이 분명하다.

고분의 묘실 구성에서 부장품을 위한 부곽이 존재하지 않는 것도 아라가야 묘제의 특징 중 하나로 볼 수 있는데, 주실의 길이가 10여 미터로 긴 것은 주인공과 함께 순장자와 부장품을 넣기 위한 방법에서 나온 구조로 생각된다. 하나의 석실에 주인공과 순장자, 부장품을 함께 매장해야 하므로 자연히 순장자 수도 5~6명 이상 늘어나기 어려운 구조이며, 부장 유물도 부곽이 있는 김해 대성동 고분이나 고령 지산동 고분보다 대체로 적은 편이다.

도항리 8호분의 경우 주인공의 발치에 해당하는 석실 남쪽에 주인공을 위한 순장자 5명이 주인공의 방향과 직교되게 서침으로 나란히 매장되어 있다. 이러한 매장 양상은 함안 최대의 고분인 도항리 4호분(구 34호분)의 경우도 대동소이하며, 다만 순장자 수가 6명으로 아라가야 고분 중에서 가장 많은 순장자를 매장하고 있는 점이 다르다(〈그림 4〉).

① 도항리 8호분의 석실 평면도

② 함안 도항리 8호분의 구조

〈그림 4〉 함안 도항리 8호분의 주곽 순장

묘제에 관련한 또 하나의 특징은 5~6세기 다른 가야의 순장묘에 비해 단순하며, 관모류가 보이지 않고, 위세품류도 아주 적은 것이다. 대가야의 수도 고령의 경우 대가야식 금관이 출토되었고, 또 지산동 30호분·32호분·45호분에서 대가야식 금동관이 출토되었다. 그리고 다양한 순장묘제와 수십 명의 순장자가 있는 고령의 대가야와 비교해보면, 순장자 수가 최고 6명을 넘지 않는 함안의 아라가야가 고고학적으로는 그만큼 왕권이 강하지 않았던 것으로 볼 수밖에 없다(김세기, 1997, 97~122쪽).

② 아라가야의 존재 형태

아라가야의 전신인 안야국의 수장묘라고 생각되는 고분은 현재까지 고고학적으로 알려져 있지 않다. 그 시기의 묘제는 김해 지역과 마찬가지로 목곽묘였을 것으로 보이나, 김해 대성동 고분군이나 양동리 고분군처럼 대규모의 목곽묘 유적은 보이지 않는다.

이렇게 안라국 시기에는 목곽묘가 지배층 묘제였으나, 5세기가 되면서 어떤 계기로 인해 주 묘제가 수혈식 석실분으로 바뀌어갔다. 앞에서 살펴본 바와 같이 아라가야의 중심 고분군인 도항리의 고총고분들은 수혈식 석실 구조에 장폭비 5.5:1 이상의 극세장한 평면 형태, 석실 1기만 배치하는 단실과 거기에 따른 주실 순장이 아라가야 묘제의 특성이라고 할 수 있다. 따라서 이와 같은 수혈식 석실분을 주 묘제로 사용하는 시기부터 아라가야로 발전했다고 할 수 있다(김세기, 2004, 69~100쪽).

이러한 묘제적 특성은 토기 문화에도 그대로 적용되어 교역에 의한 것으로 밝혀진 것을 제외하면 안라국 토기 문화의 특징인 화염형 투창 고배(조수현, 2006, 38~73쪽)의 분포 범위 역시 묘제의 범위와 거의 일치한다(이주헌, 1998, 45~77쪽). 따라서 아라가야가 최고로 발전했다고 생각되는 6세기 초반의 영역권은 함안식 수혈식 묘제라고 생각되는 극세장형 석실분과 화염형 투창고배의 출토 지역으로 보아 도항리 중심권을 비롯해 법수면 황사리, 군북면, 칠원 지역과 남강 북안의 의령 예둔리, 마산시의 현동 고분군, 진동만 일대와 함안의 서쪽 경계에 가까운 진주시의 진양 지역까지 포함시킬 수 있을 것이다. 이러한 아라가야의 영역은 『일본서기』 등 문헌에 기록된 국력에 비해 넓지 않은 편이다.

그리고 목곽묘인 마갑총의 경우 거의 완전한 말 갑옷 일습과 금상감환두대도 등 무장구가 주류를 이루고 있어, 4세기 대 안라국에서는 무장적 성격의 지배자가 중요한 역할을 한 것으로 보이나, 그 뒤 아라가야의 고총고분 중 빠른 시기인 5세기 전반으로 보이는 4호분(구 함안 34호분)에는 무구가 중요한 유물이 아닌 것으로 나타난다. 그뿐 아니라 8호분과 15호분에서도 마갑총과 같은 무구나 마구는 출토되지 않았다. 이는 고령의 대가야가 30호분, 32호분, 45호분에서 갑옷, 투구가 금동관과 함께 중요한 부장품인 것과 대조되는 점이다.

아라가야의 순장은 주곽 순장이다. 묘제상 한 봉분에 수혈식 석실 1기만 축조하고 한 석실 안에 주인공과 순장자를 함께 매장하는 것으로, 대개의 경우 주인공을 묘실 중앙에 안치하고 순장자는 주인공의 머리맡이나 발치 부분에 주인공의 부장품과 함께 매장한다. 그러므로 이 유형의 순장에서는 순장자의 수가 대부분 2~3명이고, 가장 많은 경우가 도항리 4호분(구 34호분)으로 6명이다.

『일본서기』의 기록에 의하면 함안의 안라국은 529년 백제와 신라가 가야 지역을 무력으로 위협하는 상황에 자국에서 고당회의高堂會議를 개최해 가야 외교를 주도할 정도로 대국의 면모를 보이고 있다(남재우, 2000, 185~218쪽). 그리고 541년과 544년에는 백제 사비에서 열린 이른

바 '임나부흥회의任那復興會議'에 대가야와 더불어 왕이 아닌 차한기次旱岐(혹은 下旱岐)를 파견하는 등[2] 가야 말기의 외교 활동을 주도했다. 이러한 사료로 볼 때, 아라가야는 대가야와 함께 당시의 다른 가야 세력보다 훨씬 발전된 국가였던 것이 분명하다고 하겠다.

이것은 아라가야가 대가야와 달리 무력을 위주로 주위를 통합하거나 영역을 확대하지 않고, 일본이나 백제, 신라, 나아가 고구려와의 대외 교역 혹은 외교를 위주로 발전해 넓지 않은 영역 안에서 내실을 다져간 것으로 볼 수 있다(김세기, 2012, 123~152쪽).

(3) 고령 지역

대가야의 중심 고분군인 지산동 고분군은 경상북도 고령군 고령읍 지산동 마을 뒤편(서쪽)의 능선 정상부를 따라 산봉우리처럼 줄지어 솟아 있다. 대가천과 안림천이 남북으로 감싸 안은 서쪽 끝에 가야산에서 동주해온 산줄기가 우뚝 솟아 고령의 진산인 주산이 되었다.

지산동 고분군은 이 주산에서 남쪽으로 뻗어 내린 주 능선 등마루를 따라 직경 20미터 이상의 거대한 봉토분이 산봉우리처럼 열을 지어 서 있고, 이 주 능선과 가지 능선 사면에는 중소형 봉토분 700여 기가 군집해 있는 가야 최대의 고분군이다. 고령 읍내를 병풍처럼 둘러친 것 같은 지산동 고분군의 남쪽 능선은 다시 동쪽으로 방향을 바꾸어 고아리로 뻗어 있는데, 이 고아리에도 대형분들이 이어져 이것까지를 지산동 고분군에 포함시킨다. 이 고아리 능선의 말단부에 가야 고분 중 유일한 벽화고분도 자리하고 있다(조영현 외, 2010).

---

2) 安羅次旱岐 夷呑奚 大不孫 久取柔利 加羅上首位 古殿奚 卒麻旱岐 散半奚旱岐兒 多羅下旱岐 夷他 斯二岐旱岐兒 子他旱岐等 與任那日本府 吉備臣 闕名字 往赴百濟 俱聽詔書 ……
(『일본서기』 권19, 흠명천황欽明天皇 2년 4월).

고령 지역 역시 초기에는 김해나 함안 지역과 마찬가지로 장방형 목곽묘가 수장묘로 사용되었으나, 가라국으로 발전하면서 수혈식 석곽묘가 지배층의 묘제로 사용되기 시작한다. 이어 석곽묘가 석실분으로 확대되면서 대가야의 주 묘제로 자리 잡는다. 대가야식 수혈식 석실분은 순장자의 묘곽을 함께 설치하는 다곽분의 구조로 주변 지역의 지배층 묘제로 확립된다. 이러한 대가야식 묘제로 주변 지역을 영역화한 대가야는 이후 6세기에 들어 공주 지역의 백제왕릉의 묘제인 횡혈식 석실을 받아들인다(〈그림 5〉).

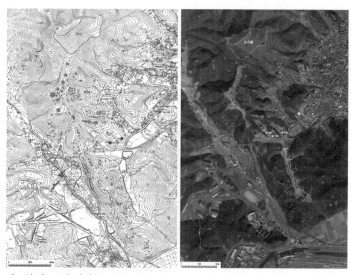

〈그림 5〉 고령 지산동 고분군 분포도

① 고분 자료

(가) 장방형 목곽묘

대가야는 종래 『삼국지』 동이전 한전의 변진미오야마국弁辰彌烏邪馬國이 발전한 것이라는 설이 있어왔으나 근래에는 『일본서기』와 〈양직공도梁

職貢圖〉에 나오는 반파叛波(또는 伴跋)와 관련해 추론한 변진반로국弁辰半路國이라는 설이 대두되어 설득력을 얻고 있다(김태식, 1993). 그런데 이 반로국은 현재 고령의 중심 고분군인 지산동 고분군이 있는 주산 아래가 아니라 회천의 동안이며 알터 암각화가 있는 양전리와 반운리 일대로 밝혀졌다(김세기, 1995, 301~364쪽). 그것은 지산동 고분군에서는 3세기 이전의 고분이 전혀 발견되지 않았으나 반운리에는 고령 지역에서 유일한 와질토기와 철기가 출토되어 목곽묘로 추정되는 반운리 고분군이 있기 때문이다(홍진근, 1992, 69~86쪽). 따라서 고령 지역의 소국이었던 반로국 시기에는 다른 가야 지역과 마찬가지로 목곽묘가 수장묘로 사용되었다. 그러나 김해 양동리 고분군이나 대성동 고분군의 목곽묘처럼 한경이나 옥제품 같은 위세품은 출토되지 않고, 전·후기 와질토기와 경질토기, 철겸·철부·철모 등 철기가 출토되어 그 정치 세력은 크지 않았던 것으로 보인다. 반운리 고분군은 발굴 조사가 이루어지지 않아 확실한 목곽묘의 실상을 알 수 없지만, 이보다 조금 늦은 시기인 4세기 후반의 쾌빈동 목곽묘가 발굴 조사되어 이러한 추정을 가능하게 했다.

고령 쾌빈동 목곽묘는 1호분의 경우 묘광의 남은 길이 482센티미터, 너비 305센티미터, 깊이 95센티미터이고, 목곽의 크기는 남은 길이 440센티미터, 너비 280센티미터인데, 전체적인 형태로 보아 장폭비가 약 2:1 정도의 장방형을 이루고 있다. 출토 유물은 위세품은 없고 노형토기, 양이부단경호와 고령 양식 장경호, 발형기대 등 토기류가 대부분이며, 철기류는 유자이기 1점과 축소 모형 농공구 정도만 출토되었다(영남매장문화재연구원, 1996).

이렇게 목곽묘를 지배층의 묘제로 사용한 반로국은 3세기 말까지는 김해의 구야국이나 함안의 안야국에 비해 정치적으로 미약한 소국이었다. 그러다가 4세기 대가 되면 반운리의 반로국은 회천을 건너 주산의 동쪽 자락인 연조리로 중심지를 옮기고 지산동 고분군을 지배층의 묘지로 사용한다.

그러나 최근에 조사된 지산동 73호분은 내부 주체가 목곽이며 호석과 대형 봉토를 갖추고 있는 특이한 구조로, 지산동에서 처음 확인된 자료다. 목곽은 넓고 깊은 하나의 묘광 안에 주곽과 부장곽을 평면 'T'자형으로 배치한 다음 그 주위와 양곽 사이를 할석만으로 채워 쌓은 점이 특이하다. 특히 목곽의 충전석 상태는 상당 범위에서 마치 석벽을 쌓은 듯 비교적 정연한 상태를 나타내 석곽으로 볼 여지도 있다. 묘광내 충전석에서 3기의 순장곽이 확인되었다. 한편, 봉토 중에도 제2단 호석을 축조하면서 순장곽 1기를 주체부 목곽의 주축과 같은 방향으로 배치함으로써 모두 4기의 순장곽이 축조되었다(〈그림 6〉).

〈그림 6〉 고령 지산동 73호분 전경(좌)과 매장 주체부

지산동 73호분은 목곽묘가 고총의 내부 주체로 채용되었다는 데 커다란 의미가 있다. 내부 구조는 발굴 조사 보고서에 목곽묘로 보고되었으나 위석 목곽 또는 석곽 등 다양한 견해가 제기될 가능성이 있다. 어쨌든 고총의 내부 구조로 목곽 벽체와 묘광 사이를 할석으로 빼곡하게 채워 쌓은 형태는 전형적인 목곽묘에서 볼 수 없는 고령 지산동 고분군

의 할석 축조 전통을 가미한 새로운 방식이다. 또한 충전석 속에 정연한 석곽 형태로 순장곽을 배치한 구조는 지산동 봉토분 평면 형태의 하나로 볼 수 있다. 이러한 여러 점에서 73호분을 목곽묘 말기와 수혈식 석실 초기에 걸친 특수한 묘제로 인식하고 있다(김세기, 2013, 47~60쪽).

(나) 수혈식 석실분

| 단곽 순장 석실분 |

반운리에서 목곽묘를 수장층의 주 묘제로 사용하던 반로국은 집권 세력이 교체되었거나 혹은 새로운 중요한 전기에 의해 중심지를 주산 아래의 연조리로 옮기고 지산동 고분군을 그들의 지배층 묘지로 사용했다. 그리고 종래의 목곽묘 대신 수혈식 석곽묘를 주 묘제로 사용하며 급속도로 발전했다. 이러한 사실은 지산동 고분군에서 고총고분이 성립되기 전에 축조된 수혈식 석곽묘에서 확인된다. 즉 4세기 말 지산동 고분군의 대형 석곽묘인 32NE-1호분에서는 은상감환두대도와 금제 이식 등 위세품과 철모·화살촉 등 무구류가 출토되고, 고배나 장경호 등 토기에서도 고령 양식이 성립되고 있어 이때부터 가라국으로 발전한 것으로 생각된다.

가라국은 5세기가 되면 지산동 주 능선 등줄기에 고총고분을 축조하면서 묘제도 석곽묘에서 석실분으로 확대 발전된다. 지산동 고총고분 중 가장 빠른 5세기 전반에 축조된 지산동 35호분의 경우 석실의 길이 666센티미터, 너비 101센티미터, 깊이 156센티미터로 장폭비가 6:1의 세장한 평면 형태를 이루고 있다. 따라서 일반적으로 ① 입지상 능선 정상부의 융기부에 위치하고 고대한 원형 봉토 축조, ② 장폭비 약 5:1의 세장한 석실 평면 형태, ③ 한 봉분 안에 주실과 별도의 순장곽을 가진 다곽분의 구조, ④ 봉분 기저부에 주실과 순장곽을 둘러싸는 원형

호석의 설치, ⑤ 고령의 특징을 가진 대가야식 토기가 출토되는 묘형을 대가야묘제로 부르고 있다(김세기, 1995).

이 시기의 같은 봉토분인 지산동 32호분과 34호분에서는 주석실 옆에 순장곽 1기를 설치하는 다곽분이 축조되기 시작한다. 그리고 32호분 석실에서는 금동관, 철판 갑옷과 투구 등의 위세품과 다량의 고령양식(대가야 양식) 토기류와 무기가 출토된다. 이렇게 위세품류가 부장된 주석실과 순장곽 1기를 배치하는 단곽 순장 석실분은 각 지역의 지배층 묘제로 확립되었고, 순장곽 없는 일반 석실분과 함께 점진적으로 합천, 거창, 함양, 산청, 남원 월산리, 두락리 등 여러 지역으로 확산된다. 이와 더불어 고령 양식 토기는 남원 월산리 고분군뿐만 아니라 소백산맥을 넘어 전라북도 장수·진안 지역까지 확산된다(김세기, 1998, 83~121쪽; 곽장근, 2000, 127~169쪽).

고령 본관동 34호분·35호분·36호분, 합천 옥전 M4호분·M6호분, 반계제 가A호분·다A호분·다B호분, 봉계리 대형분, 함양 백천리 1호분은 단곽 순장 석실분이고, 남원 월산리 M1-A호분·두락리 1호분은 대가야식 일반 석실분으로 묘제에 의한 대가야의 확실한 지배 영역을 보여준다. 그리고 산청 중촌리 고분군이나 생초리 고분군의 경우도 이러한 단곽 순장 석실분의 묘제와 대가야 양식 토기 출토지로 밝혀졌다(채규돈·김원경, 1993; 조영제, 2002, 41~67쪽).

이후 고령 지역의 묘제는 지산동 32호와 34호처럼 주실과 순장곽 1기를 배치하는 단곽 순장묘에서 주실과 부장품을 넣는 부실을 별도로 축조하고 순장곽도 여러 기 배치하는 다곽 순장 주·부실 석실분으로 발전한다.

| 다곽 순장 주·부실 석실분 |

다곽 순장 주·부실 석실분은 5세기 초의 지산동 73호와 75호분부터 나타나기 시작한다. 지산동 73호분은 주체부를 목곽으로 축조하고 마치 석실을 쌓듯이 보강석을 축조한 봉토분이고, 75호분은 석실분이다. 이 고분은 주곽 단벽 쪽에 부곽을 주곽과 직교해 주·부실의 평면 배치가 T자형을 이루고 있다. 73호분 순장곽은 주곽 보강석 위에 주곽 장벽과 나란히 1기씩을 배치하고 부곽의 장벽 보강석에도 1기를 배치해 주곽을 ㄷ자형으로 감쌌으며, 봉토 속에도 1기를 배치했다(조영현, 2013).

5세기 후엽의 44호분에서는 주실 외에 부실이 2기, 순장곽이 32기라는 가야 최대의 다곽 순장묘가 축조되었다. 44호분은 호석의 장경 27미터, 단경 25미터의 타원형 묘역 중앙에 주석실과 부장품실 2기를 배치하고, 순장곽은 주석실을 중심으로 방사상과 원주상으로 배치했다. 할석으로 축조한 주석실은 길이 940센티미터, 너비 175센티미터, 깊이 210센티미터의 규모이며, 장폭비가 5.4:1로 전형적인 대가야식 묘제를 보인다. 45호분의 경우도 규모는 약간 작지만 호석으로 둘러싸인 묘역 중앙에 주실과 부실을 나란히 배치한 다음 이를 원주상으로

<그림 7> 고령 지산동 44호분의 순장곽

둘러싸는 순장곽 11기를 배치한 점은 대동소이하다.

이와 같은 다곽 순장 주·부실 석실분은 현재까지는 고령 지산동 고분군에만 존재하며, 또 지산동 고분군에는 봉토 직경 20미터가 넘는 대형 봉토분이 능선 정상부를 따라 줄지어 입지하고 있어 묘제상으로 보아 정치적 위상도 가야 제국 가운데 가장 높았던 것으로 볼 수 있다 (〈그림 7〉).

(다) 횡혈식 석실분(고아동 벽화고분)

고령 지역의 횡혈식 석실분은 지산동 고분군과 고아동 고분군에 여러 기가 존재하지만 지산동 고분군의 경우는 절상천정총折上天井塚 1기를 제외하면 거의가 대가야 멸망 후에 축조된 것들이고, 가야 지배층 묘제로서의 횡혈식 석실분은 고아동 벽화고분을 의미한다.

고아동 벽화고분은 가야 지역 전체에서 유일한 벽화고분으로 지산동 고분군의 능선이 남서쪽으로 뻗어 내려오다가 한 자락이 동으로 솟아올라 새로운 산록을 형성한 동쪽 사면 끝에 위치한다. 고분의 규모는 봉토 직경 동서 25미터, 남북 20미터이며, 봉토의 높이는 현실 바닥으로부터 6.88미터인데 원래 경사면을 ㄴ자형으로 깎아내어 축조한 관계로 봉토 기부로부터의 높이는 동에서 8미터, 서에서 3미터다.

현실은 장대한 할석을 약간 다듬어 네 벽을 축조했는데, 남북 양단벽은 수직으로 쌓아 올리되 남단벽은 오른쪽(동쪽) 장벽에 연결해 연도를 이어 쌓았다. 동서 양장벽은 수직으로 쌓아 올리다가 상반부에서 서서히 내경하게 쌓아 길게 좁혀진 천장부에 작은 개석 6매를 덮어 전체적으로 터널처럼 만들었다. 현실의 규모는 길이(남북) 375센티미터, 너비(동서) 282센티미터, 높이 312센티미터다. 연도는 현실 남벽의 동쪽에 치우쳐 동장벽에 잇대어 수직으로 쌓아 올리고 평평한 장대석 8매로 덮었다. 연도의 길이는 현실보다 길어 482센티미터이며, 너비는 좁아 148센티미터, 높이는 164센티미터다.

벽화는 현실과 연도 전체에 그렸던 것으로 보이나 현재는 천장석에만 남아 있는 상태다. 천장에는 얇게 회칠을 하고 분홍색, 녹색, 흑색, 갈색으로 내외 2중의 8판 연화문을 그렸다. 할석으로 쌓은 벽면에는 전면에 굴 껍질이 섞인 회를 두껍게 이겨 바르고 반들거리게 문지른 다음 그 위에 그림을 그렸다. 그러나 벽면의 그림은 흔적만 일부 남아 있는 상태라 어떤 그림이 있었는지 알 수 없고, 다만 그림이 있었던 것만 확인할 수 있을 뿐이다.

이 고분은 전체 규모나 축조 구조, 벽화 내용으로 보아 6세기 전반의 대가야 왕릉이 틀림없으며, 이는 여러 가야국 가운데 대가야만이 백제, 신라와 같이 횡혈식 석실분을 왕릉으로 채용한 것으로 대가야의 존재 형태를 이해하는 데 있어 매우 중요한 자료가 된다.

② 대가야의 존재 형태

다곽 순장 주·부실 석실분은 현재까지는 고령 지산동 고분군에만 존재한다. 지산동 44호분이 축조되는 5세기 후반에 대가야는 중국 남제南齊에 사신을 파견해 보국장군輔國將軍 본국왕本國王이라는 작위를 받았다. 이렇게 국제적으로 공인을 받자 가라국은 대가야로 발전했고, 정치적 위상이 높아지면서 묘제도 5세기 후엽의 44호분에서는 주실 외에 부실이 2기, 순장곽이 32기라는 우리나라 최대의 다곽 순장묘가 축조되었다. 또 지산동 고분군에는 봉토 직경 20미터가 넘는 대형 봉토분이 능선 정상부를 따라 줄지어 입지하고 있어 묘제상으로도 정치적 위상이 가야 제국 가운데 가장 높았던 것으로 볼 수 있다.

따라서 대가야의 존재 형태는 대체로 5세기 중후반에는 고대 국가체제를 이룩한 것으로 보아도 좋다고 생각된다. 즉 왕권의 세습이 안정되고, 부체제를 통한 지방 조직의 성립, 수위제에 보이는 중앙 관제, 낙동강 이서에서 지리산과 섬진강·남강 이북에 이르는 영역의 확보, 신라와 백제에 군사를 파견할 정도의 군사력 보유, 당시 국제 사회에서의 확실한 지위인 남제로부터의 작위 수여 등의 사실과 고고 자료에 보이는 금관의 사용, 대왕大王명 토기, 하부사리리下部思利利명 토기 등으로 볼 때 비록 50~60년의 짧은 기간이지만 체제가 불분명한 연맹왕국이 아니라 확실한 고대 국가였다고 보는 것이 타당할 것이다(〈그림 8〉).

〈그림 8〉 대가야의 관모

또한 "고령군은 본래 대가야국이었는데, 시조 이진아시왕伊珍阿豉王(또는 내진주지內珍朱智라고도 했다)으로부터 도설지왕道設智王까지 모두 16세世 520년이었다. 진흥대왕이 침공해 멸망시키고 그 땅을 대가야군으로 삼았다"(『삼국사기』 권34, 잡지雜志3 지리地理1 신라 강주康州 고령군高靈郡)는 기록은 고령이 원래 대가야국이었다는 명백한 증거다. 즉 가라국으로 인정받은 국가 명칭을 언제부터인가 '대가야'로 표방했고, 신라도 그 사실을 인정해 대가야를 멸망시킨 후 그곳을 대가야군으로 삼았던 것이다. 다시 말해 대가야라는 국호는 5세기 초에 나온 것이 아니라 5세기 후반, 즉 가라왕 하지가 남제로부터 본국왕이라는 인정을 받고 주변의 여러 정치 세력을 통합한 후, 그 자신감에서 나온 것으로 보아야 하며, 대가야라는 국호를 사용해 고대 국가체제를 이룩한 결과로 나온 것이다.

이는 신라가 원래 경주를 중심으로 사로斯盧 혹은 사라斯羅라고 하다가 주변의 정치 세력을 복속시킨 뒤 사로뿐만 아니라 그에 예속된 다양한 정치 세력을 포괄하는 보다 넓은 의미를 가진 신라로 명칭을 바꾸는 것과 마찬가지라 하겠다(주보돈, 1994, 245~277쪽). 즉 가라加羅는 원래의 고령 지역을 의미하고, 대가야는 고령 지역을 포함해 새로이 복속된 지역 전체를 포괄하는 국가 명칭인 것이다.

(4) 성주 지역

성주 지역은 『삼국유사三國遺事』 오가야五伽倻조에 5가야의 하나인 성산가야(혹은 벽진가야) 지역으로 기록된 이래 성산가야의 고지로 알려져 왔고, 또 성주 지역에 분포한 고총고분군을 성산가야의 고분으로 이해해왔다. 그러나 『삼국유사』에 더 이상의 내용은 없고, 다만 『삼국사기』 지리지 신라 성산군星山君조의 "성산군은 본래 일리군一利郡이었는데 경덕왕 때 개명한 것이며, 오늘날의 성주군 지역에 해당된다"는 내용뿐으로, 그 외의 사정을 알 수 있는 사료가 없다는 것이 일반적인 사실이다.

그런데 성주 지역의 고고 자료는 삼국시대 고분군 외에 청동기시대 묘제인 지석묘가 하천변이나 구릉지 여러 곳에 분포되어 있다. 또 원삼국시대의 목관묘 유적이 있어 선사시대부터 삼국시대에 이르기까지 성주 지역에 일찍부터 정치 세력이 형성되었고, 진·변한 소국의 하나로 발전했던 사실을 이해할 수 있는 단서가 되고 있다. 그러므로 성주의 중심지에 자리 잡고 있는 성산동의 고총고분들은 성산가야 최고 지배층의 분묘라고 인식해왔다.

① 고분 자료

(가) 목관묘

성주 지역에서 삼국시대 주 묘제는 봉분이 있는 석곽(석실)분이며, 이 봉토분이 최고 지배층의 분묘가 되면서 고총고분으로 축조되는 것이 일반적이지만, 그 전의 묘제는 영남 지역 전체에 공통적으로 축조되었던 목관묘다. 즉 성주읍 예산리 유적에서는 원삼국시대 목관묘 40여 기가 발굴되었는데, 통나무 목관묘와 판재 목관묘가 섞여 있어 비슷한 시기의 대구 팔달동 목관묘 유적과 비슷한 양상을 보인다.

출토 유물도 자루 끝을 옻칠로 장식한 청동검과 철검, 철모, 철부, 철착 등 철기류 및 칠기 부채 같은 고급 유물도 있어 소국 형성의 정치체가 있었다고 생각되는 대구 팔달동 유적이나 창원 다호리 유적과 비슷하다. 이 목관묘의 시기는 무문토기와 함께 출토된 주머니호, 조합우각형파수부호 등 와질토기가 전기 단계의 빠른 토기들로 보아 삼한 소국의 형성기와 일치한다.

또 이곳에서 출토된 두형토기나 와질토기류도 경산 임당동, 경주 조양동, 부산 노포동 등 다른 지역의 토기 문화와 공통성을 가지고 있다. 특히 가야시대 이후 극심한 문화적 차이를 보이는 고령 지역과도 와질토기 문화는 전혀 차이가 없다. 즉 예산리 목관묘와 비슷한 성격의 유적이 고령 반운리에서도 조사되었는데, 이 유적에서는 철검, 철부, 철모와 같은 철제 농경 도구 및 무기가 부장되고, 전기 와질토기에 속하는 대부조합우각형파수부장경호, 원저조합우각형파수부장경호 등과 후기 와질토기에 속하는 노형토기, 대부장경호와 함께 경질토기(고식도질토기) 단경호가 출토되었다(홍진근, 1992, 69~86쪽). 그런데 이들 목관묘에서 출토된 토기들에서는 가야 토기 양식이나 신라 토기 양식 등 지역색이 나타나지 않는다. 이것은 적어도 와질토기 단계인 3세기까지는 고령과 성주의 토기 문화가 같았다는 것이며, 더 나아가 대구, 경산, 경주, 울산, 부산 등 영남 지역이 공통의 양식을 가지고 있었음을 의미한다. 이는 원삼국시대까지는 대체로 진·변한의 문화가 큰 차이 없이 공통적이라는 일반적인 문화 양상을 성주에서도 확인할 수 있는 것이다.

(나) 고총고분의 묘제와 출토 유물

| 철凸자형(감실 부곽형) 고분 |

철자형 고분은 막돌로 네 벽을 쌓지만 한쪽 장벽 쪽을 넓게 확장해 바닥보다 약간 높게 벽장처럼 만들어서 부곽으로 사용하는 묘제다. 축조 재료로만 본다면 할석식에 속하지만 비교적 소형분에 많고, 평면이 철자 형태를 이루어 특이하기 때문에 성주 지역 묘제의 한 종류로 분류하는 것이 의미가 있다고 생각된다. 이 묘제는 현재까지는 명포리 고분군과 시비실 고분군에서 주로 확인되지만 성산동 고분군과 장학리 별티 고분군에도 분포한다.

명포리 1호분을 통해 감실 부곽 고분의 구조와 특징을 살펴보면 다음과 같다. 고분의 외형은 남북 장경 11미터, 동서 단경 9.5미터의 소형 봉토분으로 내부 주체는 목곽묘다. 고분의 축조는 약간 경사진 원지반에 길이 540센티미터, 너비 250센티미터의 장방형 묘광을 판 다음 바닥에 크기가 일정하지 않은 깬돌을 깔고 그 위에 목곽을 설치했다. 목곽은 길이 380센티미터, 너비 100센티미터, 깊이 100센티미터의 규모로 장폭비가 3.8:1의 장방형을 이루고 있으며, 나무 흔적은 발견되지 않았다. 목곽과 묘광 사이는 할석을 채워 보강했는데, 돌을 차곡차곡 쌓지 않고 들어붓듯이 채워넣은 듯 목곽에 닿았던 안쪽 면이 가지런하지 않다.

경사 윗면인 서장벽 보강석 중간 부분에 폭 70센티미터만큼 보강석 대신 흙을 다져넣은 다음 장벽에 직각으로 길이 160센티미터 크기의 석축을 쌓아 벽장 형태의 감실 부곽을 마련했다. 이 감실 부곽 고분은 전체적으로 평면 철자형을 이루고 있어 특징적이다.

한편 성산리 57호분은 할석식 석실분에 속하지만 경사가 높은 쪽의 석실 장벽에 바로 잇대어 석실과 나란히 부곽을 배치한 철자형 고분이다.

| 할석식 석실분 |

성주 묘제의 유형 중 할석식 고분은 막돌이나 깬돌을 이용해 네 벽을 축조한 묘제로 성주의 주 고분군인 성산리 고분군에 주로 분포한다.

대형분에서의 할석 축조는 성주 지역은 물론 다른 가야 지역에서도 흔히 볼 수 있는 축조 방법이나 성주 지역이 다른 점은 평면 구조에서 고령의 대가야식은 길이:너비의 비율이 5:1의 세장방형인 데 비해 성주 지역은 3:1 정도의 장방형이고, 벽석의 축조도 고령 지역은 납작한 할석을 세밀하고 정교하게 쌓는 데 비해 성주 지역은 막돌을 엉성하게 쌓고 많은 돌을 들어붓듯이 둘러 보강하는 점이다.

할석식 석실분의 대표적인 예로 볼 수 있는 성산리 39호분을 통해 좀 더 상세히 보면, 우선 완만한 경사면의 묘역 중앙에 석실을 배치하고 석실보다 약간 높은 쪽에 부곽을 설치했다. 석실은 장축의 방향을 동북-서남으로 두고 자연 할석으로 네 벽을 쌓은 다음 개석을 덮은 수혈식 석실 구조다.

그리고 벽면의 석축 방법이 다른 지역의 석실처럼 면과 크기를 맞추어 가지런하게 쌓지 않고 엉성하게 엇물려 지탱하는 형태다. 이렇게 벽면을 한 단씩 공들여 쌓지 않고 둥글둥글한 자연석을 여러 겹으로 맞물

려 지탱하도록 한 것은 기본적으로 이 석실이 목곽을 먼저 설치하고 목
곽을 보강하는 형태의 석실이기 때문이다. 그러므로 고령 지역의 할석
석실보다 묘광도 넓고, 석실 벽면이 일정하지 못하고 엉성한 것이다.

또한 묘광 어깨선 위의 지상 부분에는 묘광선 범위보다 더 밖으로
넓게 돌을 깔아 석실을 보강하고 있다. 이 보강석들이 타원형으로 돌면
서 네 벽의 모서리를 서로 엇물려 지탱하도록 하고, 그 위에 둥글고 길
쭉한 판석 3매로 개석을 덮었다. 이렇게 벽석을 두껍게 보강했으나 목
곽이 썩어 내려앉으면서 엉성한 벽면은 대부분 무너져 내리거나 토압
에 의해 밀려나와 휘어진 상태다.

석실의 규모는 길이 375센티미터, 너비 135~145센티미터, 깊이
195센티미터다. 바닥의 너비가 다른 것은 벽석이 내려앉으면서 바닥
의 선을 흩뜨려놓아 일정하지 않기 때문이다. 따라서 길이:너비의 비율
이 약 2.5:1을 보이고 있다. 이 비율은 판석식이나 감실 부곽식 고분에
서도 똑같은 양상으로 나타난다. 이는 대가야 지역인 고령의 할석 축
조 수혈식 석실분의 장폭비 5:1의 세장형이나 아라가야 지역인 함안의
5.5:1의 극세장형(김세기, 2004, 69~100쪽) 평면보다 아주 폭이 넓은 장
방형이며, 낙동강 동안 지역 봉토분 석실의 장폭비 3:1과 비슷한 것이
다(〈그림 9〉의 ①).

| 판석식 석실분 |
판석식 석실분은 성주 지역에서 현재로서는 성산리 고분군의 대형분
에만 나타나고 있다. 판석식 고분은 매장 주체부인 석실의 네 벽을 넓
적하고 길쭉한 판석을 세워 만든 석실분을 말한다. 이 판석 축조의 경
우도 벽체는 대형 판석을 사용하고 사이사이에 할석을 보강해 네 벽
전체가 견고하게 유지되도록 한 것이다. 평면 형태는 할석식과 같이 장

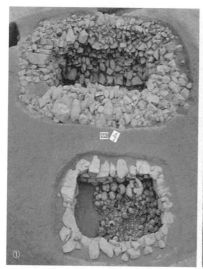

〈그림 9〉 성주 성산동 고분 묘제

방형이다. 이와 같은 판석식 석실 구조는 이곳 성산리 고분군과 대구 내당동의 달서 고분군이 축조 재료와 세부 축조 수법은 물론 평면 형태까지도 거의 똑같은 양상이다(김종철, 1988, 235~260쪽).

판석식 석실분인 성산리 38호분을 통해 판석식 석실분의 구조를 좀 더 상세히 보면, 석실 규모보다 넓게 묘광을 파고 바닥에 강자갈을 부어 깐 다음 대형 판석으로 네 벽을 세웠다. 판석 뒤에는 판석이 넘어지지 않도록 둥글둥글한 자연석을 쌓아 보강했다. 장벽은 높이가 같지 않은 2매의 넓은 판석을 바닥에 깐 강자갈 위에 잇대어 세웠는데, 개석이 놓일 판석 윗면을 맞추기 위해 짧은 판석의 아래쪽은 모자라는 만큼 할석을 쌓은 뒤 그 위에 판석을 올려 세웠다. 또 판석과 판석 사이에 간격을 띄우고, 그 사이는 할석을 쌓아올려 판석과 할석축이 서로 꽉 끼도록 했다.

단벽은 각각 1매의 판석을 가운데 세우고 양옆과 장벽이 이어지는 연접부에는 역시 할석을 끼워 쌓아 네 벽 전체가 견고하게 유지되도록 했다. 장벽과 단벽 뒷면의 자연석 보강 방법은 할석식과 마찬가지로 벽체와 묘광 사이 공간에 보강석을 축대 쌓듯이 차곡차곡 쌓은 것이 아니라 돌을 던져넣듯이 무질서하게 부어넣었다. 이렇게 던져넣은 보강석들은 네 벽을 돌아가면서 서로 엇물려 세워놓은 판석과 벽체를 견고하게 유지시키고 있다. 또 네 벽의 상면은 수평 레벨을 맞추어 두툼한 괴석 1매와 얇고 평평한 판석 1매로 개석을 덮고, 개석 사이의 틈과 주위에도 작은 할석을 지붕 잇듯이 깔아놓았다(〈그림 9〉의 ②).

석실의 규모는 길이 390센티미터, 너비 170센티미터, 깊이 195센티미터로 장폭비가 2.3:1을 이루어 할석식과 마찬가지로 길이에 비해 폭이 넓은 장방형 석실이다. 성산리 38호분 외의 판석식 고분인 58분은 길이 332센티미터, 너비 125센티미터, 깊이 175센티미터로 장폭비 2.6:1이고, 59호분은 길이 378센티미터, 너비 110~128센티미터, 깊이 175센티미터로 장폭비 2.9:1이다.

또 성주 성산리 고분군과 석실의 유형과 구조에서 가장 비슷한 양상을 보이는 대구 달서 고분군의 판석식 석실분의 장폭비도 이와 대동소이하다. 즉, 달서 고분군 중 비산동 37호분은 판석조 석실 2개가 있는데 제1석실은 길이 438센티미터, 너비 135센티미터, 깊이 154센티미터로 장폭비 3.2:1이며, 규모가 조금 작은 제2석실은 길이 351센티미터, 너비 133센티미터, 깊이 136센티미터로 장폭비 2.6:1이고, 내당동 55호분은 길이 457센티미터, 너비 187센티미터, 깊이 193센티미터로 장폭비 2.4:1이다.

| 출토 유물 |

성산리 고총고분의 묘제는 할석식과 판석식으로 구분되지만, 출토 유

물에서는 구분되지 않고 토기나 장신구 모두 신라 양식이 출토된다. 즉 성주 지역은 대체로 5세기 초엽부터 성주의 지역성을 띤 성주 양식 토기가 성립하기 시작하는 것으로 생각되는데, 이른 시기 고분인 명포리 1호분은 목곽묘가 주체부인 철자형 고분으로 이 고분 출토 토기나 성산리 고분의 토기들이 성주 양식 토기의 특징을 잘 반영하고 있다고 하겠다. 그중에서 대표적인 기종은 장경호, 유개고배, 대부장경호, 대부완, 단경호, 통형기대 등인데, 사실은 성주 양식이 성립되기 전의 목곽묘 토기들도 범신라 양식 일색으로 가야 양식 토기는 존재하지 않는다(남익희, 2009, 53~92쪽).

관모와 장신구는 신분을 나타내는 위세품으로서 그 지역 집단의 성격을 보여준다는 의미에서 매우 중요한 요소다. 신라의 경우 경주의 왕릉급 고분에서 금관과 금제 관식, 금제 허리띠 장식과 금동 신발 등이 세트로 출토되어 이것이 최고위의 신분 표시 물품임을 알 수 있다. 그러나 신라의 지방 정치체가 있었던 경산, 대구, 의성 등 고총고분에서는 신라 왕실에서 사여한 것으로 판단되는 금동관이나 은제 관모, 은제 허리띠 장식이 세트로 출토된다. 가야의 경우에도 관모는 최고 신분을 나타내는 것으로 보이지만, 가야의 관모는 현재 고령을 중심으로 한 대가야 지역에서만 출토되었다. 고령 출토로 전해지는 순금제 가야 금관은 꽃봉오리나 나뭇가지 형태를 한 초화형草花形이고, 고령 지산동 45호분에서 나온 금동 관식도 비슷한 형태다. 그리고 지산동 32호분에서 출토된 금동관은 불상 광배형 몸체에 보주형 가지가 달린 독특한 형식으로 신라식인 출자형과는 완전히 다른 양식이다.

한편, 성주 고분에서는 성산동 구 1호분에서 신라식의 나비형 은제 관식이 신라식 은제 과대와 함께 출토되었고, 귀걸이 또한 신라식의 굵은 고리식이 성산동 구 1호분과 58호분에서 출토되어 토기 문화와 함

<그림 10> 은제 관식(좌)과 과대(우)(성주 성산동 구 1호분)

께 위세품인 관모와 장신구에서도 완전한 신라 문화 양상을 보이고 있다(<그림 10>).

② 성산가야의 존재 형태

이와 같은 성주 성산리 고분군의 묘제와 출토 유물을 통해 성산가야의 존재 형태를 추론하면, 성주 묘제의 특징적인 지역성은 석실의 길이:너비의 비율이 3:1의 장방형을 이루는 점으로 고령 대가야 묘제의 5:1의 세장방형 석실과 비교되는 특징이다. 따라서 성주 묘제의 성격은 가야 고분이 아니라 대구, 성주, 칠곡(약목 1호분), 구미, 김천 등 경북 서북부 지역으로 연결되는 신라 고분인 것이다. 즉 성주 고분은 신라의 지방 세력이며, 소백산맥 서남 라인의 거점 지역으로 남쪽에 인접하고 있는 대가야를 견제하고 백제 지역으로 진출하는 중간 거점으로의 역할을 하는 고분이라고 생각된다.

그리고 성주 지역의 토기는 ① 고배대각 투창의 상하 엇갈림, ② 사다리꼴의 직선 대각, ③ 깊은 배신, ④ 대각 도치형 뚜껑, ⑤ 장경호의 직립 원통형 목의 형태, ⑥ 각진 어깨, ⑦ 대부장경호의 존재 등 신라 토기의 범주에 속한다. 그러나 세부에서는 '경주 양식'과 뚜렷이 구분되어 필자는 이러한 성산리 고분 출토 토기를 '성주 양식'으로 설정한 바 있다(김세기, 1987, 183~213쪽).

성주 양식 토기의 성격은 대구의 비산동·내당동 고분의 구조와 토기 양식이 가장 유사해 대구 지역과의 밀접한 문화 관계를 엿볼 수 있다. 지역적으로 가까이 붙어 있고 정치적으로나 문화적으로 강력하고 광범위하게 분포했던 대가야의 영향을 받지 않고, 낙동강을 건너 멀리 떨어진 대구의 영향을 받은 점이 성주 지역 토기가 가지고 있는 정치적 성격이라 하겠다.

이와 같은 성주 묘제와 토기에 보이는 고고학적 자료를 통해 고대 사회에 대해 살펴보면, 일찍이 성주읍에는 원삼국시대 국명은 확실치 않으나 소국이 성립되어 있었다. 그런데 낙동강 유역의 진·변한 소국들이 지역연맹체를 구성하면서 10여 개의 가야로 발전할 때 성주의 소국은 확실하지는 않지만 성산가야 혹은 벽진가야가 되었을 가능성은 있다.

그런데 성주의 소국을 성립시켰던 목관묘 세력은 목관묘의 구조와 출토 유물, 특히 철기와 칠초동검 등 위세품에서 대구 팔달동 유적의 목관묘와 매우 유사한 양상을 보여 정치적·문화적 교류 혹은 관련성을 상정해볼 수 있다. 이러한 관련성은 5세기 이후에도 대구의 달성을 중심으로 하는 내당동·비산동 고분 세력과 계속 친밀한 정치적 관계로 이어졌던 것으로 추측된다. 그러다가 대구 지역이 경주의 사로국에 복속됨으로써 성주의 성산가야도 일찍이 신라의 지배하에 들어간 것으로 생각된다. 신라는 대구 달성의 비산동·내당동 고분 세력을 지배하에 넣은 다음, 바로 원래 범신라적 문화 기반을 가지고 있던 성주 세력을 복속시켜 은제 관식과 허리띠 장식 등 위세품을 사여했던 것이다.

묘제와 출토 유물로 볼 때 성주 세력이 신라에 복속된 시기는 대구가 신라에 복속된 시기와 비슷한 4세기 중후반이었다고 생각된다(주보돈, 1996, 83~146쪽; 이희준, 2004, 5~34쪽).

3. 부산 연산동 고분군의 성격

(1) 연산동 고분군의 묘제

연산동 고분군은 행정구역상 부산시 연제구 연산동 산 90-4·5·7번지외 일원으로, 현재 부산 시내의 중심부에 위치한다. 해발 427.9미터의 황령산에서 북쪽으로 뻗은 지맥에 속하는 표고 254미터의 배산盃山 북쪽으로 뻗어 나온 40~60미터 전후의 완만한 능선상에 자리 잡고 있다. 능선의 정상부를 따라 대형의 성토 분구를 가진 고분 18기가 남북 방향으로 배치되어 있다. 부산 지역의 대표적 고분군인 동래 복천동 고분군의 입지와 마찬가지로 구릉상에 위치하며, 고분군이 조성된 구릉은 온천천과 거제천이 합류하는 곳의 북쪽으로, 온천천을 사이에 두고 두 고분군이 마주 보고 있다.

고총고분이 조영된 구릉은 남쪽(3군)·중앙(2군)·동북쪽(1군) 등 3곳의 넓은 지대이며, 각각 대형 고분 1기(M3호분·M6호분·M10호분)를 중심으로 4~8기의 중대형 고분이 어우러진 형태를 보인다. 현재까지 조사를 통해 밝혀진 연산동 고총고분의 조영적 특징을 간단히 살펴보면 다음과 같다.

가장 낮은 지대에 위치한 1군은 M3호분을 중심으로 남북 방향의 열상 배치를 보인다. M3호분의 평면 형태는 장타원형이고, 성토 기법은 점토괴를 이용한 수평 성토 방식으로 확인되었다. 2군은 중심 고분인 M6호분 주변을 8기의 중대형 고분이 둘러싸는 배치다. M6호분은 비교적 경사도가 심한 지형에 입지함에 따라 삼각형의 크고 높은 토제를 활용한 성토 방식을 취했다. 3군은 고분군의 가장 높은 곳에 위치하고, M10호분을 중심으로 남북의 열상에 가까운 배치를 보인다. 고총고분 주위나 봉분 내에 중소형의 석곽이 배치되는 특징이 있다(부산박물관, 2012·2013).

신라대학교에서 조사한 4호분은 봉분의 직경이 12.7미터가량 되는 반구형이며, 매장 시설은 '일日'자형으로 배치하고 할석으로 네 벽을 축조한 주·부곽식 수혈식 석실분이다. 전체 묘광의 길이 10.5미터, 너비 4.0미터, 깊이는 2.5미터가량 된다. 주곽은 길이 4.5미터, 너비 2.0미터, 부곽은 길이 3.3미터, 너비 1.7미터다. 유물은 완전히 도굴되어 모두 제 위치를 잃어버린 채 파편 상태로 몇 점이 수습되었을 뿐이다.

경성대학교에서 조사한 8호분은 4호분보다 봉분과 매장 시설 모두 약간 큰 편이다. 주목되는 사실은 석실을 축조할 때, 내부에 폭 약 50센티미터의 둑을 쌓아 형식적으로 주곽과 부곽을 축조했다는 점이다(안

〈그림 11〉 부산 연산동 고분군 묘제

춘배, 1991; 경성대학교 박물관, 1988)(〈그림 11〉).

부산박물관이 발굴 조사한 M3호분의 조사에서는 봉분의 중심에서 북쪽으로 약 0.5~1미터, 남쪽으로 약 2~3미터 떨어진 지점에서 수직·수평면상의 구획선이 확인되었다. 이 구획선의 좌측 또는 우측에 흑갈색 혹은 암갈색 점질토로 이루어진 너비 1.5~2미터, 높이 0.6~1미터 정도의 단면 U자형 작업로도 확인되었다. 이 작업로를 기준으로 다양한 크기 및 상이한 성질을 가진 점토괴를 쌓아 올려 봉분을 조성했다.

제방과 토성의 토대 구축 시에 사용되는 부엽공법敷葉工法을 개석과 벽석의 밀봉에 활용한 최초의 사례도 확인되어 영남 지방의 삼국시대 묘제 연구에 중요한 정보를 제공하게 되었다. 3호분의 매장 주체부는 길이가 약 16미터에 달하는 삼국시대 영남 지방에서 가장 규모가 큰 수혈식 석실이다. 주곽보다 부곽의 길이가 좀 더 길며, 석곽 내의 벽면 대부분을 짚을 썰어 혼입한 점토로 미장했다. 길이가 3미터 이상인 장대한 화강암을 개석으로 이용했는데, 2~3톤가량의 개석을 균형 있게 놓기 위해 석실의 벽면 위에 긴 각재를 놓는 건축 기술도 확인되었다.

(2) 출토 유물

① 토기류

전반적으로 도굴이 심해 매장 원상을 파악하기는 어렵다. 토기류의 경우 파편인 채로 수습되었지만, 대체로 유개고배, 장경호, 발형기대, 대부호 등의 기종이 확인된다. 이러한 토기류는 신라 양식 토기들이며, 특히 복천동 고분군의 토기 양상과 거의 비슷한 종류와 양식을 가지고 있다. 특히 복천동 고분군의 토기보다는 대체로 늦은 시기인 5세기 후반 대의 토기로 보는 것이 무난할 것으로 생각된다〈그림 12〉.

〈그림 12〉 부산 연산동 고분군(좌)과 복천동 고분군의 고배

② 관모류

M3호분 주실에서는 금동 관편, 금동 관모편이 삼엽문환두대도, 용문장식마구편, 소찰편, 철촉, 철모, 철부 등의 철기류와 함께 출토되었다. 출토 상태가 좋지 않고, 파손이 심해 금동관이나 금동 관모의 형태가 확실하지 않으나 복천동 22호분 주실에서 출자형 금동관이 출토된 바 있어 이 금동관이나 금동 관모도 신라 양식의 관모라고 생각된다. 이러한 위세품의 존재는 연산동 고분군의 정치적 위상을 말해주는 것이라 판단된다.

③ 무구류

M10호분에서는 만곡종장판주·판갑·찰갑 등의 무구류, 재갈·등자·안교·행엽 등의 마구류, 철촉·철모·철부·철도·철검 등의 무기류 등 무장

적 성격을 대변하는 철제 유물이 다량 출토되었다. 특히 마구류에서 안교와 그 부속구의 조합상을 알 수 있는 유물이 출토된 점이 주목된다. 앞서 조사된 M3호분의 경우, 주곽에서는 다량의 찰갑·투구편이, 부곽에서는 삼각판 혁철판갑과 종장판 투구편이 출토되었다. 일제강점기의 전(傳) 연산동 출토 갑옷과 투구, M8호분의 찰갑과 판갑 등의 출토 예로 보아 연산동 고분군 내 대부분의 고총고분에는 갑옷과 투구가 부장되었을 가능성이 큰 것으로 예상된다. 이러한 점으로 보아 연산동 고분군의 피장자는 무장적 성격이 강한 지배층으로 판단된다.

(3) 연산동 고분군의 정치적 성격

대체로 연산동 고분군의 고총고분은 구릉 아래로부터 순차적으로 축조되었으리라 추정되는데, 5세기 후반부터 조영되었을 것으로 본다. 그런데 연산동 고분군의 성격을 복천동 고분군보다 다소 늦은 5세기 후반부터 축조되는 점과 복천동 고분군과는 같은 권역 내에 포함된다는 점 등으로 보아, 이 일대 정치 집단 지배자층의 이동으로 보는 경향이 있다. 이 견해는 먼저 복천동 고분군이 조영되다가 복천동 고분 축조가 완료되면서 묘지가 부족해지자 바로 연산동 구릉으로 옮겨 새로운 지배층 고분군으로 조영되기 시작했다는 것이다(신경철, 1988, 47~57쪽). 이 견해는 기본적으로 복천동 고분군이 금관가야 고분군이라는 입장에서 나온 것이며, 연산동 고분군 또한 가야 고분군이라는 인식의 연장 선상에서 제기되었다.

그러나 5세기 대 신라의 주변 소국 정복 과정과 지방 지배 방식, 복천동 고분에서의 출자형 금동관의 존재 등으로 보면, 연산동 고분군의 성격은 달리 보아야 할 것이다. 즉 5세기 전반의 복천동 고분군 토기 양식이 모두 신라 양식이고, 출자형 금동관이 출토되는 것은 금관가야의 존재 형태에서도 보았던 것처럼, 신라는 동래 지역에 거칠산국을 복속하고, 이 지역 지배자에게 금동관을 사여해 간접 지배 형태를 취하다가, 신라 중앙 정부의 시책을 소홀히 하거나 반항의 기미가 있으면 새로운 지방 세력을 포섭해 그 지역을 지배하는 방식이었다(주보돈, 1998). 이러한 간접 지배 방식에 의한 고총고분군의 변화는 압독국 지역이었던 경산 임당 고분과 조영동 고분군, 부적동 고분군과 소문국 지역이었던 의성 금성산 고분군에서도 보인다.

따라서 연산동 고분군에서 출토된 금동 관편과 금동 관모편은 이러한 신라 중앙의 지방 세력 통제 방법으로 나타난 현상이며, M10호분에서 만곡종장판주·판갑·찰갑 등의 무구류, 재갈·등자·안교·행엽 등의 마구류, 철촉·철모·철부·철도·철검 등의 철제 유물이 많이 출토된 것은 신라 중앙의 지원을 받아 이 지역의 새로운 지배 세력으로 등장한 신흥 토착 세력이 무장적 성격을 가진 정치 세력이었음을 대변한다. 즉 부산 연산동 고분군은 가야 고분이 아니라 신라 고분군이며, 이 지역의 정치적 성격은 신라의 간접 지배 지역이었던 것이다.

4. 맺음말

지금까지 여러 가야 지역 수장층 분묘의 자료를 통해 가야 여러 나라의 존재 형태를 추론하고, 이와 관련해 부산 연산동 고분군의 성격도 함께 알아보았다. 각 지역 가야의 최고 지배층 분묘는 대부분 고총고분으로 축조되었고, 김해 대성동의 경우 봉분이 높은 고총고분은 아니어도 내부 목곽의 규모나 구조가 다른 지역의 고총고분과 비교할 만큼 월등한 차이가 있어 이를 통한 가야 제국의 존재 형태를 추론할 수 있었다. 고분 자료를 통해 가야 제국의 존재 형태를 추론하는 데는 수장층 분묘의 입지, 규모 등 고분의 구조와 출토 유물, 고분장제와 관련한 순장의 형태가 중요한 요소로 사용되었다.

그 내용을 요약하면 다음과 같다.

첫째, 김해 금관가야의 존재 형태는 대성동 고분군의 주·부곽식 일자형日字形 목곽묘로 가야 지역에서 가장 이른 시기에 순장을 실시했다. 순장은 주곽과 부곽에 2~6명의 순장자를 순장하는데, 이러한 순장 방법은 부산 복천동 고분에까지 영향을 미쳐, 주곽은 수혈식 석실로 부곽은 목곽의 묘제를 가진 복천동 22호분으로 확산되지만, 5세기 전반에 신라에 복속되고, 금관가야의 세력은 약화되었다.

둘째, 함안 아라가야 수장층 분묘는 안라국 시기에는 목곽묘가 지배층 묘제였으나, 5세기가 되면서 어떤 계기로 인해 주묘제가 수혈식 석실분으로 바뀌어갔다. 아라가야의 중심 고분군인 도항리의 고총고분들은 수혈식 석실 구조에 장폭비 5.5:1 이상의 극세장한 평면 형태, 석실 1기만 배치하는 단실 구조다. 그러므로 순장도 주실 순장이다.

이와 같은 주실 순장 유형은 현재까지는 아라가야(함안) 지역에만 존재하는 아라가야식 순장이다.

아라가야의 존재 형태는 주실 순장으로 순장 수는 적지만, 적극적이고 주도적인 외교로 6세기 중반에는 대가야와 함께 가야의 중요한 세력이었음을 알 수 있다.

셋째, 고령 대가야의 수장층 고분은 지산동 고분군으로 단곽 순장 고분과 다곽 순장 고분으로 이루어졌다. 단곽 순장은 주실과 순장곽 1기만 배치한 묘제이고, 다곽 순장은 주실 외에 순장곽을 여러 기 배치한 고분이다. 우리나라에서 가장 많은 순장곽을 가진 지산동 44호분은 수혈식 석실분인 주실과 T자형과 11자형으로 배치한 부장실을 중심으로

32기의 순장곽을 배치해 40여 명을 순장하고 있다.

또한 금동관을 비롯한 철판 갑옷, 투구 등의 무장구 등 많은 유물과 위세품이 출토되었고, 대왕명 토기, 하부사리리명 토기 등 고고 자료와 『남제서南齊書』에 등장하는 중국의 품계를 받는 등 고대 국가 형태로 존재한 것이 확실하다고 볼 수 있다.

넷째, 성주 성산가야의 경우 묘제와 출토 유물이 모두 신라 양식이고, 특히 대구 지역과 매우 흡사해 5세기 이후 신라에 복속된 상태로 존재했다고 생각된다.

여섯째, 최근에 발굴 조사된 부산 연산동 고분군의 자료와 기존의 자료를 종합 검토해보면, 묘제는 일자형 수혈식 석실묘로 되어 있어 김해식 목곽묘의 전통을 가지며, 수혈식 석실묘로 변천한 복천동 고분의 묘제와 상통한다. 그리고 출토 유물이 모두 신라식인데, 이것은 연산동 고분군이 신라 고분군임을 말해주는 것이다. 즉 연산동 고분군의 정치적 성격은 복천동 고분군과 마찬가지로, 5세기 이후 동래 지역을 복속한 신라의 지방 지배 방식에 따라 신라 중앙의 지원을 받은 연산동의 토착 유력자가 동래 지역의 새로운 지배자로 등장한 것을 의미한다고 해석된다. 이것은 성주 성산가야의 고분이 5세기에 신라에 복속된 점과 매우 유사한 정치적 성격을 갖는 것으로 볼 수 있다.

:: 참고문헌

곽장근, 2000, 「小白山脈 以西地域의 石槨墓 變遷過程과 그 性格」, 『韓國古代史硏究』 18, 한국고대사학회.

경성대학교 박물관, 1988, 「東萊 蓮山洞 8號墳 發掘調査報告」, 『嶺南考古學』 5, 영남고고학회.

국립창원문화재연구소, 2002,『咸安 馬甲塚』, 국립가야문화재연구소(구 국립창원문화재
    연구소).

김세기, 1987,「星州 星山洞古墳 發掘調査槪報: 星山洞 제38, 39, 57, 58, 59號墳」,
    『嶺南考古學』3, 영남고고학회.

_____, 1995,「大伽耶 墓制의 變遷」,『加耶史硏究: 대가야의 政治와 文化』, 한국고대
    사연구회.

_____, 1997,「加耶의 殉葬과 王權」,『加耶諸國의 王權』, 신서원.

_____, 1998,「고령양식토기의 확산과 대가야문화권의 형성」,『加耶文化遺蹟 調査 및
    整備計劃』, 가야대학교 부설 가야문화연구소.

_____, 2003,「墓制로 본 加耶社會」,『가야 고고학의 새로운 조명』, 혜안.

_____, 2004,「墓制를 통해 본 安羅國」,『지역과 역사』14, 부경역사연구소.

_____, 2012,「아라가야의 성립기반과 영역의 변천」,『대구사학』106, 대구사학회.

_____, 2013,「대가야의 묘제와 순장」,『대가야의 고분과 산성』, 제9회 대가야사 학술
    회의 자료.

김종철, 1988,「北部地域 加耶文化의 考古學的 考察」,『韓國古代史硏究』1, 한국고대
    사학회.

김태식, 1993,『加耶聯盟史』, 一潮閣.

남익희, 2009,「5~6세기 성주양식토기 및 정치체 연구」,『嶺南考古學』49, 영남고고
    학회.

남재우, 2000,「文獻으로 본 安羅國史」,『가야각국사의 재구성』, 부산대학교 한국민족
    문화연구소.

백승옥, 2003,『加耶各國史 硏究』, 혜안.

부산대학교 박물관, 1982,『東萊福泉洞古墳群(Ⅰ)』.

_____, 1990,『東萊福泉洞古墳群(Ⅱ)』.

_____, 1997,『蔚山下垈遺蹟: 古墳(1)』, 釜山大學校 博物館.

신경철, 1988,「釜山蓮山洞 8號 發掘調査槪報」,『釜山直轄市立博物館 年報』10, 부산
    직할시립박물관.

_____, 2000,「금관가야의 성립과 연맹의 형성」,『가야 각국사의 재구성』, 부산대학교
    한국민족문화연구소.

부산박물관, 2012,「부산 연산동 고분군 발굴조사 약식 보고」.

_____, 2013,「연산동 고분군 제3차 발굴조사 약식 보고」.

신경철·김재우, 2000,『金海大成洞古墳群Ⅱ』, 慶星大學校 博物館.

안춘배, 1991,『釜山 蓮山洞 4號墳 發掘調査報告』, 釜山女子大學校 博物館.

영남매장문화재연구원, 1996,『高靈快賓洞古墳群』, 嶺南埋藏文化財研究院.

이성주, 1993,「1~3세기 가야 정치체의 성장」,『韓國古代史論叢』5, 가락국사적개발연
　　구원.

이주헌, 1996,「末伊山 34號墳의 再檢討」,『碩晤尹容鎭教授停年退任紀念論叢』, 신흥
　　인쇄소.

_____, 1998,「토기로 본 안라와 신라」,『가야와 신라』, 제4회 김해시 가야사 학술회의.

이희준, 2004,「경산 지역 고대 정치체의 성립과 변천」,『嶺南考古學』34, 영남고고학
　　회.

임효택·곽동철, 2000,『金海良洞里古墳文化』, 東義大學校 博物館.

조선총독부, 1931,『朝鮮古蹟調査報告: 大正十二年·西紀一九二三年』.

조수현, 2006,「火焰形透窓土器 研究」,『한국고고학보』59, 한국고고학회.

조영제, 2002,「考古學에서 본 大加耶聯盟體論」,『第8回 加耶史學術會議 盟主로서의
　　금관가야와 대가야』, 金海市.

조영현 외, 2010,『고령 지산동 고분군 종합정비계획 수립을 위한 정밀지표조사 결과보
　　고서』, (재)대동문화재연구원.

조영현, 2013,『高靈 池山洞 第73~75號墳』, 高靈郡 大加耶博物館·(財)대동문화재연
　　구원.

주보돈, 1994,「新羅 國號의 確定과 民意識의 成長」,『九谷黃鍾東教授停年紀念史學
　　論叢』, 九谷黃鍾東教授停年紀念 史學論叢 刊行委員會.

_____, 1996,「新羅國家形成期 大邱社會의 動向」,『韓國古代史論叢』8, 가락국사적
　　개발연구원.

_____, 1998,『新羅 地方統治體制의 整備過程과 村落』, 신서원.

채규돈·김원경, 1993,『山淸郡 文化遺蹟 精密地表調査 報告書』, 釜山女子大學校 博
　　物館.

홍보식, 1998,「老圃洞墳墓群의 分期와 編年」,『釜山의 三韓時代 遺蹟과 遺物Ⅱ』, 釜

山廣域市立博物館 福泉分館.

_____, 2000, 「考古學으로 본 金官加耶」, 『考古學을 통해 본 加耶』, 한국고고학회.

홍진근, 1992, 「高靈 盤雲里 瓦質土器 遺蹟」, 『嶺南考古學』 10, 영남고고학회.

乀ᔞ

신라 왕릉과 경주 괘릉掛陵

김복순(동국대학교 경주캠퍼스 국사학과 교수)

1. 들어가면서

경주에서 울산 쪽으로 가는 7번 국도상에 괘릉휴게소라는 큰 간판이 보인다. 휴게소 옆의 길로 조금 들어가면 신라시대의 왕릉인 괘릉掛陵 이 있다. 1990년대 초 처음 괘릉을 답사했을 때만 해도 이곳 향토사학 자들은 이 능이 문무왕릉이라고 주장했고, 실제 문화재 해설 안내 간판 에도 그렇게 쓰여 있었다. 그렇지만 이미 훨씬 전부터 최치원崔致遠의 「대숭복사비문大崇福寺碑文」을 통해 이곳이 원성왕릉일 것이라고 알고 있던 필자로서는 조금 황당한 내용이었다. 경주에 살게 되면서 문화 관 련 학술회의 자문 등을 통해 향토사를 하시는 분들에게 괘릉의 주인공 이 원성왕임을 최치원 비문의 내용을 들어 설명드렸으나, 전혀 미동들도 하지 않으셨다. 그 후 문화유산 답사기 등이 간행되면서 원성왕릉으로 인정하는 분위기였지만, 아직도 나이 드신 분들은 미심쩍어 하는 눈치다. 마침 최치원의 비문에 나오는 용어가 이와 직접적인 관련이 있을 것으로 추정될 뿐 아니라 최근 신라의 실크로드와 관련해 이 괘릉의 석상들이 주목을 받고 있으므로 이번 기회에 경주 괘릉의 호칭에 관한 여러 견해를 모아 정리해보는 것도 의미가 있을 것으로 생각된다.

2. 경주의 신라 왕릉

경주 지역에 산재해 있는 수백 기의 고분 가운데 현재 35기가 신라 왕릉으로 전해지고 있다. 그렇다면 이 왕릉들은 신라가 멸망한 뒤 어떠한 과정을 거쳐 이렇게 확정된 것일까. 고려와 조선, 현재까지 단편적으로 남아 있는 기사들을 중심으로 그 내력을 정리해보면 다음과 같다.

먼저 고려시대 신라의 왕릉과 그 위치에 대한 내용은 『삼국사기三國史記』와 『삼국유사三國遺事』의 여러 곳에 보인다. 이를 신라 상고기와 그 후로 나누어 살펴보도록 하겠다.

우선 신라 상고기 왕릉에 관한 것이다. 『삼국사기』 권1에는 혁거세왕赫居世王, 남해왕南解王, 유리왕儒理王, 파사왕婆娑王을 "사릉원 안에 장사 지내다葬蛇陵園內"로, 탈해왕은 "성북 양정구에 장사 지내다葬城北壤井丘"로 기록하고, 『삼국사기』 권2에는 미추왕味鄒王을 "대릉에 장사 지내다. 죽장릉이라고도 한다葬大陵 一云竹長陵"라고 기록했으며, 『삼국유사』 권1 '미추왕味鄒王 죽엽군竹葉軍'조에는 "왕릉은 흥륜사 동쪽에 있다 …… 이 왕릉을 죽현릉이라고 불렀다 …… 나라 사람들이 그의 덕을 사모해 삼산三山과 함께 제사 지내기를 끊이지 않으니 제사의 격위를 오릉의 위에 높여 대묘大廟라 일컬었다"고 해 박·석·김의 시조 관련 왕릉 기사는 모두 실어놓았다. 이와 함께 『삼국유사』 왕력王曆에 "제17대 나물마립간 …… 능은 점성대占星臺의 서남쪽에 있다"고 해 나물왕에 대해 나와 있다.

그런데 상고기 신라의 왕릉은 마립간 시기에 고총고분으로 조성되면서, 『삼국사기』 권3 눌지마립간 19년, "2월에 역대 원릉園陵을 수리했다"는 기사가 암시하듯이 눌지왕 이전의 왕릉들을 고총고분으로 개분시켜 왕경王京의 중앙에 거대한 능원구를 형성했다.

상고기 이후 『삼국사기』의 신라 왕릉 관련 기사에 주목해보면, 권4 신라본기 법흥왕 27년조에 "7월에 왕이 돌아가니 시호를 법흥이라 하고 애공사 북봉에 장사했다"는 기사를 실은 뒤 진흥왕, 진지왕, 선덕여왕, 진덕왕, 태종무열왕, 문무왕, 신문왕, 효소왕, 성덕왕, 효성왕, 경덕왕, 선덕왕, 원성왕, 헌덕왕, 흥덕왕, 희강왕, 민애왕, 신무왕, 문성왕, 헌안왕, 헌강왕, 정강왕, 진성왕, 효공왕, 신덕왕, 경명왕, 경애왕까지 왕릉의 위치를 언급하고 있다. 이 가운데 문무왕·효성왕·선덕왕은 화장해 동해에 뼈를 뿌린 것으로 되어 있고, 혜공왕·소성왕·애장왕·민애왕·경문왕·경순왕은 기사가 없다.

이렇게 중고기 법흥왕릉 이후의 왕릉이 역사서에 지속적으로 등장하는 것은 김부식이 유학자로서 역사서에 남길 만한 가치가 있다고 보고, 왕릉의 장소와 그 방향 표시로서 사찰을 함께 언급했기 때문이다. 이는 그가 왕릉을 도성 내에 쓰지 않는다는 사실에 입각해서 능사陵寺로서의 역할에 주목한 때문으로 보인다.

실제 왕경 지역에는 6세기 중엽경부터 석실묘가 채용되기 시작했고, 이러한 석실묘제를 채택한 최초의 왕릉은 법흥왕릉일 것으로 추정하고 있다. 그 이유에 대해서는 대개 법흥왕의 불교 공인과 관련이 있을 것으로 짐작한다(최병헌, 1995). 법흥왕릉은 시내에서 산록으로 옮겨 조성했다. 이는 불교 공인 후 왕경의 모습이 변모되는 전조로 생각되는 데, 이후 왕릉이 빠져나간 왕경의 중앙에 사찰이 조성되기 때문이다.

다음으로 조선시대는 전기와 후기로 나누어볼 수 있다. 조선 전기에는 『신증동국여지승람新增東國興地勝覽』 권21, 경주부 능묘陵墓조에 나오는 신라의 왕릉으로 그 모습을 유추할 수 있다. 이 시기 경주의 신라 왕릉으로는 혁거세왕릉, 미추왕릉, 법흥왕릉, 태종무열왕릉, 진흥왕릉, 선덕왕릉, 효소왕릉, 성덕왕릉, 헌덕왕릉, 흥덕왕릉의 10기 왕릉 명칭이 나올 뿐이다.

조선 후기에는 신라의 왕릉에 대한 논의가 구체화되고 있음이 엿보인다. 특히 18세기 전반의 인물인 화계花溪 유의건柳宜健은 「나릉진안설羅陵眞贋說」에서 신라 왕릉이 지니고 있는 문제점을 구체적으로 거론했다. 그 가운데 제일 크게 지적되어 온 것은 왕릉의 주인공이 누구이며, 그것이 올바로 후대에 전해졌는가 하는 것이다.

『신증동국여지승람』과 『동경지東京志』를 살펴보면, 왕릉의 위치에 대해 명확히 알 수 있도록 기록되어 있는 것은 다만 11기의 왕릉에 그쳤다. 그러나 조선 영조 6년(1730) 경술庚戌 이후에 더해 28기의 왕릉이 되었는데, 그 가운데 17기는 이전에 몰랐던 것을 지금 비로소 알게 된 것이다. 대체로 1000년 후에 이르러서 1000년 전의 일에 대한 자취를 살피건대 문자의 기록에 의하지 않고서 어찌 알 수 있겠는가. 비록 신라인이 지금 다시 살아난다고 하더라도 누구의 왕릉이 어디에 있는지 상세하게 알지 못할 것이다. 하물며 당시 무식한 시골 백성의 구전만 가지고서야 알 수 있겠는가?(「나릉진안설羅陵眞贋說」)

앞의 내용에 의하면 영조 6년(1730) 이전에 11기의 신라 능묘가 확정되어 있었다. 그런데 이해에 17기를 더해 28기로 확정한 것에 대한 비판이 유인건에 의해 제기된 것이다. 이러한 문제의식에 입각해 11기의 왕릉과 28기의 왕릉에 대해서 여러 학자의 추정이 있어왔다. 즉 11기는 혁거세왕릉, 미추왕릉, 법흥왕릉, 태종무열왕릉, 진흥왕릉, 선덕왕릉, 효소왕릉, 성덕왕릉, 헌덕왕릉, 흥덕왕릉, 흥무대왕릉(김유신묘)으로 추정하고, 이후 더해진 17기는 내용상의 출입은 있으나 지마왕릉, 일성왕릉, 아달라왕릉, 진지왕릉, 진평왕릉, 진덕왕릉, 신문왕릉, 희강왕릉, 신무왕릉, 문성왕릉, 헌안왕릉, 헌강왕릉, 정강왕릉, 효공왕릉, 신덕왕릉, 경명왕릉, 경애왕릉 박씨 6왕릉, 김씨 11왕릉으로 정하고 있다(이근직, 2012).

그러나 1730년 이전에 확정되어 있던 왕릉은 이미 앞서 살펴보았듯이 『신증동국여지승람』에 나오는 10기의 왕릉이며, 1730년에 증치增置된 왕릉은 18기였다. 유의건이 말한 11기는 어디에 근거해서인지는 알수 없으나, 영조 대에 확정된 28기의 명칭이 정조 대인 1792년의 기록에 나오는 데는 이전의 10기가 정확히 포함되어 있기 때문이다.

다음은 『홍재전서弘齋全書』 권28, 윤음綸音3과 『일성록日省錄』의 기록으로, 같은 내용이 두 곳에 나온다.

각신 이만수에게 봉명奉命하고 돌아오는 길에 숭덕전에 치제致祭하고 신라 여러 왕의 능을 함께 봉심奉審하라고 명했다. 전교하기를 "어제 가야의 건국 시조인 가락국왕의 능에 치제하라고 명했으니 승지가 내일 수향受香할 것이다. 그런데 다시 생각해보니, 숭덕전은 바로 신라 시조의 위패를 모신 곳으로 우리 세종조 때 사당을 세우고 제사를 지냈으며 해마다 봄가을로 향축과 예물을 내렸고, 선조先朝 무신년(1728, 영조 4)에는 신도비를 세웠다. 이번 행차가 월성을 지난다 하니 함께 치제하라. 제문은 내가 직접 지을 것이다. 또 듣건대 능이 이 고을에 있다고 하니 함께 간심看審하고 치제하라. 그리고 남해왕릉, 유리왕릉, 탈해왕릉, 파사왕릉, 미추왕릉, 나물왕릉, 법흥왕릉, 진흥왕릉, 진지왕릉, 진평왕릉, 선덕왕릉, 태종무열왕릉, 문무왕릉, 효소왕릉, 성덕왕릉, 경덕왕릉, 헌덕왕릉, 흥덕왕릉, 희강왕릉, 신무왕릉, 문성왕릉, 헌안왕릉, 헌강왕릉, 정강왕릉, 효공왕릉, 민애왕릉, 경애왕릉을 함께 간심하되, 길이 조금 먼 곳은 지방관으로 하여금 간심하고 와서 보고하게 해 조정에 돌아올 때 함께 서계書啓하라"고 했다.(『일성록』 정조正祖 16년 3월 2일)

10기의 왕릉을 포함한 28기의 왕릉이 정확히 제시되어 있다. 즉 1. 혁거세왕릉, 2. 남해왕릉, 3. 유리왕릉 4. 탈해왕릉, 5. 파사왕릉, 6. 미추왕릉, 7. 나물왕릉, 8. 법흥왕릉, 9. 진흥왕릉, 10. 진지왕릉, 11. 진평왕릉, 12. 선덕왕릉, 13. 태종무열왕릉, 14. 문무왕릉, 15. 효소왕릉, 16. 성덕왕릉, 17. 경덕왕릉, 18. 헌덕왕릉, 19. 흥덕왕릉, 20. 희강왕릉, 21. 신무왕릉, 22. 문성왕릉, 23. 헌안왕릉, 24. 헌강왕릉, 25. 정강왕릉, 26. 효공왕릉, 27. 민애왕릉, 28. 경애왕릉이다. 그렇다면 영조 때인 1730년에는 18기가 새로이 지정되었음을 알 수 있는데, 이 18기에도 남해왕릉, 유리왕릉, 탈해왕릉, 파사왕릉, 나물왕릉, 문무왕릉, 경덕왕릉, 민애왕릉이 포함되어 있어 그동안의 추정과는 다른 모습을 보여준다.

그런데 경상감사 정대용鄭大容의 보고 내용에 의하면, 28기 가운데 1792년에 새로 정해준 시노寺奴만이 있는 왕릉은 10곳으로 나온다.

경주부에 있는 신라의 여러 왕릉에 수호군守護軍 각 3호씩을 두고 그들의 역포役布를 견감蠲減해주었다. 비국이 아뢰기를 "신라 여러 왕릉의 수호군 중에 자리가 빈 인원은 만일 양인 군졸이 부족하면 시노로 대신 충원하라고 해당 도에 공문을 보내 알렸습니다. 방금 경상감사 정대용이 보고한 것을 보니, '신라 여러 왕릉의 수호군을 시노 중에서 각 3호씩 그들의 공포貢布를 면제해주고 각별히 가려 정했으나, 전에 정했던 군졸은 대신 정할 필요 없이 자리가 빈 인원에 대해서만 충원해 수호에 전념하게 했습니다'라고 했습니다. 성책을 살펴보니, 신라 시조의 왕릉·남해왕릉·유리왕릉·파사왕릉은 같은 언덕에 있으며 전에 정해준 양인이 1명이고 새로 정해준 시노가 2명이며, 탈해왕릉은 전에 정해준 양인이 1명이고 새로 정해준 시노가 2명이며, 미추왕릉은 전에 정해준 양인이 1명이고 새로 정해준 시노가 2명이며, 나물왕릉은 전에 정해준 양인이 1명이고 새로 정해준 시노가 2명이며, 법흥왕릉은 새로 정해준 시노가 3명이며, 진흥왕릉·진지왕릉·문성왕릉·헌안왕릉은 같은 언덕에 있으며 새로 정해준 시노가 3명이며, 진평왕릉은 전에 정해준 양인이 1명이고 새로 정해준 시노가 2명이며, 선덕왕릉은 전에 정해준 양인이 1명이고 새로 정해준 시노가 2명이며, 태종무열왕릉은 전에 정해준 양인이 1명이고 새로 정해준 시노가 2명이며, 신무왕릉은 전에 정해준 양인이 2명이고 새로 정해준 시노가 1명이며, 효소왕릉과 성덕왕릉은 같은 언덕에 있으며 전에 정해준 양인이 1명이고 새로 정해준 시노가 2명이며, 경덕왕릉은 새로 정해준 시노가 3명이며, 헌덕왕릉은 전에 정해준 양인이 3명이고, 헌강왕릉과 정강왕릉은 같은 언덕에 있으며 전에 정해준 양인이 1명이고 새로 정해준 시노가 2명이며, 효공왕릉은 전에 정해준 양인이 1명이고 새로 정해준 시노가 2명이며, 경애왕릉은 새로 정해준 시노가 3명이며, 흥덕왕릉은 전에 정해준 양인이 2명이고 새로 정해준 시노가 1명이며, 희강왕릉과 민애왕릉은 같은 언덕에 있으며 새로 정해준 시노가 3명이며, 문무왕릉은 전에 정해준 양인이 1명이고 새로 정해준 시노가 2명으로 모두 57명이었습니다. 이른바 양인도 반드시 역명이 있을 것이나, 보고한 내용에서는 낱낱이 거론하지 않고 시노와 아울러 일체 역포를 면제해주고 수호에 전념하게 했습니다. 앞으로는 모두 이 예에 따라 자리가 비는 대로 대신 충원하고 연말마다 성책을 수리해 본사本司에 보고하라고 다시 엄히 신칙申飭하겠습니다"라고 했다.(『일성록』정조 16년 윤4월 28일)

대부분의 왕릉은 전에 정해준 양인이 1명이고 새로 정해준 시노가 2명이나, 법흥왕릉·진흥왕릉·진지왕릉·문성왕릉·헌안왕릉·경덕왕릉·헌덕왕릉·경애왕릉·희강왕릉·민애왕릉의 10기는 새로 정해준 시노가 3명인 곳이다. 조선 전기부터 알려져 있던 10기 가운데 법흥왕릉, 진흥왕릉, 헌덕왕릉에도 새로 시노를 정하고 있어 이들을 배치한 것이 어떠한 기준에 의해서인지는 잘 알 수 없다. 다만 위의 기록들을 통해 28기의 왕릉을 확실히 알 수 있게 된 점과 조선 후기 신라 왕릉에 대한 관심이 높아졌다는 사실이다.

일제강점기에 접어들면서 경주의 왕릉급 고분에 대한 발굴 조사가 실시되었다. 일제는 경주 시내의 평지에 분포하면서 외형이 비교적 뚜렷하게 남아 있는 고분을 155기로 파악하고 1호에서 155호까지 일련번호를 붙여 이를 지도로 만들어 고분 발굴에 이용하면서 1916년 검총, 1921년 금관총, 1924년 금령총과 식리총, 1926년 서봉총을 발굴했다.

광복 후 1970년대에 미추왕릉 지구, 황남대총, 천마총 등이 발굴되어 새로운 모습을 갖게 되었다. 이러한 발굴 조사에 힘입어 신라의 왕릉은 그 후에 사적史蹟으로 지정된 7기의 능이 있어 전체 35기로 획정劃定되어 있다. 7기는 삼릉으로 불리는 아달라왕릉·신덕왕릉·경명왕릉과 지마왕릉·일성왕릉·진덕왕릉·신문왕릉의 4기다. 현재 36기로 보는 견해에서는 김유신 묘인 흥무대왕릉을 넣기도 한다.

3. 괘릉 주인공에 대한 시비

경주의 괘릉은 정조 때의 기록에 나오는 28기의 왕릉에는 그 명칭이 보이지 않는다. 괘릉이 위치한 곳은 배반동·남산동·조양동·구정동·괘릉리로 이어지는 내동·외동 지구인데, 선덕여왕릉으로부터 능지탑(문무왕 화장터), 신문왕릉, 효소왕릉, 성덕왕릉, 괘릉의 통일기 신라 왕릉이 서에서 시작해 동으로 배치되어 있다. 중국의 한漢대와 당唐대에 위하渭河 북안에 천자릉이 일렬로 배치되어 있는 것과 비슷한 양상을 보인다고 한다. 그렇다면 괘릉은 명칭이 특이하지만 그 규모나 위치로 보아 신라의 왕릉임이 분명한데, 이 능의 주인공이 누구인가에 대해 근대 들어 약간의 시비가 있었다.

괘릉이라는 용어가 처음으로 등장한 것은 『동경잡기東京雜記』에 나오는 "신증新增 괘릉은 부의 동쪽 35리에 있다. 어떤 왕의 능인지 알 수 없다. 세속에 전하는 바에 따르면, 수중水中에서 장례를 지냈기 때문에 돌 위에 관을 걸어놓은 다음, 여기에 흙을 쌓아서 능을 만들었고, 그것으로 인해 괘릉이라고 불렀다고 한다. 석물이 아직도 남아 있다掛陵 在府東三十五里 不知何王陵 俗傳葬於水中 掛柩於石上 因築土爲陵故名焉 石物尙在"라는 기록이다. 즉 괘릉은 부 동쪽 35리에 있는데, 어느 왕릉인지 알 수가 없다는 것이다. 속설에 전하기를, 물속에 장사를 치르게 되자 돌 위에다 관을 걸어놓고 흙을 쌓아 능을 만들었기 때문에 그런 이름이 생겼다면서 석물이 아직도 남아 있다는 것이다. 괘릉이라는 명칭은 나오는데 누구의 능인지는 알 수 없다고 한 것이다.

『동경잡기』는 현종 10년(1669) 경주부윤 민주면閔周冕과 이채李埰 등이 편찬, 간행했다고 하나 실물이 전하지 않으며, 헌종 11년(1845) 성원묵成原默에 의해 증보, 간행된 것을 1910년 조선고서간행회朝鮮古書刊行

會가 인쇄본으로 간행하고, 1913년 최남선이 주관하던 조선광문회朝鮮
光文會가 활자본으로 중간했다. 이후 1933년 경주향교에 도청을 설치해
최남선, 정인보의 교열·보정을 가필하고 서문을 붙인 후『동경통지東京
通志』라는 이름으로 간행했고(경주문화원, 1990, 『국역통지』해제), 1961년
김창숙金昌淑에 의해『동경속지東京續志』가 간행되었다.

  괘릉이 처음 등장하는 것은『동경잡기』의 증보지만, 그 내용은『신
증동국여지승람』의 내용을 증보한 것으로 알려져 있어 1670년 이후에
괘릉이라는 용어가 등장한 것으로 생각된다. 이는 1750년에 괘릉이 지
리지인『택리지』「팔도총론」경상도조에 유명한 고적으로 등장하고 있
어 이를 뒷받침해준다. 즉 "경상도 …… 신라시대의 반월성·포석정·괘
릉掛陵 등 옛터가 있다"는 내용이다.

  그리고 한 세기를 지나, 이곳을 지나면서 괘릉을 견문한 학자가 남긴
기록에 괘릉이 등장한다. 즉 연재淵齋 송병선宋秉璿(1836~1905)의「유교
남기遊嶠南記」로, 괘릉에 대해 언급하고 있다.

  동경으로부터 동래에 이르기까지의 기록: 신묘辛卯 오시午時에 불국사에 다
  다랐다. 사찰은 과반이 퇴락했으나 법당만은 사치스러울 정도로 컸다. 층계
  (백운교, 청운교)는 돌을 연마해 만들었다. 그 앞에 2개의 탑이 있는데, 동쪽의
  탑을 다보多寶, 서쪽의 탑을 무영無影이라고 부른다. 문루 아래 좌우에 무지
  개다리虹橋를 설치했다. 승려가 창설 당시의 규모는 국내에서 비교되는 것
  이 없었다고 말했다. 이곳으로부터 석굴암은 10여 리 떨어져 있다. 기이奇
  異한 절경을 가히 볼 수 있으나 고개가 높고 길이 험하고, 바람이 거칠게 불
  어 (석굴암을) 찾지 못하고 곧바로 남쪽으로 향해 괘릉에 도달했다. 문무왕
  릉文武王陵을 보고, 울산 냉천암冷泉巖에 이르렀다. 호장戶長 흥도興道의 후손
  성택星宅이 나와서 보았다. 병영 남문루에 올라가 시가市街를 내려다보았다.

태화강을 따라 20리를 가다가 옮겨서 산골짜기 사이로 들어갔다. 돌로 만든 작은 길은 험했고, 저물 무렵에 반구대盤龜臺에 도착했는데, 그것은 언양의 경계에 있었다.[1](『연재선생문집淵齋先生文集』권22, 잡저雜著「유교남기」)

즉 경주를 지나 울산에 가는 도중에 괘릉에 도착해 문무왕릉을 보고 울산 냉천암에 다다른 것으로 서술하고 있다. 괘릉이 경주에서 울산으로 가는 도중에 있다고 했으므로 그는 괘릉을 문무왕릉이라고 단정 짓고 본 것이다. 증보『동경잡기』이후 괘릉이 문무왕릉으로 알려진 것임을 보여주는 내용이다.

1906년 대학원생으로 십수일 동안 경주를 방문한 이마니시 류今西龍는 경주의 괘릉을 지나면서 능 앞에 '신라新羅 문무왕릉文武王陵'이라고 쓴 말뚝을 보고 이는 당시 경주 인사들의 생각이 덧붙여진 것이라고 보았다. 그는 여러 곳에서 괘릉에 관해 언급하면서 원성왕릉이 문무왕릉으로 잘못 알려진 것에 대해 지적했다.

1906년 이마니시 류의 확인 이후 1918년부터 1926년 사이에 경주를 유람한 암서巖棲(深齋) 조긍섭曺兢燮(1873~1933)은 괘릉에 관한 시를 썼다.

괘릉 혹은 문무왕릉이라 칭한다. 그러나 역사를 살펴보면 문무왕이 장차 돌아가시려 할 때 유명遺命으로 동해상에서 화장하라 하셨다. 과연 어찌

---

1) 自東京至東萊記: 辛卯 午抵佛國寺 寺頹過半 而法堂侈宏 階砌皆以鍊石爲之 前有二塔 東日多寶 西日無影 門樓下左右 築虹橋 僧言剏設規模 國內無比 此距石窟庵 爲十餘里 奇絶可觀 而嶺峻路險 風又勁吹 未探而直向南路 到掛陵 見文武王陵 到蔚山冷泉嚴 戶長興道後孫星宅 出見 歷登兵營南門樓 俯瞰街市 循太和江 行二十里 轉入山谷間 石逕崎嶇 暮抵盤龜臺 臺在彦陽界.

대총大冢의 위의威儀가 지금과 같은 곳이겠는가. 억측컨대 이미 화장을 하고 이곳에 뼈를 묻은 것으로 인해 능을 만든 것이 아닌가 한다. 능제를 상세히 보면 큰 공덕이 있지 않고서야 족히 이러한 곳을 얻지 못할 것이다. 신라 여러 왕의 공덕이 성하다 하나 무열·문무 부자에 비할 수 없을 것이다. 무열은 이미 스스로 큰 거북의 능이 있으므로, 이를 문무왕릉으로 하여 진실로 또한 서로 전해서 믿을 만하다 이른다. 계림을 뒤돌아보니 길은 어디인가. 괘릉의 소나무와 잣나무에 석양이 비춘다. 삼한 통일의 업이 지금 어디에 있는고. 석상이 서풍에 눈물 흘려 주름을 만드누나.[2] (『암서선생문집巖棲先生文集』 권5, 시詩)

조긍섭은 괘릉을 혹 문무왕릉이라 칭한다고 했다. 그러나 문무왕이 유명으로 동해상에 화장을 명했는데 과연 이렇게 큰 능을 썼을까 의심하면서도, 신라에서 무열왕·문무왕 부자의 공덕이 제일 큰데 무열왕릉은 귀부를 가진 능이니 문무왕릉도 이렇듯 훌륭한 것이 아닌가 하는 변론을 하고 있다. 이미 이마니시 류가 방문한 후 경주에서는 의문을 가지면서도 괘릉을 문무왕릉으로 보고 있음을 알려준다.

괘릉에 대한 『경주읍지慶州邑誌』(권3, 능묘조)의 정리는 부윤 권이진權以鎭이 능변能辯에서 3인의 변론을 들어 설명했다. ① 『삼국유사』의 예를 들어 원성왕릉은 아마도 지금 괘릉일 것이라는 설, ② 부윤 홍양호洪良浩의 문집인 『이계집耳谿集』에 나오는 문무왕릉비에 대한 언급, ③ 참봉 유의건이 지은 「나릉진안설」이다. 읍지 편찬자는 세 사람의 변론

---

2) 掛陵 或稱文武王陵 然按史文武王將薨 遺命火葬東海上 果爾豈有大塚儀衛如今所云 抑旣燒而藏骨於此 因以起陵耶 詳陵制 非有大功德 不足以得此 而新羅諸王功德之盛 無如武烈文武父子 武烈旣自有大龜之陵 則謂此爲文陵 固亦相傳之可信者 回望鷄林路幾何 掛陵松柏夕陽多 三韓統業今安在 翁仲西風淚欲波.

을 살펴보면, 역대 왕릉의 참과 거짓을 밝혀내기 어려운 점이 많아 이제 괘릉을 문무왕릉이라 한 것을 고증해 믿어야 할지 알지 못할 뿐이라고 했다.

그렇다면 근래 들어 나온 괘릉에 대한 설명을 살펴서 위의 내용들이 어떻게 반영되어 있는가를 알아보고자 한다. 먼저 경상북도에서 나온 『문화재안내문안집』 중 경주慶州 괘릉掛陵의 내용이다.

경주 괘릉: 사적 제26호 소재지: 경상북도 경주시 외동읍 괘릉리 산17
이 능은 신라 제38대 원성왕元聖王(재위 785~798, 김경신)을 모신 곳이다. 경주 시내에서 울산 방면으로 약 12킬로미터 떨어진 거리에 있다. 밑둘레 70미터, 직경 21.9미터, 높이 7.7미터로 능의 둘레에 있는 호석護石에는 십이지신상十二支神像을 돋을새김해 놓았고 그 주위로 돌난간이 에워싸고 있다. 봉분에서 떨어져 좌우에 화표석·문인석文人石·무인석武人石과 돌사자石獅子를 마주 보게 세웠으며, 무인석 가운데는 서역西域의 인물상이 있어 눈길을 끈다. 이 무덤은 당나라의 능묘제도를 기본으로 해 둘레돌에 신라식의 가장 완비된 형식을 갖추고 있다. 조각 수법은 신라 왕릉 가운데서 가장 우수한 것으로 평가되고 있다. '괘릉'이라고 부르는 것은, 무덤의 구덩이를 팔 때 물이 괴어 널(棺)을 걸어(掛) 묻었다는 속설에 따른 것이다. 왕은 독서출신과라는 제도를 두어 인재를 뽑았으며, 벽골제碧骨堤를 고치기도 했다.(『문화재안내문안집』, 2001)

괘릉은 사적 26호로, 신라식의 12지신상을 갖춘 신라 왕릉 가운데 가장 우수한 왕릉인 원성왕릉임이 확정되어 있다. 근래 일기 시작한 실크로드에 관한 관심으로 이 능의 무인석과 돌사자가 크게 주목받았는데, 무인석은 소그드康居國인의 형상으로(김창석, 2006), 돌사자는 산예로 상징되는 서역에서 들여온 풍물이었기 때문이다(김복순, 2013). 특히 문화유산 답사에 대한 관심이 고조되면서 나온 경주 유적에 관한 답사지에 괘릉과 관련된 내용이 필수적으로 소개되어 있다. 그렇다면 답사지에서는 괘릉을 어떻게 이해하고 설명하는지 살펴보자.

(가)는 하일식의 『경주역사기행』의 괘릉을, (나)는 국민대학교 국사학과 편의 『경주문화권: 우리 역사문화의 갈래를 찾아서』의 괘릉을 설명한 부분이다.

(가) 괘릉掛陵은 신라 제38대 원성왕元聖王(재위 785~798)의 능이다. 괘릉이라는 이름은, 원래 이곳에 작은 연못이 있었기 때문에 왕의 유해를 연못 위에 걸어서 장사 지냈다는 속설俗說에 따라 붙여진 것이다. 원래 이곳에는 곡사鵠寺라는 절이 있었기 때문에, 원성왕의 능을 물색할 때 "절 자리를 뺏는 것은 좋지 못하다"는 일부 신하의 반대가 있었다. 그러나 "왕릉이 훌륭한 곳에 자리 잡고 절이 경치 좋은 곳에 자리 잡으면 왕실의 복이 산처럼 높이 솟을 것"이라는 주장에 밀려 이곳에 왕릉이 만들어지고 곡사는 지금의 숭복사 터로 옮겼다. 이때 절 부근의 땅이 국유지가 아니었기 때문에 구릉지 100여 결結을 벼 2000섬에 매입해 능을 조성했다.(『경주역사기행』, 1999)

(나) 괘릉掛陵은 외동읍 괘릉리에 있는 왕릉이다. 괘릉이란 연못에서 장사를 지내고 관을 돌 위에 걸어두었다는 뜻에서 붙여졌다. 괘릉의 주인공과 관련해 문무왕설이 제기된 바 있으나, 감포 앞바다의 대왕암이 문무왕릉으로 밝혀지면서 이 설은 폐기되었다. 이후 조선 말에 괘릉의 주인공을 원성왕으로 추정하면서 지금까지 원성왕릉으로 알려져 오고 있다. 그런데 원성왕릉 옆에 지금의 숭복사인 곡사가 있었다는 기록을 보면, 원성왕릉설에도 의문의 여지가 있다. 현지 조사를 통해서 확인되듯이, 괘릉과 숭복사지는

낮은 야산을 사이에 두고 비교적 멀리 떨어져 있으며, 또한 괘릉과 숭복사지 사이에는 감산사가 위치해 '원성왕릉 옆에 있는 곡사'라고 하기에는 무리가 있다.(『경주문화권: 우리 역사문화의 갈래를 찾아서』, 2004)

(가)에서는 괘릉에 대한 속설의 설명과 함께 최치원의 「대숭복사비문」의 내용을 들어 매우 정확하게 설명하고 있다. 반면 (나)에서는 괘릉의 주인공과 관련된 설들을 소개하고 원성왕릉이라고 설명하면서도 숭복사지의 위치를 들어 원성왕릉설에 의문을 제기하고 있다.

이들의 설명이 서울에 있으면서 경주를 소개하는 문화유산 해설집의 형식이라면, 재야 사학자로서 경주 지역의 유적을 오랫동안 연구해온 권오찬의 『신라의 빛』에 나오는 (다)의 내용과 경주 지역 왕릉 연구로 이름을 날린 이근직의 괘릉에 관한 (라)의 내용을 다음과 같이 비교해서 볼 수 있다.

(다) 4. 원성왕릉(괘릉): 원성왕릉이라기보다 괘릉이라고 해야만 통하는 이 능은 불국사역에서 울산행 도로를 따라가는 도로변에서 조금 들어간 곳에 있으며 이 능으로 인해서 동리의 이름도 괘릉리이다. 어느 왕의 무덤인지 알 수 없고 다만 괘릉이라고만 불려오다가 한때는 문무왕릉이 되기도 했고, 이제는 원성왕릉으로 확정되었다. 원성왕릉은 현존하는 신라 왕릉 가운데 가장 화려한 무덤의 하나이며 십이지신상, 문무인물상, 그리고 석사자 등의 조각에서 볼 수 있는 예술적 향기는 신라 문화의 수준을 자랑하고 있다. 웅혼한 기상이 넘쳐흐르는 석사자와 석굴암 입구의 금강역사에서 느끼는 힘을 그대로 볼 수 있는 무인상 등은 이런 유의 작품 중의 백미라고 하겠다. 그리고 무인상을 볼 때 이 조각의 모델이 된 인물은 결코 우리나라 사람은 아니며 분명 서역인이다. 석사자도 상상해서 조각한 것은 결코 아니다. 당

시 신라에는 서역인의 수문장도 있었고 사자도 있었을 것이라고 믿어진다. 이 왕릉이 원성왕릉으로 확정되기까지에는 많은 곡절이 있었는데, 그 경위를 간단히 살펴보자. 경주에 관한 향토사의 대표인 『동경잡기』에 "괘릉은 경주시 동쪽 35리에 있는데 어느 왕의 능인지 알지 못한다. 전설에 의하면 수중에 장사하고 관을 돌 위에 걸어두었다가 여기에 흙을 쌓아 능으로 만들었는 까닭에 괘릉이라는 이름이 생겼다고 한다"고 기록되어 있다. 다시 말하면 수장(화장 후 뼈를 물에 뿌리는 것)을 한 뒤 관을 석상에 두었다가 그것으로 능을 만들었다는 때와 곳을 달리하는 장사葬事와 영릉營陵의 두 전설을 합해서 하나의 전설이 됐다는 것이다. 그러니 괘릉은 의릉義陵이라는 것이다. 오래도록 문무왕릉으로 되어온 이유가 바로 여기에 있다. 문무왕은 화장한 후 동해에 산골散骨한 왕이니 의릉을 여기에 만들었다는 것이다. 사기나 유사 그리고 감은사의 기록으로 보아 동해의 대왕암이 문무왕의 수중릉 내지는 산골 처임에 틀림이 없다. 그리고 괘릉이 문무왕의 의릉일 수도 없다. 문무왕은 유언으로 많은 국비를 소모시키는 화려한 능을 만든다는 것이 얼마나 무의미한 것인가를 예를 들어 역설하고 절대로 그런 일이 없기를 강조했다. 유언에 반해 가면서 괘릉 같은 화려한 의릉을 만든다는 것은 생각도 할 수 없는 것이다. 여기에 비하면 원성왕릉설은 확실히 근거가 있는 주장이다. 『삼국사기』에는 "원성왕은 숭복사 남쪽에서 화장했다"고 되어 있고, 『삼국유사』에는 "능은 곡사에 있는데 지금의 숭복사이며 최치원이 찬한 비가 있다"고 기록하고 있다. 유사의 이 기록에 주목한 이가 이조 후기의 학자로 경주부윤으로 있던 유회당 권이진이었는데, 『동경잡기간오東京雜記刊誤』에서 곡사鵠寺 근처에 있는 유일한 왕릉류의 고분인 괘릉을 원성왕릉으로 단정했던 것이다. 최치원의 숭복사 비문에 의하면 곡사 터에 원성왕릉을 조영하게 되어 절을 가까운 곳으로 옮긴 사실을 알 수 있다. 『삼국유사』와 숭복사 비문으로 미루어 괘릉을 원성왕릉으로 보는 것은 가장 타당한 견

해라고 할 수 있다.(『신라의 빛』, 1990)

(라) 제38대 원성왕릉: 경주에서 울산 가는 7번 국도를 따라가다가 불국사역 앞의 갈림길에서 울산 방면으로 조금 더 가면 국도변의 왼쪽 낮은 구릉에 괘릉이 위치하고 있다. 사적 제26호이다. 조선시대 경주부에서 간행한 『동경잡기』에 의하면 괘릉이란 뜻은 "'능을 걸다'라는 의미인데, 이곳에 왕릉이 조성되기 이전에 작은 연못이 있어서 그곳을 메우고 능을 마련했는데 능 내부인 현실에 물이 고이기 때문에 바닥에 관을 놓지 못하고 허공에 걸어놓았다" 하는 데서 유래되었다. …… 이 괘릉의 능 주인에 대해서는 신라 제38대 원성왕의 능이라는 견해가 유력하다. 『삼국사기』에서는 원성왕이 재위 14년 만에 죽으니 유해를 봉덕사 남쪽에서 화장했다 했으나, 『삼국유사』에는 원성왕릉이 토함산 서쪽 곡사鵠寺에 있으며 곡사는 당시에 숭복사崇福寺라 했다. 또 숭복사에는 최치원이 쓴 사산비명四山碑銘 중의 하나인 대숭복사비가 남아 있다고 했다. 지금 괘릉에는 비석이 보이지 않으나 인근에 숭복사 터가 있어 괘릉이 원성왕의 능이라는 견해를 뒷받침하고 있다.(『신라 왕릉연구』, 2012)

(다)에서는 괘릉이 원성왕릉으로 확정되기까지의 경위를 정리해놓으면서 원성왕릉임을 확신하고 있다. 반면 (라)에서는 원성왕릉의 견해가 유력하다고 하면서도 확정 짓지 않고 있다. 그런데 앞의 네 곳에서 설명하는 괘릉은 외형상의 우수성과 함께 그 주인공으로 원성왕을 거론하지만, 뭔지 모르게 미심쩍어 하는 표현들이 보인다.

그 이유는 이미 앞의 인용문에서도 보이듯이 조선 후기 괘릉이라는 명칭 때문이며, 이에 문무왕릉설과 원성왕릉설이 등장한 듯하다. 즉 괘릉이라는 전설로 인해 문무왕릉으로 전해져 혼선을 빚었으며, 이로 인해 아직도 능주를 원성왕으로 확정 짓지 않은 채 논고를 쓰기도 한다.

괘릉에 대한 앞의 네 곳의 설명에서 공통적으로 나타나는 사실이 있다.

첫째, 괘릉은 문무왕릉으로 알려져 있다가 원성왕릉으로 획정되었다는 것이다. 하일식은 「대숭복사비문」의 내용에 따라 신라 제38대 원성왕의 능이라고 정확히 기술하고 있다. 권오찬 역시 『동경잡기』의 내용을 소개하면서도 『삼국사기』와 『삼국유사』, 숭복사 비문으로 미루어 괘릉을 원성왕릉으로 본 것이다.

둘째, 십이지신상을 두른 신라의 왕릉으로 돌사자 2쌍, 문인상 1쌍, 무인상 1쌍, 1쌍의 돌기둥이 있어 신라 왕릉의 대표적 유적이라는 사실이다.

셋째, 괘릉으로 부르게 된 유래에 대한 설명이다. 이는 대개 『동경잡기』를 따른 것으로, 괘릉은 경주시 동쪽 35리에 있는데 어느 왕의 능인지 알지 못하지만, 전설에 의하면 수중에 장사하고 관을 돌 위에 걸어 두었다가 여기에 흙을 쌓아 능으로 만든 까닭을 들고 있다. 이근직은 괘릉이란 뜻은 '능을 걸다'라는 의미인데, 이곳에 왕릉이 조성되기 전에 작은 연못이 있어서 그곳을 메우고 능을 마련했는데 능 내부인 현실에 물이 고이기 때문에 바닥에 관을 놓지 못하고 허공에 걸어놓았다는 데서 유래되었다고 정리해놓았다. 하일식 역시 괘릉이라는 이름은 원래 이곳에 작은 연못이 있었기 때문에 왕의 유해를 연못 위에 걸어서 장사 지냈다는 속설俗說에 따라 붙여진 것으로 설명하고 있다.

문무왕의 장례에 관한 기사로는 『삼국사기』 권7 문무왕文武王 21년 조에 "7월 1일에 왕이 돌아가니, 시호를 문무라 했다. 여러 신하가 유언에 의해 동해구 대석상(대왕암)에 장사했다. 속전에는 왕이 용으로 화했다 해서 그 돌을 대왕석이라 한다. …… 임종 후 10일에 고문庫門 외

714

정外庭에서 서국(인도)식에 의해 화장할 것이며, 복기服期의 경중은 본래 상규가 있으니 상제는 힘써 검약을 좇을 것이다"라는 내용이 있으며,『삼국유사』권2 기이紀異2의 문호왕 법민文虎王法敏조와 만파식적萬波息笛조에도 비슷한 내용이 전한다. 그러나 무엇보다도 '문무왕릉비문文武王陵碑文'에 "도는 귀히 몸은 천히 여기셨네. 불전을 공경히 맛보고자, 장작을 쌓아 장사하게 하니…… 뼛가루를 날리셨네貴道賤身, 欽味釋典, 葬以積薪, 滅紛骨鯨津"라 했으므로 괘릉과는 무관함을 알려준다.

반면에 원성왕의 장례 기사는『삼국사기』권10 원성왕 14년 "겨울 12월 29일에 왕이 돌아가니 시호를 원성이라 하고 유명으로 널을 들어 봉덕사 남쪽에서 불태우라고 했다冬十二月二十九日, 王薨, 諡曰元聖, 以遺命 擧柩燒於奉德寺南"고 되어 있으므로, 위의 속설들이 나올 만한 내용을 가지고 있다.

따라서 앞의 자료들을 종합해보면, 문무왕비편의 출토를 근거로 근처의 능들 가운데 가장 훌륭한 괘릉을 문무왕릉이라고 했을 가능성이 있다. 다시 말하자면 이계 홍양호가 발견했다는 문무왕릉비와 괘릉은 관련이 없지만, 후대인들이 1843년에 간행된『이계집』에 가탁해 괘릉을 문무왕릉이라고 불렀을 가능성이 있다.

최영성은「대숭복사비문」의 구절을 들어 원성왕릉이 이건된 곡사와의 거리가 5리라고 보고 현재 대숭복사지에서 괘릉까지가 2킬로미터이므로 괘릉이 원성왕릉일 가능성이 매우 높다고 했다. "其改創紺宇則有緣之衆 相率以來 張袂(소매 몌)不風 植錐無地 霧市奔趨於五里 雪山和會於一時", 즉 사원을 개창할 때는 인연 있는 대중이 서로 이끌고 와서 옷소매가 이어져 바람이 통하지 않고 송곳을 꽂을 땅조차 없을 정도였으니, 이는 마치 5리의 안개를 피우는 술법을 배우려고 사람들이 달려와서 저잣거리를 이룬 것이나 한때 설산의 법회에 대중이 화열하며 모여든 것을 연상하게 했다고 하는 데서, 5리가 고사이기는 하나 당시 대숭복사와 원성왕릉 사이의 거리라고 볼 수 있다는 것이다.

그러면서도 앞의 『동경잡기』와 『경주읍지』 두 곳에서의 의심스러운 표현이 괘릉을 원성왕릉이라고 확정 짓지 못하는 이유라고 생각된다. 따라서 괘릉은 어떻게 해서 붙여진 명칭일까 하는 것을 최치원의 비문을 통해 살펴보도록 하겠다.

4. 최치원의 곡릉鵠陵과 괘릉

괘릉은 신라의 왕릉 가운데 서역인상西域人像의 석상이 있는 곳으로 잘 알려진 왕릉이다. 또한 그 능의 주인공을 추정할 수 있는 몇 안 되는 신라 왕릉의 하나다.

원성왕릉은 『삼국유사』 왕력의 "능은 곡사에 있다. 지금의 숭복사다. 최치원이 지은 비가 있다陵在鵠寺 今崇福寺 有也致遠所□碑"는 내용과 『삼국유사』 원성대왕元聖大王조의 "왕의 능은 토함산 서쪽 골짜기 곡사(지금의 숭복사)에 있다. 최치원이 지은 비가 있다王之陵在吐含岳西洞鵠寺(今崇福寺) 有崔致遠撰碑"에서 분명히 위치를 명기하고 있다. 그럼에도 조선 후기부터 1970년대에 이르기까지 그 주인공이 논의의 대상이 된 것이다

원성왕릉은 최치원의 「대숭복사비문」에 그 조성 경위가 자세히 언급되어 있는데, 그 내용을 정리해보면 이렇다. 즉 곡사라는 사원이 있는데, 그 지세상 금계金界인 사원보다는 옥전玉田인 능묘를 조성하기에 적당한 곳이라는 것이다. 이에 사원 자리를 다른 곳으로 옮기게 하고, 그곳을 왕릉으로 만든 저간의 사정을 설명하고 있다. 즉 어떤 이가 좋은 땅을 사원으로 희사하는 예는 있어도 빼앗는 것에 대해 하늘이 허물할 것

이라고까지 반박을 하자, 이에 대해 몇 가지 예를 들어 설득하고 있다.

첫째, 사원은 자리가 중요한 것이 아니라며 오히려 비보사탑裨補寺塔의 역할을 강조했다. 둘째, 장례는 시기가 있으니 땅을 바꾸는 것이 순리임을 역설했다. 셋째, 사찰의 원주인이 왕실의 척리戚里였으므로, 낮은 척리에서 높은 왕실로 나아가고 옛 절 대신 새 왕릉으로 도모하는 것이 타당하다는 것이다. 넷째, 이곳에 왕릉을 쓴다면 왕실의 복산福田이 되고 척리의 덕해德海도 편안히 흐를 것이라는 주장이다. 결국 의문을 제기한 자는 설득을 당해 사찰을 옮기는 일과 왕릉을 조성하는 두 가지 공사를 하게 되어 인부를 동원하고 백공百工이 일을 담당한 것이다. 이렇게 원성왕은 사후 유명에 의해 봉덕사 남쪽에서 화장을 했으나, 능 쓸 곳을 정하지 못해 장소를 찾다가 곡사가 있는 곳을 택하기로 하고, 곡사를 근처로 옮겨 지어주었다가 경문왕 대에 새로이 중창하면서 이름을 바꿔 새로 대숭복사大崇福寺로 명명한 것이었다.

감우紺宇(사원)를 개창改創할 때는 인연 있는 대중이 서로 이끌고 와서 옷소매가 이어져 바람이 통하지 않고, 송곳을 꽂을 땅조차 없을 정도였으니, 이는 마치 5리의 안개를 피우는 술법을 배우려고 사람들이 달려와서 저잣거리를 이룬 것이나 한때 설산의 법회에 대중이 화열하며 모여든 것을 연상하게 했다. 그리하여 기와와 재목을 거두고 경전과 불상을 봉대奉戴하는 일에 있어서도 서로 번갈아 수수授受하며 경쟁적으로 정성을 바쳤으므로, 역부役夫가 반걸음도 옮기기 전에 석자釋子가 편히 거할 곳이 벌써 이루어졌다. 구원九原(왕릉)을 조성할 때는 비록 왕토라고 말은 하지만 실제로는 공전이 아니었으므로, 왕릉 주변의 토지를 좋은 값으로 매입해 구롱丘隴 200여 결을 보태었으며, 그 대가로 도합 2000점苫의 도곡稻穀을 보상했다. 그리고 뒤이어 유사有司에게 명해 기전畿甸의 고을 사람들과 공동으로 나무를 베어 길을 내고 소나무를 분담해서 주위에 심도록 했다.

그리고 원래 곡사가 있던 곳에 땅을 좀 더 사서 능역陵域을 마련한 것
인데, 이때 조정에서는 2000점을 치르고 땅을 사서 능역에 보태어 왕
릉을 썼다. 최치원 비문의 중요성은 괘릉이 원성왕릉이라는 사실을 밝
혀주었을 뿐 아니라 일제 식민사관 비판의 가장 중요한 근거를 제시하
고 있다는 점이다. 또한 신라 법회의식에서 6시 예불이 존재했음을 알
려주는 예가 나오기도 한다.

그런데 최치원의「봉암사鳳巖寺 지증대사탑비智證大師塔碑」를 살펴보
면 괘릉과 관련지을 수 있는 곡릉鵠陵이라는 용어가 보인다는 점이다.

증태사贈太師 경문대왕은 마음속으로 3교를 융회한 분으로서, 법륜을 굴리
는 대사를 무척 만나고 싶어 했다. 멀리서 대사를 깊이 사모하며 자기에게
나아오기를 바라는 마음에서 서한을 부쳐 보내기를, "이윤伊尹은 걸림 없이
나아와 자신을 보여주었는데, 송섬宋纖은 자신을 드러내려 하지 않았습니
다. 유교를 불교에 견준다면 가까운 곳에서 시작해 먼 곳으로 가는 종교라
고 할 것입니다. 왕도 주변의 산중에도 자못 아름다운 곳이 있어서 새가 나
무를 가려 앉듯 고를 수 있을 것이니, 봉황의 자태를 드러내는 일을 아끼지
말아주십시오"했다. 그리고 근시 중에서 적임자를 엄선해 곡릉鵠陵(원성왕)
의 후손인 김입언金立言을 사신으로 보냈는데, 일단 왕의 분부를 전하고 나
서는 대사에 대한 제자의 예를 갖추었다.(「봉암사 지증대사탑비」[3])

---

3) 贈大師景文大王 心融鼎敎 面謁輪工 遙深爾思 覬俾我卽 乃寓書曰 伊尹大通 宋纖小見 以
儒辟釋 自邇陟遠 甸邑巖 居頗有佳所 木可擇矣 無惜鳳儀 妙選近侍中可人 鵠陵昆孫 立言爲使
旣傳敎已 因攝齊焉.

최치원은 원성왕릉을 곡릉鵠陵이라고 했다. 원성왕은 유교에 의해 봉덕사 남쪽에서 화장을 했으나, 조정에서 능 쓸 곳을 정하지 못해 장소를 찾다가 곡사 근처로 옮겨 대숭복사를 지어주고 땅값으로 2000점苫을 치른 후 원성왕릉을 쓴 것이다. 때문에 최치원은 원성왕릉이 곡사에 쓴 왕릉이라 해 곡릉이라 한 것이다. 그리고 근시近侍로서 원성왕의 6대손 김입언을 설명하는 가운데 곡릉으로 지칭했는데, 원성왕의 후손을 그리 부른 것이다.

이렇게 원성왕은 널을 들어 봉덕사 남쪽에서 화장을 택해(擧柩燒於奉德寺南) 장례를 지내고 곡사에 원성왕릉을 썼기 때문에 곡릉이라는 표현이 생긴 것인데, 후에 이 두 내용이 합해져서 괘릉으로 희화되고, 이에 따른 전설, 즉 널을 걸었다는 후일담이 생긴 것으로 추정된다. 특히나 조선 후기 문무왕과 경순왕에 대한 추모가 경순왕을 더욱 섬기는 쪽으로 변화되는 과정에서, 경주 내에서는 문무왕릉비의 발견을 언급한 『이계집』의 예를 들어 무열왕릉에 비견되는 문무왕릉을 상정했을 것이고, 괘릉이 문무왕릉으로 희화되었을 가능성도 있지 않을까 한다.

하지만 현재도 괘릉에 대해 의구심을 갖는 것은 문제가 될 수 있는데, 그것은 향토에서 전해져오는 사적에 대한 이해가 역사 문헌 내지 금석문보다 더 신빙성을 가질 수 없기 때문이다. 괘릉의 사례는 향토사와 역사 문헌의 대조로 당시의 사안을 제대로 밝힐 수 있는 근거를 갖게 된 중요한 사례라고 할 수 있으며, 향후 이러한 예의 시금석이 될 수 있다고 생각된다.

:: 참고문헌

「대숭복사비문大崇福寺碑文」

「봉암사鳳巖寺 지증대사탑비智證大師塔碑」

『동경통지東京通志』

『삼국사기三國史記』

『삼국유사三國遺事』

국민대학교 국사학과 편, 2004, 『경주문화권: 우리 역사문화의 갈래를 찾아서』, 역사공
　　간.

권오찬, 1990, 『신라의 빛』, 경주시.

김창석, 2006, 「8~10세기 이슬람 제종족의 신라 내왕來往과 그 배경」, 『한국고대사연
　　구』 44, 한국고대사학회.

김복순, 1995, 「신라의 왕릉」, 『경주발전』 4, 경주발전협의회.

_____, 2013, 「신라지식인의 서역인식」, 『경주사학』 38, 경주사학회.

이근직, 2012, 『신라왕릉연구』, 학연문화사.

조철제 옮김, 2003, 『국역 경주읍지』, 경주시·경주문화원.

최병현, 1995, 『신라 고분연구』, 일지사.

하일식, 1999, 『경주역사기행』, 그린글.

今西龍, 1970, 「慶州に於ける新羅の墳墓及び其遺物に就て」, 『新羅史硏究』, 國書刊行
　　會, 東京.

부거리 동경용원부설에 대한 재검토

정영진(연변대학교 발해사연구소 교수)

1. 머리말

발해국 5경 지리에 대한 연구는 18세기부터 많은 학자들이『신당서新唐書』의 기록을 근거로 5경 15부의 위치를 고증했으며, 일정한 성과도 거두었으나 시대의 객관적인 조건의 영향으로 의견 분기分岐도 많았고 지금의 입장에서 볼 때 오차도 비교적 크다고 하겠다. 발해 유적에 대한 조사 및 발굴과 더불어 20세기 이후 조사와 발굴 성과를 결합해 5경 15부의 지리 고증은 이미 괄목할 만한 성과를 거두었으며 허다한 문제는 공동의 인식을 얻었으나 아직도 일부 문제는 논쟁 중인데, 예를 들면 동경용원부의 위치 문제도 그중의 하나다. 필자는 몇 년 전「발해의 강역과 5경의 위치」라는 논문에서 5경의 위치를 고증했으며, 훈춘의 팔련성을 동경용원부의 치소治所라고 주장하고 동경용원부 부거리설을 부정한 바 있다(정영진, 2002). 2008년에서 2010년, 연변대학 발해사연구소에서는 조선사회과학원 고고학연구소와 함께 공동으로 부거리 일대의 발해 유적을 조사 발굴했다(동북아역사재단, 2011). 필자는 이 조사 발굴에 직접 참가했으며, 이전에 북한 학자들이 제기한 부거리가 발해 동경용원부의 치소라는 설에 새로운 인식을 가지게 되었다. 이 글에서는 이전의 인식을 바탕으로 이번의 조사 발굴 성과를 결합해 다시 한 번 동경용원부의 위치를 검토하고, 나아가 동경용원부가 관할하는 네 주의 위치도 검토할까 하면서 적당치 못한 점에 대해 많은 지적이 있기를 바라는 바다.

2. 훈춘 팔련성이 동경용원부의 치소가 확실하다

『신당서』 발해전渤海传에는 "濊貊故地为东京 曰龙原府 亦曰栅城府 领庆盐穆贺四州", "贞元时 东南徙东京", "龙原东南濒海 日本道也"라고 기록했고, 가탐贾耽의 『고금군국지古今郡国志』에는 "渤海国南海鸭绿扶余栅城四府 并是高句丽旧地也 自新罗泉井郡至栅城府 凡三十九驿"라고 기록해 동경용원부를 비정하는 주요한 사료 근거가 되고 있다. 이러한 기록들을 통해 발해 동경용원부에는 예맥의 고지에 있었으며, 또한 책성부라고도 불렸는데 고구려 시기 여기에 책성부를 세웠기에 그 이름을 따랐다는 것과, 신라 천정군으로부터 책성까지의 거리는 39개 역이고 상경의 동남쪽에 있는데 정원贞元 시기에는 수도로까지 했다는 것과 동남쪽으로 바다와 가깝고 일본도라는 것을 알 수 있다. 김육불金毓黻은 예맥의 고지인 것이 아니라 옥저의 고지인 것을 잘못 기록한 것

722

같다고 지적하고 훈춘 경내의 팔련성을 동경용원부의 치소로 보았다(김육불, 1982). 동경용원부의 위치에 대해서도 이전에는 여러 설이 있었지만 지금 대부분의 학자는 훈춘 팔련성설을 따르고 있으며, 북한의 박시형도 이 설을 받아들이고 있다(박시형, 1979). 그러나 1990년대 초에 북한의 채태형이 북한의 함경북도 청진시 부거리설을 주장하면서 장국종도 이를 적극적으로 지지하고 있다.

부거리설은 채태형이 그의 논문 「발해 동경룡원부: 훈춘 팔련성설에 대한 재검토」에서 제기한 것이다. 그는 팔련성설의 부당성을 네 가지로 지적했는데, 첫째는 『요사遼史』 지리지의 "돌을 쌓아 성을 만들었는데 둘레의 길이는 20리다"라는 기록을 인용하면서 팔련성은 돌성이 아니라 흙성이며, 둘레의 길이는 20리가 아니라 2800미터, 즉 7리 정도의 작은 성이라는 것이다.

둘째는 『신당서』 발해전의 "예맥 옛 땅을 동경으로 정했는데, 룡원부라고 하고 또는 책성부라고도 했다. …… 룡원은 동남으로 바다에 면했는데 일본도다"라는 기록을 인용하면서 훈춘 팔련성은 동해 바닷가에서 200리 떨어진 내륙 도시이기 때문에 바다와 면하지 않았으므로 동경용원부의 소재지로 보는 것은 부당하다고 했다.

셋째는 가탐 『고금군국지』의 "발해국의 남해, 압록, 부여, 책성 4부는 모두 고구려의 옛 땅이다. 신라의 천정군으로부터 책성부에 이르기까지 39개 역이다"라는 기록을 인용하면서 역과 역 사이의 거리가 70, 80, 90리 되는 것도 있기에 덕원에서 팔련성까지 39개 역이 있고 그 거리가 1170리라고 할 수 없다는 것이다.

넷째는 발해-일본 항로 선정에서 오늘의 함경북도 선봉군과 그 이북 연해는 겨울철에 바닷물이 얼기 때문에 배가 다닐 수 없고 바닷물이 얼지 않는 나진항과 그 이남 지역에서만 겨울철에 배가 다닐 수 있다는 점을 강조하면서, 발해가 34번 일본으로 사신을 파견한 중에서 겨울에 파견한 차수를 밝힌 뒤 모구위毛口威(波謝特灣)는 겨울철에 얼기 때문에 팔련성에서 떠나 이를 통해 일본으로 갈 수 없다고 했다.

이상의 네 가지 조건을 들어 팔련성은 동경용원부의 소재지가 아니라고 지적하면서 함경북도 청진시 청암구역 부거리가 동경용원부 자리가 아니겠는가 하는 가설을 제기했다. 그러면서 주요한 근거를 세 가지로 제기했는데, 첫째는 부거리에는 고구려, 발해 시기의 성터가 있는데 그것은 팔련성과 같은 흙성이 아니라『요사』지리지 기사에 부합되는 돌성이라는 것이고, 둘째는 부거리는 바다에 면하고 있으며 겨울에도 얼지 않는 용제항과 연진항을 끼고 있다는 것이며, 셋째는 부거리는 역참수에서도 참고해볼 만한 점이 있다는 것이다(채태형, 1990).

장국종은 동경용원부의 소재지는 함경북도 청진시 청암구역 부거리였는데, 그 산하에는 경주, 염주, 목주, 하주의 네 주가 속해 있었다고 지적해 채태형의 부거리설을 적극 받아들이고 있음을 알 수 있다(장국종, 1997).

팔련성설을 주장하는 학자들은『신당서』발해전, 가탐의『고금군국지』등 문헌 기록과 발해 유적에 대한 조사 발굴을 결합해 자기의 주요 근거를 제출했는데, 리젠차이李健才가 비교적 구체적으로 해석했다(李健才, 1985). 다른 학자들은 이 설을 받아들이거나 일부 보충했다. 필자도 팔련성설을 주장하면서 그 구체적인 근거는 다른 학자들과 대동소이하므로 상세히 열거하지 않고, 다만 채태형이 제출한 팔련성설의 네 가지 부당성을 검토하면서 본인의 생각을 피력하겠다.

첫째, 팔련성은 돌성인 것이 아니라 흙성이며, 둘레의 길이는 20리가 아니라 2800미터 정도의 작은 성이기에 성의 축조 자재와 크기에서『요사』지리지의 "壘石爲城, 周圍二十里"의 기록과 어긋난다고 했다.

이 기록의 원문은 "開州 鎭國軍節度 本濊貊地 高麗爲慶州 渤海爲東京龍原府 有宮殿 都督慶鹽穆賀四州事 故縣六 曰龍原永安烏山壁谷熊山白楊 皆廢 壘石爲城, 周圍二十里"다. 여기서 지적한 "壘石爲城, 周圍二十里"를 리젠차이와 방학봉은 요나라의 개주開州(鳳城 鳳凰山山城)를 가리킨다고 지적했었다(李健才, 1985; 방학봉, 1996). 이 견해는 정확한 것이다. 그러므로 이 기록을 인용하면서 동경용원부를 꼭 석성에서 찾는 것은 무리다. 팔련성을 2800미터 정도의 작은 성이라고 했는데, 발해의 평지성에서 상경성을 제외하고 이처럼 큰 성은 없다.

팔련성의 크기는 서고성과 비슷하며, 역시 외성과 내성으로 구성되었다. 내성에는 지금도 두 개의 궁전 자리가 있는데, 남쪽의 궁전 자리는 대흠무大欽茂가 동경을 수도로 할 때 정사를 보던 자리로 추측하고, 북쪽의 궁전 자리는 침전으로 추측한다. 팔련성과 서고성의 크기와 구조는 상경성의 궁성과 비슷하고, 경급京級의 성곽에서 상경을 제외하고 더 이상 큰 것을 찾을 수 없다. 상경성이 여러 차례의 축조를 거쳐 지금의 규모로 완성되었다는 것은 이미 지적된 바다(劉曉東·魏存成, 1987·1991).

대흠무가 상경으로 천도할 때 현재의 궁성만 축조했으므로 상경성의 궁성과 팔련성, 서고성의 규모와 짜임새는 비슷하다. 부거리성은 현재 심한 파괴로 인해 성의 크기조차 알 수 없고, 또한 궁전 자리도 없으므로 『요사』의 기록을 오해하고 석성이기에 기록과 맞으므로 동경의 소재지로 비정하기에는 아직 문제점이 많다.

둘째, 팔련성이 바다에 면하지 않았기에 『신당서』 발해전의 기록과 어긋난다고 지적했는데, 이도 일종의 문헌 기록에 대한 이해에서 생긴 오해라고 생각된다. 『신당서』 발해전에 "龍原東南瀕海 日本道也"라고 했는데, 이 말을 '용원이 곧 바다와 면했다'고 보면 잘못이다. 용원이 바닷가에 있다면 동남이라는 방위를 제시할 필요가 없이 "龍原瀕海"라고 지적하면 된다. 용원이 바닷가와 일정한 거리가 있었기에 그 구체적인 방위를 제시한 것이고, "東南瀕海" 뒤에 "日本道也"를 적은 것은 일본도에서 바다로 나가는 부두를 가리켜 지적한 것이라고 보아야 한다. 그렇지 않으면 팔련성이나 부거리성의 동쪽뿐만 아니라 발해의 전체 동쪽 강역이 기나긴 해안선을 접하고 있기에 "東瀕海"라고 하면 되겠는데, 그 구체적인 방위를 제시하면서 "東南瀕海"라고 할 필요가 없다.

이 부두를 왕샤王俠는 모구위毛口威(克拉斯基诺港)를 가리킨다고 지적했다(王俠, 1982). 모구위의 위치는 확실히 팔련성의 동남에 있다. 사실상 용원이 바닷가에 있는 것이 아니라 그 산하의 염주가 바닷가에 있었다. 팔련성에서 동남으로 30리 좌우되는 곳에는 석두하자고성石頭河子古城이 있고, 이 성에서 좀 더 가면 장령자구長嶺子口에 이른 후 동남쪽으로 내려가면 바로 모구위에 도달한다. 여기에는 용원부 산하의 염주로 추정되는 크라스키노성克拉斯基诺古城이 있다. 이상의 사실로 팔련성은 "龍原東南瀕海 日本道也"의 기록과 어긋나지 않는다.

셋째, 역참 노정 계산에서 꼭 39개 역 1170리의 거리라고 할 수 없다고 하면서 역과 역 사이의 거리는 70, 80, 90리 되는 것도 있기에 30리로 계산하기에는 문제가 있다고 지적했는데, 『신당서』 지리지地理志에 의하면 30리가 한 개 역이 되는데 이것은 보편적인 거리를 말한 것이다. 개별적으로 역과 역 사이의 거리가 30리가 아닌 것을 예로 들면서 39개 역 1170리와 근사한 노정에 위치한 팔련성을 부정하기에는 더 설명하지 않아도 그 문제점을 알 수 있다.

넷째, 일본도 항로에서 모구위는 겨울에 얼기 때문에 팔련성을 떠나 모구위를 통해 일본으로 갈 수 없기에 팔련성이 동경의 소재지가 아니라고 지적했는데, 확실히 모구위는 제일 추운 12월 이후면 얼어붙는다. 그러나 발해에서 일본으로 떠난 시기는 알 수 없고 일본에 도착한 시간을 일본 측의 기록에 의해 알 수 있는데, 겨울에 일본에 도착한 차수는 채태형의 통계에 의해도 몇 번 안 된다. 왕샤는 발해 사신이 일본으로 떠난 시간을 상세하게 고증하고 바다가 얼기 전인 가을에 출항했다고 지적했다(王侠, 1982). 가령 부득이한 사정에 의해 겨울에 일본으로 떠나야 할 때 모구위가 얼어서 떠날 수 없다면 팔련성에서 멀지 않은 나진항을 이용할 수도 있다. 나진항이 모구위보다는 좀 더 멀지만 부득이한 경우에는 이용할 수 있는 것이다. 그러므로 이 조건은 팔련성을 부정하는 주요 원인이 될 수 없다. 총괄적으로 비길 때 부거리보다 팔련성을 동경용원부의 소재지로 보는 것이 더욱 합리적이다. 그러므로 대부분의 학자는 다 팔련성설을 따르고 있으며, 거의 정설이 되었다.

이상의 논술은 필자가 「발해의 강역과 5경의 위치」에서 동경용원부가 훈춘 팔련성이라는 이유를 설명할 때 제시한 증거였다. 그러나 당시 필자는 아직 부거리 일대를 조사하지 못한 상황에서 부거리석성에 대한 요해가 거의 없었고, 특히 부거리 일대에 분포된 허다한 양의 고분에 대해 합리적인 해석이 결여되어 팔련성이 동경용원부의 치소라고 주장하는 데는 한계가 있었다. 그러나 이번에 직접 부거리 일대의 발해 유적을 조사하고 필자는 확실히 훈춘 팔련성이 발해의 동경용원부 치소라는 이전의 견해를 확고하게 확인했으며, 부거리 일대 발해 유적의 성격도 새롭게 인식했다. 다음에 훈춘 팔련성과 부거리석성을 비교하면서 훈춘 팔련성이 동경용원부 치소라는 정당성을 재차 설명하려고 한다.

팔련성은 훈춘하와 두만강으로 이루어진 삼각 충적 평원의 서북부에 있으며, 구체적인 위치는 훈춘시琿春市 국영國營 양종장良種場 남부

경작지에 있다. 두만강이 성 서쪽 약 2.5킬로미터 되는 곳에서 북으로 부터 남으로 흐르고 있고, 북쪽 1킬로미터 되는 곳에는 도문에서 훈춘 으로 통하는 도로가 있으며, 동남 약 5킬로미터 되는 곳에는 훈춘하가 동북으로부터 서남으로 흘러 두만강과 합류한다.

팔련성은 일찍이 20세기 1920년대에 발견되었는데, 웨이셩허魏聲禾 가 처음으로『훈춘고성고琿春古城考』에 팔련성을 기록했다. 그의 기록에 따르면 "팔련성은 일명 반랍성半拉城이라고도 하는데 현성에서 15리가 되는 곳에 있으며, 성은 방형으로서 종횡 각 250장丈이고 동·서·북 삼 면 성벽은 아직도 3자 높이로 남아 있으며, 남벽 부분이 좀 더 높게 남 아 있다. 서벽은 이미 도로와 접했고 네 벽에는 각각 문자리가 하나씩 있으며, 성내에는 자성子城이 7개 있는데 중앙에 3개, 좌우 각각 2개의 성이 있어 모두 서로 통하고 14개의 문자리가 있다. 북벽 안쪽, 자성 북 쪽에는 또 하나의 벽이 있어 일명 북대성北大城이라고도 하는데, 7개 성 과 합해 8개 성이 되어 팔련성이라 부른다"라고 했다.

1930년대에 일부 일본 학자들이 팔련성에 대해 조사와 시굴試掘을 행했으며, 그 정황을『간도성고적조사보고間島省古迹調查報告』에 소개했 다. 그들은 이런 조사와『신당서』발해전의 "濊貃故地为东京 曰龙原 府 亦曰栅城府 领庆盐穆贺四州", "贞元时 东南徙东京", "龙原东南濒 海 日本道也" 등의 기록을 결합시켜 팔련성을 동경용원부 치소로 추 정했으며, 팔련성에 대해 실측을 했다.

중화인민공화국이 성립된 후 지린성吉林省의 많은 연구자들이 수차 례에 거쳐 팔련성을 조사했으며, 특히 21세기 이후 지린성 문물고고 연구소文物考古硏究所, 지린대학吉林大學 변강고고연구중심邊疆考古硏究中 心 등에서는 팔련성에 대해 대규모 발굴을 진행해 팔련성의 형식, 규

모 및 역사상의 지위 등 많은 부문에서 커다란 성과를 이루었다.[1]

팔련성은 외성과 내성으로 구성되었으며, 성벽은 모두 흙을 다져 쌓았다. 외성은 기본적으로 방형인데 방향은 190도이고 둘레의 길이는 2885.4미터로서 북벽의 길이는 709.2미터, 남벽은 698.4미터, 동벽은 743.4미터, 서벽은 734.4미터이며, 성 바깥에는 해자가 있고 네 벽에는 각각 문자리가 하나씩 있다. 내성은 외성의 중부에서 북쪽으로 치우친 곳에 설치되었는데, 장방형이고 둘레의 길이는 1065.6미터이며 남벽의 길이는 216미터, 북벽의 길이는 219.6미터, 동벽의 길이는 316.8미터, 서벽의 길이는 313.2미터다. 남벽의 중부 약 80미터 되는 곳은 안으로 5미터 들어가고, 중부에는 문자리가 있는데 너비는 25미터다. 성내 중심에서 북쪽으로 치우친 곳에는 동서의 길이가 약 45미터, 남북의 너비가 30미터 되는 큰 둔덕이 있는데, 지금의 높이는 약 2미터 된다. 2004년에서 2009년 사이 집중적으로 내성 내의 궁전 자리와 남문 자리를 발굴해 기본상 내성 내의 궁전 분포와 결구를 확인했다.

내성 중부의 큰 둔덕은 제1궁전 자리이고 그 북쪽으로 약 38미터 되는 곳에 제2궁전 자리가 있는데, 궁전과 궁전 사이는 모두 회랑으로 연결되어 있다. 제1궁전 자리의 기초는 장방형으로서 동서 길이 42.45미터, 남북 너비 26.32미터, 중앙 부분의 남은 높이 2.2미터이며, 기초 위에는 12개의 이미 움직여 놓은 초석이 있다. 제2궁전 자리의 기초도 역시 장방형으로서 동서의 길이는 30.60미터, 남북의 너비는 18.55미터, 남은 높이는 1미터이며, 제1궁전 자리 앞에는 광장이 설치되어 있다. 이런 궁전 자리의 분포로 제1궁전 자리는 정전正殿이고, 제2궁전 자리는

---

[1] 발굴 보고서는 아직 정식으로 출간되지 않았지만 주요한 성과는 이미 여러 잡지나 회의에서 소개되었다(吉林大學邊疆考古研究中心·吉林省文物考古研究所, 2008; 吉林省文物考古研究所·吉林大學邊疆考古研究中心, 2009; 王培新, 2013).

침전寢殿으로 추측하고 있다. 팔련성 내에서 출토된 유물들은 대부분 도질陶質로 이루어진 건축 재료이고, 주요하게는 회색 암키와, 수키와, 막새기와, 연꽃무늬 벽돌, 유약을 바른 수키와, 지붕 위의 장식 등이다.

부거리석성은 부거리 마을 안의 평지에 있는데, 성벽 동북쪽은 산기슭과 인접했고 서남쪽은 확 트인 벌이다. 성의 서쪽 멀지 않은 곳에는 부거천이 북에서 남으로 흐르고 있다. 이곳의 이런 지형으로 서벽은 곧으나 기타 세 벽은 둥그렇게 반원형을 이루어 마치 활등처럼 휘어서 이 성을 반월성半月城이라고도 한다.

성의 형태는 기본상 불규칙적인 방형으로서 방향은 190도다. 성벽은 모두 돌로 쌓았는데, 지금은 서벽과 북벽 및 남벽의 일부가 남아 있고 다른 부분은 파괴되어 없어졌다. 현존하는 성벽의 높이는 1.2미터 전후이며, 어떤 부분은 아랫부분의 2, 3층 돌만 남았고 어떤 부분은 한 벌의 기초만 남았다. 서벽이 가장 잘 남아 있는데 길이는 436미터다. 남벽은 서쪽에서 동쪽으로 80미터 되는 구간만 남아 있고, 나머지는 마을과 길에 의해 파괴되어 거의 흔적을 찾을 수 없다. 북벽은 서쪽에서 동쪽으로 80미터 좌우는 곧게 쌓았고, 그다음부터는 남쪽으로 휘면서 동벽과 잇대어 있다. 동벽이 파괴가 가장 심한데, 동벽 북단의 일부만 존재할 뿐 나머지 부분은 없어졌으나 성벽의 기초 부분은 확인할 수 있다.

성벽을 쌓은 방법은 먼저 큰 돌과 판석으로 내외 양측을 쌓고 그 안에 작은 돌들을 채워 석벽을 이루었다. 벽 기초는 먼저 땅을 고르게 다진 후 그 위에 돌을 쌓았고, 어떤 부분은 높은 쪽의 흙을 낮은 쪽으로 파서 평평하게 하고 그 위에 돌을 쌓았으며, 일부 지형이 낮은 곳은 흙을 일정한 정도로 파고 작은 돌을 채워 벽의 기초로 삼고 그 위에 다시 큰 돌을 쌓는 등 다양한 방법을 사용했다. 예를 들면 남벽과 서벽은 지면을 고르게 평한 뒤 큰 돌로 벽을 쌓았고, 북벽 동단과 동벽 북단의 휘어진 부분은 산기슭의 높은 곳을 파서 낮은 곳으로 평한 후 돌로 석벽을 쌓았으며, 서벽의 북단과 북벽의 서단은 지형이 매우 낮아 습지로 되었기에 먼저 땅을 1.5미터 정도 파고 그 안에 작은 돌을 채워넣어 지면과 같은 높이에서부터 큰 돌을 쌓아 석벽을 이루었다.

벽을 쌓는 데 사용된 돌들은 간단하게 가공해 면을 고르게 한 큰 돌들로서, 특히 면에 놓이는 돌들은 비교적 잘 가공한 돌들이다. 성벽의 면은 안쪽으로 약간 기울게 쌓았고 밑부분의 돌과 윗부분의 돌들 크기는 별로 큰 차이가 없다. 현존하는 성벽으로 보면 북벽과 동벽의 돌들이 서벽과 남벽의 돌들보다 좀 크다. 현존한 서벽의 길이는 436미터이고 둘레의 길이는 약 1500미터이며, 성벽의 아랫부분은 약 4~4.5미터, 윗부분은 3~3.5미터다.

성벽에는 문과 배수 시설을 설치했는데, 지금 잘 보존된 것은 서문 자리다. 지역 주민들의 말에 따르면 네 벽에는 모두 문이 하나씩 있었다고 하는데, 잘 보존된 서문과 힘들게나마 알아볼 수 있는 북문 외에는 알아보기 힘드나 네 면에 모두 문을 설치했을 것으로 추측된다. 서쪽 문은 서벽 남단에서 북으로 약 236미터 되는 곳에 있는데, 기본상 서벽의 중간 위치다. 성문은 큰 돌로 축조했는데, 문 아래에는 큰 판석을 한 벌 깔았고 바깥쪽은 성벽과 일치하며 안쪽은 성벽보다 안으로 더 넓게 쌓았는데 너비는 약 5.1미터다. 지면에 깐 판석은 지금 6개만 남아 있다.

서벽에 두 개의 배수구 시설을 설치했는데, 하나는 서벽 남단에서 15미터 되는 곳에 설치하고 다른 하나는 서벽 북단에서 남으로 22미터 되는 곳에 설치했다. 북쪽에 위치한 배수구가 그대로 잘 남아 있고, 남쪽에 위치한 배수구는 심하게 파괴되었다. 북쪽의 배수구는 성벽 제일 밑단에 있는데, 그 축조 방법은 먼저 아랫부분에 큰 판석을 한 벌 깔고 양쪽에 판석을 세워 벽을 이룬 뒤 그 위에 다시 큰 판석을 덮어 구멍을 낸 후 다시 판석 위에 성벽을 축조했다. 판석의 길이는 약 2.2~2.25미터, 너비는 0.45~0.5미터, 두께는 0.45미터로서 지금 6개의 판석이 보존되어 있다. 배수구 위의 성벽 너비로 보아 본래는 적어도 10개 이상의 판석을 덮었을 것으로 보인다. 배수구의 길이는 4.6미터로 성벽의 너비와 같고, 안쪽의 너비는 0.8미터, 바깥쪽의 너비는 0.4미터, 높이는 0.45미터다.

이상은 훈춘 팔련성과 청진 부거리석성의 기본 상황이다. 다음에는 두 성의 입지 조건, 성의 규모와 포국布局, 출토 유물, 주위의 유적 분포 등을 비교하고 과연 어느 성이 동경용원부의 치소로 합당한지를 설명하려고 한다.

(1) 두 성의 입지 조건 비교

훈춘 팔련성은 훈춘 분지의 북쪽으로 약간 치우친 곳에 있는데, 훈춘은 지린성 동남부 두만강 하류의 연변조선족자치주 경내에 속한다. 훈춘 분지는 연변의 8개 시현에서 제일 큰 평야로 중·조·러 삼국이 교차되는 지점에 있다. 훈춘 분지는 사면이 산으로 쌓이고 분지 중앙 서쪽에는 두만강이 서북으로부터 동남으로 흐르며, 두만강 우안은 북한이고 좌안은 훈춘시 소재지다. 훈춘 시내 중부에는 훈춘하가 동북으로부터 서남으로 시내를 가로질러 두만강에 흘러든다. 두만강과 훈춘하 두 강이 흐르면서 형성된 사방 몇십 리의 큰 충적 평원은 연변에서 제일 큰 평야를 형성한다.

부거리석성은 북한 함경북도 청진시 청암 구역 부거리 소재지의 마을 안에 있는데, 성의 동북은 산기슭과 잇닿아 있고 서남쪽은 확 트인 작은 벌이며, 성의 서쪽에는 부거천이 북으로부터 남으로 흐르고 있다. 부거리의 지형은 동서 3킬로미터, 남북 8킬로미터 좌우의 좁은 평지로서 이 좁은 평지 중부에는 부거천이 흐르는데, 부거리석성은 바로 부거천에서 멀지 않은 곳에 있다. 이런 지세로 인해 성의 동벽은 산기슭과 잇대어 있고 서벽은 부거천과 아주 가깝다. 이러한 입지 조건은 경성京城으로서의 건설과 확대 수요를 근본적으로 만족시킬 수 없다.

두 성의 입지 조건을 비교하면 부거리석성의 자연환경은 한때 발해의 수도였던 동경용원부의 치소로는 너무도 어울리지 않는다. 한동안 발해의 수도였던 화룡 서고성, 영안 상경성 등이 모두 드넓은 분지에 위치한 점을 고려하면, 발해 통치자들이 10년간 수도였던 동경용원부를 드넓은 훈춘 분지가 아닌 비좁은 부거리에 설치할 수 없다.

(2) 두 성의 규모와 포국布局 비교

팔련성은 내성과 외성으로 이루어졌고 성벽은 흙을 다져 쌓았으며, 외성은 기본상 방형으로서 동서 700여 미터, 남북 740여 미터, 둘레의 길이 2885.4미터이고, 성 밖에는 해자를 파고 네 벽에는 모두 문을 하나씩 두었다. 내성은 외성의 중부에서 약간 북쪽으로 치우친 곳에 두었는데 장방형으로서 남북 두 벽의 길이는 218미터, 동서 두 벽의 길이는 318미터, 둘레의 길이는 1065.6미터다. 내성 남벽의 중부 약 80미터 되는 곳은 안으로 5미터 정도 들어가고 중심에 문을 두었는데, 너비는 25미터다.

지금 학계에서는 화룡 서고성, 영안 상경성, 훈춘 팔련성은 모두 발해 제3대 왕 시기에 축조한 것으로 인식하고, 축조 시간도 서로 그리 멀지 않으며 규획 포국도 상당히 흡사하다고 보고 있다(魏存成, 1983; 劉曉東·魏存成, 1990). 팔련성의 기본 포국은 ① 내성과 외성으로 이루어진 쌍중雙重 성벽이고, 내성과 외성의 성문은 남북 방향 일직선으로 전체 성의 중축선中軸線에 놓였다. ② 궁전 건축은 내성 북부에 집중적으로 분포되었다. ③ 외성 안에 성벽을 쌓아 봉폐된 구역과 원락院落을 조성했다. ④ 주요한 궁전은 모두 성의 중축선 위에 있다. ⑤ 전조후침前朝后寢식 이중 궁전 설계다. ⑥ 침구寢區 건축은 동서 일직선으로 배치했다. ⑦ 회랑으로 매개 건축을 연결시켜 봉폐된 공간을 통하게 했다(王培新, 2013).

부거리석성의 형태는 기본상 불규칙적인 방형으로서 성벽은 돌로 축조했는데, 지금 남아 있는 부분은 서벽과 북벽 및 남벽의 일부이고 기타는 파괴되어 없어졌지만 기초 부분이 존재해 성의 평면과 크기는 파악할 수 있다. 서벽은 온전하게 남아 있고, 남벽은 서쪽에서 동쪽으로 80미터 구간은 존재하지만 나머지는 집과 길에 의해 파괴되었다. 북벽은 서쪽에서 동쪽으로 80미터 구간은 직선이고, 여기서부터 남쪽으로 가면서 호형弧形을 이루며 동벽과 이어진다. 동벽은 파괴가 심해 동벽 북쪽 일부만 남아 있고 나머지는 없어졌으나 기초 부분은 알 수 있다. 서벽의 길이는 436미터, 둘레 길이는 1500미터 좌우이며, 지금 남아 있는 성벽의 밑부분은 4~4.5미터, 윗부분은 3~3.5미터다. 성벽에는 문과 배수구를 설치했는데, 잘 보존된 것은 서문이고 북문은 알아볼 수 있지만 나머지는 없어졌다. 주민들에 따르면 본래는 동·서·남·북 네 벽에 모두 성문을 두었을 것으로 추측된다. 서벽에서 배수구 두 곳을 발견했다.

부거리석성은 남북으로 긴 좁은 평지에 축조되었고, 평지 중간에는 부거천이 북으로부터 남으로 흐르므로 동벽은 산기슭 바로 아래 쌓았고 서벽은 부거천과 가까운 곳에 쌓았으며, 지세가 매우 낮아 서벽에 두 곳의 배수구를 설치해 성안의 물이 이 배수구를 통해 부거천으로 흐르게 했다. 성의 평면 포국도 이곳의 자연환경에 따라 불규칙적으로 서벽은 곧게 쌓았으나 나머지는 모두 호형을 이루고 있으며 성안에서도 궁전 자리로 볼 수 있는 건축 흔적을 찾아볼 수 없다.

두 성의 규모와 포국을 비교하면, 부거리석성은 팔련성과 비교도 안 되며 그 규모나 성안의 포국을 보아도 수도 또는 경의 치소로 보기에는 너무도 거리가 멀다.

(3) 두 성의 출토 유물 비교

팔련성에서는 오랜 세월에 거쳐 수없이 많은 유물이 나왔는데 대부분은 도질 건축 재료로, 주요하게는 수키와, 암기와, 막새기와, 꽃무늬 벽돌, 유약 바른 수키와, 지붕 위의 장식품 등이다. 유물은 집중적으로 건축 유적이 무너진 뒤에 형성된 토층에서 나왔는데, 특히 1호 건축지의 북측과 회랑의 동서 양측 및 2호 건축지에서 보다 많은 유물이 출토되었다(吉林省文物考古研究所·吉林大學邊疆考古研究中心, 2009). 이런 유물 중에 유약 바른 기와들은 전문적으로 궁전 같은 건축지거나 특별하게 중요한 사원지 유적에서만 보이는 유물들이다.

부거리석성은 지표 조사만 진행한 한계도 있지만 지면에는 아주 적은 유물이 있을 뿐이다. 특히 유약 바른 건축 재료들은 보이지 않는다. 두 성의 출토 유물로 보면 팔련성에서 출토된 유물은 그 양이나 질에서 부거리보다 풍부하고, 특히 많은 양의 유약 바른 기와는 팔련성이 수도로서 혹은 경京으로서의 소재지였다는 점을 유력하게 설명하고 있다.

(4) 두 성의 주위 유적 분포 비교

팔련성 부근에 분포된 유적으로는 주요하게 온특혁부성溫特赫部城, 영안

고성英安古城(일명 영의성英義城), 석두하자고성石頭河子古城, 살기성薩其城, 소영자고성小英子古城, 영성자고성營城子古城, 밀강고성蜜江古城, 경영고성慶榮古城, 성장립자산성城墻砬子山城, 농평산성農坪山城, 도원동남산산성桃園洞南山山城 등 평지성과 산성이 있는데, 이런 평지성과 산성 중 일부는 고구려 시기에 축조해 발해 시기까지 연용沿用한 것도 있고 발해 시기에 축조한 것도 있다.

팔련성 부근에서는 사원지 유적도 적지 않게 발견되었는데, 주요하게는 팔련성동남사묘지八連城東南寺廟址, 삼가자양종농장사묘지三家子良種農場寺廟址, 신생사묘지新生寺廟址, 마적달사묘지馬適達寺廟址, 오일사묘지五一寺廟址, 양목림자사묘지楊木林子寺廟址, 대황구사묘지大荒溝寺廟址 등이다.

지금까지 발견된 무덤은 주요하게 마적달묘탑馬適達墓塔, 밀강고분密江古墳, 경영고분慶榮古墳, 사타자고분沙坨子古墳, 신농고분新農古墳, 양수과원고분군凉水果園古墳群 등이다. 이 외에 팔련성 북부에는 몇십 리로 이어지는 장성長城(邊墙) 유적이 있다.

부거리 부근에서 발견된 유적으로는 주요하게 부거리석성富居里石城, 부거리토성富居里土城, 독동산성獨洞山城, 다래골고분군達萊溝古墳群, 연차골고분군延次溝古墳群, 합전고분군合田古墳群, 옥생동고분군玉生洞古墳群, 토성고분군土城古墳群, 독동고분군獨洞古墳群과 연대봉蓮臺峰 등 10여 개의 봉수대가 있다.

지금까지 발견된 상황으로 보면 팔련성 부근의 유적은 부거리 부근보다 종류가 다양하고 수량도 많다. 성의 수량이나 규모로 볼 때 팔련성 부근의 성곽은 부거리 부근보다 더 다양하고, 특히 팔련성 부근에서 발견된 사원지 유적은 거의 10곳에 달해 서고성 부근에서 발견된 사원지 10여 곳, 상경성 부근에서 발견된 사원지 10여 곳과 어울린다. 그러나 부거리 부근에서는 아직 사원지가 한 곳도 발견되지 않았다. 유일하게 팔련성 부근에서 발견된 고분이 부거리보다 양적으로나 규모로도 비교가 안 되게 부족하다. 이는 서고성 부근에서 발견된 용두산묘군龍頭山墓群, 북대묘군北大墓群, 상경성 부근에서 발견된 삼릉둔묘군三陵屯墓群, 홍준어장묘군虹鱒魚場墓群 등과 현저하게 대조되어 팔련성을 동경용원부 치소로 주장하는 데 큰 약점이 되고 있다.

무덤의 양으로나 규모로 볼 때 부거리 일대에는 확실히 많은 고분이 분포되어 있고 규모도 매우 크다. 연차골과 다래골에서 발견된 고분들은 규모가 비교적 크고 어떤 고분은 왕릉에 해당할 정도로 크기에 북한 학자들은 부거리를 동경용원부의 치소라고 주장하고 있다. 더구나 팔련성 부근에서도 고분은 발견되었으나 규모가 작고, 서고성이나 상경성에서처럼 왕릉으로 볼 수 있는 고분군이 없다. 부거리에서 발견된 고분들은 석실봉토분, 석곽봉토분, 석관봉토분 등으로 분류할 수 있는데, 그중 석실봉토분의 규모가 비교적 크고 또한 모두 지상에 축조했으며 석곽봉토분, 석관봉토분 들은 지하에 축조했다. 부거리 일대의 고분은 몇 가지 특징이 있다. ① 고분들은 대부분 지상에 축조했다. ② 석실봉토분의 평면 형태는 대부분 원형이거나 타원형이다. ③ 석실봉토분은 대부분 목관을 사용하지 않고 판석으로 석관을 만들었다. ④ 고분에서 출토되는 토기는 여기만의 특색이 있고, 또한 고구려 토기의 전통이 짙다. ⑤ 고분에서는 마구가 다른 지역보다 많은 양이 출토된다. 이런 점들은 이 지역의 지방 세력가들이 어느 정도 무력으로 보장된 막강한 힘을 가지고 있었음을 반영한다.

이상으로 입지 조건, 성의 규모와 포국, 출토 유물, 주위 유적 분포 등 네 가지 면으로 팔련성과 부거리석성을 비교하면서 어느 성이 과연 10년 동안 수도로 이용되고 5경 중의 하나인 동경용원부 치소로 합당한가를 살펴보았다. 그 결과 고분을 제외하고 팔련성이 모두 부거리보다 합당하다는 결론을 내리게 되었다. 고분 하나만을 가지고 팔련성을 부정하기에는 너무도 미흡하다. 특히 성의 입지 조건 하나만으로도 부거리보다 팔련성을 동경용원부 치소로 비정하기에 충분하다.

3. 동경용원부 관할하의 4개 주 위치 고증

『신당서』 발해전에는 "初 其王数遣诸生诣京师太学 习识古今制度 至是逐为海东盛国 地有五京十五府六十二州"라고 기록했다. 발해의 5경에 대해 북한 학자들은 고구려의 5부제로부터 연원을 찾지만(장국종, 이성출 옮김, 1993), 일반적으로 당나라의 오경제五京制에서 비롯되었다고 보고, 5경을 설치한 시기도 당나라에서 5경을 설치한 이후로 여기고 있다(송기호, 김영국 옮김, 2002). 당나라에서 5경을 설치한 시기는 742~757년 사이이며, 『속일본기續日本紀』에 발해 사신 사도몽史都蒙이 남해부南海府 토호포吐號浦에서 출발해 일본의 쓰시마섬對馬島에 도착했다고 했다.[2] 이 시기가 바로 778년으로, 이때 남해부라는 명칭이 존재하므로 발해의 5경은 이 시기에 이미 전부 설치된 것으로 보인다.

발해의 5경 15부에 대한 지리 고증은 많은 연구가 이루어졌고, 특히 5경의 구체적인 위치에 대해서는 이미 공동 인식을 얻었다고 할 수 있다. 즉 상경上京은 헤이룽장성黑龍省 닝안시寧安市 보하이진渤海鎮의 상경성上京城, 중경中京은 지린성 허룽시和龍市 서고성西古城, 동경東京은 지린성 훈춘시琿春市의 팔련성八連城, 서경西京은 지린성 린장시臨江市, 남

---

2) 遺使问渤海使史都蒙等日 …… 对日 鸟须弗来归之日 实承此旨 由是都蒙等发自弊邑南海府吐号浦 西指对马鸣竹室之津 而海中遇风 着此禁境 失约之罪 更无所避(『속일본기』 권34, 보귀寶亀 8년).

경南京은 북한의 함경남도咸鏡南道 북청군北青郡 청해토성青海土城이 정설이 되고 있었다. 그런데 1990년대부터 북한 학자들이 동경용원부를 북한의 함경북도咸鏡北道 청진시清津市 부거리富居里로 추정하면서 5경에 대한 토론이 재개되었다. 필자가 이미 앞에서 많은 편폭으로 팔련성과 부거리석성을 여러 방면으로 비교하며 훈춘 팔련성이 동경용원부 치소라는 점을 재검토했다. 그러면 부거리석성은 발해 시기에 과연 어떤 작용을 했을까?

필자는 부거리 일대의 발해 유적에 대한 조사를 거쳐, 부거리 일대는 동경용원부 관할하의 한 개 주, 구체적으로 목주라고 지적한 바 있다(정영진, 2010). 그러나 그때 그 논문의 주제가 이 문제를 토론하는 것이 아니기에 구체적으로 이유를 전개하지 않았다.『신당서』에는 "秽貊故地为东京 曰龙原府 领庆盐穆贺四州"라고 기록해 동경 산하에 4개 주를 설치했음을 알 수 있다. 경주의 소재지는 팔련성 남쪽 5킬로미터 되는 곳에 있는 온특혁부성이고, 염주는 러시아 연해주 크라스키노성으로 보는 데 별 이견이 없으며, 목주와 하주에 대해서는 여러 설이 제기되고 있다.

리젠차이 선생은 훈춘의 살기성薩其城을 목주로, 도원동桃園洞 남산산성南山山城을 하주로 추정했다(李健才, 1985). 방학봉 선생은 목주를 북한의 함경북도 경원 일대로, 하주는 염주의 서북, 목주의 북쪽, 경주의 동북 방향에서 찾아야 한다고 지적했으나 구체적인 지점은 제시하지 않았다(방학봉, 1996). 쑨진지孫進己 선생은 목주를 개산둔開山屯 선구산성船口山城으로, 하주를 훈춘의 성장립자산성城墻砬子山城으로 비정했다(孫進己, 1994). 그런데 이런 비정들은 북한 경내의 발해 유적에 대한 답사가 없는 상황에서『요사』지리지의 기록에 따라 추정한 가설로 모두 믿을 수가 없고, 특히『요사』지리지의 기록이 매우 혼란스럽다는 점은 잘

아는 사실이다.

북한 경내의 발해 유적은 부거리 일대, 화대군 일대, 북청군 일대에 집중적으로 분포되어 있다. 함경북도와 함경남도가 접하는 곳에는 개마고원 마천령이 있는데, 마천령은 지세가 험하기로 소문나 있으며 고대로부터 천연적인 요새로서 옥저 시기에는 동옥저와 북옥저의 경계였고 발해 시기에는 동경과 남경의 분계선이었다. 즉 마천령 이북은 동경의 관할 범위이고 이남은 남경의 관할 범위다. 동경용원부의 경주는 훈춘 팔련성에서 멀지 않은 곳에 위치한 온특혁부성이고 염주는 크라스키노성으로, 순서대로 부거리성은 목주이고, 하주는 화대군 성상리고성城上里古城이다. 이렇게 동경용원부의 4개 주 가운데 3개는 모두 동해안의 해변에 설치했다고 필자는 보고 있다.

동경용원부 관할하의 4개 주를 모두 해변에서 멀지 않은 곳 혹은 해변에 설치한 것은 발해가 동경을 설치한 목적과 일치한다고 생각된다. 동경을 설치한 목적은 바로 동해안에 대한 경영과 일본과의 교류를 위한 것으로, 이 점은 이미 필자가 한 편의 논문에서 지적한 바 있다(정영진, 2010). 지금까지의 지리 고증으로 볼 때 동해안과 관련이 있는 발해의 경부京府는 동경용원부, 남경남해부, 솔빈부다. 솔빈부의 치소를 이전에는 러시아의 오소리사극성烏蘇里斯克城으로 보았으나 중국의 장타이샹張太相 선생이 헤이룽장성 둥닝현東寧縣 대성자고성大城子古城으로 추정하면서 중국의 대부분의 학자가 이 설을 따르고 있다(張太相). 솔빈부를 오소리사극성으로 보든 대성자고성으로 보든 모두 동해안의 북단 일부분과 연결되고, 문헌 기록으로 보면 솔빈부가 관할하는 동해안 북단은 발해 시기 일본으로 통하는 교통로로 사용한 적이 없고, 남경남해부가 관할하는 해안도 발해 사신들이 일본으로 갈 때 몇 번 사용하지 않았으며, 대부분 동경용원부가 관할하는 해안을 사용했다. 동경을 동해에서 멀지 않는 훈춘 팔련성에 두고 염주, 목주, 하주를 해안가에 설치했다는 것은 발해가 일본으로 통하는 교통로인 동경을 아주 중요한 위치에 두었으며, 또한 동경에 대한 경영을 중시했음을 알 수 있는데, 이는 수도를 직접 동경으로 옮긴 사실에서도 잘 반영된다.

발해는 229년간 모두 네 차례 천도했는데, 이는 고대 동아시아 국가의 역사에서 드문 일이다. 『신당서』의 기록에 따르면 발해가 처음 수도를 정한 곳은 동모산인데, 몇십 년 동안의 발해 유적 조사와 발굴 및 연구를 통해 동모산을 지금의 둔화 일대로 추정하나 구체적인 지점에 대해서는 차이가 있다. 지금 대부분의 학자는 동모산을 성산자산성으로 보고 있으나 일부는 이 설을 부정하고, 일부 학자들은 오동성을 초기 도성으로 보고 있으나 일부는 오동성이 금나라 시기의 토성이지 발해의 토성이 아니라고 주장하면서 성산자산성과 영승 유적을 합해 발해의 초기 도성으로 비정하지만, 또한 부정하는 사람도 있다. 그러나 둔화 일대가 발해가 처음으로 도읍을 정한 곳이라는 점은 둔화 류딩산六頂山에서 발해 초기의 고분군이 발견되고 정혜공주 묘지가 출토되었으므로 부정할 수 없다. 『신당서』 발해전에서는 가탐 『도리기道理記』의 기록을 인용하면서 "顯州 天寶中王所都"라고 해 현주가 한 시기 발해의 수도였음을 알 수 있다. 현주의 위치에 대해서는 그간 많은 토론이 있었지만 중경을 설치한 후의 중경 치소인 화룡 서고성이 제일 유력하다. 둔화에서 서고성으로 천도한 시간도 문헌에는 "天寶中王所都"라고 해서 구체적인 천도 시점은 알 수 없지만 일부는 대흠무大欽茂 시기에 천도한 것으로 보고, 또 일부는 대무예大武藝 말기에 천도한 것으로 보고 있다.

『신당서』 발해전에는 "天宝末 钦茂徙上京 直旧国三百里 忽汗河之东"이라고 해, 천도자는 대흠무이고 시기는 756년이며 천도지는 상경으로서 홀한하의 동쪽에 있음을 알 수 있다. 상경은 지금의 헤이룽장성 닝안시 보하이진의 상경성이라는 것이 학계의 정설이다. 785년, 대흠무는 세 번째로 재차 천도했다.『신당서』에는 "贞元时 东南徙东京", "龙原东南瀕海 日本道也"라고 기록해 천도 시기와 천도 지점이 명확한데, 곧 일본도의 중심인 동경용원부로서 지금의 훈춘 팔련성이다. 794년, 대흠무가 죽은 뒤 발해국 내에서는 왕위 쟁탈 사건이 발생해 대원의大元義가 '국인國人'들에 의해 살해되고 대화여大華璵가 왕으로 추대되어 상경으로 다시 환도還都해서 동경용원부를 10년간 수도로 삼았다.

대흠무가 동경으로 천도한 원인에 대해 여러 논의가 있었지만, 한국의 임상선 선생이 그 원인을 비교적 잘 정리했다(임상선, 1988). 발해가 동경으로 천도한 원인은 여러 가지가 있겠지만 가장 중요한 원인은 일본과의 교류와 동해안에 대한 경영을 목적으로 했을 것이다. 727년, 대무예가 처음으로 일본도를 개척하면서 대흠무 시기에 발해와 일본 간에 빈번한 교류가 이루어져, 발해에서 11차, 일본에서는 9차례의 사신 왕래가 있었다. 발해와 일본 간의 교류가 이처럼 빈번한 시점에서 동해와 멀리 떨어진 상경보다는 동해와 가까운 동경이 사신이 왕래하기 편리했을 것이고, 수도를 동경으로 옮기면서 이 일대는 큰 발전을 했을 것이며, 전에 없는 개발과 함께 인구도 증가했을 것이다. 문헌의 '책성지시柵城之豉'는 동경 일대의 특산으로, 이곳의 농업 생산이 크게 발전했음을 추측케 한다.『요사』의 기록에 의하면 발해국이 멸망한 후 요나라 통치자들이 발해 동경 지역의 '조선인造船人'들을 강제 동원해 요나라를 위해서 배를 만들게 했다는 사실은 발해 시기 동경 일대의 조선업이 매우 발달했음을 알려준다. 동경 관할하의 3개 주가 모두 바닷가에 분포되었다는 것은 이 일대의 어업이 발달했음을 의미하고, 어업 생산은 조선업의 발전과 연계된다. 일본도의 시발점인 동경은 사신들의 항해를 위해서도 많은 배를 만들었을 것이고 이와 연결되는 산업이 크게 발전했을 것이며, 동시에 동해안에 대한 경영도 이왕의 그 어느 시기보다 중요시되었을 것이다.

4. 결말

부거리 일대의 발해 유적에 대한 조사와 발굴을 거쳐 발해 동경용원부의 치소는 지금의 훈춘 팔련성이 틀림없음을 확인했고, 부거리 일대(부거리석성)는 동경의 4개 주 중 목주로 추정했으며, 화대군 일대(성상리토성)는 하주로 추정했다. 발해는 동경용원부에 대한 경영을 강화할 목적으로 해변에서 가까운 크라스키노성克拉斯基诺城에 염주를, 부거리석성에 목주를, 성상리토성에 하주를 설치하면서 동해안에 대한 경영을 실시했으며, 또한 일본과의 원활한 교류를 위해 수도를 직접 동경으로 천도하면서 동해안에 대한 경영을 중시했다. 기왕에는 발해의 경, 부, 주 치소를 고증할 때 주요하게 『요사』 지리지의 기록에 의해 추정하는데, 이번에 북한 지역 부거리 일대의 발해 유적을 조사 발굴하면서 유적에 대한 실지 조사와 발굴의 중요성을 재삼 피부로 체득했다.

:: 참고문헌

『고금군국지古今郡國志』
『도리기道理記』
『속일본기續日本記』
『신당서新唐書』

『요사遼史』

동북아역사재단, 2011,『부거리 일대의 발해유적』, 동북아역사재단.

임상선, 1988,「對渤海遷都的考察」,『淸溪史學』5, 한국정신문화연구원.

정영진, 2002,「발해의 강역과 5경의 위치」,『한국사론』34(한국사의 전개과정과 영토), 국
　　　사편찬위원회.

_____, 2010,「渤海的東海岸經營與對日交流」,『渤海海洋史與21世紀環東海交流 國
　　　際學術硏討會論文集』, 고구려발해학회·한국학중앙연구원.

박시형, 1979,『발해사』, 김일성종합대학 출판사.

장국종, 1997,『발해사연구(1)』, 조선사회과학출판사.

채태형, 1990,「발해동경룡원부: 훈춘팔련성설에 대한 재검토」,『력사과학』1990-3, 과
　　　학백과사전종합출판사.

吉林省文物考古硏究所·吉林大學邊疆考古硏究中心, 2009,「吉林琿春市八連城内城
　　　建筑基址的发掘」,『考古』2009-6, 中国社会科学院考古硏究所, 北京

吉林大學邊疆考古硏究中心·吉林省文物考古硏究所, 2008,「吉林省琿春八連城遺址
　　　2004年調査測繪報告」,『邊疆考古硏究』7, 科學出版社, 北京.

김육불, 1982,『東北通史』(上), 社會科學戰線雜誌社.

方學鳳, 1996,『발해의 강역과 행정제도연구』, 延邊大學 出版社, 延吉.

_____, 1996,『渤海的疆域與行政制度硏究』, 延邊大學 出版社, 延吉.

孫進己, 1994,「唐代渤海之五京」,『東北民族硏究』1, 中州古籍出版社, 郑州.

송기호, 金榮国 옮김, 2002,「渤海五京制的渊源与作用」,『渤海史硏究』9, 延邊大學 出
　　　版社, 延吉.

王培新, 2013,「渤海國東京龍原府址琿春八連城址布局初步復原」,『高句麗渤海文化
　　　學術硏討會論文集』, 吉林大學邊疆考古硏究中心, 長春.

王俠, 1982,「琿春的渤海遺跡與日本道」,『學習與探索』1982-4, 學習與探索雜誌社,
　　　哈爾濱.

_____, 1993,「渤海使者訪日啓港時間考」,『東北亞歷史與考古信息』1993-1·2.

劉曉東·魏存成, 1990, 「渤海上京城營築時序與刑制淵源硏究」, 『中國考古學會第6次
　　　年會論文集』, 文物出版社, 北京.

＿＿, 1991, 「渤海上京城主體格局的演變」, 『北方文物』1991-1, 黑龍江省文物管理委
　　　員會, 哈爾濱.

魏存成, 1983, 「關于渤海都城的幾个文題」, 『史學集刊』1983-3, 吉林大學, 長春.

李健才, 1985, 「琿春渤海古城考」, 『學習與探索』1985-6, 學習與探索雜誌社, 哈爾濱.

張泰相, 「唐代渤海率濱府考」, 『歷史地理』第2집.

장국종, 이성출 옮김, 1993, 「渤海の領域と五京制」, 『高句麗·渤海と古代日本』, 雄山
　　　閣, 東京.

독일 바이에른 지역 신석기 말기 벨 비이커 문화의 어린이 무덤과 사회적 정체성

김종일(서울대학교 고고미술사학과 교수)

1. 머리말

유럽 신석기시대 말기의 주요 문화인 벨 비이커Bell Beaker 문화기의 매장 풍습과 무덤은 오랫동안 유럽 선사시대 연구에서 가장 중요한 연구 주제 중의 하나였다. 실제로 유럽 신석기시대를 연구하는 많은 고고학자들이 벨 비이커 문화기 매장 풍습 및 무덤과 관련한 다양한 문화적 그리고 사회적 특징들을 밝히기 위해 노력해왔다. 예를 들면, 무덤에서

* 이 글은 2013년 체코 필젠에서 열린 19회 유럽고고학대회에서 다음의 제목으로 발표된 필자의 발표문 「Children and Their Social Identity in the Bell Beaker Culture, Bavaria」에 기초해 이 발표문의 일부를 새롭게 수정 보완한 글이다. 이 발표문의 전체 수정본은 영국 Oxbow 출판사에서 간행될 단행본 『Children in Prehistoric and Historic Societies』(가제)에 수록될 예정이다.

발견되는 벨 비이커 자체의 형식 분류, 이주와 이데올로기의 확산을 포함한 벨 비이커의 확산 과정과 분포, 그리고 벨 비이커 무덤 주인공의 사회적 지위와 사회 구조 등에 관한 연구 등이 대표적인 연구 주제라고 할 수 있다(e.g. Clarke, 1970; Clarke, 1976; Lanting and Van der Waals, 1976; Sangmeister, 1964; Shennan, 1976; Shennan, 1977). 여기에 더해, 최근에 무덤의 축조와 제사 과정에서 형성되거나 반영되는 무덤 주인공의 사회적 정체성을 포함한 개인과 그 개인을 둘러싼 공동체의 정체성에 관한 연구도 진행된 바 있다(Benz and Willingen, 1998; Boast, 1990; Heyd, 1998; Heyd, 2001; Heyd, 2007; Kim, 2005).

이러한 연구들에 기반을 두고 남성 엘리트의 등장 혹은 젠더의 범주화 측면에서 벨 비이커 무덤이 가진 사회적 특징에 대해 좀 더 깊이 있게 이해할 수 있게 되었다. 그럼에도 이러한 연구들이 그 이면에 남성 또는 성인 위주의 관점, 그리고 어린이나 청소년을 주변화하는 시각이 전제되어 있다는 점에서 어쩔 수 없는 한계를 갖는다는 점 또한 사실이다(e.g. Lucy, 2005; Sofaer, 1997). 이러한 사실은 개인의 정체성이 연령이나 젠더, 지위, 종족성 그리고 종교 등을 포함하는 다양한 사회적 맥락과 범주 안에서, 또 그러한 맥락과 범주에 의해 형성(혹은 타협)된다는 점을 감안하면 더욱 명확해진다. 특히 매장 행위와 무덤의 축조에서 어린이 몸의 처리는 해당 사회의 '축적된 지식(stock of knowledge)' 내에 이미 존재하는 이상화된 사회적 정체성을 투사하는 하나의 방식을 잘 보여준다. 물론 이러한 현상이 모든 사회에서, 그리고 모든 시대에서 무조건적으로 당연한 것으로 받아들여져서는 안 된다. 그럼에도 과거 그리고 현재의 많은 사회에서 사회 구성원들이 원하는 또는 그들에 의해 이상화된 정체성, 즉 능동적인 개인 행위 주체(individual agent)로서 성인과 어린이들에 의해, 그리고 그들 사이에서 만들어지고 타협되는 그러한 정체성은 장난감을 비롯해 어린이와 관련된 다양한 몸의 움직임과 몸의 처리 방식들, 또 그것들을 가능케 하거나 혹은 제약하는 물질문화를 통해 부여된다(e.g. Barthes, 1993; Bourdieu, 1977; Lally and Moore, 2011; Schutz and Luckman, 1973).

특히 어린이와 아동성(childhood)에 대한 최근의 연구들을 통해 사회적 정체성과 범주에 의해 매개 또는 형성되는 사회적 정체성의 형성 과정에 대한 우리의 지식은 이전에 비해 훨씬 확대 심화될 수 있었다(e.g. Baxter, 2005; Lally and Moore, 2011; Lucy, 2005; Sofaer, 1997; Sofaer, 2000).

이 글에서는 이러한 점을 염두에 두고 독일 남부 바이에른 지역 뮌

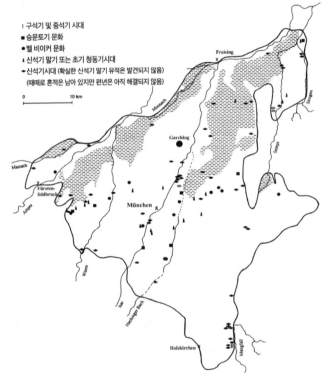

〈그림 1〉 독일 바이에른 뮌헨 지역 신석기 유적 분포
('Schefzik, 2001 Fig. 22'에 따름. 원 모양 기호: 가힝)

헨 부근의 가힝에서 발굴 조사된 신석기시대 말기 벨 비이커 무덤의 자료를 다양한 이론적 관점을 바탕으로 해석해 젠더 그리고 연령에 기반을 둔 사회적 정체성의 형성 과정을 살펴보고자 한다. 이를 위해 우선 발굴 조사를 통해서 얻을 수 있는 고고학 정보를 소개하고, 이를 벨 비이커 무덤들, 특히 동부 그룹에 속한 무덤들을 통해 확인할 수 있는 기존의 해석과 비교한 다음, 두 결과 사이의 유사점과 차이점에 대해 논의하고자 한다. 마지막으로 이를 바탕으로 당시에 어린이들이 젠더와 연령에 의해 어떻게 범주화되었는지, 그리고 그들의 사회적·상징적 정체성이 이 시기의 매장 행위와 무덤의 축조에서 어떻게 형성되었는지에 대해 논의하고자 한다.

이러한 논의를 통해 이 지역 벨 비이커 문화의 특징뿐만 아니라, 벨 비이커 문화의 매장 행위와 무덤 축조에서 나타나는 사회적 정체성의 형성 과정에 대해 좀 더 깊이 있게 이해할 수 있는 기회를 마련할 수 있을 것으로 기대한다.

2. 뮌헨 가힝 지역 벨 비이커 어린이 무덤군

이 무덤군에 대한 발굴 조사는 2009년 독일 현지의 고고학자 슈나이더와 비어마이어 등에 의해 진행된 바 있다(Schneider·Biermeier and Kowalski, 2010). 아쉽게도 이 무덤군에서 발견된 인골(현재 뮌헨 인류학연구소에 보관되어 있음)에 대한 체계적인 형질인류학적 조사가 아직까지 이루어지지 않았다. 다만 묻힌 사람들의 대략적인 연령은 출토된 인골과 치아의 발달 상태, 또는 인골이 남아 있지 않은 경우 무덤광의 크기를 바탕으로 추정된 바 있다. 만약 인골에 대한 과학적인 조사가 좀 더 이루어져 약간의 수정이

어린이?

어린이 II

청소년

어린이 II

어린이?

어린이 II

어린이?

어린이?

어린이 II

성인
robbed

16

18

19

26

28 · 27

32

34

35

39

40

석제 블레이드와
화살촉

2 m   20 cm   5 cm   5 m

가힝 무덤군의 인골과 부장품   가힝 무덤군의 분포

〈그림 2〉 가힝Garching 무덤군 (싱글아크SingulArch의 비어마이어Biermeier가 그린 그림에서 취함)

필요하다 하더라도 전체적인 경향은 변하지 않을 것으로 생각되는데, 즉 이 무덤군은 한 명의 어른('무덤 40')과 각기 다른 연령대를 가진 10명의 어린이가 묻힌 것으로 추정된다(〈그림 2〉). 한편 이러한 결과를 토대로 나름의 해석을 시도하는 과정에서 연령에 기초한 범주화(특히 어린이의 경우)는 사회적으로 구성된 개념이며, 이러한 범주화는 자연적 연령(나이), 사회적 구분(예를 들면 사회적 기준에 따른 아동, 청소년, 성년의 구분), 또는 생리학적 기준(예를 들면 이차 성징의 등장 등)에 의해 각각 다른 방식으로 가능하다는 점이 전제되어야 한다(Sofaer, 1997; Lucy, 2005). 그러므로 예를 들어 이 무덤에서 출토된 인골을 대상으로 자연적 연령에 기반을 두고 '유아'나 '어린이' 또는 '청소년'과 같은 연령에 기초한 범주화를 시도하는 작업은 어쩔 수 없이 임의적이거나 혹은 이 시기에 한정되는 것이라는

점을 염두에 두어야 한다.

한편, 북-남 방향의 무덤 주축과 함께 하나의 인골(성인으로 추정)이 왼쪽으로 누워서 화살촉과 함께 출토되는 무덤, 즉 '무덤 40'의 경우를 통해 묘지의 가장 남쪽에 남성 성인이 묻혔음을 어렵지 않게 추정할 수 있다. 무덤 윗부분의 도굴갱으로 추정되는 곳의 암갈색 토양으로부터 상완골上腕骨이 흩어져서 발견된 바 있다. 대퇴골의 일부와 양쪽 발과 왼쪽 팔뼈가 원래 형태 그대로 발견되었으며, 두개골과 후두개 부분의 나머지 인골은 발견되지 않았다. 도굴은 아마도 순동 단검 같은 금속 유물을 대상으로 이루어진 것으로 추정된다. 어린이들이 묻힌 무덤들의 경우, 추가장이 이루어졌다고 볼 수 있는 증거는 없으며, 그 어린이들의 인골은 대체로 무덤의 주축이 북-남 방향인 무덤에서 왼쪽으로 누워 동쪽을 바라보는 자세로 묻혀 있다(〈그림 3〉; 〈그림 2〉의 무덤 18, 19, 26, 32, 34). 지금까지 발견된 벨 비이커 무덤들의 주된 중심축의 방향과 성별간의 관계를 고려하면, 즉 북-남 방향의 경우 남자의 무덤이라는 점을 고려하면, 북-남의 주축 방향을 가진 무덤들은 남자 어린이들의 것으로 추정된다. 동-서 축을 가진 무덤 가운데 한 무덤('무덤 27')에서만 잘 보존된 인골이 발견된 바 있다. 오른편으로 누워 있는 모습으로 발견된 이 인골을 통해 이 무덤은 여자 어린이의 무덤으로 추정된다. 따라서 이 무덤군에 속한 무덤들 가운데 동-서 방향(또는 서-동 방향)의 주축을 가진 무덤들의 경우, 즉 '무덤 35'와 '무덤 39'의 경우 여자 어린이의 무덤으로 추정된다. 앞서 언급한 바와 같이 '무덤 40'의 남자 무덤에서 출토된 작은 석제 블레이드와 화살촉을 제외하면 토기가 이 무덤군에 속한 무덤들에서 출토되는 유일한 부장품이라고 할 수 있다. 무덤 출토 부장품 목록과 함께 유물에 대한 실측이 아직 완료된 것은 아니지만, 〈그림 4〉에서 보는 바와 같이 일부 토기의 경우 발굴 현장에서 간단한 약측이 이루어지기도 했다. 비록 토기의 상태가 정확한 실측이 불가능할 정도로 나빴지만 토기의 종류와 형식, 예를 들어 컵인지 또는 접시인지를 구분할 수는 있었다(〈그림 2〉의 회색으로 표시된 토기 형식 참조). 특히 '무덤 40'의 성인 남자 무덤에서 문양이 시문된 벨 비이커가 출토된 점도 주목된다.

따라서 이 무덤군의 발굴 조사 결과는 잠정적으로 다음과 같이 요약할 수 있다. 총 11개의 벨 비이커 무덤이 이 무덤군에서 조사되었으며,

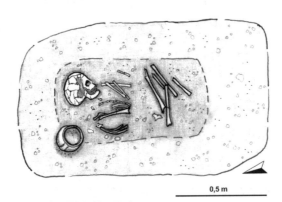

〈그림 3〉 가힝 무덤군 무덤 19
(싱글아크의 디터마이어Determeyer가 그린 그림에서 취함)

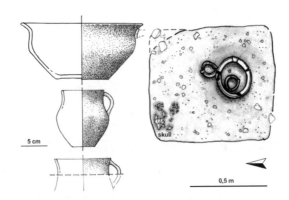

〈그림 4〉 가힝 무덤군 무덤 34 출토 토기
(싱글아크의 디터마이어가 그린 그림에서 취함)

752

이 무덤군 가운데 7기의 북-남 또는 남-북 방향의 주축을 가진 무덤들(무덤 16, 18, 19, 26, 32, 34 그리고 40)과 3기의 동-서 혹은 서-동 방향의 주축을 가진 무덤들(무덤 28, 35 그리고 39)이 확인되었다. 다시 말해서 현재 남아 있는 인골과 시신의 방향, 그리고 석촉 같은 특징적인 부장품 등을 감안하면, 1기의 성인 남성 무덤(무덤 40)과 6기의 북-남 방향의 주축을 가진 남자 어린이 무덤들(무덤 16, 18, 19, 26, 32 그리고 34), 3기의 동-서 혹은 서-동 방향의 주축을 가진 여자 어린이 무덤이 확인되었다(무덤 28, 35 그리고 39). 지금까지 논의된 바와 같이 발굴 조사를 통해 얻을 수 있는 대부분의 정보는 〈그림 2〉에서 확인할 수 있다.

3. 독일 바이에른 지역 벨 비이커 문화의 매장 의례와 아동성

고고학, 특히 후기과정고고학post-processual archaeology에서 매장 행위를 통해 어느 하나의 공동체의 구성원들이 죽은 이의 시신 처리나 무덤의 축조, 슬퍼하는 방식 등에 의해 형성되는 기존의 구조structure와 아비투스habitus에 대해 다시 한 번 생각할 수 있는 기회를 갖게 된다. 이를 통해 구성원 사이의 권력 관계와 사회적 지위에 대해 재조정할 수 있는 계기를 마련한다(e.g. Barrett, 1994; Parker Pearson, 1999; Rebay-Salisbury 외, 2010; Tarlow, 1999; Thomas 1996). 개인의 정체성과 주체화가 재검토되고 다시 형성되는 것 또한 이러한 매장 행위와 무덤의 축조를 통해서 가능하다. 여기에 더해 과거를 다시 바라보며 동시에 그/그녀 자신을 미래로 투사하는 것도 역시 매장 행위와 무덤의 축조 과정, 그리고 그 과정에서의 경험에 의해 이루어진다. 실제로 몸의 처리와 죽은 이의 시신을 안치하는 등의 행위는 죽은 사람의 정체성뿐만 아니라 남아 있는, 따라서 이러한 매장 행위를 실행하고 경험하는 사람들로 하여금 그들의 정체성을 재고하는 동시에 다시 형성하게 한다. 이러한 매장 행위와 무덤의 축조를 통해 죽은 이가 살아남은 사람들에게 영향을 끼칠 수 있는 장소와 계기를 마련하기도 한다. 정체성을 재고하거나 다시 형성하는 과정에서의 차이는 인간의 주체성 형성에서의 차이를 가져오기도 한다(e.g. Kim, 2005).

어린이와 그들의 정체성 형성 또한 이러한 매장 행위와 무덤 축조의 맥락에서 이해될 수 있다. 앞에서 이미 언급한 바와 같이 어린이 또한 능동적인 행위 주체자이면서 동시에 그들 자신만의 방식으로 그들의 '세계'를 만들어간다. 그들의 소망과 요구는 매장 행위와 무덤의 축조에서 어린이와 어른들 사이의 협상과 타협에 의해 매개되어 반영, 혹은 실현된다. 그러나 그들의 사회적 정체성이 일차적으로는 연령과 젠더에 기초한 기존의 사회적 범주화에 근거해서 이루어진다는 점, 그리고 어린이들이 점차 성장하면서 그/그녀가 (사회적으로) 요구되거나 갖기를 기대하는 사회적 행위와 역할에 대해 깨닫게 된다는 점을 염두에 두어야 한다.

이 과정에서 어린이들은 그들에게 부여된 사회적 범주화와 기대되는 사회적 행위와 역할을 고려하고 타협하는 동시에 그/그녀의 정체성을 능동적이고 적극적으로 표현한다. 이 모든 과정은 언어와 물질문화에 의해 매개되거나 강조되지만, 특히 물질문화의 경우 연령이나 젠더와 관련한 규범과 사회적 범주가 어린이들에게 처음으로 경험되거나 기억될 때 더욱 실질적이며 영향력이 있을 수 있다. 이러한 점들이 어린이와 어린이의 정체성 형성 측면에서 물질문화를 바라볼 때 우선적으로 고려해야 할 부분이라고 할 수 있다.

앞에서 언급한 바와 같이 이 무덤군에 대한 발굴 조사로부터 확인할 수 있는 잠정적인 결론에 기초해 다음과 같은 사실들을 살펴볼 수 있다. 첫째, 이 무덤군에 속한 무덤들은 북-남 방향을 따라 선형으로 분포한다. 둘째, 최소 여섯 명의 남자 어린이 무덤이 북-남 방향을 무덤 혹은 시신의 장축(두향은 북쪽)으로 해서 위치한다. 이와는 대조적으로 최소 3기의 여자 어린이 무덤이 동-서 방향의 무덤 혹은 시신의 장축을 따라 위치한다. 세 번째로 이 무덤들에서는 문양이 시문되지 않은 벨 비이커와 손잡이가 달린 컵, 그리고 접시류가 공반된다. 이미 도굴된 성인 남자의 무덤인 '무덤 40'에서 석촉이 발견된 것을 제외하면 순동이나 석제 단검, 석촉, 손목 보호대 등의 무구류는 발견되지 않았다.

이러한 관찰 결과를 바탕으로 이 무덤군의 고고학적 의미를 좀 더 정확하게 해석하기 위해서는 이 무덤군을 보다 넓은 고고학적 맥락 안에서 이해할 필요가 있다. 이 지역의 벨 비이커는 벨 비이커 자체의 형식 분류에 기초해 보았을 때 벨 비이커 문화의 동부 그룹에 속한다(e.g. Heyd, 1998, 89쪽; Sangmeister, 1964, 181~184쪽). 이 지역의 벨 비이커 문화는 시기상 3단계 혹은 4단계로 구분될 수 있다(e.g. Heyd, 1998, 104~105쪽; Heyd, 2007, 332~334쪽; Kim, 2005, 40~41쪽). 초기 단계에서는 벨 비이커 문화의 일반적인 유물 복합체에 속하는 유물들(손목 보호대와 석촉 등을 포함해)이 남성의 무덤에서 발견되는 반면, 여성과 어린이의 무덤에서는 필스팅-트리힝Pilsting-Triching 무덤군에서 잘 살펴볼 수 있는 것처럼 벨 비이커만이 발견된다(〈그림 5〉). 또한 남성의 경우 북쪽을 두향으로, 그리고 여성의 경우 남쪽을 두향으로 해 시신이 안치되는 경우가 대부분이어서, 시신의 두향에 따른 젠더의 범주화가 있었던 것으로 추정된다. 비록 분명하게 이야기하기는 힘들지만, 이 무덤군은 단순 가족의 무덤으로 판단된다.

중기에는 벨 비이커와 벨 비이커를 포함한 유물 복합체가 지역화되

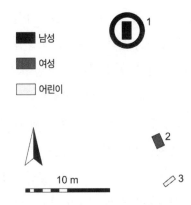

〈그림 5〉 필스팅-트리힝Pilsting-Triching 무덤군
('크라이너Kreiner, 1991a·1991b'에서 취해 필자가 수정함)

는데, 예를 들면 토기의 경우 전체적인 형태가 좀 더 넓어지며 문양대 역시 넓어지는 경향을 띤다. 더욱이 벨 비이커의 문양은 전체적으로 소략해지며 손목 보호대와 순동 단검의 스타일 또한 변화한다. 여기에 더해 소위 '공반토기(독일어로 베그라이트케라믹Begleitkeramik이라고 불리며, 남동부 유럽에서 유래함)' 또한 이 시기에 등장한다. 중기에는 무덤의 입지에서도 이전 시기와는 매우 다른 모습을 보여준다. 즉 데겐도르프의 오스터호펜-알텐마르크Osterhofen-Altenmark 스포츠플라츠에서 발견된 무덤군(〈그림 6〉)에서 관찰되는 바와 같이, 무덤(혹은 시신)의 두향에서 보이는 젠더의 범주화와 더불어 무덤의 선형 분포 및 입지에 드러난 기존의 원칙들이 여전히 유지되고 있는 것을 확인할 수 있다. 그러나 남성과 여성의 무덤이 짝지어져 서로 마주 보는 형태로 배치되고 있는 차이점 또한 관찰된다. 초기의 필스팅-트리힝 무덤군의 남자 무덤에서처럼 일종의 주구周溝가 발견되는 경우와 대조적으로 무덤 구조의 측면에서 이 시기의 남성과 여성의 무덤 사이에는 커다란 차이는 없다. 무덤의 수가 증가하는 현상 또한 주목된다. 이 무덤군은 아마도 일종의

확대 가족 혹은 특정한 혈연적 계보 집단의 무덤들로 추정될 수 있다. 후기에는 벨 비이커가 사라지고 대신 '공반토기'가 이를 대체하며, 부장품의 종류가 매우 단순화된다. 젠더에 의한 범주화나 무덤의 입지 등을 포함한 일반 원칙들의 경우, 초기와 중기에서 발견되는 기존의 전통을 따르지만 무덤의 수와 무덤군의 규모 등은 확대 가족이나 하나의 혈연적 계보 집단의 그것을 넘어서는 것으로 확인된다(〈그림 7〉).

이러한 벨 비이커 시기 매장 양식과 무덤 축조에 대한 간략한 설명을 염두에 두고 가힝 무덤군의 특징을 살펴보면, 무엇보다도 가힝 무덤군의 어린이 무덤들은 벨 비이커의 형식 분류(즉 '무덤 40'의 문양이 없는 벨 비이커), '공반토기'의 한 종류로 판단되는 손잡이가 달린 잔의 등장, 그리고 토기 조합상 등에 근거해 대략 중기에 해당하는 것으로 판단된

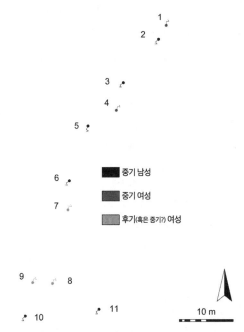

〈그림 6〉 오스터호펜-알텐마르크 스포츠플라츠Osterhofen-Altenmark sportzplatz 무덤군
('쉬모츠Schmotz, 1991'에서 취해 필자가 수정함)

다. 또한 예를 들면 무덤의 선형 입지 패턴과 같은 매장 행위와 무덤 축조의 일반적인 원칙이 초기부터 후기까지 대부분의 벨 비이커 무덤군에서 관찰된다. 그러나 이와 동시에 무덤 또는 시신의 장축 방향(혹은 두향)에서 차이점이 발견된다는 점을 주목할 필요가 있다. 즉 무덤과 시신의 장축이 크게 둘로 나뉘는 것에 의해 매개되는 젠더에 근거한 범주화가 가령의 어린이 무덤에 존재하는 것은 사실이지만, 적어도 그러한 장축(혹은 두향)의 변이는 성인의 무덤에서보다 훨씬 신축성이 있다는 점을 염두에 둘 필요가 있다. 특히 이 시기 성인의 무덤에서 발견되지 않는 동-서 또는 서-동 방향의 장축(혹은 두향)이 발견되는 점이 주목된다. 필자의 조사에 의하면 독일 바이에른 지역에서 발견된 벨 비이커 문화기 무덤 가운데 지금까지 총 33기의 어린이 또는 청소년 무덤이 확인된 바 있다. 이 가운데 18기의 무덤에서 무덤의 장축 혹은 두향이 판별된 바 있다. 다시 이 18기의 무덤 가운데 14기의 무덤에서 북-남 또는 남-북 방향의 장축 혹은 두향이 확인되었으며, 4기의 무덤에

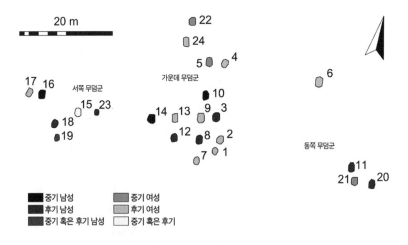

〈그림 7〉 스트라우빙-일바하Straubing-Ilrbach 무덤군

('뵘과 하이드Böhm and Heyd, 1991'에서 취해 필자가 수정함)

서 동-서 또는 서-동 방향의 장축 혹은 두향이 확인되었다(Kim, 2005, 146~159쪽). 이러한 점을 염두에 둔다면 가힝의 어린이 무덤에서 발견되는 동-서 또는 서-동 방향의 장축 혹은 두향이 다른 무덤군에 속한 어린이 또는 청소년 무덤의 그것과 차이가 나지 않는 대신, 전체적인 무덤의 장축 혹은 두향과는 커다란 차이를 보인다고 할 수 있다.

무덤 부장품의 측면에서도 가힝 무덤군과 다른 무덤군의 어린이 혹은 청소년 무덤에서 보는 바와 같이 벨 비이커 또는 '공반토기' 등의 토기만을 포함하는 경우가 대부분이다. 가힝 '무덤 40'의 성인 무덤에서 석촉이 발견되었다는 점과 바이에른 지역의 다른 벨 비이커 무덤에서 나온 성인 무덤에서 순동 단검, 손목 보호대 그리고 석촉 등이 발견된 것을 감안한다면, 이러한 어린이 무덤들이 그들의 젠더 정체성을 표현할 수 있는 유물을 포함하고 있지 않는다는 점 또한 주목된다. 이와 더불어 가장 주목해야 할 점은 이 무덤군에 속한 무덤들의 대부분이 어린이 또는 청소년의 무덤이라는 사실이다. 이러한 점은 매우 독특하고 특이한 현상으로 볼 수 있는데, 왜냐하면 란다우-탈함Landau-Thalham과 바이커링Weichering에서 발견된 무덤군에서 볼 수 있듯이 어린이 또는 청소년들의 무덤은 성인들의 무덤 사이에서 발견되기 때문이다(〈그림 8〉).

따라서 비록 지금 단계에서 확실하게 단언할 수는 없지만, 이러한 현상을 통해 매장 행위에서 어린이 또는 청소년들이 주로 그들의 무덤군 축조를 통해 성인들과 성인들의 무덤과는 다른 독자적인 자신들만의 사회적 정체성을 갖는 것으로 이해할 수 있으리라고 생각한다.

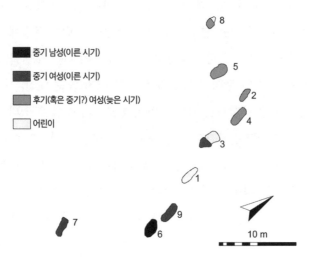

<그림 8> 란다우-탈함Landau-Thalham 무덤군
('후스티, 1992'에서 취해 필자가 수정함)

4. 맺음말

가령 무덤군의 어린이 및 청소년들의 무덤은 이 시기에 존재하고 실천
된 무덤 축조의 일반적인 원칙, 즉 무덤의 선형 입지 패턴과 젠더 범주
화에 따른 무덤 장축(혹은 시신의 두향)의 이분법적 구분 등을 따르고 있
다. 이와 동시에 이 무덤들과 이 무덤들을 축조하거나 묻힌 사람들은
동-서 혹은 서-동 방향의 장축의 등장에서도 알 수 있듯이 성인 무덤
과는 다른 그들 나름의 규범을 가지고 있고, 실제로 그 규범에 따라 매
장 행위에서 무덤들이 축조되었음을 알 수 있다. 특히 어린이와 청소
년들의 무덤이 전체 무덤군의 일부를 차지하는 여타 무덤군에 비해 이
무덤군에서는 어린이와 청소년들의 무덤이 대부분을 차지하고 있다는
사실을 통해, 어린이 또는 청소년들이 연령에 기초한 그들만의 정체성
과 함께 독립적인 사회적 집단과 범주로 인식되었음을 짐작할 수 있다.

그럼에도 (시신의) 몸을 장식하거나 젠더 정체성을 표현하는 데 사용되는 장신구가 거의 사용되지 않았다는 점도 주목된다. 이러한 점은 비록 어린이 또는 청소년들의 사회적 정체성이 생물학적 성에 기초한 젠더 범주화에 의해 구성되기는 하지만 몸의 장식이나 단검, 석촉 등 성인들의 무덤에 빈번하게 부장되는 부장품들의 매납埋納을 통해 매개되는 젠더 자체의 명백한 표현으로까지 나아가지는 못했다고 추론할 수 있다. 그러므로 비록 어린이 또는 청소년들의 무덤이 매장 행위의 측면에서 이 시기 성인들의 무덤이 따르는 기존의 규범들(혹은 원칙들)을 따르고 있으며 또한 이를 통해 그들의 젠더적 정체성이 표현되고 있지만, 사회적 정체성의 다른 측면들, 예를 들어 연령에 근거한 범주 등은 매장 행위와 입지 선정을 포함한 무덤의 축조 과정에서 명확히 인식되고 타협되고 매개되고 있음을 확인할 수 있다.

:: 참고문헌

Barrett, J. C., 1994. *Fragments from antiquity*. Oxford: Blackwell.

Barthes, R., 1993. *Mythologies*. London: Vintage books.

Baxter, J. E., 2005. *The Archaeology of Childhood*. Walnut Creek (CA, USA): Altamira Press.

Benz, M. and S. van Willingen, eds. 1998. *Some new approaches to the Bell Beaker "phenomenon": Lost Paradise--?*, Proceedings of the 2nd Meeting of the "Association Archéologie et gobelets", Feldberg (Germany), 18th-20th April 1997. BAR International Series 690. Oxford: Archaeopress.

Boast, R. B., 1990. *The categorisation and design systematics of British Beakers: A re-examination*. Unpublished PhD. thesis, Department of Archaeology, University of Cambridge.

Böhm, K. and V. Heyd, 1991. Der Glockenbecher friedhof von Irlbach, Lkr. Straubing-Bogen, *Vorträge 9. Niederbayerischer Archäologentag:* 97-109.

Bourdieu, P., 1977. *Outline of a Theory of Practice.* Cambridge: Cambridge University Press.

Clarke, D. L., 1970. *Beaker pottery in Great Britain and Ireland.* Cambridge: Cambridge University Press.

_____, 1976. The Beaker network-Social and economic models. In J. N. Lanting and J. D. van der Waals, eds. 1974. *Glockenbecher Symposion Oberried 1974:* 459-76. Bussum/Haarlem: Fibula-Van Dishoeck.

Heyd, V., 1998. Die Glockenbecher kultur in Süddeutschland – Zum Stand der Forschung einer Regional provinz entlang der Donau. In: M. Benz. and S. Van Willingen, eds. 1997. *Some new approaches to the Bell Beaker "phenomenon": lost paradise?,* Proceedings of the 2nd Meeting of the "Association Archéologie et gobelets", Feldberg (Germany), 18th-20th April 1997. BAR International Series 690. Oxford: Archaeopress.

_____, 2001. On the earliest Bell Beakers along the Danube. In F. Nicolis, ed. 1998. *Bell Beakers Today: 387-409.* International Colloquium Riva del Garda (Trento, Italy), 11-16 May 1998.

_____, 2007. Families, Prestige Goods, Warriors and Complex Societies: Beaker Groups of the 3rd Millennium cal BC along the Upper and Middle Danube. *Proceedings of the Prehistoric Society* 73: 321-370.

Husty, L., 1992. Ein Gräberfeld der Glockenbecher kultur in Landau a. d. Isar, *Das Archäologische Jahr in Bayern:* 48-49.

Kim, J. I., 2005. *Formation and Change in Individual Identity between the Bell Beaker Culture and the Early Bronze Age in Bavaria, South Germany.* BAR International Series 1450. Oxford: Archaeopress.

Kreiner, L., 1991a. Drei neue Gräber der Glockenbecher kultur aus Trieching, Gde. Pilsting, Lkr. Dingolfing-Landau, *Vorträge 9. Niederbayerischer Archäologentag:* 131-6.

_____, 1991b. Neue Gräber der Glockenbecher kultur aus Niederbayern,

Bayerische Vorgeschichts blätter 56: 151-61 .

Lally, M. and A. Moore, 2011. *(Re) Thinking the Litter Ancestor: New Perspectives on the Archaeology of Infancy and Childhood.* BAR International Series 2271. Oxford: Archaeopress.

Lanting, J. N. and J. D. van der Waals, 1976. Beaker Culture Relations in the Lower Rhine Basin. In: J. N. Lanting and J. D. van der Waals, eds. 1974. *Glockenbecher Symposion Oberried 1974:* 1-80. Bussum/Haarem: Fibula-van Dishoeck.

Lucy, S., 2005. The archaeology of age. In: M. Diaz-Andreu *et.al.,* eds. *The Archaeology of Identity.* London: Routledge.

Parker-Pearson, M., 1999. *The Archaeology of Death and Burial.* Phoenix Mill: Sutton Publishing.

Rebay-Salisbury, K., M. L. S. S ø rensen and J. Hughes, 2010. *Body parts and Bodies Whole.* Oxford: Oxbow books.

Sangmeister, E., 1964. Die Glockenbecher im Oberrheintal, *Jahrbuch des Römisch-Germanischen Zentral museums* 11: 81-114.

Schneider, S., S. Biermeier and A. Kowalski, 2010. *Bericht zur archäologischen Grabung Garching, M-Studenten wohnheim, G-2009. M-2009-1452-1.* [pdf]. Available at: 〈http://singularch.com/referenzen/garching_09_bericht.pdf〉.

Schefzik, M., 2001. *Die bronze-und eisenzeitliche Besiedlungs geschichte der Münchner Ebene.* Rahden/Westf: Marie Leidorf.

Schmotz, K., 1991. Ein neues Glockenbecherzeitliches Gräberfeld von Osterhofen-Altenmarkt, Lkr. Deggendorf. In K. Schmotz, ed. 1991. *Vorträge 9. Niederbayerischer Archäologentag:* 111-129. Deggendorf: Marie Leidorf.

Shennan, S. J., 1976. Bell Beakers and their context in Central Europe. In J. N. Lanting and J. D. van der Waals, eds. *Glockenbecher Symposion Oberried 1974:* 231-48. Bussum/Haarlem: Fibula-van Dishoeck.

_____, 1977. *Bell Beakers and Their context in Central Europe: a new approach.* Unpublished Ph. D thesis, Department of Archaeology,

University of Cambridge.

Sofaer, J., 1997. Engendering children, engendering archaeology. In J. Moore and E. Scott, eds. *Invisible People and Processes:* 192–202. Leicester: Leicester University Press.

_____, 2000. *Children and Material Culture.* London: Routledge.

Schutz, A. and T. Luckman, 1973. *The Structures of the Life-World.* Volume I. Evanston (Illinois, USA): Northwestern University Press.

Tarlow, S., 1999. *Bereavement and Commemoration.* London: Blackwell.

Thomas, J., 1996. *Time, Culture & Identity.* London and New York: Routledge.

Prince Pokho and the Kwanggaet'o Stele Inscription
– Jonathan W. Best

Prince Pokho and
the Kwanggaet'o Stele Inscription:
A Small Elucidation of Early Koguryŏ-Silla Relations

Jonathan W. Best(Wesleyan University)

1. Introduction

According to the twelfth-century Samguk sagi in 392 Silla's King Namul (trad. r. 356–402) sent, Silsŏng 實聖, a young prince from a collateral line of the Kim royal lineage to serve as a hostage at the Koguryŏ court. There is, however, a body of evidence — including data from both the contemporary inscription on the Kwanggaet'o memorial stele of 414 and the text of the thirteenth-century Samguk yusa — that indicates that the Samguk sagi errs both in its naming of Silsŏng as having been selected to serve as a hostage in Koguryŏ and in its dating to 392 for the sending of a princely hostage to the Koguryŏ court.[1] This

---

* 이 글은 앞에 실은 '왕자 복호卜好와 「광개토왕릉비」 명문銘文'의 영어 원문으로 필자의 요청에 따라 함께 싣는다.

body of evidence thus also suggests that the Samguk sagi's claim that Silsŏng was sent to Koguryŏ as a hostage in 392 constitutes a later editorial invention. It appears that the report of Silsŏng's foreign servitude was invented to enhance the Confucian reputation of Namul, an alleged progenitor of the royal Kim dynasty which both the Samguk sagi and the Samguk yusa aver occupied the Silla throne almost continuously for a half millennium following Namul's putative late fourth-century reign. Indeed, according to the royal genealogies of the Samguk sagi and Samguk yusa, Silsŏng is the only exception to the total domination of the Silla throne by members of the Kim family claiming descent from Namul during a period of more than five hundred years that ended in 912—or just twenty-two years before the end of the Silla state itself. Thus it is not unreasonable to hypothesize that either the editors of the Samguk sagi, or perhaps the late Silla or early Koryŏ historians responsible for some of the sources upon which it was likely based, were uncomfortable with the idea that the presumed effective founder of the long-reigning Kim royal line would have sent his own son to be a hostage at a foreign court. Certainly the evidence adduced below supports such an interpretation of the historical record.

2. The Contrasting Accounts of the Samguk sagi and the Samguk yusa

The understanding that the Samguk sagi errs in claiming that Namul sent Silsŏng as a hostage to Koguryŏ in 392 is based in part on an examination of its and the Samguk yusa's significantly contrasting versions of what clearly is essentially same core account of how two Silla princely hostages of the late fourth/early fifth centuries were liberated from their foreign confinements at the courts of Koguryŏ and Japan 倭 (K. Wae) by a loyal Silla official.[2] Indicative of the differences in the two sources'telling of the tale, however, is the difference in the name as cribed to this exemplary self-sacrificing official: in the Samguk sagi he is called Pak Chesang 朴提上 and in the Samguk yusa he is Kim Chesang 金提上. Although the disparity in the two texts' rendering of Chesang's surname is significant in several ways, the one perhaps most worthy of consideration in the present context is that in the Samguk sagi's version he is represented as belonging to the Pak family, the noble lineage that claimed descent from the legendary founder of Silla, Pak Hyŏkkŏse (trad. r. 57 BCE–03 CE), whereas in the Samguk yusa's version he is seemingly represented as a member of the Kim royal lineage whose bravery and self-sacrifice thus redounded to the greater glory of that long-ruling family.[3]

A second and very significant difference in the accounts of the liberation of these two princely hostages concerns their chronological structures. In the Samguk sagi's rendition, Prince Silsŏng—said to be the son of Ich'an Kim Taesŏji 金大西知 who is identified in the text as a member of a collateral line within the royal lineage, but whose name appears nowhere else in the historical record—is reported to have been dispatched to the Koguryŏ court by Namul in 392, an im-jin year 壬辰 according to the sexagenary cycle. Ten years later in 402—which in this case is specifically identified in the text as an im-in year 壬寅—Silsŏng during his first full month on the throne is alleged to have revenged himself on Namul for the disservice done him by consigning Namul's son, Misahŭn 未斯欣, to serve as a hostage at the Yamato court in Japan. The text then asserts that yet ten years later in 412, which is again specified both as being the eleventh year of Silsŏng's reign and as an im-ja year 壬子, Silsŏng doubled his revenge by sending another of Namul's sons, Pokho 卜好, to be a hostage at the Koguryŏ court.[4] It is important here to note both that the Samguk sagi's reports of the dispatch of the three Silla princes as hostages, including the sending of Misahŭn to the Japanese court, are all dated ten years apart, and that all three hostage dispatches are said to have occurred within the period encompassed by the reign of Koguryŏ's King Kwanggaet'o (r. 391–413).

In contrast, the Samguk yusa's rendering of the account of the liberation of the hostage Silla princes relates that Namul himself, after receiving a demand for a royal hostage from the Yamato court in the thirty-sixth year of his reign or 391 according to the Western calendar, complied by sending his third and youngest son, Mihae 美海, to Japan. Although the name given in the text for this prince is Mihae, he is clearly the same child of Namul's who is called Misahŭn in the Samguk sagi. In the Samguk yusa's account, the thirty-sixth year of Namul's reign is explicitly, but incorrectly according to the Samguk sagi's chronology, correlated with a kyŏng-in year 庚寅 in the sexagenary cycle that, in turn, corresponds to 390 according to the Western calendar.[5] The Samguk yusa also differs from the Samguk sagi in reporting that in the third year of the reign of Silla's King Nulchi (trad. r. 416–58), which is equivalent to 419 in the Western calendar and which is properly equated in the text with a ki-mi year 己未 in the sexagenary cycle, Nulchi, allegedly the oldest of Namul's three sons, agreed to send his other younger brother, Pohae 寶海, to serve as a hostage at the Koguryŏ court. Just as Mihae is an alternate designation for the Samguk sagi's Misahŭn, Pohae is an alternate designation for its Pokho.[6]

The Samguk yusa's dating of Silla being compelled to enter into a dependent relationship with the Yamato court at the start of the last decade of the fourth century is verified by a passage in the inscription on the Kwanggaet'o memorial stele that is dated to the sin-myo 辛卯 year or 391. The passage, which is transcribed and translated below, appears in the eighth and ninth columns of text on the first face of the inscription.[7]

百殘新羅舊是屬民由來朝貢, 而倭以辛卯年來渡□破百殘 □□ 新羅以爲臣民

Paekchan [i.e., Paekche] and Silla were formerly our vassals and had come to pay tribute, but beginning in the sin-myo year the Wae crossed over □ and conquered Paekchan □□ Silla and thereby made them their subject people.[8]

In sum, as an absolutely contemporary record composed at the Koguryŏ court, this passage from the inscription on the Kwanggaet'o stele not only corroborates the Samguk yusa's report that attacks of Japanese troops compelled Silla to render allegiance to the Yamato court in 391 or immediately thereafter, but also effectively contradicts the Samguk sagi's report that Silla submitted a royal hostage to the Koguryŏ court in 392. Surely if Silla had rendered up a princely hostage to Koguryŏ at this time, it would also have been noted in the inscription. Instead the inscription's first reference to any official communication or interaction between the courts of Silla and Koguryŏ does not appear until 399 when, as will be discussed below, Silla's ruler sent an embassy to the northern kingdom seeking Kwanggaet'o's assistance in expelling the Japanese forces that again were infesting his domain.

Before proceeding further, it should be useful briefly to review the findings of our discussion thus far regarding some of the most basic differences appearing in the Samguk sagi's and the Samguk yusa's accounts of Pak—or Kim—Chesang's liberation of the Silla princely hostages at the courts of Koguryŏ and Japan late in the fourth through the early years of the fifth centuries. In particular, we are here concerned with the differences in (1) the names ascribed to the two princes, and (2) the dates when they are reported to have been sent as hostages to these two foreign courts. In the Samguk sagi the princes are called Misahŭn and Pokho and they are said to be the sons of King Namul, and in the Samguk yusa they are called Mihae and Pohae and are likewise said to be Namul's sons. In the Samguk sagi, Misahŭn/Mihae is said to have been sent to the Yamato court in 402 and Pokho/Pohae to the Koguryŏ court ten years later in 412. The Samguk sagi, moreover, asserts that the two princes were sent abroad as hostages by King Silsŏng in retaliation for him having allegedly been sent by Namul to serve as a hostage at the Koguryŏ court in 392. The Samguk yusa contrarily records that Namul himself sent Mihae/Misahŭn to serve as a hostage after receiving a request for a royal hostage from the Yamato government in 390/391, and that Pohae/Pokho was sent to serve at the Koguryŏ court by his own elder brother, Nulchi, in 419.

3. Comparison with Evidence from the Kwanggaet'o Memorial Stele Inscription

It is my belief that the linguistic analysis of a small portion, in fact just two logographs, of the text of the 414 inscription of the Kwanggaet'o memorial stele that has been previously either left without interpretation or, at most, subjected to rather speculative interpretation provides essential information for resolving these basic points of difference in the Samguk sagi's and the Samguk yusa's versions of the account of Pak/Kim Chesang's heroic self-sacrifice. In other words, that the proper interpretation of this two-graph compound in the contemporary record provided by the Kwanggaet'o stele inscription supplies the evidence necessary both to establish which of the differing names ascribed to the Silla hostage princes said to be sons of Namul are the correct ones and, more importantly, to determine the correct dates for the onset of their respective servitudes as hostages abroad.

The passage containing the two-logograph compound in question appears in the second and third columns of text on the third face of the stele and forms part of the last sentence in the section of the inscription primarily concerned with the tenth year of the reign of Kwanggaet'o, identified in the epigraph as a kyŏng-ja year 庚子 according to the sexagenary cycle or 400 according to the Western calendar. This particular section of the text details the consequences resulting from Kwanggaet'o's receipt in the previous year, i.e., 399 (specified in the text as a ki-hae year 己亥 and the ninth year of Kwanggaet'o's rule), of a request by the Silla maegŭm 寐錦 — or "king" as in King Namul and King Silsŏng — for Koguryŏ's military assistance in battling the Japanese troops that were then despoiling his country. The inscription's account of the events of 399 closes with a statement that clearly implies that in response to the maegŭm's request, Kwanggaet'o promised to send troops to Silla's aid.

The following section of the inscription, the section of primary concern to the present study, then provides an account of the events of 400 and their immediate aftermath. This section opens with, and is largely given over to, a description of the successes of the Koguryŏ army that was sent to assist Silla in expelling the Japanese troops, as had been promised in the previous year, and also the forces from the Kaya state of Alla 安羅 that were then operating within the kingdom as well. The last sentence of the section, however, treats the grateful Silla maegŭm's consequent acts of submission to Kwanggaet'o for the assistance that had been provided by his troops. The maegŭm's subservient acts must therefore logically date to sometime after the dispatch of the Koguryŏ army to Silla in 400 and thus likely to sometime prior to the events of 404 (identified in the text as a kap-chin year 甲辰 and Kwanggaet'o's fourteenth on the throne) that are related in the following section of the inscription and that concern Koguryŏ's repelling of a Japanese invasion of the Tai-fang area.

The text of the final sentence of the section of the Kwanggaet'o stele inscription that treats the events of 400 and Silla's obeisant response and that contains the two-logograph compound of special interest is as follows:[9]

昔新羅寐錦未有身來論事□國岡上廣開土境好太王□□□□寐錦□□僕句□□□□朝貢.

This sentence may be translated as:

"In the past the Silla maegŭm had never come in person to discuss affairs, but King Kukkangsang Kwanggaet'ogyŏng hot'ae □□□□ maegŭm □□ pokku □□□□ rendered tribute."

The portion of the sentence transcribed above that deserves particular attention is the compound 僕句, which, in the translation provided, has merely been transliterated as "pokku" which is its present-day Korean pronunciation. What initially struck me on considering this important sentence concerning the formation of a close official bond between the Silla and Koguryŏ courts in the early fifth century was the marked similarity between the modern Korean pronunciation of 僕句 as "pokku" and the name of the Silla prince Pokho 卜好 who according to the Samguk sagi's record was sent to Koguryŏ as a hostage. Not being trained in linguistics, however, I asked two scholars who are well versed in East Asian historical linguistics—Ross King of the University of British Columbia and Alvin P. Cohen, emeritus of the University of Massachusetts at Amherst—whether or not it was likely that between the fifth and twelfth centuries the two compounds 僕句 and 卜好 would have been phonetically similar. This broad span of time was specified in order to encompass the period separating the incising of the Kwanggaet'o stele inscription in 414 and the composition of the Samguk sagi in the middle of the twelfth century. Both scholars agreed that during this period the pronunciation of the two compounds would have been, to quote Professor King, "nearly identical."[10] Given this conclusion coupled with the clear references within the surrounding passage of the Kwanggaet'o stele inscription to the dependent position of the Silla court vis-à-vis Koguryŏ at this time, I am convinced that the stele's Pokku 僕句 is a merely different way of phonetically transcribing the name of the Silla prince who appears as Pokho 卜好 in the Samguk sagi.[11]

This conclusion regarding the appearance in the Kwanggaet'o stele inscription of Pokku as an alternate version of Prince Pokho's name holds important historical and chronological implications for interpretation of the Samguk sagi's references to the prince. In particular it has implications for resolving the points of difference in the statements of the Samguk sagi and the Samguk yusa concerning the name of the Silla prince and the dating of his dispatch to serve as a hostage at the Koguryŏ court.

The question of whether the Silla prince bore the name of Pokho as the Samguk sagi asserts or Pohae as it appears in the Samguk yusa is the simpler of the two matters to resolve. In terms of the interpretation of the Pokku appearing in the Kwanggaet'o stele inscription proposed here, then clearly the Samguk sagi's rendering prince's name is preferable. Both of the linguists consulted agreed that Pohae could not possibly be the phonetic equivalent of either Pokho or Pokku whereas the latter two were phonetically virtually identical. In this regard it is also relevant to note that in the Nihon shoki's unmistakable and very detailed, albeit quite chronologically problematic, rendering of the account of a Silla prince being sent as a hostage to the Yamato court and then being liberated by what is clearly a version of the stratagem employed by Pak/Kim Chesang in the Korean sources, the prince's name appears as Mijilgiji 微叱己知 (Jp. Mishikochi) which bears a phonetic similarity to Misahŭn.[12] It can thus be plausibly argued that the fact that the eighth-century Nihon shoki's name for the Silla prince sent as a hostage to Japan correlates well with the twelfth-century Samguk sagi's Misahŭn lends indirect support for the position that the Korean chronicle's naming of the other Silla prince, that is Pokho, is historically more accurate than the thirteenth-century Samguk yusa's Pohae. In addition, the Samguk yusa's names for the two princes, Mihae 美海 ("Beautiful Ocean" or even "Ocean of Beauty") and Pohae 寶海 ("Treasured Ocean" or even "Ocean of Treasures"), have the quality of laudatory and even poetic appellations that may be readily presumed to have been later applied to the two young princes.

As for the date of the departure of Pokho to Koguryŏ, the interpretation of the compound 僕句 as an alternate phonetic way of writing the prince's name coupled with the compound's location within the Kwanggaet'o stele inscription implies, as explained previously, a likely date between 400 and 404 for the start of his period of hostage servitude. Clearly such a dating for the initiation of Pokku/Pokho's tenure as a hostage in Koguryŏ differs substantially from both the Samguk sagi's dating of 412 and the Samguk yusa's of 419. Concerning the dating of Pokku/Pokho's service as a hostage, it also appropriate to consider the relevance of another observation made previously, namely that the Samguk sagi reports that three Silla princes were sent sequentially at intervals of ten years to serve as hostages at foreign courts. To be specific, according to the Samguk sagi Silsŏng was dispatched to Koguryŏ by Namul in 392, and subsequently a vengeful Silsŏng sent Misahǔn to Japan in 402 and then Pokku to Koguryŏ in 412. Yet, and as was also mentioned previously, I suspect that the claim that Silsŏng was sent to Koguryŏ in 392 is a later invention to avoid imputing to the alleged effectual founder of Silla's Kim royal lineage, Namul, the morally problematic act of willingly consigning his own son to servitude at a foreign court. According to the text of the Samguk sagi, Namul well knew that Koguryŏ was a powerful country and consequently understood that a princely hostage had to be sent as Kwanggaet'o demanded. In late-fourth-century East Asia such an act would have been readily comprehended as a predictable, however regrettable, matter of the prevailing Realpolitik. To avoid besmirching Namul's name with this deed however, I suspect that later historians elected to make him only guilty of the less reprehensible act of sending Silsŏng, allegedly the child of an otherwise unknown member of a collateral line within the same royal Kim lineage, instead of his own son Pokho.

In support of this hypothesis, it is relevant to repeat that the Samguk yusa, contrary to the Samguk sagi's account, asserts that Namul did send one of his own sons, Mihae—a royal son who clearly equates to Prince Misahǔn in the Samguk sagi's version of the narrative—to be a hostage in Japan in response to the demand presented by an envoy from the Yamato court in 390 or 391. Thus it is not unreasonable to infer that the Samguk sagi's presumably invented account of Namul's sending of Silsŏng, Kim Taesŏji's son, to Koguryŏ in 392 was inserted into the chronological place originally occupied in the text by the record of Namul sending of his own son, Misahǔn, to Japan. Once the fabricated report of Silsŏng's forced departure to the Koguryŏ court had been inserted into the chronicle as having occurred in 392, there still remained the record of Misahǔn having been sent as a hostage to Japan and Pokho being subsequently sent in that capacity to the Koguryŏ court. Shifts of ten years are very simple matters to effect within the structure of the sexagenary cycle: one merely needs to change the logograph on the right of the two-graph compound designating a particular year within the cycle. Consequently, having all three of the Samguk sagi's alleged departures of Silla princes to serve as hostages at foreign courts at intervals of precisely ten years—392 (the im-jin year 壬辰), 402 (the im-yin year 壬寅), and 412 (the im-ja year 壬子)—is suspicious in itself.

4. Conclusion

Accordingly, if the Samguk sagi's report of the initiation in 392 of Silsŏng's service as a hostage is rejected as a later fabrication designed to save Namul's reputation from the stigma of having sent his own child into durance at the Koguryŏ court, then its chronological place in the narrative is left void. It follows that the place occupied in the chronicle by the invented account of Silsŏng's hostage servitude is 'freed' for the report of the beginning of Prince Misahŭn's tenure as a hostage in Japan when it is dated as 392 instead of 402, that is to an im-jin year 壬辰 instead of an im-in year 壬寅. In thus being antedated by ten years to 392, moreover, the Samguk sagi's report of the onset of Misahŭn's servitude comes into chronological accord both with the Samguk yusa's assertion that Mihae/Misahŭn's tenure as a hostage in Japan began after the receipt of a Yamato demand for a hostage in 390/391, and with the Kwanggaet'o stele inscription's statement of that the Yamato court forced Silla into dependency in 391. The shift of the initiation of Misahŭn's foreign servitude to 392 would thus leave vacant the 402 chronological position in the Samguk sagi's narrative that it formerly—and, as just argued, erroneously—occupied. Therefore this position of 402, again an im-in year 壬寅, can be taken—and I would assert that it is a matter of actually being retaken—by the text's report of Pokho's dispatch to serve as a hostage at the Koguryŏ court in 412, an im-ja year 壬子. The antedating by ten years of the onset of Pokho's servitude in Koguryŏ to 402 thus brings it into chronological conformity with the Kwanggaet'o stele's evidence that Pokku/Pokho 僕句/卜好 began his term of servitude at the Koguryŏ court between 400 and 404.[13]

ENDNOTES

1) The present study fundamentally originates from an interpretation of two logographs ('characters') in the inscription on the Kwanggaet'o memorial stele that I formulated during a recent perusal of that invaluable epigraph. I was immediately struck by how this interpretation of these two graphs in the lengthy inscription might help to resolve some the significant differences in the Samguk sagi's and the Samguk yusa's representations of the dispatch of Silla princes as hostages to the Koguryŏ and Japanese courts around the turn of the fifth century. Accordingly, although there exists a substantial body of secondary studies concerning the Samguk sagi's and the Samguk yusa's accounts of these princely hostages and an exponentially greater body of published research relating to the inscription on the Kwanggaet'o stele, the present study is based solely on consideration of the primary sources relevant to this subject—to be specific: the Samguk sagi, the Samguk yusa, the Kwanggaet'o stele inscription, and—although to a much lesser extent—the Nihon shoki. Consequently, my failure to cite any of the manifold secondary studies touching on Silla-Koguryŏ or Silla-Japanese relations in the late fourth to early fifth centuries should not be construed as a slight to their authors, but simply as the result of this study's exclusive reliance on data derived from these primary sources.

2) See Samguk sagi 3.26 (Namul 37:1); SGSG 45.423–25 (Yŏlchŏn 5; Pak Chesang); and Samguk yusa 1.271–74 (Ki-i; Kim Chesang). In this study all references to the Samguk sagi are to the edition by Yi Pyŏngdo (Seoul: Ŭryu Munhwa Yŏn'guwŏn, 1977), and those to the Samguk yusa are to the edition prepared by the Academy of Korean Studies (Han'guk Chŏngsin Munhwa Yŏn'guwŏn), 5 vols. (Seoul: Ihoe Munhwasa, 2002–2003).
In early Korean sources, the governments and inhabitants of the Japanese archipelago are indiscriminately referred to as the Wae 倭 (Jp. Wa). There is, however, a value in modern historical writing to using a more precise terminology that reflects the important political and social structural changes that occurred within the archipelago between the first century CE when the people of the islands first received notice in the Chinese histories and the seventh century. In keeping with the conventional terminology that has evolved for this purpose, the designation of 'Yamato' appearing occasionally within this study is a term that applies to the Japanese court and its indigenous subjects of the fourth and fifth centuries.

3) If it is the case that the Samguk yusa's rendering of the name of the liberator of the two princes as Kim Chesang—in contrast to the Samguk sagi's now preferred rendering of Pak Chesang—is in fact a later alteration made to enhance the prestige of the Kim lineage, then it would form a compelling parallel to the hypothesis that the Samguk sagi's report that Namul chose to send Silsŏng, instead of one of his own sons, as a hostage to

Koguryŏ in 392 is a later fabrication intended to enhance his moral authority as a putative progenitor of the Kim royal lineage.

4) In addition to the relevant data present in the references to the Samguk sagi cited in n. 2 above, for the text's entries in its chronicle for Silla concerning Silsŏng's sending of Prince Misahŭn to Japan in 402 and Prince Pokho to Koguryŏ in 412, see Samguk sagi 3.27 & 28 (Silsŏng 1:3 & 11:0 respectively).

5) According to the Samguk sagi's chronology, the thirty-sixth year of Namul's reign was equivalent to 391 which was a sin-myo 辛卯 year. This discrepancy in the equivalency in the interpretation of the reign year results from the fact that the Samguk yusa and the Samguk sagi calculate reign year dates differently. The Samguk yusa follows the standard Chinese practice of only counting the first full year of a ruler's occupation of the throne as the first year of his or her reign. The Samguk sagi, however, considers the first year of a monarch's reign as any portion of a calendar year remaining after the death of his/her predecessor on the throne. Consequently, it most commonly occurs in the Samguk sagi that the same calendar year counts as both the last year of one ruler's reign and the first year of the succeeding monarch's reign.

6) See the relevant data present in the reference to the Samguk yusa cited in n. 2 above.

7) See Noh Taedon's presentation, translation, and study of the Kwanggaet'o memorial stele inscription appearing in Noh Taedon et al., eds. Han'guk kodae kŭmsŏngmun, 3 vols. (Seoul: Karakkuk Sajŏk Kaebal Yŏn'guwŏn, 1992), 1:3–35, esp. 9 (e) and 17 (e).

8) The transcribed text from the Kwanggaet'o stele inscription is that appearing in Noh Taedon's study cited in the previous note, and the translation is a paraphrase of a yet unpublished English translation of the inscription by Mark E. Byington. I am grateful to Dr. Byington for permission twice to make use of passages from his translation in the present study. It should be noted, however, that Byington's interpretation of the first partly obliterated logograph in the passage quoted here differs from that appearing in Noh's rendering of the text. Where Noh leaves the partly obliterated graph as a void, Byington renders it as 海, i.e., the "ocean" or the "sea." It follows that Byington prefers to translate the relevant clause as " ⋯⋯ from the sinmyo year (391) the Wa came across the sea and destroyed Paekchan, □□ Silla and made them their subject people." Both constructions of the sentence thus have fundamentally the same meaning, to wit that Japanese troops crossed over to the peninsula and compelled both Paekche and Silla to accept the status of dependant tributaries.

9) The sentence quoted from the Kwanggaet'o stele inscription is that appearing in Noh Taedon's text cited in the previous note, and the translation is again a paraphrase of the

yet unpublished English translation prepared by Mark E. Byington (see above n. 6). It should be noted, however, that Byington's interpretation of the partly obliterated final two logographs in the first clause of the sentence quoted here differs from that appearing in Noh's rendering of the text. Where Noh construes the partly obliterated graphs as 論事 or "to discuss affairs," Byington interprets them as 朝貢 or "to render tribute." Byington accordingly chose to translate the sentence as, "Formerly the Silla maegŭm had never come in person to render tribute, but King Kukkangsang Kwanggaet'ogyŏng hot'ae □□□□ maegŭm □□ pokku □□□□ rendered tribute." Both constructions of the sentence thus have fundamentally the same meaning, to wit that previously no ruler of Silla had ever personally done obeisance at the Koguryŏ court.

10) Personal communications from Professor Cohen of March 5, 2012 and from Professor King of March 23, 2012. Quoted in full below is the analysis of Pokho 卜好 and Pokku 僕句 provided by Professor King:

	MC	LHan	OCM
①卜好	pukxâu^B	pokhou^B	pôkhû^Q
	pukxâu^C	pokhou^C	pôkhûh
②僕句	bukkɐu	bokko	bôkkô
	bukkju^C	bokkuo^C	---

Since Middle Chinese is too late for your purposes [here], if these are phonographic renderings, they differ only in the voicing of the initial (a distinction that was likely irrelevant in Korean back then, just as it is today), and in the presence or absence of aspiration in the medial velar, [ergo they are] nearly identical for Korean purposes. These reconstructions are based on Axel Schuessler's Minimal Old Chinese and Later Han Chinese (Honolulu: University of Hawai'i Press, 2009).

11) It might be objected that this sentence from the inscription on the Kwanggaet'o memorial stele says nothing about a hostage being sent to Koguryŏ, rather that due to its fragmentary condition, it can at most be interpreted as implying that Silla sent tribute to that kingdom in gratitude for the military aid that it had received. In regard to this objection, however, it can be countered that in the Samguk yusa's account of how Pohae/Pokho/Pokku became a hostage at the Koguryŏ court, it is asserted that he was initially sent there as an envoy and at the invitation of the Koguryŏ king on what today might be politely—however deceptively in this case—termed a goodwill diplomatic mission, yet after arriving at the Koguryŏ capital he was treacherously detained as a hostage. See Samguk yusa 1.271.

12) For the Nihon shoki's account of the sending of Misahŭn/Miljilgiji as a hostage to Japan, see

Nihon shoki 2 vols. (vols. 67–68 of Nihon koten bunka taikei, 100 vols.; Tokyo: Iwanami Shoten, 1965–67) 9.337–41, esp. 338–39 (Jingū 1:10:3), and William G. Aston, trans., Nihongi, 2 vols. (London: George Allen and Unwin, 1896), 1:231; and for the Japanese history's account of the circumstance of his return to Silla, see Nihon shoki 9.349–53 (Jingū 5:3:7), and Aston, trans. (1896), 1:241–42. For the equation of Miljilgiji with Misahŭn, see Nihon shoki 9:339, n. 24.

The Nihon shoki's rendering of Misahŭn's name as Mijilgiji 微叱己知 (Jp. Mishikochi) bears an even more striking both graphic and phonetic similarity to alternate versions of prince's name recorded in the Samguk yusa. In the latter text's chronological section, Misahŭn is designated as Mijilhŭi 未叱希 and in its recounting of his dispatch to serve as a hostage at the Yamato court, it is related that Mihae—that is Misahŭn—is also known as Mijilhŭi 未吐喜, but written with different logographs. See SGYS 1:70–71 and SGYS 1:271 and 276.

13) Although not directly relevant to the stated concerns of this study, it is perhaps of interest to mention what implications the interpretation of the data offered here might hold for determining when Pak/Kim Chesang liberated the two princes from foreign bondage. The Samguk sagi reports that Chesang's heroic actions brought both princes safely back to Silla in 418. The Samguk yusa, however, dates his liberation of the princes to the tenth year of their elder brother Nulchi's reign, or 426 according to the traditional chronology. Nulchi's tenth year on the throne is then incorrectly said in the text to be equivalent to the sexagenary cycle's ŭl-ch'uk year 乙丑 when it in fact correlates with 425. For the Samguk sagi's report of the princes' return, see SGSG 3.28 (Nulchi 2:2 & 2:Autumn), and for the Samguk yusa's, see SGYS 1.271.

Both histories state that Pak/Kim Chesang liberated the two princes sequentially without any substantial interval separating his noble exploits in Koguryŏ and Japan. If this is true, then the Samguk sagi also provides some contextual evidence that tends to favor its dating of 418 for the princes' rescue. Namely, it is recorded in the Samguk sagi that six years later in 424 Nulchi sent a mission that established cordial and seemingly equitable relations with the Koguryŏ court; see SGSG 3.29 (Nulchi 8:2) and SGSG 18.169 (Changsu 12:2). Thus the apparent improvement in Silla-Koguryŏ relations at the start of reign of Koguryŏ's King Changsu (r. 413–91), the son and successor of the martial Kwanggaet'o, might plausibly be interpreted as supporting the Samguk sagi's earlier dating of 418 for Chesang's liberation of Misahŭn/Mihae and Pokho/Pokku/Pohae, although it cannot be asserted that this evidence decisively discredits the Samguk yusa's date of 425/426.

柳景 盧泰敦 교수 약력

| 약력 |

1949년 8월 15일 ——— 경상남도 창녕군 이방면 출생

1967년 3월 1일 ——— 서울대학교 문리과대학 사학과 입학

1971년 8월 30일 ——— 서울대학교 문리과대학 사학과 졸업(문학사)

1975년 2월 26일 ——— 서울대학교 대학원 사학과 졸업(문학석사)

1975년 3월~1976년 8월 ——— 계명대학교 인문대학 사학과 고정강사

1976년 9월 1일~1979년 2월 28일 ——— 계명대학교 인문대학 사학과 전임강사

1979년 3월 1일~1981년 2월 28일 ——— 계명대학교 인문대학 사학과 조교수

1979년 3월 1일~1980년 2월 28일 ——— 계명대학교 신문사 주간

1981년 3월~1981년 6월 ——— 서울대학교 인문대학 국사학과 강사

1981년 7월 1일~1983년 9월 30일 ——— 서울대학교 인문대학 국사학과 전임강사

1983년 10월 1일~1988년 9월 30일 ——— 서울대학교 인문대학 국사학과 조교수

1986년 7월~1987년 6월 ——— Harvard-Yenching Institute(하버드대학교 엔칭연구소) 객원 연구원

1988년 10월 1일~1993년 9월 30일 ——— 서울대학교 인문대학 국사학과 부교수

1991년 2월~1993년 6월 ——— 대통령 자문 21세기위원회 위원

1991년 3월~1993년 2월 ——— 한국고대사학회 회장

1992년 12월 10일~1994년 12월 9일 ——— 서울대학교 국사학과장

1993년 10월 1일~2014년 8월 31일 ——— 서울대학교 인문대학 국사학과 교수

1999년 2월 26일 ——— 서울대학교 대학원 국사학과 졸업(문학박사)

2003년 8월~2004년 7월 ────── Centre for Korean Research, The University
of British Columbia(브리티시컬럼비아대학교
한국학연구소) 방문 교수

2005년 3월~2007년 2월 ────── 서울대학교 역사연구소 소장

2005년 4월~2007년 4월 ────── 延邊大學(연변대학교) 겸임 교수

2006년 2월 1일~2008년 1월 31일 ────── 한국사연구회 회장

2007년 6월~2009년 12월 ────── 제2기 한일역사공동연구위원회 위원

2010년 2월 1일~2012년 1월 31일 ────── 서울대학교 규장각한국학연구원 원장

2012년 10월~현재 ────── 국사편찬위원회 국사편찬위원

| 수상·서훈 |

2001년 10월 15일 ────── 서울대학교 20년 근속공로표창

2004년 1월 13일 ────── 제2회 가야문화상 학술상 수상(가락국사적개발연구원)

2010년 4월 13일 ────── 제35회 월봉저작상 수상(월봉한기악선생기념사업회)

2011년 10월 15일 ────── 서울대학교 30년 근속공로표창

2012년 11월 6일 2012년 ────── 서울대학교 학술연구상 수상(서울대학교)

2014년 8월 29일 ────── 녹조근정훈장

柳景 盧泰敦 교수 연구 논저 목록

| 단독 저서 |

1. 『한국사를 통해 본 우리와 세계에 대한 인식』(풀빛, 1998)

2. 『고구려사 연구』(사계절, 1999)

3. 『예빈도에 보인 고구려: 당 이현묘 예빈도의 조우관을 쓴 사절에 대하여』
   (서울대학교 출판부, 2003)

4. 『한국고대사의 이론과 쟁점』(집문당, 2009)

5. 『삼국통일전쟁사』(서울대학교 출판부, 2009)

6. 『古代朝鮮 三國統一戰爭史』(橋本繁 譯, 2012, 岩波書店)

7. 『Korea's Ancient Koguryŏ Kingdom: A Socio-Political History』
   (Translated by John Huston, 2013, GLOBAL ORIENTAL)

8. 『한국 고대사』(경세원, 2014)

| 편저·공저·역주 |

1. 『中國正史 朝鮮傳 譯註』1(국사편찬위원회, 1990)

2. 『現代 韓國史學과 史觀』(노태돈·이기동·이기백·이현혜·홍승기 著, 일조각,
   1991)

3. 『譯註 韓國古代金石文』I (가락국사적개발연구원, 1992)

4. 『시민을 위한 한국역사』(노태돈·노명호·한영우·권태억·서중석 著, 창작과비

평사, 1997)

5.『한반도와 중국 동북 3성의 역사 문화』(김시준·이병근·정인호·권제일·서대
석·노태돈·송기호·송호정·오영찬 著, 서울대학교 출판부, 1999)

6.『단군과 고조선사』(편저, 사계절, 2000)

7.『대한민국을 대표하는 역사학자와 사회과학자가 나눈 12시간의 통일 이야기』
(이태진·하영선·노태돈·고유환·도진순·조동호 著, 민음사, 2011)

| 책임편집 |

1.『譯註 韓國古代金石文』Ⅰ~Ⅲ(가락국사적개발연구원, 1992)

2.『韓國古代史論叢』1~10(가락국사적개발연구원, 1991~2000)

3.『강좌 한국고대사』1~10(가락국사적개발연구원, 2002~2003)

| 연구논문 |

1.「三國時代의 部에 關한 硏究: 成立과 構造를 中心으로」(서울대학교 대학원
사학과 한국사전공 석사학위논문, 1974)

2.「三國時代의 '部'에 關한 硏究: 成立과 構造를 中心으로」(『韓國史論』2, 서
울대학교 국사학과, 1975)

3.「高句麗의 漢水流域 喪失의 原因에 대하여」(『韓國史硏究』13, 한국사연구
회, 1976)

4.「'騎馬民族日本列島征服說'에 대하여」(『韓國學報』5, 일지사, 1976)

5.「統一期 貴族의 經濟基盤」(『한국사』3, 국사편찬위원회, 1976)

6. 「三國의 成立과 發展」(『한국사』 2, 국사편찬위원회, 1977)

7. 「三國의 政治構造와 社會經濟」(『한국사』 2, 국사편찬위원회, 1977)

8. 「羅代의 門客」(『韓國史研究』 21·22, 한국사연구회, 1978)

9. 「高句麗 遺民史 研究: 遼東·唐內地 및 突厥方面의 集團을 중심으로」(『韓 㳂劤博士停年紀念史學論叢』, 지식산업사, 1981)

10. 「渤海 建國의 背景」(『大丘史學』 19, 대구사학회, 1981)

11. 「三韓에 대한 認識의 變遷」(『韓國史研究』 38, 한국사연구회, 1982)

12. 「高句麗 초기의 娶嫂婚에 관한 一考察」(『金哲俊博士華甲紀念史學論叢』, 지식산업사, 1983)

13. 「신라 수도로서의 경주: 政治와 經濟」(『歷史都市 慶州』, 열화당, 1984)

14. 「5~6世紀 東아시아의 國際情勢와 高句麗의 對外關係」(『東方學志』 44, 연세대학교 국학연구원, 1984)

15. 「渤海國의 住民構成과 渤海人의 族源」(『韓國古代의 國家와 社會』, 일조각, 1985); 「渤海的居民構成和族源」, 『渤海史譯文集』(黑龍江省社會科學院 歷史研究所, 1986)

16. 「對渤海 日本國書에서 云謂한 『高麗國記』에 대하여」(『邊太燮博士華甲紀念史學論叢』, 삼영사, 1985); 「對渤海日本國書における『高麗國記』について: その實體と古代の韓日關係」, 『アジア公論』 15-12(アジア公論社, ソウル, 1986)

17. 「高句麗史研究의 現況과 課題: 政治史 理論」(『東方學志』 52, 연세대학교 국학연구원, 1986)

18. 「『三國史記』 上代記事의 信憑性 問題」(『아시아문화』 2, 한림대학교 아시아문화연구소, 1987); 「『三國史記』上代記事の信憑性問題」, 『アジア公論』(アジア公論社, ソウル, 1987)

19. 「高句麗의 成立과 變遷」(『韓國古代史論』, 한길사, 1988)

20. 「5세기 金石文에 보이는 高句麗人의 天下觀」(『韓國史論』 19, 서울대학교 국사학과, 1988);「The Worldview of the Goguryeo People As Presented in Fifth-century Stone Monument Inscriptions」, 『Seoul Journal of Korean Studies』 17(Institute of Korean Studies, Seoul National University, Seoul, 2004);「從公元伍世紀的金石文看高句麗人的天下觀」, 『韓國高句麗史研究論文集』(高句麗研究財團, 서울, 2006).

21. 「高句麗·渤海人과 內陸아시아 住民과의 交涉에 관한 一考察」(『大東文化研究』 23, 성균관대학교 대동문화연구원, 1989);「高句麗·渤海人과 內陸아시아 住民과의 交涉에 관한 一考察」, 『론문집』(연변대학조선학국제학술토론회논문집편집위원회, 연변, 1989);「Study of the Contact between the People of Koguryŏ-Parhae and Inner Asian Countries」, 『Seoul Journal of Korean Studies』 10(Institute of Korean Studies, Seoul National University, Seoul, 1997)

22. 「古朝鮮과 三國의 歷史에 대한 연구 동향」(『북한이 보는 우리 역사』, 을유문화사, 1989)

23. 「고조선사 연구의 현황과 과제」(『韓國上古史: 연구현황과 과제』, 민음사, 1989);「Current Issues and Problems in the Study of Old Chosŏn」, 『Seoul Journal of Korean Studies』 1(Institute of Korean Studies, Seoul National University, Seoul, 1988)

24. 「대조영, 고구려인인가 말갈인인가」(『역사비평』 9, 역사비평사, 1989)

25. 「扶餘國의 境域과 그 變遷」(『國史館論叢』 4, 국사편찬위원회, 1989)

26. 「淵蓋蘇文과 金春秋」(『한국사 시민강좌』 5, 일조각, 1989)

27. 「蔚珍鳳坪新羅碑와 新羅의 官等制」(『韓國古代史研究』 2, 한국고대사학회, 1989)

28. 「古朝鮮 중심지의 변천에 대한 연구」(『韓國史論』 23, 서울대학교 국사학과,

1990)

29. 「삼국의 성립과 발전」(『한국사특강』, 서울대학교 출판부, 1990)

30. 「한국인의 기원과 국가의 형성」(『한국사특강』, 서울대학교 출판부, 1990)

31. 「高句麗의 歷史와 思想」(『韓國思想史大系』2, 한국정신문화연구원, 1991)

32. 「韓國民族形成過程에 대한 理論的 考察」(『韓國古代史論叢』1, 가락국사적 개발연구원, 1991);「韓國民族の形成過程に關する論理的考察」,『朝鮮學報』142(朝鮮學會, 奈良, 1992)

33. 「해방 후 民族主義史學論의 展開」(『現代 韓國史學과 史觀』, 일조각, 1991)

34. 「北漢 學界의 三國時代史 研究動向」(『北韓의 古代史研究』, 일조각, 1992)

35. 「18세기 史書에 보이는 世界史 認識體系:『同文廣考』를 중심으로」(『奎章閣』15, 서울대학교 규장각한국학연구원, 1992)

36. 「한국민족의 형성시기에 대한 검토」(『역사비평』21, 역사비평사, 1992)

37. 「朱蒙의 出自傳承과 桂婁部의 起源」(『韓國古代史論叢』5, 가락국사적개발 연구원, 1993)

38. 「高句麗의 初期王系에 대한 一考察」(『李基白先生古稀紀念韓國史學論叢』上, 일조각, 1994)

39. 「古朝鮮의 變遷」(『檀君: 그 이해와 자료』, 서울대학교 출판부, 1994)

40. 「筆寫本 花郎世紀의 史料的 價値」(『歷史學報』147, 역사학회, 1995)

41. 「개요」(『한국사』5, 국사편찬위원회, 1996);「三國的政治與社會之一:『高句麗』的前言」,『研究動態』1999-3(東北師範大學 東北民族與疆域研究中心, 1999)

42. 「개요」(『한국사』10, 국사편찬위원회, 1996)

43. 「발해의 건국」(『한국사』10, 국사편찬위원회, 1996)

44. 「발해의 발전」(『한국사』10, 국사편찬위원회, 1996)

45. 「발해의 주민구성」(『한국사』10, 국사편찬위원회, 1996)

46. 「5~7세기 고구려의 지방제도」(『韓國古代史論叢』 8, 가락국사적개발연구원, 1996)

47. 「對唐戰爭期(669~676) 新羅의 對外關係와 軍事活動」(『軍史』 34, 국방부 군사편찬연구소, 1997)

48. 「『삼국사기』 신라본기의 고구려관계 기사 검토」(『慶州史學』 16, 경주사학회, 1997)

49. 「筆寫本 花郎世紀는 眞本인가」(『韓國史研究』 99·100, 한국사연구회, 1997)

50. 「한국민족형성시기론」(『한국사 시민강좌』 20, 일조각, 1997); 「Theories about the Formative Period of the Korean Volk」, 『Korea Journal』 37-4(Korean National Commission for UNESCO, Seoul, 1997); 「Theories about the Formative Period of the Korean Volk」, 『Korean history: discovery of its characteristics and developments』(Korean National Commission for UNESCO, Seoul, 2004, 재수록)

51. 「단군을 어떻게 이해하여야 하나」(『문화와 나』 3·4, 삼성문화재단, 1998)

52. 「위만조선의 정치구조」(『汕耘史學』 8, 고려학술문화재단, 1998)

53. 「高句麗 政治史 硏究」(서울대학교 대학원 국사학과 박사학위논문, 1999)

54. 「고구려의 기원과 국내성 천도」(『한반도와 중국 동북 3성의 역사 문화』, 서울대학교 출판부, 1999)

55. 「북한 학계의 고조선사 연구동향」(『韓國史論』 41·42, 서울대학교 국사학과, 1999)

56. 「삼국의 건국 시기」(『통일시론』 8, 청명문화재단, 2000)

57. 「삼국시대의 部와 부체제」(『韓國古代史論叢』 10, 가락국사적개발연구원, 2000)

58. 「역사적 실체로서의 단군」(『한국사 시민강좌』 27, 일조각, 2000)

59. 「초기 고대국가의 국가구조와 정치운영: 부체제론을 중심으로」(『韓國古

代史硏究』17, 한국고대사학회, 2000)

60. 「On the Marriage Customs of the P'ohais and the Jurchens: with a Focus on Levirate」, 『Seoul Journal of Korean Studies』 13(Institute of Korean Studies, Seoul National University, Seoul, 2000)

61. 「삼국시대인의 천하관」(『강좌 한국고대사』 8, 가락국사적개발연구원, 2002)

62. 「연개소문(淵蓋蘇文)」(『한국사 시민강좌』 31(특집: 실패한 정치가들), 일조각, 2002)

63. 「고대 한중관계사 연구의 새로운 모색」(『韓國古代史硏究』 32, 한국고대사학회, 2003)

64. 「古·中世 分期 設定을 둘러싼 諸論議」(『강좌 한국고대사』 1, 가락국사적개발연구원, 2003)

65. 「발해국의 주민구성에 대한 연구현황과 과제: '高麗別種'과 '渤海族'을 둘러싼 논의를 중심으로」(『韓國史硏究』 122, 한국사연구회, 2003); 「渤海居民構成的硏究現況和課題」, 『渤海史硏究』 10(延邊大學 出版社, 2005)

66. 「삼국사기 고구려본기 초기기사의 신빙성 검토」(『한국사 연구방법의 새로운 모색』, 경인문화사, 2003)

67. 「삼국사기에 등장하는 '말갈'의 실체」(『한반도와 만주의 역사 문화』, 서울대학교 출판부, 2003)

68. 「A Study of Koguryŏ Relations Recorded in the Silla Annals of the Samguk Sagi」, 『Korean Studies』 28(Center for Korean Studies, University of Hawaii, Honolulu, 2004)

69. 「고구려의 한성지역 병탄과 그 지배 양태」(『鄕土 서울』 66, 서울특별시사편찬위원회, 2005)

70. 「唐李賢墓禮賓圖中載鳥羽冠的使節與高句麗」(『고구려 문화의 역사적 의의』, 고구려연구재단, 2005)

71. 「고구려와 북위 간의 조공·책봉관계에 대한 연구」(『한국 고대국가와 중국 왕조의 조공·책봉관계』, 고구려연구재단, 2006)

72. 「나·당전쟁과 나·일관계」(『전쟁과 동북아의 국제질서』, 일조각, 2006)

73. 「안학궁의 역사내력」(『고구려 안학궁 조사 보고서 2006』, 고구려연구재단, 2006)

74. 「고구려인의 종족적 기원」(『2007년 중한고구려역사연구학술토론회』, 中國社會科學院邊疆史地硏究中心·동북아역사재단, 2007)

75. 「고려로 넘어온 발해 박씨에 대하여」(『International Conference "The Ancient History of States in north-eastern Asia"』, Far Eastern Federal University(극동국립대학교), 2007)

76. 「문헌상으로 본 백제 주민의 구성」(『백제의 기원과 건국』, 충청남도역사문화연구원, 2007)

77. 「고려로 넘어온 발해 박씨에 대하여: 신라와 발해 간의 교섭의 한 사례 연구」(『韓國史硏究』 141, 한국사연구회, 2008)

78. 「현대 사학의 흐름」(『(한국사연구입문 제3판) 새로운 한국사 길잡이』 上, 지식산업사, 2008)

79. 「The Tributary and Investiture Relations of Koryo State」(『ISKS Workshop on the Dongbei Gongcheng and Koguryŏ』, Centre for Korean Research, University of British Columbia, 2008)

80. 「고대사 연구 100년: 민족, 발전, 실증」(『韓國古代史硏究』 52, 한국고대사학회, 2008)

81. 「삼국의 성립과 발전」(『개정신판 한국사 특강』, 서울대학교 출판부, 2008)

82. 「한국인의 기원과 고조선의 등장」(『개정신판 한국사 특강』, 서울대학교 출판부, 2008)

83. 「新羅唐戰爭與新羅, 日本關係」(『歐亞學刊』 9, 中華書局, 北京, 2009)

84.「고대 동아시아 재편과 한일관계: 7~9세기」(『제2기 한일역사공동연구보고서』 1, 한일역사공동연구위원회, 2010)

85.「구체적인 연구와 균형있는 평가」(『歷史學報』 207, 역사학회, 2010)

86.「포항중성리신라비와 外位」(『韓國古代史研究』 59, 한국고대사학회, 2010)

87.「7세기 전쟁의 성격을 둘러싼 논의」(『韓國史研究』 154, 한국사연구회, 2011)

88.「고구려 초기의 천도에 관한 약간의 논의」(『韓國古代史研究』 68, 한국고대사학회, 2012)

89.「광개토왕대의 정복활동과 고구려 세력권의 구성」(『韓國古代史研究』 67, 한국고대사학회, 2012)

90.「우산국의 기원과 이사부의 정벌」(『韓國史論』 58, 서울대학교 국사학과, 2012)

| 국내·국제 학회 발표 |

1988년 2월   한국상고사학회 주최 학술발표회(『한국상고사 연구의 현황과 과제 (1)』)에서 「고조선사 연구의 현황과 주제」 발표.

1988년 7월   한국고대사연구회 주최 심포지엄(『울진봉평신라비의 종합적 검토』)에서 「울진봉평신라비와 관등제의 성립」 발표.

1991년 5월 20일~28일   중국 장춘에서 개최된 제2회 국제동아시아사학회에서 「5세기 금석문에 보이는 고구려인의 天下觀」 발표.

1991년 10월 5일~6일   일본 天理大學 조선학회 대회에서 「韓國民族形成過程에 關한 理論的 考察」 발표.

1992년 9월 16일   역사문제연구소·역사비평사 주최 대토론회(『한국 민족은 언제

형성되었나』)에서 「한국 민족의 형성시기에 대한 검토」 발표.

1996년 2월 15일~1996년 2월 18일　Center for Korean Studies, University of Hawaii(하와이대학교 한국학센터) 주최 심포지엄에서 「삼국사기 신라본기 고구려관계기사 검토」 발표.

1996년 6월 30일~1996년 7월 5일　University of Sydney(시드니대학교) 주최 제3회 아시아태평양지역 한국학대회에서 「18세기 사서에 보이는 세계사 인식: 同文廣考를 중심으로」 발표.

1996년 10월 15일　軍事史研究所 주최 심포지엄에서 「대당전쟁기의 신라의 군사활동과 대외관계」 발표.

1996년 11월 8일　고려학술문화재단 주최 심포지엄(『고조선사와 단군』)에서 「위만조선의 정치구조」 발표.

1998년 9월 22일~1998년 9월 26일　Far Eastern Federal University(극동국립대학교) 주최 발해 건국 1300주년 기념 국제학술회의에서 「On the Marriage Customs of the P'ohais and the Jurchens: with a Focus on Levirate」 발표.

1999년　경희대학교 인문학연구소 주최 경희대학교 개교 50주년 기념 학술대회에서 「북한 학계의 고조선사 연구동향」 발표.

2000년 3월 5일~2000년 3월 10일　中國社會科學院 考古研究所 주최 제10차 동아시아사학회에서 「당 이현묘의 조우관 쓴 사절에 대하여」 발표.

2000년 11월 2일~6일　日本 島根縣에서 개최된 제2회 한·일 인문사회과학 학술토론회에서 「唐 李賢墓 禮賓圖의 鳥羽冠使節에 대하여」 발표.

2003년 2월 20일　한국고대사학회 주최 제16회 합동토론회에서 「고대 한중관계사 연구의 새로운 모색」 기조강연.

2005년 4월 8일~2005년 4월 19일　평양 안학궁터 조사, 시굴, 보고서(『고구려 안학궁 조사 보고서 2006』, 고구려연구재단, 2006) 작성 참여.

2005년 5월 5일~2005년 5월 6일   Korea Institute, Harvard University(하버드대학교 한국학연구소) 주최 학술회의(『harvard Conference on Koguryo History and Archaeology』)에서 「신라·고려인의 고구려 계승 의식」 발표.

2005년 10월 9일~2005년 10월 10일   고구려재단 및 中國社會科學院 邊疆史地研究中心(중국사회과학원 변강사지연구중심) 주최 한중고구려역사연구학술토론회에서 「총괄 평가」 발표.

2007년 10월 16일~2007년 10월 17일   Far Eastern Federal University(극동국립대학교) 주최 국제 학술회의(『The Ancient History of States in north-eastern Asia』)에서 「고려로 넘어온 발해 박씨에 대하여」 발표.

2008년 7월 24일~2008년 7월 25일   한국고대사학회 주최 제10회 하계세미나에서 「고대사 연구 100년: 민족, 발전, 실증」 기조강연.

2008년 8월 10일~2008년 8월 14일   Centre for Korean Research, The University of British Columbia(브리티시컬럼비아대학교 한국학연구소) 주최 학술회의(『ISKS Workshop on the Dongbei Gongcheng and Koguryo』)에서 「The Tributary and Investiture Relations of Koryo State」 발표.

2010년 10월 10일   경주시·신라문화유산연구원 주최 제4회 신라학국제학술대회에서 「7세기 東亞細亞 國際情勢의 變動과 신라의 대응」 기조강연.

2012년 2월 16일   한국고대사학회 주최 광개토왕 薨去 1600주년 기념 학술대회에서 「광개토왕대의 정복활동과 고구려 세력권의 구성」 기조강연.

2012년 6월 5일   경상북도 울릉군 주최 제3회 울릉도포럼에서 「우산국의 기원과 이사부의 정벌」 발표.

필자·간행위원회

| 필자 소개 | (본문 수록순)

나희라 경남과학기술대학교 교양학부 교수
「설화와 의례의 해석과 역사 읽기」

이강래 전남대학교 사학과 교수
「고구려 멸망론의 설화적 파생」

이상훈 경북대학교 역사교육과 강사
「검모잠의 최초 거병지 검토」

전덕재 단국대학교 사학과 교수
「『삼국사기』 신라본기 초기 기록의 원전原典과 활용」

이노우에 나오키井上直樹 교토부립대학교 문학부 역사학과 교수
「6세기 후반 신라의 대외 관계와 대왜對倭 교섭」
(6世紀後半の新羅の対外関係と対倭外交)

정병삼 숙명여자대학교 역사문화학과 교수
「구법승과 신라 불교」

남동신 서울대학교 국사학과 교수
「혜초慧超와 『왕오천축국전』의 연구」

신동하 동덕여자대학교 국사학과 교수
「『해동고승전』 – 사료의 활용 현황」

마크 바잉턴 Mark E. Byington 하버드대학교 한국학연구소 상임연구원
「기원전 45년의 낙랑군 호구부와 패수의 위치 비정」
(The Lelang Census of 45 BC and the Identification of the P'ae River)

임기환 서울교육대학교 사회과교육과 교수
「광개토왕비의 건립 과정 및 비문 구성에 대한 재검토」

조나단 베스트 Jonathan W. Best 웨즐리언대학교 미술 및 미술사학과 명예교수
「왕자 복호卜好와 「광개토왕릉비」 명문銘文
: 초기 고구려-신라 관계에 대한 약간의 해석

김복순 동국대학교 경주캠퍼스 국사학과 교수

「신라 왕릉과 경주 괘릉掛陵」

정영진 연변대학교 발해사연구소 교수

「부거리 동경용원부설에 대한 재검토」

김종일 서울대학교 고고미술사학과 교수

「독일 바이에른 지역 신석기 말기 벨 비이커 문화의 어린이 무덤과
사회적 정체성」

| 정년기념논총 간행위원회 | (가나다순)

위원장

신동하(동덕여대)

간행위원

강봉룡(목포대), 강종훈(대구가톨릭대), 고경석(해군사관학교 해양연구소),
권오영(한신대), 김기흥(건국대), 김영심(가천대), 김영하(성균관대),
김재홍(국민대), 김종일(서울대), 김창석(강원대), 김태식(홍익대),
나희라(경남과학기술대), 남동신(서울대), 서영대(인하대), 서의식(서울대),
송기호(서울대), 송호정(한국교원대), 여호규(한국외국어대), 오영찬(이화여대),
윤선태(동국대), 이우태(서울시립대), 이한상(대전대), 임기환(서울교대),
전덕재(단국대), 전호태(울산대), 주보돈(경북대), 하일식(연세대)

출판 지원

김슬기, 김지희, 박지현, 오희은, 최상기(이상 서울대 대학원)

찾아보기